成就商业阶层事业与生活的梦想

Fundamentals of Investment Management, 9th edition

赫特&布洛克 投资管理学

（原书第9版）

[美] 杰弗里·A·赫 特（Geoffrey A. Hirt）（德宝大学）　　　著
[美] 斯坦利·B·布洛克（Stanley B. Block）（得克萨斯基督教大学）

刘曼红 译

中国人民大学出版社
·北京·

湛庐教材F系列

《赫特 & 布洛克投资管理学》
（原书第9版）
Geoffrey A. Hirt and Stanley B. Block
Fundamentals of Investment Management
Ninth Edition

《罗斯公司理财》
Stephen A. Ross
Corporate Finance: Core Principles &
Applications

《金 & 诺夫辛格公司治理》
Kenneth A. Kim and John R. Nofsinger
Corporate Governance

湛庐教材A系列

《波拉德财务会计》
Meg Pollard, Sherry T. Mills & Walter T.
Harrison
Financial and Managerial Accounting

《经理人员管理会计》
Eric Noreen，Peter C. Brewer & Ray H.
Garrison
Managerial Accounting for Managers

湛庐教材E系列

《麦克康奈尔 & 布鲁伊经济学》
Stanley L. Brue and Campbell R.
Mcconnell
Essentials of Economics

《阿伦 & 曼斯菲尔德管理经济学》
（原书第6版）
Edwin Mansfield
Managerial Economics: Theory,
Application, and Cases
Sixth Edition

湛庐教材M系列

《阿伦斯广告学》
William F. Arens
Essentials of Contemporary Advertising

《森特公共关系实务》
（原书第7版）
Allen H. Center
Public Relations Practices: Managerial
Case Studies and Problems
Seventh Edition

《所罗门营销学》
（原书第5版）
Michael R. Solomon
Marketing: Real People, Real Choices
Fifth Edition

《约翰逊全球营销》
（原书第4版）
Johny K. Johansson
Global Marketing: Foreign Entry, Local
Marketing, &Global Management
Fourth Edition

不论您是在高等学府进修，还是想在工作、生活中自我提升，湛庐教材都是您的最佳选择。我们致力于引进国际上广泛采用的经典教材，如，《罗斯公司理财》、《津巴多普通心理学》等，并请国内一流大学教授该课程的老师主持翻译，以此保证湛庐引进教材的超高品质，另一方面，我们也积极与国内一流大学的学科带头人合作开发适合中国学生的本版教材。

湛庐教材不仅内容丰厚，装帧也别具一格，一扫传统教材的沉闷、压抑，必会带给学生全新的乐学体验。

选择湛庐，选择美好未来

找湛庐，找"小红帽"：我们出品的教材书脊上部5厘米处，全部用红色标记，俗称"小红帽"。"小红帽"上有"湛庐文化·出品"字样和标识。

找"湛庐文化·出品"：我们所有出品的教材，在图书封底的下部都有"湛庐文化"的标志和"湛庐文化·出品"的字样。

湛庐文化·出品
Cheers Publishing

湛庐
文化
·
出品

湛庐
教材

BM0101
1

选教材，查系列

A 会计系列，涵盖财务会计、管理会计及会计专业的各类会计学教材，用黄色标识。

F 金融系列，涵盖金融学、投资学、货币银行学、金融市场学、金融风险管理、国际财务管理、金融衍生工具、商业银行管理等教材，用嫩绿色标识。

B 工商管理系列，涵盖管理学、商务沟通、人力资源管理、运营管理、商务统计、项目管理、管理信息系统、电子商务、组织行为学、领导学、谈判学、商业伦理、创业管理、创新管理、职业发展等教材，用红色标识。

E 经济系列，涵盖宏观经济学、微观经济学、经济学原理、产业经济学等教材，用深蓝色标识。

M 营销系列，涵盖营销学、营销调研、消费者行为学、服务营销、营销渠道管理、零售学等教材，用天蓝色标识。

P 心理学系列，涵盖普通心理学、教育心理学、实验心理学、发展心理学、社会心理学、心理测量与评估等教材，用橙色标识。

S 社会学系列，涵盖人文社科各类教材，用棕色标识。

教师服务登记表

尊敬的老师：

您好！感谢您选用我们的教材。

中国人民大学出版社 / 湛庐文化是国内领先的出版商，致力于经济管理和心理学领域大学教材的引进与出版。为更好地为您服务，请您填妥下表后发给我们，我们将为您提供最新出版信息。为您的教材、论著和译著出版提供可能的帮助。

教师姓名		□先生 □女士	出生年月			职务		职称	
学　　校			学　　院					系别	
联系电话	办公： 宅电： 移动：			联系地址及邮编					
				E-mail					
学　　历		毕业院校		国外进修及讲学经历					
研究领域									

主讲课程	现用教材名	学生人数	作者及出版社	共同授课老师	教材满意度
课程： □专 □本 □研 □MBA 学期： □春 □秋					□满意 □一般 □不满意 □希望更换
课程： □专 □本 □研 □MBA 学期： □春 □秋					□满意 □一般 □不满意 □希望更换

样书申请					
已出版著作				已出版译作	
是否愿意从事翻译 / 著作工作　□是　□否			方向		
意见和建议					

填妥后请发邮件或打电话确认返回方式。

电话：010-64979542、64979547、64979647 转 8002 分机　　传真：转 8032 分机

电子邮件：service@cheerspublishing.com　　图书详情请登录：http:// www.cheerspublishing.com 查询

◆ 作者简介 ◆

杰弗里·A·赫特

赫特博士是德宝大学（DePaul University）的金融学教授。他曾获得伊利诺伊州立大学金融学博士学位，迈阿密大学 MBA 硕士学位，俄亥俄卫斯理大学学士学位。从 1987 年到 2001 年，他为芝加哥投资分析师协会指导租赁金融分析研究项目。

从 1987 年到 1997 年，他在德宝大学教授投资学和金融管理学，并担任德宝大学金融系主任。赫特博士是美国中西部金融协会的前主席，并担任过《金融教育杂志》的编辑。从 2002 年到 2005 年，他任职芝加哥投资分析师团队的理事，并担任《投资咨询》杂志的编辑。

赫特博士在 2006 年被授予"德宝杰出人才"的荣誉称号。在 2007 年冬季，他还在意大利的乌尔比诺大学担任客座教授。

斯坦利·B·布洛克

布洛克教授，得克萨斯基督教大学金融管理和投资学教授，注册金融分析师，注册现金管理师。曾获得伯灵顿北部杰出教育奖（Burlington Northern Outstanding Teaching Award）和 M. J. 尼雷商学院卓越教育奖（M. J. Neeley School of Business Distinguished Teaching Award）。他的研究领域包括金融市场、兼并和高收益债券。曾担任美国西南金融协会的主席。布洛克教授拥有得克萨斯大学学士学位，康奈尔大学 MBA 学位和路易斯安那州立大学博士学位。

2001 年，他的学生捐赠 150 万美元在得克萨斯大学设立了斯坦利·布洛克金融学教授讲席。他是这个讲席的首位主持教授。2006 年，布洛克教授被评为"大学最杰出教授"。

推荐序

投资：财富成长的发动机

张学谦
对外经济贸易大学国际商学院会计学系教授

应中国人民大学出版社之邀，我非常高兴为《赫特 & 布洛克投资管理学》中译本作序。不仅因为这是我的研究与关注所在，也是对我国经济从传统增长到投资经济发展知识体系的借鉴。该书的出版为适应我国金融市场的发展提供了新理论与新实例。

杰弗里·A·赫特博士是美国德宝大学的金融学教授，德宝大学金融系的前任系主任，同时还是芝加哥投资分析师团体的理事；布洛克教授是得克萨斯基督教大学金融管理和投资学教授，注册金融分析师，注册现金管理师。杰弗里·赫特和斯坦利·布洛克对投资理论与行为进行了大量有效的研究，向行业内处于领导地位的专业人士们展示了应如何进行投资操作。《赫特 & 布洛克投资管理学》专注于目前市场上的现实状况，几乎覆盖了在当今投资市场上值得关注的每一细节，从多个视角向专业投资人士提供了实务操作方面的技巧。赫特和布洛克通过其投资理论与分析，帮助超过数百万投资者和投资顾问在现实的各类证券市场上做出明智的投资决策与选择，《赫特 & 布洛克投资管理学》将知识与最新的技术手段相结合，覆盖了有关股票和债券投资的方方面面，从最优的风险—收益率到如何利用交易基金以享有其独有的收益。无论你的投资目标是什么，本书都为你提供了所需要的理论与方法，让你改善风险，调整投资操作。如此而来，赫特和布洛克成为全球公认的财务管理专家。

进入 21 世纪，经济的竞争与挑战更大程度上表现在投资上的运作，或者说公司在资本上的操作。众多国际性大公司在其发展的道路上依靠投资战略的正确实施，成功进入中国市场。资本市场的主体要素是投资，只有更好地推广应用投资理论与方法，才能发展我国的市场经济，提高市场化程度。公司组织的成长与发展是中国企业未来的发展方向。提高投资决策者的水平是企业未来竞争与发展的必由之路。掌握科学的投资管理理论与方法在实践中将起着越来越重要的作用，而投资管理知识是决策者运筹帷幄的工具之一。

该书由刘曼红教授主译。刘曼红教授是我国投资研究领域的知名学者，早年留学美国康奈尔大学学习，获博士学位，潜心研究中国风险投资事业，投身于风险投资的宣传、研究和教育事业，取得了可喜的成果，是我国风险投资理论发展的推动者之一。

该书可作为全国大专院校财务与金融学专业教师、本科生、研究生和 MBA 的学习和教学参考书；商业银行业可将其选为对管理人员进行投资管理相关知识的培训教程。

译者序

刘曼红

中国人民大学财政金融学院应用金融系教授，博士生导师
中国人民大学风险投资研究中心主任
中国天使投资研究中心主任

《赫特 & 布洛克投资管理学》自从 20 世纪 80 年代初期出版第 1 版以来，深受读者欢迎。此后近 30 年来，作者根据经济的发展和市场的变化对于本书加以补充更新，使得本书能够及时地、充分地反映金融市场的发展和变迁，因而不断得以再版，迄今为止，已经再版 9 次。我们的这本中译本是基于其 2008 年的第 9 版完成的。

本书问世以来一直保持畅销地位，因为它既为学生们深入浅出地阐述了投资学的金融理论知识，又能够密切结合资本市场投资的现实，引导学生利用所学知识解决经济现实中的问题。它不仅是投资学领域的出类拔萃的教材，而且深受广大投资专业人士的青睐，成为投资从业人员的行之有效的操作工具，以及考取注册金融分析师（CFA）资格的必读书之一。赫特教授曾经在芝加哥注册金融分析师学院任校董，并主持 CFA 培训工作长达 15 年，而布洛克教授本人具有 20 余年 CFA 的从业经验。可以说，这本书是两位作者扎实的理论基础和丰富的实战经验的结晶。

注册金融分析师协会自 1947 年成立（当时称为投资分析师协会）以来，已有 72 年历史，自从 20 世纪 90 年代以来，我国大陆开始举办各种 CFA 培训教程，培养了一批注册金融分析师，而这本《赫特 & 布洛克投资管理学》一直是我国 CFA 培训的一本重要参考教材。事实上，这本书的英文原著已经在我国投资界教学和培训中广为流传。一方面，这本书以它丰富的内容、精湛的知识为在校学生和业内人士所吸引，另一方面，它的英文原著中的金融投资原理和市场实际操作又不能不把广大中文读者拒之门外。这种状况使得希望能够把这本书译为中文的呼声越来越高，而我们的这个中译本也就应运而生。

本书共分七个部分：第一部分为基本投资原理，包括资本市场和投资信息的基本状况；第二部分为股票价值评估分析，投资的正确决策基于对于行业和企业的全面真实的估价；第三部分对于有效市场理论进行了辩证分析；第四部分讨论了固定收益证券和财务杠杆问题；第五部分阐述了以期权为基础的各类衍生金融工具；第六部分在前面各部分的基础上进一步延伸了投资原理和操作范围；第七部分介绍了投资组合管理概念以及如何利用投资组合管理来衡量投资的风险与回报。

这里感谢参与本书翻译的译者：张佳玮、李媛媛、王秋香、杨玲、张成勇、许艺玲、周君、潘明曦、蔡伟、陈浩然、孙炎、杨劲。

前言

自从《赫特 & 布洛克投资管理学》第一版在 20 世纪 80 年代早期出版以来，金融市场已经发生了翻天覆地的变化。然而，没有发生变化的是我们真诚的承诺，让读者在课本里获得投资管理领域里我们所能感受到的兴奋和热情。

贯穿全书，我们力图展示应用理论和阐释理论的真实案例。我们的目标在于使得学生在认真完整学习完本书之后，能够在实务中进行投资管理。我们所使用的金融分析方法和华尔街所使用的一样。杰弗里·赫特曾指导芝加哥投资分析师协会（现为芝加哥注册金融分析师协会）的注册金融分析师项目长达 15 年，并在 2002 年到 2005 年担任董事。斯坦利·布洛克从事注册金融分析达 20 多年。我们在大学里讲授和指导学生学习投资管理课程并管理大学的投资基金，在这本书里，我们想把学习的一些经验与同学们一起共享。

我们都管理过多样化的投资组合。我们力图关注市场的每日行情，并与经济、市场结构和经济全球化的发展保持同步。最重要的是，我们试图编写一本受读者欢迎的课本，但绝不会为了畅销而在涉及投资管理最新和最重要的学习材料上做任何让步。

第 9 版的主要更新和新的特点

实例应用

在之前的版本里，我们列举和阐释了很多例子来强调课本的重要思想和应用。在这一版里，我们对这些应用实例近一步进行提炼，使之更加清晰和具有相关性。这一特色可以让同学们有停下思考的空间，并能够确定他们是否理解例子之前所涉及的材料。这样能帮助学生们构建他们的知识结构，同时作为一种教学方法，老师也可以发动学生对这些例子进行课堂讨论。

练习题

本书的许多读者希望课本中能有更多的实际问题，因此我们把这些问题安排在每章的最后部分，即问题版块之前。这些练习题能够帮助同学们提高理解力并增强他们解决剩下问题的信心。

投资顾问难题

在本书的许多章节里我们增加了投资顾问难题。这些难题描述了投资者所面临的问题和困境。我们在教师手册（在教师网站上）里给出了这些问题的解决方案。这些投资顾问难题为教授提供了广阔的机会来讨论职业道德，同时也是 CFA 协会指定的实践标准。

Excel 实例

Excel 表可以帮助你的学生们理解如何使用 Excel 表来解决投资问题，你可以让他们做 Excel 表的家庭作业，也可以只是让他们对怎样使用 Excel 表有个基本的了解。实际使用的电子图表可以在网址 www.mhhe.com/hirtblock9e 中找到。Excel 的图标会在相应例子空白处出现。

投资的真实世界

和之前的版本一样，真实公司的案例继续贯穿这一版本中。在本书中，投资组合的真实世界重视概念，我们使用强生公司的例子来强调关键问题。

请看以下图表，它列出了每章所做的修改和对学生的帮助。

章节	新内容	学生的收获
第2章：证券市场：现在和未来	涉及萨班斯—奥克斯利法案以及它对公司和交易所的影响。本章结构的重新安排是为了让人们意识到纳斯达克现在是一家证券交易所。我们更新了课本中许多新的材料，包括纳斯达克与Archipelago及泛欧证券交易所的合并、纳斯达克收购Instinet公司并拥有伦敦证券交易所的部分所有权这些事件。	学生们通过本章可以了解到世界证券交易所的组织结构和它的全球化进程。他们同样可以知道交易速度和低成本是推动全球证券市场融合最为重要的因素。
第3章：市场参与	重新安排了章节的结构，把关于市场指数的大量材料转移到章节的最后部分。	这些内容增加了课文的清晰度和可读性，从而使学生能够关注他们感兴趣的话题：开户、交易种类等。
第4章：投资信息的来源	更新了本章的信息、例子和网址。	同学们可以从一个图书管理员的角度来了解在寻找市场数据时什么是最重要的，以及大多数大学图书馆管理员最喜欢收集哪方面的金融信息。
第5章：经济活动	所有的图表和表格都被再次更新。	同学们开始看到更多相关的数据。通过补充标准普尔每月经济深度报告，同学们可以及时了解到目前经济发展的趋势。
第6章：行业分析、第7章：公司估值、第8章：财务报表分析	所有关于制药行业的信息都得到了更新，尤其对强生公司的特殊估值方法给了关注。	这三章再加上第5章能够帮助同学们学习到一种简洁和严密谨慎的投资分析方法。
第9章：技术分析基础	作者重新组织了本章的内容，将有效市场的相关材料从第9章移到第10章。	通过将超额收益率与有效市场假说放在一起，是人们可以更好地对这两个问题进行探讨。
第10章：有效市场和市场状况异常	本章涉及新内容行为金融学的扩大范围，并对章节内容做了新的安排。	同学们可以了解到在分析投资者决策时心理的重要性。
第18章：共同基金	在真实世界投资组合中，给出了对冲基金的例子。此外，还涉及范围更广的可交易基金。	一些基金在管理资金时往往违反了联邦法规，同学们容易受到这方面的影响。通过使用ETF，同学们可以用共同基金来作为替代品。
第19章：国际证券市场	更新了图表和表格中的数据以及不同国家间的关联，同时我们还保存了它们变化的相关文件。	本章给同学们介绍了国际证券多样化如何来降低资产组合的波动性。与之前的数据相比，新数据也展示了新兴市场在之前几个版本以来所发生的变化。
第20章：实物资产投资	对实物资产投资更为深入的分析被移到本章的附录之中	本章可以帮助同学们对实物资产有更好和更全面的了解，而不至于在税收问题上陷入困境。

学生学习专栏

实例应用

课本使用了大量的例子来强调关键思想并展示在课文之中。这些图表可以给学生提供了思考的场所，以便确认他们是否理解每章节里的材料，同时也便于让教师发起课堂讨论。

Excel 实例

这一专栏可以帮助学生们理解如何使用Excel表来解决投资问题，他们可以做Excel表的家庭作业，或只是对怎样使用Excel表有个基本的了解。实际使用的电子图表可以在网址 www.mhhe.com/hirtblock9e 中找到。Excel的图标会在靠近用电子图表解释的例子空白处出现。

投资的真实世界

这些及时和相关的投资组合关注公司和投资者感兴趣的话题。为了把现实生活引入课堂，这些图表将学生在课堂上所学到的投资知识与现实商业世界联系在一起。

全球报告

新的全球图表会提示同学们课文所涉及的内容关注于全球市场问题，并向同学们解释为什么需要了解这些问题。

CFA 问题

很多章节的内容包括了 CFA 一级考试的题目和答案。CFA 问题可以让同学们了解到，他们在投资课堂上所学的内容与注册金融分析师所要掌握的知识是十分相关的。

练习题与解答

作者在每章还列出了附加的习题，并给出解答，这样同学们可以看到如何解决这些问题。这些便捷的图表帮助同学们增加对课文材料的理解，并使他们独立解决章末问题时更加自信。

批判性思维案例

大多数章节的结尾都有批判性思维案例来审视投资者的行为。这些揭示相关道德困境的案例都有"关注道德"的标签。每个案例都附带着问题，从而引导学生们对这些问题进行更深入的学习。

投资顾问难题

这项新专栏把学生们看做是投资顾问。这些问题描述了投资者必须面对的困境并激励学生们提出解决方案。

网络支持——赫特／布洛克在线学习中心（www.mhhe.com/hirtblock9e）

教师网址

大多数补充材料列在下一页，当中包括幻灯片和教学笔记。这些材料也可以在课本的网站上找到，但需要密码认证以保证只供老师使用。在线学习中心的教师版本包括每章末所有习题以及学生使用 Excel 表格的答案。此外，教师还能够获得学生网站上的所有资料，包括相关网址和视频的链接。

教师补充材料

教师用 CD

可以在这个光盘上找到所有需要的教学资料。

教师手册。包括课本习题的详细解答和每一章节的教学策略。

题库。这些 Word 文档中有 1 000 多道题目，包括判断对错、多项选择、匹配和许多挑选出来的题目。

计算机题库。这些题库采用一种计算化的格式，应用麦格劳 - 希尔的 EZ 测试软件来快速创造个性化的习题。教师可以用这种便捷的程序来分类问题、编辑已有的问题或增加新的问题，还可以在一个测试中拼凑不同版本的问题。

幻灯片展示。这些幻灯片包括主要学习目标、概念、例子、图表、Excel 表格和重要网址。教师可以对这些幻灯片进行处理以适合自己的课程安排。

目录
CONTENTS

CONTENTS

CONTENTS

CONTENTS

CONTENTS

第七部分　投资组合管理概论

CONTENTS

第一部分　投资导论

在下面四章中，我们建立了投资设定，包括投资目标和管理资产组合时投资者不得不做的风险—报酬决策。此外，我们介绍了证券市场的组织，包括怎样参与这些市场，在哪里获取参与投资的信息。证券市场组织和结构的巨大变化，将会影响你能买到什么证券，在哪里买到它，以多少的价格购买或者出售它。这些变化的先驱者是罗伯特·格雷费尔德（Robert Greifeld），他是纳斯达克股票市场公司的董事长。

在担任纳斯达克董事长兼首席执政官的短暂任期内，罗伯特·格雷费尔德对纳斯达克的组织和运营产生了重大的影响。在他的领导下，纳斯达克引进了 Instinet 和 BRUT 这两个电子通讯网络，提高了纳斯达克的交易效率。纳斯达克成为了一个上市公司，股票代码是 NDAQ。同时，美国证券与交易委员会（SEC）也认可了纳斯达克的证券交易地位，这样的地位令纳斯达克获得了之前作为场外交易市场所不具备的金融优势。

也许更有意思的是，格雷费尔德引领了全球化的浪潮。纳斯达克购买了伦敦证券交易所（London Stock Exchange, LSE）30% 的股权，目的是扩大纳斯达克的交易范围。这样的份额足以保证纳斯达克可以组织任何其他公司收购伦敦证交所。关于这一潜在收购的细节将会在书中详细解释，但是不得不说的是，英国人并不喜欢美国的证交所，因为一个不到 40 年历史的证交所居然收购了长达 300 年历史的伦敦证交所。

格雷费尔德并没有像他的前辈那样，经由华尔街来到纳斯达克，而是通过技术行业。他有 20 年电子交易系统的工作经历，所以你可能会说，他是在合适的时间出现在世界一流电子市场上的合适人选。在加入纳斯达克担任董事长之前，他在 SunGard 数据系统工作过，主要是从事买方和卖方路径选择业务。在那之前，他在自动证券清算公司（Automated Securities Clearance, Inc）工作，负责纳斯达克的行业交易指令管理系统。

1986 年，作为纽约大学斯特恩商学院 MBA 项目的一名学生，他写了一篇关于纳斯达克运营的论文。谁能想到他会在未来的某一天成为纳斯达克的董事长兼首席执政官呢？令许多金融专业学生惊讶的是他在爱纳大学的本科专业是英语。

在纽约，他因四次参加纽约城市马拉松长跑而闻名。他还是美国田径基金会主席。格雷费尔德知道他正处在与强大竞争对手纽约证券交易所的战争中。在资本市场规模方面，纽约证交所几乎是自己的四倍。但竞争的动力也在于此。

第 1 章 投资设定

<table>
<tr><td>

学习目标

1. 了解金融资产和实物资产的区别
2. 讨论设定投资目标需要考虑的关键因素
3. 体会由税法修改可能引起的投资战略的潜在变化
4. 描述风险和报酬的关系
5. 解释构成投资者必要报酬率的三个部分
6. 了解在投资领域学生面临的职业机会

</td><td>

本章要点

1. 投资形式
2. 投资目标的设定 资本的风险和安全 当前收入与资本增值 流动性考虑 短期与长期倾向 税收因素 管理的简便性 退休和遗产规划的考虑
3. 风险和报酬的衡量 风险
4. 预期回报的实际考虑因素 实际回报率 预期通货膨胀因素 风险升水
5. 你将学到什么

附录 1A 投资领域的职业机会

</td></tr>
</table>

没有什么比早晨醒来马上浏览报纸或者电脑来获得最新的股票报价更令人兴奋的了。这一天发生的每一件事情都会影响到你的投资组合,无论是中西部的暴雪,还是美联储主席在国会听证会上的发言,或者是《财富》500 强公司突然的盈利公告。当你的钱被卷入其中时,你就没有了自由空间。你总是随时关注美国、欧洲和世界上其他地区所发生的新闻。

这些因素使得投资非常具有挑战性,赢家可能会成为输家,而输家也可能变为赢家。以 IBM 为例,这家著名电脑制造商的股价在 1987 年达到了最高,为每股 175.875 美元。同时,证券分析师认为"蓝色巨人"可以永远增长下去,因为它在传统计算机主机市场具有统治地位,而且也是快速成长的个人电脑市场的引领者。但是,这种结果并没有出现。随着电脑应用从主机到微型计算机的转变,以及 IBM 产品被竞争者的克隆,IBM 迅速丧失了市场份额,并在 20 世纪 90 年代初开始亏本,与之前平均每年 60 亿美元的利润形成了强烈的反差。在 1993 年中期,IBM 的股价已经跌至 40.625 美元,许多投资者绝望并退出。10 年之后,在 2007 年的春天,这个公司在大规模的裁员和

结构重组之后再次实现持续盈利,股价上涨到 210 美元(实际市价是 105 美元,但在这期间有一股拆分两股的股票分割)。

普通股并不是唯一波动的投资。在过去的 20 年中,银价从每盎司 5 美元上涨到 50 美元,然后又回落到 12 美元。同样的事情也发生在石油、房地产和许多其他投资上。商业地产在 20 世纪 80 年代损失了 30% 以上的价值,然后在 2006 年出现全面反弹。其他产品也不断出现上涨和下跌,财富不断被创造,又不断损失。

投资者如何在这样的环境中建立投资战略呢?有很多来自不同的方面的建议,告诉投资者如何在即将到来的货币灾难中获利以及怎样在一个新财富时代变得富有。这本书的目的就是帮助投资者分清各种各样的投资种类,培养分析技能以分析在一个既定的**资产组合**(portfolio)中什么股票和资产最有价值。

我们这样定义**投资**(investment):支出当前资金以期在未来某时刻获得一笔更高收益。由于通货膨胀的影响和对风险的承受,投资者希望获得放弃当前消费的补偿。投资的形式有股票、债券、房地产,甚至稀有油画和旧

棒球卡。

1.1　投资形式

在本书中，我们将投资工具分为金融资产和实物资产。**金融资产**（financial asset）是指通常由法律文件记载的对资产的金融求偿权。例如股票或债券。**实物资产**（real asset）是指实际的有形资产，这种资产是可以被看见、感觉、持有或收藏的。例如房地产或者黄金。表1—1列出了各种不同形式的金融资产和实物资产。

表1—1　　　　　　　　投资工具概述

金融资产	实物资产
1. 直接权益	1. 房地产
普通股	写字楼
认股权证	公寓
期权	购物中心
2. 间接权益	居民住宅
投资公司股权（共同基金）	2. 贵金属
养老基金	黄金
终身寿险	白银
退休金账户	3. 贵重宝石
3. 债务求偿权	钻石
储蓄账户	红宝石
货币市场基金	蓝宝石
商业票据	4. 收藏品
国库券、票据、债券	艺术品
市政票据、债券	古董
公司债券（可直接转成普通股）	邮票
4. 优先股（可直接转成普通股）	硬币
5. 商品期货	稀有图书
	5. 其他
	家畜
	石油
	普通金属

正如表1—1左边一列所显示的那样，金融资产可以被分为五大类。**直接权益**（direct equity claim）是指普通股票或者其他可以购买普通权的金融工具所代表的所有者权益，如认股权证和期权。认股权证和期权允许持有者在未来以既定的价格购买一定数量的股票。认股权证通常被转成一股股票，而且是长期的，而期权一般以100股为基本单位，而且是短期的。

间接权益（indirect equity claim）是一种通过购买投资公司的基金而获得（比如共同基金）的对普通股的间接权益。投资公司组合了不同投资者的资源，把他们再投资在普通股上（或其他投资）。个人就享有了多元化投资和专业化管理的优势（尽管不一定意味着较高的报酬率）。

金融资产也可以采取由金融机构、工业企业或者政府发行的债务工具所代表的**债务求偿权**（creditor claims）的形式。报酬率一般在最初的时候是固定的，尽管实际回报率可能随着市场情况的改变而不同。其他形式的金融资产有：**优先股**（preferred stock），它是所有权和债权的一些因素相结合的混合证券；**商品期货**（commodity futures），它是指在未来按既定的价格购买或者出售某种商品的合约。商品包括小麦、玉米、铜，甚至一些金融工具，如国库券和外汇。

正如表1—1右边的一列所显示的那样，有许多不同种类的实物资产。在所有的种类中，被广泛认可的投资则是房地产，包括商业地产和居民住宅。由于存在较大风险，但也为了追求精神上的享受和金钱上的收益，贵金属和贵重宝石，以及货币收益和收藏品都是投资对象。最后，其他投资包括家畜、石油以及所能想到的各种事物。

在全书中，金融资产和实物资产的每一种类都被考虑。投资者最终选择什么资产取决于投资目标和经济前景。例如，投资者如果认为通胀率将会相对较高，就会优先考虑实物资产，因为实物资产会反映价格上涨的重置价值。在一个相对温和的通胀环境中，股票和债券将会是优先选择的投资。在过去的15年中，后者毫无疑问与现实是一致的。

1.2　投资目标的设定

投资目标的设定和投资选择一样重要。事实上，这二者是连在一起的。一系列重要因素需要被考虑。

1.2.1　资本的风险和安全

投资者需要考虑的第一个因素是他们准备承受风险的大小。在一个相对有效和信息充分的资本市场，风险一向是和报酬紧密联系在一起的。许多金融教材都认为持续获得20%以上报酬率的投资者是高风险的承受者。虽然一些聪明的投资者可以独自凭靠才智而取胜，但是高报酬率可能是风险的补偿。

而且，不仅有直接损失投资资本的风险，还有损失购买力的风险。如果通货膨胀率为6%（每年复利），一个持有10年没有任何收益的股票，将会损失26%的购买力。

希望承受较低风险的投资者很有可能将投资组合的大

部分集中在短期债务工具上，这些债务工具通常是政府、大商业银行或公司发行的。一些保守的投资者可能选择投资货币市场基金。在货币市场基金中，投资者的资金将会组合在一起，再投资到高收益的短期工具。更多的激进投资者可能倾向于长期债务工具和普通股。实物资产，如黄金、白银和有价值的艺术品，可能也包括在激进的投资组合中。

不仅需要考虑一项资产的特有风险，还需要考虑哪些风险可以通过多元化组合分散掉。尽管投资黄金可能被认为是高风险的，然而当它与普通股组合在一起的时候，情况就不一样了。当经济萧条时，黄金的价格会上升，而普通股一般在经济景气时表现突出。石油禁运或外国战争可能会使股价下降，而黄金价格将会上扬。反之亦然。

投资者的年龄和经济环境各不相同，这就决定了每个人所能承受的风险水平不同。年轻人、地位正在上升的人一般比依靠固定收入的老年夫妇更能承受风险。尽管如此，我们中的每一个人，不管身处怎样的境况，都会有不同的风险承受偏好。因为不愿意承受风险，一个年薪 30 万美元的外科医生可能比年老的出租车司机更不能接受股票上2 000 美元的损失。

投资最惨痛的教训是保守投资永远不会在成为你购买股票时所想象的那样时结束。在其他形式的投资中，这条经验依然有效。经典的例子可以在药物行业看到。行业龙头默克（Merck）和辉瑞（Pfizer）公司在开发治疗心血管和其他疾病药品方面享有声誉。然而 20 世纪 90 年代中期开始的一场关于健康规则和成本容积的运动中，投资者还是目睹了它的股价下跌了 30%。更残酷的教训可以在网络公司的投资者身上见到。在 20 世纪 90 年代末期，"不可能错过的"百元大股只有 2 美元。投资能源公司安然（Enron）也有相同的遭遇，该公司的股价从 90 美元降到了 2001 年的 50 美分，并最终走向破产。甚至风险厌恶的投资者在短期国库券上也眼睁睁地看着他们的收入在 4 年的时间里因为利率不断下降从 6% 直线下降到 1%。这些减少的现金流可能是你的投资组合中的一只股票，如果你靠利息收入维生的话。

1.2.2　当前收入与资本增值

在设定投资目标时需要考虑的第二个因素是决定当前收入与资本增值之间的偏好。尽管这个决定与风险估计紧密联系，但它是独立的。

在购买股票的时候，需要当前收入的投资者可能倾向于一些高收益的、成熟的公司，如公共设施、化学和服装行业。那些赚取股票价差的人可能会寻找高科技、能源和电子行业新兴的小公司。后者的公司可能不会支付任何现金股利，但是投资者希望通过股价的上升来获得想要的报酬。

投资者需要知道在增长和收入之间进行权衡。在一种投资中同时兼顾这二者是不可能的。如果你选择高收益率的投资工具，你可以预计到利润和股价的较慢增长。如果你选择生物技术公司的高增长，你可以预计到从股利上获取不到任何现金流入。

1.2.3　流动性考虑

流动性（liquidity）主要是衡量投资者在相对短的时间内以公平的市场价格或在交易中以最小的资本损失将投资转换为现金的能力。

大部分金融资产提供了较好的流动性水平。股票和债券一般可以在短期内以接近上个交易价格的价格出售。然而房地产做不到。几乎每个人都看见一栋房子或者一个商业地产要在市场上呆上几星期、几个月，甚至几年。

流动性可以间接地通过与权益转让相关的交易成本或者交易佣金来衡量。金融资产一般在一个较低的佣金基点上进行交易（可能是 0.25%～1%），然而很多房地产的交易成本从 5%~25%，甚至更高。

在许多时候，如果存在特殊的获利机会，流动性的缺失可以被判断出来。一项房地产或者稀有宝石的投资可能会提供足够的报酬来补偿额外的交易成本。然而，摆脱一项坏的投资会更加困难。

投资者必须仔细评估他们的情况，从而决定流动性需求。如果你投资基金是为了获得下一处房产的贷款或者下个学期的学费，那么及时的流动性将是非常重要的。在这种情况下，金融资产将被优先考虑。如果资金可以捆绑在长时期内，可以考虑非正常的议价购买的机会。

1.2.4　短期与长期倾向

在设定投资目标的时候，你必须决定在管理基金和评估基金表现时是否考虑短期或长期倾向。你不会总有机会的。为他人管理基金的人可能出于巨大的压力，不得不在短期内创造既定水平的业绩。这些压力可能是一个很忧虑的亲属或一家大的由银行信托部门托管的养老基金。尽管你最近的投资被证明将在未来三年内增长一倍，然而目前下降 15% 的事实将会给你带来不少麻烦。

市场战略在一定范围内可能是短期的，也可能是长期的。那些企图参与短期市场交易的人被称之为投机者。他们可能以 15 美元的价格购买，希望在 20 美元的时候将之兑现。为了达到这样的目标，投机者经常采用一些技术分析。技术分析是基于市场指标序列和图表的评估。从事长期投资的人一般识别基本面良好的公司，采取购买然后持有的策略。长期投资者不一定要预测是否在谷底购买或者在高峰出售。购买然后持有的投资者还会最小化他们的资本利得税。

研究表明，基于风险调整，任何人都很难战胜市场。考虑到由于频繁的交易，短期投资者比长期投资者面临更多的交易费用，短期投资交易规则不是作者所赞同的策略。

1.2.5 税收因素

高税收档次投资者的投资目标既不同于低税收档次的投资者，也不同于免税的教会、基金或类似组织。高税收档次偏好利息免税的市政债券，折旧和利息可以摊销的房地产以及提供税收优惠或税盾的投资。

《2003年税收减免法》改变了与持续投资相关的税收因素，你应该会意识到这些变化和它们对组合战略的影响。在通过这个法案之前，对股利征税与普通收入一样（比如和工资相等），股利上的最大税率为38.8%。然而，从持有一年以上的证券上获得的长期资本利得所征收的最大税率仅为20%。

对高收入者而言，所处的税收档次较高，更喜欢购买具有较大潜在资本利得的股票。他们寻找如家得宝（Home Depot）和eBay这样的公司，这种公司支付较少的股利或者不支付股利，利用公司的自有资金为投资者带来增长和资本利得，为投资者赚取资本利得。如杜克能源公司（Duke Energy）和美国电报电话公司（AT&T）这样支付较高股利的公司通常被富有的投资者所规避，因为持有这些股票要缴纳较高的税收。

然而《2003年税收减免法》让股利和长期资本利得站在同一起跑线上。它们现在被课征的最高税率都是15%。这意味着高收入投资者现在可能会在投资组合中认真考虑高股利的公司，如百时美施贵宝（Bristol-Myers Squibb）、美国银行和亨氏公司。

1.2.6 管理的简便

建立投资计划的另一个考虑因素是管理的简便。投资者需要决定花费在投资组合上的时间和精力，从而做出相应的行动。在股票市场。这可能会决定你是否想成为一个每日交易员或者长期的观察家。在房地产市场上，它意味着个人所有和管理一些出租房屋之间的区别，或者是与其

投资的真实世界

通货膨胀率——我为什么该担忧？

从20世纪80年代中期到21世纪初，通货膨胀率是非常温和的，每年增长1%到3%。这个水平远远低于1979年的11.4%和1980年的13.4%的两位数的水平。尽管这个比率相对于20世纪80年中期发展中国家三位数（100%以上）的通货膨胀率还是比较温和的，这些发展中国家有巴西、以色列和墨西哥。

当你计划未来的时候，你可能会问："通货膨胀率将会对我的幸福产生什么影响呢？"如果通货膨胀率在3%~4%，影响不会很大。然而，观察表中20年间持续6%的通货膨胀率的影响。这些数字表明为什么美联储依然谨慎地尝试降低通货膨胀率。

20年内通货膨胀率每年增长6%的影响 （单位：美元）

	2007年价格	20年后的价格
普通汽车	19 500	62 536
梅赛德斯汽车	44 000	141 108
典型的三卧室房屋	160 000	513 120
BBA 刚开始的薪水	45 000	144 315
MBA 刚开始的薪水	90 000	288 630
私人大学平均每年的学费	24 000	76 968
常青藤大学每年的学费	40 000	128 280
财产水平（四口之家）	34 000	109 043

投资的真实世界

遗产计划：只有死亡和税收这两件事情是确定的！可能？

我们知道第一件事情不是即将死亡（也不是摇滚巨星虽死犹存），然而第二件事（税收）怎么样呢？在这个案例中。我们将特别地谈论遗产税，或者当你死亡时，你需要为你的资产所支付的税收。

支付遗产税的人口不到 10 万。主要的原因是，从 2002 年开始拥有价值 100 万美元以上的遗产才需要交税（这里有 100 万美元的免税额）。另外，还有税收计划工具帮助你避免部分税收（如，终生礼品、信托和配偶扣除额等）。然而，对那些支付遗产税的人来说，它却是一个沉重的负担。

一个成功人士在一生中有 50% 的收入支付了政府的税收，这些税种包括联邦和州政府的所得税，当地的财产税，州政府的消费税，外国进口商品施加的税收和酒精饮料税，等等。

然而，当他们死亡的时候，可能还要征收超过 50% 的遗产税。这种双重征税可能意味着这个人和他的后代可能只能保留 25% 的收入，75% 属于政府。大部分人不喜欢那个比例。

为了改变这种情况，布什政府和国会决定废除遗产税，以作为《2001 年经济增长与税收减免调整法》的一部分。

但是等等，不要只因为法律而急着去死。首先，消除遗产税是一个缓慢的过程，通过逐步的更大程度的税收免除而生效。来阅读下表：

年度	税收免除
2002—2003 年	100 万美元
2004—2005 年	150 万美元
2006—2008 年	200 万美元
2009 年	350 万美元
2010 年	免除总额

因此，一个人如果在 2006 年去世，将获得 200 万美元的税收免除；如果在 2009 年去世，将会获得 350 万美元的税收免除。最终，2010 年逝世的人将不会被征收遗产税。如果比尔·盖茨在 2010 年去世，拥有 1 000 亿美元的遗产，他将不会被征收遗产税。

对那些希望避免遗产税的人来说，这个一个好消息。现在，却是一个坏消息。《2001 年经济增长与税收减免调整法》将会在 2011 年 1 月自动废除。这意味着遗产税和其他所有 2001 年法案中的内容都是无效的，除非新国会和新总统决定再次通过它。我们不知道从这一秒到下一秒政客们将会做些什么，同样也不会知道他们将会在未来做什么。

从遗产税计划的角度考虑。你需要关注 2010 年的经济形势（应用你的解释），或者承担后果。

他 10 个投资者组成一个有限合伙公司之间的区别。在这个有限合伙公司中，一个无限合伙人全面负责公司的管理，有限合伙人只负责投入资本。

当然，任何投资计划都应该只用最少的时间。甚至当投资咨询师或者无限合伙人帮你管理投资的时候，你也需要监督和评估他们的行动。

在管理个人投资组合中，投资者应该考虑机会成本。如果一个律师工作一小时或者管理他的金融资产组合都能挣 200 美元，一个公平的问题就是："我将从管理资产组合中获得多少超额受益，或者我能够通过工作和投资为我的资产组合创造更多的价值吗？"除非这个律师是一个杰出的投资者，否则很有可能的是他的工作将会比投资挣得多。

假设一个投资者可以给他的投资组合增加 2% 的超额收益率，但是他每周需要花费 5 个小时（1 年 260 小时）。如果他的机会成本是一小时 40 美元，他将会增加 10 400 美元（40×260）以上的价值到他的投资组合中以使他的私人管理更有吸引力。如果我们假设专业的投资经理人能获得 2% 的超额收益率，那么在私人管理有意义之前，在这些假设下投资者将需要一个价值 52 000 美元的投资组合。这个例子可能解释了为什么许多高收入的个人选择专业人事管理他们的资产。

这样的决定可能也会取决于你在工作与休闲之间的权衡。一个投资者可能会发现管理投资组合是一件高兴而促进智力的事情，还能从管理投资的细微差别中获得心灵的收获。然而，如果你更喜欢滑雪、网球或者享受其他的休闲活动，选择专业管理可能比你自己管理更有意义。

1.2.7　退休和遗产规划的考虑

即使是年轻一些的人也需要开始考虑投资决定对退休和他们未来某天从亲戚那儿获得遗产的影响。那些希望保持单身的人也需要建议其他人为家人采取合适的投资策略。

大部分好的退休问题不应该在退休的时候问起，而应该在 40 岁或者 45 岁以前，因为那是一个影响最大的阶段。一个人毕业后获得第一份工作时经常会被问到的第一个问题是他或她是否愿意建立一个个人退休账户（IRA）。IRA 允许一个合格的纳税人从应税所得中减免一定数量，投资于经纪人的基金、共同基金、银行或者其他金融机构。这些资金通常投资在普通股、其他证券或者有息工具上，如存款单。这些基金获得的收入可以免税增长，一直到退休时取回。例如，一个人在持续的 45 年中每年投资 3 000 美元在 IRA 中，每年可获得 10% 的收益，累计可获得 2 156 715 美元。

1.3　风险和报酬的衡量

实例应用

现在你对不同形式的投资和投资目标的设定都有所了解，我们准备去看一下衡量一项投资的报酬以及相关风险的概念。你从任何投资（股票、债券和房地产）中获得的报酬分为两个重要的部分：资本利得或损失及现有收入。一项投资的报酬率可以用以下公式计算：

$$回报率 = \frac{（期末价值 - 期初价值）+ 收入}{期初价值} \tag{1—1}$$

因此，如果一只股票的价格在一年内从 20 美元上涨到 22 美元，还支付了 1 美元的股利，总回报率是 15%。使用公式 1—1：

$$\frac{（22-20）+1}{20} = \frac{2+1}{20} = \frac{3}{20} = 15\%$$

这个公式应用在股票上，被写成：

$$回报率 5 = \frac{（p_1 - p_0）+ D_1}{p_0} \tag{1—2}$$

其中：

p_1 = 期末价值

p_0 = 期初价值

D_1 = 股利收入

1.3.1　风险

投资风险一般是与投资结果的不确定性相关的。例如，一项投资拥有确定的收益率，为 10%，那么这项投资被称为是无风险的。另一项投资可能会获得 12% 的预期回报率，但是同样可能会在经济不好的时候损失 10%，在经济好的时候获利 30%，那么这项投资就被称为有风险的。图 1—1 是三种风险逐步增大的不同投资。基于风险的定义，投资 C 的风险最大。因为结果的不确定性最大。

在学习投资的过程中，你将很快发现某一既定投资的愿望或者要求的回报率通常是跟投资风险联系在一起的，因为大部分投资者不喜欢风险，他们要求对高风险的投资提供高回报。这并不是说投资者不愿意承受风险，他们只是简单地希望对所承受的风险进行补偿。由于这个原因，一项普通股的投资（不可避免地会有一定程度的风险）可能要求一个预期的回报率，这个回报率通常比商业银行的存款单高 6% 或 7%。这个 6% 或 7% 是风险升水。你从来都不知道你是否获得了预期回报率，但是至少你最初的要

投资A
结果的概率

0.50

0.25

0

5　10　15

报酬（%）

投资B
结果的概率

0.50

0.25

0

0　5　10　15　20

报酬（%）

投资C
结果的概率

0.50

0.25

0

-20 -10　0　10　20　30　40

报酬（%）

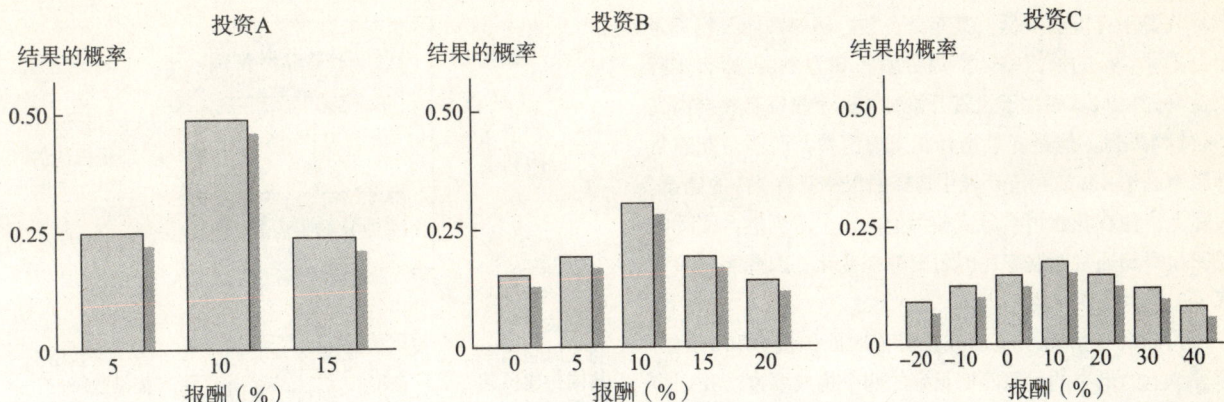

图 1—1　风险的例子

求将会高于你所承受的风险。

还有一种衡量风险的方法，那就是 β 系数（beta）。β 表示单个证券对于整体市场的相对波动性（市场通常用标准普尔 500 股票指数衡量）。如果股票的 β 大于 1，那他的风险将大于市场；如果股票的 β 小于 1，那么它的风险将会小于市场。当你进入组合管理的章节时，你将会非常熟悉 β 的计算。

你还知道，在那个水平上，β 代表不能通过股票多元化组合分散的**系统性风险**（systematic risk），因此它对投资者非常重要。

1.4　预期回报的实际考虑因素

让我们考虑预期回报在金融市场是怎样决定的。尽管下面的讨论是从理论假设的基础出发，但是你将最终看到实证的检验：不同种类的投资提供不同种类的回报。

基本上，一项投资的预期回报由三项构成：

1. 实际收益率；

2. 预期通货膨胀因素；

3. 风险升水。

1.4.1　实际收益率

实际收益率（real rate of return）是投资者允许他人在既定时间内使用自己资金所要求的必要收益率。它是投资者放弃当前消费，允许他人使用自己储蓄直到投资收回时所要求的回报。因为使用了"实际"这个字眼，这意味着通货膨胀前的价值也包括在这个公式中。实际收益率也在考虑投资的任何具体风险之前决定。

历史上，美国的实际收益率一直在 2%~3%。在 20 世纪 80 年代和 20 世纪 90 年代的大部分时间里，它是比较高的（4%~6%）。但是在最近 10 年，可能由于合理的长期预期，实际收益率又回到了正常的 2%~3% 的水平。

由于投资者考虑使用实际收益率作为预期回报率的组成部分，过去的指标将不适用于任何年份的实际收益率。问题在于能否只通过在名义利率中减去通胀率的方法确定实际收益率。然而，预期和偶然并不总是一致的。实际收益率变化更大（在 20 世纪 70 年代的几年中和 20 世纪 80 年代早期，它甚至是反向的）。投资者在决定预期回报率时所面临的一个问题是估计相关利率和通货膨胀率的误差。这些误差在短期回报方面比长期回报更加明显。让我们继续我们的例子，将通货膨胀考虑进去。

1.4.2　预期通货膨胀因素

预期通货膨胀因素必须考虑进实际收益率中。例如，如果投资者要求实际收益率为 2%，**预期通货膨胀率**（anticipated rate of in flation）为 3%，那么我们可以加总二者得到大约 5% 的预期回报率。综合实际收益率和通货膨胀因素令我们得到了考虑风险前的投资预期回报率。由于这个原因，它被称为必要的无风险收益率，或者简单地称为无风险利率（R_F）。

我们可以定义无风险利率为：

$$无风险利率 = (1 + 实际收益率)(1 + 预期的通货膨胀率) - 1 \quad\quad (1—3)$$

代入数字，我们会看到：

$$无风险利率 = (1.02)(1.03) - 1 = 1.050\,6 - 1$$
$$= 0.050\,6 \ 或\ 5.06\%$$

这个答案大约等于 5%。你可以简单地将实际收益率（2%）和预期通货膨胀率（3%）加起来，也是得到 5% 的答案。或者，你也可以按照公式 1—3 的计算过程得到 5.06%。两种方法都很常用。

在考虑通货膨胀后提供 2% 的实际收益下，大约 5% 的无风险利率（R_F）作为最小的预期回报率适用于任何投资。当然，如果投资者实际上得到的是一个更低的回报，实际收益率可能会更低，甚至是负数。例如，如果投资者得到的是 2% 的回报率，而通货膨胀率为 4%，那么实际收益率为 –2%。相比于投资开始时，这个投资者将会损失 2% 的购买力。他最好是选择在当前消费，而不是在通货膨胀率高达 4% 的经济环境中选择回报率只有 2% 的储蓄。实际上，他在花钱请借款人使用他的资金。当然，实际收益回报率和通货膨胀率每时每刻都在变化，因此无风险利率（R_F）也在变化。

我们现在解释了应用在投资（股票、债券和房地产等等）上的最小的无风险回报率的两个构成要素。我们将考虑第三个要素，那就是风险升水。它们之间的关系在图 1—2 中表示出来了。

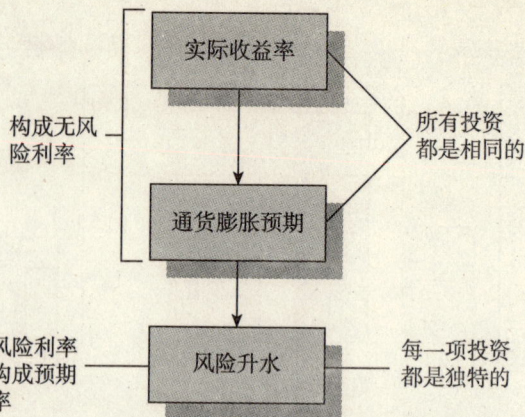

图 1—2　预期回报率的构成

1.4.3　风险升水

实例应用　每一种投资的风险升水（risk premium）各不相同。例如，联邦政府担保的商业银行存款单或者美国国库券，风险升水几乎为零。投资者的所有回报将为无风险报酬率（实际收益率加上通货膨胀预期）。对普通股而言，投资者的预期回报率可能是 6%～7% 的风险升水加上无风险报酬率。如果无风险报酬率是 5%，投资者将会从普通股上获得 11%～12% 的预期回报率。

+ 实际收益率	2%
+ 预期通货膨胀	3%
= 无风险利率	5%
+ 风险升水	6% 或 7%
= 预期回报率	11%～12%

在风险方面，公司债券在短期政府债券（几乎没有风险）和普通股之间波动。因此，风险升水可能是 3%～4%。像实际收益率和通货膨胀率一样，风险升水并不是一个常数，而是不断变化的。如果投资者对经济前景非常恐惧，风险升水可能是 8%～9%。在 1990 年和 1991 年，垃圾债券就是那样。

所选的投资和它们的回报率之间的正常关系见图 1—3 所表示：

许多实证研究支持图 1—3 显示的长期风险—报酬关系。可能最广泛引用的是图 1—4 所显示的年鉴数据，它涵盖了 80 年的数据。注意到高回报和低回报的范围与风险的预期是一致的。风险用标准差来衡量，标准差看起来是每一种证券的最佳选择。回报的分布图表明哪一种证券具有最大的风险。图 1—4 显示我们在实际中讨论的东西在理论上出现在更早的篇章。高回报一般是跟高风险联系在一起的。

值得关注的是回报率几何平均数和算术平均数之间

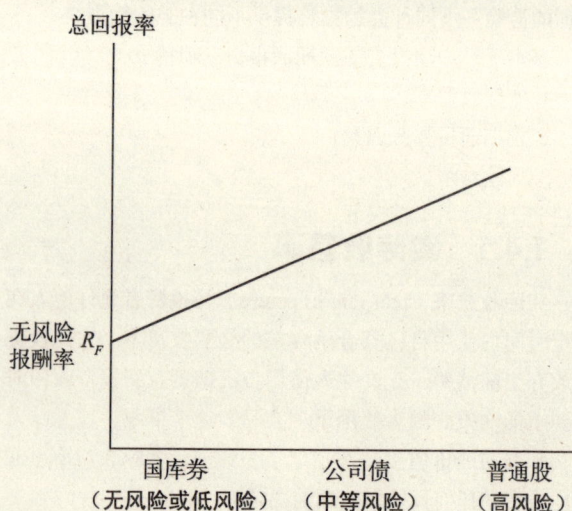

图 1—3　风险—报酬特征

的差别。几何平均数是复合的年回报率，而算术平均数是每年回报率的简单平均。算术平均数偏于上面的数值，是

序列	几何平均数	算术平均数	标准差	分布图
大公司股票	10.4%	12.3%	20.2%	
小公司股票	12.6%	17.4%	32.9%	
长期公司债	5.9%	6.2%	8.5%	
长期政府债	5.5%	5.8%	9.2%	
短期政府债	5.3%	5.5%	5.7%	
美国国库券	3.7%	3.8%	3.1%	
通货膨胀率	3.0%	3.1%	4.3%	

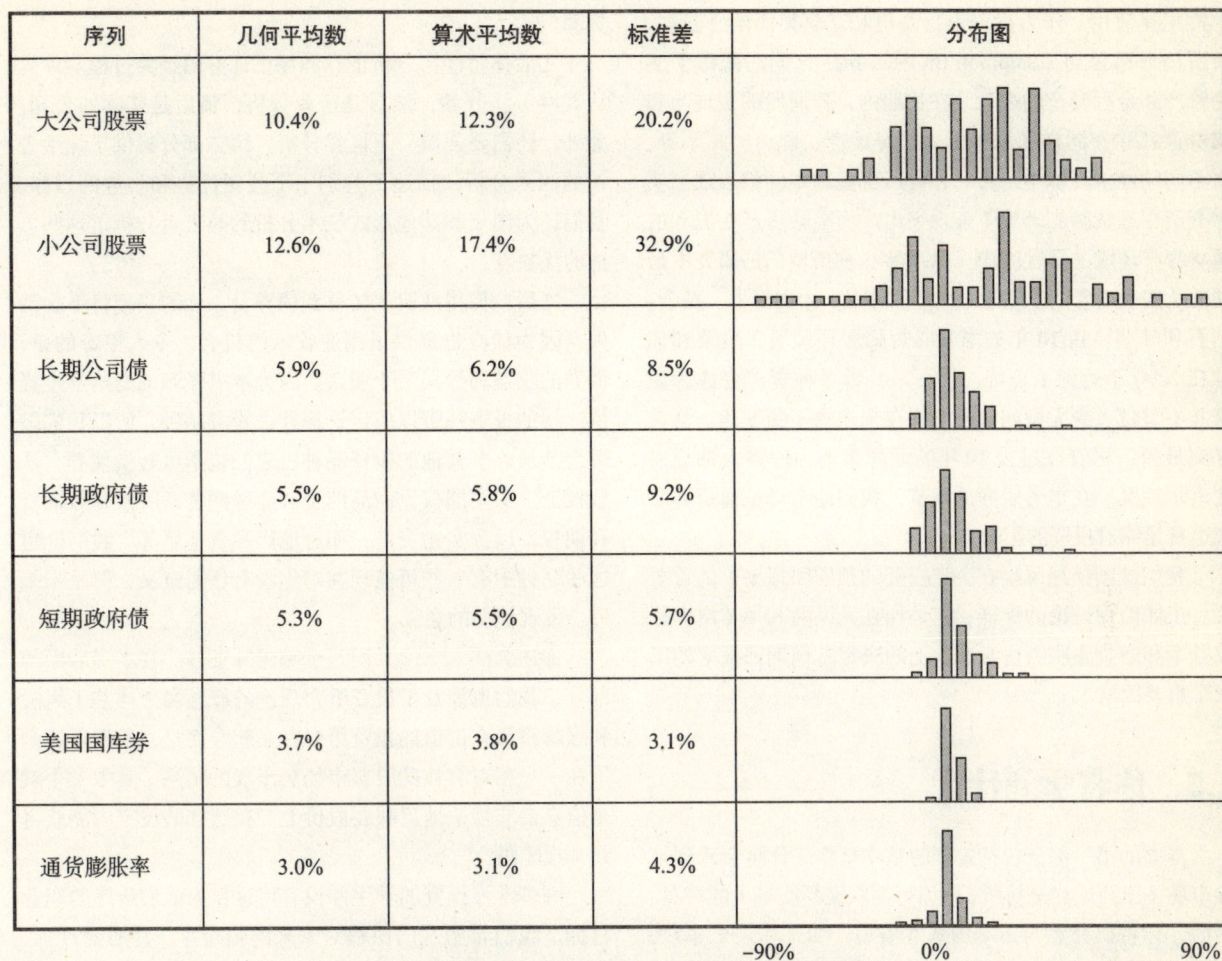

图 1—4　基本序列：1926—2005 年年总回报率的统计概述

因为对负的回报率与正的回报率同样对待。这样是不现实的。如果你最初有 1 美元，损失了 50%，那么你现在有 50 美分。为了得到你最初的投资，你需要增长 100%，从 50 美分增加到 1 美元。

由于图 1—4 中 Ibbotson 的研究采用了 80 年的数据（包括 10 年的经济衰退），这个回报率可能在一定程度上低于目前获得的数据。对债券和国库券而言，这可能部分是真实的。表 1—2 的数据来源于 2006 年的股票、债券、票据和通货膨胀年鉴，显示了九个不同时期的回报。

这些回报只是讨论了在金融资产（股票和债券等等）

表 1—2　　　　　　　　　　　　　　　　十年期收益的复合年利率（%）

	20 世纪 20 年代 *	20 世纪 30 年代	20 世纪 40 年代	20 世纪 50 年代	20 世纪 60 年代	20 世纪 70 年代	20 世纪 80 年代	20 世纪 90 年代	21 世纪 †	1996— 2005 年
大公司股票	19.2	−0.1	9.2	19.4	7.8	5.9	17.5	18.2	−1.1	9.1
小公司股票	−4.5	1.4	20.7	16.9	15.5	11.5	15.8	15.1	12.8	13.6
长期公司债	5.2	6.9	2.7	1.0	1.7	6.2	13.0	8.4	9.9	7.5
长期政府债	5.0	4.9	3.2	−0.1	1.4	5.5	12.6	8.8	9.9	7.6
中期政府债	4.2	4.6	1.8	1.3	3.5	7.0	11.9	7.2	6.4	5.7
国库券	3.7	0.6	0.4	1.9	3.9	6.3	8.9	4.9	2.7	3.6
通货膨胀率	−1.1	−2.0	5.4	2.2	2.5	7.4	5.1	2.9	2.6	2.5

* 1926—1929 年。

† 2000—2005 年。

上的主要应用。作为投资银行公司和花旗集团的子公司，所罗门兄弟公司（Salomon Brothers Inc.），同时跟踪了实物资产和金融资产的表现。在长期内，普通股的表现与实物资产几乎在同样的水平上，如房地产、硬币、邮票等。在不同的经济环境中，每一种资产都呈现不同的表现。实物资产在通货膨胀环境下表现突出。而金融资产在温和的通货膨胀环境中具有优势。1991 年，在所罗门的研究中最佳的长期表现者是早期绘画大师的作品、中国瓷器、黄金、钻石和邮票。在 10 年的温和通货膨胀环境后，股票和债券在 2000 年达到了顶峰。接下来，哪一种资产会成为赢家并不清楚。毫无疑问这种模式在未来将不断变化，从最好到最差，尽管在过去 10 年的证券市场，许多人都会对此表示怀疑。在本书后面的章节，我们还会讨论通货膨胀和通货紧缩对投资的影响。

我们试图描述风险在决定投资的预期回报率中的重要性。正如前面讨论的那样，它是加在无风险利率（由实际收益率和通货膨胀溢价组成）上的决定总预期回报率的第三个重要因素。

1.5　你将学到什么

本书的第一部分包括投资的基本框架。你将会看到证券市场（纽约证券交易所、芝加哥期权交易所等）的概况。然后，你将研究参与市场的基本事项，如开立一个账户，执行一个命令，独立投资或通过共同基金投资等。同时，在本书的第一部分，你还会熟悉重要投资信息的来源，这样你才能开始让你的大学、公共图书馆和电脑成为有用的资源。

之后你将经历分析证券和评估证券的经典过程。你先从观察经济开始，然后是行业分析，最后是实际的公司。此外，还需要强调一下证券分析。第二部分提供了强生公司的深入分析，描述了鉴别一个公司优势和劣势的程序。我们还为图表和其他形式技术分析的热衷者分析了这些方法的优缺点。

之后，你将从股票转移到债券上。你的兴趣将不会消失，因为债券也提供了创造收入的机会。令人惊奇的是，债券的收益和亏损大于股票。因为本书强调的是给学生提供广阔的投资视野以决定选择什么投资品种，所以我们随后会涉及许多其他的投资品种。它们包括可转换债券、认股权证、买卖期权，商品期货和金融期货、股票指数期货和期权，以及实物资产，如房地产和贵金属等。我们知道这些品种中有一些可能现在对你没有任何意义，但是未来你会发现他们的意义。

你还会深入学习共同基金和国际证券。在本书后面的部分，我们也涉及了投资组合理论的概念和怎样基于风险和报酬将最有价值的投资组合在一起。而且，我们还谈到了在一个相对有效的股票市场会出现的结果，其中一个就是信息会非常快地反映在股价上。在这样的设定中能获得超常报酬吗？

许多学习投资的学生并没有将这作为他们最终的职业目标。我们希望这门课程对未来的银行家、注册会计师、保险执行官、营销经理或者其他任何人，也是同样充满价值的。然而，对那些有志于投资的人来说，作者在本章最后的附录 1A 中简单地列出了一些职业机会。

关键词汇及概念

预期通货膨胀率　anticipated rate of inflation

贝塔（系数）　beta

商品期货　commodity futures

债务求偿权　creditor claims

直接权益　direct equity claim

金融资产　financial asset

间接权益　indirect equity claim

投资　investment

流动性　liquidiy

优先股　preferred stock

资产组合　portfolio

实物资产　real asset

实际收益率　real rate of return

无风险利率　risk-free rate

风险升水　risk premium

系统性风险　systematic risk

讨论题

1. 投资的定义是什么？
2. 金融资产和实物资产有哪些区别？
3. 列出一些与投资目标相关的关键领域。
4. 解释直接权益和间接权益的区别。
5. 股权和债权人权益有什么区别？
6. 希望承受低风险的人会投资长期证券还是短期证

券？为什么？

7. 怎样衡量流动性？

8. 解释购买短期资产的保守投资者为什么不同于短期交易者？

9.《2003 年税收减免法》如何影响长期资本利得和股利收入的相对优势？（大致陈述即可）

10. 为什么任何投资都应该在最短的时间内完成？

11. 在一个高通货膨胀的环境中，投资者会更偏好于实物资产还是金融资产？为什么？

12. 衡量一项投资回报率的两大要素是什么？

13. 许多人认为风险是损失金钱的危险。这样的定义也应用在金融上吗？

14. 决定投资者预期回报率的三大因素是什么？

15. 解释在通货膨胀的环境中投资者获得 2% 或 3% 的回报率可能会获得负的实际收益率。

16. 在图 1—4 中，在 79 年的时间里，报酬最高的投资种类是什么？最低的呢？假设风险用标准差来衡量，你能说出图 1—4 中风险和报酬的关系吗？

思考题

1. 克拉克松公司的股价从去年的 50 美元涨到 56 美元，这家公司还发放了 2 美元的股利。计算投资回报率。

2. 在接下来的一年中，股利将提高到 2.25 美元。然而，一个熊市将会在年底产生。公司股价从年初的 56 美元下降到年末的 48 美元。计算股东的回报（损失）率。

3. 假设经济中的实际收益率是 2.5%，预期通货膨胀率是 5%，风险升水是 5.8%。计算无风险利率（公式 1—3）和预期回报率。

4. 假设经济中的实际收益率是 4%，预计消费价格指数将从 200 提高到 210。普通股股票的预期回报率比无风险利率高出 1/3。计算普通股的预期回报率。

附录 1A 投资领域的职业机会

投资领域的职业机会包括股票经纪人、证券分析师、投资经理、投资银行家和理财规划师。

1A.1 股票经纪人

股票经纪人（账户执行者）一般和公众一起工作，提供投资建议，执行个人或者机构账户的买卖指令。尽管经纪人可能有一个底薪来度过艰难的时候，但他们的大部分薪水来自佣金。成功的经纪人收入都非常高。

大部分证券公司寻找有很强的销售技巧，对金融充满兴趣的人才。在雇用的过程中，许多证券公司要求有企业的工作经验和成熟的外表。

1A.2 证券分析师或投资经理

证券分析师研究不同的行业和公司，为他们的客户提供研究报告。证券分析师可能为证券公司、银行的信托部门或者其他的机构投资者工作，经常专注于特定的行业。他们应该掌握整个金融分析的深度知识，以及影响行业的各种变量。

在过去，金融分析师的作用已经通过特许金融分析师（chartered financial analyst, CFA）的认证计划而得到提高。在美国和加拿大，大约有 50 000 名特许金融分析师。获得这项认证需要最少三年的相关工作经验，和通过长达三年的综合测试。每年的考试有六个小时（考试费用每年都在变化）。实际上你还在学校的时候就可以开始参加这个考试（你可以在之后达到工作经验的要求）。

表 1A—1 列举了三年考试包括的考点。有金融、会计或者经济学的商科本科或者研究生背景有助于这项考试（尽管其他学历的人也可以参加这一考试）。当然，教育背景必须附加在特许金融分析师学院规定的额外调查中。

虽然许多证券分析师并不是特许金融分析师，但是这些获得特许金融分析资格的人拥有更高的收入和威信。实际上顶级的分析师非常紧缺，6 到 7 位数的薪水也是很普遍的。

表 1A—1	特许金融分析师考试的考点
道德和职业标准	
适用的法律和法规	道德行为和职业操守
实践中的职业标准	国际道德和职业标准
投资估值和管理的工具	
计量方法和统计	微观经济学
宏观经济学	财务准则和会计
投资（资产）估值	
估值过程的概述	权益证券
投资估值中应用的经济分析	固定收益证券
投资估值中应用的行业分析	其他投资
投资估值中应用的公司分析	衍生证券

续前表

组合管理	
资本市场理论	权益组合管理
组合政策	房地产组合管理
预期因素	特殊资产组合管理
资产分配	执行投资过程
固定收益组合管理	业绩评价

投资经理负责管理较大的资金池，而且他们一般受雇于保险公司、共同基金、银行信托部门、养老基金和其他机构投资者。他们经常依赖于证券分析师和证券经纪人的帮助，来设计他们的组合。他们不仅仅决定购买或者出售什么股票，还必须权衡组合中普通股和固定收益证券的比例，从而决定最佳的风险水平。投资经理常常从证券经纪人或者证券分析师升级而来。

1A.3 投资银行家

投资银行家主要将发行公司的证券分销给公众。投资银行家还给公司客户提供财务战略的建议，可能还会帮助他们安排兼并和收购。

投资银行家是证券行业最受尊重的职业人士。尽管投资银行家的招聘曾经限于家里有背景的长青藤联盟的毕业生，然而现在情况不一样。不管怎样，高学历和优异的成绩仍然是必需的。

1A.4 理财规划师

理财规划师是一个新兴的职业，他们帮助个人投资者解决投资和税收问题。理财规划师可能包括受过良好训练的保险代表、会计师、注册理财规划师（一个人可能具备不止一种身份）。

注册理财规划师（certified financial planners, CFPs）由注册理财规划师学院设计，它是金融教育基金会的一个部门。要想成为一名注册理财规划师，你需要通过综合测试和培训非常熟悉下面的五个领域：

- 理财规划过程和保险
- 投资规划
- 所得税筹划
- 退休计划和员工福利
- 房地产规划

第 2 章　证券市场：现在和未来

2.1　市场环境

　　金融市场总是持续、迅速地变化着。在过去的 10 年间，金融市场变革层出不穷，从放松管制到新的法律法规的制定，从并购重组到全球各大金融机构合并，从网上交易到电子通讯网络，还有大多数证券市场都纷纷转型——从非营利性机构发展到营利性的公司，公众可以在这里公开交易有价证券。第一家公开上市交易的证券交易所是芝加哥商品交易所（Chicago Mercantile Exchange, CME），它于 2001 年底首次公开上市。其发行价为每股 34 美元，6 年后其股价超过了每股 500 美元。纳斯达克股票交易所（Nasdaq Stock Market）尾随其后公开上市，紧接着是纽约股票交易所（New York Stock Exchange, NYSE）、芝加哥期货交易所（Chicago Board of Trade, CBOT）。芝加哥商品交易所上市之后的股票表现使这些交易所都急于公开上市并不足为奇。

　　一旦这些证券市场公开上市，成为可以公开交易的公司，他们的股票就可以用来收购兼并其他的证券市场。纽约股票交易所兼并了最大的电子通讯网络之一 Archipelago，又于 2007 年兼并了泛欧证券交易所（Euronext）。泛欧证券交易所是欧洲的一个进行股票和衍生品交易的电子化证券交易机构。纳斯达克股票交易所收购了路透社控股的 INET，它是最大的电子通讯网络系统。纳斯达克还向伦敦证券交易所提交了合并意向书，但遭到伦敦证券交易所的拒绝，纳斯达克于是相继收购了伦敦证券交易所的股票，并于 2006 年底持股达到 30%，但以每股 12 英镑的公开要约收购以失败告终。另外，两家最大的期货交易市场——芝加哥商品交易所和芝加哥期货交易所达成合并协议，创立了统领全球的期货交易市场。经过多家交易所激烈的竞争报价，芝加哥期货交易所于 2007 年 6 月最终接受了芝加哥商品交易所的报价，达成合并协议。

而银行业法律法规的重大变化则先于证券市场的这些结构性变化。1990 年，议会通过了《金融服务现代化法》（Gramm-Leach-Bliley Act, GLB），法案承认了金融机构混业经营的合法性，于是，金融机构可以提供全面的金融服务，包括商业银行业务、投资银行业务、保险以及经纪业务。混业经营曾被 1929 年经济危机爆发之后通过的《格拉斯—斯蒂格尔法案》所禁止，因此，GLB 法案实际上是撤销了这些禁令。

或许最重要的法律应属 2002 年通过的《萨班斯—奥克斯利法案》（简称《SOX 法案》）。该法案颁布于 20 世纪 90 年代末期，股票市场繁荣时期发生的多起会计丑闻之后。安然公司、世界通信公司、泰科国际有限公司，还有一些其他的公司都涉入了会计丑闻事件中，公司管理层的部分人员作了假账，其中的大多数人都于 2007 年底被捕入狱。但是，遵守《SOX 法案》的高昂费用以及违规之后的巨额惩罚成本使外国公司去美国股票交易所上市的意愿被大大削弱。例如，2005 年间，首次公开上市筹资额最大的 25 家公司中有 24 家都选择了欧洲的股票交易所。《SOX 法案》成为了美国证券交易所积极与外国证券交易所进行的合并的一个重要动因。公司可以自主选择任何一家交易所上市，若选择在欧洲或者亚洲的交易所上市，公司则无需遵守《SOX 法案》或美国证券交易委员会（Securities and Exchange Commission, SEC）出台的其他法规。

《SOX 法案》出台之后，遵从成本占去了很多小型上市公司利润的很大部分。上百家小型公司通过从公开市场回购自身股票变成了私有公司，并从公开市场退市。

了解了过去几年市场的结构性变化以及法律法规的衍变，您也许想知道金融市场究竟是如何运转的。那么这些市场究竟都有什么功能呢？

2.2 市场功能

人们经常会给他们的股票经纪人打电话，询问市场的近况。他们口中的市场通常是指股票市场。股票的表现通常由道琼斯工业指数、标准普尔 500 指数或其他一些股票指数来衡量。但需要指出的是，股票市场并不是唯一的金融市场。任何一种投资工具都可以有其自身的市场。

简单地说，**市场**（market）就是人们进行交易的场所，通常是用货币换取一些人们需要的有价值的物品，它可以是一辆二手车、政府债券、黄金或者钻石等。进行这些交易并不一定要有一个实体场所，只要买卖双方之间能够互通消息、交易即可进行。卖方并非一定得拥有他所要卖的物品，他可以仅是代理物主进行交易。例如，某人想出售自己的住房，他通常会请一个房产经纪人或房产中介作代理，而出售广告以及最后的出售事宜则由他们全权处理，代理人从中收取一定比例的佣金。并不是所有的市场都具有相同的交易程序，但他们大多具有一些相同的交易特性。

2.2.1 市场有效性及其流动性

通常而言，**有效市场**（efficient market）是指新的信息能迅速反映到价格之中，以及市场交易是连续的，即每一笔交易的成交价与其上笔交易的成交价相近，并且市场能够在价格不发生重大变化的情况下吸收大量的有价证券或其他金融资产。市场越有效，价格就越能快速地反映信息，前后两笔交易的成交价也越接近，并且在价格不发生重大变化的情况下，市场越能吸收更多的有价证券。

市场要实现上述的有效性，就必须具备**流动性**（liquidity）。流动性衡量的是一项资产在其正常市场价值基础上的变现能力。若市场交易是连续的，则市场具有流动性，并且随着市场参与者的增多，价格的连续性会随着市场流动性的增强而增强。市场流动性还受交易成本的影响。买卖的成本越低，人们进入市场交易的可能性就越大，市场流动性也就越强。

2.2.2 市场竞争和资本配置

投资者必须认识到所有的市场都会为获得资金而竞争：股票相对于债券，共同基金相对于房地产，政府债券相对于公司债券，等等。由于市场会为不同的资产定价，投资者因此可以将这些资产价格和他们愿意承受的风险及他们的预期收益相比较，从而挑选出对他们而言风险—收益比最适合的资产。如果市场是有效的，价格会及时地反映新的信息，这样就会改变资产的期望收益率，从而投资者可以及时地调整他们的投资组合。若市场缺乏有效性和流动性，投资者就无法及时调整其投资战略。这样的资本配置在一级市场和二级市场中都存在。

2.2.3 二级市场

二级市场（secondary markets）是投资者交易现有资产的场所。二级市场的功能在于定价和提供流动性。如果二级市场不存在，那么投资者就无法出售他们所持有的资产。没有流动性，投资者就根本不会投资。你愿意拥有 1 万美元微软的股票，但需要变现时却无法把它卖出吗？如果没有二级市场，投资者需要一个更高的期望收益来补偿流动性不足，以及不能根据新的信息调整他们的投资组合所带来的风险。

2.2.4　一级市场

一级市场（primary markets）中市场参与者的资金流向与二级市场有所不同。不同于二级市场中投资者之间相互交易，在一级市场中，市场参与者是从资产来源处直接购买资产。举一个简单的例子，AT&T 新发行债券，投资者会从为 AT&T 承销债券的投资银行所雇佣的经纪代理公司购买债券。投资者的资金会直接进入 AT&T 的公司账户，而非另一位投资者的账户。这样的资金流向同样适用于你直接向一位画家买画，而非从美术馆买画这种情况。

一级市场使得公司、政府，以及其他机构能够筹集资金，扩充他们的资本金。一旦资产或证券在一级市场上出售，他们就可以开始在二级市场上进行交易。二级市场中的价格竞争使得具有不同风险—收益比的资产具有不同的公允价格，这给一级市场为新发行证券定价提供了依据。至此，我们对市场的讨论仍较概括，但对大多数自由市场都是适用的。在接下来的部分，我们会对单个市场的组织结构进行具体分析。

2.3　一级市场的构成：投资银行家

一级市场中最活跃的参与者是投资银行家。由于公司、各州政府以及当地政府并非经常出售新的证券，有时甚至一年都没有一次，因此他们需要依靠投资银行家的专业技能帮助他们出售自己发行的证券。

2.3.1　承销功能

投资银行家（investment banker）在筹集资金的过程中扮演的是中间人的角色，并且通常因承销新发行的证券而承担风险。承销（underwriting）是指投资银行首先以固定价格将发行公司欲发行的证券全部买下，然后再向公众出售，这样就消除了不能全部卖掉证券从而使发行公司融资不足的风险。投资银行还可以采取代销的方式帮助公司发行新证券，这种方式也称"尽力推销"（best-efforts）。在这种情况下，风险由发行公司自行承担，若新证券认购不足，发行公司需要从承销商处购回所剩证券。只有极有限的证券会由发行公司直接出售（sold directly）给公众。在这三种证券发行的方式中，承销方式是最普遍的。

在承销中，一旦证券被出售，投资银行作为承销商往往需要担任新发行证券的做市商的角色。这意味着承销商需要积极地买卖新证券，从而保证这只证券具有一个持续

流动的市场和较大的交易量。若是尽力推销或发行公司直接向公众出售证券（这比尽力推销的规模更小），发行公司则需要承担融资不足的风险，并且在这两种方式下，也不能保证新的证券能有一个持续的流动性好的市场。

公司有时也会选择通过私募，而非公开出售来筹集资金。在私募的情况下，公司可以将其证券直接卖给一家金融机构，比如保险公司、养老基金或者共同基金，也可以委托投资银行帮助寻找有意向的机构购买其大量的股票或债券。大多私募都是发行债券而非股票。但在最近的十年中，公开发行的债券在公司融资额中占到了 80%，而私募的资金只占 20%。目前，公开发行债券融资相对于私募融资来说，已经成为筹集债务资本最普遍的方式。

2.3.2　发行

在公开募股过程中，发行过程是极其重要的，并且在发行量很大的情况下，一家投资银行往往不会独自承销。多家投资银行会组成承销团，称为"辛迪加"（syndicate），来共同承担风险和配售的压力。发行金额越大，参与承销团的投资银行就越多。图 2—1 是一则有关幽灵空中系统控股公司（Spirit Aero Systems Holdings, Inc.）首次公开发行的"墓碑"广告。这则广告说明了参与承销团的各家投资银行。幽灵空中系统是一家总部位于堪萨斯州威奇塔市的航空航天类制造企业，主要为波音公司和空中客车公司设计和制造飞机部件，例如机身、动力系统，以及机翼系统等。其制造设施主要位于堪萨斯州、俄克拉荷马州以及英国。

该公司所发行的 63 345 834 股新股的发行价为 26 美元，并且都是 A 类普通股，这些新股总价值约为 16 亿美元。"墓碑"广告中标明了承销团的各成员。主承销商和联合承销商在名单的第一行，其余的承销团成员则按字母顺序依次排列。在此例中，瑞士信贷（Credit Suisse Securities）是主承销商，而高盛集团（Goldman Sachs & Co.）及摩根士丹利（Morgan Stanley & Co）则是联合承销商。这三家承销商均拥有相同数量的股票，只是瑞士信贷作为主承销商还负责撰写招股说明书和为新股定价。其余的承销团成员所拥有的新股数则较前三家要少。分配给每家投行的股票数量在招股说明书中都有明确说明，招股说明书在美国证券交易委员会备案。

需要指出的是投资银行家们是以低于发行价的一个折扣价（在这里是每股 24.7 美元）购入新股的，随后再以每股 26 美元的发行价出售给公众。如果幽灵控股的股价跌破了发行价，并且仍以低价继续出售，则投资银行就不能赚取他们预估的利润。如果在发行过程中股价跌破了 24.7 美元，那投资银行则会面临亏损。

华尔街日报   星期二，2006年12月12日

这则公告与股票发售无关。只有招股说明书明确了发售事宜。
招股说明书的副本可以从合法的承销商处取得。

首次公开发行   2006年11月20日

1 646 991 684美元

SPIRIT AEROSYSTEMS™

幽灵空中系统控股公司

63 345 834 股

A 类普通股

每股26美元

瑞士信贷	高盛集团	摩根士丹利
美银证券	花旗集团	考恩公司
德银证券	GMP证券	杰夫甲板公司
雷曼兄弟	美林证券	加拿大皇家银行资本市场
加拿大丰业资本	瑞士银行	西风合伙人

图 2—1 "墓碑"广告

对于大多数首次公开上市而言，投资银行作为发行公司和证券市场的纽带显得尤为重要。通过承担风险，投资银行使得公司和其他机构获得了所需要的资本，并且使得其他投资者能够在二级市场中购买股票，从而获得上市公司的部分所有权。投资银行业的一个令人关注的变化是全球化及投资银行的规模不断扩大。在上述幽灵控股的首次公开上市中，15 家投行分担了总金额约为 16 亿美元的新发行股票。在有些情况下，一个有 10 家银行左右的承销团能够分担总金额在 50 亿左右，甚至更多的新股发行。

另一项影响证券承销和配售过程的变化是越来越多地应用储架注册制度。这是美国 SEC 条例的第 415 条条款规定的。储架注册制度允许发行公司提前向美国 SEC 注册预发行的新证券，将来若有融资需要，则可立即发行。之后，

这项制度使得投行家们先购买部分的储架发行数量，然后可以立即出售给机构投资者而无需组成承销团。储架注册制度在债券发行中更为流行，而之前，传统的辛迪加承销则占据主流。

2.3.3 投资银行间的竞争

表 2—1 显示了 2005 年到 2006 年间全球债券和股票承销收益最高的十家承销商。名单中的投资银行每年的变化都不会很大，只是排名略有变化，有的上升，有的下降，这主要是由于银行间的合并以及各银行客户的融资活动的变化。在前些年的排名中，会着重强调在美国发行的债券和股票，但随着越来越多的国际及跨国公司在全球范围内筹集资本，投资银行业也随之变得全球化。

表 2—1　　　　　　　　　前十大全球股票和债券承销商（按 2006 年收益大小排列）

承销商	2006 年			2005 年	
	收益（10 亿美元）	发行数量	市场份额（%）	收益（10 亿美元）	排名
花旗集团	666.8	1 966	8.7	573.5	1
JP 摩根	506.1	1 738	6.6	438.6	2
德意志银行	475.0	1 444	6.2	435.0	3
摩根士丹利	454.6	1 419	6.0	393.1	5
雷曼兄弟	446.5	1 306	5.8	433.6	4
美林集团	437.2	1 531	5.7	351.9	7
高盛集团	372.8	915	4.9	326.8	9
瑞士信贷	363.0	1 142	4.8	352.4	6
巴克莱银行	360.3	1 079	4.7	273.0	11
瑞银集团	326.7	1 276	4.3	328.6	8
前十大总额	4 409.0	13 816	57.7	3 906.5	
行业总额	7 643.0	21 818	100.0	6 616.8	

前十大投行总共所占的市场份额从 20 世纪末 21 世纪初开始逐渐下降，这就为中小型的投资银行占有市场的一席之地提供了机会。他们更专注于中小型公司，而大型投行则更多地依赖于大型的公司。2001 年前十大投行所占的市场份额超过了 83%，而到了 2006 年他们所占的市场份额下降到了 57.7%。将私有公司首次公众化成为**首次公开上市**（initial public offoring, IPO）。IPO 的销售费用比已上

市公司向公众增发股票所花费的费用要高很多，平均要高出 1.5 到 2 个百分点。表 2—2 列出了从 IPO 中获取收益最高的前十家投行，这次高盛居列榜首。

证券承销的竞争就像是十项全能比赛，每一位参赛运动员都有很多竞赛项目。表 2—3 列出了投资银行间竞争的类别以及在每个类别中的第一名。虽然美林在很多类别中都居前列，但在任何一项中都没能排到第一。花旗银行

表 2—2　　　　　　　　　前十大 IPO 承销商（按 2006 年收益大小排列）

承销商	2006 年			2005 年			
	收益（10 亿美元）	市场份额（%）	发行数量	收益（10 亿美元）	排名	市场份额（%）	发行数量
高盛集团	7.4	16.7	30	4.1	1	11.3	24
摩根士丹利	5.3	11.9	25	3.8	3	10.2	21
花旗集团	4.8	10.8	22	4.0	2	11.0	30
雷曼兄弟	4.4	9.9	27	3.6	4	9.9	31
JP 摩根	4.0	8.9	29	2.7	7	7.4	22
瑞士信贷	3.4	7.6	24	3.2	6	8.7	24
美林集团	3.0	6.8	26	3.6	5	9.7	21
瑞银集团	2.3	5.3	22	1.8	8	4.9	17
贝尔斯登（Bear Stearns）	1.7	3.8	12	0.7	13	1.9	7
美洲银行（Banc of America Securities）	1.1	2.5	12	1.3	10	3.5	12
前十大总额	37.5	84.2	229	28.8		78.5	209
行业总额	44.5	100.0	195	36.7		100.0	214

表 2—3　　　　　　　　　谁是第一承销商（按 2006 年收益大小排列）

市场类别	No.1 承销商	2006 年市场份额（%）	相比 2005 年（%）
全球债券、股票及与股票相关的证券	花旗集团	8.7	
美国债券、股票及与股票相关的证券	花旗集团	10.0	
股票			
全球普通股	高盛集团	10.2	1.20
全球可转换债券	花旗集团	15.5	5.00
全球普通股（美国的发行公司）	高盛集团	15.8	5.20
全球可转换债券（美国的发行公司）	花旗集团	17.2	3.30
债券			
美国资产抵押债券	花旗集团	9.9	1.50
美国投资级公司债券	花旗集团	14.6	−2.00
美国高收益公司债券	JP 摩根	14.3	1.00
美国住房抵押债券	贝尔斯登	9.9	0.50
辛迪加贷款			
美国辛迪加加贷款	JP 摩根	26.4	−1.70

在整个全球市场居于首位，但高盛在普通股发行这一领域位居第一。JP 摩根则领军高收益公司债券以及美国辛迪加贷款发行。贝尔斯登则是美国住房抵押贷款证券化领域的领头羊。每一家公司都凭借自有的专业技能参与竞争。

全球市场对于投资银行来说变得越来越重要。表 2—4 列出了 2006 年全球最大的股票发行和债券发行公司。可

表 2—4　　　　　　　　　2006 年最大的公司融资列表

前十大全球股票发行			前十大债券发行		
发行公司	日期	金额（10 亿美元）	发行公司	日期	金额（10 亿美元）
中国工商银行	10.20	22.0	西班牙电信集团（Telefonica SA）	1.19	7.0
澳洲电信公司（Telstra Corp）	11.18	11.9	思科系统公司（Cisco Systems）	2.14	6.5
中国银行	3.23	11.2	飞思卡尔半导体（Freescale Semiconductor）	11.16	6.0
俄罗斯石油公司（OAO Rosneft）	7.13	10.7	甲骨文公司（Oracle Corp）	1.10	5.8
法国南特人民银行（Natixis SA）	12.6	6.4	恩智浦半导体（NXP Semiconductors）公司	10.5	5.7
日本三井住友金融集团（Sumitomo Mitsui Finl）	1.23	5.3	HCA 公司	11.9	5.7
KKR 私人股权投资者有限合伙公司（KKR Private Eqty Invstrs）	5.3	5.0	阿纳达科石油公司（Anadarko Petroleum）	9.14	5.5
英国标准人寿保险公司（Standard Life PLC）	7.7	4.5	GE 金融集团（General Electric Capital）	10.23	5.4
日本三菱日联金融集团（Mitsubishi UFJ Financial）	6.5	4.3	西班牙对外银行高级金融公司（BBVA Senior Finance SA）	4.6	5.3
西班牙对外银行（BBVA SA）	11.28	3.9	西班牙对外银行美国金融公司（BBVA US Senior SA）	4.19	5.3

以看到，在股票发行公司中没有一家美国公司，而在债券发行的行列中，美国公司也屈指可数。

2.4　二级市场的构成

一旦新发行的证券被售出，它就开始在二级市场流通，二级市场为其提供流动性、连续性以及效率和竞争。**交易所**（organized exchanges）通过一个集中的场所来实现这个功能，买卖双方在交易所内进行交易。**场外市场**（over-the-counter markets）也为交易创造市场，但它没有一个集中固定的场所。最近几年，一个被称作**"电子通讯网络"**（electronic communication networks, ECNs）的新型市场发展了起来。我们将在接下来的部分具体介绍这些市场。

2.4.1　交易所

交易所既可以是全国性的，也可以是地方性的，两者的共同点是都有组织的。交易所为买卖双方提供了一个集中固定的交易场所。交易所是一个拍卖市场，其中经纪商充当买卖双方的代理，代买卖双方进行交易。不同的股票通常在不同的交易柜台进行交易。经纪商是交易所的注册会员，对于每家交易所来说，经纪商的数量是固定的。在美国，全国性的交易所有纽约股票交易所（NYSE）、美国证券交易所以及纳斯达克股票市场。

地方性交易所最开始只是交易地方性公司的证券。随着公司的成长壮大，他们会在全国性交易所上市，但他们同时也会继续在地方性交易所进行交易。很多城市，例如芝加哥、辛辛那提、费城、波士顿，都有自己的地方性交易所。如今，很多全国知名的公司都在这些交易所进行交易。在NYSE、芝加哥股票交易所，还有一些更小的地方性交易所同时交易一只股票是很常见的事。在芝加哥股票交易所上市的公司中有超过90%的公司都在NYSE上了市。这被称为两地同时交易。

2.4.2　证券买卖汇总记录带

虽然同时在两地上市和交易的情况已经存在很多年了，但直到1975年6月16日，第一个"股票行情跑马灯"

投资的真实世界

千分之一秒非常关键

随着电子化交易系统在股票交易所乃至整个金融市场变得越来越重要，指令处理的速度对交易员、经纪商和交易所都变得至关重要。就像在100米短跑中，跑得最快的才是冠军。唯一不同的是，在金融市场中，10秒钟还不够快。NYSE自称在其交易层的拍卖市场中，系统执行一项普通的交易指令只需要7秒钟。而在线经纪商，像E-Trade，则承诺能在2秒钟之内完成一笔交易，即使交易股票数量很大，也是如此，而关闭一项交易则需要不到半秒钟。NYSE还声称，如果使用他们的自动交易系统，执行一项交易指令则只需300到400毫秒。

然而，对于交易员来说，在金融市场上，他们谈论的根本就不是一秒或十分之一秒的问题，而是毫秒或者千分之一秒。电子化交易所，例如NYSE的Archipelago，还有纳斯达克的INET，都承担了大量的交易处理工作，一些知名公司50%的大宗股票交易都是在这些电子化交易所实现的。芝加哥商品交易所的电子化交易平台Globex同样也承担了50%的期货交易。电子化交易所占的比重将会越来越大，不久以后市场上的所有大宗交易都将实现电子化。

时间对于资深交易员和对冲基金而言至关重要，以至交易速度提高千分之一秒对他们的投资战略都会产生很大影响。一些公司的投资战略对时间的敏感性极大，他们会时时关注市场变化，发现市场中买卖价差的不平衡。当他们发现价格上一丁点的失衡（甚至不到1分钱），他们就会立刻抓住套利机会，利用他们的电脑程序进行买卖，从中获利。如果每天能抓住足够多的这种套利机会，即使每只股票只赚几厘钱，百万、千万只股票也能累积起丰厚的利润。这种套利行为使得市场上的价格能够处于均衡状态，从而使市场变得有效率。

Tradebot系统公司将其进行交易的电脑平台从北堪萨斯城转移到了纽约和新泽西，就是为了能和最大的两个电子化市场同处于一座大楼里。Tradebot的所有者戴夫·卡明斯（Dave Cummings）预计这次搬家能够使他们的交易速度达到1毫秒，而他们在堪萨斯城时的交易速度却需要20毫秒。交易时间的节省是极其重要的，戴夫·卡明斯说，如果他们没有迁址，那他们在这个行业中就没有立足之地了。据估计，有超过40家公司都将他们的机房转移到了相同的两座大楼里。

才建立起来。这使得经纪商能够在一家交易所看到同一只股票在其他交易所的交易价格。有两卷证券买卖汇总记录带，一卷记录了在纽约股票交易所上市的公司，另一卷记录了在美国证券交易所上市的公司。有十家交易所加入了证券买卖汇总记录带系统，包括所有的地方性交易所和芝加哥期权交易所。

2.4.3　公司上市的条件

上市条件是认识交易所的一个很重要的要素。一家公司的证券如果要在交易所上市交易，就必须满足这家交易所的上市条件，并且得到这家交易所董事会的批准。所以的交易所都有关于公司上市的最低条件。因为 NYSE 是最大的交易所，它为很多大型的知名公司筹集了最多的资本，因此它的上市条件也是最为严格的。虽然纳斯达克股票市场的上市条件并没有 NYSE 那么严格，但很多大的科技类公司即使能轻松达到 NYSE 所的要求也会选择在纳斯达克上市，例如微软、甲骨文、苹果、思科等。

首次公开上市　每所交易所都规定有最低上市要求，包括：公司的最低净利润、公众持股的市场价值、公众持股数，以及持股超过 100 股（最低认购数）的股东人数。其他一些交易所也有类似的要求，只是最低数量会少些。我们在本章最后的练习里希望你可以去 NYSE 的网站看看他们目前对公司上市的最低要求有哪些。在纳斯达克的网站上也有同样的信息。

希望在 NYSE、纳斯达克或者其他交易所上市的公司之所以想上市是因为他们相信通过上市，公众可以在交易所购买他们的股票，从而为其股东提供了流动性，也为公司的成长和扩张提供了筹集资本的另一条外部渠道。公司每年必须支付交易所一定的上市费用，以及根据每年公司股票的交易数量支付一些额外费用。

退市　若一家公司没有达到某些特定的条件，交易所同样有权取消这家公司的上市资格（强令退市）。这有很多种情况，但通常而言，一家公司的股票被退市一般有几种情况：持股股东低于 1 200 人，公众持股数不足 600 000 股，股票市值不足 500 万美元。在最初上市时符合这些条件的公司在困难时期也许就不能达到了。

2.4.4　上市费用

对于交易所来说，公司上市他们就能收取上市费用。纳斯达克的网站上提供了一个计算器，显示了纳斯达克和 NYSE 上市费用之间的差别。若一家公司在外流通的普通股有 1 亿股，那么他每年需要支付给纳斯达克的上市费用为 61 750 美元，而需要支付给 NYSE 的则为 93 000 美元。

除此之外，对于首次公开上市的公司，交易所还要收取一次性的首次上市费用。一家公司需要支付给纳斯达克的首次上市费用为 150 000 美元，而需要支付给 NYSE 的则达到了 250 000 美元。

2.5　纽约股票交易所的构成

纽约股票交易所经历了从非营利性机构到营利性公司的转型，同时也建成了多层次的交易平台，既保持了传统的交易大厅，还收购了 ArcaEx（公司原名为 Archipelago），拥有了自己的电子化交易系统。在 2007 年第一季度，NYSE 还与 Euronext 达成了合并协议。Euronext 是世界领先的电子化交易市场，在阿姆斯特丹、布鲁塞尔、伦敦还有巴黎都有子公司，同时它还是世界领先的衍生品（期权、期货）交易市场。

自从 NYSE 和 Euronext 合并之后，合并的交易所成为了目前世界最大的交易所，被称为"NYSE Euronext"。它的股票代号为 NYX。在 2007 年，合并之后的公司股票市值达到了 270 亿美元。NYSE 预计，新合并的公司每日的平均交易金额将达到 1 020 亿美元。在 2006 年的 12 月，NYSE 宣布将关闭交易大厅 20% 的部分，缩减其规模，这意味着市场正迅速从交易大厅交易转向电子化交易。最终，电视新闻网络将在其他场所播放市场新闻，因为几年后，也许交易大厅都不存在了。

2.5.1　纽约股票交易所中的交易

传统上，NYSE 有固定的会员人数，只有这些会员才有资格在交易所进行交易。在 2005 年，一家会员公司每日的交易金额上限为 3 500 万美元。交易所发给每位会员以交易许可证，并收取一定的年费。目前有两类会员：**场内经纪商**（floor brokers）和**特许经纪人**（specialists）。

场内经纪商　场内经纪商是客户的代理人，并在交易大厅为客户执行买卖指令，场内经纪商又分为两种：**经纪行**（house brokers）和**独立经纪人**（independent brokers）。经纪行就是 NYSE 的会员公司，例如美林和美邦国际（Smith Barney），这些就是我们通常所说的投资银行。经纪行既为客户买卖，也为公司自己的账户进行交易买卖。

独立经纪人通常是个人或一些非常小的专业投资公司的雇员。这些独立经纪商既可以为非会员公司服务，也可以为会员公司执行交易指令，甚至还可以为经纪行提供需要的帮助。这些经纪人被称为 2 美元经纪人或佣金经纪人，因为他们为大的经纪行每执行一笔交易就可获得 2 美元。NYSE 声称"今天，独立经纪人是 NYSE 的'代理企业家'，他们在经纪行很忙的时候能够提供及时的帮助，也可以为公众直接执行买卖指令，还可以为客户执行一些特殊的交易指令。他们的收入完全来自于佣金。"

特许经纪人 特许经纪人是交易所内一些有限数量的公司组成，NYSE 向他们分配了特定的股票，并且他们只能买卖这几只股票。这些公司必须拥有足够的金融资源，从而可以成为自己那有限只股票的做市商。作为做市商，他们必须随时准备好以现有的买卖价位买入或卖出被分配的那几只股票，从而为这些股票维持一个稳定的交易市场。特许经纪人对他们被分配的股票有五个方面的作用：（1）管理拍卖过程；（2）为场内经纪商执行特殊的指令；（3）提供流动性，加快交易速度；（4）提供资本；（5）稳定股票价格。

这五个方面的可以概括成股票特许经纪人的两项基本职责。第一项基本职责是他们必须执行场内经纪商交给的特殊指令。例如，如果一位客户要求其购买时代华纳的股票最高价为每股 22 美元。如果场内经纪商收到指令的时候，时代华纳的股价为每股 23 美元，那么他将会把这项指令传递给特许经纪人，特许经纪人将在时代华纳的股价跌至 23 美元或以下时执行该指令。特许经纪商会在他的账簿上记录下收到该指令的日期和时间，并在价格达到限价时尽早地进行交易。这样场内经纪商需要从自己的佣金中拨出一部分支付给特许经纪人。

特许经纪人的第二项基本职责就是为分配给他们的股票维持一个持续、流通、有序的市场。对于交易活跃的股票，这项职责并不困难，例如，通用汽车、杜邦，以及 AT&T，但对于那些交易并不活跃、市场不大的股票而言，这项职责则并不容易。例如，假设你想在目前的市场价位上购买 100 股电刷工程技术公司（Brush Engineering）的股票，但是当场内交易商抵达该公司的交易柜台时发现这只股票没有卖方，而场内交易商没有时间去等待卖方的出现，因为他还有其他的交易指令需要处理。所幸，场内交易商可以向特许经纪人购买，这时特许经纪人则扮演自营商的角色，他利用他的自有存货进行买卖。为了保证特许经纪人具有维持市场的能力，交易所规定特许经纪人必须拥有 50 万美元的资本，或者对每只分配给他的股票，至少持有 5 000 股。有时，特许经纪人为股票做市的压力会很大。一个经典的案例是，当里根总统 1981 年被枪击后，特许经纪人为了稳定市场，必须接收一波又一波的卖出指令。

很多市场观察家认为纳斯达克市场中互相竞争的自营商系统比 NYSE 的特许经纪人系统更能提供一个价格稳定、流动性强的市场。

作为某种程度上对这些批评的回应，NYSE 创建了自己的电脑系统，使得特许经纪人能够更有效迅速地接收交易指令。指令传输系统 SuperDot 使得 NYSE 的会员公司能够利用电脑，将市场指令以及特殊指令在其交易柜台或会员交易间就直接传递给特许经纪商。这套指令传输系统也能使会员公司直接获得指令得以执行的信息。

作为 SuperDot 的一部分，开市自动报告服务（Opening Automated Report Service, OARS）会在开市前将接收到的市场指令告诉特许经纪人。SuperDot 的另一个特色服务是**电子账簿**（Electronic Book），这对特许经纪人的帮助很大。这个数据库涵盖了所有在 NYSE 上市的股票，并为特许经纪人记录传递给他的特殊指令及市场指令。您可以想象，这对于原有的在特许经纪人账簿上手动记录而言，在记录、报告以及错误减少方面是一个多么大的改进。

2.6 纳斯达克股票市场

纳斯达克股票市场曾被认为是场外市场，尽管它有自己所规定的公司上市条件。但是，2006 年 8 月 1 日，纳斯达克被美国 SEC 官方承认为全国性的证券交易所。这并不改变在纳斯达克市场证券交易的方式，但它使得交易所可以为提供数据和市场信息而收取一定的费用。正如从前一样，虽然纳斯达克被称为交易所，但它仍然没有一个固定的场所，所有的交易都是电子化交易。从交易金额上看，纳斯达克是美国第二大交易所，但其每日的成交量往往比 NYSE 还要大。目前，纳斯达克持有伦敦证券交易所 30% 的股份，它向剩下的股东发起公开要约收购，但其每股 12 美元的方案并没有成功，所以它目前仍然仅持有伦敦证券交易所 30% 的股份。

正如 NYSE 一样，纳斯达克也同样经历了由非营利性机构到营利性公司的转型。它并没有 NYSE 在转制过程中所遇到的会员问题，它转制的问题在于它必须从其原有监管主体全美证券商协会（National Association of Securities Dealers, NASD）中独立出来。纳斯达克自己的股票在纳斯达克市场中进行交易，其股票代号为 NDAQ。纳斯达克一直以来都是电子化股票交易所，并且以其交易处理技术及其"科技类公司的天堂"而著称。很多世界知名的科技类公司都首先在纳斯达克上市，例如，甲骨文、思科、微软、苹果、太阳计算机系统（Sun Microsystems），等等。

纳斯达克创建了 SuperMontage 交易系统，该电子化交易系统对交易过程进行了整合，将限价指令、接收到指令时的时间记录以及多重报价等整合到了统一的交易系统中。纳斯达克还通过收购最大的电子通讯网络 INET（Island 和 Instinet 的合并通讯网络）增强了其数据处理技术和数据处理深度，之后又收购了另一家电子通讯网络 BRUT。纳斯达克将这些电子通讯网络的交易系统整合到了它自身的交易系统中，从而加快处理订单的速度和效率。

目前，纳斯达克的交易系统可以提供超过 6 000 只股票的报价。

上市的股票分为全国市场发行和小市值发行。全国市场发行意味着上市公司规模较大，从而需要满足的上市条件也更高。虽然这些条件没有 NYSE 那么严格，但涵盖的方面基本相同：有形净资产、净利润、税前利润、公众持股量、历史经营数据、公众持股市值、最低估价、股东人数，以及做市商数量。因为上市标准比 NYSE 低，一些小型的公司一般会选择首先在纳斯达克市场进行上市交易，待它们成长壮大到足够满足 NYSE 的上市条件后再去 NYSE 上市。

纳斯达克以自身的公司治理、高效运作和防止利益冲突以及市场操纵的监控系统而自豪。随着 2002 年《萨班斯—奥克斯利法案》的通过，公司治理对所有上市公司都越来越重要，纳斯达克作为上市公司也同样受到法案制约。纳斯达克有责任为其上市公司在公司治理方面树立一个良好的榜样，目前来看，它在这一方面树立了一个较高的标准。

2.7 电子通讯网络

ECNs 是电子通讯网络（electronic trading systems）的简称。它能够自动撮合投资者的委托买卖指令。电子通讯网络也被称为"另类交易系统（alternative trading systems, ATSs），并且得到了 SEC 的批准，可以以经纪—自营商的形式或是以交易所的形式更好地融入全国的证券市场。一家电子通讯网络的注册者包括了零售和机构投资者、做市商以及经纪自营商。如果一个注册者想通过电子通讯网络购买股票，但没有相应地卖出订单与之配对，那么交易则无法立即达成，但 ECN 可以等待，直到有与之配对的卖出订单，或者它可以将这份买入订单转移到另外的市场进行交易。一些 ECN 可以让他们的注册者看到他们整个的订单账簿，一些甚至将其订单账簿公布在其网站上。各家 ECN 中最好的买卖报价都会显示在纳斯达克的报价系统中。这样就能够创造更加有效和透明的市场价格，并且展示了纳斯达克是如何使拥有不同电脑技术的公司在同一市场中进行竞争的。

曾几何时，电子化通讯网络是以交易大厅为主的 NYSE 的一个巨大的威胁。但现在 NYSE 已经不再担心了。正如一句老的谚语："如果你不能打败他们，那就买下他们。"NYSE 和纳斯达克都收购了电子通讯网络中的领先者。Archipelago 在获得 SEC 批准成为交易所后，就被 NYSE 收购了（现已改名为 NYSE ARCA），纳斯达克则收购了 INET 及 BRUT。目前市场上仍然存在着一些电子通讯网络，但他们将不再构成威胁，因为交易所已经有了自己的电子通讯网络。

2.8 其他交易所

2.8.1 美国证券交易所

在美国证券交易所（American Stock Exchange, AMEX）上市交易的公司的规模比 NYSE 的要小。在 AMEX 交易的股票与其他交易所的都不相同，因为很多小型公司的股票并不符合大型机构投资者对流动性的要求，因此 AMEX 主要是针对个人投资者的市场。

为了形成自己的特色，AMEX 在 NYSE 之前很多年就已经开始交易公司权证。AMEX 同时还是交易个股期权、长期股票期权以及股指期权的最大市场之一。最近几年，AMEX 还将自己转型成了交易型**开放式指数基金**（exchange traded funds, ETFs）的交易中心。这些 ETF 是一种跟踪某一指数的结构性产品，例如，标普 500（SPDRS），道琼斯工业平均指数（DIAMONDS）。有近 100 只 ETF 在 AMEX 上市交易。关于这类产品的详细内容会在后面章节中具体分析。您也可以登录 AMEX 网站 www.amex.com，查阅这些产品的具体信息。

2.8.2 芝加哥期权交易所

1973 年 4 月，芝加哥期权交易所（Chicago Board Options Exchange, CBOE）开始交易看涨期权，并得到了飞速的发展，可交易的期权数量从 1973 年的 16 只发展到了 2006 年的 500 只以上。**看涨期权**（call option）使得期权买入方有权利在一段时间内以固定的价格买入 100 股标的股票。CBOE 将期权的期限标准化，有 3 个月的、6 个月的和 9 个月的，每月更新一次。目前，有很多期权都是在 CBOE 和 AMEX 同时进行交易的，因此两者之间的竞争非常激烈。两家交易所也都交易看跌期权。一些小的地方性的交易所也能够交易期权。

期权领域的一个新的创新是股指期权以及一些行业指数期权。CBOE 提供标准普尔 500 指数和道琼斯工业平均指数的看涨及看跌股指期权；AMEX 提供 AMEX 市场价值指数期权。更多的关于期权市场的内容将在第 15 章和 17 章全面展开。

2.8.3 期货市场

期货市场传统上是与商品领域相关联的，近些年金融期货也正迅速发展。商品期货的买方有权利在一段时间内以固定的价格买入一定数量的指定商品。随着期货合约到期日的临近，合约往往会在到期之前被平仓。芝加哥是期货市场的中心，而芝加哥期货交易所（CBOT）以及芝加哥商品交易所（CME）则是世界上两家最大的期货交易所。

期货市场的结构发生了很大变化，期货交易所正逐渐变成公开上市的公司。芝加哥商品交易所于 2002 年 12 月在 NYSE 上市。交易所之间也不断地进行合并，并且实现了电子化。泛欧证券交易所作为一家世界领先的电子化交易所，于 2002 年收购了伦敦国际金融期货交易所（London International Financial Futures Exchange, LIFFE）并且迁址到了芝加哥，与芝加哥商品交易所展开竞争。随着泛欧证券交易所与 NYSE 的合并，这个行业的竞争也将随之加剧。Eurex 是欧洲的另外一家电子化交易所，它被美国 SEC 批准可以在芝加哥进行交易，从而可以为它的全球客户提供在 CME 上市的有竞争力的产品。这些市场正变得越来越国际化，并且交易成本越来越低。这两家新进入的欧洲竞争者已经使得 CBOT 和 CME 不得不降低交易费用。第 16 和 17 章将详细介绍在这些交易所上市的产品。

2.9　场外市场

纳斯达克目前具有了交易所的身份，而其他的场外市场则有**场外柜台交易系统**（over-the-counter bulletin board market, OTC.BB）以及**粉红单市场**（pink sheets）。在 OTC.BB 上市没有上市条件，但上市交易的公司需要向 SEC 提交监管所需的文件报告。在 OTC.BB 上市的公司往往是小型的公司，刚起步的创业公司，或者一些只有很少股东、交易量少的公司。在粉红单市场上市的公司类型与在 OTC.BB 上市的公司类型大体相同，不同点在于这些公司不受 SEC 的监管，不用向 SEC 提交公司报告。显然，公众能获取的关于粉红单市场上的公司的公开信息非常少。

在场外市场交易就意味着交易是通过电话或者电子设备实施的，并且做市商需要随时准备好利用他们自己的账户对特定的股票进行买卖。在竞争性市场环境中，这些做市商将按买入价购买（例如，19 美元 / 股），按卖出价出售（例如，19.13 美元 / 股）。

各种证券都具有场外市场，包括股票、公司债券、共同基金、联邦政府债券、州债券、地方债券、商业票据、大额定期可转让存单，等等。

2.9.1　场外交易的债券

债券都是场外交易的。而美国财政部发行的国债在场外市场的交易量中占比最大，每周的交易额达到数十亿美元。这些债券是由专门交易政府债券的自营商进行交易的，这些自营商通常属于某家大型的金融机构，例如纽约或西海岸货币市场银行，或属于某家大型的经纪行，例如美林。这些自营商为政府债券或者联邦政府机构发行的债券做市，例如中短期的国库券或联邦国民抵押贷款公司发行的债券。

州政府和地方政府所发行的市政债券由专门交易市政债券的自营商进行交易，这些交易员通常为大型的商业银行工作。商业票据代表短期的非担保的公司债券，由金融公司直接交易，但很大一部分由工业公司发行的商业票据则由场外市场中专事这一领域的自营商进行交易。每只债券都有其自己的一组做市商（即自营商）以及自己的销售流通系统。在交易活跃、交易额很大的市场，买卖价差会非常小，往往每 1 000 美元的债券买卖价差只有 1/16 甚至 1/32 美元。

2.10　机构交易

金融机构，例如银行、养老基金、保险公司以及投资公司（共同基金），往往会进行证券投资和交易。自 1984 年至今，由金融机构进行的 10 000 股及以上的大宗交易平均占到了市场交易量的 50%。而 1965 年，大宗交易占市场交易量的比例只有 3.1%。

个人投资者通过中间人（例如共同基金、养老基金、分红计划以及个人退休账户等）将自己的资金投向市场。自己直接投资股市的个人投资者数量受消费者情绪和市场收益率影响，波动较大。1987 年，市场大跌使很多个人投资者都退出了股市，但 1990 年之后的牛市又使很多人重新进入股市。随着网上电子化交易的普及，手续费降低，每笔交易只需 5 美元，这使个人投资者进入股市变得更加容易。很多经纪公司，比如，嘉信理财（Charles Schwab），富达投资（Fidelity Investments）等，向投资者收取的交易费也很低。众所周知，熊市和经济衰退时，个人投资者都会退出股市，2000 年和 2001 年也不例外。然而，随着婴儿潮出生的那一代人进入收入高峰期，个人投资者将会在股市中占领一席之地。

2.11　证券市场监管

有组织的证券市场受到证券交易委员会（SEC）的监管以及交易所的自我监管。场外市场则受到全美证券商协会（NASD）的监管。在美国主要有三项法律用来监管证券销售和交易：《1933 年证券法》（Securities Act of 1933）是关于证券的新发行的，《1934 年证券交易法》（Securities

Exchange Act of 1934）是监管证券交易的。这两项法案的主要目的是为了防止欺诈和市场操纵行为，保护投资者利益，维持一个公平竞争的高效的市场。《1975 年证券法修正案》（Securities Acts Amendments of 1975）重点旨在建立一个具有效率和竞争性的全国性证券市场。

2.11.1 《1933 年证券法》

《1933 年证券法》是在 1929 年经济危机以及 1931 年证券市场存在的违规现象被查处之后所颁布的。法案的主要目的是当公司要发行新的证券时，强制公司披露所有的相关投资信息。这项法案有时也被称为"证券中的事实"法案。

这项法案有几条重要的特点：

1. 除政府债券和银行股票外，其余所有证券若要在两州及以上发行，就必须在 SEC 注册备案。

2. 必须在证券发售前 20 天向 SEC 提交上市登记声明，包括公司的具体信息。如果 SEC 发现所提交的信息有误导性、不全面或不准确，就会推迟批准证券发售，直至公司提交的信息完全正确。除非信息属实，否则 SEC 不会认证证券定价是合理公允的。在特定情况下，之前提到的提前注册制度是对 20 天等待期的一种调整。

3. 所有新发行的证券都必须具有招股说明书，这是对上市登记声明的一个具体的总结。招股说明书的内容包括：董事会成员和公司管理层人员，他们的收入，持有股票期权和持股数；经注册会计师审计签字的公司财务报告；公司股票发行的承销商名单；发行股票融资的目的和用途；其他可供投资者参考的信息。一份非正式的招股说明书会在股票发行前分发给潜在的认购者，但内容不包括发行价格和承销费用。这份非正式的招股说明书被称为"红鲱鱼"，这是因为在第一页的红色印章上写着"非正式招股说明书"。

4. 若招股说明书或上市登记声明中具有欺骗性内容或虚假内容，或有相关重要信息没被披露，投资者可以起诉公司的管理层以及其他协助准备招股说明书或上市登记声明的人员，例如注册会计师、律师等，并要求赔偿损失。

2.11.2 《1934 年证券交易法》

美国证券交易委员会（SEC）就是在该法案通过后成立的，法案确立了 SEC 执行证券法的职责。它被赋予了监管证券市场和在交易所上市的公司的权利。具体而言，1934 年法案的主要内容如下：

1. 出台了关于内幕交易的处理措施。内部知情者必须持有股票至少 6 个月，才能卖出。这是为了防止知情者利用所获知的内幕信息先于外部投资者进行买卖从而获得短期利润。内部知情者通常是指公司管理层、董事、主要股东、雇员，以及一些知晓重要内部信息雇员的亲属。在过去的 20 年间，SEC 将内部知情者的定义范围进一步扩大，只要知晓非公开重要信息的人就是内部知情者。这就包括了证券分析师、放贷官员、大型的机构投资者，以及其他一些与上市公司有经济往来的公司。

2. 美联储负责设定交易保证金要求。

3. 投资者之间的串联操控证券价格的行为被严令禁止。

4. SEC 有权利监控公司的代理投票过程（代理投票是指在股东缺席时，可以有人代其行使投票权）。

5. 法案规定，上市公司必须定期向 SEC 提交特定的报告。上市公司必须向 SEC 提交季度财务报告，向股东发送年报，并且向 SEC 提交 10-K 报告予以备案。10-K 报告比年报包含了更多的财务数据，对投资者或放贷者来说非常有用。很多公司目前也会应股东要求将 10-K 报告发送给他们。投资者在 SEC 的信息搜索系统 EDGAR 中也可以搜索到公司提交的各类报告。

6. 法案规定所有证券交易所都必须在 SEC 注册。这样，SEC 就可以对交易所的相关组织机制进行监督和管理，例如上市和交易的机制。

2.11.3 《1975 年证券法修正案》

该法案的主要目的是为了引导 SEC 更多地对全国性证券市场的发展加以监管。法案没有具体提出监管的结构，但提出了将来任何一家全国性市场都会广泛地使用电脑和电子化通讯设备的设想。另外，法案禁止交易所对公众交易收取固定佣金，还禁止银行、保险公司和其他金融机构为节省自行投资时所产生的交易佣金成本而成为交易所的会员。这项修正案是对证券法的一次重要补充，它促进了证券市场中的竞争，使价格更有效。

2.11.4 其他法律法规

除了上述三项主要法案外，还有一些直接保护投资者利益的法律法规。例如，《1940 年投资顾问法》是为保护投资者的利益免受不道德的投资顾问的侵害。任何一名投资顾问的客户只要超过了 15 人（不包括税务师和律师），就必须在 SEC 注册并且向 SEC 提交半年报。《1940 年投资公司法》则是旨在保护中小投资者利益免受共同基金和投资公司的侵害。该项法案在 1970 年得到修订，目前 NASD 有权监督和限制一些特定类型的共同基金对佣金和投资咨询费用的收取。

另一项保护投资者利益的法案是《1970 年证券投资人保护法案》。美国**证券投资人保护公司**（Securities Investor Protection Corporation, SIPC）在该法案通过后成立，用于监督经纪公司的流动性情况，并且保证在经纪公司破产的情况下每位投资人可以获得最高 50 万美元的保障额度。它的功能和联邦储蓄保险公司的功能很相似。SPIC 是在 1967 年到 1970 年间，股票交易量猛增，达到历史高点，很多经纪公司由于处理速度不够而来不及处理所有的订单的。在交易结算中出现的交易票据紧缩，使得华尔街不得不缩短交易所的正常营业时间，但问题仍然没能解决。投资者的亏损很大，甚至几个月后，投资者之前所购买的股票仍没到达他们的账户。虽然 SPIC 为这些账户提供了保障，但它始终无法弥补由于经纪公司破产而导致所购股票迟迟未到账所带来的全部损失。

2.11.5　内幕交易

《1934 年证券交易法》首次对内幕交易作出了规定和限制。但在之后的若干年，这些限制被证明是远远不够的。正如前面所述，内部知情者的定义也许会超越公司管理层、董事和主要股东，而扩展到所有的知晓内部非公开信息的人。国会和 SEC 都在努力解决内幕交易的问题，希望制定出足够严厉的惩罚性措施，使得企图利用非公开信息非法盈利的人望而却步。目前以及将来的法律法规很有可能既包括更加严厉的民事处罚，还包括严厉的刑事处罚。同时，对不适当行为的处罚不再是仅仅归还非法盈利，而会包括

投资的真实世界

政券分析师和投资银行家的监管之门

SEC 和其他相关的监管机构制定了一些最严厉的法律。公司及其高层如果不如实地报告公司的财务数据，那么等待他们的将是高额罚款，甚至还有牢狱之灾。很多严厉的法律要追溯至 1929 年市场大崩盘之前无监管的混乱市场，以及之后通过的《1933 年证券法》及《1934 年证券交易法》。

也许你已经认为目前的股票市场已经是一个受到严格监管的交易场所了，但我们会发现现在又有了一种新形式的市场违规行为，这是我们 20 世纪 30 年代的先贤们所预想不到的。这就是分析和评估公司的证券分析师与要将股票卖给公众的投资银行家之间的关系。

不管是在美林、高盛、雷曼，还是其他的投资银行、证券公司，为公司工作的证券分析师都应该是自由独立于同样为公司工作的投资银行家的。

证券分析师的责任在于提供公正、不偏颇的，对目标公司目前经营和未来前景的评估。投资者会期望分析师能够客观地对公司作出评价。如果目标公司的会计账本有问题或者在偿还负债方面有问题，证券分析师应该让公众获知这类信息，就像是新闻界上的调查分析员一样。

相反地，投资银行家为公司带来新的业务，创造收入。他们会全力支持公司的客户，就像律师事务所代表其重要的客户，为他们辩护一样。投行家们的一个重要的职责，就是帮助客户公司成功实现首次公开上市，使客户公司能够首次将自己的股票出售给公众。投行家们为了使客户公司能成功将自己的股票出售给公众，就会包装客户公司，这其中就包括与客户公司一起做"路演"。

违规行为就在于证券分析师变得越来越偏向投行家的队伍，更努力推销新发行的股票，而非继续他的本职——分析股票，给出公正的评价。在 20 世纪 90 年代末，科技类股票大量上市的过程中，证券分析师往往还会被分到一些新股，这就意味着如果他们给出的报告是负面的，那就像是给他们自己的皮包戳了一个洞。

在 2001 年 8 月 1 日的华尔街日报上，一则故事引用了 SEC 的代理主席，劳拉·昂格尔（Laura Unger）的话："经纪公司不断地让证券分析师和投资银行家的分界线变得模糊。证券分析师应该代表投资者的利益，而投资银行家则是需要迎合公司客户的。"她进一步指出，"分析师不断地涉入可能的合并、收购和另外的公司金融的交易中，还参与客户公司的路演。这些经纪公司告诉 SEC 分析师的收入在很大程度上取决于投资银行部的利润，有 7 家公司声称分析师的奖金有一部分是由投资银行家提供的。"

虽然在 21 世纪早期已经进行了一些改革，但这一领域仍然是未来监管应关注的重点。

三倍于非法盈利甚至更多的罚金。

20 世纪 80 年代爆发了一连串的内幕交易丑闻，涉及了主要的投资银行、交易员、分析师，还有投资者。伊万·伯斯基（Ivan Boesky）和丹尼斯·莱文（Dennis Levine）是最先被抓获入狱的投资者，迈克尔·米尔肯（Michael Milken）则紧随其后。这些内幕交易的丑闻使华尔街能使投资者进行公平交易的形象蒙上了一层阴影。

总而言之，我们讨论的所有的法律法规都旨在增强公众投资的信心。在一个公众信息极其重要的行业中，一些形式的监管，无论是公众的还是私人的，都是必要的且被公众所认可的。

2.11.6 程序化交易和市场限价

程序化交易被一些市场分析家认为是 1987 年 10 月 19 日市场崩溃大跌至 508 点的主要原因。**程序化交易**（program trading）就是指利用电脑程序设定一个交易的触发点，一旦价格触及该触发点，电脑就会自动实施交易。例如，如果道琼斯工业平均指数触及到某一特点价格，一批大量的买入或卖出将会发生。当很多机构投资者都同时使用程序化交易，这个过程将会对市场产生巨大的累积效应。这不仅仅被认为是 1987 年市场崩溃的主要原因，也是很多市场波动的原因。

"断路器" 1989 年，"断路器"（circuit breakers）制度开始在证券市场实施。若股票价格出现巨幅下跌，市场则会被关闭一段时间。根据 NYSE 施行的最初条款，若道琼斯工业平均指数在一天内下跌 250 点，市场将被关闭 30 分钟；若下跌 400 点，则被关闭 1 个小时。

随着 20 世纪 90 年代市场的不断上涨，"断路"触发点于 1997 年被提到了 350 点（闭市 30 分钟）和 550 点（闭市一小时）。这两项"断路器"在 1997 年 10 月 27 日伴随着超过 500 点的下跌都同时被引发了。SEC 要求 NYSE 能够随着市场环境的变化不断地调整"断路器"的触发点。

其他的市场，例如，纳斯达克、美国证券交易所，以及芝加哥期货交易所，也都同意在 NYSE 闭市的时候也停止交易。

本章小结

一个运作顺畅的市场是一个高效的、能为投资者提供流动性的市场。作为新发行证券场所的一级市场的成功，往往取决于是否存在一个活跃的二级市场。

二级市场的形式有两种：交易所和场外市场。居于主导地位的交易所是纽约股票交易所（现改名为 NYSE Euronext），但是人们的注意力已经逐渐地转向其他市场。纳斯达克是发展最快的市场，并与 NYSE 展开了激烈的竞争。

机构投资者作为主要的市场投资者，对市场的稳定性产生了巨大的影响，股票换手率增高，市场波动性也增大。市场参与者之间的合并也同样发生在华尔街上。

随着不同种类的新的投资产品的出现，例如，期权的不断发展，股指期货，期权期货，以及很多其他的商品交易机制的创新，市场的内涵也不断扩大。同时，市场这一概念还必须从全球的角度加以理解，因为全球交易都是 24 小时的。

最后，市场的缺陷以及显示出的问题使一系列证券法律法规应运而生。20 世纪 30 年代的法律约束了证券市场，并且创立了证券交易委员会（SEC）。后来的法律则主要涉及市场的重组以及投资者利益的保护。

关键词汇及概念

尽力推销 best-effort
看涨期权 call option
断路器 circuit breakers
有效市场 efficient market
电子账簿 Electronic Book
电子通讯网络 electronic communication networks (ECNs)
交易型开放式指数基金 exchange traded funds (ETFs)
场内经纪商 floor brokers
独立经纪人 independent brokers
经纪行 house brokers
首次公开上市 initial public offering (IPO)
投资银行家 investment banker
流动性 liquidity
市场 market
纳斯达克股票市场 Nasdaq Stock Market
交易所 organized exchange
场外柜台交易系统 over-the-counter bulletin board market (OTC.BB)

场外市场　over-the-counter markets

粉红单市场　pink sheets

一级市场　primary markets

程序化交易　program trading

二级市场　secondary market

《1933 年证券法》　Securities Act of 1933

《1975 年证券法修正案》　Securities Acts Amendments of 1975

证券交易委员会　Securities and Exchange Commission (SEC)

《1934 年证券交易法》　Securities Exchange Act of 1934

证券投资者保护公司　Securities Investor Protection Corporation (SIPC)

直接出售　sold directly

特许经纪人　specialists

指令传输系统　SuperDot

辛迪加　syndicate

承销　underwriting

讨论题

1. 什么是市场？

2. 什么是有效市场？

3. 请指出一级市场和二级市场的区别。

4. 投资银行家在帮助企业上市时提供的承销服务和尽量承销服务之间有什么区别？

5. 什么是私募？

6. 在"墓碑广告"中承销商的排列通常是由什么决定的？

7. 对 NYSE 中的经纪行作简要描述。

8. 批评家们认为 NYSE 的特许经纪人系统应该如何改进？

9. 对纳斯达克市场作简要描述。

10. 什么是电子通讯网络？

11. 定义大宗交易。自从 1965 开始的大宗交易的迅速增多意味着市场中的投资者有什么变化？

12. 指出《1933 年证券法》出台的主要目的。SEC 会对一只证券的定价是否公允作认证吗？

13. 在过去的 20 年间，对内部知情者的定义是如何扩展的？

14. 解释证券投资者保护公司的成立目的。

第3章 市场参与

　　无论是现在或是将来某个时刻，您都有可能成为金融市场中的一名投资者。您需要了解如何开设一个账户并进行交易，交易的成本如何计算，以及对投资者来说最基本的税负问题。这一章将告诉您与这相关的一系列内容。同时，您也需要了解各种各样的市场指数的表现情况，从而把握市场的走势以及您购买的证券的表现情况。

3.1　市场中的买卖行为

　　当你准备直接投资普通股或者其他资产时，你需要在零售经纪商处建立一个账户，或者开设一个网上账户。比较著名的大经纪商包括美林证券，美邦和瑞士联合银行（UBS），当然还有很多其他很好的经纪商，既有地区性的，也有全国性的。当你开设一个账户的时候，账户管理人（通常叫股票经纪人或财务顾问）将让你填写一份关于投资目标的清单，例如保守程度、资本的安全性要求、收益偏好、成长性等。账户管理人也会要求你提供你的社会保险号以供纳税，以及你的收入水平、净价值、雇主和其他个人信息。总之，账户管理人需要了解你的需求和承受风险的能力，这样才能更好地给你建议并管理你的资产。在本节的

后半部分，我们将讨论折扣经纪人和网上经纪人，这些经纪人收取很低的佣金费用，但是相应的服务也会下降。这些经纪商也很重要，我们会在之后给出一个对比分析。

3.1.1　现金或保证金账户

　　你的经纪人需要知道你想开设一个现金账户还是保证金账户，这两个账户都需要在买卖证券前三天开设。现金账户要求全额付款，而保证金账户（margin account）允许投资者从经纪商处借入一定比例的资金。用自有资金投资的最低比例称为保证金比例，这个比例是由联邦储备委员会（Federal Reserve Board）制定的。在20世纪20年代的大萧条中，保证金比例仅为10%，但是在1968年，这个比例则高达80%。从1974年至今，这个比例都维持在50%。保证金比例之前是用来控制投机的。从历史上看，当美联储认为市场被投机因素推得过高的时候，它就会提高保证金比例的要求，也就是意味着更多的现金需要投入到账户中。在近几年，美联储对保证金要求的比例调整不大。

　　保证金账户的一个特征就是购买的证券不会转移给投资者。在这个例子中，宝洁公司的股票将挂在经纪商

**实例
应用**

　　保证金账户最常被那些认为他们的长期收益将大于借款成本的交易者和投机者所使用。大多数经纪商要求在借钱之前，账户中至少有 2 000 美金，有一些经纪商的最低现金要求更高。这里举例说明保证金账户是如何运作的。假设你通过保证金账户购买了 100 股宝洁公司的股票，购买价格为每股 60 美元，而且保证金比例为 50%。

购买	100 股　60 美元 / 股	6 000
借款	成本 ×（1− 保证金比例）	−3 000
保证金	权益（现金或证券）	3 000

　　你可以借 3 000 美元，或者总成本 ×（1− 保证金比例）。借款成本大约比基准利率高出 1~2 个百分点，这主要取决于账户的规模。除了投入 3 000 美元现金之外，顾客也可以放入 3 000 美元其他允许的金融资产来满足保证金要求。不是所有的股票都可以作为保证金。SEC 公布了一个可以作为保证金使用的证券列表。

　　人们购买保证金的一个原因就是扩大自身的收益。假设宝洁股价每股上升至 80 美元，账户将价值 8 000 美元，同时权益也从 3 000 美元增加到 5 000 美元。

100 股　80 美元 / 股	8 000
借款	−3 000
权益（保证金）	5 000

　　这里 2 000 美元的权益收入，相当于 3 000 美元本金 67% 的增长。67% 的增长却是在股票价格仅仅上涨 33% 的情况下产生的（从 60 美元到 80 美元）。随着权益在账户中的增加，投资者现在可以凭借增加的保证金去购买更多的证券。

　　然而保证金是一把双刃剑，当市场情况好的时候是优势，但是当市场情况不好的时候，就成为了劣势。如果宝洁公司股价下降到 40 美元，那么你的权益就只剩下 1 000 美元。

100 股　40 美元 / 股	4 000
借入	−3 000
权益（保证金）	1 000

　　最低保证金要求是指在保证金账户中所需的最低保证金规定（通常为 25%）。现在你的保证金账户中的资金已经降到最低保证金要求，即 4 000 美元的 25%，为 1 000 美元。如果保证金降到 1 000 美元以下，那么就会收到追加保证金通知。许多经纪商都会有 25% 的最低保证金比例要求，而且当追加保证金通知发出的时候，通常需要在组合中增加保证金比例至 35%，甚至更多。一般来说，你必须在账户中保留至少 2 000 美元的资金，所以当股价到达 50 美元的时候，你就会收到追加保证金通知，即使还没有违反最低保证金比例的要求。

（例如美林证券）的名下，而你的账户将把这 100 股作为借款的担保品。这更类似于汽车贷款，在你全额付款之前，你都不拥有汽车的所有权。保证金账户增加了风险，所以不适用于那些不能承受大规模损失的投资者，或者那些经验不足的投资者。

3.1.2 多头还是空头——这是一个问题

　　当你建立了一个账户之后，你就可以进行买卖操作了。当投资者建立了某一个证券的头寸，如果他们买入这个证券，就意味着他们拥有了这个证券的一个**多头**（long position）。他们是为了获得股价随时间增加而增加的收益或分红的收益。

　　有些时候，投资者预期证券的价格将下降。如果他们拥有头寸，一些人可能卖出自己拥有的头寸。那些完全没有头寸的人可能想建立一个**空头**（short position），从而从未来的价格下跌中获利。当你拥有一个空头的时候，意味着你从经纪商处借来证券卖出，同时有义务将来买入证券还给经纪商。你如何能卖你不拥有的东西很明显是一个问题。你的经纪商将从他们的库存股票中借给你股票。如果你的经纪商不拥有这种股票，他们将向其他券商借入这只股票。

一旦当你做空之后，你将开始期望这只股票的价格下跌，从而你可以以一个更低的价格买入来归还。从另一个角度来说，坏消息变成了好消息。当你看早报的时候，你希望看到失业、高通胀以及加息等可以使股市走低的信号。

做空交易只能在股价上升或者股价不变的时候进行，先前的交易必须是正向的。这些规则都是为了防止空头交易者将股价下跌趋势的雪球越滚越大。

实例应用

保证金要求和空头头寸相关，而且现在等于空头头寸的 50%。因此，如果你将要以每股 70 美元的价格卖空 100 股奎斯特（Quaster）的股票，你将需要在账户中放入 3 500 美元（7 000 美元的 50%）。在空头交易中，保证金需要是高信用度的资金，并且不能按揭支付。如果你的账户里开始亏钱，那么保证金可以保护经纪商不受到损失。

如果你卖的股票开始涨价，那么你将在空头账户里亏钱。假设奎斯特的股价从 70 美元涨到 80 美元。因为你当初以 70 美元卖出了 100 股，所以你遭受了 1 000 美元的账面损失。你最初的保证金或者权益头寸将从 3 500 美元减少到 2 500 美元。

最初的保证金（权益价值）	3 500
损失	−1 000
当前的保证金（权益价值）	2 500

我们之前确定了在买股票时有 25% 的最低保证金比例。类似的要求也存在于空头交易中。在卖空账户中的最低保证金比例必须是所卖空股票现值的 30%。在当前的例子中，权益头寸是 2 500 美元，而当前奎斯特的市场价值是 8 000 美元（80×100）。所以你的保证金比例是 31.25%（2 500/8 000），仅仅略高于最低保证金要求。但是如果股票继续上涨 1%~2%，你将被要求加入更多的保证金来填补你的权益头寸。

当然，如果奎斯特的股价从 70 美元下跌，你将从这样的坏消息中获利。奎斯特股价下跌 20% 将意味着你从 100 股中获利 2 000 美元。很多市场观察者都认为做好一个有效的空头交易者需要一种"特殊的口味"。你经常需要一种坚强的神经，和一种不容易被好消息打动的保守的预期。

以下是最后一点需要对空头交易进行的说明。在最近的 10 到 15 年内，一些投资者选择了其他的方式购买一种证券的负头寸。这些通常包括看涨或者看跌期权，这些将在第 15 章中讨论到。卖空和期权交易都可以被有效地用于策略投资中。

3.2 交易指令的类型

当一个投资者为了建立头寸设定一个指令的时候，他拥有很多种选择。如果指令是下达给在纽约证券交易所上市的公司的经纪人，那么这个指令将被通过电子方式传入交易所，并被该公司的场内经纪人在拍卖市场中执行。每只股票都在交易所中一个特定的交易台进行交易，所以场内经纪人十分清楚到哪里去寻找其他经纪人买卖该公司的股票。

许多交易指令被直接进行买卖。这些市场交易指令将被场内经纪人发送到正确的交易账户中，并且经常在最新价格的上下 1 分或者 1 镍内执行。例如，如果你希望卖出 100 股美国电话电报公司（AT&T）的股票，你可能基本上没什么困难就能找到一个合适的买家，因为 AT&T 公司每天有几百万股的交易量。但是如果你想卖 100 股贝米斯（Bemis）的股票，可能每天一共就只有 1 000 股交易，而且没有其他的经纪人等待在拍卖市场上进行贝米斯的交易。如果经纪人发现没有其他人愿意买入股票，他将和做市商进行交易，做市商永远准备着买入或者卖出 100 股或者更多的证券。如果经纪人想要卖，那么做市商将以比上次交易价低 3 分或者 5 分的价格买入；或者以其他做市价格进行买入。

两种最基本的特殊指令是限价指令和止损指令。**限价指令**（limit order）限制了买入和卖出的价格，从而保证你不会付出比订单价格高的价格来买入，或者不会在低于限制价格的情况下卖出。假设你想买入一只成交量很少、波动很大的股票，同时你担心你的订单会让你付出超过你想付出的价格，你可以建立一个止损指令，在 16.5 美元或者更好的价格水平购买 100 股迈德奎（MedQuist）公司的股票。这个指令将会由场内经纪人进行处理，并检查相应的价格。经纪人如果发现迈德奎在 16.8 以上的水平上进行交易，那么他将把这个订单留在做市商记录中。这个条目将记录下价格、时间、日期和经纪公司。可能在你的记录之前还有其他的高于 16.50 的指令记录，但是一旦这些交易被清除，而且假设股价在这个范围内停留，你的订单将在 16.50 或者更低的价格上成交。限价指令通常被投资者用于那些买卖成交量很少的股票，或者投资者想在比较低的价格区间上买入，或想在比较高的价格区间上卖出。那些计算基本价值的投资者会对股票的价值有一个基本的判断，并且通常会设定一个极限值，来从他们认为的价值差距中获利。

许多投资者都想让自己的指令在达到特定价格后即执行。但是限价指令并不能保证这一点。假如你想保证指令完全执行，那么止损指令可以达到这样的效果。**止损指令**（stop order）是一个两部分的机制。它和限价订单类似，设定某一特定的成交价格，但是当这个价格一达到的时候，止损指令就会变成一个市场订单，并且会选择和上述价格最近的价格成交，当然不一定是和上述价格完全一样的价格。经常一些短线投资者由于某种交易策略而对某一股票的价格比较乐观。当这只股票价格大幅上涨的时候，可能在短时间内就出现了大量的买入指令，或者卖出指令大量减少，而你成交的指令可能比最高价格低一些。假设迪士尼公司的股票在过去 6 个月中在 25 美元到 40 美元之间波动，若干次达到这两点的价格。投资者可以遵循以下几个策略。一个策略是在 25 美元买入并在 40 美元卖出，使用最低买入和最高卖出指令。一些交易者可能就会在 41 美元的价格上建立一个止损指令，认为只要股价突破这个峰值，它就会向更高的价格上扬。最后，还有一些投资者可能会在 24 美元建立一个限制买入头寸指令或者建立一个卖空头寸指令，因为他们认为当股价突破这个价格底线的时候，可能会进一步下跌。当建立一个限制多头头寸的时候，止损指令也被称为停止损失指令。

限价指令和止损指令都是"日指令"，在一天内如果没有执行就将失效，或者它们可以是长效指令。长效指令将始终在做市商的记录中存在直到被执行或者被经纪商取消。如果指令几个月都没有被执行，很多证券公司将向客户发出备忘提醒他们指令还在等待状态中，这样他们就不会因为购买那些他们支付不起的股票而被套住。

3.3　交易成本

在投资领域内，没有比交易方式和交易成本变化更多的了。10 年之前，基本的选择就是如美林、瑞士联合银行和摩根士丹利这样的混业经营的综合类经纪商和嘉信理财（Charles Schwab）、泰龙（Quick & Reilly）和欧德（Olde）等折扣类经纪商。折扣类经纪商仅仅提供最基本的服务，并且通常的收费比综合类经纪商低 25%~75%，综合类经纪商愿意为客户提供研究和股票分析、税收信息和在达到目标过程中提供帮助。

随着互联网的出现，市场竞争格局发生了剧烈的变化。现在，一个投资者通过**网上经纪商**（online broker）的网页，就可以开立一个新的账户，浏览交易流程和费用安排，并且发起一个交易。电子系统确认交易仅仅需要 2 秒的时间，而且几乎所有的交易都在 1 秒内完成。

由于网上经纪商之间的竞争越来越激烈，在 20 世纪 90 年代末许多综合类经纪商和折扣类经纪商开始为他们的客户提供其他服务。美林是综合类券商中第一个开始这样

实例应用　网上经纪商例如 Ameritrade 和 E*TRADE 已经成为了家喻户晓的名字了，为什么不呢？最近美国个人投资者协会的一项调查显示，每 100 股股票的交易，平均每个网上经纪会收取 7 美元。对比来看，折扣经纪商平均收取 42 美元，综合类经纪商收取 100 美元。

为了检验价格效果上的差异，假设 100 股股票在 40 美元的价格上成交，那么总价值是 4 000 美元。注意三种不同类型的经纪商之间在交易成本上的差别。

网上经纪商	7/4 000=0.17%
折扣经纪商	42/4 000=1.05%
综合类经纪商	100/4 000=2.50%

做的,而泰龙则是折扣类经纪商中第一个开始这样做的(现在它超过一半的交易已经在网上进行)。所有其他的经纪商也都走上了这条路。所以提供网上服务的综合类经纪商和折扣类经纪商与仅提供网上服务的经纪商间的区别已经模糊了,甚至商业银行和共同基金也通过经纪商的附属机构提供网上服务。

尽管网上交易因为其价格优势显得十分具有吸引力,但是这并不是对所有人都适用的。对于那些对投资了解不多的投资者或者对电脑了解不多的人,全面综合性的服务(甚至是折扣经纪商)可能更适合。对长期资本利得的解释说明,潜在的合并收购意向,退休金和房产计划等,可能比佣金的节省更加有用。这就是为什么大多数主要的传统经纪商提供两种服务方式。但是,对于那些有自己观点的投资者,花钱支付不必要的服务就是不经济的了。现在虽然只有25%~30%的服务通过网络进行,但这个数字将在未来几年里翻两倍或者翻三倍。

互联网并不仅仅改变了交易执行的方式,并且使得个人投资者接触实时信息的机会,而这些信息在以往是机构投资者(如共同基金、银行信托机构)的"私人领地"。个人投资者现在可以下载资产负债表、利润表和最新的新闻发布会资料等等。他们也可以和其他投资者在网上聊天室互动或给公司发电邮并获得实时解答。

所有这些选择当然都意味着进步,但有一点警告。对这些交易方式的狂热喜爱,引致了一个新兴的"日交易"阶层,他们试图按照小时甚至分钟和市场博弈。虽然有一些具有出色技能的投资者从这种行为中获利,但是大多数都遭受了亏损,因为市场总是在不确定地移动。

3.4 税收和《2003 年税法》

在许多类型的投资活动中,投资的税负情况是一个很重要的考量因素(税收也能比我们刚讨论过的经纪商的佣金更加重要)。

这一部分将对税收问题进行简单介绍。

在我们详细讨论投资收益和损失的税收影响之前,让我们对 2006 年底的税率进行一个简单的回顾。税率如表 3—1 所示。表中的数值在接下来的 10 年中将很少变化。

表 3—1　　　　2006 年的税率

应税收入(美元)	比率(%)
单身	
0 ~ 7 300	10
7 300 ~ 29 700	15
29 700 ~ 71 950	25
71 950 ~ 150 150	28
150 150 ~ 326 450	33
高于 326 450	35
已婚	
0 ~ 14 600	10
14 600 ~ 59 400	15
59 400 ~ 119 950	25
119 950 ~ 182 800	28
182 800 ~ 326 450	33
高于 326 450	35

实例应用

参照表 3—1,假设你已经大概计算了你的应税收入是 36 000 美元。再假设你是单身,所以你将处于表 3—1 中的上半部分。那么你应纳税多少?答案如下所示:

	数量(美元)	比例(%)	税收(美元)
第一次	7 300	10	730
第二次	22 400*	15	3 360
第三次	6 300#	25	1 575
总计	36 000		5 665

*: 29 700 – 7 300

#: 36 000 – 29 700

总计的税收是 5 665 美元。10%,15% 和 25% 分别是指边际税率。平均税是一个略为不同的概念,仅仅是所需缴纳的税收和应税所得的比值,在这个例子中是 15.74%。

$$\frac{纳税额}{应税所得} = \frac{5\ 665}{36\ 000} = 15.74\%$$

3.4.1 资本利得和红利

当以投资为目的的资产被卖出的时候，**资本损益**（capital gain or loss）就发生了。如果持有资产的时间超过了一年，那么长期资本利得就出现，而且最大的税率是15%。《2003年税收减免法》在税收政策方面最大的改变就是将分红的最高税率降低至15%。之前，分红的税率和其他形式的收入一样，最高税率都是30%[1]。因此，对于长期资本利得和分红收入的税率是一样的，而且高收入的投资者对于高分红股票和为了提供更多的资本利得而分红较少的股票[2]之间的税收偏好差别很小。这是《2003年税收减免法》实施以来投资策略上主要的改变。

但是，对于那些持有期小于12个月的资产，他们的销售代表了短期资本损益，其税收的处理和普通收入完全一样。这意味着它将采用表3—1的数据进行纳税。例如，如果一个投资者处于35%的税收等级上，并且卖出了持有仅6个月的股票，那么他对于投资收益适用的税率就是35%。如果他持有股票超过12个月，那么他所适用的税率就是15%。

> **实例应用**
>
> 正如你所看到的，和短期资本利得相比，政策对长期投资的资本利得有强大的支持。假设一个投资者在35%的税收等级上，并且卖出了股票获得了10 000美元的利润。注意在不同持有期的情况下所需要纳税的不同情况。
>
> | 持有期 | 利润（美元） | 税率（%） | 税收（美元） |
> | --- | --- | --- | --- |
> | 6个月 | 10 000 | 35 | 3 500 |
> | 超过12个月 | 10 000 | 15 | 1 500 |

对于那些投资于递延税收的投资品种（例如IRA或者401K）的投资人而言，这些税收的考虑都不是很相关。更进一步说，税收只是许多影响投资决策的变量之一。

当你的净收入为负的时候，你同样需要上报，这样你可以减免至多3 000美元的税收（包括工资、利息收入等）。任何未使用的账户可以结转到将来，用于冲减将来的投资收益或者其他形式的收入。

投资的真实世界

谁在他们的个人所得税上使诈？

每年政府都因为偷税漏税而在每一美元的所得税上损失17美分。这是通过不报收入或者虚夸成本而达到的。每年政府的总损失超过1万亿美元。这仅仅代表了诚实的美国人没有纳税的部分，还不包括另外几百万亿由于毒品和其他潜在的犯罪而损失的收入。如果这些遗漏的税收都被获得，那么一部分政府赤字将被消除。

最经常违犯的是自由职业者。国家会计办公室（Government Accounting Office，GAO）的一项调查显示，汽车交易商、餐馆和服装店将他们的收入低报了40%。医生、律师、理发师和会计师少交了20%的个人所得税。获利最多的逃税者在食品行业。根据GAO的调查，总的来说，服务生对他们84%的小费收入都没有上报。

虚报不存在的需抚养者也是一种经常被使用的手段。在1987年，IRS开始要求纳税人上报并且核实5岁以上所需抚养者的社会保险号。之后每年少了700万的需抚养人口。看起来很多人把同样的抚养人口上报了两次或者三次，甚至上报了狗、猫和鸟等作为税收抵扣。

当然，并不是所有人都对偷税漏税行为感到内疚。一位没有在周末上报修理船舶收入的船坞经理对《财富》杂志说，"政府浪费了我已经交的钱，我为什么要交更多的钱呢？"

---

[1] 15%的最大税率不适用于REITS和信托产品。

[2] 长期资本投资还有一个优势就是，税收一直到资产卖出时才缴纳，但是分红的税收必须每年缴纳。

3.5 价格表现的衡量方式：市场指数

我们现在来追踪股票和债券市场的表现情况。每个市场都有一些市场指数，他们由道琼斯、标准普尔、价值线（Value Line）和其他金融机构编制并公布。这些指数有助于投资者将自己的投资组合的表现和市场指数组合的表现进行比较；因此，不同的投资者偏好于不同的投资指数。一个专业养老基金的投资经理可能使用标准普尔 500 股票价格指数（S&P 500），一个专门投资小规模、场外交易股票的共同基金可能偏好纳斯达克指数，而一个小投资者可能使用价值线平均或者 Russell2000 作为其投资组合表现的最佳衡量方式。

3.6 指数和平均数

3.6.1 道琼斯价格平均数

虽然市场上有许多指数和平均数，我们将关注使用最广的一些指数。道琼斯，《华尔街日报》和《巴朗周刊》（*Barron's*）的出版商，建立了好几个市场平均指数，其中最有名的**道琼斯工业平均指数**（Dow Jones Industrial Average, DJIA）。这个指数包括了 30 家大型工业企业，并且被视为是"蓝筹"指数（股票质量非常高的指数）。许多人都批评说道琼斯工业平均指数太挑剔了以至于选择的股票数量太少。

但是，道琼斯工业指数的确追踪了市场的大致趋势，而且这 30 只股票占了纽约证券交易所 3 000 家公司超过 25% 的市场份额，图 3—1 指出了道琼斯在六个月内的价格变化情况和 30 只成分股的名称。

道琼斯同时也发布了一个包括 20 只交通股票和 15 只公用设施股票的指数。许多其他的市场指数也经常用图表的形式来表现，我们稍后会做讨论。

现在，让我们继续回到道琼斯 30 种工业平均股票指数。道琼斯工业平均指数原来是对这 30 种股票的简单平均，但是当一个公司分拆股票的时候，平均数就需要进行调整。道琼斯指数已经将公式中的除数从 30 降低到了 1 以下。你可以看到在图 3—1 的右下角除数是 0.124 931 17。

道琼斯工业平均指数

每日最高、最低和收盘价以及90天移动平均

收盘：100974.84 ▲ +32.73
除数：0.12493117
市值：3.645万亿美元

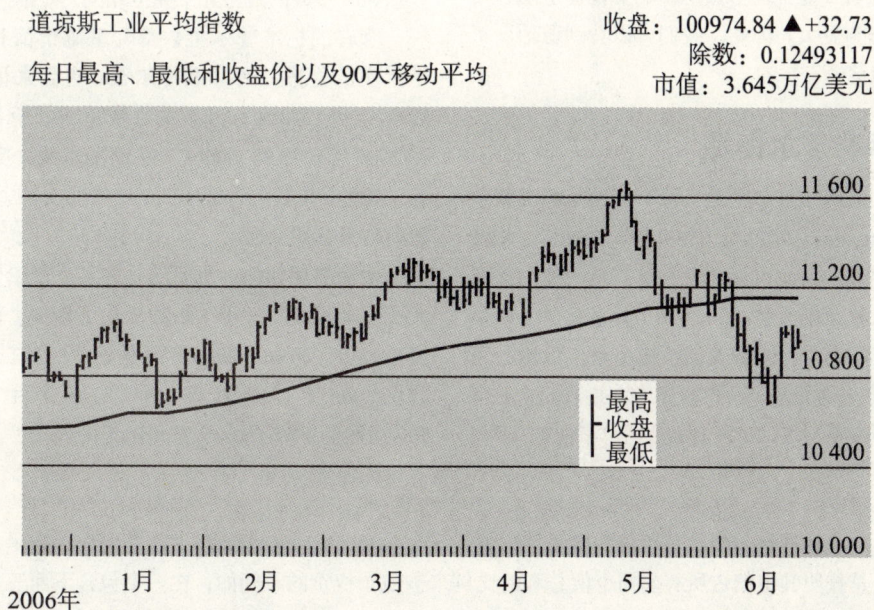

道琼斯30种成分股全球市场净变化率

美国铝业公司	+0.09	卡特彼勒公司	+1.04	通用电气公司	-0.02	英特尔	-0.08	辉瑞制药有限公司	-0.11
阿尔特里亚集团	+0.55	花旗集团	+0.19	通用汽车	-0.70	强生制药有限公司	+0.18	宝洁公司	+0.71
美国运通公司	+0.51	可口可乐公司	-0.13	惠普公司	-0.71	摩根大通公司	+0.54	3M 公司	+0.46
美国国际集团	+0.38	迪士尼	+0.16	家得宝公司	-0.44	麦当劳	+0.11	联合科技公司	+0.08
西南贝尔公司	-0.26	杜邦公司	-0.03	霍尼韦尔国际公司	-0.04	默克制药公司	+0.46	Verizon	+0.57
波音公司	+0.09	埃克森美孚公司	unch	国际商用机器公司	+0.32	微软	+0.01	沃尔玛	+0.16

图 3—1　道琼斯工业平均指数（2006 年 6 月 20 日）

每一次公司分拆它的股票（或者提供股利），除数就被降低以保持平均数和股票分拆之前是一致的。如果不这样做，那么低价股在分拆之后将降低平均数，造成投资者利益受到损失的假象。

道琼斯工业平均指数是一种价格加权平均指数（price-weighted average），也就是说指数中的每一只股票是按照其价格来确定权重的。简化描述价格加权的意思：如果一个价格加权平均指数中有三只股票，价格分别为 10、40 和 100，在把三者的价格加和后除以 3。

在这个例子中，我们得到的平均指数是 50（150/3）。价格加权平均指数和我们通常计算的平均数非常相似。价格加权平均指数通常对高价格的股票赋予比低价格股票更大的权重。例如，在上面的分析中，如果价格为 100 的股票上升了 10%，其他保持不变，指数将上升 3 个点，从 50 变成 53；然而，如果价格为 10 的股票上升了 10%，其他保持不变，指数将只上升 0.3 个点，从 50 变成 50.3。

在 2007 年 5 月，IBM 的股票交易价格为每股 105 美元，迪士尼公司为 36 美元。显而易见，IBM 股票价格 10% 的变动对道琼斯工业平均指数的影响要比迪士尼公司相同比例变动的影响更大。因此，我们可以看到道琼斯工业平均指数是"嫌贫爱富"的。

3.6.2　标准普尔指数

标准普尔公司发布了许多指数，最有名的是**标准普尔 500 股票指数**（Standard & Poor's 500 Stock Index，S&P 500）。职业基金经理和证券市场研究人员广泛的使用该指数来衡量广泛的股票市场活动。2007 年，标准普尔 500 指数涵盖了 369 家工业企业、16 家交通运输企业、48 家公用事业企业以及 67 家金融企业。标准普尔 500 指数的企业市值相当于纽约证券交易所 3 000 家上市公司总市值的 75%。

1991 年夏，标准普尔公司引进了中等市值指数。**标准普尔 400 中市值指数**（Standard & Poor's 400 MidCap Index），包括了 400 家市场价值在 12 亿美元到 90 亿美元的中等规模公司。该指数的编制主要是为了回应人们对于标准普尔 500 指数只反应大公司市场表现的批评。例如，标准普尔 500 指数中的微软公司，在 2007 年 1 月份的市场价值超过了 3 500 亿美元。通过编制中市值指数，持有类似投资组合的经理可以用该指数来更准确地衡量其投资组合的表现。同理，**标准普尔 600 小市值指数**（Standard & Poor's 600 SmallCap Index），可让人们有机会去衡量那些比中市值公司小的股票的市场表现。**标准普尔 1500 指数**（Standard & Poor's 1500 Stock Index）则包括了标准普尔 500 指数、标准普尔 400 中市值指数和标准普尔 600 小市值指数。

标准普尔公司也编制其他有特殊用途的指数。例如，**标准普尔 100 指数**（Standard & Poor's 100 Index），是由 100 家芝加哥期权交易所（Chicago Board Options Exchange）设有单独的期权合同的蓝筹股构成（这一术语在学习了指数期权后，会有更清晰的理解）。标准普尔 100 指数和标准普尔 500 指数的走势几乎完全相同。

所有的标准普尔指数都与基础价值相联系，因此都是真实的指数。对标准普尔 500 指数来说，它的基期是 1941 年到 1943 年；基期的点数是 10，标准普尔 500 指数在 2006 年 6 月 20 日的 1 240.12 的点数，反应了这 65 年多的时间里，指数上升了 1 230.12 个百分点。那些新的指数，基期则没有那么远。

无论基期如何，重要的是在某一段给定期间内（如一天、一个月或者一年）指数变化了多少，而不是绝对指数值是多少。例如，2006 年 6 月 20 日的道琼斯工业平均指数比 2005 年 12 月 31 日上升了 2.40 个百分点，标准普尔 500 指数则下降了 0.65 个百分点。

实例应用

标准普尔指数是**价值加权平均指数**（value-weighted indexes），也就是说在指数里，每个公司是按照其市值占所有公司市值总和的比例来被赋予权重的。例如，在一个包含下面三只股票的价值加权平均指数中，权重是：

股票	股份数目	价格（美元）	总市场价值（美元）	权重（%）
A	150	10	1 500	12.0
B	200	20	4 000	32.0
C	500	14	7 000	56.0
			12 500	100.0

在所有的情况下，权重的计算都是用某只股票的市场价值去除以所有股票的总市场价值。在这个例子中，股票 A 的权重 12.0% 是用 1 500 除以 12 500 计算出来的。同理可计算出 B 和 C 的权重。

股票 C 的股价只有第二高，但 500 份发行在外的股票数所带来的高市场价值，却让其在指数中占有 56% 的权重。同理，在标准普尔 500 指数中，那些大市值的公司，如通用电气公司、埃克森美孚公司和 AT&T，都会比小市值公司对指数的影响要大。按照市值加权编制的指数，对于股票分割不会做出特殊的调整，因为股份的增加自动弥补了分割所带来的股价下跌的影响（即市值不发生变化）。

标准普尔公司也为其他 100 多个不同行业编制市值加权指数，并收编在标准普尔证券价格指数记录中。

3.6.3　价值线平均指数

价值线平均指数（Value Line Average）涵盖了纽约和美国证券交易所，以及纳斯达克市场的共 1 700 多家公司。有些个人投资者喜欢使用这种指数，因为它与小投资者所持有的股票组合联系更加紧密。

与前面所讨论的价格加权平均指数（道琼斯工业平均指数）和市值加权平均指数（标准普尔 500 指数）不同，价值线平均指数是一种**同权重的指数**（equal-weighted index）。也就是说，无论这 1 700 多只股票的市场价格或市场价值是多少，他们在指数中都有完全相同的权重，就如同 100 美元被平均分配投资给每一只股票。在这种情况下，IBM 或埃克森美孚并不会比温迪国际（Wendy's International）[1]或马特尔公司（Mattel Inc）[2]在指数中享有更大的权重。这种等权重的特征也更符合小投资者的投资组合。

3.6.4　其他市场指数

纽约证券交易所（NYSE）、美国证券交易所（AMEX）和纳斯达克都会编制和发布指数。每一种指数都是用来衡量在某个特定的交易所或者市场交易的股票的市场表现。纽约证券交易所除了编制综合指数，也编制其他不同的指数。每种指数都代表了某一组或某一类的公司股票。

纳斯达克也编制一些指数，包括纳斯达克综合指数、纳斯达克 100，以及其他代表不同经济部门的指数。纳斯达克 100 是由纳斯达克市场中 100 家最大的公司股票所组成，这些公司集中在高科技企业中，如微软公司、英特尔公司、甲骨文公司和思科公司。

在过去的 10 年中，纳斯达克综合指数变得尤其受投资者的欢迎；它经常和道琼斯工业平均指数和标准普尔 500 指数一起出现在晚间新闻中。

美国证券交易所综合指数是由所有在该所交易的股票组成。

纽约证券交易所、纳斯达克和美国证券交易所编制的所有指数都是市值加权平均指数。

威尔逊 5000 股票指数（Wilshire 5000 Equity Index）也是一种重要的指数。它是综合性最强的一种指数，代表了由可随时从纽约证券交易所、美国证券交易所和纳斯达克市场获得的价格数据而编制的全美国已发行的权益类证券的总美元市场价值。该指数刚开始编制的时候，只涵盖了 5 000 只股票，但随着证券市场的发展，现在其包括的股票数目已经远超 5 000 只。鉴于该指数包括总美元市场价值，它是一种市值加权平均指数。2006 年 6 月 20 日，威尔逊 5000 股票指数数值为 12.4 万亿美元。该指数告诉了我们几乎每日所有重要的权益类证券的市场总值。

罗素指数在近些年来也得到了更多的关注。位于华盛顿州的塔科马（Tacoma）市的理财咨询公司弗兰克罗素（Frank Russell Company）提供了三种独立而又有重叠的市值加权平均指数。**罗素 3000 指数**（Russell 3000 Index）是由 3 000 只以市场价值（每股价值 × 发行在外的股数）衡量的美国股票构成。其他的两种指数则可以让我们知道是大企业还是小企业的股票表现更好。例如，**罗素 1000 指数**（Russell 1000 Index）仅包括罗素 3000 指数中大的 1 000 家公司的股票；而**罗素 2000 指数**（Russell 2000 Index）则只包括罗素 3000 指数中小的 2 000 家公司的股票。如果罗素 2 000 指数的表现胜过罗素 1000 指数，我们通常认为小公司的股票表现超过了大公司的。反之亦然。

国际股票平均指数　随着投资国际化逐步变的重要起来，国际市场的指数也越发受到重视。《华尔街日报》上刊登了全世界的不同指数。

道琼斯全球指数（Dow Jones World Index）涵盖了世界上所有证券市场的表现。截止到 2006 年 6 月 20 日，道琼斯全球指数上涨了 0.92%。在这期间内，中国股票市场（道琼斯第一财经中国 600 指数，CBN China 600）表现最好，上涨了 33.60%，土耳其则表现最差，下跌 13.01%。值得特别关注的是**东京日经指数**（Tokyo Nikkei Stock Average）。事实上日经指数已经从 20 年前的最高峰下跌了超过 2/3。

债券市场指标　债券市场的表现往往是跟利率的波动相关联，而非取决于指数与市场平均价格水平。由于债券价格与利率之间存在反向的关系，投资者通常可以用收益曲线的变化或者利率图来判断债券市场的表现。然而，当要追踪债券价格时，《华尔街日报》上仍有广泛的信息可

---

[1]　美国第三大汉堡包连锁店。——译者注
[2]　美国的一家玩具制造商。——译者注

投资的真实世界

贝布·鲁思的本垒打

　　在 1932 年的世界系列赛中被芝加哥小熊队的替补们嘲笑后，贝布·鲁思勇敢地伸出他的手指向看台，预测他将用本垒打回击芝加哥小熊队的投手查利·鲁特。这个传奇的"圣婴"最终实现了他的诺言。

　　在 1974 年，当道琼斯工业平均指数陷入 10 年来的低谷——800 点时，金融研究员艾伯森（Ibbotson）和辛克菲尔德（Sinquefield）站了出来，指出到 1999 年 11 月的时候，道琼斯工业平均指数将达到令人无法想象的高度——10 000 点。

　　当 1999 年 3 月 2 日，道琼斯工业平均指数突破 10 000 点时，这两个疯狂的"金融科学家"25 年前的预言仅仅只是与现实相差了 8 个月的时间。他们使用了复杂的统计工具和蒙特卡罗（Monte Carlo）分析来进行预测。

　　在这样令人难以置信的壮举后，人们或许会认为研究人员用神秘的水晶球为后人铺好了路。终究，贝布·鲁思没有击出第二只本垒打。

　　但是，艾伯森和辛克菲尔德在 1998 年再次站了出来，并预测到 2025 年的时候，道琼斯工业平均指数将达到 100 000 点。

　　让我们拭目以待。

供选择。按照债券种类的不同，债券指数可以分为：国债、广泛市场、美国公司债、抵押贷款支持证券以及免税债权类证券（所有这些债券将在本书的第 4 章详细讨论）。

　　共同基金平均指数　美国理柏基金评估公司（Lipper Analytical Services）发布了共同基金表现指数。这些共同基金被分成不同的种类来衡量它们的市场表现。衡量期间的起始点不同对于基金的相对表现非常重要。

　　共同基金以及他们的市场表现对美国以及全世界的投资者变得越来越重要。美国 9 000 万投资者中的许多人通过共同基金来进行日常的投资活动。在投资于共同基金前，对股票和债券有个广泛深入的了解是非常必要的。因此，对共同基金的讨论将放在你已经对一些必需的背景资料掌握后的第 18 章来讨论。

　　指数的变动方向　指数之间的变动方向高度相关，但这并不意味着他们的变动完全一致。如果某个养老基金经理想"跑赢"市场，那么指数的选择对于该基金经理是否保持其账户头寸非常重要。无论是对于普通大众还是职业投资者，衡量投资成败与否时要使用能够反映投资组合风险特征的指数，并且该指数和投资组合之间具有可比性。

本章小结

　　潜在的投资者必须开立投资账户。该账户可以是现金账户，也可以是保证金账户。投资者可以通过投资账户买入证券或者卖空证券（此时需要有保证金账户）。投资者可以下达不同的指令：市价指令、限价指令或止损／止赢指令；后面的这两种指令可以让投资者事先设定交易的价格。

　　投资者还必须考虑其投资行为带来的税收后果。《2003 年税收减免法》曾经让众多投资者重新考虑了他们的投资决策。

　　在衡量市场的变动时，投资者可能会参考道琼斯工业指数、标准普尔 500 指数、标准普尔中市值指数、代表 1 700 家公司的价值线平均指数或者纳斯达克平均指数（还有许多指数，不一一列举）。评价共同基金，投资者会选用理柏共同基金平均指数。还有一些债券指数和市场平均价格水平是用来进行外国交易的。投资者衡量投资表现时，需要选择那种和自己的投资组合高度契合的指数。

关键词汇与概念

　　资本损益　　capital gain or loss

　　道琼斯工业平均指数　　Dow Jones Industrial Average（DJIA）

　　道琼斯全球指数　　Dow Jones World Index

平均加权指数　equal-weighted index

限价指令　limit oder

多头　long position

保证金账户　margin account

网上经纪商　online broker

价格加权平均指数　price-weighted average

罗素 1000 指数　Russell 1000 Index

罗素 2000 指数　Russell 2000 Index

罗素 3000 指数　Russell 3000 Index

空头　short position

标准普尔 100 股票指数　Standard & Poor's 100 Index

标准普尔 400 中市值指数　Standard & Poor's 400 Mid-Cap Index

标准普尔 500 股票指数　Standard & Poor's 500 Stock Index

标准普尔 600 小市值指数　Standard & Poor's 600 Small-Cap Index

标准普尔 1500 股票指数　Standard & Poor's 1500 Stock Index

停止指令　stop order

东京日经指数　Tokyo Nikkei Stock Average

价值线平均指数　Value Line Average

价值加权指数　value-weighted indexes

威尔逊 5000 股票指数　Wilshire 5000 Equity Index

讨论题

1. 现金账户和保证金账户之间有什么区别？

2. 什么是保证金账户的最低持仓标准（要求）？

3. 为什么对卖空者来说，坏消息反而是好消息？

4. 什么是限价指令？止亏/止赢指令与限价指令有什么区别？

5. 请解释当日委托订单和长期有效订单之间的区别。

6. 在一个买卖 100 股股票的交易中，投资者支付给提供全面服务的经纪人、折扣经纪人和网上经纪人的交易佣金分别是多少？

7. 对于纳税人来说，边际税率和平均税率有什么区别？

8. 为什么道琼斯工业平均指数被认为是衡量蓝筹股的指数？

9. 当有股票分割时，道琼斯工业平均指数是怎么调整的？

10. 道琼斯工业平均指数的批评者和捍卫者是怎样说的？

11. 以道琼斯工业平均指数为例，解释价格加权平均指数的含义。

12. 标准普尔 500 指数是由哪些类别的股票组成？

13. 为什么要编制标准普尔中市值股票指数？

14. 什么是平均加权指数？以标准普尔 500 指数为例，解释高市值公司对该指数的变化影响。

15. 什么是等权重平均指数？哪种平均指数有此特性？

16. 填表练习：请将表中所列指数按照不同的加权系统进行分类，在相应的地方画"×"。

	价格加权平均指数	市值加权平均指数	等权重平均指数
纽约证券交易所综合指数	_____	_____	_____
价值线平均指数	_____	_____	_____
标准普尔 500 指数	_____	_____	_____
道琼斯工业平均指数	_____	_____	_____

17. 如果不希望一个高股价或者高度资本化的企业（市值很高）过度影响你的指数，你会选择使用本章中的哪种加权指数？

18. 为什么有些人认为威尔逊 5000 指数是最能综合衡量市场的指数？

19. 如果罗素 2000 指数的表现超过了罗素 1000 指数，你能推断出小公司和大公司谁的市场表现会相对更好些吗？

练习题及解答

1. a. 如果你能以 50% 的保证金、每股 30 美元的价格购买 100 股的股票，当股票的价格涨到每股 39 美元时，你的投资收益率是多少？

b. 如果股票的价格跌到每股 24 美元时，你的损失率又是多少呢？

2. 假设下面的股票构成了一个价值加权平均指数：

公司	股票发行数	股票价格（美元）
A	50 000	30
B	5 000	10
G	18 000	15
D	10 000	40

a. 计算总市场价值以及每一只股票的权重。计算结果保留小数点 2 位（由于四舍五入的原因，权重合计起来可能略微超过或小于 1）。

b. 假设 A 公司的股票数目增加了 20%，G 公司的股票数目减少了 40%，其他两家公司保持不变。请计算新的指数值。

解答

1. a. $100×30 = 3\,000$ 美元　　　　价格升高 $100×39 = 3\,900$ 美元

　　 贷款：　　　　　 $=-1\,500$ 　　　　贷款：　　　　　　 $=-1\,500$

　　 初始投资 $= 1\,500$ 美元　　　 最终价值　　　　 $= 2\,400$ 美元

　　 获利：$2\,400 - 1\,500 = 900$ 美元

　　 投资收益率 $= \dfrac{900}{1\,500} = 60\%$

　 b. $100×30 = 3\,000$ 美元　　　　价格下降 $100×24 = 2\,400$ 美元

　　 贷款：　　　　　 $=-1\,500$ 　　　　贷款：　　　　　　 $=-1\,500$

　　 初始投资 $= 1\,500$ 美元　　　 最终价值　　　　 $=\ 900$ 美元

　　 亏损：$900 - 1\,500 = -600$ 美元

　　 投资损失率 $= \dfrac{600}{1\,500} = 40\%$

2. a.

公司	股票发行数	股票价格（美元）	总市场价值（美元）	权重（%）
A	50 000	30	1 500 000	67.57
B	5 000	10	50 000	2.25
G	18 000	15	270 000	12.16
D	10 000	40	400 000	18.02
			2 220 000	100.00

 b.

公司	股票发行数	股票价格（美元）	总市场价值（美元）
A	50 000	36[①]	1 800 000
B	5 000	10	50 000
G	18 000	9[②]	162 000
D	10 000	40	400 000
			2 412 000

① $30×(1+0.20)=30×120\%=36$ 美元

② $15×(1-0.40)=15×60\%=9$ 美元

　　 指数 $= \dfrac{2\,412\,000}{2\,220\,000} = 108.65$

思考题

1. 如果你能以 50% 的保证金、每股 40 美元的价格购买 100 股的股票，当股票价格涨到每股 55 美元时，你的投资收益率是多少？

2. 在问题 1 中，如果股票的价格跌到每股 28 美元时，你的损失率呢？

3. 假设在问题 1 和 2 中，你的保证金最低要求是 25%。当每股价格跌至 28 美元时，你将会被要求追加保证金以满足最低 25% 的要求吗？请忽略 2 000 美元保证金账户余额的要求。

4. 如果价格跌至每股 23.75 美元，请重新计算问题 3 的答案。

5. 你以每股 60 美元的价格卖空 100 股诺顿公司的股票。保证金的要求是 50%。

　 a. 你的初始保证金是多少？

　 b. 如果股价跌至每股 42 美元，你的投资收益率或者损失率是多少？

　 c. 如果股价升至每股 67.50 美元，你的投资收益率或者损失率是多少？

d. 在 c 中，如果保证金的最低要求是 30%，你会被要求追加更多的保证金吗？（请做必要的计算来回答本题。）

6. 你对个人电脑行业前景非常乐观，因此以每股 45 美元的价格购入 200 股微技术公司的股票；你对机床工业非常悲观，因此以每股 55 美元的价格卖空 300 股国王工具公司的股票。每种交易都需要 50% 保证金。

a. 你在保证金账户的初始投资额是多少？

b. 假设每种股票在接下来三个月（月末）的变化如下表所示。计算每个月月末你保证金账户中的余额。

月份	微技术公司股价（美元）	国王工具公司股价（美元）
10 月	51	48
11 月	39	62
12 月	37	40

7. 丽莎·勒布考虑购买 100 股 CMA 唱片公司的股票，该股票目前的价格为每股 52 美元。她询问了不同种类的股票经纪人，得到了如下的交易佣金费用报价：网上经纪人为 7 美元，折扣经纪人为 45 美元，提供全面服务的经纪人为 98 美元。

a. 计算这三种的佣金比例分别是多少？

b. 提供全面服务的经纪人的佣金比例比网上经纪人高多少倍？（本题计算保留至小数点后两位。）

8. 用表 3—1 提供的数据，计算下面几小题中的税收负担：

a. 有应税收入 5 900 美元的单身者；

b. 有应税收入 13 000 美元的已婚夫妇；

c. 在 b 中，平均税率是多少？

9. 吉尔·托马斯处在 35% 的税率档。她的长期资本收益的税率是 15%。她在股票交易中赚了 16 200 美元。请计算在下面两个不同的股票持有期间，她的税负分别是多少：

a. 6 个月；

b. 14 个月。

10. 阿尔·罗德里格斯以每股 80 美元的价格卖空了 800 股金矿采掘公司的股票。保证金要求是 50%。三个月后，股票价格下跌至每股 62 美元时，他选择获利出局。请计算：

a. 他的初始投资额是多少？

b. 他的投资收益率或损失率是多少？

c. 如果他的短期资本收益的税率是 35%，长期资本收益的税率是 15%，他的税负是多少？

d. 如果股票价格是上升至每股 94 美元而不是下跌至每股 62 美元，他将损失多少美元？

e. 假设这是他在 2007 年唯一的一笔交易，他能够享受多少的纳税扣除？

11. 在价格加权平均指数中，有三种股票：A 股票，每股 100 美元；B 股票，每股 20 美元；C 股票，每股 60 美元。

a. 该指数值是多少？

b. 假设 A 下跌 25%，B 上升 25%，C 保持不变，则新的指数是多少？

c. 请解释为什么在 b 中，A 下跌的幅度和 B 上升的幅度一样，而指数却发生了变化。

12. 假设采用下面表格中的五家公司的数据来计算指数：

公司	已发行股票数目	基准日期：1984 年 1 月 1 日的市场价格（美元）	现在日期：2007 年 12 月 31 日的市场价格（美元）
A	6 000	6	12
B	2 000	5	18
C	10 000	8	40
D	1 000	20	10
E	4 000	15	32

a. 如果该指数是按照价格加权平均来编制的，则 2007 年 12 月 31 日指数是多少？（2007 年 12 月 31 日的平均价格除以 1984 年 1 月 1 日的平均价格后，再乘以 100。）

b. 如果该指数是按照市值加权平均来编制的，则 2007 年 12 月 31 日指数是多少？（2007 年 12 月 31 日的总市值除以 1984 年 1 月 1 日的总市值后，再乘以 100。）

c. 解释 a 和 b 的答案为什么不同。

13. 假设采用下面表格中的四家公司的数据来计算市值加权平均指数：

公司	已发行股票数目	市场价格（美元）
里斯	4 000	35
罗宾逊	16 000	4
斯奈德	6 000	10
霍奇斯	40 000	20

a. 计算总市场价值以及每只股票的权重。（保留两位小数，由于四舍五入的原因，权重合计起来可能略微超过或小于 1。）

b. 假设斯奈德公司的股票价格上升了 50%，霍奇斯公司仅下降了 10%，其他的两家保持不变。请计算新的指数。

c. 解释为什么指数遵循在题 b 中的变化模式。

14. 在问题 13 中，如果斯奈德公司的股票价格上升了一倍，霍奇斯公司下降了 7.5%，其他两家不变。该指数值会变化吗？请做必要的计算。

批判性思维案例——对道德的关注

伊莱恩和伊西·波兰斯基已经结婚并快乐地在一起生活了 10 年。伊莱恩是一家西海岸大型航空航天公司的系统工程师，伊西·波兰斯基是洛杉矶国际机场通勤航线的飞行员。他们俩预计应纳税收入为 116 000 美元。

伊莱恩和伊西·波兰斯基很关注他们俩高达 25 500 的税收负担。即将年终，他们考虑如何降低他们的预期应纳税收入。伊西建议他们应该评估一下他们的投资组合，看是否能通过卖出一两只股票来抵减他们的应纳税收入。他们的投资组合中有六只股票，只有一只目前处在亏损中。他们持有 500 股大西洋移动公司的股票，该股票由于第三季度业绩不好，股价已经从每股 58 美元跌至 38 美元。

在决定卖出该只股票前，他们对该公司做了广泛深入的研究，发现该公司基本面还是很不错的。他们认为投资者对该公司第三季度不好的消息反应过度，并且第四季度该公司业绩将会很不错。此外，他们觉得大西洋移动公司将有很大的机会赢得一大单美国财政部的安装和使用高级电话通讯设备的合同。此合同的竞争者是他们目前持有 100 股股票的阿特拉斯公司。阿特拉斯公司股票的价格从他们购入时的每股 10 美元涨至 25 美元。

为了对该合同的竞争结果有更深入的了解，伊西告诉伊莱恩说他要给戈登·刘易斯打个电话。刘易斯是伊西的大学舍友，目前在大西洋移动公司的公司发展部任副总裁。伊莱恩认为这个主意不一定好。伊西反驳说，在做出一个决定前，要尽可能的获取更多信息，伊莱恩作为一个系统工程师，应该比任何人更清楚这点。

问题：

1. 你认为伊西是否应该给他的大学同学刘易斯打电话，去获取有关那个合同竞标的信息？

2. 不考虑你对问题 1 的答案，你认为伊西是否应该卖出他们持有的大西洋移动公司的股票？如果卖出，能享受

的最大税前抵扣额是多少？

3. 对于他们持有的阿特拉斯公司的股票，你有什么投资建议？

投资顾问难题

考虑到联邦政府对医疗保险的新政策，卡罗尔·特拉维斯最近以每股 25 美元的价格卖空了 400 股的辉瑞公司股票。她用 5 000 美元的卖空购买金额作为保证金。

辉瑞公司股票价格（美元）	25
购买的卖空股数	400
总购买金额（美元）	10 000
保证金比率 (50%)	5 000

当该公司股票最初在星期五下降到每股 23.50 美元时，她感到很兴奋。由于卖空了 400 股，她有了 600 美元的利润。然而，在周末的时候，她浏览了雅虎财经网站，很吃惊的发现了一条有关辉瑞公司的消息，说该公司治疗骨性关节炎的新药已经得到了美国食品及药物管理局的批准。

看到该消息后，在下周一早晨市场开市前，她给投资顾问凯尔·特纳打了电话，指示凯尔立即以她看见的上周五收市的 23.50 美元的价格平仓她的空头头寸。

凯尔告诉她这有些不太可能，因为周末的利好消息有可能让辉瑞公司的股票以更高的价格开盘。卡罗尔焦急万分地等待着辉瑞公司的股票开盘价格。当看到辉瑞公司推迟了开盘时间后，卡罗尔相当吃惊。投资顾问解释说投机者对该股票的买单远超过卖单。

辉瑞公司股票最终在美国东部标准时间早上 10:30 以每股 26.53 美元的价格开盘。

a. 根据新的股票价格，卡罗尔的保证金账户中还有多少钱？

b. 她的投资损失率是多少？（基于 5 000 美元来计算。）

c. 如果投资顾问告诉她说辉瑞公司股票有 60% 的可能性从目前的价格（26.53 美元）涨至 28 美元，有 40% 的可能性最终会跌到 21 美元，卡罗尔应该继续持仓还是平仓？

第4章　投资信息的来源

在这个通信网络不断扩展和加速的世界，我们总是能够不停地接收到很多信息。随着投资范围的扩大，不仅仅只是股票和债券，投资信息也随之扩展到了金银、钻石、艺术品、古董、邮票和钱币、房地产、土地、石油和天然气、商品、共同基金以及其他资产领域。投资者所面临的问题不仅仅在于在众多投资产品中选哪些进行投资，还包括可以去哪儿找到相关的和可靠的投资信息。

首先，投资者需要对经济大环境有一个基本的了解。在确定经济总体状况之后，投资者需要对行业和影响投资的特殊变量作更加具体的分析。我们总说看一个人是否受过教育，就要看他能否找到自己所需要的信息，并且利用这些信息做出正确的决策。在这一章中，我们会为读者提供寻找总体经济数据和具体投资方式的相关信息的来源。

记住从各种免费和收费的来源可以获取大量的投资信息，因此对于任何信息来源，不论是纸质的还是网上的，我们都需要擦亮眼睛，对信息进行仔细的筛选。需考虑来源的可靠性，信息的准确性和时效性，以及是否具有独特的观点。对于投资数据，需对那些不断调整的数据特别留意。从不同来源获取的数字也许会因为使用了不同的变量和公式而有所不同。总而言之，警惕研究员。

这一章的目的并非指导你如何作投资分析，只是指导你如何去寻找可获得的信息。你也许对这样一句话略有耳闻，"一张图相当于一千字"。在这一章中，你能在各种图表中更加深刻地理解这句话。在这里我们不可能对每种来源提供的每项信息都加以讲解，你只要勤加练习就能找到对你有用的信息。我们建议你先进入你们学校和当地的图书馆网站做一些数据搜索的练习，这样你会对信息来源更为熟悉，从而理解其他的投资信息来源会更容易。

4.1　总体经济数据

经济数据对于分析过去和预测未来趋势是十分必要的。今天的经济环境和对未来的经济预测，对投资产品的选择、投资组合的建立至关重要。通货膨胀、工资、可支配收入、利率水平、货币供给、人口结构等都是非常重要的经济数据，对投资决策的影响很大。这些信息在很多政府、商业银行的出版物以及期刊上都能找到。下面，我们将对经济数据的主要来源作简要的介绍。

4.1.1　联邦储备系统公告

联邦储备系统公告是由位于首都华盛顿的联邦储备

系统在其网站上发布的。公告包含了大量的货币政策数据，例如，货币供给量、利率水平、银行准备金率，以及各种有关商业银行的数据。有关财政的数据，如美国财政预算收入与支出，联邦债务等也能在联储公告中找到。另外，公告还包括了汇率水平以及美国的对外贸易和资本往来数据。

尽管公告的季度印刷版已经停印了，不过你可以网上注册，这样如果有公告内容有更新，你就会收到电子邮件通知。进入 www.federalreserve.gov/pubs/bulletin/，利用联邦储备系统公告，你可以找到关于金融和经济话题的文章、数据等，这包括国内金融数据、联邦储备银行、商业银行、金融市场、联邦财政、公司金融、房地产市场、消费者贷款、国际市场数据以及利率、汇率水平等。

4.1.2　联邦储备银行

联邦储备系统中的 12 家联邦储备银行代表了美国不同的地理区域。每家银行都会出版自己的月报或月评，内容包括本地区的经济数据，有时也会有关于当前的实事或货币政策的评论。12 家银行每年会发布 8 期关于他们各自地区经济的"黄皮书"。这份报告的信息来源包括各银行的董事、银行家、与银行有密切经济往来的客户、经济学家以及对地区经济有特殊见解的其他专家。

12 家联邦储备银行的网址分别是：www.frbatlanta. org；www.bos.frb.org；www.chicago.fed.org；www.cleve-landfed.org；www.dallasfed.org；www.kc.frb.org；www. minneapolisfed.org；www.newyorkfed.org；www.phil.frb. org；www.rich.frb.org；www.frbsf.org；www.stlouisfed.org。关于这 12 家银行的信息，我们可以很快捷地在他们各自的网站上找到。有些银行的网站上还有其他几家银行的链接，甚至在一些网站上，例如旧金山联邦储备银行，你还能直接找到政府发布的经济数据，如经济分析局（Bureau of Economic Analysis, BEA）。每家网站的页面都是以主题词的形式排列的，每项主题词的下面会有更具体的选项。大多数网站上的部分信息是相似的。例如，政府公告、银行业新闻、美国经济数据等。但其他一些信息，例如金融服务、社区新闻以及就业信息等，则只能在一些网站上找到。

毫无疑问，每家网站都值得一览，我们在这里将圣路易斯联邦储备银行作为例子详细向读者介绍一下。FRED 是广受欢迎的一个数据库，而该数据库正是由圣路易斯联邦储备银行负责维护的。FRED 是"联邦储备经济数据"的简称（Federal Reserve Económic Data），收录了美国的各项金融和经济的历史数据。在该数据中，我们能找到诸如月准备金率、利率水平、商业银行数据、GDP 及各地

区经济数据等的信息。数据库网站是 www.research.stlouis-fed.org。

圣路易斯联邦储备银行每周和每月都会发布一些非常全面的经济数据。下面的标题及相关的图表在其网站首页的主题词"出版物"下都能找到。

美国金融数据（U.S. Financial Data, USFD）：该数据每周更新一次，内容包括基础货币量、银行准备金率、货币供给、活期存款与定期存款之间比较分析、联邦储备银行的放贷金额以及大型商业银行的放贷金额。一些短期和长期证券的收益率和利息率也会被每周更新，并包含在该子数据库中。

金融趋势（Monetary Trends）：该数据库每月更新一次，包括各种每月经济数据的图表。数据类型和 USFD 覆盖的范围差不多，只是描述了更长时期内的经济情况。数据库中的表格描述了相关数据的复合年变化率，而图形则显示了一段时期内的变化趋势。该数据库还包括了联邦政府的债券的相关数据以及债券持有人的类别，还有政府对国民收入和高就业群体的预算收入和支出。

国际经济走势（International Economic Trends）：该数据库每季度更新一次，收录了 G7 国家和欧盟其他国家的经济数据。内容包括具代表性的经济数据，如社会总产出、通胀率、利率、GDP、就业率、政府财政预算，等等。圣路易斯联邦银行还出版《国际经济走势》的年度印刷版，反映了 1987 年至今的经济数据。

国内经济走势（National Economic Trends）：该数据库收录了国内每月的经济数据，包括就业率、失业率、消费者和生产者价格、工业产量、个人收入、零售业销售量、生产力水平、劳动报酬以及劳动力成本。它还包含了 GDP 的数据、GDP 的隐性紧缩指数、个人消费支出、个人国内投资总额、政府支出、个人可支配收入、公司税后利润及存货。这些数据都以图表的形式列出，反映出每月的年度复合变化率。

图 4—1 是从"国内经济走势"数据库中摘录下来的 6 张图表。这些图表描述了真实 GDP 的增长率、工业产量、非农业工资的变化率、消费者物价指数（consumer price index, CPI）、利率水平以及失业率。

图 4—2 同样摘自"国内经济走势"数据库，但描述了长期的数据。垂直的阴影部分表示的是经济衰退时期的开始和结束。从图中，我们可以看到利率自从 1981 年经济衰退开始就呈现下降趋势。我们还可以看到公司税前和税后利润的变化率。税后利润的增长率在 1981 年至 1994 年一直保持在 4%~6%，但 1994 年税后利润则呈现加速增长的趋势。税后利润从 2001 年的衰退期中开始了另一轮的持续增长，并于 2005 年达到了 8% 的高点。图

实际GDP增长率
复合年变化率

CPI
变化百分比

工业产量
变化百分比

利率
%

10年期国库券

3个月期国库券

非农薪资的变化
千

失业率
占劳动人口比例

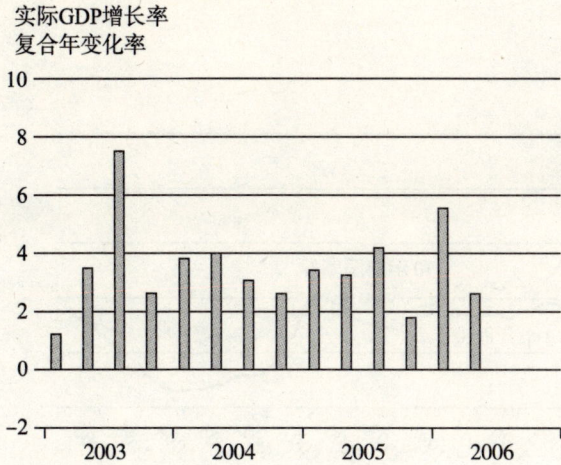

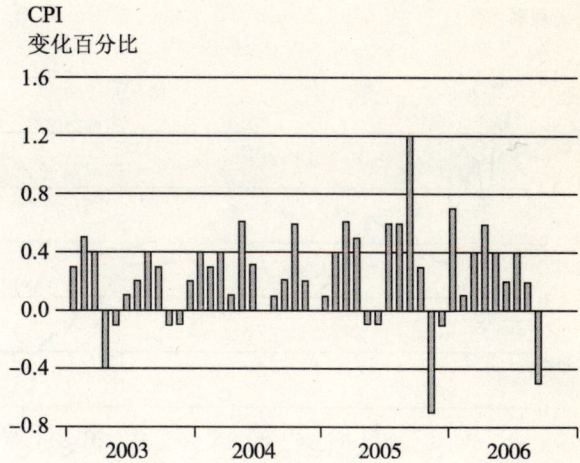

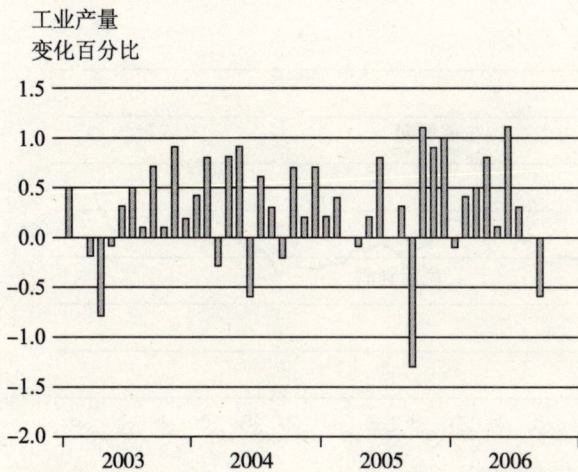

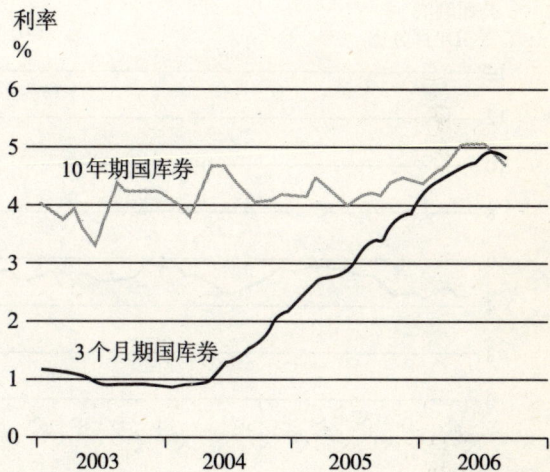

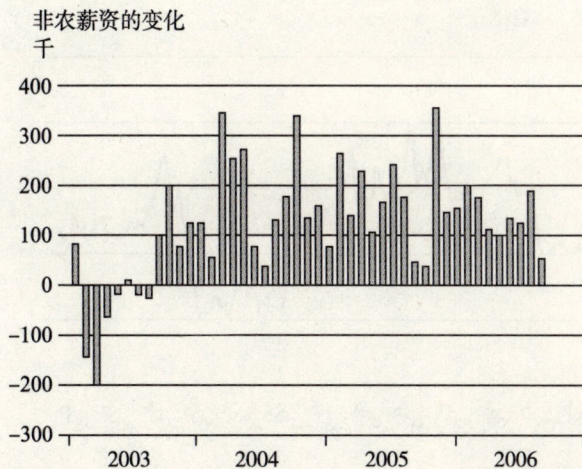

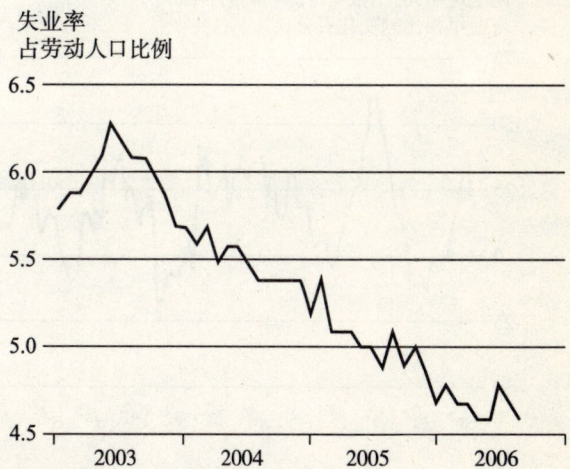

图 4—1 短期国内经济走势

4—2 中的第三张小图则描述了标准普尔 500 指数自 1981 年以来的年收益率。注意到年收益率的波动性非常大。同时，我们还发现公司利润和股票市场收益之间存在着相关关系。

另外一个有用的网站是 Liber8，它有 FRED 的链接并且也收录了其他美联储的数据。Liber8 相当于是美联储数据的门户网站。其网址是 liber8stlouisfed.org。

4.1.3 《当代商业调查》

《当代商业调查》(*Survey of Current Business*) 由美国

利率
%

图表：利率走势图（1981-2006），标注"10年期国库券"和"3个月期国库券"

公司利润
占GDP百分比

图表：公司利润占GDP百分比（1981-2006），标注"税前利润"和"税后利润"

标准普尔500指数（考虑股利的再投资）
与上年相比的变化百分比

图表：标准普尔500指数变化百分比（1981-2006）

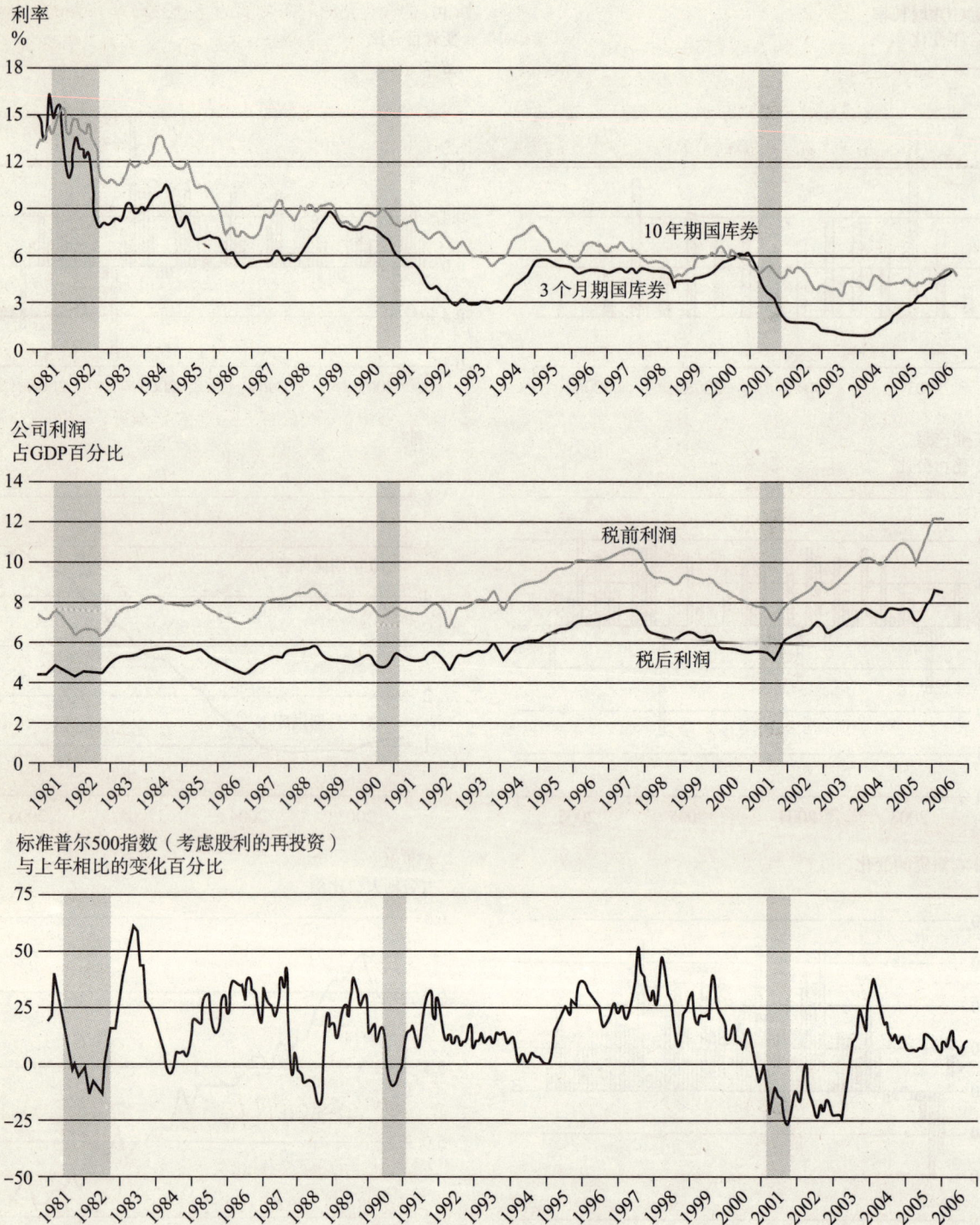

图4—2　长期国内经济走势

商务部经济分析局（BEA）每月出版一次。1991年，商务部停止发行《商情摘要》（*Business Conditions Digest*），因此《当代商业调查》成为了目前查询经济方面的连续时间数据的最主要的刊物。该刊物每月更新一次，包含了对经济形势的评估，及对很多经济数据的分析，包括GDP、商业存货、个人消费、固定投资、出口、劳动市场数据、金融数据，等等。例如，个人消费支出被细分成了不同的类别：耐用品，如汽车、家具设备；日常用品，如食物、能源、衣物、鞋子等；服务。

该刊物对于行业分析非常有用，因为它将数据细化到了具体的基础行业。例如，存货的数据、新建工厂和设备、产量等，我们还可以找到很多被细分的行业，如煤矿业、烟草业、医药业、皮制品行业、家具业、纸业等。我们甚至还能找到一个行业内部不同领域的数据，例如，关于木材行业的产量，我们既能找到阔叶树的产量，也能找到针叶树的产量，甚至细化到了花旗松、南部松树、西部松树。以下列出了在《当代商业调查》中能找到的信息的主要类别：

GNP，GDP	消费者物价指数
国民收入	生产者价格指数
个人收入	已完工工程
工业产量	银行业
住宅开工与许可	消费者分期付款信贷
零售额	股价
劳动力，就业率及收入	进出口金额
制造业货运量、存货及订单	汽车业

虽然《当代商业调查》中有一些图表，但该刊物中原有的图表大部分已经被转移到了由美国经济咨商局（the Conference Board）出版的收费期刊《商业周期指标》中。关于经济的连续时间数据的图表在这本刊物中都有涵盖。总体而言，这些经济指标对于分析理解过去的经济行为以及预测未来的经济走势非常有用。第 5 章会对这些指标加以详细介绍。

除了由 BEA 出版的《当代商业调查》外，还有很多由美国政府在线提供的经济和其他方面的数据。BEA 是美国商务部的下属机构（www.commerce.gov）。美国人口局也提供了大量的数据。为了不迷失于众多政府机构及其提供的大量数据中，我们可以访问美国政府的官方门户网站，Firstgov（www.firstgov.gov）或者政府出版社的网站，GPO Access（www.gpoaccess.gov），作为搜索信息的入口。

4.1.4　其他网站与经济数据

有很多网站都提供了大量的经济数据，这一部分我们重点介绍两个。第一个是 www.economy.com。该网站提供关于经济、金融、国家和行业的研究分析，其中既有免费内容也有收费内容。请注意，正如其他提供类似信息的网站，Economy.com 要求读者首先进行免费的注册，之后才能阅读网站内的文章，阅读有些文章还需要你是付费会员。我们将对该网站的产品作简要的介绍。

The Dismal Scientist（www.economy.com/dismal）提供了非常全面和实效的数据和分析。它覆盖了 40 个国家、180 多个经济指标（不过其中的大部分数据是收费的）。The Dismal Scientist 也公布每周全球经济数据以及对市场和经济形势的讨论分析，这些都是免费的。

Economy.com 的另一个产品是 Free Lunch（www.economy.com/freelunch），它是一个涵盖了经济、金融、工业

和人口的大量连续时间数据的免费数据库。Economy.com 还提供了一些其他的免费产品，包括数据库和刊物，还有咨询服务。

另外一个很有用的经济网站是 www.economagic.com。正如它的自我描述，economagic.com "试图将自己打造成为为经济研究，特别是为经济预测服务的、综合性的、提供经济连续时间数据的免费数据库"。目前数据库中有上十万的时间序列数据，包括图表。他们的"高频使用数据系列"（Most Frequently Requested Series）页面为人们提供了方便快捷的对一些常用经济、市场、人口数据的搜索，例如 GDP、消费者物价指数、人口数量等。而 "Economagic Reporter" 功能则提供了一系列的可订制的报告。Economagic.com 还提供一些收费服务，例如以 Excel 的形式下载数据。

4.1.5　其他经济数据来源

目前为止，我们已经了解了一些基本的经济数据来源。而对于不同的投资者，他们所需要的信息是不尽相同的，因此我们下面简单介绍一些其他的数据来源。

很多大学都有经济研究部门，他们会提供州或者地区的统计数据。一些大的银行，如 JP 摩根、花旗、美洲银行，也会出版一些每月或每周的经济评论或简报，其中会包括一些原始数据和分析。还有一些政府提供的数据来源，例如，由美国总统经济顾问委员会（Council of Economic Advisors）编制的《经济指标》（*Economic Indicators*），还有《总统年度经济报告》（*Annual Economic Report of the president*）。另外，一些期刊报纸也包含了原始数据和经济评论，如《商业周刊》（*Business Week*），《财富》（*Fortune*），以及《巴朗周刊》（*Barron's*）。Mergent 和标准普尔的投资服务部也会发布经济数据和其他的市场信息（我们在后面会有介绍）。

4.2　投资顾问机构

投资信息和建议也可以从其他很多渠道获得，既有提供金融服务的公司，也有提供投资建议的个人。翻开诸如《巴隆氏》、《福布斯》、《金融世界》的金融杂志，能看到成百条提供收费投资信息的广告。很多公共图书馆和大学都订阅了几家主要出版商的刊物，如 Mergent（穆迪所属）、标准普尔、价值线等。

4.2.1　Mergent 数据技术有限公司

Mergent 创建了很多关于债券和股票的数据库，这些以前被称做 "Moody's Manuals"（穆迪手册）。这些手册被

广泛使用，它提供了上市公司的历史财务数据、管理层人员以及公司的运作情况。这些手册按行业被分为了几大类：金融与银行、工业、市政、店头市场工业（场外市场工业）、公用事业以及运输。每本手册每两周会有一份新闻补充，用于更新上市公司的季度财务表现、股息公告、收购合并以及其他对投资者有用的新闻。《穆迪手册》综合性很强，每一类别都有一到两卷，上千页。

《Mergent 债券记录》（*Mergent Bond Record*）每月发行一次，涵盖了公司债券、可转换债券、政府及市政债券的数据，以及对商业票据和优先股的评级。公司债的内容包括利息、付息日、赎回价、穆迪的评级以及到期收益率。债券的市面价格以及历史的最高价和最低价也有记录。另外，目前市面上所流通的未到期的债券总量与债券的首次发行日期及偿债基金也都能在该数据库中找到。可转换债券的数据包括转换价格、转换价值、转换时期。但市政债券的信息仅限于穆迪的评级。《Mergent 债券记录》还收录了各类债券至少 30 年的历史收益曲线。

Mergent 还每周发行《债券调查》，对本周债券市场的主要事件作简要回顾，包括评级变动、债券新发行、已到期需赎回的债券等。《Mergent 股息记录》（*Mergent Dividend Record*）每年发行一次，记录了每季度的股息、股利宣布日、股权登记日、付息日、除息日。《Mergent 普通股指南》每季度发行一次，它包含了约 1 000 家公司 10 年的财务历史数据，还有公司的背景资料、近期发展以及未来前景。

Mergent 的每种出版物都要求有一定的订阅费，但最初的订阅费并不高，你可以查阅足够多的资料以决定是否要继续订阅。Mergent 还创建了自己的网上数据库 www.mergent.com，上面有以上产品及其他更多产品的介绍。

4.2.2　标准普尔

另一个为投资者提供投资信息的主要的来源是标准普尔公司（Standard & Poor's），它是麦格劳－希尔（McGraw-Hill）的一个子公司。标准普尔对公司、行业和市场金融数据都有很全面的覆盖。我们在这章会选取标准普尔所提供的一些比较有名的服务和出版物加以介绍。在大学的图书馆里，并不会有标准普尔的所有产品，因为要获取这种独有的数据和分析是非常昂贵的，但他们往往会订阅一些标准普尔的产品。标准普尔所有的产品清单以及一些免费的数据和服务都能在标准普尔的网站上找到，www.standardpoor.com。

我们下面简要介绍标准普尔的几项产品：《公司记录》（*Corporation Records*）、《股票报告》（*Stock Reports*）、《行业调查》（*Industry Survey*）、《展望未来》（*Outlook*）、《上

市公司的注册》（*Register of Public Companies*）、《私人公司的申报》（*Register of Private Companies*）。

《公司记录》提供了 12 000 多家美国、加拿大及全球的上市公司的具体信息。它们包括完整的资产负债表、利润表、公司简介、子公司及各部门情况、SEC 报告以及新闻媒体的相关报道。《股票报告》则对公司的市场表现进行了深入的分析，包括技术分析、内部知情者的活动、主要股票指标、分析师对公司收益的一致预测以及与同行业公司的比较。《展望未来》则是标准普尔推出的投资建议简报。《上市公司的注册》及《私人公司的申报》则主要提供了基本的董事会信息，包括董事的姓名以及公司所属的行业类别。《私人公司的申报》是提供私人公司信息及收入预测的为数不多的几家刊物之一。

标准普尔同时还提供关于公司债券和共同基金的信息，并分别出版有《债券指南》和《共同基金报告》。我们这里讨论的所有产品都能找到电子版，在标准普尔网站上"独家解决方案"（single-source solution）下有一个产品叫"NetAdvantage"，这是一个电子数据库，也有印刷版的成书，很多大学也都有订阅。另外，计算统计数据库（The Compustat），全球计算统计数据库（Compustat Global），及研究视野数据库（Research Insight）为投资者提供了公司和金融市场的基础数据。标准普尔的出版物对刚开始研究一家具体的公司或行业是十分有用的，因为他们能提供简要、全面的概况介绍。

《股票指引》（Stock Guide）每月出版一次，投资者可以获得上千家公司的普通股及优先股，以及上百只共同基金的信息。《股票指南》的序言部分会介绍公司名字的变更、新上市的公司、普通股评级的变动以及标准普尔 500 指数的日线图。

《债券指南》（Bond Guide）与《股票指南》的形式相同，也是一份每月出版的小册子，包含了公司债券和可转换债券的数据。内容涵盖了标准普尔关于每只债券的评级、利息支付日、债券到期日、票面利率、每年最高和最低价、现价、当前收益率、到期收益率，以及一些可转换债券特有的因素，如转换比率、转换价值及转换价格。

最后，我们需要指出的是麦格劳—希尔对学生开放了少量的 NetAdvantage 中的数据，学生可以访问 www.mhhe.com/edumarketinsight。这些数据收录在 NetAdvantage 的新版本中，该书也可以通过上述网址进行购买。在这章最后的练习中有围绕这些数据展开的一些练习。

4.2.3　价值线

《价值线投资调查》于 1931 年由阿诺尔德·伯恩哈德（Arnold Bernhard）创立，它是被个人投资者、股票经纪

商以及一些小的银行信托部门最广泛使用的提供投资信息的出版物之一。《价值线投资调查》跟踪了 1 700 家公司，每一只普通股都有一页的总述。价值线以其内容的全面性而著称。原始的财务数据、增长趋势线、历史价格走势图、季度销售收入、利润和股利以及按行业划分的销售收入和毛利在价值线所提供的信息中都有包括。价值线将行业进行了分类，每类行业分析都包含 13 部分的内容。每一类行业研究的开头几页都是关于该行业的概况，紧接着则是对该行业内每家公司的分析。每部分每 13 周会更新一次。

价值线的评估系统很独特，它主要依靠回归分析对变量之间的历史关系进行分析。在定价模型中，每家公司的评级从 1 到 5 不等，评级为 1 表示是最高的评级，而 5 则是最低评级。对每家公司都从时效性和安全性两方面进行评级。值得指出的是，价值线在评估过程中将人为因素的影响降至了最小。

价值线还出版了其他刊物，包括《价值线期权》，其中以看涨和看跌期权为主；《价值线可转换债券》，以可转换债券、可转换优先股和权证为主。价值线还提供一些针对个人投资者在共同基金方面和一些特殊形势下的投资咨询服务。

4.2.4 晨星

晨星（Morningstar）提供的产品适用于每个人，从投资者到金融学教授。他们的产品包括《晨星共同基金》、《晨星免佣基金》、《晨星投资者》、《晨星共同基金 500》、《晨星变额年金 / 人寿保险》、《业绩报告》。这些刊物既有印刷版，也有电子版，它们提供了基金的历史业绩数据、支出信息、资产配置和分解以及一个五星的评级系统（5 颗星代表最高评级，1 颗代表最低）。

晨星以其对共同基金的报道最为有名，不过它同时也涵盖其他领域的信息，包括股票、ETF，并且扩展到了面向整个全球市场。晨星还为投资者提供软件产品，例如，Morningstar Ascent，它能够帮助个人投资者设计个人化的投资组合，还有 Morningstar Principia 和 PrincipiaPlus，这是专门为投资专家设计的，以便他们能够设计出更为复杂的跟踪共同基金、封闭式基金或变额年金表现的投资组合。

为了能更全面地了解晨星的产品，我们可以访问晨星的网站 www.morningstar.com，在这里，我们还可以查找股票的报价、共同基金的相关数据以及每日市场动态。

4.2.5 其他投资信息来源

当我们在对同行业公司进行比较时，一些财务比率指标能提供很有用的信息。邓白氏（Dun&Bradstreet）出版了一本小册子，叫作《主要财务比率》（*Key Business Ratios*），里面收录了 14 个最重要的比率指标，以及这些指标在 800 家不同行业中的运用，这些行业都是标准产业分类代码（SIC Code）中所规定的。流动比率（流动资产 / 流动负债）、销售利润率（净利润 / 销售净收入）、总负债与净资产比例等在这本书中都有介绍。

《RMA 年度报表分析》也是一本不错的介绍财务比率的书。书中涵盖了超过 150 家行业，比较了不同规模下各公司的资产负债表和利润表。

邓白氏还出版了一本《百万美元名册》（*Million Dollar Directory*），这本书既有印刷版，也有电子版。印刷版列出了公司的名字、地址以及行业分类。电子版还附加了搜索和下载的功能。无论是印刷版还是电子版都提供了公司的基本信息，既有上市公司也有私人公司的，包括公司地址、销售收入以及公司高管的姓名。这对于了解同行业内公司或制作通讯录非常有用。

另外，汤姆森公司（Thomson）旗下的汤姆森金融也是一个主要的投资信息来源，提供汤姆森研究产品，包括全球 30 000 多家公司的当前和历史的财务数据、公司档案以及分析师报告。他们另一个很有用的产品是 SDC 铂金数据库，里面收录了各公司的并购活动。通过汤姆森的另一产品 IRChannel，投资者能够获得公司业绩前景预测以及公司的股票买卖情况。

其他提供投资信息的渠道还有零售股票经纪人以及股票研究公司。这些研究人员和公司长期为他们的客户提供投资信息。通常而言，客户支付的佣金越多、客户的账户内资金越多，他们收到的研究报告也就越多。大的经纪行，如美林、美邦国际、瑞士银行、培基证券（Prudential Securities）等，经常为他们的客户提供行业和公司研究报告、债券市场分析、期货和商品市场信息、期权投资建议以及在石油、天然气和房地产投资中的避税建议，等等。当下，经纪行提供的投资信息更为复杂，覆盖面更广，远远超越了股票和债券的范围。这在一定程度上是因为投资者自己能从网上获得的信息越来越多，并且投资者对信息的理解吸收能力也越来越强，同时投资产品的多样化和复杂化也迫使经纪行为吸引客户必须提供关于更多投资产品的信息和服务。

尽管并非所有的投资工具和研究报告都能在图书馆中找到，但我们也不能忽略那些小的图书馆，在它们的商业参考选集中也许会有意外收获。尽管你没法获得零售经纪人所提供的全部信息，但你可以向主管商业书刊的图书管理员询问，她可以帮助你找到我们上面提到的很多信息资源。

4.3 SEC 档案、期刊及日志

4.3.1 SEC 档案

我们在第 2 章中提到，SEC 是《1934 年证券交易法》通过后设立的，负责监管证券交易所的交易活动，并有权要求上市公司披露涉及公司股东利益的公司信息。SEC 甚至有权规定会计惯例。

SEC 中的信息主要包括公司的利润表、资产负债表，具体的财务信息以及一些在公司年报中找不到的内部数据。上市公司被要求必须向 SEC 提交规定的报告。年度的 10-K 报告是最广为人知的，通常能够直接从公司或其网站上免费获得。这份报告应该结合公司的年报一起阅读，它们包含的信息类别相同，只是 10-K 报告包含了更细节的内容。当公司有重大事件发生，并对股东利益有影响时，公司必须提交 8-K 报告，例如，公司控制权变更、公司破产、公司董事、高管任命，或其他实质性事件。10-Q 报告则需要每季度提交一次，最晚提交日不能超过一个季度结束后的 45 天。这份报告包括了公司的季报、公司股东持股量的变动以及正在进行的司法事件等。

还有很多其他的 SEC 报告。最常见的有：代理投票声明，披露有关股东投票的信息；公司首次公开上市之前必须提交的招股说明书；交易申报声明，公司的股票若第一次在交易所或场外市场进行交易，都需要提交这份声明。

公司的 SEC 档案可以通过很多网站找到。你可以在 SEC 的网站 www.sec.gov 上进行搜索，在那里你会找到一个部分叫 "档案和表格（EDGAR）"。SEC 的网站上为投资者提供了很多信息，包括法律法规、特别研究以及任何一项与证券相关的诉讼。进入档案系统，你能找到 SEC 相关表格、一些历史档案以及 EDGAR 使用指南。EDGAR 是 SEC 档案的数据库，它是电子数据收集、分析和检索的缩写（Electronic Data Gathering, Analysis and Retrieval）。

除了收费网站 www.10kwizard.com 和 www.freeedgar.com，还有很多免费的财经网站，如 MSN/Money、Yahoo!财经等，另外，公司的网站上通常会有它们 SEC 档案的链接，还有它们的年报以及其他的相关文件档案，这些信息通常在 "投资者关系" 那一部分。

4.3.2 期刊和报纸

最流行的商业期刊莫过于《财富》、《商业周刊》、《福布斯》、《金融世界》。《财富》是半月刊，每两周出版一次，以其对行业问题的分析和对具体公司的研究而著称。《财富》具有很多特色内容，从而更具可读性。"商业综述"（Business Roundup）是它的一大特色，这部分通常以主要经济热点为主，例如联邦预算、通胀问题或生产力。"个人投资"（Personal Investing）是它的另一特色，这部分主要是一些供一般投资者阅读的文章，提供一些投资建议和分析。

《福布斯》同《财富》一样，也是每两周发行一次，主要以对公司高管的访谈为主要内容，侧重于公司管理。这种管理导向的方法为读者展现了不同的管理风格，并为投资者提供了对证券定性分析的另一种视角。一些固定的专栏作家也对一些投资话题发表不同的看法。《商业周刊》比《福布斯》涵盖的内容更广泛。它对一些经济变量，如利率、耗电量及市场价格，作每周更新。同时它也有关于行业和公司分析的文章。还有很多其他的期刊杂志，如《货币》（Money），对财务经理或个人投资者都很有用。虽然在上述每个出版社的网站上你都不能免费阅览所有的文章，但很多网站都会有一些免费的、只供在线阅读的内容，比如，商业博客、投资指南等。

很多主要城市的报纸（例如，芝加哥、达拉斯、克里夫兰等）都有很好的金融财经板块。《纽约时报》有非常好的报道财经新闻的版面。不过，最广泛流通的财经类日报则是《华尔街日报》，由道琼斯公司出版。它是成百万投资者的必读报纸，以便能及时了解经济和商业动态。劳动力市场、商业、经济、个人投资、科技以及税收方面的新闻是《华尔街日报》的固定内容。它同时还刊登各种公司公告。另外，"收益报告摘选"（Digest of Earnings Reports）部分为投资者及时更新各公司的季度及年度收益数据。《华尔街日报》的订阅者还能够免费阅读其在线新闻，其网站是 www.wsj.com。

投资银行家们也会在《华尔街日报》上刊登股票和债券新发行的广告。交易活跃的证券的价格会在他们的交易市场中有刊登。普通股和优先股的价格由交易所和场外市场整理公布。

很多其他的价格则会刊登在《华尔街日报》上。投资者能在上面找到政府短期国债及中长期国债的价格，政府机构发行的债券价格，共同基金的价格，期权市场上的看涨和看跌期权的价格，国际汇率以及商品期货价格。价格按照商品种类和上市交易的交易所分类。《华尔街日报》每天覆盖的信息内容极广，可以说一个想与市场保持同步的投资者很难离开这份报纸。每年秋季，《华尔街日报》都会出版一期教育性刊物，向读者解释如何阅读这份报纸，并且会对报纸中的一些数据进行阐述。在华尔街日报网站上也有在线的指导手册。

《巴朗商业和金融周刊》（Barron's Business and Financial Weekly）由道琼斯于每周末出版，内容包括公司股利、看涨及看跌期权、国际股票市场、商品市场的新闻及对股

票市场的简评，还有数页为市场价格及金融市场方面的数据。《巴朗周刊》站在一周的角度对前一周的市场状况作出总结。它的常规内容还有对一些公司的分析，这能在"投资新闻与观点"部分找到。

也许展示《巴朗周刊》的信息深度的最好办法是将其"本周市场"部分的内容展示给大家看。《巴朗周刊》的一个特色是它的"市场实验室"，共有 9 页。每周关于主要股票市场和债券市场的数据会和这一周金融市场的其他数据一起刊登出来。

其他主要的报纸还包括《投资者商业日报》（*Investor's Business Daily*）、《华尔街手稿》（周刊）（*Wall Street Transcript*）、《商业和金融纪事》（周刊）（*Commercial and Financial Chronicle*）。由媒介综合公司（Media General）发行的《行业观察》（*Industriscope*）为专业投资经理提供了非常有用的基础性和技术性指标。

4.3.3 日志

大多数日志（Journals）都是学术性的，因此理论化，而非读者导向。不过，也有一些例外，如《金融分析》，它是由 CFA 协会发行的。该日志既有学术性较强的文章，也有实践者写的文章，文章内容大多涉及分析工具、新的法律法规以及金融研究分析。《投资组合》以及《机构投资者》也被专业投资者广泛阅读。而学术性更强、更偏向研究的日志则包括《金融学》、《金融经济学》（*Journal of Financial Economics*）、《金融和数量分析》（*Journal of Financial and Quantitative Analysis*）。这些日志内容包括理论的发展和试验证明，例如，随机行走和有效市场假说、资本资产定价模型、套利定价模型，还有对于很多金融界热点话题的实证研究。《金融教育》（*Journal of Financial Education*）既有关于课堂话题的文章，也有电脑运用方面的文章。

4.4 数据库

我们在这章讨论的很多资源都有在线版本。如前所述，这些在线版本能够提供搜索和数据输出的功能。这些在线资源或 CD-ROM 格式的资源被称作"数据库"（例如，一些数据库能够让你一次搜索很多日志和报纸，还有些数据库能够让你通过输入一些具体的条件得到符合那些条件的公司。）数据库还指那些提供原始数据的资源，不论是金融的还是其他方面的，并且搜索和数据输出功能更强大。我们在这节中将具体介绍这类数据库。

Compustat 是这类数据库中的一例。Compustat 由标准

普尔旗下的一家子公司投资管理科学公司（Investors Management Science Company）出版，内容非常全面。根据数据包的大小，Compustat 收录了北美和全球 50 000 多家公司 20 年的年度和季度财务数据以及市场数据。Compustat 的数据已完全标准化，你可以进行同一公司不同时期的对比、不同行业公司的比较，还可以找到已不存在的公司的信息。

这种信息对于同时分析很多家公司非常有用。可以计算各比率指标，用于分析和比较。走势和回归分析都能进行。还能搜索符合特定标准的公司。例如，你可以使用以下的标准来对公司进行筛选：股息率大于 4%；利润增长每年大于 15%；市盈率低于标准普尔 500 股票指数；市场价格低于账面价值。

还有些公司也提供和 Compustat 类似的产品。例如，互动数据公司（Interactive Data Corporation）提供了一种产品，叫 FT Interactive，收录的数据类型和 Compustat 相同。另一个数据库叫做"CRSP 数据库"，由芝加哥大学证券价格研究中心创建并维护的。CRSP 数据库收录的主要数据有收益、股息、股价、合并日期、股票分拆等。他们还有一个 CRSP 和 Compustat 合并的数据库，称作"CCM"。CRSP 数据库对研究股票的历史表现非常有用，收录了从 1926 年至今的数据。这在对有效市场价说、资本资产定价模型和其他的金融命题的学术研究中被广泛使用。

另外一个查找金融市场数据的很有用的来源就是彭博社（Bloomberg）专业金融服务。彭博社以其金融分析工具和实时的金融市场数据而著称。除数据而外，彭博社还提供实时的新闻报道和标题头条，有声报告和电视报告，以及很多独家分析。

4.5 互联网与投资信息

网络、在线工具及资源等内容贯穿本章。这里，我们需要明确两种在线信息的区别：通过互联网而获得的信息（如在线数据库）与互联网上的信息（如通过搜索引擎或一个公开的免费的网站）。通过购买在线数据库的使用权，你能够得到更系统的数据，这些数据往往已经经过了筛选、认证和加工，比单从公开网站上获取的数据具有更多的使用功能（如高级检索或数据输出）。但是，如果你能够敏锐地发现公开网站上的有效信息，知道如何有效地使用搜索引擎和门户网站，那么你同样能获得大量有用的信息。

正如我们这章开篇所讲，在使用网上的数据时必须

谨慎。你需要仔细检查其数据来源，数据发生的时间以及数据是否经过调整。同时，你的地方或大学图书馆会提供一些收费的信息内容，这些同样能在公开网站上找到，因此在购买数据前最好向图书馆确认该数据是否和网上的相同。

4.5.1　其他金融网站

提供金融和投资信息的网站有好几千家，我们不可能在这里一一介绍。在这部分，我们将列出一些我们使用的或我们的同学感兴趣的一些网站。首先，让我们看看股票交易所和其他金融市场。它们都有各自的网站，在其网站上，我们能找到关于上市条件、交易量、历史数据、交易数据、股价、监管信息等很多内容的信息。看看 www. cbot.com，www.cboe.com，www.nasdaq.com，www.cme. com，www.nyse.com，www.amex.com，还可以去看看国际交易所的网站上看看，例如，伦敦股票交易所 www. londonstockexchange.com。世界交易所同盟（The World Federation of Exchange）的网站上提供了它们成员交易所网站的链接以及其他的信息，www.world-exchange.org。

新闻媒体是另一类网站。广播网络都有自己的网站提供商业信息、股价、公司购并的重大新闻以及其他投资者感兴趣的经济新闻。看看 www.abc.com，www.cnbc. com，www.foxnews.com，www.cbs.com。你也可以去看看你当地的报纸，如 Chicago Tribune，或者全国性的报纸，如 The New York Times（《纽约时报》），它会报道华尔街的重大新闻。你可以访问 www.chicagotribune.com 和 www. newyorktimes.com 阅读这两份报纸的在线版本。美国有线电视新闻网（CNN）有一个网站，叫做"CNN 金融"，网址是 www.cnnfn.com。这个网站以商业新闻为主，同时也是了解国外市场信息的一个很好的渠道。另外，金融新闻机构也有非常好的网站，能够为投资者提供有用的信息，如 Bloomberg 金融新闻，www.bloomberg.com，及路透社 www.reuters.com。

还有一些其他的网站，例如，www.yahoo.com，www. msn.com，可以让投资者创建自己的投资组合，并跟踪组合中股票的价格。当你进入你的投资组合，股票的价格会自动更新。这两个网站都有"货币"部分，你可以点击获得股票价格以及指数的表现。如果你输入一只股票的代码，如 SUNW（Sun Microsystems），你就能得到这只股票的价格，还能看到价格走势图，以及关于这家公司的一系列新闻，这些你都可以下载或打印。

当搜索一家公司的相关信息时，一定不要忘记访问它们的公司网站。虽然我们之前已经提到过，但我们还要在这里强调一遍，因为这经常被忽略。大多数公司都有自己的网站，如果你进入网站中的"投资者关系"部分，你通常都能找到它们的年报、季报，并且在很多情况下，都会有该公司 SEC 档案的链接。另外，很多投资者关系部分还可以让股东获得具体某年某天的股价。例如，如果出于税收的目的，你想知道你买这只股票那天的收盘价，这个功能将会非常有用并且省时。可口可乐公司的网站上有过去几年的根据其财务报表计算得出的各种财务比率，www. coca-cola.com。

另外一类查找信息的地方则是经纪商和金融服务公司的网站。它们大多信息都为其客户公开，很多还对公众公开。这不失为一种很好的免费发放信息的市场宣传。去看看美林、美邦、保诚、高盛、JP 摩根等的网站，还有一些区域性的经纪公司的网站。如果你不知道它们的网址，可以去 google 上输入公司的名字，通常搜索出的第一个结果就是这些公司的网站。

还有一些其他专业性的投资研究网站。如果你想要得到股价图表，可以去 www.bigcharts.com。这个网站可以提供不同时期、不同时间段的股票价格，如一天的股价变化、几个月的每日价格或几年中的每月价格。你还可以将公司的股价和指数价格，如标准普尔 500 指数，作比较。其他一些一般性的财经网站，如雅虎财经，也提供一些这种图表的信息。

另外一些有用的网站包括大学的商业图书馆网站或商学院的网站，或其他一些学术性机构的网站。很多与经济相关的学术性部门有很多专门研究某一领域的研究中心，例如，房地产、金融经济，等等。可以去哈佛的贝克图书馆的网站看看，www.library.hbs.edu，上面有很多研究指导和其他一些有用的资料。很多这类资料只对在校学生或教职员工开放，但你在上面通常能找到一些你容易忽略的其他资源或网站。

搜索公开网站（甚至是专用数据库）时需要注意的另一个问题是网站的排版及内容设置会变化。你上周能轻松找到的信息现在或许需要你仔细地挖掘才能找到。一些内容也许会突然变成收费内容或只对其订阅者开放。你最好能对我们这里讨论过的一些数据库以及其他一些没讨论过的都有了解，然后挑选出最适合你的。网站上很多内容都是重叠的，你会发现对于同样一类信息，你更喜欢去某一家网站查找。无论你对图书馆信息的获取权限有多大，尽量使能被你获取的信息发挥最大的作用。

本章小结

信息无处不在，但又很难找到。对于最初的投资者而言，最大的问题在于到哪儿找信息以及找什么信息。在这章中，我们提供了一些指导以及一些数据作为例子，这些对你后面几章的学习很有帮助。对于有经验的投资者而言，他们的问题在于了解在他们的投资分析中哪些信息是有用的。初学的投资者在找到信息来源后也同样会面临这个问题。

为了能快速地找到数据，你可以在图书馆多花点时间，并经常向图书管理员咨询。与学习其他技能一样，你花在搜索信息上的时间越多，这项工作对你来说就越容易。通过练习，你能够逐渐意识到哪些信息是可获的，并且知道获取这些信息的途径。能够快速准确地找到相关数据是被雇主看重的一项技能。

第二部分 股票分析和估值

本书的第二部分讲述对股票估值的基本面分析方法，并且着重讲述在证券分析中常用的几种估值方法。我们采取了自上而下的分析方法，从分析整体经济活动开始，然后分析行业，最后再分析具体的公司。有些基本面分析也会采取自下而上的分析方法，分析的顺序与自上而下的分析正好相反。这些分析师被称作"选股人"。这两类投资者都是价值投资者，他们试图发现被低估的股票，然后买进，并耐心持有，直至其价格升高至市场预测价值之上，从而赚取超额收益。投资者往往是乐天派，他们通常会选取这两种方法中的一种，试图找到被低估的股票。

还有一种在股票市场赚钱的方式，就是高卖低买。也就是说，你可以是短线投资者。短线投资者往往是悲观主义者。他们寻找被高估的股票，其股价下跌的可能性很大。他们卖空股票，并期望以低价将股票买回归还。这样，他们高价卖出、低价买入，从中获利。Prudent Bear 基金的总裁戴维·泰斯（David Tice）就是这样一位短线投资者。尽管他说过"我更多地将自己看做是一个公司财务报表的批评家"。这本书的两位作者都曾是戴维的老师，一位于 1976 年在得克萨斯基督教大学教过戴维，另一位则于 1976 年在教育投资基金会与戴维同是基金会的参与者。

戴维·泰斯是注册金融师（CFA）和注册会计师（CPA），他运用他的这些技能去发现被高估的公司。David W.Tice & Associates, LLC 总部设于得克萨斯州达拉斯市，是 Prudent Bear Mutual Fund 和 Prudent Global Income Fund 的投资顾问。他的公司还出版了《数字背后》（*Behind the Numbers*），这是一项 200 多名投资经理提供高质量收益分析的机构研究服务。每年 15 000 美元的订阅费非常昂贵，但投资专家们仍愿意为那些颇受好评的研究付费。尽管该公司的全职分析师只有 10 人，但被业内人士称作是实力最强的专业性研究机构之一。

他是第一个质疑水星金融公司（Mercury Finance）和日光公司（Sunbeam）会计报表的人。他还常年紧盯泰科公司（Tyco）的财务报表，并最终证明他是对的。他甚至还在一段时间内对通用电气的财报表示出很大关注。

2001 年 6 月 13 日，戴维·泰斯参加国会的金融服务小组委员会时指出，分析师的股票推荐活动和投资银行的业务之间存在利益冲突。他还证明了这些冲突对股票市场的投机活动起到了推波助澜的作用，并且使资本盲目地流入了互联网和电信行业，牺牲了其他行业的发展机会。到 2004 年，他又一次证明了他的观点是正确的，很多华尔街的公司都为此遭受了几十亿美元的罚款，并承诺将其研究部门和投资银行部门隔离。另外，作为与 SEC 的协议，这些公司同意为其客户提供独立的研究报告。

尽管我们对我们的这位学生充满钦佩，但我们也并非完全同意他的所有预测。有人说他希望戴维对道琼斯工业平均指数在熊市结束之前达到 3 000 点的预测是错误的。这项预测是 2002 年 11 月时作出的，鉴于戴维总是坚持自己的观点，并且往往几年后被证明是正确的，我们或许应该将我们的一部分资产交给 Prudent Bear 基金管理。

第 5 章 经济活动

学习目标

1. 解释自上而下的估值方法
2. 讨论联邦政府在影响经济政策中所扮演的角色
3. 区分财政政策和货币政策对经济的作用
4. 解释通货膨胀和贸易政策如何影响经济活动
5. 描述经济周期以及它与周期性指标间的关系
6. 解释经济周期与不同行业间的关系

本章要点

1. 经济活动和经济周期　联邦政府的经济政策　财政政策　货币政策　政府政策、实际增长与通货膨胀
2. 经济周期和周期性指标　经济指标
3. 股票价格和经济变量　货币供给　国内生产总值（GDP）工业产量和制造业
4. 经济周期和行业间的关系

在对公司进行估值时，基本面分析依靠的是对经济、行业、公司财务前景的长期预测。经济环境的短期变化也同样重要，因为它们会影响投资者的期望投资回报率，以及对公司利润和股息的预期。本章主要讲述对经济活动的基本分析，接下来的几章则重点介绍行业分析和对单个公司的分析。

图 5—1 以倒三角的方式展现了自上而下的估值方法的基本框架。估值过程首先从对经济活动的宏观分析入手，接着再分析各行业变量。接下来，根据期望的风险—收益特征对单个公司进行筛选，最后，被挑选出来的股票则会组成一个投资组合。这张图并没有包括分析师会考虑的所有变量，但指出了分析多数行业和公司时都会考虑的具有代表性的变量。

5.1 经济活动和经济周期

投资者从分析经济大势开始估值过程，是希望对经济活动的准确预测能够为股票市场的准确预测打下良好的基础，并且能分析出哪个行业最有发展前景。分析师需要的信息包括当前和预期的市场利率、货币和财政政策、政府和消费者的消费方式以及其他的一些经济数据。投资者必须对经济周期有很好的认识并且掌握其发展规律，才能对经济走势作出准确的预测。这并非一项简单的工作，但如果能预测准确，那收益则是非常可观的。

无论分析师是运用回归分析或概率论等统计方法，还是仅凭直觉和经验来判断，他们对未来的预测都是建立在过去数据的基础之上的。过去的信息往往要经过决策者的主观想法的加工，再变成对未来的预测。无论统计方法怎么高深，主观性总会以某种形式渗入到决策之中。

过去的信息是很重要的，但大多情况下，这些信息必须结合目前世界各国汇率的波动、国际债务合约，以及其他一些因素进行预测。因为大多数公司都会或多或少地受到一般经济活动的影响，所以首先我们从政府的经济政策开始分析。

5.1.1 联邦政府的经济政策

政府经济政策是受《1946 年就业法》、美联储的财务状况表、总统经济顾问委员会以及其他的国会法案所引导的。《1946 年就业法》设立的目标至今仍然在四个领域适用。这些目标如下所示，它们是货币政策和财政政策的重点。

1. 稳定的物价（低通胀率）；
2. 在较高产量的基础上维持稳定的经济（低失业率）；
3. 实际 GDP 的持续增长（扣除通胀因素后的实际

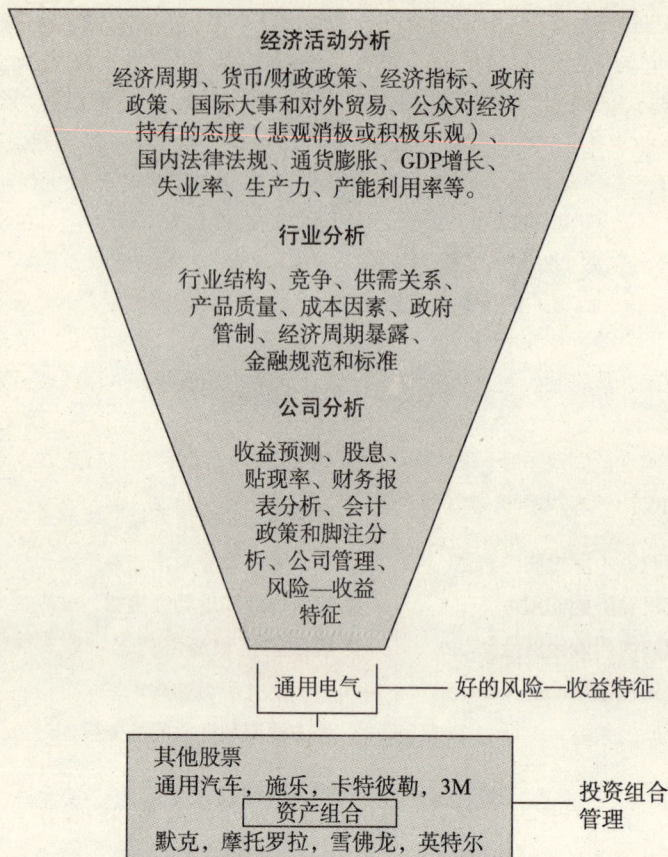

图5—1　自上而下的估值过程一览图

增长）；

4. 国际收支保持平衡（主要是进出口的平衡，但也包括现金流量从美国流入和流出间的平衡）。

这些目标通常是相互冲突的，因为它们与同一个经济变量的相关性并不一致。因此，目标的优先性和经济政策应该反映当前的经济形势。在20世纪50年代和60年代早期，美国并没有国际贸易或通胀上的问题，因此经济政策主要着眼于就业和经济增长。1961年至1969年间，美国经济实现了飞速的增长，并且因为越南战争，失业率达到了非常低的水平。战争期间，对布料和资金的需求非常大，竞争很激烈。最终，战争的巨额支出、高额财政赤字、完全就业率，以及货币供给的大幅增长导致了很多问题。通胀率飞涨到很高的水平，利率水平达到了历史高点，国际收支严重失衡，这些都导致美元在70年代的两次贬值。

到1977年1月吉米·卡特（Jimmy Carter）上台的时候，主要的经济目标再一次回到降低失业率、控制通货膨胀以及将经济增长维持在一个适当的水平上（这是一项艰难的任务）。这项艰巨的任务落到了美联储的肩头。美联储实行紧缩的货币政策，收紧银根，这使利率快速升高，从而遏制了通胀，高利率又使投资者对股票的预期回报率

达到历史高点，从而又打压了股价。

罗纳德·里根（Ronald Reagan）继承了卡特时期未解决的大部分问题，他试图利用新的方法来实现这些目标。80年代伊始，里根宣布施行三年的减税计划，以提高人们的可支配收入，刺激消费需求，从而促进经济增长。同时，他又尽力减少政府开支。这些政策在迅速降低通胀率、促进GDP的强劲增长方面起到了很大的作用，但其代价是前所未有的巨额财政赤字。乔治·布什（Goerge H. Bush）沿承了里根的大部分国内政策，但更着眼于国际事务。在布什总统执政中期，90个月的和平扩张时期结束，1990年6月开始了新一轮的经济衰退。1982年11月开始的经济扩张创造了就业顶峰，失业率极低，并使利率和通胀率从1980年和1981年的高位降到了可控的低水平。随着整体经济的改善，股票市场于1982年迎来了又一轮大牛市，但同时也为1987年10月19日的最大单日跌幅埋下了隐患。

1990年6月开始的这次经济衰退极其严重。大型公司，如IBM、AT&T、通用汽车，以及其他一些公司进行大幅裁员，裁员总人数超过了50万人。1992年11月，比尔·克林顿（Bill Clinton）被选为总统，他承诺将解决就业问题和公共医疗问题。此时，经济自1991年3月开始已慢

慢复苏,但克林顿说服国会通过了提高个人所得税和公司所得税的方案。很多经济学家认为提高所得税会减少消费支出,造成"财政拖累"(fiscal drag)。到 1992 年的第三季度,经济大幅下滑,实际 GDP 增长率停滞在最低水平。然而,到 1993 年底,第四季度的实际 GDP 增长率超过了 7%,到 1994 年底,实际 GDP 增长率保持在 3.0% 至 3.5% 之间。1994 年,共和党在国会选举中胜出,并于 1995 年 1 月开始执掌国会。克林顿总统于 1996 年获总统连任。他与国会共同致力于平衡预算的财政方案。政府支出被控制,并且由于经济长期健康的发展,政府税收收入达到了历史高点。

这些因素的综合结果是大量的财政盈余,并且预计在未来的几年,盈余将会继续扩大。在 1997 年到 2001 年间,美国财政部还有能力偿还几百亿的国债。政府财政赤字减少所导致的一个结果是由政府支出带来的财政刺激不足,因此如果消费者的需求支出不能弥补政府支出减少所造成的需求空缺,那经济增长就不能持续。2000 年之前,消费者的信心指数都很高,消费意愿强烈,因此经济得以正常运行,直到 2000 年,经济增长开始放慢脚步。股票市场自 2001 年 4 月开始下跌,到 2001 年 1 月乔治·布什(George W. Bush)总统上任的时候,他面临的是一个经过了几年飞速增长,已失去动力的、即将崩溃的经济。到 2001 年夏天,第二季度的经济增长率缩减到了 0.2%,由于税收收入减少,以及布什上任初期实行的减税政策,政府财政盈余锐减。受 9·11 恐怖袭击的影响,2001 年第三季度呈现负增长,国家经济研究局(National Bureau of Economic Research,

NBER)宣布经济陷入衰退,自 2001 年 3 月开始,并将于 2001 年 11 月结束。2001 年到 2003 年,经济重新恢复活力,并且实现了一定的增长。然而,布什政府的减税政策,加上在伊拉克战争中以及国家安全上的大量支出,分别给美国 2004 年、2005 年的财政年度带来了 3 820 亿美元和 3 090 亿美元的财政赤字。2006 年强劲的经济增长增加了税收收入,从而使财政赤字减至 1 510 亿美元。

国际形势也发生了重大变化,这包括北美、南美、欧洲和亚洲的经济发展变化。随着我们进入全球经济的新时代,我们不能再依靠过去来预测未来。现在,新的欧洲经济中包括统一的货币——欧元,以及 20 多个欧盟国家。中国在世界经济中的崛起将改变世界政治、经济体系的格局。对经济理论的理解和运用对追求全球投资战略的投资者和希望进行海外投资的美国公司而言,将变得日益重要。对国际大事背后金融影响的理解对投资者和公司的投资收益率有很大影响。图 5—2 展示了美国主要的贸易伙伴国的经济增长趋势。很明显地,中国以 9.4% 的平均增长率遥遥领先,发达国家的增长率都在 2% 到 4% 之间,美国以其 3.3% 的平均增长率领先于其他发达国家。

5.1.2 财政政策

财政政策(fiscal policy)是政府关于税收和政府支出的政策。这些政策能对经济活动的走势产生重大影响。需要注意的是,财政政策的初始过程是非常繁琐的。它有很长的执行时滞,在政策实施之前,必须要经过国会对财政预算的批准以及还要有相应税收法律的出台。图 5—3 显

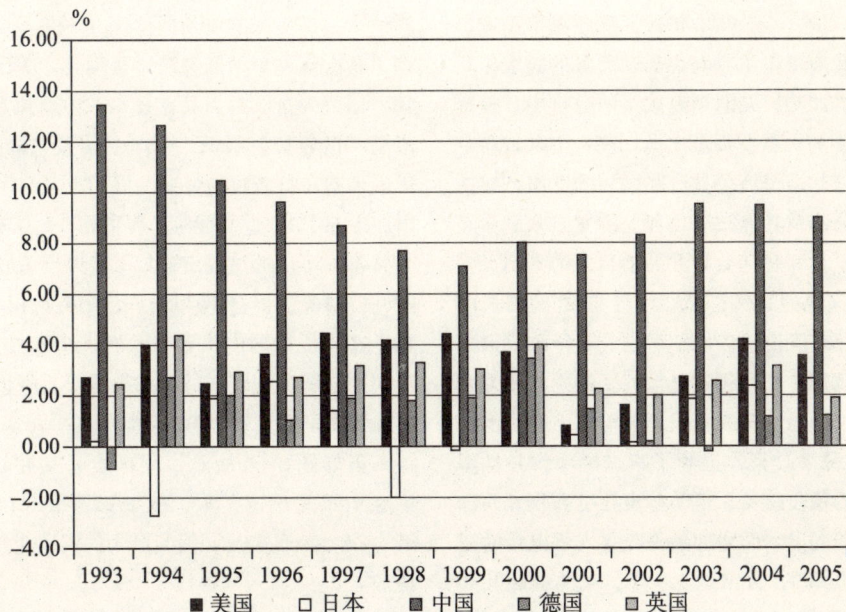

图 5—2　实际 GDP 的变化率

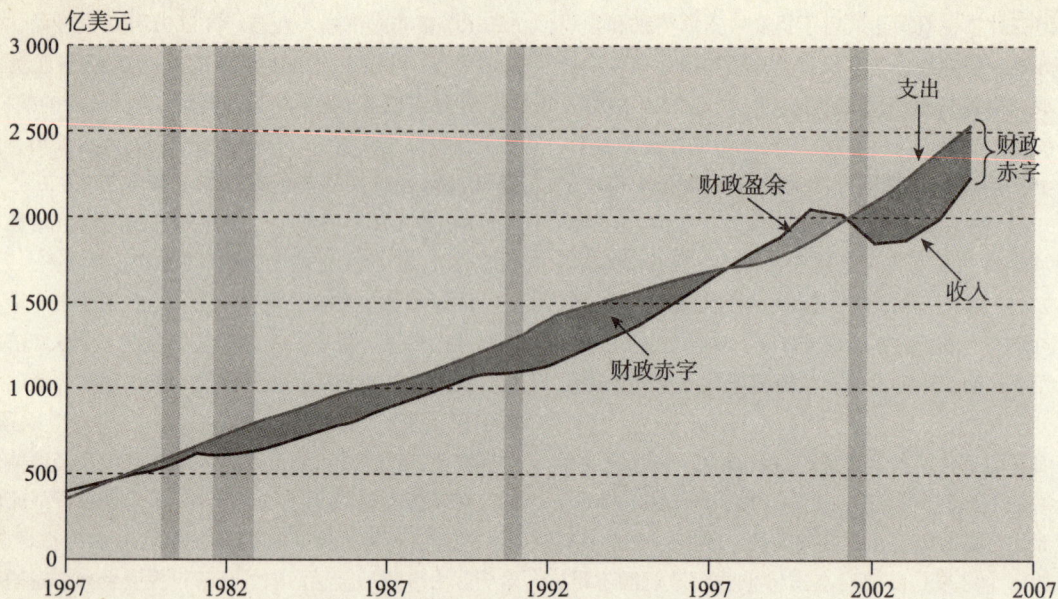

图 5—3　联邦财政收入和支出

示了政府的收入和支出的历史数据。当政府支出高于收入时，财政部则需要融资以弥补**财政赤字**（deficit）。

　　经济预测者必须关注财政赤字的规模，以及它的融资方式，以衡量其对经济的影响。如果该赤字是靠财政部向美联储出售证券来融资，那效果则是扩张性的。货币供给会增加，而短期内不会对利率产生重大影响。如果财政部是直接向银行和个人发行债券进行融资，货币供给不会增加，在美联储不进行公开市场操作的情况下，短期利率将会上升。

　　依图 5—3 显示，政府**财政盈余**（surplus）在 1977 年到 1998 年间几乎不存在，到了 80 年代，财政赤字迅速扩大。财政盈余使得政府减少了其对商品和服务的需求，从而有减缓经济增长的风险。在对财政政策的分析中，投资者需要考虑的很重要的一点是资金流向。在一个财政赤字的经济体中，政府通常通过在公共产品领域的支出，或在国防、教育、高速公路及其他政府项目上的支出来刺激经济。里根政府削减了教育和社会公共品项目上的支出，同时也削减了税收。这样的战略是试图引导 GDP 的增长由私人部门创造，而非政府创造。而随后的老布什政府则采取了不一致的财政政策。克林顿通过他的新的税收政策明确了他的经济政策，即通过提高税收缩减财政赤字。他在 1993 年改善了累进税率政策，提高了累进税率，并且降低了对高收入人群的税收减免。他的初衷在于高收入人群不会减少他们的消费支出，而增加的税收收入可以帮助减少财政赤字。他是正确的。虽然 1997 年，克林顿和共和党国会通过了另一项法案来减少财政赤字，降低税率，减少津贴，但由于在繁荣的经济下税收收入大量增加，财政

赤字在那时已经在可控制的范围内了，甚至变为了盈余。1998 年至 2001 年间不断增加的财政盈余在图 5—3 中是显而易见的。不幸的是，在 9·11 之后，政府的大量支出又使政府财政转向了预算赤字。

　　财政政策的另一个方面是政府对进口商品征收关税的能力。作为自由市场经济的代表，美国多年来与贸易伙伴国协商，要求他们为美国的商品开放市场。图 5—4 描绘了自 1982 年以来日益累积的每年贸易逆差。这是由美国消费者购买国外的产品（进口）大于美国公司向国外消费者出售的产品（出口）所导致的。导致贸易逆差的原因有多种，一是美国的贸易伙伴国并不是自由市场，特别是日本，还有就是美国的经济增长强劲。美国在过去的几十年间，尽力为自己的商品在日本、中国和其他一些国家打开市场。世界贸易组织（WTO）以及它的关税谈判在 90 年代后半期对打破贸易壁垒发挥了重大的作用。2004 年，中国加入 WTO，这无疑对世界贸易产生了积极的影响。

　　各国可以通过设定进口关税来设置贸易壁垒，抬高外国进口商品的价格，从而使外国商品在国内市场没有竞争力。这是保护国内民族产业的一个常见的方法。WTO 通过谈判来解决这些事件，如果需要，则会利用国际仲裁法庭来解决国际贸易纠纷。

　　正如图 5—4 所示，美国贸易逆差在 1996 年到 2006 年这十年间迅速扩大，从 1997 年的 −894 亿美元到 2006 年的 −8 000 亿美元。美国最大的贸易逆差来自中国，其次是日本。

　　在大多数时期，扩大的贸易逆差是健康的美国经济和强势美元的见证。当一个国家的经济是健康的，就业率和

图表说明：

亿美元

```
2 500.0
2 000.0
1 500.0
1 000.0
  500.0
    0.0
```

（横轴标签）1960.1　1962.1　1964.1　1966.1　1968.1　1970.1　1972.1　1974.1　1976.1　1978.1　1980.1　1982.1　1984.1　1986.1　1988.1　1990.1　1992.1　1994.1　1996.1　1998.1　2000.1　2002.1　2004.1　2006.1

代表贸易逆差

进口

出口

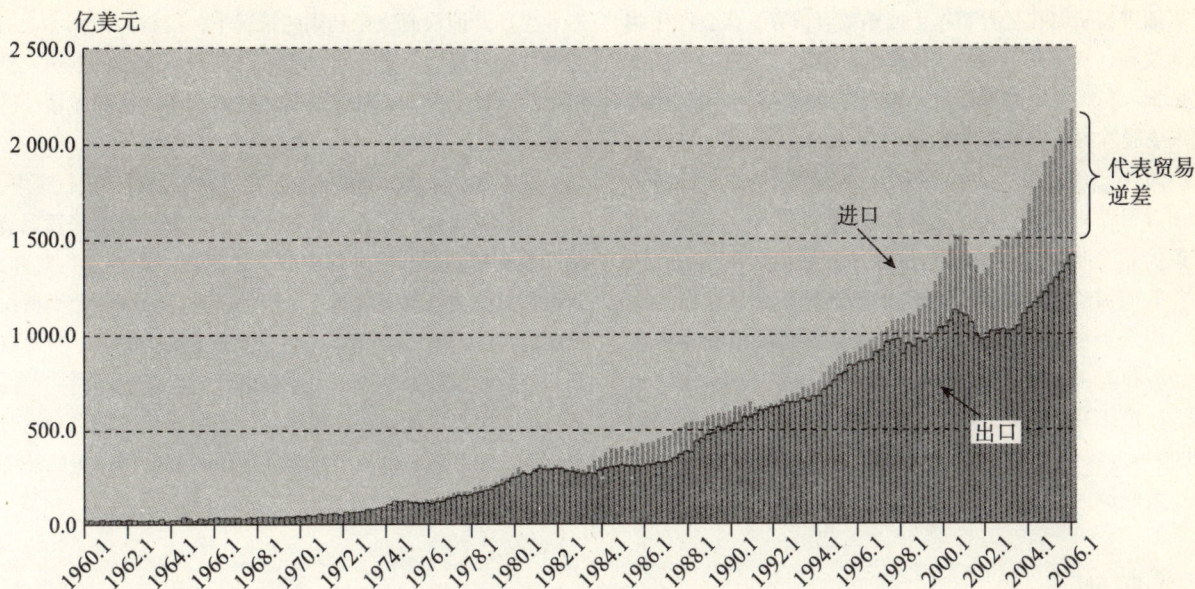

图 5—4　出口和进口

收入都很高，它的居民自然会消费更多，并且会从其他国家进口更多商品（尤其是奢侈品）。若经济陷入衰退，人们将会缩减开销，购买便宜的商品，并且进口会减少。第二个因素是两国货币的汇率。例如，如果美元相对于英镑升值，美国的货物对英国居民将变得更贵，而英国的货物对美国居民则变得相对便宜。如果美元的汇率保持在高位或持续升高，最终英国居民会改变他们的消费习惯，减少对美国商品的购买，而美国居民将会买更多的英国商品。这种效应同样在美国—日本的汽车市场上得到验证。随着 20 世纪 90 年代初期日元兑美元的汇率升高，美国居民购买日产汽车的数量减少，而转为购买国产汽车。日本居民的行为则正好相反。

自从 2002 年年末布什政府开始实施弱势美元政策以遏制美国进口、促进美国出口，欧元对美元最高涨了50%，但美国最大的贸易伙伴国——中国并没有完全放开人民币汇率，中国政府将人民币汇率与一篮子货币挂钩，其中包括美元，使得人民币汇率变化并不灵活。

汇率短期的波动对进出口的影响很小，而汇率长期的变化则会最终改变国家间的进出口关系。汇率变动对零售价格的影响，并最终传递到消费者影响他们的消费行为，往往需要不止一年的时间。随着世界贸易的扩张，汇率和各国经济走势将变得越来越重要。汇率和经济活动在受财政政策影响的同时，也同样受货币政策的影响。我们将在下面继续讨论。

5.1.3　货币政策

货币政策（monetary policy）决定适当的货币供给量和利率水平，以实现《1946 年就业法》所规定的经济目标。货币政策由联邦公开市场委员会（Federal Open Market Committee, FOMC）制定，FOMC 包括美国联邦储备委员会和 12 家联邦储备银行主席。货币政策能够很快的实施，以加强财政政策的效果，或抵消财政政策的效果。

美联储影响经济活动的手段有多种。首先，它可以提高或降低对商业银行活期存款或定期存款的准备金要求。**存款准备金率**（reserve requirements）是银行自有现金或在联邦储备银行的存款占其银行总存款的百分比。存款准备金率的提高意味着货币供给的紧缩。商业银行系统需要为每吸收进的一美元持有更多的储备金，从而在相同存款基础上的贷款规模会缩小。而存款准备金的降低则会产生相反的效果。另外，美联储还定期调整贴现率以反映它对经济的态度。**贴现率**（discount rate）是美联储向商业银行提供的短期贷款利率。美联储向一家银行的贷款期限不会超过两到三周，因此贴现率能够影响商业银行向美联储借款以向工业发放扩张性贷款的意愿。美联储还可以通过发表政策公告来影响银行的行为。

除了上述这些货币政策工具之外，**公开市场操作**（open-market operations）是最常用的货币政策工具。美联储通过在公开市场上买卖美国的政府债券来调节货币供给。当美联储在公开市场上卖出债券时，购买者需要为购买债券支付货币，这样活期存款减少，从而货币供给减少。同时，国债供给的增加迫使美联储降低债券价格、提高利率，以吸引投资者购买。美联储通常向商业银行、政府债券经纪商或个人出售债券来实现货币供给的调整。

如果美联储在公开市场上回购政府债券，则会产生相反的效果。货币供给增加，利率水平降低。这有助于经济的扩张。在第7章的学习中，你能看到利率对决定期望收益率或股票的贴现率非常重要。

图5—5总结了《1946年就业法》设定的四个经济目标，以及帮助实现这些目标的货币政策工具。实施货币政策的一个难点在于这四个目标并不是相互补充的，因此美联储需要根据当前的经济形势选择某个目标作为重点。如果经济陷入停滞或衰退，美联储将降低利率来刺激经济和就业，但同时，利率降低也会导致外国资金流出美国，并且随着经济的扩张，通胀率将升高。21世纪早期（2000—2004年）的经济发展体现了这种目标之间的冲突。美联储能够维持低利率来促进经济的扩张，而在制造业生产产能没有完全利用的情况下，经济的扩张不会引起通胀的升高。一旦经济扩张到产能得以充分的利用，价格则将开始上升，美联储此时将提高利率，从而减缓经济增长。

在某种意义上，美联储总是在对这四个目标进行排序，一个投资者或许可以通过观察美联储的货币政策来发现潜在的投资机会。分析师与美联储之间在不断地进行对弈，分析师试图去猜测美联储下一步的行动，而美联储则擅长于隐瞒自己的下一步计划。在一个完美的世界中，货币政策和财政政策能够创造一个平衡的经济，从而同时实现四个目标。但经济活动存在周期性，不断变化的需求和消费者行为、国际贸易以及上百个其他因素都使得完美的经济不可能存在。

实例应用

目标	提高利率	降低利率
1. 实际 GDP 的持续增长	减缓经济增长	刺激经济增长
2. 高就业率（低失业率）	减少就业	促进就业
3. 国际收支平衡 （1）贸易平衡	促进本国货币升值；如果本国货币持续保持强势，一段时间后，高利率会促使进口增加，出口减少。	促进本国货币贬值；如果本国货币保持保持弱势，一段时间后，低利率会促使进口减少，出口增加。
（2）国家间资本流动	促进外国资本流入	促进外国资本流出
4. 稳定的物价（低通胀）	抑制通货膨胀	提高通货膨胀

货币政策	为了提高利率	为了降低利率
法定准备金率	提高法定准备金率——减少银行体系中的货币——减少了可贷资金	降低法定准备金率——向银行体系中注入货币——增加了可贷资金
贴现率	提高贴现率会使银行降低从美联储借款的意愿，从而使经济紧缩	降低贴现率使银行更愿意从美联储借款，从而促进经济的扩张
美联储公开市场操作	卖出国债——降低了债券价格，提高了利率——收缩银根	购买国债——提高了债券价格，降低了利率——放松银根
道德劝告（美联储主席或美联储官员的言论对市场利率的影响）	对 GDP 的增长发表乐观的言论	对 GDP 的增长发表悲观的言论

图5—5　经济政策目标及货币政策

5.1.4　政府政策、实际增长与通货膨胀

1991年11月，美国商务部经济分析局将衡量美国经济活动的指标从国民生产总值（GNP）改为了国内生产总值（GDP）。国内生产总值（gross domestic product）的衡量标准与世界其他国家相一致，它只衡量美国境内的生产产出和消费。GDP不包括位于外国的美国公司的产出，而这些包括在GNP之内。其他的美国经济指标，如就业率、产量、产能等，都是以美国国界为区分进行衡量，随着向GDP的转变，衡量经济产出的指标与其他变量一致了。

图5—6显示了23年（92个季度）的实际GDP和通胀率。

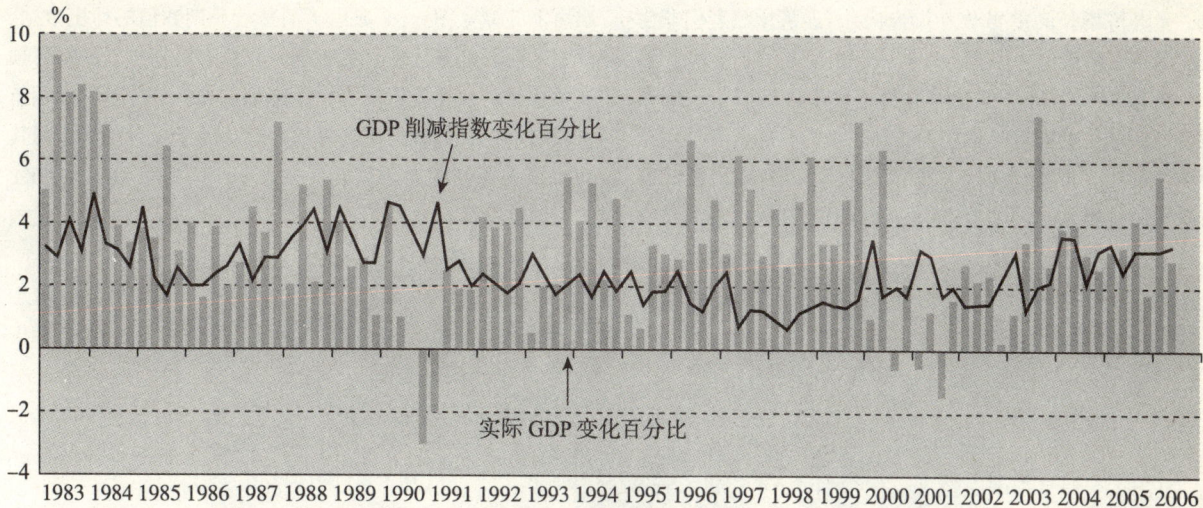

图 5—6 实际增长率和通货膨胀（季度变化百分比）

实际 GDP 反映的是在价格恒定的情况下的 GDP，这就消除了通货膨胀对 GDP 的影响。实际 GDP 是从实物的角度衡量产出，而非从货币的角度，从货币的角度计算则会受到通胀的影响。衡量通胀的一个常用的指标是消费者价格指数（CPI），它是一个人对一篮子商品平均的消费量。该图中使用的 GDP 削减指数则是衡量通胀的一个更宽泛的指标。

注意实际 GDP 和通胀的关系。实际 GDP 的变化与通胀率的变化是呈反向关系的。20 世纪 80 年代中期的经济健康发展导致通胀率在 1985 年至 1990 年有所上升。然而到 1989 年，实际 GDP 开始下降，并于 1990 年和 1991 年年初，经济开始步入衰退。通胀率下跌（存在滞后性），

并在 90 年代大部分时期都维持在一个较低的水平。在 2000 年到 2001 年两年中，美国有三个季度的实际 GDP 为负，2003 年的第三个季度经济复苏，实际 GDP 增长率达到 7.8%。因为实际 GDP 是从实物的角度衡量经济产出，所以若所有价格的上涨只是由于通货膨胀引起的，则对经济没有任何益处。

为了能更好地理解经济中的主要部门和各部门对经济的影响，我们将国内生产总值划分到了四个基础领域：个人消费支出、政府购买、私人总投资、净出口。图 5—7 显示了在过去 40 年间，每部分对 GDP 的贡献。从图中我们可以很清楚地看到，个人消费支出比其他部门增长更迅

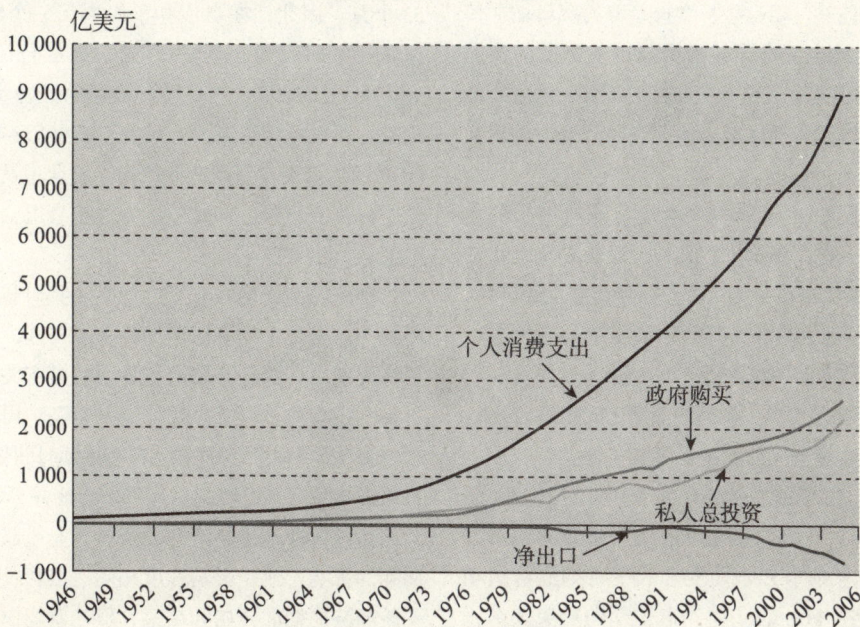

图 5—7 对 GDP 的分解

速，是经济增长的主要动力。鉴于此，经济预测者们非常关注消费者情绪这一因素。

密歇根大学每月都会对消费者预期进行调研，观察消费者对经济的态度是消极的还是积极的。消费者预期是经济活动的一个先行指标。当消费者信心增加时，意味着消费支出会增加；当消费者信心降低时，则预示着消费支出可能缩减。图 5—8 显示了消费者预期数值的历史数据。垂直的阴影部分代表衰退时期。在所有时期中，消费者预期都在经济衰退发生前就已经降低。在 1990 年至 2001 年这段时期，我们看到消费者信心总体处于上升趋势，但其间有很多短期的向下反转。在下一节，我们会讨论 GDP 的周期性特征。

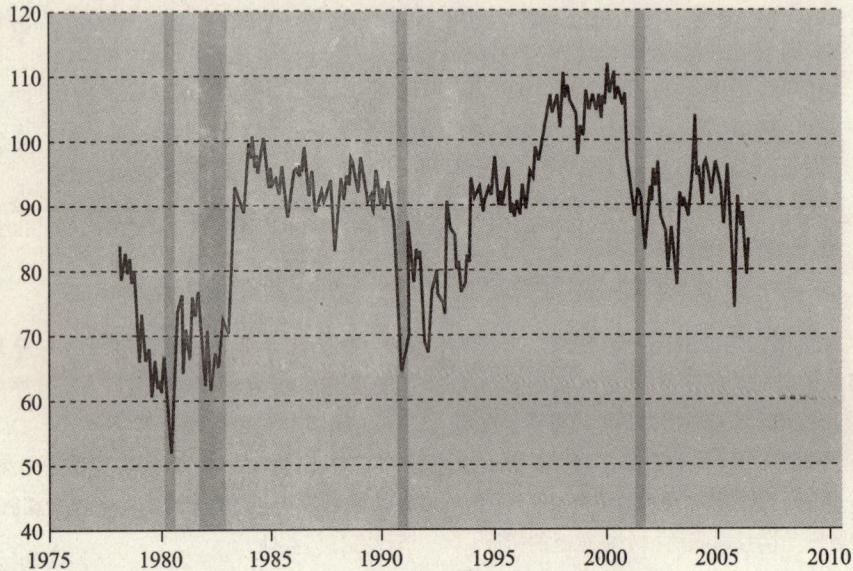

图 5—8　消费者预期（密歇根大学调研报告）

5.2　经济周期和周期性指标

经济总是周期性地扩张和收缩。通过计算 GDP 和其他经济指标，我们能够勾勒出经济增长趋势的统计图。传统上，对经济衰退的定义是连续两个及以上季度的实际 GDP 增长率为负。但国家经济研究局（NBER）是公布经济是否达到周期性转折点的权威，他们将经济衰退的定义作了以下修改：

NBER 并不是从 GDP 连续两个季度呈现负增长的角度来定义经济衰退。他们是这样定义的：经济衰退是指经济活动出现了大幅度的减少或降低，并蔓延至整个经济体，持续的时间不止几个月，通常表现在实际 GDP、实际收入、就业率、工业产出及批发—零售销量等方面。

表 5—1 展示了美国历史上的**经济周期**（business cycle）中的扩张和收缩。尽管当代的数据更具相关性，但我们可以看到经济周期在 150 年前就已经存在了。

表 5—1 计算了每次经济扩张和收缩的持续时间，并且在表的最后总结了所有经济周期和和平时期经济周期的相关数据。"**低谷**"（trough）是指衰退期的结束及扩张期的开始，而"**峰顶**"（peak）则指扩张期的结束及衰退期的开始。我们看到表 5—1 的最后一行，在 1945 年至 2001 年间的和平时期中的 8 次经济周期中，经济收缩（衰退）持续的平均时间为 10 个月，而扩张期则平均持续了 52 个月。因此，在当代和平时期，一个完整的经济周期通常持续时间为 63 个月，或 5 年零 1 个季度。NBER 发表声明，2001 年 3 月是经济衰退的开始及 10 年扩张期的结束。这次经济衰退的开始并没有经历连续两个季度实际 GDP 的负增长，但制造业产出、就业率及消费者信心连续几个月一直下降。NBER 认为这轮衰退会在 2001 年 11 月结束。

预测经济周期并非纸上谈兵。我们需要认识到的很重要的一点是每个经济周期都具有唯一性，没有两轮相同的经济周期。一些经济周期与货币政策有关，有些则与需求有关，还有些是存货导致的。每轮经济周期的持续时间和影响深度也是不尽相同的：有些持续时间长，有些则很短；有些影响深远，有些则对经济的影响并不大。

另外，并不是经济中的所有行业或部门都会受到经济周期的影响，或受影响程度相同。但若投资者能够预测出一轮经济周期的开始和结束，那他就能根据经济周期的不同时段对投资产品做出更好的选择。

表 5—1 美国经济周期中的扩张和收缩

经济周期参考日期		持续时间（以月计）			
		收缩	扩张	周期	
顶峰	谷底	顶峰至谷底	上一次谷底至这次顶峰	上一次谷底至这次谷底	上一次顶峰至这次顶峰
	1854 年 12 月	—	—	—	—
1857 年 6 月	1858 年 12 月	18	30	48	—
1860 年 10 月	1861 年 6 月	8	22	30	40
1864 年 4 月	1867 年 12 月	**32**	**46**	**78**	**54**
1869 年 6 月	1870 年 12 月	18	18	36	50
1873 年 10 月	1879 年 3 月	65	34	99	52
1882 年 3 月	1885 年 5 月	38	36	74	101
1887 年 3 月	1888 年 4 月	13	22	35	60
1890 年 6 月	1891 年 5 月	10	27	37	40
1893 年 1 月	1894 年 6 月	17	20	37	30
1895 年 12 月	1897 年 6 月	18	18	36	35
1899 年 6 月	1900 年 12 月	18	24	42	42
1902 年 12 月	1904 年 8 月	23	21	44	39
1907 年 5 月	1908 年 6 月	13	33	46	56
1910 年 1 月	1912 年 1 月	24	19	43	32
1913 年 1 月	1914 年 12 月	23	12	35	36
1918 年 8 月	1919 年 3 月	**7**	**44**	**51**	67
1920 年 1 月	1921 年 7 月	18	10	28	17
1923 年 5 月	1924 年 7 月	14	22	36	40
1926 年 10 月	1927 年 11 月	13	27	40	41
1929 年 8 月	1933 年 3 月	43	21	64	34
1937 年 5 月	1938 年 6 月	13	50	63	93
1945 年 2 月	1945 年 10 月	**8**	**80**	**88**	**93**
1948 年 11 月	1949 年 10 月	11	37	48	45
1953 年 7 月	1954 年 5 月	**10**	**45**	**55**	**56**
1957 年 8 月	1958 年 4 月	8	39	47	49
1960 年 4 月	1961 年 2 月	10	24	34	32
1969 年 12 月	1970 年 11 月	**11**	**106**	**117**	**116**
1973 年 11 月	1975 年 3 月	16	36	52	47
1980 年 1 月	1980 年 7 月	6	58	64	74
1981 年 7 月	1982 年 11 月	16	12	28	18
1990 年 7 月	1991 年 3 月	8	92	100	108
2001 年 3 月	2001 年 11 月	8	120	128	128
平均值（所有周期）					

续前表

经济周期参考日期		持续时间（以月计）			
		收缩	扩张	周期	
顶峰	谷底	顶峰至谷底	上一次谷底至 这次顶峰	上一次谷底至 这次谷底	上一次顶峰至 这次顶峰
1854—2001（32 轮周期）		17	38	55	56
1854—1919（16 轮周期）		22	27	48	49
1919—1945（6 轮周期）		18	35	53	53
1945—2001（10 轮周期）		10	57	67	67
平均值（和平时期经济周期）					
1854—2001（27 轮周期）		18	33	51	52
1854—1919（14 轮周期）		22	24	46	47
1919—1945（5 轮周期）		20	26	46	45
1945—2001（8 轮周期）		10	52	63	63

注：用粗体标出的数字表示的是战争时期（依次是美国内战、第一次世界大战、第二次世界大战、朝鲜战争以及越南战争）的扩张、收缩以及整个周期的持续时间。

到目前为止，我们已经讨论了政府对经济的影响。财政政策和货币政策都能为经济发展的方向和程度提供一些线索。其他还有一些指标也被用于判断经济周期的走向。这些指标被分为先行指标、滞后指标以及同步指标。NBER 根据这些指标在经济顶峰和谷底时的表现来对他们进行分类。**先行指标**（leading indicator）通常在经济状况变化之前已经改变了发展方向，这些指标对于希望能预测公司利润的上升及股票价格的上升的投资者来说非常重要。**同步指标**（coincident indicator）则基本与经济发展同步，而**滞后指标**（lagging indicator）则通常在经济情况变化之后才转向。

由美国经济咨商会（Conference Board）出版的《经济周期指标》对这些指标都有详细介绍。这套出版物的内容包括移动平均线、衰退和扩张的转折点、周期性指标、综合指数以及它们的构成、分散化指数以及变化率。很多卷都会有定期的内容调整，并且每月或每季度出版一次。这些信息同样可在网站 www.conference-board.org 上付费获得。

5.2.1　经济指标

在 1988 年 7 月美国商务部经济分析局发布的《商情摘要》中，对经济指标从经济状况（就业率和失业率，产量和收入，消费、贸易订单和发货量，固定资本投资，存货和存货投资，价格、成本和利润，货币和信贷）和周期预示时间（先行、同步、滞后以及时间关联性不大）两个维度进行了划分，共 108 个先行指标，有 61 个是指示经济周期顶峰的，剩下 47 个则是指示经济周期的谷底。在这 108 个指标中，有 10 个基础性指标与经济周期的关系是基本稳定的，因此被认为是最重要的指标。这 10 个先行指标经过了标准化并且构成了一个综合性指数，该指数的曲线比单个成员指标的曲线更平滑，因为一个指标的非正常变化往往被其他指标的变动所抵消了。同样的，我们归纳出了 4 个同步指标和 6 个滞后指标。

图 5—9 分别显示了先行指标指数、滞后指标指数及同步指标指数在过去几个经济周期中的表现。阴影部分是由 NBER 定义的经济衰退。图上方的数字表示衰退开始和结束的年份和月份。

虽然先行指标指数相比单个指标是更好的预测指标，但它在不同时期变化很大。表 5—2 列出了构成三种指数的 10 个先行指标、4 个同步指标以及 7 个滞后指标。

研究发现 10 个先行指标对顶峰的预示时间与对谷底的预示时间并不相同。顶峰出现前很久就会有预示，但在低谷出现前很短时间内才会有示警。这意味着投资者会很容易就错过经济回升的转折，但对于经济逆转向下，投资者可以很耐心地等待其他指标的显示，来确认衰退是否真正来临。指标偶尔也会发出错误的信号。有时，指标发出的信号并不清晰。但相对于平均的先行时间，每个指标的先行或滞后时间差别很大，这样投资者能够在顶峰或低谷发生前的 3 至 4 个月内得出基本的预测。但即使有这些经济指标和预测方法，投资者在管理他们的投资组合时，不

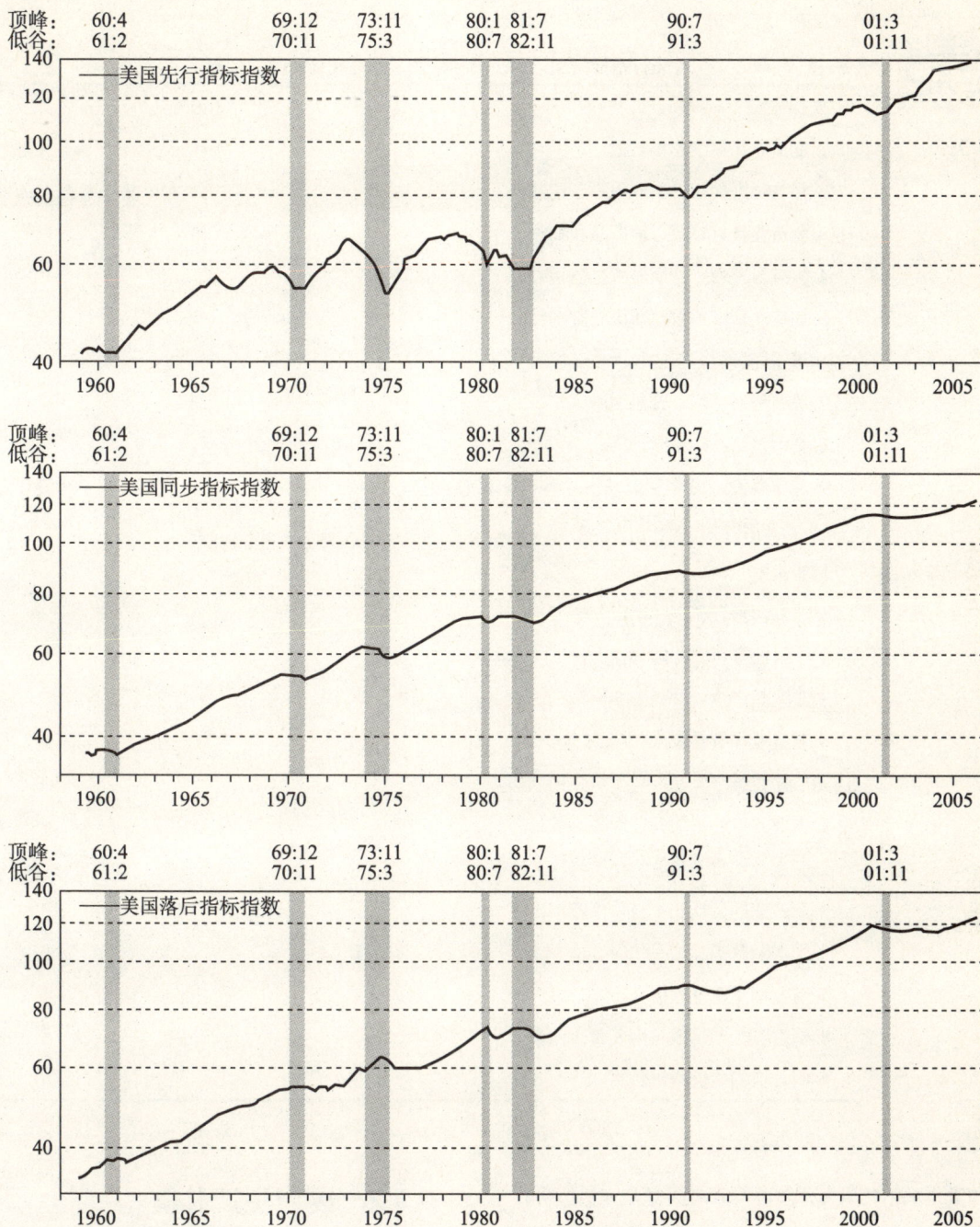

图 5—9 美国综合指标指数

注：阴影部分表示衰退。

确定性也同样存在。

值得注意的一点是，股票市场是 10 个领先指标中最值得信赖和最准确的一个指标。这就存在一个很现实的问题，我们运用这些指标的最初的目的就是预测股票价格的变化。这样，我们在预测时就会受到股票市场是可预测的这样一个事实的制约，事实上，股票市场能提前 9 个月预示峰顶，提前 5 个月预示低谷。

5.3 股票价格和经济变量

5.3.1 货币供给

货币供给曾被广泛用做衡量股票市场的指标变量。货币供给从多个方面影响股票的价格。米尔顿·弗里德曼（Milton Friedman）和安娜·施瓦茨（Anna Schwartz）对经

实例应用

表 5—2 先行指标指数、同步指标指数、滞后指标指数的构成

先行指数

1. 制造业每周工作小时数

2. 平均每周周初的失业保险申请数额

3. 制造业新订单数：消费品和物资

4. 供应商表现：延期发货扩散指数

5. 制造业新订单数：非国防资本物品

6. 房屋许可数：新的私人住房数量

7. 股票价格：标准普尔 500

8. 货币供给：M2

9. 利率溢价：10 年期国债收益率－联邦基金利率

10. 消费者预期指数

同步指数

1. 非农业薪资员工

2. 个人薪资所得－转移性支付

3. 工业总产量

4. 制造业和贸易收入

滞后指数

1. 失业人口的平均失业周数

2. 制造业和贸易企业的存货与收入比率

3. 制造业的劳动成本与单位产出比率

4. 平均贷款优惠利率

5. 商业和工业贷款额

6. 消费者分期付款与个人收入比率

7. 服务业消费价格指数

济增长和货币供给的研究，发现两者之间存在一个长期的相关性。

为什么货币重要？如果你是一个**货币主义者**（monetarist），货币可以解释很多经济行为。货币数量论认为，当货币供给随着货币的需求增加而增加时，人们会调整他们的资产组合。如果他们持有现金较多，他们会首先购买债券、股票，最后才是实物资产。这是货币对于股票价格最直接的影响，这被称为"流动性效应"。

货币对股票价格的间接影响体现在它对 GDP 和公司利润的影响上。货币供给的变化必然影响经济活动，从而最终影响公司的收益、股息和投资者的投资回报率。

5.3.2 国内生产总值

股票市场的长期表现和由 GDP 所衡量的整体经济活动之间存在很强的相关性。图 5—10 展示了两者之间的关系，描述了 1970—2006 年 S&P500 指数价格与 GDP 之间的关系。对 S&P 指数价格我们取了自然对数，这样能消除两者之间的价值悬殊，使两者关系更清晰明了。左面的纵坐标轴代表 GDP 的数据，右面的纵坐标轴代表 S&P500 指数的数据。仔细观察可以发现，在 20 世纪 70 年代大部分时期，股票价格都是被严重低估的，而在 90 年代后期则被过于高估了。在这里，我们可以再次看到股票市场总是先行于经济的，总是在经济衰退之前就开始下跌，而在

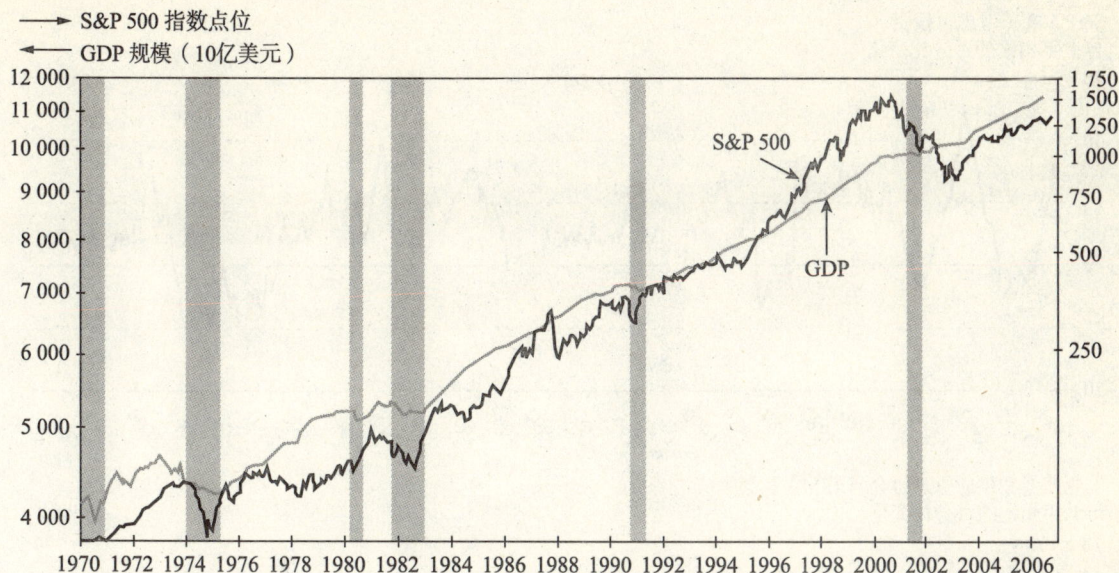

图 5—10　标准普尔 500 指数与 GDP

经济回升之前就开始上涨。但同时我们发现，这对 2001 年的衰退却不适用。虽然经济衰退在 2001 年 11 月就结束了，但股票市场直到 2003 年 4 月才开始止跌上涨。这主要是因为公司利润在衰退之后需要一段较长的时间才能恢复。2003 年的第三季度才开始有好的利润报告，这在某种程度上也应证了股票市场的先行作用，它提前了 6 至 9 个月预示了公司即将改善的收益情况。

5.3.3　工业产量和制造业

虽然美国制造业只占美国 GDP 的 20%，它仍然是一个非常重要的解决大量就业人口的部门。图 5—11 展示了一些重要的关系。首先，这三张图表描绘的都是过去一个时期相对于前一时期的变化率。这与图 5—10 所描绘的一段时期内的总价值有所不同。

从第一张图所显示的 S&P500 指数变动率中我们发现，股票市场提供正的收益率的机率要远远高于提供负的收益率的机率。在 1981 年至 2001 年间，只有少数的几段时间出现了负的收益率。然而，2000 年至 2003 年这三年是图中所示的时期内最差的一段时间，也是自 1929 年大萧条以来三到四个最差的三年期中的一个。左轴表示的是年度变化率，我们可以看到有很多时期收益率超过了 25%，甚至有时超过 50%。当股票市场于 2003 年复苏时，收益率在当年就到了 25%，并且自此收益率一直为正。

在第二张图中，左轴表示的是工业产量，用其相对于上一年的变化率来表示，右轴表示的是供应管理协会指数（Institute for Supply Management Index, ISM Index）。当

ISM 指数高于 50 时，表明制造业处于扩张阶段；当 ISM 指数低于 50 时，表明制造业正在收缩。该图中最后一期的 ISM 指数为 57，这是一个正面的信号。

最后一张图展示的是每小时产出和产能利用率之间的关系，这对分析师预测通货膨胀和利率很有帮助。经济中的一个很大变化是工人的生产力（左轴表示）从 20 世纪 90 年代中期开始不断提高，这扭转了 80 年代末期下降的趋势。美国的公司对科技的投入最终开始收到成效。自从在最后那次衰退期中触底后，生产力升至了新高，并且变化率一直保持为正。生产力的提高降低了生产成本，从而降低了产品的价格。公司能够持续不断地更新生产厂房和设备、进行现代化生产，是公司在世界市场上保持竞争力的先决条件。

产能利用率（第三张图的右轴）衡量的是现实的制造业产出相对于潜在的总产出之间的比例。当产能利用率很低时，公司利用他们最有效率的机器、厂房进行生产，但随着产品需求的增加，效率较低的机器、厂房也开始被使用。效率较低的机器的生产成本往往更高，随着公司利润率的降低，公司会提高产品价格。这种价格上涨的效应往往会在产能利用率超过 80% 时发生。

到 2006 年的秋天，产能利用率达到了 81%。随着产能利用率的升高，公司开始使用低效率的老设备，生产成本提高，但提高的劳动生产力抵消了部分价格上涨的压力。通货膨胀在 2004 年早期并不是主要问题，但随着产能利用率的提高，通胀率随之上涨，美联储不得不 18 次升息来为经济降温，遏制通胀。升息最终收到成效，到 2007 年春天，GDP 增长减缓，通胀的压力得到缓解。

S&P 500（考虑再投资）
与上年相比的百分比变化

工业产量和供应管理协会（ISM）指数
与上年相比的百分比变化

指数

工业产量

ISM 指数

每小时产出和产能利用率
与上年相比的百分比变化

%

产能利用率

每小时产生

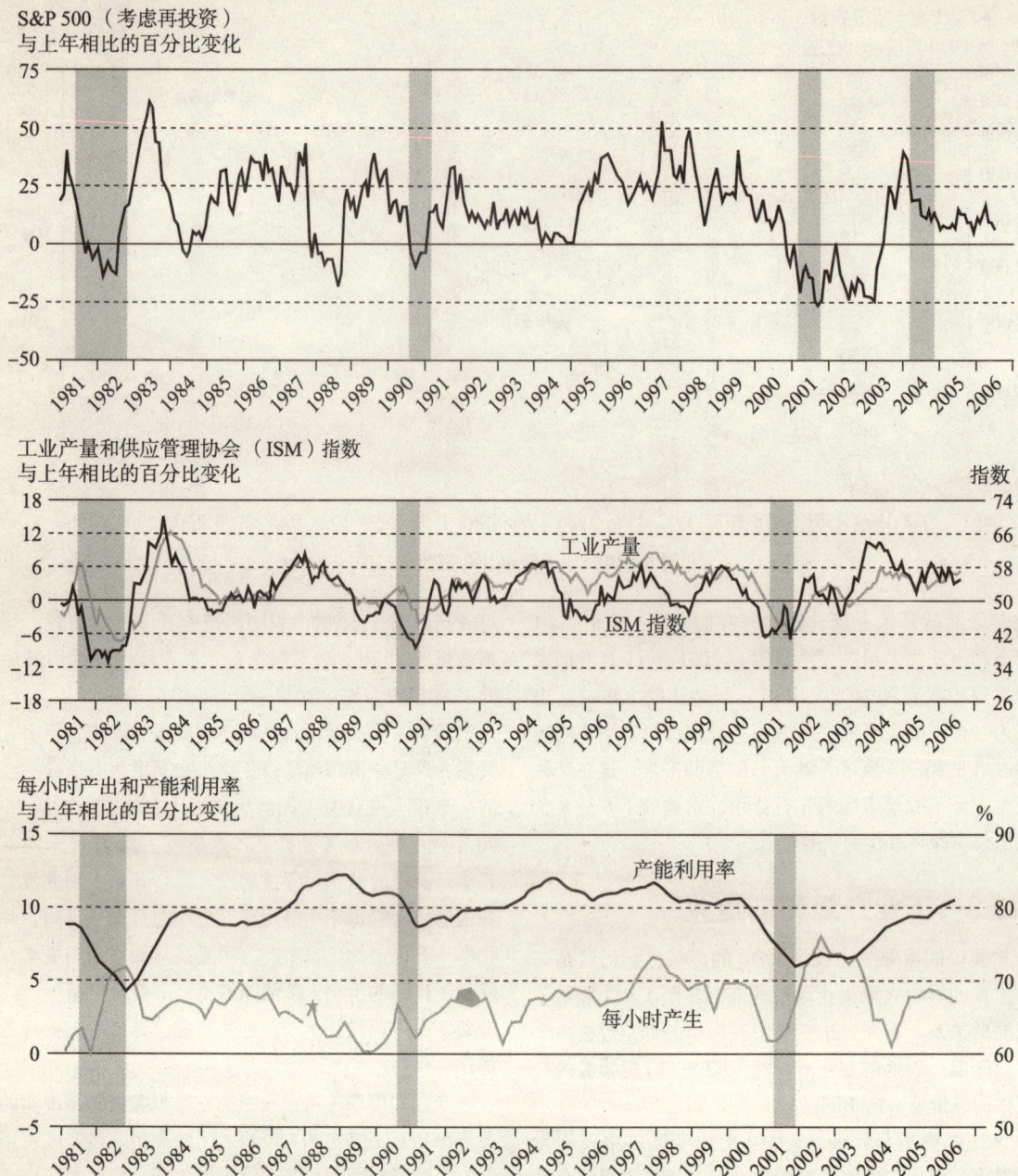

图 5—11　股票价格和制造业活动

5.4　经济周期和行业间的关系

经济周期对不同行业的影响是不同的。消费导向型的行业会对经济周期中的短期波动非常敏感。这些行业包括耐用品行业，如洗衣机和烘干机、电冰箱、电灶炉或气灶炉及汽车等。汽车行业的变化又会影响到轮胎和橡胶行业，以及汽车玻璃等汽车零部件行业。

表 5—3 是从《芝加哥论坛报》（*Chicago Tribune*）上摘录的，列出了上述的对多重行业的影响。汽车行业购买了橡胶行业（轮胎和缓冲器）77% 的产出，铅工业（电池）

67% 的产出，以及铜工业（电管）10% 的产出，等等。汽车行业总产值超过了 GDP 的 4%。美国汽车行业的就业人口有 80 万人，另外，美国就业总人数中 1/7 的人都在与汽车产业相关的行业中工作。

经济周期并非对所有行业都有很大影响。日常必需品行业，如食物、药物等，受经济周期的影响则较小，因为人们必须吃饭，而是否生病也并非取决于经济的好坏。商品价格弹性低的行业受经济周期的影响也不大，如烟草、酒业等。事实上，有些行业甚至在经济衰退时表现更好。传统上，电影业在经济衰退中会更加繁荣，因为人们不再

表 5—3　　　汽车行业及其对其他行业的影响

汽车行业购买其他行业产出的百分比（%）		一辆车中有什么？
		一辆典型的美国汽车包括：
		1 774 磅钢铁
天然橡胶	77	460 磅铁
铅	67	222 磅塑料
可锻铸铁	63	183 磅液体
合成橡胶	50	146 磅铝
铂	39	135 磅橡胶
锌	23	86 磅玻璃
铝	18	25 磅铜
钢铁	12	24 磅铅
铜	10	18 磅锌

追求昂贵的娱乐，而以低成本的娱乐方式取而代之。然而，电影业如今的发展已与从前大不相同。随着有线电视、VCR、DVD 逐渐盛行，在经济不景气时，人们往往更愿意呆在家里看电视，而不再去电影院。不断变化的经济商业环境也使得投资更加充满挑战性。

房地产也曾是抵御经济衰退能力很强的行业。随着经济停滞不前，利率会下降，这时潜在的房产购买者会再次有能力支付住房抵押贷款。20 世纪 80 年代早期经过了一段极高的住房贷款利率之后，贷款利率急剧的下降促进了房产市场的发展。美联储在 90 年代早期又再次实施该政策，将利率降到几十年以来的最低水平。同样的事情在 2001 年再次发生。现有住房的销售量回升，人们以更低的利率重续他们的住房抵押贷款，这又增加了他们的可支配收入。随着贷款成本的降低，更多的人支付得起买房的费用。例如，对一项总额为 12 万美元的贷款，如果利率下降了 3 个百分点，那每个月的利息就会减少 300 美元。

那些生产资本型产品的行业相比生产消费型产品的行业对经济周期的敏感性更大。这样的产品包括厂房和设备、机器工具、控制污染的设备等。对这些产品购买量的增加往往滞后于经济的复苏，因此，这类行业的复苏具有延迟性。

服务行业在我们的经济中已经变得非常重要。大多数服务型行业（医生、律师、会计师等）的抗周期的能力都很强，对经济周期的敏感性并不大，但也有少数例外。周期性的服务型行业包括建筑业、民用工程及汽车修理行业等。

另外一个日益重要的行业是高科技产业。高科技领域的公司通常包括电脑硬件和软件的生产商，信息技术、网络及数据管理公司，以及其他相关领域。这些领域的公司包括微软、英特尔、思科、甲骨文、IBM 等。这些公司在一定程度上也是受经济周期影响的，因为他们的生产经营依赖于经济活动的不断扩张所带来的对他们产品的大量需求。很多新成立的高科技公司在 21 世纪早期的经济衰退中经历了一次考验，存活下来的公司变得更加强大，拥有了更好的商业模式。亚马逊终于扭亏为盈，e-Bay 也继续保持在同行业公司领头羊的位置。

总而言之，我们并不是说周期性公司是不好的投资选择，应该从投资组合中剔出。我们仅仅指出了经济周期对各行业的影响。通常周期性行业在股票市场上是值得买入的资产，因为市场往往无法太过超前的预测出经济的复苏，以及经济复苏对周期性产业盈利的影响。我们将在下一章中展开论述这些投资理念。

投资的真实世界

新经济的得与失

一些经济学家认为，新经济几乎有利无弊。经过 20 世纪 90 年代近十年的持续增长，有些人甚至认为经济周期已经不存在了。这一理论背后的依据在于新经济中的高科技因素促使生产力不断提高，人均生产力的不断提高能够支持经济持续不断地增长。

但年均 3%~4% 的 GDP 增长率在步入新世纪后戛然而止，十年的大牛市也随之偃旗息鼓。很多备受瞩目的市场指数的跌幅在 20%（标准普尔 500 指数）到 60%（纳斯达克）之间。

从股票市场的大跌中最能感受到切身之痛的是高科技领域的那些企业家和 CEO 们。《财富》在其 2001 年 6 月 11 日那一期中有一篇题为"十亿损失者俱乐部"的文章，在 20 名最大损失者中的前 5 名分别是：

1. 迈克尔·塞勒（Michael Saylor），微策略公司（MicroStrategy）主席及 CEO，损失额 135.3 亿美元。
2. 杰夫·贝索斯（Jeffrey Bezos），亚马逊公司（Amazon.com）主席及 CEO，损失额 108 亿美元。

3. 大卫·费罗（David Filo），雅虎公司（Yahoo）共同创始人及总裁，损失额 103.1 亿美元。

4. 纳威恩·詹恩（Navaan Jain），信息空间公司（InfoSpace）主席及 CEO，损失额 101.3 亿美元。

5. 杰·沃克（Jay Walker），管道公司（Pipeline.com）创始人，损失额 75.1 亿美元。

你能感受到他们的痛苦吗？

本章小结

本章的主要目的是向你展示估值的过程，以及在估值过程中需要考虑的一些经济变量。估值过程是以对经济、行业和公司的基本面分析为基础的。这种方法假设投资决策的制定是基于对股票市场长期走势的判断，是一种价值投资。估值的目的是从投资组合中剔出没有价值的股票，从而建立具有良好升值潜力的投资组合。

估值过程的第一步是对经济活动的分析以及对长期经济走势的预测。政府的经济目标很难同时达到，因为四个经济目标是相互冲突的（高增长与低通胀）。财政和货币政策是刺激经济活动的最主要的工具。利率水平受通货膨胀的影响，最终会导致投资者的期望投资回报率的升高。

经济周期是经济活动中的短期波动，它通过改变投资者对风险、收益的预期来影响股票价格。为了预测经济活动，周期性指标被划分为先行、滞后和同步指标，并构成了先行、滞后和同步指标指数。对投资者最有价值的指数应该是由 10 个先行指标构成的先行指标指数。

我们还考察了不同行业对经济周期的敏感性。生产消费型耐用品（如汽车）的行业以及制造资本型产品（如厂房和设备）的行业应该是受经济周期影响最大、在经济周期中最脆弱的行业。

关键词汇及概念

经济周期　business cycle
同步指标　coincident indicator
赤字　deficit
贴现率　discount rate
财政政策　fiscal policy
国内生产总值　gross domestic product（GDP）
滞后指标　lagging indicator
先行指标　leading indicator
货币主义者　monetarist
货币政策　monetary policy
公开市场操作　open-market operations
峰顶　peak
存款准备金率　reserve requirements
盈余　surplus
低谷　trough

讨论题

1. 如图 5—1 所示，估值过程中的三个因素是什么？

2. 如图 5—5 所示，《1946 年就业法》提出的四个经济目标分别是什么？

3. 用一句话解释什么是财政政策。

4. 解释货币政策。

5. 美联储是怎么影响经济活动的？请列出其影响经济活动的三种手段。

6. 如果美联储在公开市场上买进证券，该行为对货币供给有什么影响？是促进经济还是收缩经济？

7. 实际 GDP 和通货膨胀之间的历史关系是什么？从这种关系中我们能够得到什么启示？

8. 从经济周期的角度，区分"谷底"和"峰顶"。

9. 构成国内生产总值的四个基础部门是什么？在过去三十年间，哪个部门发展最为迅速？

10. 使用指标指数相对于单个指标的优点是什么？

11. 先行指标是在预示"峰顶"还是"谷底"时提前的时间会更长？这对投资者意味着什么？

12. 指出下列三种行业对经济周期是否敏感。如果敏感，说明它们是在经济复苏时还是经济衰退时表现更好。

a. 汽车行业

b. 医药业

c. 房地产业

13. 观察下个月 10 个领先指标的表现。将它们和股票价格和利率作比较。

第6章 行业分析

学习目标

1. 能够解释行业不同生命周期阶段的特征
2. 理解与行业生命周期相关的股利政策
3. 描述各个行业的不同的经济结构
4. 解释政府管制对行业的影响作用
5. 理解如何对同一个行业中的不同公司进行比较
6. 解释滚动投资的概念，理解投资者在不同的行业及其生命周期中滚动投资的方法

本章要点

1. **行业生命周期** 阶段一：研发 阶段二：增长 阶段三：扩张 阶段四：成熟 阶段五：衰退 非增长性行业中的增长机会

2. **行业结构** 经济结构 竞争结构

3. **案例：制药行业** 生命周期分析 政府管制 研发 产品多样化 专利与仿制药 人口与管理式医疗

4. **行业集团与滚动投资**

正如第5章所述，经济分析是估值的第一个步骤。图5—1 表述了从宏观分析到行业分析再到公司分析的方法，这种方法我们称之为**自上而下法**（top-down analysis），先从宏观面着手，逐步的细化分析个体公司的情况。与之相对应的方法是**自下而上法**（bottom-up approach），先选择具体的公司，再从宏观和行业的角度去衡量对公司投资的合理性。我们有时将使用自下而上法的人成为**选股者**（stock picker），以区别于使用自上而下法的行业分析员。

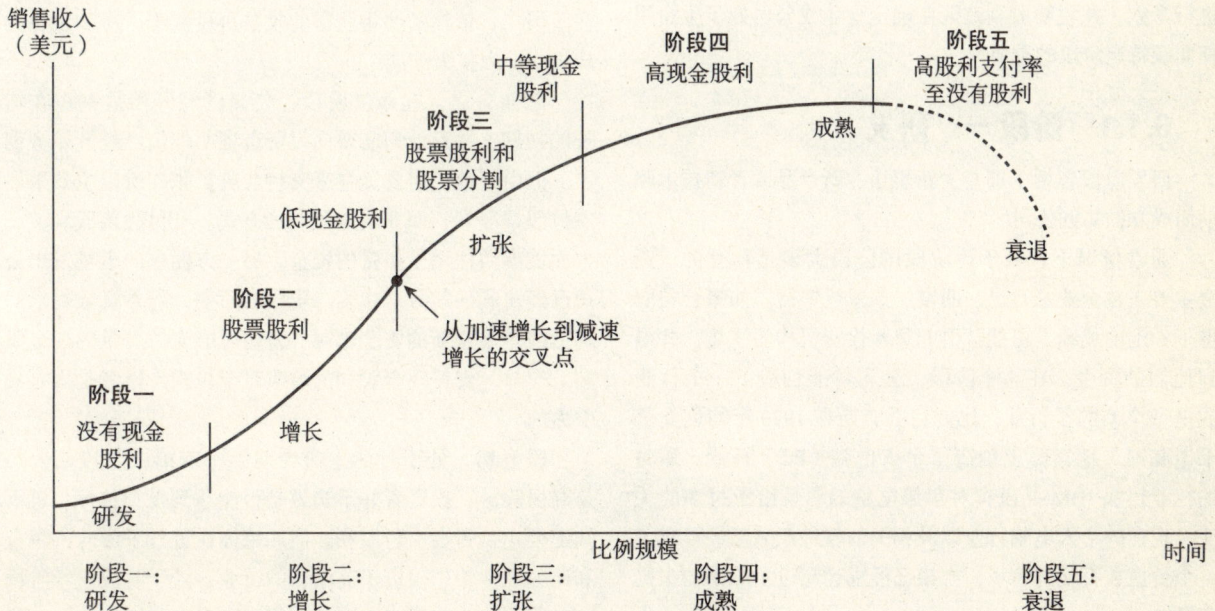

图6—1 行业生命周期

行业分析作为自上而下分析的第二个步骤，主要集中分析行业的生命周期和行业的结构。一般来说，政府的管制、国内外的竞争，以及经济商业周期都会对特定的行业产生影响。同时我们也将看到，行业竞争度也受到产品的质量、行业的成本结构以及行业内公司的竞争策略的影响。行业分析的出发点是确定当前的行业形势处于行业生命周期的哪个阶段。

6.1 行业生命周期

行业生命周期（industry life cycles）是由经济增长、竞争，可用的资源量，以及由此引发的特定商品服务市场饱和导致的。行业生命周期对估值中的很多因素都有影响。行业生命周期的不同阶段、行业的收益增长率、股利增长率、资本支出，以及市场对产品的需求量都各不相同。

对行业财务数据的分析有助于识别行业生命周期曲线，并进一步帮助分析员确定行业的增长率、增长的持续性、盈利情况以及潜在的收益率。我们可以确定是否行业中所有的公司都处在生命周期的同一阶段，并根据每个公司不同的情况，设定各个公司估值的前提假设。

图6—1描述了行业生命周期的五个阶段（虽然也可以表示一个公司的生命周期曲线），以及在每个阶段最可能采取的股利政策。该图的纵轴是用对数表示的行业的持续增长率。如果曲线的斜率越大，则表示公司的增长率越高；反之，斜率越小，增长率越低。该曲线的斜率以及它随时间的变化情况，对于分析行业的增长率以及增长率的持续性都是至关重要的。下面，我们将对不同的阶段分别进行考察，并说明股利政策在确定行业或公司处于生命周期曲线特定阶段的重要性。

6.1.1 阶段一：研发

研发阶段包括了那些受新想法、新产品或者新技术驱动而成立的初创公司。

通常情况下，处于该阶段的公司大多是私有的，资金主要来自企业家自己、朋友、亲戚或银行。如果公司取得了一定的成绩，可能会引起风险投资机构的注意，并得到他们的资金。在这个阶段，公司可能创造了一个行业或是一个新的子行业。比如，乔布斯在1970年初创立苹果电脑时，他实际上创造了个人电脑（PC）行业。那时的行业巨头IBM并没有对苹果电脑的出现给予过多的关注，现在的个人电脑行业以及相关的软件产品已经形成了一个价值数百亿的市场，规模已经远远超过了原来的主机市场。

制药行业可以说是历史悠久。但在1970—1980年间，出现了一大批采用不同的生产和研制技术的生物技术制药公司，其中很大一部分都是由掌握基因技术的企业家成立的。对基因药物的研究开创了制药行业的一个新分支，并最终使得默克（Merck）和礼来（Eli Lilly）这些大公司与那些生物制药公司签订了合作协议。其他的一些公司，如安进（Amgen）和基因未来（Genentech），成功开发出新的药物而跻身大公司的之列。

这些公司的一个共同点是：他们都急需资金。处于研发阶段（阶段一）的小公司不支付股利，公司需要将盈利用于扩大再生产。如果公司在市场中表现良好，市场需求旺盛，公司的销售收入、收益和资产持续增长，那么公司就进入了阶段二。

6.1.2 阶段二：增长

增长期表明新行业或公司的产品服务已经得到市场一定程度的认可。在这个阶段，收益主要用于企业的再投资，公司的销售收入和资产的回报率都逐步的上升。从图6—1曲线的斜率可以明显看出公司增长率在不断的增加。

到1978年，苹果电脑的个人电脑业务迅速成长，此时公司自身的收益已经不足以满足公司扩张的需要了，所以它选择了上市融资以支持公司进一步的扩张。个人电脑的成功促使IBM进入了这个市场。最终，IBM推出的个人电脑，由于其开放的结构，被康柏、捷威（Gateway）和戴尔公司所复制。

IBM这样的大公司，将他们庞大的资产群的一部分配置到个人电脑行业，能够通过内部的资金来支持业务的扩张。而对于那些专注于个人电脑生产的厂商而言，他们处在阶段二，依然需要将获得的收益再投资于厂房和设备的建设中，以扩大产能。

总而言之，在第二阶段，公司已经开始盈利。在增长的初期，并且他们需要向投资者证明他们已经开始盈利了。但由于他们需要资金来支持业务扩张，所以主要采取支付股票股利，而非现金股利的方式。支付股票股利，一方面能够留住用于扩张的资金，另一方面也向市场发出公司已经盈利的信号。在第二阶段的后期，随着资金需求的降低或是出现新的资金来源，公司可能支付少量的现金股利。有时，支付现金股利的政策对于机构投资者是很有吸引力的。

很显然，处于行业生命周期第一或第二阶段的公司是高风险的。投资者并不知道是否能达到投资目标，也不知道公司是否会支付股利。但如果你在进行了深入的调查和研究后，希望投资于高增长的行业，处于阶段一或阶段二的公司将为你带来丰厚的回报。既然在这两个阶段，股利政策与公司的增长无关，投资者基于对公司未来收入的预期，而非当前的收入情况来买卖公司股份以获得资本利得。

6.1.3 阶段三：扩张

在第三阶段，销售收入和收益都持续增加，但增幅不断降低。在整个行业从增长阶段进入扩张阶段的过程中，图 6—1 所示曲线的斜率逐渐减小，这表明公司的增长不断放缓。从增长期进入扩张期的**交叉点**（crossover point）是很重要的，因为随着越来越多的竞争对手进入该行业，不断挤占原有公司的市场份额，致使公司的投资回报率不断降低。此时行业的资产扩张速度已经随着需求的降低而放缓了，同时公司拥有了大量的现金可用于支付现金股利。支付股票股利和股票分割的方式在阶段三也是很常见的回馈投资者的方式。一般来说，现金股利的支付率会从原先的 5%~15% 的水平上升到 25%~30% 的水平上。

由于行业和公司的增长并不会完全遵循以上描述的增长路径，所以在现实中很难判断公司 / 行业什么时候从增长阶段进入了扩张阶段。对于投资于增长期公司的投资者而言，确定增长的拐点是十分重要的。一旦投资者认定公司的投资回报率开始降低，公司的股价会因为市盈率的降低而大幅下降。图 6—2 形象地说明了这种关系。

6.1.4 阶段四：成熟

如果从长期来看，整个行业的销售增长率与 GDP 增

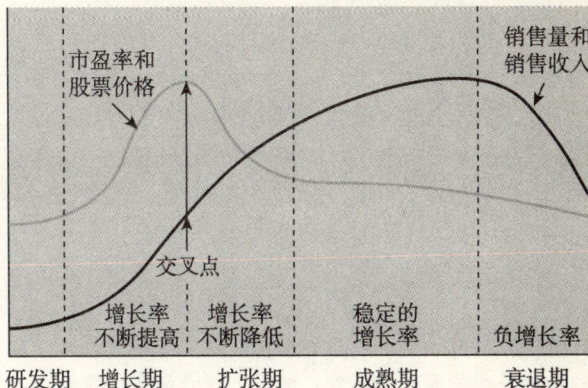

图 6—2 交叉点

长率保持一致，那么该行业就进入了成熟阶段。一些分析员喜欢采用标准普尔 500 指数的增长率与目标公司的增长率进行比较，因为标准普尔 500 指数的增长率代表了 500 家成熟公司的增长率。

图 6—3 比较了标准普尔 500 指数在将股利继续再投资情况下的回报率与实际 GDP 的增长率的关系。该图的纵轴采用对数标度（有时也称为比例标度），能够更好地比较趋势线的增长率或回报率。正如之前提到的，曲线的斜率越大，增长率越高，斜率越小，增长率越低。由图 6—3 可知，标准普尔 500 指数和实际 GDP 在 1995 年之前保持了很好的一致性。1995 年，股票市场开始出现网络泡沫。标准普尔指数在 1996—1999 年达到了一个前所未有的高水平，主要的诱因就是互联网公司带来的盲目乐观。标准普

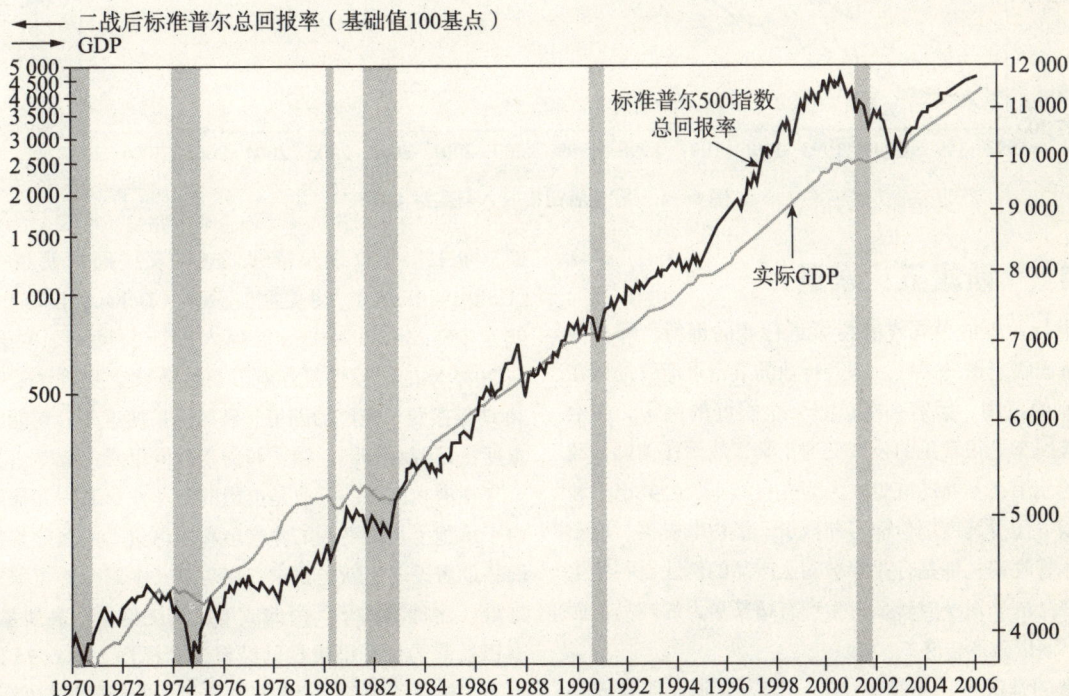

图 6—3 标准普尔 500 指数总回报率与实际 GDP

尔 500 指数在 2000—2002 年间回落到了与实际 GDP 相一致的水平。图中的阴影部分代表了经济衰退，请注意在衰退期中标准普尔 500 指数和实际 GDP 之间的关系。

零售业公司，如艾伯森（Albertsons）、克罗格（Kroger）、小猪扭扭（Piggly-Wiggly）、多米尼克（Dominick's）、科艺（A&P）和西夫韦（Safeway）都是成熟行业的典型代表。图 6—4 描述了零售商店销售的增长率与实际 GDP 增长率之间稳定的数量关系。由于食物是必需品，所以分析员可以假设食品的需求量随着人口数量，通货膨胀以及经济增长率的变化而变化。然而，即使是在成熟行业内部，不同的趋势，比如对绿色食物的需求增加，可能使行业中的某一个公司的成长高于其他的公司。比如，全食超市（Whole Foods）的主营产品是有机食品，与克罗格或西夫韦相比是相对新的供应体系，公司不断增加门店，扩张业务区域，这些措施使该公司的增长率高于行业平均水平。

总的来说，成熟行业的增长是与经济的整体情况紧密联系的。成熟行业中的公司建立了完备的生产系统，拥有国内外的资金来源，并且自身运营所带来的现金流能够满足公司增长的需要。在这些条件的共同作用下，公司的股息支付率通常会达到 40%~50%。但这个比例会因行业而异。比如，电力行业的股息支付率可能达到 50% 以上。

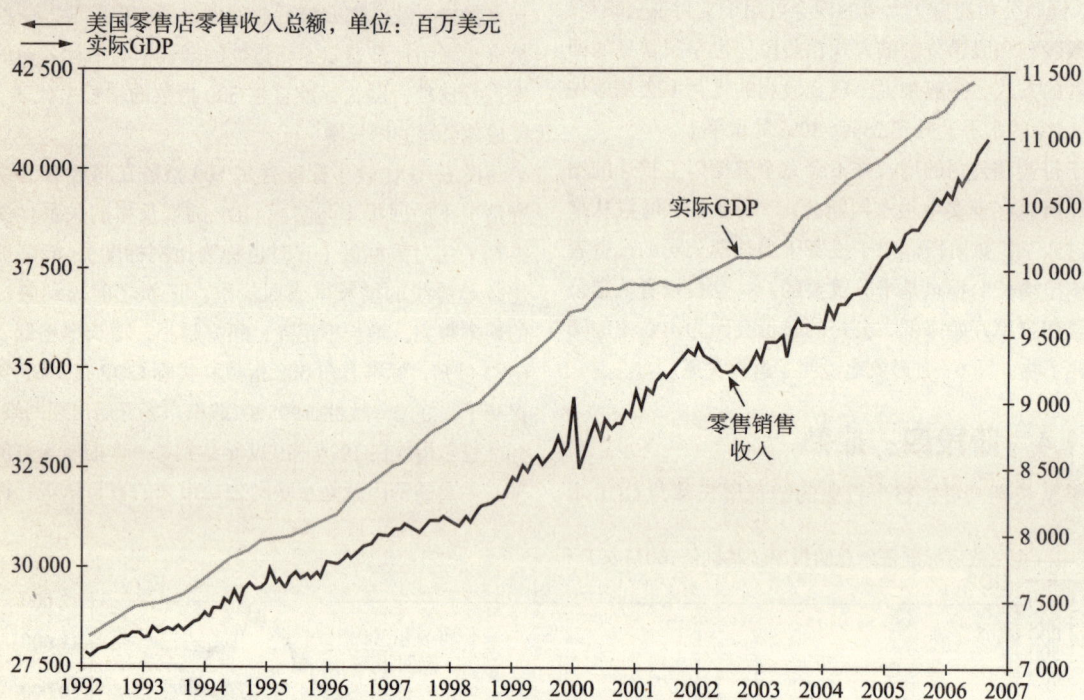

图 6—4　零售店销售收入与实际 GDP

6.1.5　阶段五：衰退

如果行业中的公司没有持续进行产品创新，那么整个行业将面临衰退的风险。某些行业的衰退可能仅局限在一个国家的范围，载客列车就是一个很好的例子。在欧洲，载客列车是很常见的公共交通工具，然而在美国，载客列车的使用在不断的减少，因为来自汽车、公共巴士和飞机的竞争使得其市场份额不断减少。黑白电视机、电子管、晶体管收音机都是行业中被淘汰产品的例证。一些生产这些产品的公司及时转型，生产有增长潜力的产品，而另一些厂商以破产告终。

通常的情况下，不是整个行业陷入衰退，而首先是行业中最差的公司。比如美国的航空业一直以来问题不断，"9·11"事件以及持续低迷的美国经济使联合航空（United Airlines）、达美航空公司（Delta Airlines）、西北航空（Northwest Airlines）陷入破产的境地，联合航空在 2005 年的时候恢复经营，而达美航空和西北航空则在 2007 年摆脱了破产的困境。破产保护使这些公司能够通过重新签订劳动合同，租赁和借款合同以降低成本。另外一个存在潜在问题的行业是美国的汽车业。通用和福特公司由于承担了员工高额的养老金和退休员工的医疗支出，并面临厂房设备更新的要求，在与其日本同行的竞争中举步维艰。而日本汽车厂商的成本结构更低，产品质量更好。丰田目前的汽车销售量已经超过了福特。图 6—5 描述了汽车（包括了轿车、商务车和重卡）的销售量与实际 GDP 的关系。从 2000 年开始，美国的汽车销售量大不如前了。

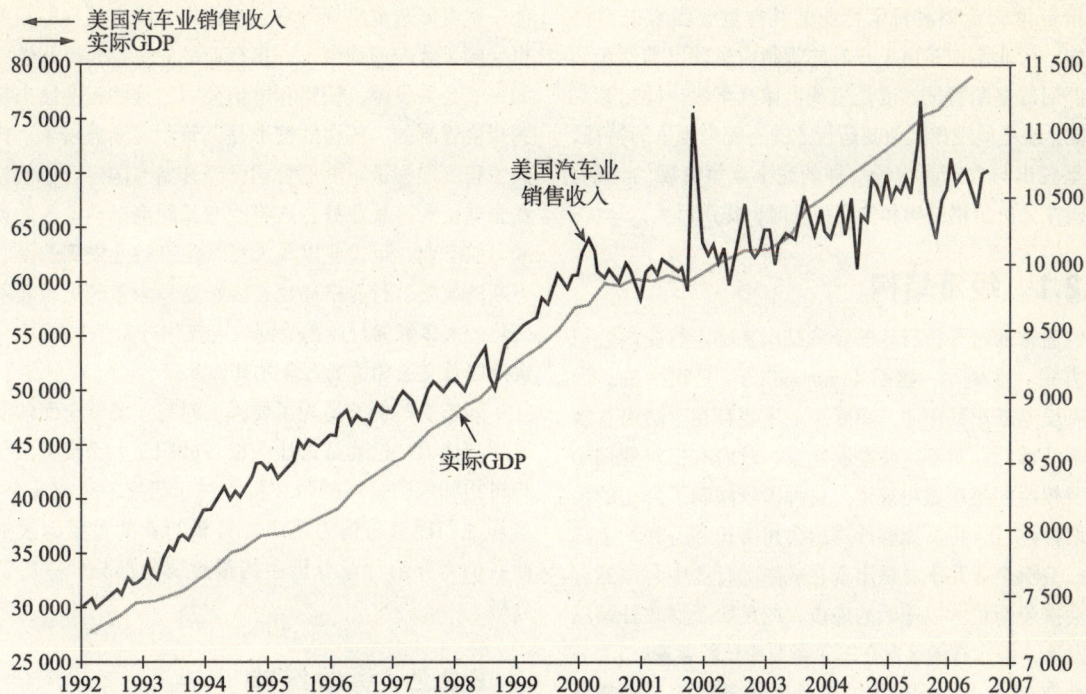

图6—5　汽车业销售收入与实际GDP（季节调整后）

另外，通用汽车公司降低了股利的支出，福特甚至不支付股利。

处于衰退期的公司的股息支付率有时甚至高达100%或超过当期收益。通常情况下，公司不想给投资者留下公司已经陷入困境的印象，所以尽管利润在不断减少，还是极力保持支付固定的股利，这致使公司的股息支付率节节攀升。管理层此时会发现，公司的现金流在不断的减少，必须要降低现金流出，所以要么降低股利，要么就完全不发股利，通用和福特就是最好的例子。

股利政策与生命周期曲线：股息支付率对公司的增长有至关重要的影响。正如前文提到的，公司的留存收益越多，相应的股息支付率越低，公司的增长潜力就越大。公司的股息支付率在很大的程度上可以体现出管理层对公司未来盈利增长的看法，分析员可以借此确定公司处于生命周期的哪个阶段。比如，一个公司支付了50%的收益作为股利，那么公司很可能处于成熟期或是衰退期。

6.1.6　非增长性行业中的增长机会

我们必须意识到，成熟行业中也存在着很多增长型的公司，并且并不是行业中的所有公司都在销售、利润以及股息支付率上遵循相同的增长路径。有的公司可能由于管理水平比较好，员工的素质强，资产效率比较高，研发的投入比较多，而生产出了更多的新产品。

美国的很多公司，比如耐克和麦当劳，通过向国外扩张实现了公司的增长。在国内市场渐趋饱和的情况下，国际市场如亚洲、欧洲、东欧、俄罗斯以及中国对他们产品的需求，使其业务保持了两位数的年增长率。这样的策略也适用于索尼、百事可乐和喜力啤酒这类的市场驱动型跨国公司。

电力行业一般都被界定为成熟行业，但在佛罗里达、亚利桑那和卡罗来纳州，几十年的人口大量增加使这些地区电力企业的增长率大大高于行业的平均水平。

电脑公司也在不断趋向成熟。对于IBM而言，市场对主机的需求不断降低，而对个人电脑和地区性网络的需求则迅速增加。面对主机市场的不景气，IBM重新整合了自己的业务，希望通过进入个人电脑领域，提供配套的软件和服务来增加公司的盈利。

投资者需要注意的一个问题是，不要因为投资的公司处于增长型行业就沾沾自喜。可能这个公司的增长势头已经过去了。投资者也不要忽视成熟行业中重获增长潜力的公司。在第7章中，我们进一步讨论增长型股票的问题。

6.2　行业结构

行业结构是分析中一个很重要的部分。行业结构决定了公司是否盈利；是否存在对行业的正面和负面的影响因素，比如说政府的管制等；成本优势和产品质量能否使公司在行业中占据主导地位。

分析员可能希望对特定行业的其他重要因素进行评估。比如，行业结构是由于政府的管制而呈现出类似于公共事业部门的垄断特征，或是呈现出像汽车业一样的寡头垄断特征，或是呈现出类似制药行业的不完全竞争的特征，又或是呈现出与农产品市场一样的完全竞争市场的特征。行业结构在分析价格结构和价格弹性时，作用巨大。

6.2.1　经济结构

我们通常通过分析行业的经济结构来确定行业内公司的竞争方式。在美国，**垄断**（monopolies）是很少的，因为美国有反垄断法的限制，垄断企业主要存在于政府管制的公共事业部门。对于这些垄断企业，政府有权对他们的定价以及权益回报率做出规定。这种措施限制了公司的盈利性和增长性，分析员能够计算出公司增长和盈利的上限和下限。垄断企业几乎总是出现在成熟的行业中，虽然有时政府会授予新技术以垄断的地位，或是给予财政补贴以支持其发展，但这样的情况在军工行业中比较普遍。

寡头垄断（oligopolies）的竞争者数量较少，通常都处于较成熟的行业中，比如汽车、钢铁、石油、航空、炼铝业等。寡头公司之间的竞争是很激烈的，大规模的价格战以及对市场份额的争夺使盈利的空间大大缩小了。寡头公司在参与国内竞争的同时还面临国际同行的挑战，这在很大程度上影响了他们的竞争策略。以上提到的行业面临着来自其他工业化国家如日本、德国、荷兰、英国和法国的竞争。

完全竞争（pure competition）在美国是很少见的。食品加工行业可以说是最接近这个定义的行业了。一般来说，完全竞争企业生产的产品都是同质化的，如玉米、大豆等产品。公司大都通过增加产品的差异性，并提高产品质量以获得一席之地。

其他经济因素：产品的供求关系影响到了行业的价格结构，以及行业在合理的成本下生产出符合要求的产品的能力。成本受到很多因素的影响。比如，美国的钢铁、汽车以及橡胶行业中相对高的时薪，在某种程度上削弱了美国产品在世界上的竞争力。原料的可获得性也影响了产品的成本。炼铝业和玻璃业需要大量低价的矿石以保证生产的正常进行。但由于炼铝的过程中需使用大量的电力能源，所以低成本的矿石所带来的好处被高额的能源成本抵消了。能源成本对于所有的企业来说都是很重要的，而对于航空业和运输业来说尤为重要。影响行业的因素有很多，但随着分析员逐步深入了解行业，他们能够把握其中最重要的因素。

政府管制：绝大多数的行业都处在政府的管制之下。汽车业由于安全性和尾气排放的原因受到政府管制，而其

他一些可能造成空气污染、水污染、噪音污染的相关部门也受到了政府的约束。许多行业的业务都是跨州性的，比如一些公共设施，铁路和电信公司，这些行业原来都是受到严格管制的。现在的情形是，管制逐渐放松了，行业的竞争程度加强了。电信公司已经开始与国际合作伙伴共同在全球范围扩展业务，这将改变长距离电信业务的竞争格局。航空业、运输业以及天然气生产行业受到的管制也在不断的放松，行业格局也在因新竞争力量的出现而不断的变化。大多数的行业都受到政府支出的影响，国防、教育、医疗以及交通相关的行业尤其如此。

列举这些例子是为了要强调对行业要有全面的彻底的了解和认识。这就是为什么很多就职于大型投资银行、信托机构和保险公司的研究员专注于研究一个或几个行业，这样他们能够将精力集中在分析行业的重要因素上。下面我们将介绍行业分析中的最重要的部分——竞争结构分析。

6.2.2　竞争结构

行业由相互竞争的公司构成，有的行业里公司较多，有的则较少。毋庸置疑，行业中的公司之间采取不同的策略进行竞争。在经济全球化的今天，大型的跨国公司之间的竞争，依托于不同的文化和生产流程工艺。对于分析员来说，了解行业长期盈利的潜力以及影响行业长期前景的因素至关重要。

正如之前讨论过的，尽管整个行业处于生命周期的某一个阶段，但行业中具体的每个企业所处的位置可能不尽相同。某个公司可能选择了一个不利的竞争地位，也可能处在了一个有利的地位上。行业的前景是很重要的，公司依托这个前景为自己打造一个有利的竞争地位也是同等重要的。好的行业中也有亏损的公司，夕阳产业中也有很多盈利的公司。

可能最有效的分析竞争结构的方法之一就是借助波特的五力模型：

波特将行业的竞争结构划分成了五种力量：（1）潜在进入者；（2）替代品的威胁；（3）顾客的议价能力；（4）供应商的议价能力；（5）现有的竞争者。这些都影响到企业的定价和盈利能力。第一个因素是潜在的进入者。如果新的竞争者很容易进入市场，那么公司可能需要采取措施提高行业的进入门槛，以此来增加潜在进入者的成本。潜在进入者的威胁为行业内的企业设定了一个价格上限，从而影响到公司的盈利能力。第二个因素，正如我们在经济学中所学的，是替代品的威胁。如果公司的产品能够很容易地被市场上的其他商品所替代，这也将影响产品的定价和盈利能力。饮料行业是一个比较好的例子。我们可以

投资的真实世界

在行业和公司分析中，品牌的价值几何？

在现代经济中，品牌和公司的实物资产一样都有价值。基于这点认识，《商业周刊》（Business Week）在不久前发布了全球最具价值品牌排行榜。

第一个问题是：公司如何建立起品牌价值。为此，商业周刊与总部位于纽约的国际品牌公司（Interbrand Corp.）进行合作。公司品牌的价值是从品牌对收入和收益的促进作用上反映出来，并通过将这些因素折现的方式使影响数量化了。而在美国，由于会计标准委员会（Financial Accounting States Board）的规定，无形资产的价值，比如品牌的认知度，一般都是不可量化的，但分析人士都能够根据公司的情况对其进行相应的估值。由于无形资产没有反映在资产负债表上（除了收购产生的商誉），使得标准普尔 500 指数的成分公司，都以高于公司净值的 5 倍来交易。对于英国和澳大利亚的公司，品牌的价值是要反映在资产负债表上的。

那么美国的哪个公司的品牌价值最高呢？答案是可口可乐，品牌价值高达 689 亿美元。在商业周刊中调查中，前十名的情况如下：

	价值（亿美元）		价值（亿美元）
可口可乐	70.4	诺基亚	29.4
微软	65.2	迪士尼	28.0
IBM	51.8	麦当劳	24.7
GE	42.3	万宝路	22.1
英特尔	31.1	梅赛德斯	21.3

因为本章的重点在行业分析上，我们着重选择了汽车和 IT 行业的公司，因为这两个行业的公司受到品牌认知度的影响都很大。

汽车业	价值（亿美元）	工厂业	价值（亿美元）
梅赛德斯	21.3	IBM	51.8
丰田	20.8	英特尔	31.1
福特	17.1	惠普	19.9
本田	15.6	思科	15.8
宝马	15.1	甲骨文	11.3

喝纯净水、啤酒、软饮料或果汁等。如果不是因为这些公司大规模的广告投放导致的价格上升，我们本可以喝到更便宜的饮料（大规模的广告投入正是因为这些产品有很强的替代性，企业需要进行大规模促销活动）。

另外的两个因素是顾客和供应商的议价能力。大的客户，如沃尔玛，可以对供应商的价格产生很大的影响。像麦当劳这样的企业对供应商有严格的要求，由于其具有强大的议价能力，麦当劳可以从供应商那里获得低成本、高质量的服务。这限制了供应商的定价能力。另一方面，也存在许多强有力的供应商，比如中东的石油卡特尔组织（Middle East oil cartel）和戴比尔斯（DeBeers），后者控制了全球钻石市场 70% 的份额。这些供应商决定了他们下游厂商原材料的价格，从而影响到他们客户的盈利能力。

最后一个因素是行业现存的竞争者。竞争者影响成本的方方面面，从厂房设备的投资，到广告宣传和产品研发。汽车行业的情形能很好地说明这种情况。过分激烈的竞争使得日本的汽车生产商，出于政治上的一些考虑，减少对美国的汽车出口，改为直接在美国设厂制造并销售汽车。由于美国的汽车巨头对日本的汽车公司进入判断失误，并在之后的几年内没有对工艺和技术进行持续的更新，当日本汽车在美国市场占领很大份额的时候，竞争变得十分激烈，这导致了美国汽车业的重组。行业内现存的竞争者，其影响与潜在的竞争者是类似的。

这5种力量的作用因行业的不同而有所不同，并对公司的资产回报率和权益收益率有直接的影响。各个因素的重要性取决于行业结构或行业的经济技术特征。这些因素影响公司产品的价格、成本、厂房设备的投资、广告的投入以及研发费用的支出。每个行业都有不同的对其长期盈利能力影响最大的决定因素，公司将采用不同的竞争策略对行业结构进行改造。这些策略可能会提高或损害行业的长期盈利能力，而这种对行业结构的影响往往要多年之后才会显现出来。

6.3 案例：制药行业

每个行业都有其特有的与经济竞争结构相关的问题。在我们前面的讨论中，分析行业的时候需要考虑很多的因素。比如，制药是一个全球性的行业，进入的门槛很高，因为新药的研发需要大量的资金、人员和时间。并且药品的生命周期是可预期的，一般是先经过研发环节，到审批环节，再到受专利保护的生产销售环节，受专利保护的时间一般不会超过10年。表6—1列示了按2005年销售收入排名的全球前10名制药公司的名单。

表6—1　2005年全球制药公司排名

公司	销售额（亿美元）	公司	美国市场销售额（亿美元）
1. 辉瑞	47.6	1. 辉瑞	27.2
2. 葛兰素史克	34.7	2. 葛兰素史克	19.9
3. 安万特	30.0	3. 强生	16.0
4. 诺华	28.5	4. 默克	15.2
5. 强生	25.3	5. 阿斯利康	12.9
6. 阿斯利康	24.1	6. 诺华	12.3
7. 默克	23.5	7. 安进	11.9
8. 罗氏	19.8	8. 安万特	11.0
9. 雅培制药	15.7	9. 礼来	8.7
10. 惠氏	14.7	10. 百时美施贵宝	8.4

图6—1阐明了该行业的国际特性。辉瑞（Pfizer）尽管是美国最大的制药公司，但它通过国际并购在世界各地都开展了业务，比如通过并购意大利的法码西亚（Phar-macia）从而进入了意大利市场。处于第二位的是英国公司葛兰素史克（GlaxoSmithKline），它是通过全球并购而建立起来的。第三大制药公司是安万特（Sanofi-Aventis），由法国和德国合资组建而成。国外市场的销售额占到了以上所列示公司总销售额的40%。

6.3.1 生命周期分析

这些大公司大都处在他们生命周期的扩张阶段。由于每种新药都有其各自的产品生命周期，所以这些公司因为持有处于不同生命周期阶段的产品而分散了风险。总体来说，这个行业比经济整体的增长率和标准普尔500指数的增长率都要高，但增长率在不断的下降。每个公司分别处在扩张阶段的不同位置上。

当我们分析每个公司的运营收入增长率的时候，可以看到不同的公司差别巨大。很多大公司，比如礼来，是处在扩张期，而许多中小型的公司，比如巴尔药厂（Barr Laboratories）则是处在增长期。而另一些公司，比如惠氏公司，因为没有成功研制出新的产品，增长几乎停滞。所以当我们在对一个行业进行概括的时候，很难假设行业中的所有公司处在相同的生命周期阶段。你可能注意到，收入的增长并不能完全解释利润的增长。比如辉瑞净收入的增长幅度超过了收入的增长幅度，那是因为通过并购活动以及新药的研制，公司获得了规模效应同时提高的净利润率。

6.3.2 政府管制

那些在全世界出售药品的公司，自然就受到各个国家政府的管制。很可能出现这样的情形：一种药在欧洲的五个国家都通过了审查，但在美国没有通过审查。美国食品药物监督局（US Food and Drug Administration, FDA）被认为是世界上最保守，监管最严格的机构之一，所以一些药物都是在其他的国家通过了审查之后，FDA才有可能通过其在美国境内的生产和销售。这也引发了一些争论：如果美国境内的公民需要这种药物的治疗，但因为FDA不通过审批而不能在市场上或是医院买到这种药，而耽误了治疗甚至威胁到了生命，这样的问题应该如何处理。FDA的解释是，他们宁愿牺牲人们被治愈的机会，也不愿意冒险引入可能有致命副作用的药品。

每年提交给FDA审查的药物的数量达到了2 000多种，每种药物在提交审查之前都经历了长达十年的研发和临床试验的过程。但每年通过审查的药物都是凤毛麟角，比如在2002年，2 374种药物提交审查，只有78种获得批准，通过率仅为3.3%。

6.3.3　研发

制药行业一个很重要的特征就是巨额的研发费用。该行业一个重要比率是研发费用占销售收入的比重。小公司通常在药物的研发上处于不利的地位，因为他们只能同时研发为数不多的几种药品，而大公司相对资金充裕，可同时研发的产品数也较多，成功的几率也相对较大。在只有3.3%的通过率下，大量对药品的投入都化为乌有。大部分公司在 2005 年的药物研发费用都达到了 20 亿美元以上，其中辉瑞的研发费用最高，达到了 74 亿美元，强生公司紧随其后，也达到了 63 亿美元。

在最近的几年中，辉瑞这样的公司和其他公司通过合并的方式联合起来，将他们的研发力量和资金集中在一起来研发新药，最大限度地发挥规模效应的优势。但同时，合并也可能导致研发的无效率。那些在研发上失败的大公司可能通过购买只有一种流行药物的小公司来补充自己的产品线。分析员需要认真判断研发费用占销售收入的比例变化。公司在研发上投入大量的金钱，并不代表他们就能在这个项目上获得成功。能够成功研制多少种新药，又有多少种新药能够通过 FDA 的审查，并且其中有多少真正对相应的疾病有疗效，这些才是企业成功的关键。

一种成功的药物可以给公司带来巨大的利润。立普妥（Lipitor）是 2005 年最畅销的药物，是由辉瑞公司推出的一款降低胆固醇的新药物，当年销售收入达到了 84 亿美元，而辉瑞公司在 2005 年的销售收入是 474 亿美元。

制药行业凭借生产治愈疾病的药物而得以生存发展。公司在研发新药方面的效率越高，公司的获利就越多，对社会的益处也就越大。技术的进步，使科学家们更好地研究人类基因的缺失是如何导致如老年痴呆症和肌肉萎缩症等常见疾病的。对于基因的新发现可能会使研发人员更好更快地为人类的一些疑难杂症带来解决方案。

6.3.4　产品多样化

制药行业是十分复杂。公司向医院提供药品、销售营养品、保健品、动物保健品、农产品、处方药以及一些柜台销售的非处方药，如阿司匹林和泰利诺（Tylenol）。这个行业中大大小小的公司，各自专注于不同的领域，如冠心病、感染、中枢神经系统疾病或其他的肺部疾病，这使得行业中实际上没有直接竞争的厂商。

比如，很难找到三种以上治疗同一种疾病的药物，并且拥有相当的市场份额。一般情况下，一种或两种药物主导了市场。在 2005 年全球用量最大的十种处方药中，位于第一和第二位的是两种降低胆固醇的药物，有两种是抗溃疡药物，两种是治疗贫血的药物。其他的四种则分别

治疗不同的疾病。对于投资者而言，相比于公司目前面世的产品在市场上的占有率，研发部门正在进行的一项可能成功的、具有突破性的药物研究更具有价值。通常公司的股票价值会更多地受到一个有前景的研究项目的影响，而不是受到目前在市场上热销，但在未来几年就将失去专利保护的产品的影响。

6.3.5　专利与仿制药

药品受到美国专利局的专利保护，使其在一定的年限中免受竞争的威胁。但是当一种药品的专利期结束之后，其他的公司就能够进行生产，并参与竞争了。因为产品的成分构成在专利文件中都已经注明了，所以对其他公司的产品进行模仿不是什么困难的事情。那些在药品的保护期失效之后的模仿药品被称作仿制药，因为他们是复制品。一旦仿制药充斥市场，原来产品的利润将大幅缩水。礼来的百忧解（Prozac）就是一个很好的例子。这种抗抑郁药在保护期内每年为公司带来 30 亿的销售收入，而在仿制药出现之后，公司在该产品上的销售额降低了 80%。当然，这对于消费者而言是一件好事，因为他们可以买到更便宜的药物了。所以很多的公司都希望尽量延长药物的专利保护期，以保证他们能获得足够的利润来支持新药物的研发。目前美国对新药的保护年限是 10 年。尽管在专利保护问题上有诸多的抱怨，制药行业的毛利率总体上来说要比其他行业高。

由于制药是一个全球性的行业，所以全球的专利保护就是一个很重要的问题。很多国家并没有执行国际专利保护条例。这些国家的公司只要将这些专利产品买回家，分析他们的成分和结构就开始着手生产了。这相对来说是比较简单的。专利的侵权事件在发展中国家尤为普遍，尤其在艾滋病十分猖獗的非洲。在印度，由于人们无法承担原产商要求的高价，侵权的事情也时有发生。所以在最近几年，这些大公司开始与当地的政府合作，通过降低产品的价格，来推动当地政府施行更严格的专利保护条例。

6.3.6　人口与管理式医疗

人口结构的变化对制药行业也有很大影响。随着全球人口的老龄化，对药品的需求不断增加。欧洲和日本已经进入了老龄化社会，美国人口也在加速老龄化。当出生于婴儿潮的人们进入老年时，他们对各种药品的需求将持续地上升。根据标准普尔的行业调查，全球人口的特征变化对于制药行业是最有利的。管理式医疗以及政府医疗保障项目将对公司的利润率产生负面的影响。新的医疗保险覆

盖到的药物种类，虽然在价格上有一定的限制，但为制药业创造了大量的需求，可以抵消对该行业价格限制的不利影响。

如果想了解你所感兴趣的行业的最新动态，可以参考标准普尔行业调查。你可以从网上获得，www.mhhe.com/edumarketinsight。

6.4　行业集团与滚动投资

滚动投资作为一种投资策略，为大多数的机构投资者和少部分的个人投资者所使用。**滚动投资**（rotational investing）指的是根据不同行业的生命周期，不断地调整在每个行业的投资头寸。当经济从低谷向波峰移动的时候，不同的行业受到的影响不同。

比如，当利率降低的时候，房地产行业的融资变得相对容易，每月需要偿还的月供也相对更少。正因为如此，房地产企业的股票，开发商、木材以及其他与此相关的行业，比如耐用品消费品行业都因此而获益。这些行业的收益在未来的一段时间内将会上升，投资者在这些利润还没有实现的时候就买入相应的股票。这样的逻辑也同样适用于汽车行业。

一旦经济开始复苏，失业率下降，个人收入提高，消费者的支出增加。经济的复苏可能要经历一年半的时间，投资者一般认为当消费量开始上升的时候，与消费相关的

行业的股票价格开始走高。当汽车行业受到低利率的影响时，他们从消费者那获得另一个增长的动力。

当利率提高的时候，对于公共事业部门的股票不是一个利好消息。公共事业部门通常有很高的股息支付率，并且他们的估值通常是基于股利支付模型的。当利率上升的时候，公共事业部门的股价和债券的价格一同下跌。银行部门在利率提高的初期似乎是受益的，但当利率持续上升的时候，高利率使得他们的贷款比例下降，从而降低银行的利润率。

那些为高利率以及经济的潜在衰退风险担心的投资者，则转向了对消费不敏感的行业，比如食品、医药、饮料和烟草行业。投资于这些行业被认为是采取了防御性的投资策略，因为他们受经济周期的影响不大，所以他们的收益在经济不景气的时候受到的影响要低于那些敏感行业。

最后，当经济走出低谷，随着商品的需求不断增加而推高了商品的价格，通货膨胀的预期越来越高，投资者可能选择进入基础原料和能源行业。经济中的价格压力使得这些大宗材料的价格上涨，使得铝、石油、钢铁以及其他的产品价格大幅上涨。这种情况通常发生在经济周期的后期。

虽然我们并不提倡这种跟随经济周期的滚动投资方法，但现实中的投资者多采用这种方法，因此应注意这种方法在实际中的应用。

本章小结

在第 5 章中，我们介绍了股票估值的三步法。本章所介绍的行业分析是自上而下法的第二步。在我们估值的过程中，一个很重要的变量是销售收入、收益和现金流的增长率。为了对公司的增长速度有一个基本的认识，我们分析行业的增长特征，并进一步对它的生命周期曲线进行了说明。

行业的生命周期包括了五个阶段：研发期、增长期、扩张期、成熟期和衰退期。图 6—1，6—2 形象地描述了生命周期曲线。除了对行业进行生命周期分析，分析员必须理解行业结构的重要作用。不同行业的经济结构不同，比如垄断、寡头垄断、完全竞争或是其他的竞争形式。行业的经济结构影响产品的定价和投资回报率。政府的管制是影响很多行业的一个重要的因素。政府对公共事业部门的利润、食物和药物的质量、汽车的能耗标准以及其他行

业如运输和教育进行管制。其他需要考虑因素是国际的竞争、供需关系、原材料的供给、能源成本等等。在本章中，我们主要以制药行业为例，说明了行业分析的基本方法。

关键词汇与概念

自下而上法　bottom-up approach

交叉点　crossover point

行业生命周期　industry life cycles

垄断　monopolies

寡头垄断　oligopolies

完全竞争　pure competition

滚动投资　rotational investing

选股者　stock picker

自上而下法　top-down analysis

讨论题

1. 区分自上而下和自下而上的选股方法。

2. 列出行业生命周期的五个阶段，并说明股利政策在这五个阶段中是如何变化的。

3. 为什么公司在增长阶段可能开始支付股利？

4. 如果投资者没有准确识别公司增长期和扩张期之间的拐点，那么对公司的估价可能发生什么样的变化？

5. 举出两个处于非增长型行业但却持续增长的公司案例，并解释原因。

6. 为什么垄断企业在美国不常见？

7. 你是如何描述寡头垄断企业的特征的？它对公司盈利的影响是什么？国际化的竞争对寡头垄断有什么影响？

8. 影响公司产品的定价和盈利能力的五个因素是什么？

9. 举出两个强势供应商的例子。

10. 在制药行业中，美国的管制是不是比其他国家的管制要严格？

11. 在制药行业中，大型的制药企业还是小型的企业在研发方面具有更大的优势？

12. 说明滚动投资的含义。

13. 为什么较低的利率使得房地产企业的股票以及相关行业的股票变得有吸引力？

14. 如果投资者担心通货膨胀率升高，那么他能够选择投资于什么行业以避免通货膨胀带来的影响？

第7章 公司估值

正如图 5—1 所示，我们已经建立了对单个公司进行估值的基础。**估值**（valuation）是基于对宏观经济因素、行业、财务报表以及公司前景的分析而做出的判断。对公司估值就是确定在较长一段时间内的股票价值。在这个过程中，我们作出当前的股票是被低估、高估还是准确反映了股票内在价值的判断。本章将估计股票的长期价值，而不去预测股票的短期价格。本章中提到的一些估值的概念会对你在未来建立自己的投资组合有所帮助。

7.1 基本估值概念

股票估值的方法有很多。有的模型仅仅依赖在未来可能支付的股利金额的大小，这类模型被称为**股利估值模型**（dividend valuation model）。相对于股利支付模型的是**收益估值模型**（earnings valuation model），用利润代替股利，这类方法我们称之为收益估值法。收益估值模型以公司的市盈率为基础来确定股票的价格。另一些模型以市场价格与每股销售额之间的长期关系，或者是依赖于市场价格和账面价值的历史比值为基础来确定股票的价值。还有一些其他的方法，通过衡量公司资产（如现金和流动资产，厂房和设备的重置价值，以及持有的被低估的资产价值）的公允价值来确定股票的价格。在第一部分的讨论中，我们先介绍股利估值模型，之后再对收益相关的模型进行分析。

7.2 回顾风险与收益的概念

Excel 实例

在我们开始估值模型的介绍之前，有必要对第 1 章提到的风险和股东要求的回报率等概念进行一下回顾。在将股东要求的回报率作为估值的折现率的情况下，投资者必须要知道不同风险的资产相应的股东预期回报率，才能准确定价从而做出正确的决策。

第 1 章中，我们基于伊博森公司（Ibbotson Associates）的数据给出了不同风险资产的回报率，并解释了**无风险利率**（risk-free rate）包含资产的真实回报和通货膨胀率两个因素。某个资产的股东预期回报率等于无风险利率与该资产的风险溢价之和。

在本章中，我们将介绍基于资本资产定价模型的一种简单方法。该方法是在一个分散化的证券组合中，估计普通股的预期回报率。首先，我们需要确定无风险利率。无风险利率 R_F 是关于真实回报率和预期通胀率的函数。有一些分析员简单地将无风险利率作为真实利率和预期通胀率的和。实际上，更精确的表达式应该为：

$$R_F = （1 + 真实利率）（1 + 预期通胀率）- 1 \tag{7—1}$$

现在我们将风险溢价因素加入无风险利率中，可获得股东的预期回报率（required rate of return），满足以下关系：

$$K_e = R_F + b(K_M - R_F) \tag{7—2}$$

其中：

K_e 代表股东预期回报率；

R_F 代表无风险利率；

b 代表贝塔系数；

K_M 代表市场中普通股的预期回报率；

$K_M - R_F$ 表示股票风险溢价（ERP）。

在实际中，一般把美国国库券的利率作为无风险利率。而**贝塔**（Beta）衡量的是每个公司相对于市场（一般用标准普尔 500 指数代替）的风险高低程度。如果公司的贝塔系数大于 1，那么该公司的风险高于市场的风险；如果公司的贝塔系数小于 1，那么公司的风险低于市场的风险；如果公司的贝塔等于 1，那么公司的风险等于市场的风险。有理由相信，公司的贝塔系数越高，股东对股票要求的回报率就越高。

在公式 7—2 中的最后一项 $K_M - R_F$，是**股票风险溢价**（equity risk premium, ERP），这个指标是不能通过当前的市场信息观察得到的，因为它反映的是投资者的预期。股票的风险溢价代表了持有该资产的投资者，要求市场支付的高于美国国库券回报率的溢价部分，以弥补他们承担的高于国库券的风险。在 1926—2005 年间，大公司股票的平均回报率是 10.4%，而国库券的回报率为 5.5%，很显然，大公司的回报率高出国库券 4.9%。如果我们将标准普尔 500 作为市场的回报率 K_M，而将政府债券的回报率作为 R_F，我们就能得到股票的风险溢价为 4.9%。

在初级的公司财务课程中，K_M 和 R_F 都是给定的。现实中，它们通过股票风险溢价这个概念统一起来了。股票风险溢价体现了投资者购买风险更高的产品所要求的额外的风险补偿。在该案例中，我们根据历史数据可以合理预计，股票溢价水平能够达到 4.9%。这个方法也适用于短期国库券、中期的政府债券及长期公司债券。我们也可以通过计算由小公司组成的市场组合的回报率，来计算单个公司的风险溢价水平。在分析小公司时，采用小公司市场组合的风险溢价水平显然要比采用大公司的值更加合理。

实例应用　在对贝塔和风险溢价进行了讨论之后，我们应该如何处理无风险利率 R_F 呢？

$$K_e = R_F + b(K_M - R_F)$$

我们通过政府长期债券的收益率，计算获得了股票风险溢价水平。20 年期的长期政府债券在一定程度上反应了股票永续的特性。比如，如果当前的政府长期债券的收益率为 4.6%，我们计算的风险溢价为 4.9%，而市场的贝塔值暂且定义为 1，那么我们对股票市场预期回报率要求计算如下：

$$
\begin{aligned}
K_e &= R_F + b(K_M - R_F) \\
&= 4.6\% + 1.00(4.9\%) \\
&= 9.5\%
\end{aligned}
$$

那么这个计算的预期回报率，可以作为折现率来计算某一个投资产品的现值。如果我们所分析的公司的贝塔系数不是 1，那么要求的投资回报率就应体现对更高风险的收益率补偿。这种方法在我们介绍股利估值模型及其他估值模型时都会反复提到。

7.3　股利估值模型

在投资者看来，公司股票的价值是未来公司可能支付的所有股利的现值。尽管在较短的一段时间内，股票价格很可能受到收益或其他变量的影响，但股票的价值是通过发放股利的方式实现的。尽管投资者可能因为公司将留存收益用于再投资而获益，但投资者最终的收益还是来自于股利的现金发放。一般来说，股利模型理论性较强，限制条件也较多，在金融的理论文献中使用最为频繁，其中的主要原因就是该模型清楚地描述了影响股票价格的主要因素。

7.3.1　广义股利模型

基于未来预期股利的广义股利估值模型可以表述如下：

$$
P_0 = \frac{D_1}{(1+K_e)^1} + \frac{D_2}{(1+K_e)^2} + \frac{D_3}{(1+K_e)^3} + \cdots + \frac{D_\infty}{(1+K_e)^\infty} \tag{7—3}
$$

其中：

P_0 代表股票的现值；

D_i 代表每年的股利，i 等于 1, 2, 3…；

K_e 代表预期回报率（折现率）。

在这个广义的模型中，假设投资者能够确定合理的股利值和股票回报率（折现率）。

7.3.2　股利固定增长模型

股利固定增长模型与广义股利模型不同的是，它并不预测每年股利和股票回报率的值，而是假设股利以固定的比率固定增长，从而将问题转化为估计每年股利的增长率。

如果我们能够确定股利的固定增长率，那么公式 7—3 可以写成：

$$
P_0 = \frac{D_0(1+g)^1}{(1+K_e)^1} + \frac{D_0(1+g)^2}{(1+K_e)^2}
$$

$$
+ \frac{D_0(1+g)^3}{(1+K_e)^3} + \cdots + \frac{D_0(1+g)^\infty}{(1+K_e)^\infty} \tag{7—4}
$$

其中：

$D_0(1+g)^1 = D_1 = $ 第一年的股利；

$D_0(1+g)^2 = D_2 = $ 第二年的股利；

g 为固定增长率。

当前的股票价格等于未来的所有的股利现值之和。如果我们能够准确预测股利的固定增长率，我们就能够估计股票的价值。

比如，假设我们希望用这个模型来估计 ABC 公司的普通股的价值。我们可以假设 ABC 公司的股息支付率以每年 8% 的速率增长，而同时我们将折现率定为 12%，股东的预期回报率是基于股东对由贝塔反应出来的公司风险程度而要求的回报。在该例中，我们认为 12% 的回报率是合理的。

Excel 实例

按照股利固定增长模型的假设，可以将公式 7—4 简化成：

$$P_0 = D_1/(K_e - g) \tag{7—5}$$

该公式需要满足两个条件：第一，增长率保持稳定，对于 ABC 公司，我们假设它的股利支付增长率稳定在 8%；第二，股东的预期回报率，即公式中的 K_e 必须要大于增长率 g，因为 $K_e = 12\%$，而 $g = 8\%$，这个条件也是成立的。我们进一步假设 D_1（第一期的股利支付值）为 3.38 美元，使用公式 7—5，我们就能够得到公司的股票价值为：

$$P_0 = D_1/(K_e - g)$$
$$= 3.38/(0.12 - 0.08)$$
$$= 3.38/0.04$$
$$= 84.50 \text{ 美元}$$

从理论上讲，这个值应该反应了公司未来的股利现值之和。表 7—1 以简明的方式说明这个问题。我们计算了未来 20 年的股利现值 43.71，再计算从 20 年之后固定增长的股利现值 40.79，将他们加总得到每股 84.50 美元，这与公式 7—5 计算的结果相同。

表 7—1 ABC 公司的现值分析

年份	预期股利 （增长率为 8%） （美元）	折现因子 （预期回报率为 12%）[a]	股利现值 （美元）
2008	3.38	0.893	3.02
2009	3.65	0.797	2.91
2010	3.94	0.712	2.81
2011	4.26	0.636	2.71
2012	4.60	0.567	2.61
2013	4.97	0.507	2.52
2014	5.37	0.452	2.43
2015	5.80	0.404	2.34
2016	6.26	0.361	2.26
2017	6.76	0.322	2.18
2018	7.30	0.287	2.10
2019	7.88	0.257	2.03
2020	8.51	0.229	1.95
2021	9.19	0.205	1.87
2022	9.93	0.183	1.81
2023	10.72	0.163	1.75
2024	11.58	0.146	1.69
2025	12.51	0.130	1.63
2026	13.51	0.116	1.57
2027	14.59	0.104	1.52
2008—2007 年股利现值之和			43.71
2028 年之后永续增长的现值之和			40.79
ABC 公司当前的普通股现值			84.50[b]

[a] 数据可以从本书后的附录 C 中获得。

[b] 请注意该答案与使用公式 7—5 的结果是一致的。

我们必须意识到我们的分析中有一些地方可能有误。第一，我们预期的股利固定增长率可能太高了，采取6%的增长率可能会更加合理一点，如果我们用6%来计算公司的股票价值，我们得到的结果是56.33美元。

$$P_0 = 3.38/(0.12 - 0.06) = 56.33$$

很显然，固定增长率从8%降低到6%，公司股票的价值几乎减半。

第二，股东要求的回报率的估计可能也有问题。估计的折现率可能过高也可能过低。较低的折现率会提高ABC公司的股票价值，而较高的折现率会降低股票的价值。我们强调的是，希望读者能够意识到股票价格对这些因素的敏感性。尽管计算的过程没有问题，但结果的准确性很大程度上取决于我们的初始假设。分析员的经验和判断，在帮助确定合适的增长率和回报率时至关重要。

7.3.3　股利非固定增长模型

许多分析员并不认同公司的股利或是收益符合固定增长的特征。正如我们在第6章中谈到的，行业有其发展的生命周期，其增长是非线性的。增长率在初期总是比较高，而在扩张期之后，公司的增长率开始下降，直至公司进入成熟阶段。在成熟期，公司达到一个长期的稳定增长率，该增长率一般认为与宏观经济的增长率保持一致。

行业中的一些公司可能不会和整个行业保持一致。公司一般都会极力避免进入成熟期和衰退期，所以他们通过开发新的产品，以进入新的市场来保持增长。

如果我们摒弃了固定增长的假设，那么我们将引入可变的增长率模型。公司的增长过程一般可分为若干阶段，分别计算每个阶段的现值，再将各阶段的现值加总，得到公司股票的价值。我们举一个最简单的两阶段模型作为例子。假设捷卡（JAYCAR）公司的增长模式如图7—1所示。

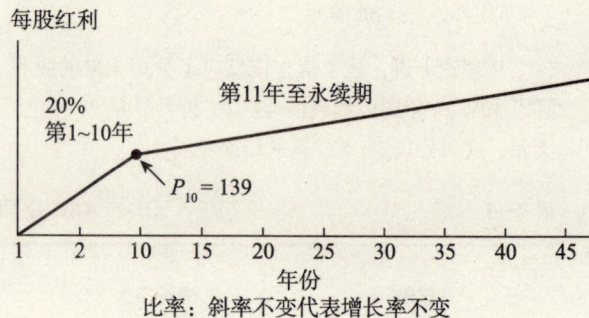

每股红利

比率：斜率不变代表增长率不变

图7—1　捷卡公司增长模式

Excel实例

假设捷卡公司在未来的10年内，股利的增长率为20%，在之后的时间内，永续增长率为8%。捷卡公司第一年年末的每股股利为1美元，折现率为12%。首先计算未来10年的股利现值，再利用固定股利增长模型计算第11年之后的股利现值，之后将两者加总，我们就能得出最终的答案。具体的计算过程如下：

第一步，我们计算10年的股利现值：

年份	预期股利（增长率为20%）	折现因子（12%）	头10年股利现值（美元）
1	1.00	0.893	0.89
2	1.20	0.797	0.96
3	1.44	0.712	1.03
4	1.73	0.636	1.10
5	2.07	0.567	1.17
6	2.48	0.507	1.26
7	2.98	0.452	1.35
8	3.58	0.404	1.45
9	4.29	0.361	1.55
10	5.15	0.322	1.66
			12.42

之后，我们确定10年后的股利现值。在第10年的股利预计为5.15美元，第11年的股利预计为5.56美元。由于之后的股利增长是永续的，我们使用公式7—5来计算第10年末公司的股利现值，折现率为12%，永续增长率为8%。

$$P_{10} = D_{11} / (K_e - g)$$
$$= 5.56/(0.12 - 0.08)$$
$$= 5.56/0.04$$
$$= 139 \text{ 美元}$$

　　一个投资者可以为第 11 年后的永续增长支付每股 139 美元。为了得到第 10 年价格的现值，我们要将其折现回本期。从附录 C 中我们可以查到，折现率为 12% 的现值系数为 0.322，那么这部分的结果是 44.76 美元。我们将两部分的分析结合起来得到公司的每股股票价格为 57.18 美元。

从第 1 年到第 10 年股利的现值	12.42
第 10 年价格的现值	<u>44.76</u>
捷卡公司普通股总现值	57.18

7.4　收益估值模型

　　股利估值法适用与处于生命周期的扩张期和成熟期的公司。因为这些公司的股利更容易预测，并且股利相对于资本利得而言是更重要的收入来源。

　　另一种在估值中广泛应用的方法是收益率估值法。比如，投资者可以将未来的收益进行折现，从而确定公司股票的价值。这种方法适用于那些不支付或不打算支付现金股利的公司。

7.4.1　综合的股利收益模型

Excel 实例　　另一个更综合的方法是将每股收益、市盈率和有限期的股利模型结合在一起。股票的估值可以认为是将期中的股利流和期末的市场价格折现回当期并加总的过程。我们选择强生公司作为例子来说明。假设估值从 2007 年年初开始，我们计算了在纽约证券交易所上市的强生公司未来 5 年的股利现值，具体的数值列示在表 7—2 中。

表 7—2　　　　　　　　　　　　　　　　强生公司综合估值方法分析

A 部分：5 年的股利现值

年份	预期每股收益（美元）	预期股息支付率（%）	预期每股股利（美元）	折现因子（12%）	现值（美元）
2007	4.10	36	1.48	0.893	1.32
2008	4.51	36	1.62	0.797	1.29
2009	4.96	36	1.79	0.712	1.27
2010	5.46	36	1.96	0.636	1.25
2011	6.00	36	2.16	0.567	<u>1.23</u>
预期股利的现值和					6.36

B 部分：强生公司 2011 年普通股的价格

终年	每股收益（美元）	市盈率	价格（2011）	折现因子（12%）	股价现值（美元）
2011	6	20	120	0.567	<u>68.04</u>
A 部分 +B 部分 =2007 年年初的现值					74.40

强生公司在 2007 年初的股票价格正如表 7—2 下方所显示的，为 74.4 美元每股。表 7—2 的 A 部分计算了未来 5 年股利的现值，而 B 部分是确定 2011 年股票价格的现值。这就是在这个模型中决定股票价值的两个因素。

在 A 部分中，先预计了未来 5 年的每股收益。强生公司的股息支付率在 1997~2006 年间稳定在 34%~39% 之间，我们估计股息支付率在未来的 5 年内将维持在 36%。将公司预计的每股收益乘以公司预计的股息支付率，我们就能得到公司未来 5 年可能的股利支付值，体现在第 3 列中。

在 B 部分我们认为市盈率为 20，该值比强生公司的历史水平 23 要低。但基于公司的增长率低于前 10 年，我们选择较低的市盈率使我们的估值相对保守一点。我们将 20 倍的市盈率乘以 6 美元的每股收益，计算出公司的股票价格在 2011 年为 120 美元每股。我们将这个价格折现回 2007 年初，现值为 68.04。收益增长率、2011 年股票的风险以及政府对药物价格管制等因素都可能影响到市盈率的大小。

当我们将 A 部分得出的股利的现值 6.36 与 2011 年价格的现值 68.04 加总，就得到公司在 2007 年初的价格为每股 74.4 美元。在我们得出这个结论时，强生公司的股价为每股 66 美元，所以我们认为股票被低估了。

7.5　市盈率

从数学上来看，**市盈率**（price-earnings ratio，P/E）表示为每股价格除以每股收益，其具体的数值是通过投资者在市场上不断的竞价来确定的。在一些财经媒体中，通常是用当前价格除以最近 12 个月的每股收益来计算市盈率。

对于那些收益具有周期性的公司，使用最近 12 月的每股收益值很可能对结果产生误导。因为，公司可能在这 12 个月中刚好处于盈利的波峰，此时如果投资者认为公司的收益会逐渐回归正常水平，他们就不会因为这个短期的收益增加而调高对股票的估值，这就导致市盈率处在较低的水平上。反之，如果公司在这 12 个月中的收益处于盈利的波谷，投资者认为收益能够回归到较高的水平，价格不会随着收益的下降而下降，此时的市盈率就相对高一些。

在强生的案例中，在 2011 年我们采用了 20 倍的市盈率。这个值一般是由公司的历史水平和未来每股收益的预期增长率等因素决定的。股票市场整体情况也会影响公司的市盈率。

尽管股票当前的市盈率是已知的，但投资者依然可能质疑它的合理性。股票分析员可能会花费更多的时间希望找到一个更加有说服力，也更加合理的市盈率。尽管这种方法在理论上不如之前介绍的现值方法严密，但在实际中的应用广泛。希望读者对这两种方法都给与足够的重视，不能偏废其一。

那么是什么因素决定了公司的市盈率水平呢？我们先从股票市场整体入手，之后我们再具体的分析个别的股票。一般说来，当人们看好经济前景时，股票的市盈率通常较高。另外，通货膨胀率对市盈率的作用也不可忽视。

我们进一步来说明两者之间的关系。图 7—2 描述了

标准普尔 500 指数市盈率和通胀率之间的关系，其中我们用 CPI 来表示通胀率。从图上来看，这两个变量是负相关的。当通货膨胀率升高时，市场的市盈率降低，而通货膨胀降低时，公司的市盈率提高。

市盈率在 1973—1974 年间急剧下降，这是由于该阶段通胀率从 3.4% 上升到 12%，上升到原来的 3 倍。1976 年，通胀率降到了 5% 以下，但到 1979 年又上升到了 13.3%。1982 年的平均通胀率为 3.8%，此时市场的市盈率处于较高的水平。

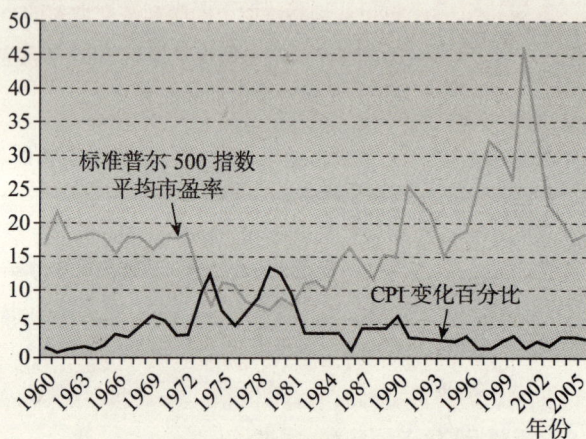

图 7—2　通货膨胀率与市盈率

从 1983 年到 1985 年，消费价格指数徘徊在 3%~4% 之间，但在 1986 年，CPI 降到了 1.1%，市场的市盈率直线上升。在 1987 年，标准普尔 500 指数的市盈率依然保持高位，直到 1987 年股票市场崩盘使价格回到了较低的水平。在之后的几年里，市场的价格表现十分稳定。

1989 年，对通胀的担忧使得标准普尔 500 指数的市盈率下降到了 40 年来的低点（如图 7—2 所示）。1991—1993

年间的高市盈率反应了通货膨胀的降低及公司收益上升的双重预期。当公司的收益在1994—1996年连续三年上升时，标准普尔500指数的市盈率又下降到20。1997年的经济处于低通胀、高增长、低失业率、低政府赤字的理想状态，通胀率保持在1.8%，增长率保持在3.8%，市场的市盈率值超过了21倍，而持续到1999年的牛市使得这个倍数进一步上升到30。

从2000年到2002年，公司收益率的降低使标准普尔500指数的市盈率上升到了47倍，在2003—2006年间，公司的收益不断上升，市盈率又回到了一个合理的水平。到了2006年的感恩节，标准普尔500指数的市盈率达到了19.5。图7—3描绘了标准普尔500指数的每股收益和相应的市盈率之间的关系。当一个经济体面临衰退的时候，大部分公司的盈利水平下降，市场并没有调低对这些股票的估值，因为他们知道收益的降低是暂时的，所以结果是市盈率被推到了高位。这在2002—2003年表现得尤其明显。

总的来说，市盈率集中反应了收益以外的因素对股价的影响。市盈率指标受到预期收益率、经济发展、政府财政和货币政策、主要的经济指标、国际因素、投资者的信心和情绪，以及其他诸多因素的影响。所以虽然市盈率是一个简单的数值，但是它反应了经济中的动态互动过程。

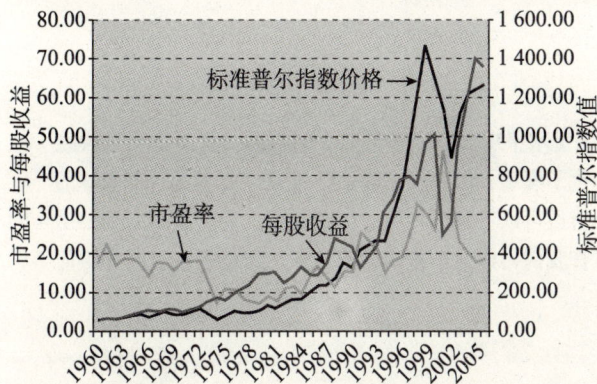

图7—3　标准普尔500指数，每股收益及计算得到的市盈率值

7.5.1　单一股票的市盈率

虽然市场的市盈率水平由个体公司的市盈率构成，但是影响市场市盈率的因素并不一定对个体公司产生影响。个体公司的市盈率水平取决于该公司的增长潜力以及未来运营的不确定性。表7—3列示了不同行业和公司的增长率和市盈率。

总体来说，公司的预期增长率越高，公司的市盈率水平也越高。某些公司，如易趣，在未来的增长预期降低的情况下依然能够保持很高的市盈率是因为他们能够保持有

效的增长。

表7—3　市盈率和每股收益的预期增长率

行业	公司	10年间每股收益的增长率（%）	预期未来五年每股收益的增长率（%）	2006年市盈率
电力行业	佛罗里达电力照明公司	3.5	6	15
银行	花旗	13	8	12
制药行业	强生	15.5	8.5	17
银行	美洲银行	11.5	9	12
电力行业	杜克能源	-6.5	9.5	17
软件	微软	7	14.5	22
零售	百思买	23.5	15.5	20
软件	奥多比	18	16.5	34
有机食品	全食食品	22	17	42
互联网	易趣	97.5	19	42
互联网	谷歌	na	80.5	50

除了公司未来的增长和潜在运营的不确定性，投资者和分析员还会考虑其他一些影响公司市盈率的因素。这些因素很难量化，却会影响很多股票。这些因素包括债务比率、公司的股利政策等。在其他条件不变的情况下，债务比例越低，公司在市场中的估值就越高。

与债务相比，股利政策的影响则更模糊。那些有着很好的投资项目的公司，大多奉行低股利政策。投资者一般都要求成熟的公司支付较高的现金股利。如果低股利预示着公司盈利的降低，那么成熟公司现金股利的降低往往伴随着市盈率的降低。

某些行业在通常情况下比其他行业的市盈率水平要高。投资者似乎倾向于选择那些高科技和高研发的公司。所以，电脑、医药研发、保健品和通信技术等行业通常都有较高的市盈率。但这并不代表这些行业都是好的投资对象，只是说明投资者对他们的收益预期更高罢了。

同时，流行因素也可能造成不同行业受欢迎程度的变化。比如，因为里根在其任期内强调军事力量的重要性，与此相关的股票在这个阶段都有较高的估值水平。卡特任内则很强调环境保护，所以与空气、水污染处理相关的股票市盈率都相对较高。克林顿的管理式医疗提案使制药公司的市盈率大幅降低，直到议会将该方案否决，这些公司

的市盈率才回到原来的水平。烟草业和军事相关行业的股票在布什任内表现良好。

管理水平的高低也会影响公司的市盈率水平。如果市场认为管理层是有能力、聪明，并兼具创新性的，那么公司的市盈率就会比较高。投资者可以参考福布斯或者商业周刊上的报道，它们披露的公司经营战略，可以从侧面反应管理层的能力。

公司市盈率水平不仅与管理水平相关，与收益的质量也有很重要的关系。公司一美元的收益可以有不同的解读。有些公司采取保守的会计政策，所以他们报告的收益在投资者看来是很实在的，甚至可能被认为是低估的。而其他的一些公司采取的是激进的会计政策，所以在投资者看来他们很可能高估了公司的收益。可以理解，被认为是低估

的每股收益，投资者会给其 20~25 倍的市盈率，而被认为是高估的每股收益，相应的市盈率会较低。

所有这些因素都会对公司的市盈率产生影响。所以投资者会考察收入和收益的增长率、未来的风险水平、债务比率、股利政策、管理水平和收益质量，以及其他影响市盈率的因素。市盈率，正如股票的价格一样，是由供求关系决定的。如果市场认为这些公司在同等风险的条件下能提供比整体经济更高的回报率，那么市盈率都会相对较高。

7.5.2　纯粹的短期收益模型

投机者通常从短期角度来看市场，而不关心股利和收益的长期变化，也不关心基于现值的分析方法。他们只使用每股收益，并选择合适的乘数因子来估计股票的价格。

实例应用

表 7—4 列示了强生公司在 10 年内市盈率的变化，其中较高的平均市盈率值为 27，较低的平均市盈率值为 19.48，总体的平均水平为 23.24。由表 7—2 我们已经估计出强生公司 2007 年的每股收益为 4.1，所以我们能够确定强生公司 2007 年在市盈率处于较高、较低及平均水平这三种情况下的价格水平。

$$价格 = EPS_{2007} \times P/E_{10\,年高、中、低}$$
较高价格 = $4.10 \times 27.00 = 110.70$ 美元
平均价格 = $4.10 \times 23.24 = 95.28$ 美元
较低价格 = $4.10 \times 19.48 = 79.87$ 美元

已知强生公司当前的股价为 66 美元，我们可以基于历史水平做出股票被低估了的判断。所有的估值模型都有其局限性。虽然这种方法忽略股利和现值的计算，简化了模型，但必须精确估计收益，要尽量选择合理的市盈率值。因为市盈率是公司预期增长率的函数，所以分析员可以考察公司历史的增长率，并将其与未来的增长率进行比较，从而对公司的市盈率进行调整。但是，尽管我们可以对市盈率做出预测，市场的市盈率却可能和你的结论相左。

7.5.3　单一股票的市盈率与市场总体市盈率

强生公司是保健品和制药行业中的领导厂商。每个人可能都用过他们的产品。比如创可贴、婴儿油、泰勒诺等，但你可能未必熟悉表格 7—4 中的财务数据。该表格对强生公司的历史情况作了一个总结，提供了预计的每股销售额、每股股利、每股收益、每股现金流量以及每股净值的数据，也列示了强生公司较高、较低的股价和市盈率，以及同期标准普尔 500 指数及其市盈率水平。

在最后的三列中，将强生公司较高和较低市盈率分别与标准普尔 500 指数的较高和较低市盈率相比，我们可以计算相对的市盈率指标：

$$相对市盈率 = \frac{公司的市盈率}{标准普尔\,500\,指数市盈率}$$

相对市盈率指标，将公司的市盈率与市场的市盈率进行了比较，并告诉我们公司的股票在历史的交易中与市场的市盈率相比，是被低估了还是高估了。

表 7—4   强生公司相对市盈率模型和历史

现价 =64 美元			2006.11.20			股价（美元）		强生市盈率		S&P 500 市盈率		相对市盈率	
年份	每股销售额	每股股利	每股收益	每股现金流量	每股净值	高	低	高	低	高	低	高	低
1997	8.41	0.43	1.21	1.62	4.59	33.70	24.30	27.85	20.08	24.80	18.20	1.12	1.10
1998	8.80	0.49	1.34	1.83	5.06	44.90	31.70	33.51	23.66	32.90	23.50	1.02	1.01
1999	9.88	0.55	1.49	2.03	5.83	53.40	38.50	35.84	25.84	34.30	25.90	1.04	1.00
2000	10.47	0.62	1.70	2.27	6.76	53.00	33.10	31.18	19.47	29.98	25.29	1.04	0.77
2001	10.83	0.70	1.91	2.46	7.95	61.00	40.30	31.94	21.10	47.39	24.59	0.67	0.86
2002	12.23	0.80	2.23	2.85	7.65	65.90	41.40	29.55	18.57	47.47	26.55	(0.62)	0.70
2003	14.10	0.92	2.70	3.36	9.05	59.10	48.10	21.89	17.81	30.73	20.90	0.71	0.85
2004	15.94	1.10	3.10	3.84	10.71	64.30	49.10	20.74	15.84	22.27	18.41	0.93	0.86
2005	16.98	1.28	3.50	4.25	12.73	70.00	59.80	20.00	17.09	19.57	17.85	1.02	0.96
2006	18.30	1.46	3.70	4.50	14.50	64.80	56.70	17.51	15.32	17.82	17.05	0.98	0.90
平均	**12.59**	**0.84**	**2.29**	**2.90**	**8.48**	**57.01**	**42.30**	**27.00**	**19.48**	**36.14**	**24.01**	**0.92**	**0.90**
2007（预估）	20.04	1.67	4.23	5.07	16.44		49.66	1997—2006 年 10 年间平均股价					

比如在第一行中，1997 年强生公司的市盈率水平达到了 27.85，而标准普尔 500 指数的市盈率达到了 24.8。我们用强生公司较高的市盈率去除以标准普尔 500 指数较高的市盈率，相对市盈率值为 1.12，说明强生公司是以高于市场 12% 的溢价在市场上交易的。在我们列示的 10 年中，2002 年强生公司较高的市盈率是标准普尔 500 指数的 62%，这是因为标准普尔 500 此时的市盈率由于上市公司增长率降低而提高了。强生这类的公司，收益比较稳定，

当市场情况异常时，该模型低估了他们的价值。在这个例子中，如果我们用过去四年的数据，或者是剔除异常的 2001 和 2002 年，公司相对低的市盈率则比较稳定，标准普尔 500 指数相对低的市盈率也是比较稳定的。不过当我们分别比较强生公司和标准普尔 500 指数的相对市盈率时会发现，较高和较低的水平的相对市盈率值相差甚小。表 7—5 展示了用相对市盈率法估值的完整步骤，这个模型的结论和之前的相同，都认为强生公司的股票被低估了。

表 7—5   相对市盈率估值法下强生公司的价值评估过程

	（1）相对市盈率	（2）标准普尔当前的市盈率	（3）（1）×（2）强生公司计算得到的市盈率	（4）强生公司预计的每股收益（美元）	（5）（3）×（4）相对市盈率法下强生公司的股票价格（美元）
高市盈率的平均值	0.92	20.16	18.55	4.10	76.06
低市盈率的平均值	0.90	20.16	18.14	4.10	74.37
市盈率平均值	0.91	20.16	18.35	4.10	75.24

7.6　其他应用平均价格比率的模型

实例应用　　表 7—4 给出了预计的每股销售收入、每股股利、每股现金流量以及每股净值。根据表 7—4 中的数据，我们可以运用 49.66 美元的平均价格来确定他们在历史上呈现出来的关系。这些模型仅仅是将现在的价格与历史的价格做了一个比较，分析人员需要确定的是这些结果是不是能对未来做出合理的预估。

在表格 7—4 的基础上，我们构建了四个模型，分别列示在表 7—6 中。在每种情况下我们都计算了价格比率的历史值，将结果乘以 2007 年的预测值得到最后的价格估计值。比如，每股销售收入和价格的比率的历史值为 3.943，如果我们将该值乘以 2007 年估计的每股销售收入 20.04 美元，那么股票的估计价格为 79.02。同理可以得到其他三种情况的股票价格估计值。

表 7—6　　　　　　　　　**基于 1997—2006 年的每股销售收入、股利、现金流和账面价值**

		历史比率	2007 年预测 （美元）	估计的目标价格 （美元）
价格—每股销售收入估计方法				
平均价格 / 平均每股销售收入	$\dfrac{49.66}{12.59}$	3.943	20.04	79.02
价格—每股股利估计方法				
平均价格 / 每股股利	$\dfrac{49.66}{0.84}$	59.467	1.67	99.51
价格—每股现金流估计方法				
平均价格 / 每股现金流	$\dfrac{49.66}{2.90}$	17.117	5.07	86.74
价格—每股账面价值估计方法				
平均价格 / 每股账面价值	$\dfrac{49.66}{8.48}$	5.853	16.44	96.21

分析员需要将这些模型的结果作为参考。在强生的案例中，所有模型都得出了公司股票价值被低估的结论，虽然低估的程度各不相同，有的认为低估了 30 美元，有的认为低估了 13 美元。此时分析员需要根据自身的经验、预期和知识来作最后的判断。这些模型不能提供最终的估值，只能作为最后判断的参考。

如果你使用 2003—2006 年的四年平均数作为估值的基础，那么估值结果会落在 72.4~82.5 美元这个区间内。采用四年的平均数，相比与十年的平均数，能够消除网络泡沫所导致的虚高市盈率的影响。虽然采用四年平均的模型得到的估值结果要低一些，但基本的结论是一样的：强生公司的股票被低估了。

投资的真实世界

公司估值不采用收益值，而采用息税折旧摊销前利润和自由现金流

在 20 世纪 90 年代末、21 世纪初的新经济高技术时代，很多有名的公司并没有持续的盈利，有一些甚至连盈利都没有。这些公司包括易趣、甲骨文等，可以说几乎所有的高科技创业公司都是这样的。

对于一个每股盈利为负值的公司，市盈率的概念在估值中就显的不那么合适了。比如，一个公司今年每股收益为 –0.75，同时市盈率为 20，那么他的价值按照原来的方法计算就是每股 –15 美元。这显然是不合常理的。出于这样的原因，分析员开始关注收益以外的变量。有人用股价除以收入，也有人用股价除以点击率，还有人用股价除以网上的实际销售量等。所有这些的共同点，都是用每股作为度量标准的。尽管这些指标都很常用，但分析员还是不断寻找其他更能说明问题的指标。

息税折旧摊销前利润（EBITDA）就是其中之一。该指标表示公司在扣除折旧、摊销利息和税金之前的利润。那些净利润为负的公司，EBITDA 很可能是正值。我们举个例子来说明这个指标的计算过程。某公司的净利润为 –500 万美元，发行在外的股票数为 100 万股。

净收益（美元）	–5 000 000
+ 摊销	1 000 000
+ 折旧	6 000 000
+ 税金	0
+ 利息	2 000 000
扣除利息、税项、折旧及摊销前盈利（EBITDA）（美元）	4 000 000
/ 发行的总股数	1 000 000
每股 EBITDA（美元）	4

第二行的摊销一般指的是无形资产，比如商誉的逐年摊销量。而折旧主要指固定资产，如设备和厂房的逐年折旧量。其他项的含义都显而易见。每股的 EBITDA 与每股的现金流量在概念上很相近。但除了将折旧和摊销加回净利润，这个指标还包括了税金和利息支出。换言之，该指标使分析员的注意力放在公司经营活动获得了经营利润的能力上，并排除了税金和利息的影响。虽然税金和利息都是很重要的因素，但此时分析员关注的是公司每日的经营状况，所以将他们都排除在外了。

一旦我们确定了某个公司的 EBITDA 值，分析员就会寻找同行业的可比公司来确定一个比较好的倍数。由于该数据不能直接从披露的信息中得到，我们必须要分别计算每个公司的具体值。我们假设这个行业平均的价格/EBITDA 为 12，那么如果一个公司的 EBITDA 值为 4 美元，那么它每股的价格就应该为 48 美元。如果公司的前景十分好，那么相应的乘数要高一些，反之亦然。分析人员可能也会采用与每股自由现金流（free cash flow）不同的方法，即将折旧和摊销加回公司的净利润，同时减去必须的资本支出和股利支付。之后我们再计算出一个相对应的乘数，应用和市盈率计算类似的方法，就能够得到相应的股票的价格。

7.7　预测每股收益

除了选择合适的市盈率指标之外，市盈率方法很重要的一个方面是预测公司每股收益的合理增长率。投资者能够通过多种方法来预测每股收益。他们可以依赖于专业的房地产中介、投资咨询公司，比如标准普尔或是一些财经杂志，如福布斯、商业周刊等机构提供的信息，也可以自己进行分析。

7.7.1　最小二乘趋势线

最常用的预测未来每股收益的方法是通过**最小二乘趋势分析**（least squares trend analysis）来预测未来的每股收益值。该方法是用统计的方法拟合出和历史数据最接近的直线。按照定义，这个趋势线使得每个观察点到这条线的距离之和最短。图 7—4 描绘了 XYZ 公司多年的每股收益值。

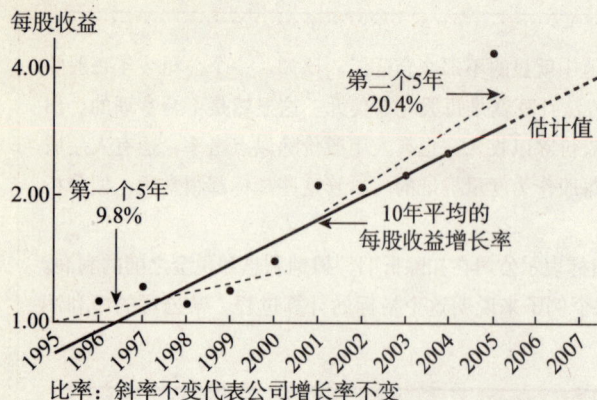

图 7—4　XYZ 公司每股收益的最小二乘趋势线

该公司的收益水平从历史来看相当稳定，所以我们得到了一条回归效果很好的趋势线。这 10 年中公司的复增长率达到了 16.5%，前 5 年为 9.8%，后 5 年为 20.4%，这在图 7—4 中分别体现为两段 5 年的趋势线。有很多的统计软件有回归的功能，甚至有一些计算器都能够计算收益的复增长率。

在我们的预测中，主观因素不可避免地通过数据的选择影响了最后的预测结果。如果有两个公司，一个公司的增长是持续性的，另一个公司的增长是周期性的，预测周期性的公司的变量时会更为困难一些。周期性公司对经济的波动要更加敏感，耐用品的行业就是一个典型的例子，因为消费者会因为经济周期而首先推迟这些产品的消费。这里需要区别周期性和季节性，这两者不是一个概念。季节性公司的收入变化是因为对他们的产品需求是季节性的，比如用于冬天取暖的石油消耗，用于夏天制冷的空调用电。周期性公司是指对他们的产品需求和经济周期紧密相关，并且波动的跨度也要超过 3 个月的时间。

持续增长公司的市盈率一般要比周期性公司的市盈率高，因为投资者对未来收益的确定性更高。我们来比较图 7—5 的两个增长趋势。对于周期性公司，注意不要从波峰或波谷处开始预测，因为这可能导致预测产生偏差。对周期性公司进行预测的时候，要多看几个经济周期，其中必须覆盖多个波峰和波谷。在实务中，一般对周期性公司要考虑 10~15 年的数据，而稳定增长的公司一般取 5 年的数据就够了。

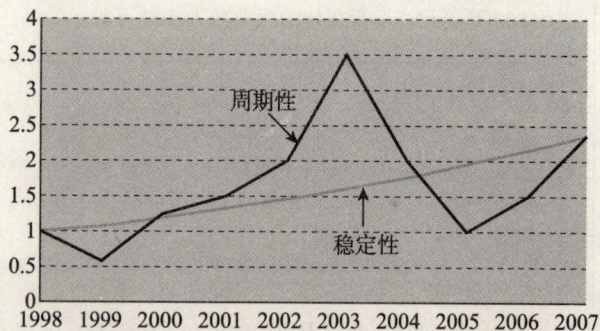

图 7—5　周期性和稳定性增长公司的趋势线

7.7.2　损益表方法

使用损益表方法预测每股收益的时候，首先要进行销售收入的预测，之后按照其他预测项与销售收入的关系来估计标准的资产负债表。所以销售收入的预测必须要准确，否则将会大大影响每股收益的预测。这种方法能够全面展示形成预期收益的各方面的关系。

使用这种预测方法，还必须考虑其他一些重要因素。必须考察公司的盈利性以及公司税前利润和税后利润的波动情况，还必须考虑利息支出、新增债务及股权融资的中长期影响。

Excel 实例　有些分析员用简化的模型来预测每股收益。他们将销售收入预测与税后利润率结合起来。比如，我们假设哈群斯公司（Hutchins Corporation）的收入和利润率的历史情况如表 7—7 所示。销售收入每年的增长率为 10%，公司的利润率在 6.7%~9.1% 之间波动，均值为 8.2%，发行在外的普通股的数量是每年递增 140 万股。注意到利润率的周期性时，我们采用平均值 8.2% 作为 2008 年的估计值。我们认为 2009 年公司整体情况不错，估计值定为 9%。

表 7—7　简化的损益表方法——哈群斯公司

年份	销售收入（美元）	净利润率（%）	净收益（美元）	发行在外股数	每股收益（美元）
2002	1 250 000	7.90	98 750	30 000	3.29
2003	1 375 000	9.10	125 125	31 500	3.97
2004	1 512 500	8.50	128 562	33 200	3.87
2005	1 663 750	6.70	111 471	35 000	3.18

续前表

年份	销售收入（美元）	净利润率（%）	净收益（美元）	发行在外股数	每股收益（美元）
2006	1 830 125	8.30	151 900	35 200	4.31
2007	2 013 137	8.50	171 117	37 000	4.62
2008（估值）	2 214 452	8.20	181 585	38 400	4.73
2009（估值）	2 435 896	9.00	219 230	39 800	5.50

我们将公司的利润率乘以预计的销售收入，得到预计的利润值，再将这个值除以公司当年发行在外的普通股股数，得到预期的每股收益。我们再将这个值带入估值模型中，即可得到公司的价值。

7.8 增长型股票和增长型公司

在评估一项投资时，分析员、股东以及投资者经常提到增长型公司与增长型股票这样的概念。为提升估值技能，最好弄清楚这两个概念的异同。

增长型股票（growth stock）是指实际增长率高于经济或市场的增长率的股票。这些公司的增长率通常都是可以预期的。很多这种公司，比如迪士尼、可口可乐、麦当劳，处于企业扩张的中后期，市场对他们的估值也较为准确。

增长型公司（growth company）是指每年的资产回报率和销售增长率不断上升的公司。增长型的公司一般都处于企业生命周期的第一和第二阶段。增长型的公司可能并不如增长型的股票那样容易识别。一般属于网络、有线电视、生物科技、医药、电子等行业的公司都被认为是增长型公司，这些公司的增长速度很快。如果对增长趋势判断错误的话，那将很可能做出错误的决策。增长型公司有很

多的共同点。通常他们拥有受专利保护的产品或是技术，如施乐原来的流程。这种市场保护使得公司能保持较高的投资回报率，由此获得资金以支持新产品的开发。

还有其他衡量增长潜力的指标。公司在保证合理利润率的前提下，销售增长率应高于经济的增长率。销售增长率的增加应相应增加公司的利润。此外，在没有股权摊薄的前提下，收益的增加应体现在每股收益的增加上。公司人工成本占总成本的比例应该相对较小，因为工资在下降时有刚性，而上升时很难控制。

在寻找有增长潜力的公司时，可能出现的最大失误是：公司的价格已经过高了。当你发现这个公司的时候，大家都已经发现了。如果公司某一个季度的表现低于预期，公司的股票价格有可能出现波动。成功的关键是要在市场发现之前识别这些公司，当然这需要承担更多的风险。

如果想要了解更详细的关于增长潜力的内容，请参阅本章附录 7A。

投资的真实世界

EVA：经济增加值——为何如此重要？

经济增加值这个概念，历史不长，但在可口可乐、AT&T、礼来、美林证券和孟山都农业生物技术公司（Monsanto）都得到了广泛的应用。这些公司并不关注每股收益，而是关注经济增加值。经济增加值的概念要求只有税后净经营利润高于资本成本时，项目才值得投资。如果遵循这个规则，公司的经济价值就会增加。初看之下，这与公司财务中学到的投资原则没有什么区别，似乎只是改头换面，作为一个新的名词出现而已，但事实并非如此。经济增加值的创立者斯图尔特·斯特恩公司（Stern Stewart & Co.）认为这个概念的意义在于，该方法能应用于公司的每个具体的决策。无论是海外投资，或是库房增加三个储藏室，大大小小的决策都可以使用该法则。在做出决策时，我们都会问相同的问题，公司的收益是不是满足股东的预期回报率？哪怕是在公司的最底层，也要回答这个问题。经济增加值的追随者认为财务总监们是基于净现值来评估投资项目的，并根据收益增长目标对决策做出调整。业务单元对项目的评价采用的是资产回报率或上级公司设定指标。运营经理的年终分红与行业的供求关

系紧密相连，引入新产品的决策是在计算了该产品的毛利之后做出的，而其他的决策可能采用每股收益作为衡量的指标。各个部分的估值没有统一的标准，很可能损害股东价值。

在经济增加值的框架下，公司被认为总是为股东利益服务的。公司如果使用经济增加值的方法，不会接受回报率低于股东要求回报率的项目。经济增加值从某个程度上也可以导出市场增加值的结论。公司的市场增加值也是一个热议的话题，市场增加值被定义为公司的市场价值减去公司的总资本（包括之后的留存收益）。市场增加值要求公司的管理层对出资人负责，衡量他们是不是为股东创造了预期的价值。

市场增加值与经济增加值有关，按照斯图尔特·斯特恩公司的说法，持续增加的经济增加值会促进市场增加值的增长。更进一步，市场增加值即经济增加值的现值。从斯图尔特·斯特恩公司可以得到1 000家最大的公司的经济增加值和市场增加值的数据。《财富》杂志每年也会刊登由斯图尔特·斯特恩公司提供的前200家最好的公司（虽然并非所有这些公司都使用市场增加值或是经济增加值的方法）。对这种方法持怀疑态度的人认为这种方法还没有得到广泛的应用，以至于它对估值的影响不大。他们认为每股收益法依然是华尔街上的主流估值方法。看来只有实践能证明这个新方法的有效性。目前，大概有300~350家公司将经济增加值法应用于他们的战略管理活动。

7.9 从资产价值角度评估股票价值

到目前为止，我们的估值主要都是通过收益或股利来完成的。然而有很多行业，价值主要是由资产决定的。资产的形式不一而足，可能是现金、可交易证券、厂房、土地，也可以是石油、木材等自然资源。有一些公司由于现金过多而成为了潜在的被收购对象，因为这些公司在被收购之后，可以用现金来支付收购过程中欠下的债务。

在过去的20年中，自然资源对公司价值的影响很大。下面我们将就这个问题进行简要的讨论。

7.9.1 自然资源

一个公司如果仅持有一些自然资源，如橡胶、铜矿、黄金和石油等，虽然这些资产不参与运营，但也是公司价值的很重要的组成部分。因为随着这些资源逐步被消耗，公司能够获得大量的现金流入。像国际造纸（International Paper）和惠好（Weyerhaeuser）等拥有原材料的公司，市场价值远远高出了账面价值，在某些情况下，甚至都超出了他们普通股的价格。

拥有大量油田的石油公司可能要等20年之后才开采其名下的油田，虽然那里已经蕴藏了巨大的价值。对于那些天然气管道公司，由于增加了天然气储备，市场对他们的估值也开始改变了。原来这个行业被认为与公共事业部门类似，但由于增加的油气储备，公司的价值大大增加了。

账外资产（hidden assets）指的是未体现在企业的资产负债表中，但对公司具有巨大价值的资产。

投资者可能会忽视潜在资产的价值，这可能是因为对一个行业或公司不够了解，也可能是因为误读了公司的历史信息。另外，这些资产很可能没有在公司的报表中体现出来，比如一些资产已经折旧完毕，但实际还拥有很大的市场价值。

本章小结

本章介绍了几种基于股利和每股收益的普通股估值方法。每股收益和每股股利估计的准确度直接影响了估值的准确度。

公司的估值有多种方法，分析员可以采用多种方法之后得出一个综合的结论。股利估值模型对未来的股利进行估计，并将其折现。股利固定增长模型假设股利的增长率是固定增长的。

收益估值模型主要估计市盈率和每股收益。市盈率指标受到增长率、风险、资本结构、股利政策和市场景气程度等因素的影响。要综合考虑这些因素，才能得出一个比较合理的市盈率水平。市盈率是收益率和价格的函数。这两个因素构造出了一个面向未来的比率。高市盈率代表对未来的良好预期，而低市盈率则表示预期较低。

为了选择一个合理的市盈率水平，分析员必须对未来预期的每股收益有一个基本的认识。分析员可以从一些投资咨询机构获得收益预测的信息，也可以从房地产中介公司得到这些数据，或是通过自己对数据进行回归而得出结论，又或是通过损益表法进行预测。然后，我们对增长型的股票和公司做了一些讨论，介绍了在寻找一个增长型公司或股票时应该注意的问题。之前所介绍的估值的方法都可以应用在增长型股票上，尤其注意这些股票的增长率和增长持续性。

同时，我们也介绍了那些拥有大量自然资源的公司的估值，他们价值的主要决定因素是资产，而非股利或收益。

关键词汇及概念

贝塔　Beta

股利估值模型　dividend valuation models

收益估值模型　earnings valuation model

息税折旧摊销前利润　EBITDA

股票风险溢价　equity risk premium (ERP)

自由现金流　free cash flow

增长型公司　growth company

增长型股票　growth stock

账外资产　hidden assets

最小二乘趋势分析　least squares trend analysis

市盈率　price-earnings ratio

预期回报率　required rate of return

留存比率　retention ratio

无风险利率　risk-free rate

可持续增长模型　sustainable growth model

估值　valuation

讨论题

1. 为了确定股东预期回报率 K_e，必须在无风险利率的基础上加上什么因素？

2. Beta 的含义是什么？

3. 股票风险溢价的含义是什么？

4. 在股利估值模型中如何计算公司价值？

5. 公式 7—5 必须符合哪两个条件？

6. 如何分析非持续增长型的公司？

7. 在考虑整个市场的市盈率水平时，市盈率和通胀率之间有什么关系？

8. 除了通货膨胀率及增长率，还有什么因素对市场整体的市盈率有影响？

9. 对于周期性公司，为什么当前的市盈率可能是错误的？

10. 对于个体公司的市盈率而言，哪两个因素对其影响最大？并列举出其他的影响因素。

11. 哪个行业最可能有较高的市盈率？

12. 最小二乘趋势线的基本特征是什么？

13. 简化的损益表中加入了哪两个因素？

14. 增长型公司和增长型股票有什么区别？

15. 在哪些行业中，可能存在增长型的公司？

16. 应该如何对拥有自然资源的公司估价？

17. 举一个例子说明哪些很有价值的资产没有体现在资产负债表上。

练习题与解答

1.

a. 假设 D_1 为 2.5 美元，K_e 为 11%，g 为 5%。使用公式 7—5 计算 P_0。

b. 如果 D_1 和 K_e 保持不变，g 变为 7%，那么新的股价为多少？

2. 鲍斯韦尔公司预计公司的股利非平稳增长。第一年末的股利为每股 1.8 美元，预计未来的两年以 12% 的速率增长。第三年之后，股利的增长率保持为 7%。所有的股利都按照 10% 的折现率折回当期。

a. 预计第一年到第三年的股利值（第一年已经给出）。在本题的计算中，结果均保留两位小数。

b. 计算 a 部分的股利现值。

c. 预计第四年的股利。

d. 使用公式 7—5 计算所有未来股利的现值。由于从第四年开始，计算所得的现值是第三年末的，可将公式 7—5 变形为 $P_3 = D_4/(K_e - g)$。

e. 将 d 部分的计算结果以 10% 的折现率折回当期。

f. 将 d 部分和 e 部分的结果加总，以确定股票的价格。

解答：

1. a. $P_0 = D_1/(K_e - g) = 2.5/(0.11 - 0.05) = 41.67$（美元）

b. $P_0 = 2.5/(0.11 - 0.07) = 62.50$（美元）

2. a.

年份	股利（增长率 12%）
1	1.8
2	2.02
3	2.26

b.

年份	股利	现值因子（10%）	股利现值
1	1.8	0.909	1.64
2	2.02	0.826	1.67
3	2.26	0.751	1.70

合计　5.01（美元）

c. $D_4 = D_3/(1 + g) = 2.26(1.07) = 2.42$（美元）

d. $P_3 = D_4/(K_e - g) = 2.42/(0.1 - 0.07) = 80.67$（美元）

e. 80.67 美元的现值为 80.67 × 0.751 = 60.58（美元）

f. b 部分现值（前三年）　　　5.01

　e 部分现值（之后）　　　60.58

　　　　合计　　　65.59（美元）

思考题

1. 使用公式 7—1，计算无风险利率 R_F，真实的回报率是 3%，预期的通胀率为 5%。

2. 如果 R_F 为 6%，β 为 1.3，ERP 为 6.5%，计算 K_e。

3. 如果在问题 2 中的 β 为 1.9，其他的值保持不变，那么 K_e 的值为多少？一个较大的贝塔和要求的回报率之间是什么关系？

4. 将问题 2 中的 ERP 改为 9%，那么 K_e 的值为多少？这个新的 ERP 值体现了投资者对风险的什么态度？

5. 假设 D_1 =1.6 美元，K_e =13%，g=8%，使用公式 7—5，计算 P_0。

6. 使用问题 5 的数据。

a. 如果 D_1 和 K_e 保持不变，而 g 上升到 9%，公司的新股价为多少？简要解释变化的原因。

b. 如果 D_1 和 g 都不变，而 K_e 上升到 15%，那么公司的新股价为多少？简要解释变化的原因。

7. 使用问题 5 的数据，用以下步骤计算 P_0。

a. 预计第一年到第三年的股利值（第一年已经给出）。在本题的计算中，结果均保留两位小数。

b. 使用 13% 的折现率计算 a 部分的股利现值。

c. 预计第四年的股利。

d. 使用公式 7—5 计算所有未来股利的现值。由于从第四年开始，计算所得的现值是第三年末的。可将公式 7—5 变形为 $P_3 = D_4/(K_e - g)$。

e. 将 d 部分的计算结果以 13% 的折现率折回当期。

f. 注意到在 b 部分确定了公司前三年的股利现值，而 e 部分确定了公司后续年限的股利现值，将他们加总得到公司当期的股票价格。

g. 将 f 部分的结果和问题 5 的结果进行比较，可能由于四舍五入的原因有 5%~10% 的差距。简要说明问题 5 的步骤和问题 7 的步骤之间的关系。

8. 如果 D_1 为 3 美元，K_e 为 10%，g 为 8%。可以使用公式 7—5 计算 P_0 吗？简要解释原因。

9. 假设 D_1 为 3 美元，K_e 为 10%，g 为 12%。可以使用公式 7—5 计算 P_0 吗？简要解释原因。

10. 利兰德制造公司预计公司的股利非平稳增长。第一年末的股利为每股 4 美元，预计未来三年以 20% 的速率增长。第四年之后，股利的增长率保持为 5%。所有的股利都按照 13% 的折现率折回当期。

a. 预计第一年到第四年的股利值（第一年已经给出）。在本题的计算中，结果均保留两位小数。

b. 计算 a 部分的股利现值。

c. 预计第五年的股利。

d. 使用公式 7—5 计算所有未来股利的现值。由于从第五年开始，计算所得的现值是第四年末的。可将公式 7—5 变形为 $P_4 = D_5/(K_e - g)$。

e. 将 d 部分的计算结果以 13% 的折现率折回当期。

f. 将 d 部分和 e 部分的结果加总，以确定股票的价格。

11. 法兰德斯公司预计公司的股利非平稳增长。第一年末的股利为每股 2 美元，预计未来的四年以 16% 的速率增长。第五年之后，股利的增长率保持为 6%。所有的股利都按照 10% 的折现率折回当期。

a. 预计第一年到第五年的股利值（第一年已经给出）。在本题的计算中，结果均保留两位小数。

b. 计算 a 部分的股利现值。

c. 预计第六年的股利。

d. 使用公式 7—5 计算所有未来股利的现值。由于从第六年开始，计算所得的现值是第五年末的。可将公式 7—5 变形为 $P_5 = D_6/(K_e - g)$。

e. 将 d 部分的计算结果以 10% 的折现率折回当期。

f. 将 d 部分和 e 部分的结果加总，以确定股票的价格。

g. 解释 f 部分中的两个因素是如何影响股价的。

12. 用新的假设条件重新计算问题 11：第一年末的股利为每股 1.6 美元，预计未来四年以 18% 的速率增长。第五年之后，股利的增长率保持为 6%。所有的股利都按照 12% 的折现率折回当期。在本题的计算中，结果均保留两位小数。

13. 乔琼斯投资银行家使用综合的收益和股利来计算艾伦公司的股票价格。他们所采用的方法和表 7—2 类似。预计未来五年的每股收益如下：

a. 如果公司的股息支付率为 40%，而折现率为 11%，确定公司股利的现值。在本题的计算中，结果均保留两位小数。

b. 如果预计公司股票在 2012 年的市盈率为 15，计算公司那时的股票价格。并用 11% 的折现率将其折现回当期。

c. 将 a 部分和 b 部分相加得到该模型下股票的价格。

14. 西南投资银行家菲利普先生在评估麦迪逊电子公司的市盈率值。公司当前的市盈率为 17，每股收益为 2 美元，股价为每股 34 美元。

该行业的平均市盈率为 16，而麦迪逊电子公司预期的增长率为 18%，高出行业的平均水平 12%，所以菲利普先生认为该公司的市盈率应该比行业均值高出 2 倍。同时，该公司的运营风险比其他业内的公司低，因为它与美国航空公司签订了长期的合作协议。为此，菲利普先生再次将公司的市盈率提高 1.5 倍。

公司的负债率则不令人满意。公司的负债率达到 50%，而行业水平只有 40%。为此，菲利普先生将公司的市盈率降低了 0.5。其他的因素，如股息支付率等，和行业保持一致，所以菲利普先生没有对市盈率做进一步的调整。

公司去年在研发上的投资仅占销售收入的 3%，对此菲利普先生不太满意，因为行业的平均水平是 7%。因此，他将公司的市盈率降低了 1.5 倍。

尽管投入研发的经费较少，桑德斯先生发现公司刚刚雇佣了两名原来在竞争对手供职的高管。他决定因此增加 1 倍公司的市盈率。

a. 确定两位分析员最后的市盈率取值

b. 将两种市盈率分别乘以每股收益，并说明企业当前的价格是低估了还是高估了？

15. 参考表 7—4，假设因为对强生公司长期前景十分看好，分析员认为公司 2007 年的市盈率应比前 10 年高出 10%（结果保留两位小数）。那么如果公司 2007 年的每股收益为 4.23 美元，那么公司的价格应为多少？

16. 参考问题 15，假设新的情况出现使分析员认为 2007 年的市盈率应该比过去 10 年低 20%，并且公司的每股收益降低到 3.25 美元，公司的股价应为多少？

17. 证券分析员使用简化的损益表预测法对健康科学公司进行估价。假设公司 2007 年的销售收入是 3 000 万美元，并且预计 2008 年和 2009 年的增长率均为 11%。税后利润率在 2008 年为 6.1%，2009 年为 5.9%。2008 年公司发行在外的股票数为 700 000 股，2009 年为 710 000 股。预测 2008 和 2009 年的每股收益。结果保留两位小数。

18. 健康科学公司所处行业的平均市盈率为 24，如果 2008 年公司的市盈率比行业平均高出 20%，2009 年高出 25%，那么：

a. 确定公司 2008 年和 2009 年的市盈率值。

b. 将这个结果和问题 17 中计算得到的每股收益结合起来，确定公司在 2008 年和 2009 年的股价。结果保留两位小数。

19. 结合问题 17 和 18，如果公司的市盈率范围为 27~33，确定公司的股价范围。

投资顾问难题

西蒙斯在分析股票的时候主要使用市盈率指标。他注意到诺顿软件公司（Norton Software, Inc.）在过去 5 年中市盈率都是 29 倍。公司股票的市盈率大概都比标准普尔 500 指数高出 10%。诺顿公司的业务是提供防火墙软件，财富 500 强的公司都是它的客户。公司过去 5 年的股票价格、市盈率及每股收益的数值如下：

诺顿软件

年份	股价（美元）	市盈率	每股收益（美元）
2003	42	20.3	2.07
2004	51	22.2	2.30
2005	63	24.8	2.54
2006	79	28.1	2.81
2007	75	49.7	1.51

CFA 材料

以下材料节选自 CFA 一级考试题及解答。虽然方法上与本章略有不同，但依然能够感受到 CFA 考试所需要的技巧。

CFA 考试题

1. 阿伯特公司经营的业务相对比较成熟，一般认为其在未来将会维持稳定的股利支付率和收益增长率。在即将结束的财政年度中，公司的每股收益为 4.5 美元，而股利支付率近几年一直保持在 55%，阿伯特公司的权益回报率未来将保持在 10% 的水平上，而股东要求的必要回报率为 11%。

a. 采用固定股利增长模型计算阿伯特公司的股票价格，并写出计算过程。

通过一项激进的收购和营销计划，阿伯特公司的每股收益和权益回报率在未来的两年中将大幅提升。你将意识到股利折现模型即使在持续增长假设不成立时依然适用于普通股的价值估计。

b. 假设阿伯特公司未来两年的股利增长率为 15%，第三年之后进入永续增长阶段，采用股利折现模型计算阿伯特公司普通股股价，并写出计算过程。

解答：

一期固定股利增长模型：

$$Value_0 = \frac{D_1}{k - g}$$

其中：

D_1：下一年度股利

K：预期回报率

g：固定增长率

$$D_1 = (EPS_0)(1 + g)(P/O) = (4.50)(1.045)(0.55)$$
$$= 2.59（美元）$$

K 定为 11%

$$g = (ROE)(1 + P/O) = (0.10)(1 - 0.55) = 0.045$$
$$Value_0 = 2.59/(11 - 0.045) = 39.85（美元）$$

b. 跨期股利折现模型，其中 $g_1 = 0.15$，$g_2 = 0.045$

$$Value_0 = \frac{D_1}{1 + K} + \frac{D_2}{(1 + K)^2} + \frac{D_3/(K - g_2)}{(1 + K)^2}$$

其中：

$$D_1 = (EPS_0)(1 + g_1)(P/O) = (4.50)(1.15)(0.55)$$
$$= 2.85（美元）$$
$$D_2 = D_1(1 + g_1) = (2.85)(1.15) = 3.27（美元）$$

K 定为 11%

$$g_2 = 0.045$$
$$D_3 = D_2(1 + g_2) = 3.27 \times 1.045 = 3.42（美元）$$
$$Value_0 = \frac{2.85}{1.11} + \frac{3.27}{(1.11)^2} + \frac{3.42/(0.11 - 0.045)}{(1.11)^2}$$
$$= 47.92（美元）$$

2. 固定股利增长模型既可以用做对公司估值也可以用于对股票估值：假设当前的股票价格为 20 元，预计股利增长率为 8%，一年后的股利为 0.6 美元。

a. 仅采用和以上的数据，采用固定股利折现模型，预测股票的长期收益率。

b. 简单讨论一下固定股利折现模型运用于投资分析过程中三个主要的缺点。

c. 举出其他三种替代的估值方法。

解答：问题 2（10 分）

a. 股利折现模型为：$P = \dfrac{d}{k - g}$

其中：

P 为股票当前的价格

d 为下一年度的每股股利

k 折现率

g 固定股利增长率

求解 k：$k = \dfrac{d}{P} + g$

k 表示股票长期回报率的估计值

$K = 0.6/20 + 8\% = 11\%$

b. 许多专业的投资者因为股利折现框架内在的复杂性对该模型望而却步。

（1）当公司支付少量甚至不支付股利，并且未来的股利政策很难预测时，该模型就不适用。

（2）该模型假设研究者可以准确预测公司收益（股利）的长期增长率。但事实上这样的预测两年之后的数值可信度就不高了。

（3）对于可变增长模型，前几年增长率的小幅变动对估值结果会产生很大的影响。

（4）每个公司股东要求的必要回报率难以确定，因为影响该回报率的因素本身的预测存在困难，比如通货膨胀率、无风险利率、股票风险溢价以及其他不确定因素。

（5）当 $g > k$ 时，该模型不适用于那些高增长的公司，这使其适用范围大大缩小。

（6）当目标公司收益很低或为负值，又或资产负债表情况很差，预测的股利结果可信度就很低。

（7）公司的收入构成相差巨大，降低了可比性。

c. 三种备选的估值方法可细分为以下五种方法：（1）市盈率法；（2）价格资产比（包括市净率法）；（3）价格销售比法；（4）清算或拆解价值法；（5）价格现金比率法。

附录7A 可持续增长模型

可持续增长模型（sustainable growth model）分析公司在保持上一年的各种财务关系的情况下所能够达到的增长率水平。该模型估计未来每股收益的方法揭示了很多财务数据的内在关系。该方法需要了解一些指标，这里我们仅介绍权益回报率和留存收益率。权益回报率可以写成多种形式。首先，我们定义权益等于资产减负债，等于公司净值，等于账面价值。尽管他们的名称不同，但都是权益。我们使用账面价值来代替权益。所以**权益回报率**（return on equity, ROE）等于：

$$权益回报率 = \frac{净利润}{账面价值} \tag{7A—1}$$

我们同样也可以在分子和分母同除以公司发行在外的股数，得到：

$$权益回报率 = \frac{每股收益（EPS）}{每股账面价值（BVPS）} \tag{7A—2}$$

因为我们使用的是可持续增长模型，我们需要知道公司年初的权益收益率是多少，此时我们会采用账面价值的期初数。这很容易理解，因为本期的收益是在期初权益的基础上产生的。我们假设 2007 年全年的每股账面价值为 1.2 美元，而 2006 年年底的值为 6.44 美元，则：

$$权益回报率 = 1.2/6.44 = 18.63\%$$

我们希望预测每股收益的值，所以我们要从每股的角度来考察公司的增长。我们可以将公式 7A—2 重新写成：

$$每股收益 = 权益回报率 \times 每股账面价值 \tag{7A—3}$$

有了这个公式，我们就能考察在财务关系保持不变的情况下，公司的增长路径。我们假设公司的每股账面价值在 2006 年年底为 6.44 美元，权益回报率为 18.63%。将这些数据代入 7A—3：

$$每股收益 = 权益回报率 \times 每股账面价值$$
$$1.2 = 18.63\% \times 6.44$$

这是公司 2007 年的每股收益值。公司未来的收益增长得益于公司对新设备和厂房的投资，这能为公司下一年产生更多的利润。在这种情况下，公司在 2007 年支付每股 0.38 美元的股利，而留存了 0.82 美元，将这部分留存收益加入到年初的账面价值，我们就得到了公司年末的账面价值为每股 7.26 美元。

如果公司保持 18.63 的权益回报率，在 2008 年每股的收益将达到 1.35 美元。计算如下：

$$2008 年的每股收益 = 权益回报率 \times 每股账面价值 = 18.63\% \times 7.26 = 1.353（美元）$$

这个模型中的每股收益增长率可以将收益的增长部分 0.153 美元除以期初的每股收益，得到 12.7% 的增长率。

公司保持增长的一个条件是，公司必须要保留一定的收益用于再投资。如果公司将收益都以股利的方式发放出去，那么 2008 年的期初账面价值与 2007 年相同，公司不能实现增长。可以看出，公司留存的收益越多，公司增长的幅度就越大。在这个例子中，公司保留了大约 68% 的收益，我们将这个比率称为**留存比率**（retention ratio）。

$$留存比率（B） = （每股收益 - 每股股利）/ 每股收益 = （1.20 - 0.38）/1.20 = 68.33\% \tag{7A—4}$$

分析的结果是每股收益的增长率是权益回报率和留存比率的函数。我们可以按以下方法计算每股收益的增长率：

增长率（g）＝权益回报率 × 留存比率 =ROE×B　　　　　　　　　　（7A—5）

在这个例子中我们得到：

$$g_{eps} = 18.63\% \times 68.33\% = 12.7\%$$

基于公司的股利政策和权益回报率，可持续增长模型预计公司 2009 年的增长率为 12.7%。只要公司保持它的权益回报率和留存比率不变，这个增长就是可持续的。

讨论题

1. 你认为可持续增长模型适用于周期性公司吗？
2. 基于可持续增长模型，如果一个公司增加股息支付率，那么会增加还是减少公司未来每股收益的增长率呢？

问题

博尔腾公司 2008 年的每股收益为 2.6 美元，2007 年末的每股账面净值为 13 美元。

a. 公司 2008 年的权益回报率为多少？

b. 如果公司支付每股 0.78 美元的股利，那么留存比率为多少？公司 2008 年末的每股账面净值应该是多少？（将 2008 年的每股留存收益加入 2008 年初的每股账面净值中）

c. 假设 2009 年公司的权益回报率保持不变，那么 2009 年公司每股收益应为多少？（将权益回报率乘以 2008 年年底的账面净值）

d. 2008 年和 2009 年间的每股收益增长率为多少？

e. 如果公司保持不变的权益回报率及留存比率，公司未来的可持续增长率为多少？

第 **8** 章 财务报表分析

学习目标

1. 理解损益表、资产负债表和现金流量表之间的关系
2. 能够分解和分析六大类的比率指标
3. 能够将指标应用于具体的公司分析中
4. 能够基于比率做出长期趋势的分析
5. 能够指出公司公开出版的财务报告的缺陷

本章要点

1. **主要财务报表** 损益表 资产负债表 现金流量表
2. **证券分析员关注的核心比率** 比率分析 破产研究 分类系统
3. **比率应用**
4. **比较长期趋势**
5. **财务报表的缺陷** 通胀效应 存货估值 非经常性损益 养老金债务 外汇交易 其他扭曲因素

财务报表从数据的角度描绘了公司财务和经营的健康情况。由于每个公司都是不同的，所以分析人员不仅要分析不同的行业特征，还要研究每个公司不同的会计方法和会计政策。财务报表主要包括损益表、资产负债表和现金流量表。公司还会在年报中披露企业未来 5 到 10 年的发展前景。分析员对公司的财务报表附注也要给予足够的关注，它们对正确解读会计信息有很重要的作用。如果需要更详实的资料，可以通过证监会的网站或是公司的网站获得。

基本面的分析依赖于公司内部的一些变量，而财务报表就是衡量公司基本价值和风险的一种重要方法。

分析员在做出投资决策的时候，应该将之前的经济分析、行业分析和本章介绍的财务报表分析的结果结合起来综合判断。第 7 章介绍了预测股利和每股收益的估值方法，将每股收益和市盈率相乘就能得到股票的估计价值。认真的研读公司的财务报表，分析员能够获得估计未来股利和每股收益的必要信息，能够更好的判断收益的质量并确定公司的财务和经营风险。

8.1 主要财务报表

在本章的第一部分中，我们主要考察三个基本的财务报表，损益表、资产负债表和现金流量表，并着重介绍他们之间的关系。在本章的其余部分，我们将详细介绍比率分析的内容，最后我们将讨论这些会计报表有什么内在缺陷，以及如何避免其对决策产生误导。

8.1.1 损益表

损益表（income statement）衡量的是公司在一段时期内的盈利情况。表 8—1 是强生公司 2005 年的损益表，这个公司在之前的章节已经介绍过了。由于强生是集团公司，因此这里是从总公司的角度汇总了各个下属企业的盈利情况而得到的"合并损益表"。需要注意的是，损益表所报告的区间是固定的一个时期，可能是一个月，一个季度，半年或是一年。通过该报表，可以清楚地看到公司的收入和费用支出情况。

表 8—1　　　　　　　　合并的损益表
强生公司及下属企业
（单位：除每股数值外，其余均为百万美元）

	2005 年	2004 年	2003 年
销售收入	50 514	47 348	41 862
销售成本	13 954	13 422	12 176
销售利润	36 560	33 926	29 686
销售管理费用	16 877	15 860	14 131
研发费用	6 312	5 203	4 684
购入的研发支出	362	18	918
利息收入	−487	−195	−177
利息支出（剔除了资本化的部分）	54	187	207
其他（利息）净支出	−214	15	−385
	22 904	21 088	19 378
息税前收益	13 656	12 838	10 308
税收支出	3 245	4 329	3 111
净收益	10 411	8 509	7 197
基本每股净收益	3.5 美元	2.87 美元	2.42 美元
摊薄每股净收益	3.46 美元	2.84 美元	2.40 美元

2005 年，强生公司的收入超过了 500 亿美元。扣除销售成本之后毛利达到 365.6 亿美元，再扣减 229.04 亿美元的费用（包括销售费用、管理费用、购入的研发支出、利息费用和其他费用），得到公司的税前收益为 136.56 亿美元。请注意一项 4.87 亿美元的利息收入，超过了利息支出 5 400 万美元。该利息收入是来自公司持有的可交易金融债券的收益。公司缴纳了 32.45 亿美元的税金，净利润为 104.11 亿美元。

我们将得到的净利润除以公司发行在外的总股数，可以得到公司当年的每股收益为 3.5 美元。摊薄的每股收益为 3.46 美元，比摊薄前降低了 4 美分，因为由于执行股票期权以及可转债转股等原因，公司当年新增一些股票，对每股收益有一定的摊薄作用。当我们考察前两年的情况时，发现公司的每股收益总是被摊薄几美分，这表明这种摊薄对于强生公司来说是常规性的，不会对公司产生影响。另外公司的净利润从 2003 年起稳步增长，从 2003 年的 71.97 亿美元到 2004 年的 85.09 亿美元，再到 2005 年的 104.11 亿美元。这些数据能够说明强生公司的盈利状很好吗？我们将在后面的分析中给予说明，分析人员对数据的解读依赖于历史数据、行业数据以及收入与资产之间的关系。

8.1.2　资产负债表

资产负债表（balance sheet）列示了公司持有的资产及公司的资本结构。损益表反映的是公司的盈利能力，而资产负债表反应的是公司持有的资产及债务关系。这两个报表旨在共同回答两个问题：公司的经营情况如何？如何度量公司的价值？表 8—2 是强生公司 2005 年的资产负债表。

之所以选择强生公司作为分析对象，是因为该公司国际化程度很高，产品几乎家喻户晓，如创可贴、泰勒诺（Tylenol）、护肤品、避孕药、婴幼儿用品、消炎药和治疗免疫系统失调的药物等。

强生公司的资产负债表日为 2005 年 12 月 31 日。这并不代表当月、当季或是当年的交易结果，而是反映了公司自成立以来进行的所有交易的结果。这与损益表有很大的不同，后者只是度量了一段时间的交易结果。一般来说，资产负债表上的项目都是按成本计价而非市场价值计价。

资产负债表可以分成两个部分：资产与负债及权益。资产和负债都可划分为长期和短期。所谓的长期指的是未来可使用年限超过一年的，而尚可使用年限低于一年的，一般将其归为短期。下面我们将着重强调几个强生公司与其他公司不同的地方。

从表 8—2 可以看到，2005 年年底，强生公司持有现金及现金等价物 160.55 亿美元，可交易金融资产 0.83 亿美元。这两项流动资产产生了 4.87 亿美元的利息收入。另外，在长期资产中，可以看到公司拥有 61.85 亿的无形资产。这是公司在医疗器械和药物上所拥有的专利权的价值。该部分资产占总资产的 60%。此外我们还注意到公司的长期债务很少。

表 8—2　　　　　　　　合并的资产负债表
强生公司及下属企业
（从 2005 年 1 月到 2006 年 1 月）
（单位：除每股数值外，其余均为百万美元）

	2005 年	2004 年
资产		
流动资产		
现金与现金等价物	16 055	92 03
可交易证券	83	3 681
应收账款净额（扣除了坏账准备164）	7 010	6 831
存货	3 959	3 744
收入的递延税金	1 845	1 737

续前表

	2005 年	2004 年
预付费用与其他应收款	2 442	2 124
流动资产总额	**31 394**	**27 320**
长期可交易金融资产	20	46
固定资产净额	10 830	10 436
无形资产净额	6 185	5 979
商誉净额	5 990	5 863
收入递延税项	385	551
其他资产	3 221	3 122
总资产	**58 025**	**52 317**
负债与股东权益		
流动负债		
短期借款与应付票据	668	280
应付账款	4 315	5 227
应计负债	3 529	3 523
应付	2 017	2 297
应付工资补贴	1 116	1 094
应付税金	940	1 506
流动负债总额	**12 635**	**13 927**
长期债务	2 017	2 565
递延税金	211	403
员工相关的债务	3 065	2 631
其他债务	2 226	1 978
债务总额	**20 154**	**21 504**
股东权益		
优先股	—	—
普通股（面值为 1）	3 120	3 120
员工持股计划	—	-11
累计的其他收入	-755	-515
留存收益	41 471	35 223
	43 836	37 817
减：	5 965	6 004
股东权益总额	**37 871**	**31 813**
负债和股东权益总额	**58 025**	**53 317**

8.1.3 现金流量表

现金流量表（statement of cash flow）是第三张公司必须披露的报表。第 95 号财务报表披露标准取代了原来公司财务头寸的披露标准。

现金流量表的目的在于记录公司实际发生的现金流入和流出情况。公司的现金流主要指公司所持有的现金或是可以在 90 天内很容易转化为现金的现金等价物，如货币基金。

损益表和资产负债表的编制是基于权责发生制，即在交易发生时就确认收入而非等到收到现金时才入账。现金流量表则遵循收付实现制，只有真正收到或付出现金时才确认现金的流入或流出。比如，公司在 2006 年 12 月赊销了一笔 10 万美元的商品，这笔交易在当年就作为销售收入入账了，而实际的款项在来年的 3 月才收到，由于之前已经做过收入确认了，所以此时不需重新确认。权责发生制的优势在于能够实现收入和费用的期间匹配，而其缺陷是没有关注公司的真实现金头寸。

可以想象一下，公司可能实现了 100 万美元的利润，但要到两年后才能收回，或者是公司收到了 100 万的现金收入，但需要支出 300 万用于支付新增的厂房投资。在这两种情况下，如果仅仅看损益表，可能得出该公司的现金头寸为 100 万美元的结论，但如果从现金流的角度来考虑，则会发现该公司当期有 200 万美元的资金缺口。

再举一个例子。公司可能在损益表上列示 10 万美元的损失，但如果该公司当期有 15 万元的折旧或摊销，那么公司实际的现金头寸应该为 5 万美元。因为折旧和摊销为非现金项，不造成当期的现金流出，在计算公司当期的现金流时要将其重新加回净利润。

现金流量表是通过将损益表和资产负债表上的信息转化为现金流的信息来处理以上提到的问题的。在权责发生制下，如果一个公司有 100 万的利润，需要进一步考察其是否有足够的现金支付给股东，购买新设备，开展新项目。

现金流量表的三个组成部分是：经营活动现金流量；投资活动现金流量；融资活动现金流量。

在这些部分的计算都完成以后，将结果加总可以得到公司现金流的净变动值（净增加或净减少）。图 8—1 给出了一个简单的计算示例，它主要告诉我们当期公司的现金流入和流出都是如何发生的以及现金流入流出的净值。

下面我们来看看强生公司的现金流量表（表 8—3）。2005 年，公司的经营活动净现金流为 118.7 美元（表的上 1/3 处），主要的影响项目是净利润、折旧摊销以及资产负债的变化。其次，购买厂房设备的投资活动公司支付了 2.79 亿美元。

在 2005 年，公司的融资活动占用了 45.21 亿的现金。强生公司在当年发行了新的短期债 12.15 亿，偿还了到期

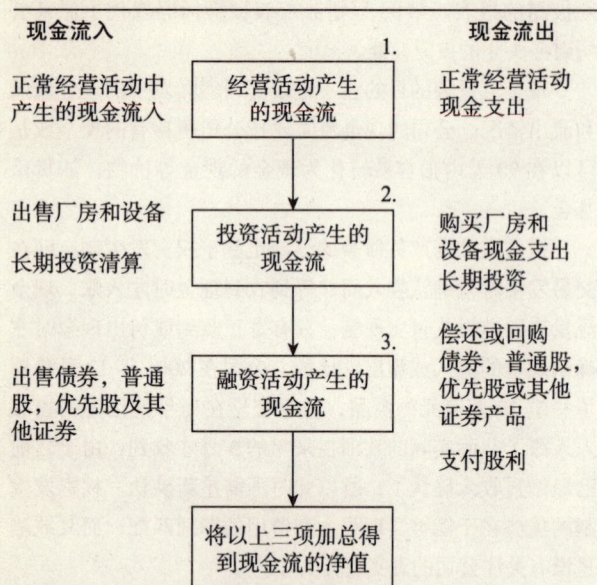

图 8—1　现金流量表背后的核心概念

的短期和长期债共 9.28 亿美元。另外公司还回购了 17.17 亿美元的普通股，支付了 37.93 亿的股利。由于强生公司是一个国际化的公司，所以还要考虑他们的货币汇兑损益。现金及现金等价物的汇兑使公司蒙受了 2.25 亿的损失。

对这张报表的分析我们可以初步了解公司现金流的强项和弱项。我们也能在现金流量表的下方看到强生公司提供了额外的信息，这些信息并不在披露的要求范围内，但对于股东来说，是有参考价值的。该部分提供了利息费用、税费支出、员工持股以及用于收购活动的现金支出等信息。

如果我们把经营活动，投资活动和融资活动的结果加总，我们就能得出公司 2005 年的公司现金流的变化量：

（单位：10 亿美元）

经营活动产生的净现金流量	11.877
投资活动产生的净现金流量	-0.279
融资活动产生的净现金流量	-4.521
汇率调整影响	-0.255
现金净增加量（汇率调整后）	6.852

如果我们更加仔细地分析现金流量表，可以识别出公司产生现金的途径。强生公司的大部分现金流入来自于经营活动，主要用于公司的投资和融资活动。然而，你可能发现一些公司的盈利性不好，是通过减少存货和收回应收账款来增加现金流入。这说明要么是整个经济环境不好，要么是公司在行业的竞争中处于不利的地位。

比如在衰退期，一些公司可能很难有足够的收益用来支付股利或是用于扩张，甚至维持公司的资产规模都成了问题。在这种情况下，短期的资金很可能被用于长期的用途，这将导致营运资金减少，从而使公司陷入缺乏现金的危险境地。很多时候人们没有足够重视现金流量表，而忽视了其中包含的很重要的信息。

表 8—3　　　　　合并的现金流量表

强生公司及下属企业

（单位：百万美元）

	2005 年	2004 年	2003 年
运营活动产生的现金流			
净利润	10 411	8 509	7 197
调整项：			
厂房设备的折旧和无形资产的摊销	2 093	2 124	1 869
购入研发支出	362	18	918
递延税项	-46	-498	-720
应收账款	-31	3	6
资产和负债的变化，并购的净效应			
应收账款的增加	-568	-111	-691
存货的增加	-396	11	39
应付账款和应付负债的增加（减少）	-911	607	2 192
其他流动和非流动资产的减少（增加）	620	-395	-746
其他流动和非流动负债的增加	343	863	531
经营活动产生的净现金流	**11 877**	**11 131**	**10 595**
投资活动产生的现金流			
厂房设备的增加	-2 632	-2 175	-2 262
资产处理收益	154	237	335
并购净现金	-987	-580	-2 812
投资购买支出	-5 660	-11 617	-7 590
投资出售	9 187	12 061	8 062
其他（主要是无形资产）	-341	-273	-259
投资活动使用的净现金流	**-279**	**-2 347**	**-4 526**
融资活动产生的现金流			

续前表

	2005 年	2004 年	2003 年
支付给股东的股利	–3 793	–3 251	–2 746
普通股回购	–1 717	–1 384	–1 183
短期债务收益	1 215	514	3 062
短期债务到期	–732	–1 291	–4 134
长期债务收益	6	17	1 023
长期债务到期	–196	–395	–196
执行的股票期权收益	<u>696</u>	<u>642</u>	<u>311</u>
融资活动使用的净现金流	**–4 521**	**–5 148**	**–3 863**
现金及现金等价物受汇率变动的影响	–225	190	277
现金和现金等价物的增加量	6 852	3 826	2 483
现金和现金等价物的年初值	9 293	5 377	2 894
现金和现金等价物的年末值	**<u>16 055</u>**	**<u>9 203</u>**	**<u>5 377</u>**
补充的现金流数据			
年中用于以下两项的现金支出：			
利息	151	222	206
所得税	3 429	3 880	3 146
补充的非现金投资和融资活动			
股票期权方案，为员工激励而增发的股票，净现金收益	818	802	905
可转债	369	105	2
收购			
购买资产的公允价值	1 128	595	3 135
负债的公允价值	<u>–141</u>	<u>–15</u>	<u>–323</u>
并购支付的净现金流	987	580	2 812

8.2 证券分析员关注的核心比率

以上我们只是简要介绍了三种财务报表，为之后进一步的财务比率分析打下基础。而财务比率分析是将资产负债、损益表及现金流量表的数据整合在一起，以展示公司过去和现在的经营情况，为进一步的前景预测打下基础。

8.2.1 比率分析

比率在我们的日常生活中应用广泛。例如，我们通过比较汽车每公里的耗油量来做出买车的决策，通过棒球选手平均每场全垒打的数量以及篮球运动员每场篮板和三分球的得分情况来评价他们的表现。这些都是为了比较而计算的比率。财务比率从这个意义上来说也是一样的。但必须要了解比率衡量的对象及其含义。

财务比率是用来评估公司的运营情况和资本结构的。一个绝对数，比如说收益达到了 5 万美元，或者应收账款达到了 10 万美元，可能从字面上来看是不错的，但严格来说，这些数据只有在比较中才能知道它们的好坏。

比如，利润达到了 5 万美元是一个好事情吗？如果该公司的销售收入是 50 万元，也就意味着公司的利润率达到了 10%，那么这是一个不错的结果。但如果公司的销售收入是 500 万，那么这个结果就不令人满意了。在我们计算出相应的比率之后，我们必须将公司与行业中的其他公司进行比较，也要将公司当前比率与历史的情况进行比较。即使是这样，仅仅停留在数字上还是远远不够的，我们还必须将财务状况与公司的管理、固定设施的使用状况等因素结合起来综合考虑。

比率分析更像是医生对病人进行的例行体检。每个人都希望自己身体状况良好，但如果不是，那么你一定希望知道什么地方出了问题，应该如何解决。正如有的病比其他的疾病容易医治，公司的财务问题解决起来也有难易之分。分析员就是公司的医生，他们诊断公司的情况，跟踪公司的运营，以此来找到公司问题的症结所在，并提出解决的方案。有一些公司尽管已经病入膏肓，但还是具有很大价值的。宾夕法尼亚中央铁路公司（Penn-Central）一度申请破产，在之后的几年中，投资者都可以按每股 2 美元买到它的股票，该公司之后逐步走出困境。到了 1990 年，该公司的股票已经达到了每股 17~27 美元，这还是在经过了 1982 年和 1988 年两次股票分割之后的价格。克莱斯勒和洛克希德（Lockheed）都曾在破产的边缘，直到政府对他们提供了担保贷款他们才得以摆脱破产的困境。克莱斯勒和洛克希德的股价曾一度跌到每股 3 美元。在他们恢复经营以后，他们的股票价格不断升高，实施了股票分割。这些都是一些曾身患顽疾而重新获得健康的公司，任何一个愿意冒风险在低点买入他们股票的投资者，最后都收获颇丰。

8.2.2　破产研究

从某种意义上来说，比率分析能使分析员排除表现不好的公司，但不能使其选出优秀的公司。有一些研究使用了比率作为公司出现财务问题的预测指标。其中最有名的是由威廉·比弗（William Beaver）和爱德华·阿尔特曼（Edward Altman）完成的。他们发现那些破产的公司在破产前五年，一些比率就揭示了问题的端倪，并且随着破产日的临近，这些指标越来越恶化了。这项研究同时发现投资者会根据公司新的偿债能力而不断地调整，而且投资者对公司的评价是基于比率的，并且股票价格反应了这个评价。

阿尔特曼的第一个研究报告表明用五个比率就能预测一年之后公司破产的可能性，准确率达到了 95%。如果预测期为两年，准确率可达到 72%。从这些比率出现问题到公司破产平均的时滞是 20 个月。阿尔特曼进一步开发了 Z 计分法，Z 是一个通过多元回归得到的预测破产概率的指数。阿尔特曼对这个指数进行了改进，并将采用的比率数增加到了 7 个。该指数依赖于以下的变量：

1. 留存收益／总资产（累积盈利能力）；

2. 运营收入占总资产比率的波动率（衡量公司在十年间的收益稳定性）；

3. 息税前利润占总资产的比重（资产的盈利能力）；

4. 息税前利润／利息（杠杆比率，利息覆盖率）；

5. 流动资产／流动负债（流动性比率）；

6. 普通股的市场价值／股东权益的账面价值（杠杆比率）；

7. 总资产（代表公司规模）。

公司破产的可能性越大，Z 值越小。这些比率的重要性不同，但从整体上看将公司按照破产的可能性分成两类。留存收益占总资产的比重在分析中的权重最大，财务杠杆比率也是很重要的。在下一部分中，我们将这些比率分成六大类。还有很多的比率可以纳入分析的框架，这里只介绍了最常用方法。

8.2.3　分类系统

我们将 20 个指标分成六大类。

A. 盈利比率：

1. 毛利率；

2. 税后净利润率；

3. 资产回报率；

4. 权益回报率。

B. 资产周转率：

5. 应收账款周转率；

6. 存货周转率；

7. 固定资产周转率；

8. 总资产周转率。

C. 流动性比率：

9. 流动比率；

10. 速动比率；

11. 净营运资本占总资产比。

D. 债务利用率：

12. 长期债务占权益比；

13. 总债务资产比；

14. 息倍比；

15. 固定费用覆盖率。

E. 价格比率：

16. 市盈率；

17. 价格／账面价值；

18. 股息收益率。

F. 其他比率：

19. 平均税率；

20. 股息支付率。

财务报表的使用者对不同类别的比率给予的权重不同，关注程度也不同。投资者的主要关注点是公司的盈利能力和债务的利用水平。对于银行和债权人，他们的关注点主要在公司的流动性比率上，确保公司有良好的偿债能力。公司的债券持有人，则主要关心公司的总负债率，同时也对公司的盈利能力有一定的关注，观察公司的运营活动是否产生的足够的现金来支付当期的利息。当然，精明的分析人员会分析公司所有的指标，只是不同的指标关注程度不同而已。

A. 盈利比率

分析员能通过盈利比率（profitability ratios）判断公司的销售利润率和资本回报率是否达到了投资者的要求。利润率指标（1，2）与损益表项目相关，而其余两个回报率指标（3，4）的分子来自损益表，分母来自资产负债表。与公司的盈利能力相关的问题，大都可以全部或部分的通过公司配置资源的能力来解释。我们利用强生的损益表和资产负债表的数据计算这些指标。

Excel 实例

盈利比率（强生公司，2005 年，单位：百万美元）

1. 毛利率 = 毛利润率 / 销售收入 = 36 560/50 514 = 72.38%

2. 税后净利润率 = 净收益 / 销售收入 = 10 411/50 514 = 20.61%

3. 资产回报率

a. 净收益 / 总资产 = 10 411/58 025 = 17.94%

b.（净收益 / 销售收入）×（销售收入 / 总资产）= 20.61% × 0.8706 = 17.94%

4. 权益回报率

a. 净收益 / 股东权益 = 10 411/37 871 = 27.49%

b. 资产回报率 /（1 - 债务 / 资产）= 17.94%/0.6627 = 27.49%

以上的计算结果表明强生公司的盈利性很好，但我们对 4（b）股东权益回报率的分析说明，资产回报率和权益回报率之间的差异是由于公司 35% 的负债率导致的。

杜邦分析：我们注意到资产的回报率与权益的回报率之间存在一定的差异。在（b）中使用的方法是杜邦公司首创的，能帮助分析员看清公司的损益表和资产负债表之间的关系。资产回报率等于损益表中的净利润率乘以资产周转率。杜邦公司首先提出了，要提高公司的资产回报率，就要提高公司的净利润率或资产周转率。杜邦分析体系使分析员能认清公司的盈利来源。因为净利润率是损益表的比率，较高的净利润率说明有效的成本控制，而较高的资产周转率说明有效的资产管理。不同的行业经营结构和财务结构各不相同。比如，在资本密集型的行业中，比较好的组合是较高的利润率和较低的资产周转率，而在食品加工业，净利润率相对较低但资产的周转率很高。

杜邦分析进一步强调，权益回报率是在资产回报率的基础上，考虑财务杠杆的影响而得到的。强生公司 35% 的资产是通过债务融资的，权益回报率反应了较高的债务比率，因为权益报酬率达到了 27.49%，比资产回报率 17.94% 高出了 53%。分析员可以通过这两个比率的差值得出公司的借债数量。当然也可以通过债务的利用比率来获得这一信息。图 8—2 描述了在杜邦分析体系下资产回报率和权益回报率之间的关系。

一些分析员偏向于用线性的杜邦分析方法。

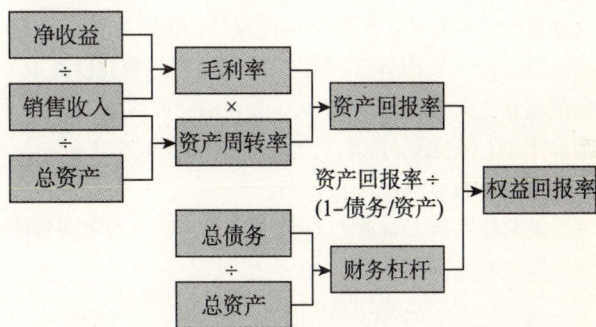

图 8—2 杜邦分析体系

（净收益 / 销售收入）×（销售收入 / 资产）

×（资产 / 权益）= 权益回报率

与我们介绍的方法的不同之处在于我们是用资产回报率除以（1 - 债务 / 资产），而非乘以资产 / 权益。在计算资产和权益的回报率时，分析员必须注意要对资产的使用年限。15 年前购置的厂房和设备的账面价值可能要远远低于现在的重置价值。一个购置于 20 世纪 80 年代的资产回报率为 20%，可能还比不上新购置资产 15% 的回报率。

B. 资产周转率

资产周转率（asset-utilization ratios）衡量了公司应收账款、存货和长期资产的周转速度。换言之，资产周转率衡量的是一年中公司销售存货的次数或收回应收账款的次数。对于长期资产而言，资产周转率表示长期资产在销售中的贡献程度。

Excel 实例

资产周转率（强生公司，2005 年，单位：百万美元）

5. 应收账款周转率 = 销售收入 / 应收账款 = 50 514/7 010 = 7.21×

6. 存货周转率 = 销售收入 / 存货 = 50 514/3 939 = 12.76×

7. 固定资产周转率 = 销售收入 / 固定资产 = 50 514/10 830 = 4.66×

8. 总资产周转率 = 销售收入 / 总资产 = 50 514/58 025 = 0.87×

资产周转率以损益表中的销售收入为分子，资产负债表中的资产项为分母。我们已知强生公司的产品多为家庭用品和药物，购买的重复性使公司的应收账款年周转次数达到了7.21次，这说明该公司的平均账期为50天，存货的周转次数为12.76，即公司的平均存货周转天数略少于30天，表明公司的药物业务发展良好。

固定资产的周转次数为4.66次，由于强生公司在长期资产上投资额较小，总金额为108亿美元。这样的商业模式使得公司能够生产毛利率很高的产品。虽然固定资产投资较少，但研发的费用投入很大。

公司的总资产周转率为0.87，这个比率并不另人满意。造成这种情况的原因主要是其他的资产周转率较低。由于这些新药的专利可以享受14年的保护，研发支出的62亿美元的投入计入无形资产项下。另外59亿的商誉以及160亿的现金及现金等价物都增大了公司的资产数量。这些项目总计281亿美元，降低了公司的总资产周转率。

C. 流动性比率

流动性比率（liquidity ratios）主要反映公司短期偿债能力。该比率可以与应收账款周转率和存货的周转率相结合。资产周转率越快，公司的资金回笼的速度越快，公司的流动性越好。不同类型的公司比率之间不具备可比性。

流动比率和速动比率表示公司如果遇到紧急短期支付请求时，利用短期资产变现支付的能力。速动比率只包括了流动性最强的资产，即现金、可交易证券和应收账款。现金和证券已经是流动性资产了，而应收账款是在回收期中逐步转化为现金的。如果外界对公司的流动性有怀疑，分析员必须要认真考察在一般情况下应收账款和存货的变现能力。

最后一个流动比率是衡量流动资产占总资产的比重，体现公司资产流动性的大小。该比率越高，短期资产的比重越大，债权人的利益就越有保障。在这个例子中，比率为0.32，该值较小，但没有什么问题，因为流动和速动比率都超过了2。另外强生公司还有超过160亿的现金和现金等价物。

Excel 实例

流动性比率（强生公司，2005年，单位：百万美元）

9. 流动比率 = 流动资产 / 流动负债 =31 394/12 635=2.48

10. 速动比率 =（流动资产 − 存货）/ 流动负债 =27 435/12 635=2.17

11. 净营运资本占总资产比 =（流动资产 − 流动负债）/ 总资产 =(31 394 − 12 635)/58 025=0.32

D. 债务利用率

债务利用率（debt-utilization ratios）反应了公司债务融资和股权融资的比率。该比率可以帮助分析员确定公司面临的财务风险的大小。过多的借债一方面因每期沉重的利息负担会影响公司的流动性，另一方面也损害了公司的盈利性，使公司在经济衰退和行业增长放缓时处于不利的地位。

我们已经初步讨论了财务杠杆对股权回报的影响，这类中的前两个比率反应了公司使用财务杠杆的程度。债务越多，每期的利息支出越多，公司的收益变动率就越大。拥有较稳定的销售收入和利润的公司比那些处于周期性行业的公司，如汽车和航空公司，能承担更多的债务。第12个比率，长期借款权益比反映公司的长期资本结构。在强生公司的案例中，长期债务占股东权益的比例为5.3%。第13个比率，总债务占总资产的比重。每个公司都必须考虑本公司最优的资本结构，分析员在评估公司的杠杆时要考虑行业的波动性。

Excel 实例

债务利用率（强生公司，2005年，单位：百万美元）

12. 长期债务占权益比 = 长期债务 / 股东权益 =2 017/37 871=5.33%

13. 总债务资产比 = 总负债 / 总资产 =20 154/58 025=34.73%

14. 息倍比 = 息税前利润 / 利息 =(13 6565+54)/54=253.89

15. 固定费用覆盖率 = 扣除固定费用的收入 / 固定费用 =(13 655+54)/54=253.89

最后两个债务利用指标衡量公司固定债务的负担大小，如利息、租金、许可证使用费等。比例越高，债权人权益的保障就越好。利用固定支出覆盖率比用息倍比更加保守，因为它包括了所有对公司固定的现金要求。现在许多租赁都已经资本化，并在资产负债表中体现出来，这使我们能更容易理解租金支付与利息支付的相似性。税后的一些费用支出必须要换算成税前的金额进行计算。比如公司的税率是 40%，要支付 6 万美元的养老基金，公司必须获得税前 10 万的利润才能满足这笔费用的支出。

$$要求的税前收入 = 税后收入 / （1- 税率）$$
$$=60\ 000/（1 - 0.4）=100\ 000$$

强生公司的固定费用覆盖率与息倍比相同是因为该公司只有利息费用这一项固定费用。两个比率都显示强生公司有很好的短期偿债能力。

E. 价格比率

价格比率（price ratios）将内部的公司表现和外部的市场评价结合在一起，这两者共同决定了公司最终的市场价值。价格指标反应了市场对公司的态度。

Excel 实例

价格比率（强生公司，2005 年，单位：百万美元）

16. 市盈率 = 股票价格 / 每股收益 =60.10/3.46=17.37×

17. 价格 / 账面价值 = 股票价格 / 每股账面价值 =60.10/12.14=4.95×

18. 股息收益率 = 每股股利 / 股票价格 =1.28/60.10=2.12%

强生公司的价格指标表明每一美元的收益，对应的价格是 17.37 美元。该数值可以和同行业或是相关行业的公司进行比较。正如在第 7 章中指出的，市盈率指标受到公司收益率、销售增长率、风险、资本结构、股利政策、管理水平以及其他一些因素的综合影响。市盈率反应了市场对公司未来的预期。这些公司被认为可能提供在同等风险水平下，高于一般公司的回报率。他们的市盈率也往往高于总体的市盈率水平。

对收益和市盈率的预期随时间的变化而变化。正如表 8—4 所示，我们选择了一些公司在 1981, 1988, 1997 和 2006 年的市盈率水平，这些数据说明，在 1981 年到 1997 年的 25 年间，市盈率保持持续的增长，1997 年之后开始回归正常的水平。

表 8—4   **美国公司的市盈率**

公司	行业	市盈率			
		1981.12.31	1988.10.24	1997.8.13	2006.10.27
埃克森美孚	国际石油	5	12	19	11
美国银行	银行业	7	9	17	13
哈利佰顿	石油服务	11	26	30	13
IBM	电脑	9	14	20	16
麦当劳	快餐业	10	15	22	18
得州仪器	半导体	15	13	≥ 100	12
标准普尔 500	市场指数	8	13	21	18

市盈率指标可能要比他们看上去复杂一些。市场的整体市盈率水平在 1997 年和 2006 年都处于高位，但不是所有公司的市盈率都处在高位。一个较高的市盈率需要符合一些条件。比如较高的收益增长率。对于一个周期性的公司，市盈率较高可能是因为公司由于处在周期的低谷而收益降低，投资者并不改变对其的估价，使得收益降低而价格不变，导致市盈率上升。

市场价值和账面价值的比值将公司的市场价值和历史价值联系起来。如果公司的资产是很久之前置备的，那么该比值可能相对较高，但对于新购置的资产，这个比值就相对较低。这些信息需要与公司的资产状态以及行业的整体情况综合起来考量。

股息收益率（dividend yield）是投资者所获得的回报的一部分，它通常是将股利年金化，再除以公司当年的每股收益而得到的。

价格收益比率以及价格账面价值比率在实际中应用十

分广泛。简而言之，如果这些比率相比于行业或是公司的历史水平值较低，那么是买入公司股票的好时机。对于股息收益率，结论则相反。当股息收益率相对较高时，公司的股票很可能被低估了。当然实际应用起这些模型要更复杂一些。分析员必须要确认公司的表现是不是像这些指标所显示的情况那样。

F. 其他比率

第六大类是其他比率，这些比率主要帮助分析员分析公司的税收状况、股利政策和再投资的情况。

Excel 实例

其他比率（强生公司 2005 年，单位百万美元）

19. 平均税率 = 所得税 / 应税所得 =3 245/13 656=23.76%

20. 股息支付率 = 每股股利 / 每股收益 =1.28/3.46=36.99%

比如木材公司的税率相对较低，因为对于伐木有特殊的税务规定。一个公司当期的税率也可能因为特殊的税收信用而降低。因此当期的每股收益上升，但我们还是应该区分这个上升是由运营引起的还是由于税收的优惠引起的。如果是经营活动造成的，那么我们对下一年的预测就更有把握，如果是税收的原因，我们就不能轻易认为这种收益可以持续下去。

公司的**股息支付率**（dividend-payout ratio）提供了公司再投资的数据。该数据是用公司的每股股利除以每股收益得到的。股息支付率较高，说明投资者将收益的大部分变现，公司仅保留很少的一部分用于新厂房设备的投资。通常，没有什么好项目或是增长潜力的公司倾向于发较高的股利，而增长型的公司的股息支付率一般都较低。

强生公司的税率低于法定的 35%，这归功于它在美国以外的税收优惠区开展业务。股息支付率达到了 37%，这说明强生公司处在扩张期和成熟期之间。基于强生公司持续增加的利润，有理由认为公司的股息支付率将保持稳定，而每年支付的股利额随每股收益的增加而增加。

8.3 比率应用

前一部分我们介绍了 20 个分析员在对公司进行评估时可能有用的比率。我们如何能够利用我们得到的数据来对目标公司进行分析呢？

实例应用

表 8—5	2005 年末的比较数据				
	雅培（美国）	安内特（法德）	葛兰素史克（英国）	强生（美国）	诺华（瑞士）
2005 年公司经营收入（单位：10 亿美元）	22 338	32 321	37 255	50 514	32 526
5 年间收入复合增长率	10.44%	45.43%	6.96%	11.67%	8.71%
5 年间利润复合增长率	10.89%	−4.29%	3.92%	16.83%	−1.68%
利润率	15.10%	7.90%	21.60%	20.60%	18.90%
资产回报率	11.60%	2.60%	18.70%	18.70%	11.10%
权益回报率	23.50%	5.70%	71.90%	29.90%	19.10%
流动比率	1.5 ×	0.9 ×	1.4 ×	2.5 ×	1.4 ×
债务占资本比	23.40%	7.40%	39.30%	5.0%	3.50%
股息支付率	50%	62%	54%	37%	29%
平均股息支付率	2.40%	1.80%	2.80%	2.30%	1.30%
平均市盈率	18.3	12.9	15.5	17.2	18.30

方法之一是将公司的数据同行业的数据进行比较。这种方法不太适用于跨行业经营的公司，因为他们缺乏可比基础。二十年前，公司一般都局限在一个行业中经营，比率之间的可比性也较强。

我们现在看看强生公司和同行竞争对手之间的比较。我们选择了雅培（Abbott Laboratories）、安内特（Sanolfi-Aventis）、葛兰素史克（GlaxoSmithKline）和诺华（Novartis）作为可比公司。

这些公司是全球最大的制药公司。比较这些公司从2001 年到 2005 年的增长率，我们看到安内特的销售增长率最高，因为在此期间他由两个公司合并而成。由于并购的费用，他的净收入增长率为负，为这些公司中最低。强生公司的销售增长率排在第二位，达到了 11.67%，而净利润的增长率排在第一位，达到了 16.83%

当我们比较公司的利润率、资产回报率时，我们发现强生和葛兰素史克公司不相上下。但同时我们也注意到葛兰素史克公司的股权回报率 71.9% 远远高于强生公司的 29.9%，同时我们发现葛兰素史克公司的负债率达到了39.3%，而强生公司的负债率仅为 5%。很显然葛兰素史克公司的财务杠杆更高。强生公司的流动性比率是最高的，达到了 2.5 倍，而其他的公司在 0.9～1.5 之间。

总体来说，所有这些公司的财务状况都不错。但这些公司在股息支付率和股息收益率上差别较大。安内特的股息支付率最高，达到了 62%，诺华公司的股息支付率仅为29%。股息收益率大都在 1.3%~2.8% 之间，葛兰素史克的股息收益率最高，这也符合英国投资者对股利的回报预期高于美国投资者的现象。

当我们开始估值的时候，雅培和诺华公司 2005 年的市盈率都达到了最高的 18.3。诺华的市盈率可能是因为市场预期公司未来的收入增长要高于历史的水平。在这里，我们要重申，这些制药公司的未来增长潜力很大程度上来自于他们成功研发的新药。因为要支付广告费用，要摊销高昂的研发成本，引进一种新药费用非常高昂。几年之后，新药开始占据一定的市场份额，并逐步开始盈利。在这种情况下，历史的收益水平就不能作为未来收益的参考了。分析员会更看重公司上市的新药的应用情况。那些在新药研发方面能力强的公司能够享受较高的收益，同时市场对他们的期望也比较高。就强生公司而言，较高的市盈率水平反应了该公司较低的财务风险以及持续的增长盈利能力。

在图 8—3 中可以看到，强生公司从 1995 年到 2005年间保持了持续的增长，图中分别描述了强生公司在国内和国外的销售情况，国外的销售收入占总销售收入的44%。

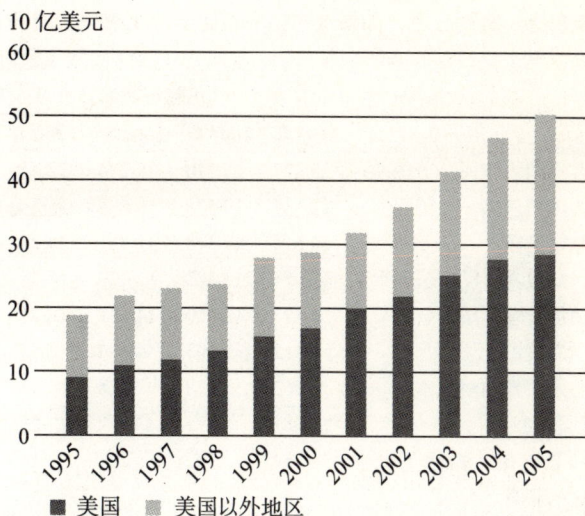

全球范围、美国和除美国以外地区的 5 年复合增长率分别为11.6%、10.4%、13.3%，而 10 年的复合增长率分别为 10.5%、12.1%、8.9%。

图 8—3　10 年间美国和国外的销售收入

因为强生公司是一个国际化的公司，所以很容易受到国外政治经济事件的影响。国外对药品价格的管制是司空见惯的。公司的收益会受到汇率以及对第三世界国家援助的影响。2004 年，强生公司将一个很有前景的治疗艾滋病的药物授权给了一个非营利性的机构来开发测试，如果成功，这个药物会分发到广大的非洲地区。强生公司保留了该药物在发达国家的销售权。

到目前为止，我们仅仅是比较了强生公司和它四个竞争对手在一年中的比率情况。而长期的趋势分析更加重要，因为一年的数据很难对公司未来的运营提供可信的信息。趋势分析主要集中在公司未来表现的走向以及稳定性上。

8.4　比较长期趋势

在生命周期中，销售收入和盈利能力是波动的，针对某年的比率分析很可能不能全面准确地反映公司的情况，所以，我们引入**趋势分析** (trend analysis)，对公司多年的营运情况进行考察，以此来了解公司的长期表现。

表 8—6 选择了强生公司 10 年的主要财务数据。从表头开始，我们可以看到在 10 年中公司国内和国外的销售收入都在不断增加，但国外的销售收入在 1996—2000 年间开始放缓，之后又开始新一轮的增长。研发费用每年持续增长，到 2005 年共计花费 63 亿美元。仅仅将研发费用和总销售收入进行比较，我们就很容易看出，强生公司研发费用在销售收入中占比 11%~12%。

表 8—6

1995—2005 年运营统计数据概要

强生公司及附属公司

（除每股数据外其余数据单位均为百万美元）

	2005 年	2004 年	2003 年	2002 年	2001 年	2000 年	1999 年	1998 年	1997 年	1996 年	1995 年
客户销售额——美国	28 377	27 770	25 274	22 455	19 825	17 316	15 532	12 901	11 814	10 851	9 065
客户销售额——国际	22 137	19 578	16 588	13 843	12 492	11 856	11 825	10 910	10 708	10 536	9 472
总销售额	50 514	47 348	41 862	36 298	32 317	29 172	27 357	23 811	22 522	21 387	18 537
产品成本	13 954	13 422	12 176	10 447	9 581	8 957	8 539	7 700	7350	7 185	6 352
销售管理费用	16 877	15 860	14 131	12 216	11 260	10 495	10 065	8 525	8 185	7 848	6 950
研发费用	6 312	5 203	4 684	3 957	3 591	3 105	2 768	2 506	2 373	2 109	1 788
购入研发项目成本	362	18	918	189	105	66	—	298	108	—	—
利息收入	−487	−195	−177	−256	−456	−429	−266	−302	−263	−196	−151
利息支出（扣除了资本化的利息）	54	187	207	160	153	204	255	186	179	176	184
其他净费用	−214	15	−385	294	185	−94	119	565	248	122	70
	36 858	34 510	31 554	27 007	24 419	22 304	21 480	19 478	18 180	17 244	15 193
税前收益	13 656	12 838	10 308	9 291	7 898	6 868	5 887	4 333	4 342	4 143	3 344
所得税	3 245	4 329	3 111	2 694	2 230	1 915	1 604	1 232	1 237	1 185	926
净收益	10 411	8 509	7 197	6 597	5 668	4 953	4 273	3 101	3 105	2 958	2 418
净销售收益率	20.6	18.0	17.2	18.2	17.5	17.0	15.6	13.0	13.8	13.8	13.0
摊薄的每股净收益	3.46	2.84	2.40	2.16	1.84	1.61	1.39	1.02	1.02	0.98	0.84
股东平均回报率	29.9	29.0	29.0	28.1	25.4	26.5	27.0	22.2	24.6	27.2	27.6
同比上年增长率											
销售收入	6.7	13.1	15.3	12.3	10.8	6.6	14.9	5.7	5.3	15.4	19.9
摊薄的每股收益	21.8	18.3	11.1	17.4	14.3	15.8	36.3	—	4.1	16.7	21.7
补充的费用数据											
材料和服务费用 a	22 328	21 053	18 568	16 540	15 333	14 113	13 922	11 779	11 702	11 341	9 984
总员工成本	11 824	11 074	10 005	8 450	7 749	7 085	6 547	5 908	5 586	5 447	4 849
折旧与摊销	2 093	2 124	1 869	1 662	1 605	1 592	1 510	1 335	1 117	1 047	886
维护与修理成本 b	510	462	395	360	372	327	322	286	270	285	257
总税收支出 c	4 474	5 393	4 078	3 497	2 995	2 619	2 271	1 881	1 824	1 753	1 458
补充资产负债表数据											
固定资产净值	10 830	10 436	9 846	8 710	7 719	7 409	7 155	6 767	6 204	6 025	5 544
固定资产增加值	2 632	2 175	2 262	2 099	1 731	1 689	1 822	1 610	1 454	1 427	1 307
总资产	58 025	53 317	48 263	40 556	38 488	34 245	31 064	28 966	23 615	22 248	19 355
长期负债	2 017	2 565	2 955	2 022	2 217	3 163	3 429	2 652	2 084	2 347	2 702
经营现金流	11 877	11 131	10 595	8 176	8 864	6 903	5 920	5 106	4 210	4 001	3 436
普通股详情											
支付的每股股利	1.275	1.095	0.925	0.795	0.70	0.62	0.55	0.49	0.425	0.368	0.32
每股权益	12.73	10.71	9.05	7.65	7.95	6.77	5.70	4.93	4.51	4.07	3.46
每股市价（年末值）	60.10	63.42	50.62	53.11	59.86	52.53	46.63	41.94	32.44	25.25	21.38
发行在外股份数平均值											
（百万）——基本	2 973.9	2 968.4	2 968.1	2 998.3	3 033.8	2 993.5	2 978.2	2 973 6	2 951.9	2 938.0	2 820.1
——摊薄	3 012.5	3 003.5	3 008.1	3 054.1	3 099.3	3 099.2	3 100.4	3 082.7	3 073.0	3 046.2	2 890.0
员工数量（千人）	115.6	109.9	110.6	108.3	101.8	100.9	99.8	96.1	92.6	91.5	84.2

a 利息与其他收入净值。

b 包括材料和服务的成本。

c 包括企业所得税，资产税以及其他的税类。

在表格的中间，我们可以看到"同比增长"一栏。它显示，在 1995—1999 年间，摊薄的每股收益增长率的变化无规律可循。然而，从 2000 年开始，每股收益的增长率持续增长，并在 2005 年达到了峰值。表格的最下方列示了普通股的相关信息。我们可以看到，公司从 1995 年开始逐年增加公司的股利。这对潜在的投资者是很有吸引力的。公司的股价逐年提高，在 1999—2003 年保持稳定，尽管从 1999 年开始公司的销售收入和利润都有大幅的增加。到了 2004 年年底，公司的股票价值回到了 2001 年的水平。公司的股票数量在 1999—2005 年间保持稳定，说明强生公司没有回购股票或是发行新股。股票的数量变动主要是由于员工执行股票期权，强生公司只是适时地到市场回购一些股票，以抵消员工执行期权对原有股票的摊薄

作用。总体来看，公司在近 10 年表现良好，在近五年经营越来越稳健。

如果我们分析一下选择出的指标在五年中与竞争对手的比较情况（参见图 8—4）我们发现强生公司和葛兰素史克公司都具有较稳定和较高的资产回报率。在资本结构方面，强生公司和诺华公司的杠杆比率最低，雅培的杠杆从 32% 降低到 24%，葛兰素史克公司的杠杆在 2005 年达到了 40%

所有公司的每股收益都是增加的，其中强生公司的增长最为稳定。公司的股息支付率方面，强生和诺华在股息支付率上一直保持稳定。我们仅仅是对强生公司的基本情况进行了了解就能看出强生公司在整个行业中处于较为有利的地位。

实例应用

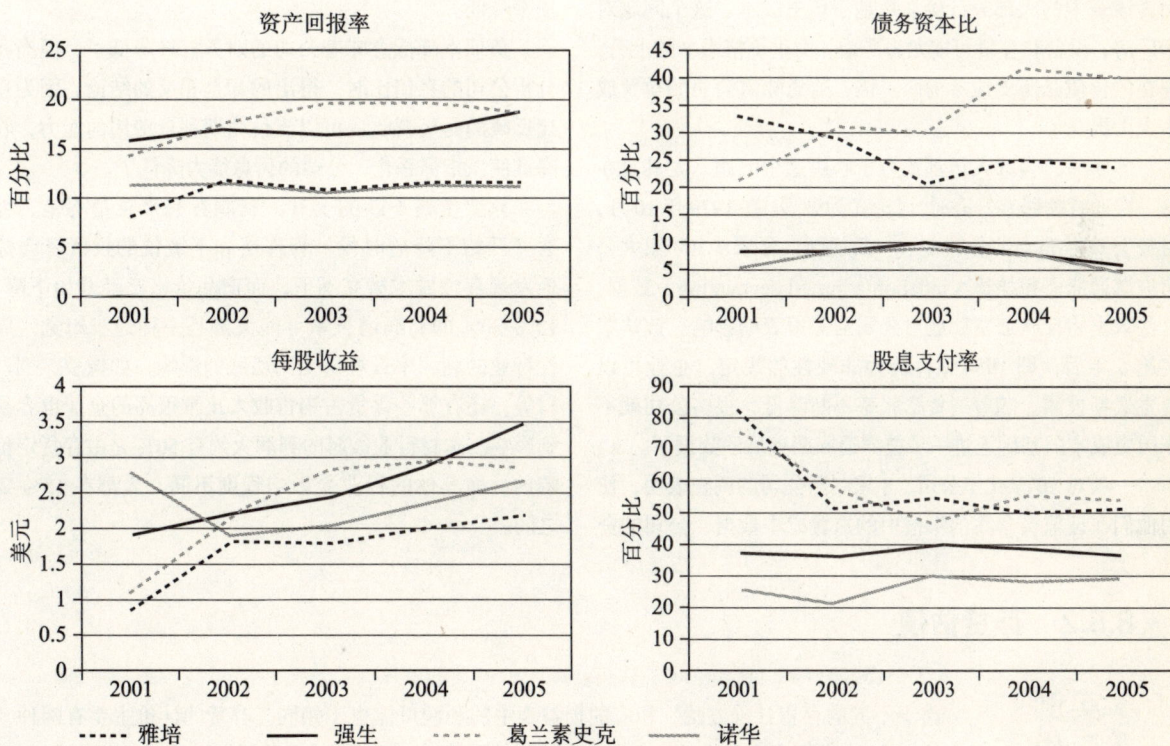

图 8—4　强生公司及其竞争对手选择的比率和数据

8.5 财务报表的缺陷

不同的公司选用的会计准则不同，不同的行业更是如此。有的时候，通货膨胀会使这些不同模糊起来。主要表现在通货膨胀调整后的会计报表，存货估值，折旧办法，养老金负债，研发费用，递延税金以及外汇交易上。下面我们就其中最重要的几项进行简要介绍。

8.5.1 通胀效应

在 2006 年之前的十年中，通货膨胀率极低，但希望长期从事金融业的学生在做职业规划时必须要考虑其对未来的影响。

通货膨胀引起的利润增加可能会迷惑哪怕是最精明的投资者。收益总是用当期的价格来计算的，而公司的厂房和设备由于使用历史成本法计价，当时的价格水平可能要低一些。因此，利润可能仅仅是价格水平升高的结果，而非经营的结果。

通货膨胀引起的信息扭曲也对资产负债表产生影响。因为该表中的大部分计价都是基于历史成本。这个问题对于厂房、设备和存货可能尤为严重，由于价格水平的上升，现在的价值是历史成本的两三倍，这意味着公司的重置成本大大提高了。

多年来，会计人员都致力于解决这个问题，尤其是在每一次通货膨胀率升高时，讨论尤为激烈。在 1979 年 10 月，财务会计标准委员会颁布了一条规则，要求 1 300 家大公司披露通胀调整核算（inflation-adjusted accounting）数据，这些数据将反映通货膨胀对公司财务报表的影响。该法案实施 5 年后，即 1984 年，转为非硬性的规定，企业可以自主选择披露。随着通货膨胀率不断降低，很多公司就不在历史成本的基础上进一步披露通胀调整后的数据了。

一项对 10 家化工公司、8 家制药公司的调查表明，使用他们在证监会备案的年报中的重置成本数据，公司的资产、收入以及其他的比率都发生了变化（如表 8—7 所示）。在高通胀的时期，这些影响对公司是巨大的。

表 8—7　比较重置成本会计方法和历史成本会计方法

	10 个化工公司		8 个制药公司	
	重置成本	历史成本	重置成本	历史成本
资产的增加	28.4%	—	15.4%	—
税前收入的减少	−45.8	—	−19.3	—
资产回报率	2.8	6.2%	8.3	11.4%
权益回报率	4.9	13.5	12.8	19.6
负债率	34.3	43.8	30.3	35.2
息倍比	7.1 ×	8.4 ×	15.4 ×	16.7 ×

在表 8—7 中，我们比较了历史成本法和重置成本法，重置成本法增加了资产的价值但减少了公司的收入。因为负债是按照票面价值入账，所以不受影响，资产增加使负债率降低。

负债率降低意味着公司的财务杠杆降低了，但当我们分析公司的息倍比时，得出的却是相反的结论。因为息倍比反映的是经营收入可以支付当期利息费用的能力，收入降低使该指标恶化，公司的付息能力降低了。

只要价格不断的上升，利润看起来总是不错。可当通胀开始下降的时候，管理层和不敏锐的投资者会惊奇地发现存货成本居高不下，而产品价格已经开始下降了。15%~20% 的利润增长率可能大都是一种通胀幻觉，周期性行业的利润率最容易受到通胀的影响，如橡胶、铜、木材等，还有那些存货占销售收入比重很高的企业也容易受到影响。木材行业披露的利润大约有 50% 是由存货定价影响的，而其他的行业受影响程度不同，大都在 15%~20% 之间。

8.5.2 存货估值

实例应用　由于不同的存货计价方法，相应的损益表中的利润可能也不相同。存货的计价主要有两种基本的方法：先进先出法和后进先出法。在通胀较严重的时期，哪怕是公司实际的产出没有增加，利润也可能上升。罗德斯公司的例子可以很好地说明这个问题。首先，我们可以在表 8—8 中看到该公司 2007 年的损益表。公司当年的销售量为 1 000 单位，销售收入为 20 000 美元，而税后的利润为 4 200 美元，经营利润率为 35%，净利润率为 21%。

表 8—8

罗德斯公司损益表

罗德斯公司

第一年损益表

2007 年净利润

（单位：美元）

销售收入	20 000（每单位 20 美元，共 1000 个单位）
销售成本	10 000（每单位 10 美元，共 1000 个单位）
销售利润	10 000
销售、管理费用	2 000
折旧	1 000
经营利润	7 000
税收（40%）	2 800
净利润	4 200
经营利润率	7 000/20 000=35%
净利润率	4 200/20 000=21%

　　假设公司在 2008 年的销售量保持在 1 000 单位不变，但由于通货膨胀，产品的价格提高了 10%，即从 20 美元上升到了 22 美元。总的销售收入达到 22 000 美元。进一步假设公司使用先进先出的存货计价方法。所以公司当期销售的产品的成本是最早购入的存货的价格。我们假设 2007 年销售 1 000 单位的产品，每单位的价格为 10 美元。如果罗德斯公司使用的是后进先出法，那么销售成本也上升了 10%，则公司的利润相对与先进先出法的情况就要少。表 8—9 列示了罗德斯公司在两种情况下的损益表数据。

表 8—9

罗德斯公司损益表

罗德斯公司

第二年损益表（分别使用先进先出和后进先出法）

2008 年净利润

（单位：美元）

	先进先出法	后进先出法
销售收入	22 000（每单位 22 美元，共 1000 个单位）	22 000（每单位 22 美元，共 1000 个单位）
销售成本	10 000（每单位 10 美元，共 1000 个单位）	11 000（每单位 11 美元，共 1000 个单位）
销售利润	12 000　11 000	
销售、管理费用	22 00（收入的 10%）	22 00（收入的 10%）
折旧	1 000	1 000
经营利润	8 800	7 800
税收（40%）	3 520	3 120
净利润	5 280	4 680
经营利润率	8 800/22 000=40%	7 800/22 000=35.4%
净利润率	5 280/22 000=24%	4 680/22 000=21.2%

　　从表 8—9 可以看出先进先出和后进先出法的区别。在先进先出法的条件下，罗德斯公司的利润率更高，即使是在公司的实际产出没有增加的情况下。这是因为先进先出法的成本信息滞后于价格信息，这样导致了公

司的利润虚高。

但是，下一期存货的成本就会提高，如果遇到衰退的情况，价格下降，那么先进先出法反而会低估公司的利润。而后进先出法，将当前的存货成本和当前的价格挂钩，虽然在 2007 年利润也增加了，但利润率保持不变。后进先出法存在的问题是，那些低成本的存货反映在公司的资产负债表上，低估了存货的价值。这会导致存货周转率偏高。

虽然很多公司都已经采用了后进先出法，但先进先出法在一些行业中还是被广泛应用。所以分析员需要注意两种方法所产生的不同结果。

8.5.3　非经常性损益

非经常性损益（extraordinary gains and losses）可能产生于公司出售固定资产的行为，诉讼，或者其他非经常性事件。一些分析员认为这些非经常性事件的影响应该加入公司的当期收入中，而另一些人则认为应该单独计算。不同的选择在我们用每股收益计算指标时会产生很大的影响。如果非经常性收入包括在公司的收益中，可能虚增公司利润，降低股息支付率。分析员在做预测的时候，不应该将非经常性损益纳入预测的范围，因为它缺乏持续性基础。虽然会计专业人士希望能够将操作的标准统一起来，但在实践中还是存在不同的做法。

8.5.4　养老金债务

公司的养老金债务问题正日益引起关注。在员工退休以后，这些基金会支付职工的退休工资。但如果该基金不足以支付退休工资，那么公司就需要承担支付的责任。这也意味着这些养老金将从公司未来的收益中支付，这样股东的利益就会受损，公司的扩大再生产能力也将受到损害。

8.5.5　外汇交易

汇率风险对与那些广泛参与国际贸易的公司有很大的影响。制药行业或者像可口可乐这样的公司受到币值变动的影响就很大，因为他们有大概 70% 的收入都来自国外。比如，当美元相对与其他的货币贬值时，如 2001—2004 年，外国子公司的收入汇回本国时，能够兑换成更多的美元，这对可口可乐这样的美国公司是有好处的。如果美元升值了，那么对他们的利润将产生不良的影响。可口可乐公司的外币交易在 2005 年使公司损失了 1.48 亿美元。由于可口可乐在 200 多个国家都有业务，所以公司能够享受分散化的好处。然而，世界上一个较大的局部波动可能使分散效应损失殆尽。

投资的真实世界

激进的会计政策何时过头了呢？

激进的会计政策以及财务操纵哪怕是在会计改革之后依然屡见不鲜。《财务总监》（*CFO magazine*）2004 年的一份调查表明，促使被访者参与违规操作的主要因素有：

个人贪欲	79%
形同虚设的董事会	58
傲慢自大的 CEO	45
过高的股东预期	34
较差的内部控制	33
不现实的预算目标	29

其中备受争议的是回溯的股票期权。通常授予高管的期权执行价为授予股票当天的收盘价。所以，如果当前的收盘价为 20 美元，那么可以在未来购买 50 000 股股票的期权的执行价格应为 20 美元。但有的时候这个执行

价格可能是若干天以前较低的价格，也就是说，虽然现在的股票价格为 20 美元，但执行价格是回溯到之前（如 2006 年 10 月 1 日）的价格每股 15 美元。所以，这相当于直接给与 CEO250 000 美元的收益权。

虽然这样的价格回溯不违法，但如果它没有说清楚这是高管激励的一部分，很可能受到证监会的审查。在 2006 年，联合医疗集团（UnitedHealth Group）就因为这个问题受到了证监会的调查。在此事件之前，该公司还被福布斯列为美国最受尊敬的企业之一。该公司的客户超过了 7 000 万人，2006 年的收入达到了 700 亿美元。公司不仅经营状况良好，而且福布斯公司还将其列为第三大最具创新能力的公司，仅名列苹果电脑和谷歌之后。

在 2006 年 10 月，该公司的董事会和联邦调查人员一起回顾了公司过去的股价回溯行为。公司必须因此将原来的收益下调 2.86 亿美元。其中 CEO 是最大的受益者，因此，他引咎辞职。

8.5.6 其他扭曲因素

在财务报表和收益披露方法中还存在很多的问题。提出这些问题的目的是希望读者能进行深入的研究。其他可供研究的领域有：表外融资（安然事件），研发费用，递延税项，并购会计，无形资产开发费用等。正如你所看到的，很多的事件都需要分析员进一步调查，这样对公司的收益情况才有更为合理和全面的把握。

本章小结

第 8 章介绍了财务报表和比率分析的基本知识。在介绍了损益表、资产负债表和现金流量表之后，我们通过比率将这些财务报表统一起来。

比率分析一般是用来评估公司的经营表现以及公司的资本结构的。比率分析并不能使你找到好的公司，但可以避免你选择差的公司。通过使用比率分析，我们给出了两组对破产情况的分析，通过它们，我们看到如何使用比率来鉴别那些存在潜在破产风险的公司。

我们一共介绍了 20 个比率指标，共分为六大类，分别从盈利角度、资产周转率、流动性、相对价格以及税务和股利政策六个方面来衡量公司的状况。我们还是沿用强生公司作为我们分析的对象。并且进一步引入了杜邦分析，综合分析了资产、销售、收入以及债务在回报形成上的作用和关系。

比率分析主要用于同行业比较、公司趋势分析以及经济和行业周期分析，但如果我们要在行业层面上来使用这个工具则比较困难，因为公司可能纵向横向整合业务，也可能拥有跨行业的分散化业务，这使得比率的可比基础降低了。

最后，我们对财务报表的缺陷进行了讨论。当我们使用重置成本而不是历史成本时，对比率会产生不同的影响。我们还讨论了诸如非经常性损益和养老金债务对比率的扭曲作用。

财务分析既是一门科学也是一门艺术，经验在这个过程中有很重要的作用。想要将其中所有复杂的关系全都理清，可能只是一个美好的愿望。所以分析员一般都是专注于一个行业，希望对其有深入的了解。在经过一些实战之后，分析工作会慢慢变得简单一些，对公司的财务表现也能够把握得更准确一些。

关键词汇及概念

资产周转率　asset-utilization ratios
资产负债表　balance sheet
债务利用率　debt-utilization ratios
股息支付率　dividend-payout ratio
股息收益率　dividend yield
非经营性损益　extraordinary gains and losses
损益表　income statement
通胀调整核算　inflation-adjusted accounting
流动性比率　liquidity ratios
价格比率　price ratios
盈利比率　profitability ratios
现金流量表　statement of cash flow
趋势分析　trend analysis

讨论题

1. 2007 年的资产负债表是不是仅反应当年的交易情况？

2. 为什么在损益表和资产负债表使用权责发生制的情况下，现金流量表尤其重要？

3. 如果公司在损益表上的净利润为负，那么公司当期的现金流量一定会减少吗？

4. 哪个比率是银行和债权人最关注的？

5. 如果一个公司的经营利润和税后利润几乎一样，那么我们能对这个公司下什么样的结论呢？

6. 在杜邦分析的框架下，对资本密集型行业和食品加工业进行评述。

7. 在计算资产回报率时，资产的使用年限是如何影响对数据的解读的？

8. 如果一个公司的股权回报率远远高于资产回报率，我们可以得出什么结论？

9. 资产周转率指标是如何和流动性指标相联系的？

10. 公共事业公司在使用债务上的效率是否高于汽车业或航空业的公司？

11. 为什么固定费用覆盖率总是等于或小于息倍比？

12. 较高的股息支付率说明了公司增长上的什么问题呢？

13. 如果用重置成本取代历史成本进行公司的会计处理，将对那些有众多固定资产的公司的资产回报率、负债率以及息倍比产生哪些影响？

练习题及解答

1. 给定以下财务数据：净利润／销售收入 =4%，销售收入／总资产 =2.8，债务／总资产 =40%，计算：

a. 资产回报率。

b. 权益回报率。

c. 如果负债率达到 70%，那么权益回报率是多少？

2. 假设以下的财务数据：

短期资产	200 00 美元
长期资产	300 000 美元
总资产	500 000 美元
短期负债	100 000 美元
长期负债	208 000 美元
总负债	308 000 美元
普通股	80 000 美元
留存收益	112 000 美元

续前表

总股东权益	192 000 美元
总负债和股东权益	500 000 美元
税后净收益	36 000 美元
每股股利	1.00 美元
股票价格	48.00 美元
发行在外总股份数	15 000

a. 计算市盈率。

b. 计算股息收益率。

c. 计算股息支付率。

d. 计算每股账面净值。

e. 计算市净率。

解答：

1. a.

$$资产回报率 = \frac{净收益}{收入} \times \frac{销售收入}{总资产} = 4\% \times 2.8 = 11.2\%$$

b.

$$权益回报率 = \frac{资产回报率}{1 - 债务/总资产} = \frac{11.2\%}{1 - 0.4} = 18.67\%$$

c. $11.2\%/(1 - 0.7) = 37.33\%$

2. a. $市盈率 = \frac{价格}{每股收益}$

$$每股收益 = \frac{收益}{股数} = \frac{36\ 000}{15\ 000} = 2.4\text{美元}$$

$PE = 48/2.4 = 20 \times$

b. $股利回报率 = \frac{每股股利}{普通股价格} = \frac{1}{48} = 2.08\%$

c. $股利支付率 = \frac{每股股利}{每股收益} = \frac{1}{2.4} = 41.67\%$

d. $每股账面价值 = \frac{股东权益}{股数} = \frac{192\ 000}{15\ 000} = 12.8$

e. $市净率 = \frac{48}{12.8} = 3.75 \times$

思考题

1. 一公司的损益表数据如下：

（单位：美元）

	2006 年	2007 年
销售收入	50 000	700 000
销售利润	161 300	205 000
销售和管理费用	45 200	74 300
利息支出	15 200	29 100
净利润	44 100	45 600

a. 分别计算 2006 年和 2007 年最后四项占当年销售收入的比重。

b. 基于你的计算，公司的绩效是提高了还是降低了？

2. 公司有 20 万美元的存货，占流动资产的 20%，流动资产占总资产的比重为 50%，公司的负债率为 30%，那么公司的权益为多少？

3. 给定下列的财务数据，净利润 / 销售收入 =4%，销售收入 / 总资产 =3.5，债务 / 总资产 =60%，计算：

a. 资产回报率。

b. 权益回报率。

4. 解释为什么在问题 3 中权益回报率大大高出资产回报率

5. 公司的资产为 180 万美元，每年的资产周转次数为 2.5 次，资产回报率为 20%，那么公司的销售利润率为多少？

6. 公司的资产为 180 万美元，每年的资产周转次数为 1.5 次，资产回报率为 25%，那么公司的销售利润率为多少？

7. 公司的资产回报率为 12%，权益回报率为 18%，公司的负债率为多少？

8. 2007 年，标准普尔 500 指数的成分公司平均以 5 倍于账面价值的价格在市场上交易。假设公司的总资产为 100 亿美元，总的负债为 600 万美元，净利润为 60 万美元。

a. 权益回报率为多少？

b. 总市场价值的回报率是多少？

9. 一公司的财务数据如下：

（单位：美元）

流动资产	600 000
固定资产	400 000
流动负债	300 000
存货	200 000

如果存货增加了 10 万美元，那么对流动比率、速动比率以及净营运资本占总资产的比率都会产生什么样的影响？列示出变化前后的比率。

10. 按如下的数据，计算：

a. 权益回报率。

b. 速动比率。

c. 长期负债占权益比。

d. 固定费用覆盖率。

（单位：美元）

资产	2 500
现金	3 000
应收账款	6 500
存货	8 000

续前表

固定资产	20 000
总资产	
负债和股东权益	
短期债务	3 000
长期债务	2 000
股东权益	15 000
总负债和股东权益	20 000
扣除固定费用和税收之前的收入	4 400
利息支出	800
租赁支出	400
税率（35%）	1 120
净利润（税后）	2 080

11. 假设在第 10 问题的 d 部分，公司有 200 美元的支出项。那么税前的收入必须达到多少才能足够支付这笔款项？如果税率降低了，为了支付这笔款项，公司的收入应该提高还是降低呢？

12. 在第 10 个问题中，如果总的债务占总资产的 50%，利息收入达到了 300 美元，那么公司新的权益回报率为多少？

13. 假设以下财务数据：

（单位：美元，除发行在外的股票数）

短期资产	300 000
长期资产	500 000
总资产	800 000
短期负债	200 000
长期负债	168 000
总负债	368 000
普通股	200 000
留存收益	232 000
总股东权益	432 000
总负债和股东权益	800 000
净利润（税后）	72 000
每股股利	1.44
股票价格	45
发行在外的股票数	24 000

a. 计算市盈率

b. 计算每股账面净值

c. 计算市净率

d. 计算股息收益率

e. 计算股息支付率

14. 承 13 题计算：

a. 计算权益净利率。

b. 如果所得税率为 40%，那么税前利润应该为多少？

c. 现在假设税前利润与 b 中的计算结果相同，但税率为 25%，重新计算税后的权益回报率。

d. 假设 c 部分的税率大幅减低，那么你认为股票的价格会因为权益回报率提高而上升吗？

15. 一个多元化的公司有三个业务线，他们各自的财务信息如下：

（单位：美元）

	服装	电器	运动产品
销售收入	3 000 000	15 000 000	25 000 000
经营利润	330 000	1 250 000	3 200 000
净利润	135 000	870 000	1 400 000
资产	1 200 000	10 000 000	8 000 000

a. 哪个业务板块的利润率最高？

b. 哪个板块的净利润率最低？

c. 哪个板块的资产回报率最低？

d. 计算公司整体的净利润率

e. 计算整个公司的资产回报率

f. 财务总监建议公司将电器板块出售，用出售所得的 100 亿来加强运动产品的生产。而新增的这部分运动产品的资产回报率不变。重新计算整个公司在新情形下的资产回报率。

g. 解释为什么运动产品的销售利润率低于电器，但却更大程度地提高了公司的资产回报率？

16. 证券分析员 A 认为柯林斯公司（Collins Corporation）的市盈率应该为 14 倍。而分析员 B 认为公司的股息支付率为 45%，且公司的股息收益率应达到 4%。假设总收益为 1 200 万美元，股票数为 500 万。

a. 基于分析员 A 的方法，计算公司股票的价格。

b. 基于分析员 B 的方法，计算公司股票的价格。

c. 证券分析员 C 使用在第 7 章中介绍的持续股利估值模型。她采用了分析员 B 对每股股利的假设，并假设了一个 9% 的增长率，并进一步假设股东要求的最低回报率为 12%，那么她的估值是比之前的两个分析高还是低呢？

17. 莎拉贝利在分析两个半导体行业的公司股票。她原来赋予行业中一般的公司 16 倍的市盈率。然而，她会

给与采用保守会计政策的公司 19.2 倍的市盈率，这主要是由该行业周期性的特征决定的。

这两个公司的财务数据如下：

	帕洛阿尔托半导体公司	博瑞奇半导体公司
净利润 / 销售收入	5.0%	4.2%
销售收入 / 总资产	2.1 ×	3.5 ×
债务 / 总资产	60%	30%
收益（百万美元）	40	15
股数	16	6.25

a. 计算每个公司的权益报酬率，并使用杜邦分析方法对其分析？

b. 计算每个公司的每股收益，哪个公司的每股收益更高？

c. 对采用保守资本结构的公司使用 19.2 倍的市盈率，对一般的公司使用 16 倍的市盈率，哪个公司的股票价格高一点？

批判性思维案例——对道德的关注

巴里·米肯在他 15 岁的时候成立了 ZZZZ 最优公司，这是一个专门从事地毯清洗的公司。他从他家的车库中开始开展业务。后来这个公司成了加利福尼亚最大的地毯清洗公司，而米肯则在他 18 岁时成为了百万富翁。在米肯 21 岁时，他将他的公司上市。据估计，他的个人资产达到了 1 千万美元。在那时，ZZZZ 最优公司已经有 1 300 名雇员，1987 年公司的销售额达到 480 万美元。米肯当时大胆预测 1988 年的利润将超过 5 千万美元。

1990 年 7 月，ZZZZ 最优公司的管理层申请破产保护并以私自盗用 210 万美元的公司基金为由起诉米肯。此外，许多顾客也控告 ZZZZ 最优公司进行信用卡诈骗。米肯公开承认对客户的额外收费，但将其归罪于分销商和员工。他同时表示会辞退那些对此负有责任的相关人员，并且他将会以个人名义赔偿受损的客户。

证监会以及其他的法律机构展开对了对米肯及其公司的调查。事实表明，ZZZZ 最优公司是建立在谎言的基础之上，公司通过不实的交易和对会计准则的操纵来造假。公司通过提交伪造的信用卡费用记录和价值达几百万美元的交易记录，使公司的股价急剧上涨。证监会对公司的其他交易进行了调查，包括可能伪造的应收账款，以及其他未被证券法的行为。证证监会指派了一个第三方的管理机构，在公司的账务查清之前暂时对 ZZZZ 最优公司进行

管理。

洛杉矶的警察局对 ZZZZ 最优公司涉嫌洗钱的活动进行了调查。该调查使 ZZZZ 最优 公司及米肯本人与有组织的贩毒团伙的关系浮出水面。这一系列的问题使米肯以"健康原因"最终离开了 ZZZZ 最优公司。但他的辞职并没有使整个事情结束。ZZZZ 最优公司的新管理层起诉米肯将公司 300 万美元用作私人用途。

问题

1. 该案例中，ZZZZ 最优公司的审计公司是否要对他们未发现公司的违法行为而负责？

2. 如果经纪商和分析员向投资者推荐了该股票，那么他们应该承担什么责任？他们对他们的投资建议应该承担多大程度的责任？

CFA 材料

以下材料节选自 CFA 一级考试题及解答。虽然方法上与本章略有不同，但仍然能反映 CFA 考试所需要的技巧。

CFA 考试题

1. 如下表所示，腾纳特公司在 20 世纪 80 年代的经营情况不如 70 年代。我们将 1975，1981，1987 年作为代表年份。为了对现实情况做出解释，你将采用行业生命周期模型，该模型主要包括四个阶段：

I. 早期开发　II. 快速增长　III. 成熟增长
IV. 稳定或衰退

腾纳特公司

1975，1981 和 1987 年公司运营和资产负债表历史数据

（单位：千美元）

	1975 年	1981 年	1987 年
销售收入	47 909	109 333	166 924
销售成本	27 395	62 373	95 015
销售利润	20 514	46 960	71 909
销售管理费用	11 895	29 649	54 151
息税前收益	8 619	17 311	17 758
长期债务利息	0	53	248
税前收益	8 619	17 258	17 510
所得税	4 190	7 655	7 692
净收益	4 429	9 603	9 818
总资产	33 848	63 555	106 098
股东权益总额	25 722	46 593	69 516
长期债务	6	532	2 480
发行在外股数	5 654	5 402	5 320

续前表

	1975 年	1981 年	1987 年
每股净收益	0.78 美元	1.78 美元	1.85 美元
每股股利	0.28 美元	0.72 美元	0.96 美元
每股净值	4.55 美元	8.63 美元	13.07 美元

a. 分别描述四个阶段公司收入、利润率及利润总额的变化模式。

b. 使用 1975，1981，1987 三年的数据考察公司在各个阶段的特征。

解答：

a. 在公司早期的发展过程中，销售收入增长迅速，然而公司的利润率为负值。当公司的销售收入达到一定量时，公司才开始盈利。至此之后，销售收入和利润率都不断提高，两者的协同作用促使公司的收益大幅提高。

利润率在快速扩张期持续增长，但到了成熟增长期稳定下来。尽管利润率保持稳定，公司的销售收入依然不断增长，从而带动利润总额的增加。但此时的增长率已经要低于快速扩张期了。

最后一个阶段，公司的收益不断趋于平稳或逐步下降，可能表现为销售收入不再增加或利润率不断降低。极端的情况是销售收入和利润率同时降低，使得公司的收益大幅下降。

b. 腾纳特公司在 1975 年~1981 年间处于从快速扩张期到成熟增长期的过渡过程中。虽然税前利润率降低了，公司还是能够在这段时间内使税前利润增长一倍。然而，在 1981 年公司的情况发生了重大变化。销售增长放缓，利润率大幅下降。腾纳特公司很显然在 1981~1987 年之间进入了成熟增长期。基于利润的增长趋势，我们甚至可以说公司已经进入了第四阶段，即衰退期，但强劲的销售收入增长使我们需要重新思考这个结论（好的答案会从收入和利润的变化角度来讨论公司所处的生命周期变化。最好是在分析的过程中，进行类似如下的简单计算）。

（单位：百万美元）

	1975 年	1981 年	1987 年
销售收入	47 909	109 333	166 924
前 6 年中的比例变化	N.A.	128.2%	52.7%
税前收益	8 619	17 311	17 758
前 6 年中的比例变化	N.A	100.8%	2.6%
税前利润率	18.0%	15.8%	10.6%

2. 研究部门的主管建议你用杜邦模型来分析腾纳特公司从 1981—1987 年的权益回报率的构成，以此来解释它的变化。他建议你主要关注以下五个指标：

I. 息税前利润率　II. 资产周转率　III. 利息负担
IV. 财务杠杆　　　V. 税收留存比率

a. 分别计算 1981 年和 1987 年这 5 个指标的值。

b. 识别出从 1981—1987 年间对权益回报率影响最大的因素，并简要解释引起该因素变化的可能原因。

解答：

a.

腾纳特公司权益回报率构成因素	1981 年	1987 年
息税前收益率	15.8%	10.6%
资产周转率	1.72 ×	1.57 ×
利息负担	0.1%	0.2%

续前表

腾纳特公司权益回报率构成因素	1981 年	1987 年
财务杠杆	1.36 ×	1.53 ×
税收留存比率	55.6%	56.1%

b. 增加公司的财务杠杆和税收留存比率来增加公司 1981—1987 年的收益。不断减少的息税前利润率，不断降低的资产周转率以及增加的利息负担都会降低公司的盈利能力。

影响权益回报率的最主要因素是息税前利润降低了 33%，这主要是由于公司进入了成熟增长期。利息负担是一个相对较小的因素。资产周转率降低和财务杠杆提高的作用相互抵消了。

第三部分　有效市场问题

下面两章集中讲述有效市场的问题。如果你相信市场足够有效，以至于在同样级别的风险中，你不可能比基准市场指数做得好，那么你可能不会相信技术分析或者这本书第二部分提及的基础分析方法。然而，许多投资者并不相信市场是完全有效的，而且有研究表明相信有效市场的都是异例或者例外。其中一个有影响的投资者是威廉·欧奈尔（William J. O'Neil），他是《投资者日报》，现称《投资者商业日报》的创办人和出版商。

威廉·欧奈尔创办《投资者商业日报》是基于这样一种假设：如果投资者掌握了技术指标的相关分析方法，那么他们就能够做得比市场指数好。他利用自己多年的投资经验和庞大的历史数据库为投资者提供甚至连在《华尔街日报》上也找不到的资讯，这些资讯被认为对投资者是极具价值的。这个全国性的出版物为投资者提供的资讯被技术分析人员称为契机指数。著名的契机投资者理查·崔赫斯 (Richard Driehaus)，是在本书的最新版本中占有重要地位的人，由于多年来对契机指数的分析，他的投资活动表现得相当不错。契机投资者通过观察相对强度指数来分析一只股票的表现是否超过市场。它的理论依据是一只股票会随着市场的波动而呈现涨跌交替现象，但它总体的趋势是不会改变的。因此，应该买进表现相对较好的股票而出售表现相对不好的股票。

威廉·欧奈尔是众多天才中的一个。他在得克萨斯州长大，毕业于达拉斯的南卫理会大学商学院，毕业以后加入了美国空军。1958 年服满兵役后，他在洛杉矶找到了一份股票经纪人的工作。也就是在这期间，他开始痴迷于股票成败原因的研究。他提出了七个因素，今天人们称之为 CAN SLIM。C 表示当前季度收入，A 表示年度的新增收入；N 表示新产品、新管理方式和新的最高纪录；S 代表供给和需求；L 代表领先者和落后者；I 表示公告机构赞助；最后一个 M 代表市场走向。

利用 CAN SLIM，他成为公司里顶尖的业务经纪人。1963 年他创建了威廉·欧奈尔公司（William O'Neil & Co.），该公司首次创造性地使用计算机化的有价证券数据库来追踪和对比各股票的表现。欧奈尔在证券市场上的成功表现让他很快于 1963 年在纽约证券交易所购买到了一个席位。那个时候，他是历史上坐到这个席位上最年轻的人。十年之后，也就是 1974 年，他创办了欧奈尔数据系统公司（O'Neil Data System, Inc.），并且在 1984 年创办了现在闻名的《投资者商业日报》。

欧奈尔同时还是一个成功的作家，他写了很多关于投资的书，例如 1988 年麦格劳-希尔出版的著名的《笑傲股市》（*How to Make Money in Stocks —A Winning System in Good Times or Bad*）。他还写了《证券投资 24 堂课》（*24 Essential Lessons for Investment Success*），这是一本极为畅销的书。2004 年他写了《股票买卖原则》（*The Successful Investor*）。他因其对社会和经济做出的重大贡献而获得了大量的奖项。

第 **9** 章 技术分析基础

学习目标

1. 理解基本分析和技术分析的不同
2. 理解技术分析如何运用于股票价格运动趋势的分析中
3. 解释技术分析用到的图表类别
4. 描述用于追踪市场运动趋势的一系列重要指标

本章要点

1. **技术分析**
2. **图表的运用** *道氏理论的基本组成部分 支撑线和阻力线 成交量 图表的类型*
3. **一系列重要指标** *反向解释原则 机敏投资原则 整体市场原则*

在前面四章中，我们介绍了一种有价证券分析的重要方法，即分析那些影响经济周期和各公司经营业绩的基本因素。我们进一步探讨了财务报表以及对有价证券分析有用的测度工具。掌握了基础方法，我们试图合理地评价一只有价证券的价值，以确定它的价格是被低估还是高估了。

在本章，我们采用一种技术方法来分析和选定投资的时机。在该方法中，分析人员和技术人员研究证券市场的历史价格和成交量，以及其他与市场相关的指标，从而通过研究股票的历史运动趋势来预测未来的发展趋势。技术分析人员将更多精力花费在分析境内市场的数据和图表上，而不是一些基本因素，例如利润收入、管理能力或者新产品开发。他们坚信即使获得了这些重要的基本因素信息，也可能因为时机选择的问题和市场的非有效性而导致投资者仍然无法获得收益。

从一开始我们就应该知道，在我们要研究的很多领域都存在着分歧和矛盾。就像前面所说，技术分析的提倡者不是非常重视基本分析，反之亦然。更甚的是，有效市场假说的拥护者认为基本分析和技术分析两者都不可取。

鉴于各种分歧的存在，我们相信让学生了解各家学说是很重要的。例如，我们这一章介绍技术分析以及与技术方法的价值相关的研究成果。我们贯穿全章的理念是认识到华尔街经纪行的实践应用和学术领域持有的观点之间有一道鸿沟，然而学生们应该对双方都有了解。

9.1 技术分析

技术分析（technical analysis）基于一系列基本的假设：

1. 市场价值由需求和供给的互动来唯一决定；
2. 尽管市场在运行过程中会上下波动，但长期看来股票价格会沿着某一趋势运动；
3. 走势的逆转是因为需求和供给的变动；
4. 需求和供给的变动迟早将会在图表中展现出来；
5. 图表上显现的股票的运行趋势会重复进行。

对我们来说，最应该注意的假设是股票价格在长期内会沿着某一趋势发展，并且这种趋势能从图表中看出。而最基本前提是股票的历史运动趋势能够用于预测股票未来的运动趋势。市场的技术分析员一般都假设在投资者观察到证券价值的变化到市场最终确定这种变化这两个时间有一段时差。

在对证券市场技术分析的介绍前，我们先将它分为两个部分：(a) 图表的应用；(b) 用于预测市场未来变动趋势的一系列指标。

9.2　图表的运用

1890 年末，随着查尔斯·道提出道氏理论，图表开始逐渐被应用于数据的分析中。查尔斯·道是道琼斯公司的创办人，同时也是《华尔街日报》的编辑。他早期的许多箴言被证券市场的技术分析员所采集，直到 1929 年证券市场崩盘，投资者开始相信道氏理论是很成功。

9.2.1　道氏理论的基本组成部分

道氏理论（Dow theory）的基本定理是证券市场有三种运动趋势：短期趋势、中期趋势和长期趋势。根据这个理论，只有当短期趋势和中期趋势（一般为 2 个星期到 1 个月）能够反映长期趋势，对它们的分析才是有用的。长期趋势一般表现为市场中的牛市或熊市。

从图 9—1 中我们可以看出道氏理论是如何分析证券市场的运动趋势的。请注意，虽然中期的运动趋势可能是向下的，但长期趋势一定是向上的。中期趋势的一个重要特征是，每一个新低点都会高于原先的最低点，每一个新高点都会高于原先的最高点。这就预示了未来的市场将是一个大牛市。

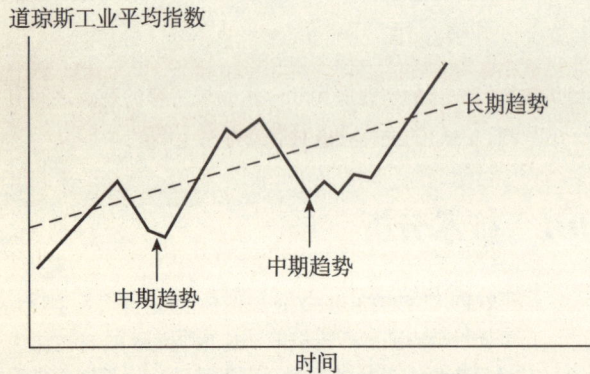

道琼斯工业平均指数

图 9—1　道氏理论图

基于道氏理论的分析，市场最终是会沿着长期趋势的方向运动的，所以投资者不应该被中短期运动趋势所迷惑。然而，向上的运动趋势总有结束的时候，这就意味着股价新高没有高于原先的最高点，而新低也没有高于原先的最低点，正如图 9—2 所示。由于工业平均指数不会持续单独上扬，或迟或早总会为运输业平均指数再次阻碍，因而对于这一情况我们充其量只能认为长期趋势的方向还未定型。只有当运输业平均指数与工业平均指数相互验证时，我们才能得到一个趋势转升的明确信，如图 9—2 下半部分所示。

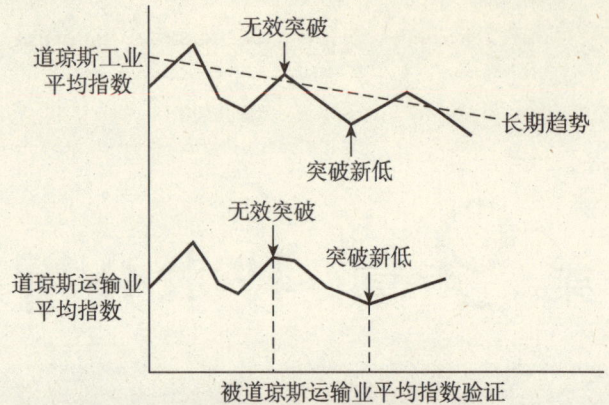

图 9—2　市场反转和确认

同样地，要从熊市转向牛市也需要这么一个过程。虽然道氏理论常用于技术分析中，但市场中总有一些虚假信号的问题存在。例如，并不是所有失败的反转都是牛市结束的信号，而是说明投资者需要等待更长的一段时间来确定市场的长期运动趋势。如果道琼斯运输业平均指数与道琼斯工业平均指数相互验证时，我们才能确认此时市场的长期趋势。

9.2.2　支撑线和阻力线

虽然股价经常处于波动状态，但技术分析派试图通过各种分析来为个人投资者或者市场确定股票合理的买入价和卖出价。因此，在每日的财经报道中，你总是能看到很多关于预测股票市场走势的评论，如预测市场将会走到 13 000 点（或是其他水平）。这也就是假设了支撑线和阻力线的存在。如图 9—3 所示，支撑线为一段时期中某价位区域内实际或预期出现买方力量大于卖方力量而阻止股价下跌的趋势，而阻力线刚好相反，它是一段时期中某价位区域内实际或预期出现卖方力量大于买方力量而阻止股价上升的趋势。

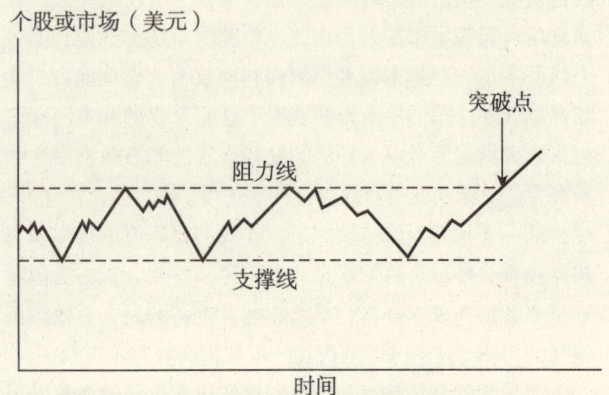

个股或市场（美元）

图 9—3　支撑线和阻力线

支撑线（support）一般是从一系列交易的最低点画出来的，用以确认下一个交易的最低点可能会在哪个价位，从而确定了投资者的买入价。这是市场将要放量的一个信号。当市场运行到平时交易的一系列高点时，此时将会形成一条**阻力线**（resistance）。因为原先进入市场的投资者可能会认为这是一个收回资金退出市场的好机会。

支撑线或阻力线（如图9—3）的突破是有重要意义的。此时，股票可能会以一个新高或新低价进行交易，从而使得市场的交易量增加或减少。

我们可以从19世纪90年代IBM股价的变动中看到支撑线和阻力线的重要作用。在90年代早期，IBM公司的股价一般在150~170美元的范围内进行交易，到1993年中期，股价跌破支撑线，探底到每股40美元。股价下跌的一部分原因是因为IBM公司的每股收益出现10年以来的第一次负值。但出于对IBM公司股价将会出现反弹行情的预期，投资者又开始购买IBM的股票，于是40美元成了股价的支撑线。而那时极受尊敬的执行官葛斯纳（Lou Gerstner, Jr）又重新担任董事会的主席和首席执行官。他一上任就开始精简机构，并实施一系列的措施来促进公司的发展。到1996年，股价上升到90美元，经过一段时间的反复波动后，1997年年中，它终于突破100美元的阻力线并一路飙升到200美元。于是，IBM公司股票实行拆分，一股分为两股。到2007年5月，拆分后的股价仍然保持在每股100美元左右。当然在未来的发展中，IBM公司的股票还会面临新的支撑线和阻力线。

9.2.3　成交量

在分析市场运行趋势时成交量是一个不可忽略的因素。例如，如果股市在成交量放大的时候创了新高价，那么我们就可以确定这是一个牛市的征兆。反之，如果成交量很小，而股价却创了新高那么这可能只是短期的趋势反转。

如果在成交量很小的时候股价创了新低，对投资者而言这一般是很好的信号，因为这说明了很少有投资者愿意接受这个新低价，于是股价必然会反弹。而如果股市出现新低价而成交量却放大，则股价可能会出现下跌的趋势。

2007年初纽约证券交易所每日的成交量大约为25亿美元，当成交量放大到35亿或40亿股时，投资者开始频繁地使用技术分析来确定市场的未来走势。

技术分析对个股仍然适用。2007年英特尔公司每日成交的股票大约为5 000万~6 000万股。但只有达到8 000万~1亿股的成交量时，通过对成交量的分析来预测股市未来的发展才是有意义的。

9.2.4　图表的类型

直到现在，我们只介绍了如何利用线图来表示市场的未来走势。而技术分析员一般还采用柱状图、点状图等。下面我们将介绍一下这些不同类型的图表。

条线图　条线图指的是用一条垂直的线代表股价当时的最高价和最低价，用一条水平的线代表股价当时的收盘价，如图9—4所示。

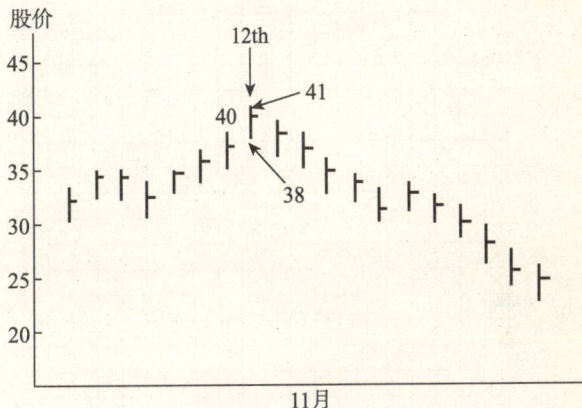

图9—4　条线图

从图9—4中我们可以看出11月12号股票交易的最高价为41美元，最低价为38美元，收盘价为40美元。道琼斯工业平均指数的日成交价一般以这种条线图表示，而日成交量在图9—5的最下面标示。

道琼斯工业平均指数　　　　　收盘价：1164265 ▲+2.88
日最高价、最低价、收盘价和90日均线　　除数：0.12493117
　　　　　　　　　　　　　　　市场资金：3.856万亿美元

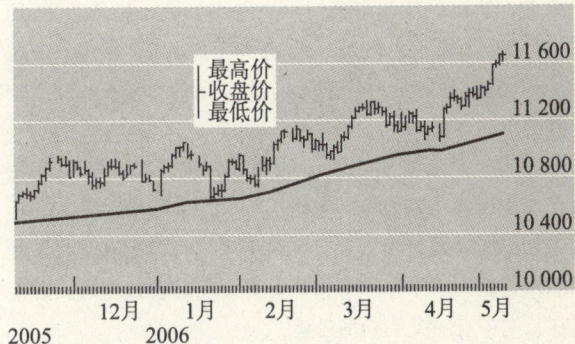

图9—5　平均市价的条线图

标准普尔公司某部门发明的趋势线为投资者提供了股票市场中众多个股每日交易情况的优秀图表信息，这些数据在图书馆或是经纪行都能找到。市场技术分析员仔细地分析评估这些股票的图表，试图以此来确定市场未来的变动趋势。例如，图9—4所显示的趋势可以被称为头肩形态（注：头部出现在中间部分），当股价穿过颈线到达头肩形态右侧时，此时可以认为是一个卖出的信号。

点状图　点状图强调的是一些明显的价格变化和一些具有反转意义的价格变化。不像条线图和柱状图，点状图没有时间限度，图9—6所显示的就是股价的点状图。

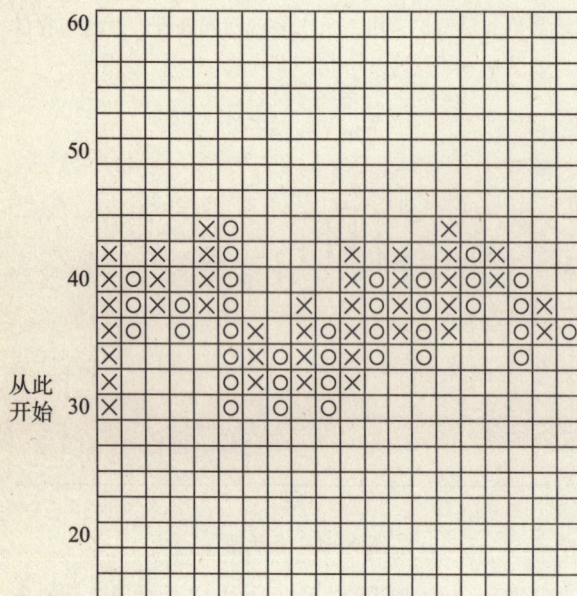

图9—6　点状图

图中假设股价从30美元开始，只有变动2%以上的价格才能在图中标注出来（有些图表可能是1%）。股价上升用Xs表示，股价下跌用Os表示。如果股价从上升形态转向下跌形态或者从下跌形态转向上升形态，那么就另起一栏标注。所以，从图中我们可以看出股价最初是从30美元上升到42美元，然后由42美元下跌到36美元，最后又从36美元开始上升。整个图显示了这种不断上升下跌交替进行的过程。

图表专家通过对点状图的分析来确定市场的一些特征，如支撑线、阻力线、突破点等。分析这些图表主要是因为它们能够通过历史趋势反映未来趋势，所以，为了确保能从这些图表中获取有用的信息，投资者必须先假定市场在长期中有一个明确的趋势。

9.3　一系列重要指标

在这一部分里，我们将会对牛市和熊市中的一系列指标进行介绍。在此之前我们先来看一下反向解释原则，机敏投资原则，以及最后的整体市场原则。

9.3.1　反向解释原则

反向解释原则（contrary opinion rule）认为从市场中找出错的投资比找出对的投资更容易。例如，如果你知道你邻居的方向感非常差，在十字路口时他选择向左转，那么你就可以毫不犹豫地选择向右转。同样的道理，在股市的投资中你也可以采取同样的策略。

零股理论　零股理论是指不到一个成交单位的交易，即少于100股的交易，只有一些小散户才会参与这种交易。零股理论认为，投资者应该认真地观察那些小散户的投资活动，然后选择与他们相反的投资活动就可以了。《巴朗周刊》在"市场实验室—股市"部分详细解析每天的零股交易。现在只要计算散户购买的股数与出售的股数之比就可以了。例如，2006年5月8号，散户购入的股数为7 328 600股，出售股数为8 567 000股，也就是说散户购买的股数与出售的股数之比为0.855，历史数据表明这个比率一般在0.50~1.45间波动。

零股理论表明，小散户在市场沿着历史趋势运行中的情况下一般能做出正确的投资决策，而一旦市场行情开始反转，他们的投资决策一向都是错的。如图9—7所示，当市场处于上升行情时，小散户一般也能获得正的收益，也就是说他们会在上升的市场行情中卖出一部分的股票（这一投资原则叫"低买高卖"）。净卖出头寸可以从零星交易指数（即买入—卖出比例）的下降看出来。然而，当市场持续走高，小散户突然认为自己碰到了在股市发大财的机会，开始成为强势的净买者，于是市场反转向下。

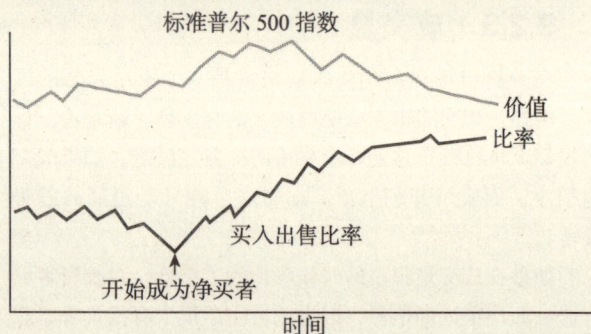

图9—7　标准普尔500指数和零星交易指数的比较

在熊市结束前，小散户一般都会大量售出所持有的股票。假设一个小散户终于从他祖父紧锁的箱子里找到了50股美国电话电报公司的股票，也许在市场反弹时他刚好出售了这些股票。

为了能从零股理论中获得更大的投资收益，投资者还应该特别注意小散户在星期一的投资活动，因为小散户们大多在周末时相互拜访交流，交换一些热点话题和各自的看法，然后在周一早上给他们的经纪人打电话进行投资。零股理论假设小散户们在烤肉架上或者保龄球馆的交谈更代表多数散户的意见，而不只是某个人的看法。

尽管零股理论在 20 世纪五六十年代得到了一些应用，但在接下去的 40 年里它对股市的分析受到质疑。因为一些小散户开始看透职业投资经理的投资策略。20 世纪 70 年代中期及 80 年代末期，在股市崩盘前，小散户已经出售了手中持有的股票，而在经济复苏时他们开始重新购入股票。1997 年 10 月股市下跌超过 500 点，2003 年秋上升 300 点，在股市的这两个波动中也显示了散户投资策略的改变。

卖空理论 反向解释原则的第二条是基于市场中的卖空机制假设。从第 3 章的介绍中我们可以知道，卖空是指股票投资者当对某种股票价格看跌时，便从经纪人手中借入该股票抛出，在发生实际交割前，将卖出股票如数补进，交割时，只结清差价的投机行为。若日后该股票价格果然下落时，再从更低的价格买进股票归还经纪人，从而赚取中间差价。只有当投资者预期未来股价将下跌时他们才会从事卖空交易。他们期望在未来以下跌后的股价购入股票来补足卖空的股票。当卖空的数量过多（这些卖空者都对未来股市有悲观的预期），说明牛市即将到来。

反向解释主要有两个原因：第一个是因为卖空者一般都是比较情绪化的，面对市场的变化他们可能会反应过度；第二个更重要的原因是为了补足卖空的股票，投资者在股价下跌时对股票的需求将上升，从而使市场行情反转。

《华尔街日报》不仅记录了纽约证券交易所每日的股票卖空情况，还记录了两大证券交易所每月（20 号左右）的股票成交量和卖空交易（基于上半月数据）。除了公布这些数据之外，《华尔街日报》一般还对市场的当前走势做出评论和预测。

技术分析人员利用每月的总卖空头寸除以日均成交量计算得一个比率。这个比率一般为 2.0~3.0。一个 2.5 的比率说明当前股票市场的卖空头寸是日均成交量的 2.5 倍。

当卖空比例逼近日交易量范围的上限时，说明未来市场可能是牛市（请记住这是反向解释原则）。这对其他的技术分析方法也是适用的，但利用反向解释原则预测股市的未来发展很有可能出现多重结果。

同样的，这种分析原则也适用于对个股的分析。如果投资者大量地卖空 3M 公司、思科系统和诺威尔公司的股票，那么你可以认为这是买入这些股票的好时期。

投资顾问的建议 反向解释原则更进一步地指出，作为投资者，你应该仔细地观察那些投资顾问的建议分析，

并采取相反的投资策略。投资者情报公司（提供投资顾问服务）编制了看跌情绪指标。如果有 60% 以上的投资顾问认为现在市场处于熊市阶段，那么你应该预期市场未来将会上涨。反之，如果只有 15% 左右的投资顾问认为市场处于熊市阶段，那么你应该相信未来股市会下跌。

图 9—8 是从《巴朗周刊》的 "市场实验室—经济指标" 部分摘录了一些看涨情绪指标和看跌情绪指标。这是以《投资者情绪指标读物》为题发表的。让我们来分析一下 AAII 指标（American Association of Individual Investors Index）。如果看跌情绪指标接近 15% 而不是 60%，这就意味着在反向解释原则下市场是看跌的。

投资者信心指数			
对股票指数或市场风向标指数一致的牛市看法是股票市场到达顶峰的标志，反之，则是市场到达谷底的标志。			
	上周	两周以前	三周以前
共识指数			
赞成牛市		55%	59%
美国个人投资者协会指数			
牛市	54.9%	45.9%	42.1%
熊市	27.5	33.6	36.0
中性	17.7	20.6	21.9
市场风向标指数			
赞成牛市	71%	70%	69%
瑞银投资者乐观指数			
	4 月	3 月	2 月
总指数	63	79	80

图 9—8 投资者信心指数

人们有时难免对投资顾问的意见过于看重，我们来看看《格兰维尔市场通讯》（*Granville Market Letter*）的出版商约瑟夫·格兰维尔（Joseph Granville）对市场的预测是如何影响股市发展的。1981 年 1 月 6 日星期二，格兰维尔发表了一篇名为《全部抛售》的文章，警示投资者未来股市将会大幅下跌，第二天股市马上缩水了 400 亿美元的市值。虽然接下去的事件证明了格兰维尔对未来股市进入漫漫熊市的错误预期，但个人的评论能引发市场产生如此巨大的反应，说明还是有大量的投资者会受到投资顾问的影响。格兰维尔被许多 80 年代、90 年代和 21 世纪初的所谓

一代大师效仿，这些人大多数曾名噪一时，但却没能在市场行情反转时及时通知投资者，使得投资者在股市中遭受损失，所以投资者对这些所谓的投资顾问和股评家失去了信心，他们本人最终也声名狼藉。毫无疑问，新一代这类明星仍会在未来出现。

期权空多比　适用于反向解释原则的另一个指标是期权空多比。看跌期权和看涨期权分别指在一定的时期内投资者能以一定的价格卖出或买入某只股票。顾名思义，看跌期权是投资者有卖的权利，看涨期权是投资者有买的权利。1973 年，期权开始在有组织的场内证券交易所中得到广泛的应用和发展。在第 15 章中我们将看到期权在证券组合中的成熟应用，特别是在保护投资者免于遭受某些特定风险方面更是具有它独到的优势。然而，在期权市场中还是有许多参与投机的个人投资者。由于投机交易的存在，从看涨看跌期权算得的比率可能得出与事实相反的结论。

看跌期权与看涨期权的比率一般为 0.60。在股市交易中很少有看跌期权的投资者多于看涨期权的投资者。但是，如果当这个比率增加到 0.65 或者 0.7，甚至更高，那就意味着投资者普遍对市场前景有着悲观的预期，这时，根据反向解释原则，这是一个买入的信号（他们向左转，所以你就选择向右转）。如果该比例下降到 0.40，遵循反向解释原则，期权交易者下降的悲观预期就说明是卖出的时候了。在市场行情向上的情况下，期权空多比一般高于往日的均值。关于期权空多比的指标可以在《巴朗周刊》中的"每周市场—视点"部分找到。

9.3.2　机敏投资原则

市场分析员一般都会长时期地跟庄，以期待从这些精明的投资机构对市场独到的分析中找到市场未来的变动趋势。我们简要地介绍一下与债券市场交易者和股票交易专家相关的理论。

巴朗信心指数　巴朗信心指数（Barron's Confidence Index）是用于观察债券市场中的投资者对未来市场发展的信心。该理论基于这样的假设：债券市场中的投资者比股票市场中的投资者精明，他们能够更快地预测市场发展的趋势。该理论认为如果投资者能够知道债券市场交易者在今天做了什么，就可以确定在不久的将来股票市场投资者将如何行动。

实例应用　巴朗信心指数一般都是用前 10 家评级最高的公司债券的收益率除以 40 家中等评级的公司债券的收益率[①]，然后乘以 100：

$$巴朗信心指数 = \frac{前 10 家评级最高的公司债券的收益率}{40 家中等评级的公司债券的收益率} \times 100 \qquad (9—1)$$

巴朗信心指数每星期都会在《巴朗周刊》的"经济实验室—债券"部分公布。巴朗信心指数到底告诉了我们什么？首先，我们可以假设分子中的高评级的债券收益率低于分母中的中等评级债券。因为高评级的债券违约风险小，所以收益率相对较低。债券市场是一个典型的风险与收益相匹配的市场，也就是说，在债券市场中具有典型的高风险高收益、低风险低收益的特点。

由于高评级债券的收益率低于中评级的收益率，所以巴朗信心指数总是小于 100。正常情况下巴朗信心指数一般位于 80~96 间，而且在这个范围内，技术分析员能够从中得到与市场经济运行有关的信号。如果债券投资者看好未来市场的发展，那么，不管是高评级债券还是中等评级债券，对投资者来说是没有特别大的差别的，所以它们的收益率利差就相对较小，也就是说，这个时候巴朗信心指数很接近于 96。例如，下面的例子中假设高评级债券的收益率为 8.4%，中等评级债券的收益率为 9.1%，则：

$$巴朗信心指数 = \frac{前 10 家评级最高的公司债券的收益率}{40 家中等评级的公司债券的收益率} \times 100 = \frac{8.4\%}{9.1\%} \times 100 = 92\%$$

现在我们假设投资者对未来市场的发展趋势特别悲观，也就是说如果未来经济发展极为糟糕，一个经营业绩较差的公司甚至无法支付债券的利息，因此这时投资者宁愿投资那些收益较低但评级较高的债券。而也有一些投资者会继续投资于中等评级的债券，但此时他们则要求一个更高的收益率来补偿所面临的更大风险。所以，当投资者对经济预期较悲观时，巴朗信心指数可能会非常接近于 83，因为此时两种债券的收益利差扩大：

---

① 这 40 种债券构成了道琼斯 40 种债券平均指数。

$$\text{巴朗信心指数} = \frac{\text{前 10 家评级最高的公司债券的收益率}}{\text{40 家中等评级的公司债券的收益率}} \times 100 = \frac{8.9\%}{10.7\%} \times 100 = 83\%$$

例子中中等评级债券的收益率比高评级的收益率高出 1.8%，这说明巴朗信心指数很低。随着经济的再次复苏，不同评级间的债券收益利差将逐渐缩小，而巴朗信心指数将上升。

技术分析者认为在巴朗信心指数发生变化和经济状况与股市运行发生变化之间有一时间差。其他类似的指标也存在着这个问题。信心指数的一个主要问题是它只考察了投资者对市场未来收益率的预期和态度（也就是只考虑到投资者的未来需求）。从 19 世纪 90 年代和 20 世纪初的数值我们可以看出，债券的供给，也就是新发行的债券也会影响到债券市场未来的收益率。因此，即使在投资者对未来市场不看好的情况下，一些大公司发行的债券，如通用电器或埃克森美孚也可能会使高评级债券的收益率上升。

专业机构投资者的卖空 机敏投资原则的另一指标是投资专家的卖空头寸。第 2 章中我们介绍了专业机构投资者在有组织的交易所内的做市交易。这些投资者的决策依赖于华尔街的最新动向，因此市场技术分析人员对他们的决策就具有异乎寻常的重要作用。一个用来衡量专业机构投资者的投资活动的重要指标是他们的卖空头寸在总卖空交易中所占的份额。

正如本章开始提到的卖空机制一样，频繁发生的卖空活动表示投资者应该对未来股市行情持乐观态度，因为卖空者可能对市场反应过度，为了在未来某一时点补足所卖空的股票，卖空者必须增加未来对股票的需求。而如果卖空者是专业机构投资者，那么事实就不一定是如此了。这些精明的机构投资者会有一本专门记录股票止损价位的记事本，以此来避免在市场波动中遭受过大损失，这也使得他们能够对市场的每一个小变动保持警惕，所以这些投资者的投资决策是很值得参考的。

专业机构投资者的卖空头寸占总卖空交易的比率一般为 45%。当这个比率上升到 50% 或者更高时，技术分析员认为这是熊市即将到来的一个信号。如果这个比率低于 40%，则投资者将看好市场未来的发展。

9.3.3 整体市场原则

在前面部分我们只介绍了反向解释原则和机敏投资原则，现在我们来介绍一下整体投资原则的两个指标：市场指标系列的宽度和共同基金的现金头寸。

市场指标系列的宽度 市场指标系列的宽度试图通过衡量一系列不同债券在某一时期内的表现水平来说明市场的运行情况，而非只考察整个市场的平均市价。关于平均市价的理论，如道琼斯工业 30 指数或标准普尔 500 指数，都是由各成分股的加权计算而得的，所以这些指标的计算容易受权重较大的公司股所影响，不能真实地表示整个市场的运行情况。为了对市场运行有一个准确的了解和把握，投资者应该分析交易所中所有股票的表现情况。

技术分析员一般喜欢将平均市价的上涨和下跌幅度进行对比分析，从而确定二者是否会趋于一致。股价的上涨和下跌通常与那些由加权平均计算而得的平均市价的变动一致，但在市场高点或市场低点它们变动的方向可能是相反的。当道琼斯工业指数持续上涨，然而纽约证券交易所的每日跌幅持续高于每日涨幅时，可能是牛市结束的信号。这就意味着保守的投资者可能会将资金投资于各大蓝筹股中，但他们对市场缺乏广泛的信心。

实例应用

表 9—1　道琼斯工业平均指数与升/降指标的对比

天	(1)升	(2)降	(3)不变	(4)净升降	(5)累积升降	(6)道琼斯工业平均指数
1	1 607	1 507	201	+100	+100	+33.38
2	1 550	1 560	188	−10	+90	+20.51
3	1 504	1 602	194	−98	−8	+13.08

续前表

天	(1) 升	(2) 降	(3) 不变	(4) 净升降	(5) 累积升降	(6) 道琼斯工业 平均指数
4	1 499	1 506	295	-7	-15	+35.21
5	1 530	1 573	208	-43	-58	-12.02
6	1 550	1 562	186	-12	-70	+50.43
7	1 455	1 650	200	-155	-225	+30.10
8	1 285	1 815	212	-530	-755	+21.30

　　在表9—1中我们看到，纽约证券交易所的升／降指标与道琼斯工业平均指数出现分歧。

　　在（4）栏中，我们可以看到每日升／降指标的值，而（5）栏列出的是累积的升降比，也就是将每日新的上涨或下跌的幅度加到前面累积的数值中。我们将第四栏和第五栏的数值与第六栏道琼斯工业平均指数做对比。显然，道琼斯工业平均指数的优势并没有在升／降指标的变动情况体现出来，这可能预示着未来市场即将走低。

　　市场指标系列的宽度也可以用来分析市场的好转趋势。当道琼斯工业平均指数下跌，而上升趋势持续减缓时，市场可能处于复苏阶段。除了表9—1包含的指标之外，一些技术分析员将每日的升／降指标取加权平均算得一个数值。《华尔街日报》的"股市数据银行"公布每日的道琼斯工业指数和升／降指标。

　　将平均市价与升／降指标进行对比可能得出有效的市场信息，但也可能得出虚假的信息。这两个指标的不同并不总是预示着市场的复苏，所以投资者在进行这种分析时应该特别注意。技术分析员必须观察大量的可变因素。2001年，由于股票价格百分位报价的出现，很多分析人员认为该指标已经失去了部分使用价值，因为现在股票只需升降一美分就远远足够了。

　　共同基金的现金头寸　整体市场原则的另一个指标是共同基金的现金头寸。这个指标主要是衡量共同基金的净买入潜力，而且一般代表了其他大型投资机构的购买潜力。共同基金的现金头寸与它总资产的比一般为5%~20%[①]。

　　最差的情况下，共同基金可能会将所有资金都投入到证券市场，而手中不留有任何现金头寸，从而难以提供额外购买的能力。当共同基金的现金头寸到达或者高于15%时，市场技术分析员认为他们有足够的资金来推动股市未来的发展。在整体市场原则中，对于共同基金现金头寸这个指标的分析问题主要在于，如何确定共同基金在特定的经济周期中留有一定的现金头寸？当经济处于极端环境下，共同基金的现金头寸可能也不同。

本章小结

　　从第5章开始到第8章我们对证券市场的基本分析做了介绍，在本章我们着重讨论了技术分析。

　　基本分析主要着重于对财务报表和价值决定因素的分析，而技术分析主要是分析市场的历史价格和成交量，从而通过历史的运动趋势来预测未来的变动趋势。技术分析利用了大量的图表和一系列的市场指标来对未来的走势做出预测。

　　技术分析还包括对市场的支撑线和阻力线、成交量等进行分析。而条线图、柱状图和点状图等是用来预测市场反转的图形。

　　虽然对于传统的基本分析和技术分析还有很多争议，但重要的是投资者现在越来越将分析的重点放在有效市场

---

① 现金美元一般在短期债务工具中使用，而非其他长期债务和股票。

假设以及它如何影响各种类型的分析。对于这个知识点我们将在接下去的章节中进行讨论。

关键词汇及概念

巴朗信心指数　Barron's Confidence Index
反向解释原则　contrary opinion rule
道氏理论　Dow theory
阻力线　resistance
支撑线　support
技术分析　technical analysis

讨论题

1. 什么是技术分析？

2. 技术分析和基本分析有什么区别？

3. 简述技术分析的基本假设。

4. 根据道氏理论，如果股价的新高点没能超过原先的最高水平，而股价的最低点也没能超过原先的最低水平，这意味着什么？

5. 根据道氏理论，在根据道琼斯工业平均指数里还有其他的什么平均市价可以用于预测未来的市场走势？

6. 什么是股价的支撑线？什么时候会出现支撑线？

7. 在图 9—7 中，如果股价从 36 美元下跌到 34 美元，这种变化在图中会怎样体现出来？

8. 什么是零股理论？如果在市场上升行情中零星交易指数上升，那么市场未来的运行趋势如何？

9. 如果投资情报的看跌情绪指标为 70%，那么你如何预测市场未来的走势？

10. 什么是巴朗信心指数？

11. 如果当道琼斯工业平均指数上升而市场的升 / 降指标值很小（也就是下跌的比上涨的多），这意味着什么？

12. 将下面的指标归类在反向解释原则或机敏投资原则中：

a. 专业投资机构的卖空

b. 零股头寸

c. 卖空头寸

d. 巴朗信心指数

e. 投资顾问建议

f. 期权空多比

第10章　有效市场和市场状况异常

学习目标

1. 解释有效市场假说和有效市场的多种形式。

2. 将有效市场假说同基本分析和技术分析联系起来。

3. 理解在特定投资情况下超常收益存在的可能性。这被认为是市场状况异常。

4. 解释兼并、发行新股、交易所上市、股票回购和其他投资机会是如何产生超常收益的。

5. 熟悉有关账面价值和市场价值关系、低市盈率和小公司具有高市场回报的最新理论。

6. 讨论如何区分高回报和对回报的错误计算。

本章要点

1. 有效市场假说

2. 弱式有效市场假说　独立性检验　交易规则检验　技术分析的含义

3. 半强式有效市场假说　基本分析的含义

4. 强式有效市场假说

5. 超常收益

6. 兼并与收购　被收购公司的溢价　收购公司的表现　支付方式

7. 新股发行　投资银行家的表现

8. 交易所上市

9. 股票回购　回购的原因　实际市场效果

10. 小公司和低市盈率效应

11. 账面市值比效应

12. 其他与股票相关的市场状况异常

13. 真实的超额回报还是计算错误

10.1 有效市场假说

在这一章里，我们将注意力从技术分析转移到对市场有效性的检验上来。首先看看基本分析或技术分析的假设同**有效市场假说**（efficient market hypothesis, EMH）之间的矛盾。

在本书之前的章节里我们提到过，在一个有效市场上，新信息能被很快获取，因此证券在任何特定时间①都能得到准确定价。有效市场的一个重要前提是，大量追求收益最大化的市场参与者都十分关心证券的分析和估值。这似乎可以描述美国的证券市场环境。任何有关 IBM、AT&T、石油禁运，或者税收政策的消息，都会被追求收益最大化的市场参与者吸收和反映到股价中来。因此，有效市场假说认为：所有股票的价格都不可能长期地失衡或者被不合理定价。股价对于新信息所做出的调整几乎是即刻的。有效市场假说最直接地适用于在主要证券交易所内进行交易的大公司。

有效市场假说进一步认为：信息以一种随机和独立的方式传播，并且价格是所有近期可得信息的无偏反应。

一般地说，有效市场假说被分为三种不同形式来进行定义和检验：弱式、半强式和强式。我们将逐一验证这三种有效市场形式及其对于技术分析和基本分析的相关含义。

---

① 一个更为准确的定义是，证券在任意时刻都是以一个无偏的过程定价的。由于信息被假设是在一个随机的独立的过程中传递，所以不具有长期的价格被高估或低估的机制。尽管价格调整并不总是完美的，但他是无偏的并且可以提前预料。

10.2 弱式有效市场假说

弱式有效市场假说（weak form of the efficient market hypothesis）认为过去和未来的证券价格不存在相关性。它们被认为在时间上是不相关的。由于有效市场假说认为现时价格反映了所有可获得的信息，并且信息是以一种随机的方式传递的，因此从对历史价格的研究中几乎不能有所利得。

弱式有效市场假说经过了两种不同方式的检验：独立性检验和交易规则检验。

10.2.1 独立性检验

独立性检验是对一段时间内股票价格的相关程度进行检验。结果发现其相关性很小（在 +0.10 至 –0.10 之间），在统计上不显著。这一点证明了股票价格的变动是独立的。进一步的检验是基于股票价格数据游程的频率和长度的。当两个或更多股价的变动方向不变时就产生一个游程。下面是一系列数据和几个游程的例子：

(＋＋＋＋－＋－＋－＋－－－＋－＋)

游程　　　　　　游程

从概率上讲，游程预计将在任何一个数据系列中出现，但是一个独立的数据系列不应该产生出异常的游程量。技术分析已经证实：证券价格一般不会产生比通过随机数生成所能预见到的更多的游程。这一点也可以说明股票价格的运动是独立的。

10.2.2 交易规则检验

检验弱式有效市场假说（认为股票过去的价格趋势在预测未来价格时没有用处）的又一方法是交易规则检验。由于参与市场的技术分析人员认为独立性检验（相关性研究和游程）对检验弱式有效市场的假设过于严格，因此学术研究者提出了另一种检验方法，被称为交易规则检验或者过滤器检验。这种检验研究基于过去股票价格、交易量等信息的既定的交易规则，能否胜过一个朴素的买入并持有的方法。检验的目的在于模拟一个使用既定交易规则的环境，然后决定在考虑了交易成本和所包含的风险后能否产生超常收益。

以下是交易规则的例子：当股票价格上涨 5% 或更多的时候，交易规则可能就是买入股票。假设这代表了一次转折，并且被认为是牛市。类似地，价格下跌 5% 就应该被认为是熊市，并且要求执行卖出策略（不同于低买高卖的策略，这是一种跟随市场趋势的策略）。其他交易规则

检验可能基于股价上涨减缓的格局、卖出量减少以及其他相似的技术格局。研究结果表明，在少数情况下，交易规则可能产生少量的超额收益，但是在考虑了交易费用后，结果是与朴素的购买并持有方法收益相同，甚至比其收益更少。

10.2.3 技术分析的含义

独立性检验和交易规则检验的结果似乎支持弱式有效市场假说。证券价格在时间上的确是独立的，或者更确切的说，以随机游走的方式变动。

由于这一领域的学术研究没有考虑个人判断，一个有经验的技术分析人员对这些研究提出了质疑。另一个事实是交易规则是无限的，并且不是所有交易规则都可以被或者已经被检验。无论如何，对于弱式有效市场的研究似乎仍然显示：价格在时间上的变动是独立的，不能简单地用历史趋势来预计未来，图表分析和技术分析价值有限。

10.3 半强式有效市场假说

半强式有效市场假说（semistrong form of the efficient market hypothesis）认为：所有公开的信息都已经包含在证券价格中。所以，人们不能通过基本分析来判断一只股票的价格是被高估还是被低估。

基本上，半强式有效市场假说支持对公开信息的学习没有时滞的论断。当一个公司公布一项公告，全国的投资者都以相同的速度得到信息。一家在纽约证券交易所上市的大公司也不能期望通过使用一些值得质疑的会计行为来提高财务利润，并且不会被一些富有经验的研究人员发现（而对于一家不太知名的、在柜台交易、只引起很少投资者注意的公司，可能并非同样成立）。

研究者们通过分析根据新公布的公开信息做出投资行动的投资者能否获得超额收益，来检验半强式有效市场假说。如果市场是半强式有效的，那么这个信息就会立刻反映到证券的价格上，并且投资者只能得到很少或者得不到交易收益。结论就是，根据股票分割、收益报告或其他类似的公开信息进行股票买卖，人们无法获取超额收益。

对于半强式有效市场假说的检验一般建立在风险调整收益的基础上。这样，一个既定投资策略的收益必须经过合适的风险调整与公开市场指标进行比较。就像将在第 21 章中讲到的，风险衡量指标通常是贝塔系数。风险调整之后，问题就变为：是否存在无法用风险解释的超常收益？如果答案是肯定的，并且在统计上显著，那么这一投资策略也许就可以认为是对半强式有效市场假说的驳斥。投资

者在判断既定投资策略是否优越时必须考虑交易费用。

例如，假如一只股票的价格上涨 15%。这只证券相对于市场而言高出 20% 的风险。进一步假设市场整体价格上涨 10%。在风险调整的基础上，这只证券价格应该上涨 12%（10% 的市场收益 ×1.2 的风险系数）以跑赢市场。在上面的例子中，那只上涨 15% 的股票就在风险调整后战胜了市场。

对于股票分割、股利、公司公告以及财务制度的变化等类似事件影响的研究表明：市场大体上是半强式有效的。例如，法玛（Fama）、费雪（Fisher）、詹森（Jensen）和罗尔（Roll）的一项研究指出，几乎所有对股票分割的市场反应都在信息公开之前就已经产生。根据公告行动几乎无利可图。

根据半强式有效市场假说，投资者不但对信息的吸收很快，而且他们还能够识别不引起经济后果的财务信息的变化。例如，由加速折旧法改为直线折旧法（但不是出于税收的目的）将会使每股收益看起来高一些，但是不会给公司带来经济上的好处。研究表明这对于股价没有正面的影响。

类似地，投资者不会被投资政策、准备金账户、汇率变化等其他不会引起经济效益的财务变化所迷惑。公司财务主管将后进先出法改为先进先出法，以使公司的利润在通货膨胀时期看起来好一点，不会引起公司股价的上涨，因为投资者们看到了这一做法带来的高税收，并且不看重作为单纯财务处理后果的较高的报告利润。在这一情况下，对股价的影响就会是中性或者负面的。

10.3.1　基本分析的含义

如果股票价格已经基于对所有可得到的公开信息的分析之上，那么也许可以认为从基本分析中所能得到的收益几乎为零。在半强式有效市场假说的前提下，如果通用汽车以 30 美元的价格交易，那么假设就是成千上万的投资者收集和衡量了每一条关于通用汽车的公开信息，他们得出的均衡价格就是 30 美元。假说认为，你在《华尔街日报》或者《标准普尔报告》上读到的任何信息都已经被其他人考虑了很多遍，并且已经由现时的股价表现出来。如果你说你认为通用汽车由于一些很好的新产品而应该值 32 美元，半强式有效市场假说的支持者会认为你的判断不可能比人人争相胜出的市场的集体智慧更好。

讽刺的是，虽然基本分析不能在有效市场上带来超额收益，但是使得市场有效的恰恰是基本分析。由于人人都在做基本分析，因此几乎不会有未被得到和消化的信息。所以，任何一个人做基本分析都不能带来超额收益。

尽管半强式有效市场有着研究的支持，但仍存在特例。例如巴苏（Bsau）发现，在经过风险调整和未经风险调整的情况下，低市盈率的股票组合都能够比高市盈率的股票组合长期表现出更好的收益。由于市盈率是一个可能引起超额收益的公开信息，这就对半强式有效市场假说的更一般结论提出了质疑。贝茨（Banz）和瑞英格姆（Reinganum）的研究显示：甚至在考虑了风险之后，小公司也能比大公司提供更高的收益。也许因为小公司中机构投资者较少，导致了一个有效性较低的市场和潜在的超额回报。

所以，即使半强式有效市场假说大体上是正确的，例外的情况还是存在的。大多数研究者都不能通过基本分析提供更多的见解，任何规则都无法避免例外情况。我们可以假设有一些研究者，他们具有超常的理解力和研究公开信息的能力，以至于能发现市场的盲点。如果你从很长远的角度看，一只股票的价值正处在短期均衡中这一事实也许并不会妨碍你从长期视角进行分析，并尝试找到该股票的价值。

10.4　强式有效市场假说

强式有效市场假说（strong form of the efficient market hypothesis）在半强式有效市场假说的基础上，进一步认为股票的价格不仅反应了所有公开信息，还反映了所有非公开信息。因此，它假设内部信息也会立刻反映在股价的变动上。在某种意义上，我们可以越过高度有效市场的定义直接到完美市场。

假设没有任何的市场参与者或投资者能够控制信息的获取途径。如果这是事实，那么在任何情况下，任何投资者都不能期望得到风险调整后的超额收益。

与弱式和半强式有效市场不同，主要的研究都不支持强式有效市场假说。例如，证券交易的专业人员能够获得投资资产的超额收益。他们手中尚未执行的限价指令似乎提供了一条独占性信息获得途径。美国证券与交易委员会的一项调查发现，专业人员有 83% 的情况卖价比最近一次的买价高，有 81% 的情况买价比最近一次的卖价低。这显示出了远远超出完美资本市场环境的智慧。类似地，美国证券与交易委员会的一项机构投资者的研究也指出，专业人员的平均资产回报率是高于 100% 的。即使这一回报率在现在竞争更为激烈的情况下会有所减少，专业人员依然比市场表现得好。

其他通过使用非公开信息获得超额收益的是公司内部人员。就像先前指出的，内部人员可以是公司的官员、治理层的成员或者大股东。美国证券和交易委员会要求内部人员向监管机构报告其交易情况。在向监管机构报告后的几周信息得到公开，那时研究者就可以回头判断是否存在内幕交易。总的来说是不存在内幕交易的。内部人员的大量买入会不会导致股价的大幅上涨，完全卖出股票是否会导致市场出现很差的表现？答案似乎是肯定的。研究表明，内部人员能够长期获得高于完美市场可预期的回报。尽管内部人员被禁止参与短期交易（6 个月或更短）或者非法交易以从中获取收益，但他们被允许长期持有股票，这也许是有利可图的。甚至事实已证明，投资者在信息公开后按照内部人员的指示进行交易将获得超额收益。（当然，这与半强式有效市场假说也是相悖的。）

即使存在有关专业人员和内部人员行为的证据来反对强式有效市场假说（或者至少不接受），能够获取超常信息的市场参与者还是小范围的。例如，一直以来关于共同基金经理的研究都指出他们不能够长期超出市场平均水平。虽然共同基金经理也许会在信息公布时第一个得到消息，但是这仍然不足以快到可以带来超额收益。

虽然强式有效市场假说比半强式和弱式有效市场假说显示出更多获取超额收益的机会，但那是与独占性信息的获得相联系的，而非其他。

还应指出的是，那些通过内部信息非法交易的人也许可以在一开始通过特殊的信息获取渠道获得超额收益，但这种做法的代价可能是很大的。例如，伊万·布伊斯基（Ivan Boesky）和米歇尔·米尔肯（Michael Milken），20 世纪 80 年代非法使用了内部信息，被判处没收非法所得、重度罚款和监禁。在这个例子中，他们在信息公开之前利用关于兼并的内部信息进行操作获取收益。尽管他们不是公司的管理人员或者董事会成员，但是作为资金管理人员，他们对于自己的罪行负有特殊的信托责任。

投资的真实世界

行为金融学

向你的教授借 6 小时：3 小时用于金融学，3 小时用于心理学

在这一章所讲的所有金融理论之外，有一个新的金融学分支，名为**行为金融学**（behavioral finance）。这一思想学派是认知心理学的一个分支。它认为如果人们背景不同，在看待或"表达"相同事件时也会不同。例如，在截然不同的背景下，蓝颜色可能在不同的两个人（都不是色盲）看来是不同的。

他们还可能在经过风险及所有其他合理因素调整后，依旧对经济上等效的事件产生不同的看法或构想。这是不理智行为的表现。假设你在一个棒球展上花 10 美元买了一个 Alex Rodriguez 棒球卡。在出门的时候你发现棒球卡丢了，并且经过仔细寻找依然找不到。你会因为自己的不小心而对那张棒球卡产生反感，很可能再也不会买 Alex Rodriguez 棒球卡了。

在类似的事件中，假设你在去棒球展的路上丢了 10 美元。当你在棒球展上看到 Alex Rodriguez 棒球卡卖 10 美元一张，你决定买下它。虽然你的确为自己丢了 10 美元而感到不悦，但你的不悦与你买 Alex Rodriguez 棒球卡无关。

但是记住：在任何一种情况下，如果你买了一张 Alex Rodriguez 棒球卡（第一次或者第二次），经济上的效果是一样的。你比离开家时少了 20 美元，同时多了一张 Alex Rodriguez 棒球卡。你只是对相同的经济事件有不同的"组织构造"或看法。

相同的情况可以被转用到股票市场上。假设你之前在对思科公司的投资上每股损失了 5 美元，而在对英特尔公司的投资上每股赚了 5 美元。现在是 6 个月后，你看到经过风险调整后的两只股票有相等的可观收益。理性的分析人员应该会告诉你这两个投资是完全等价的。但用认知心理学的行话来说，你可能会对两种投资有不同的构想，并且更倾向于选择英特尔。你甚至可能会在英特尔的收益稍微差一点的情况下选择英特尔。

在这一领域，还有一个过度自信的因素在起作用。人们往往倾向于过高地估计他们参与市场所能获得的价值。例如，90% 的瑞士司机自认为是优于平均水平的，但事实上只有 50% 的司机配得上这一评价。根据巴伯（Barber）和欧迪恩（Odean）的论述，男性比女性更喜欢在管理他们的交易户头时表现出十足的信心。他们带着更大的信心更积极地交易，但却在事实上比女性投资者获得更少的收益。这是由于他们对投资能力过于自信而过度买卖股票的缘故。心理学家在其他领域也发现了男性的这种"枪手效应"。

关于行为金融学将如何影响金融市场机会的问题有很多争议。有些人认为这将引起股票的非理性定价并创造获取收益的机会。而另一些人则认为理性的套利将很快消除非理性的价格差额，并消除平均水平的投资者获得收益的机会。由于行为金融学的研究还处在刚刚开始的阶段，这些问题仍处于激烈的讨论之中。

10.5 超常收益

在大多数情况下，特殊或**超常收益**（abnormal returns）是指经过风险调整后高于市场正常情况下所能提供的收益。它也被称为**市场状况异常**（anomaly）。在计算超常收益时必须考虑交易费用。本章接下来把这样的问题作为与兼并与收购、新发股票的价格低估、交易所上市对股票股价的影响、公司回购股票对市场的影响以及小公司和低市盈率效应等相关的市场变动来研究。通过对超常收益率的定义和理解，读者们将能够找到获得股票市场收益的机会。这些策略中的一部分直接或间接地与有效市场假说相联系。

10.6 兼并与收购

近十年里，许多日交易量和价格波动居前的股票成为兼并的目标，也就是说，这些公司已经或即将被别的公司收购。这些兼并的目标公司股价，往往在兼并的短时间内上涨40%~60%或更多。处于被兼并公司之列的有一些很著名的公司，像金霸王、特纳广播公司、化学银行、桂格燕麦片。

10.6.1 被收购公司的溢价

收购目标公司的市场价格大幅上涨的最主要原因，是兼并或收购中产生的高于现时市场价值的溢价。**兼并价格溢价**（merger price premium）表示的是目标企业每股要约价格和每股市价的差异（在要约产生影响之前）。例如，一个以每股25美元出售的公司很可能表现出每股37.5美元的买入价。很自然地，股票价格就会对要约价格和预计的兼并成功做出上涨的反应。

正如所预期的，研究人员持续地发现了收购目标企业的超常收益。一项研究表明最近的平均溢价为40%~60%，并且伴随着相同幅度的价格上涨。溢价基于收购价格与兼并公布三个月前收购目标企业的股价的差别。近十年中一些溢价的例子见表10—1。

从投资的角度看，唯一的问题是与溢价有关的价格收益大约有2/3发生在公告之前。很明显，与并购关系相近的人通过泄露的信息进行交易。享有盛名的摩根士丹利投资银行被美国律师办公室的指控弄得十分尴尬。其两位并购专家密谋使用对被并购者的优先信息在秘密交易账户中牟利。

表 10—1　　兼并收购中支付的溢价

收购公司	被收购公司	对被收购公司股价的支付（美元）	公告前三个月被收购公司的价值（美元）	支付的溢价（％）
罗氏（Roche）	日本先达公司（Syntex）	24.00	15.25	57.38
比阿特丽斯食品有限公司（Beatrice Food Co.）	哈蒙国际公司（Harmon International Inc）	35.25	20.00	76.25
派克笔有限公司	万宝盛华（Manpower, Inc）	15.20	11.50	32.18
柯尔特产业（Colt Industries）	马纳首制造（Menaso Manufacturing）	26.60	15.00	77.33
百事可乐公司	必胜客	38.00	22.375	69.83
沃尔特凯德公司（Walter Kidde & Co.）	维克多康普托计算机（Victor Comptometer）	11.75	7.375	59.32
达纳公司（Dana Corporation）	韦瑟福特有限公司（Weatherford Co.）	14.00	9.375	49.33
阿里斯查尔默斯公司（Allis Chalmers Corporation）	美国空气过滤器（American Air Filter）	34.00	19.50	74.36
时代公司（Time, Inc.）	内河集装箱（Inland Containers）	35.00	20.75	68.67
摩根大通	第一银行（Bank One）	46.25	32.50	42.31

那些希望通过兼并与收购获得合法收益的投资者是有一些途径的。首先一些投资者希望在公告之前找出兼并的目标公司。这是很难的。尽管研究人员已经尝试通过财务和经营上的特点找出兼并的目标公司，但是信息往往是矛盾的，并且还可能随着时间而变化。以前，兼并的目标公司往往具有不良的经营记录，而近期很多被收购的公司是具有优良经营记录的高质量公司（例如，时代华纳、移动通讯、皮尔斯伯里和美联银行集团）。

一些敏锐的研究人员很关注具有异常交易量和股价的股票（这可以是由任何原因引起的）。其他研究人员则找出公司很快会被收购的行业，并企图猜测下一个将被并购的公司。现今这种行业主要有：银行业、电讯业、药品业和能源行业。

虽然在公告前猜测一个兼并目标公司可能带来的收益，但这要求投资者筹集大额资金去对一个可能永远不会发生的事下注。其他人则倾向于在兼并公告发出时投资。这样依然可以获得 15% 或更多的收益（在几个月的时间内）。一只在没有任何兼并消息时价格为 25 美元的股票在发布兼并公告后价格上涨至 37.5 美元，但这时可能还是有很好的盈利空间。唯一的风险就是公告的并购可能被取消，在这种情况下股价会大幅下跌。与取消兼并有关的股价下跌在表 10—2 中显示。

表 10—2　兼并被取消情况下潜在被收购公司的股价变动情况

收购公司—潜在被收购公司	公告前	公告后一天	取消后一天
米德公司—西方石油公司（Mead Corporation–Occidental Petroleum）	20.375	33.25	23.25
奥林公司—塞拉尼斯（Olin Corp.–Celanese）	16	23.75	16.75
芝加哥铆钉—麦特（Chicago Rivet–MITE）	20.75	28.125	20.75

一个精明的投资者必须谨慎地估计收购被取消的可能性。对诸如实施反垄断的可能性、被收购公司管理层对收购的态度、失利股东起诉的可能性，以及不良的利润报告或其他负面事件发生的可能性等因素，必须给予充分关注。公告发布时的潜在价格收益与兼并顺利完成的可能性是密切相关的。也就是说，如果公司兼并能够顺利完成的信息基本上是肯定的，基于 37.5 美元的估计买入价格，公告当时的价格就可能上涨至 36.5 美元。如果还存在严重问题，那么股价就可能只有 32 美元。当一个兼并可以相当肯定时，

套利者就将进入，并且以略高于买入价的价格买进收购目标企业，从而锁定收益。

近期收购活动最为有趣的一个特点是，**恶意收购**（unfriendly takeovers）经常发生。恶意收购是指一家公司有悖于另一家公司意愿的收购。这样的事件通常导致第三方公司的加入。这一公司被称为**白色骑士**（white knight），它的作用在于通过买断目标公司将其从恶意收购者手中救出。新的收购者一般对于目标公司的利益是友好的，并且可能正是受目标公司的邀请参与了这一过程。例如海湾石油公司从梅萨石油的恶意收购中救出了加利福尼亚标准石油公司，并与之合并（重命名为雪佛龙）。

就像有人可能会猜测的那样，这种多个收购者竞相购买的情况通常会导致异常活跃的出价。40%~60% 的溢价可能会通过再出价而上涨至 80%~100% 的收益。例如，对海湾石油公司的竞价将其股价从 38 美元推升至 80 美元。

10.6.2　收购公司的表现

收购公司的股价在兼并和收购过程中又会如何呢？这也是一个特殊的情况吗？即是不是收购公司的股票在这一收购活动中也会显示出异常的市场收益？孟德尔克（Mandelker）的一项研究结果显示，答案是否定的。长期的经济研究显示，很多对于兼并的预期结果可能很难实现，经常是不如所愿。与产品链的扩展或者职能交叉的消除相联系的**协同效应**（synergy）或者"2+2=5"效应，往往由于管理层无法协调不同的企业文化而消失。同时还存在着对似乎出价过高的担心。

以下是收购公司对兼并公告反应的例子：2003 年 11 月美洲银行收购舰队波士顿金融公司。在兼并公告当天，美洲银行的股价从 82 美元跌至 73.8 美元，跌了 10%。研究人员认为这个银行业巨头对东北的银行控股公司出价过高（溢价高达当时舰队波士顿金融公司市值的 40% 左右）。美洲银行向投资者解释说，兼并将使得作为零售银行的美洲银行更具实力，并可以在利润高的东北地区站稳脚跟。但至少在一开始，投资者们并不信服。当然，舰队波士顿金融公司的股东对于并购公告当天股价从 31.8 美元上涨到 39.2 美元是很高兴的（获利大约 23%）。

10.6.3　支付方式

兼并的另一个考虑因素是支付方式。现金支付通常比股票支付的溢价高一些，这是由于对被收购公司的持股人收税的原因。当以股票支付时，被收购公司股东会将税收的支付延迟至收购公司的股票实际卖掉以后。这可能会很快，也可能会等到若干年以后。

在一二十年之前，股票是最受欢迎的支付方式，但现今情况已不同。收购公司越来越偏好使用现金购买被收购公司的股票。

10.7 新股发行

另一个特殊情况是公司股票的首次发行。在投资界，人们相信公司的股价在首次公开发行时是被低估的。这就是说一家公司通过将之前私人持有的股票首次公开卖给新投资者而公开上市（goes public）时，股价可能没有充分反应证券的价值。

这种所谓的价格低估是怎样产生的？它对投资者有什么意义呢？价格低估也许是投资银行家在组织公司上市时坚决承诺购买股票的结果。也就是说，投资银行家通常统一以一个固定价格购买公司 A 的股票，然后再卖给公众（与其他投资银行家、交易员和经纪人一起）这些投资银行家必须十分确定这一价格低于首次公开发行的市场价格，否则银行家（及其他人）将承担损失或者堆积不必要的存货。为了保护自己的地位，投资银行家就可能将发行价低估 5%~10% 来保证充足的需求。

米勒（Miller），赖利（Reilly）；伊博森，辛德拉（Sindelar），里特（Ritter）；莫思凯瑞拉（Muscarella），维特萨朋（Vetsuypens）等人的研究表明，正的超额收益与股票的发行有关。例如，米勒和赖利发现发行后一周有 9.9% 的**超额收益**（excess returns）。但是在股票进入正常交易以后，市场的有效性就将产生作用，这样超额收益会很快消失。超额收益表示经过风险调整以后超出市场平均水平的收益。值得学习的是，购买未公开发行的新股的最佳时期，是在其首次申购时，从特许承销商（投资银行家、交易员和经纪人）处购买。而最佳的卖出时机是在其上市后不久。这些股票在长期内的表现可能低于市场平均水平。

最近巴利（Barry）和詹宁斯（Jennings）的研究强有力地证明了这一点。他们计算出新股第一天的交易带来了 8.9% 的超额收益，但发现 90% 的收益发生在刚开盘的时候。

参与新股的发行并不像听起来的那样简单。一只十分热门的新股可能刚开始就被超额认购了，并且只有经纪公司的良好客户才能分得份额。NexGen 半导体公司、网景、微软、苹果电脑和基因科技（Genentech）生物公司首次公开发行的火爆就是这一情况。基因科技的股价竟然在交易开始后的 20 分钟内从 35 美元上涨到 89 美元(但很快下跌)。在很大程度上，只要是拥有普通交易账户并且愿意参与新股市场的客户，就可以找到足够的投资机会，虽然可能会比上述的投资者少一些特定的投资机会。

10.7.1 投资银行家的表现

研究表明，大型的、享有盛誉的投资银行，一般不会为投资于其所承销的首次公开发行股票的投资者提供最高的初始收益。原因在于最好的投资银行倾向于承销最好的上市公司的股票。与这些好公司相关的不确定性较少。这些公司通常就上市事宜在众多投资银行中货比三家，并且最终达成允许他们上市时价格较少低估的协议（他们想让大多数的好处归于公司而不是初始股东）。

10.8 交易所上市

对于一些投资者而言，**交易所上市**（exchange listing）是一个特殊情况。在这种情况下，一家在柜台交易的公司如今将其股票拿到交易所（如美国证券交易所或纽约证券交易所）上市。另一种情况是一家原来在美国证券交易所上市的公司改为在纽约证券交易所上市。

交易所上市可以给证券带来利益（尤其是当一家公司从柜台市场转移到有组织的交易所时）。上市公司如今被赋予了维持持续有序市场的义务。交易所上市还可以使这家公司有更多进行保证金交易和买空的机会。大机构投资者和海外投资者会认为上市的证券更适合包含在投资组合中。

上市公司必须达到表 10—3 中的特定规模和经营标准（纽约证券交易所的标准在第 2 章中已经提及）。虽然这些标准的限制并不是十分严格，但是达到这些标准更能受到投资者的青睐。

表 10—3　　　纽约证券交易所上市最低要求

整数股持有者（一个交易单位持有者的数量———一般为 100 股）	**400 位美国股东**
或者：	
总股东数	2 200
加上：	
平均月交易量（最近 6 个月）	100 000 股
或者	
总股东数	500
加上：	
平均月交易量（最近 12 个月）	1 000 000 股
公开股	1 100 000 流通在外
公开股市值	

续前表

整数股持有者（一个交易单位持有者的数量——一般为 100 股）	**400 位美国股东**
上市公司	100 000 000 美元
首次公开发行，股权拆分，股权分割	60 000 000 美元
最低数量标准：财务指标	
利润	
最近 3 年的平均税前利润	10 000 000 美元
最近两年的最低数量（必须在第 3 年为正数）	2 000 000 美元
或者	
现金流估值	
对于世界资本市场的资本数量不少于 5 亿美元和最近 12 个月的收入不少于 2 亿美元的公司	
3 年的平均营运现金流（每年的利润必须报告为正）	25 000 000 美元
世界市场资本化水平	
上一财务年度的利润	75 000 00 美元
平均世界市场资本化水平	750 000 000 美元
固定资产（少于 3 年的营运时间）	
股东资产	60 000 000 美元
现今（少于 3 年的营运时间）	60 000 000 美元
净资产	

一些调研报告对交易所上市的市场影响做了研究。正如预期的一样，股价的大幅上涨与证券的即将上市是相关联的。但在上市以后也存在明显的卖出现象。凡霍恩（Van Horne）、法博齐（Fabozzi）等人的研究显示总效应可能是中性的。英（Ying）、莱温伦（Lewellen）、施拉伯母（Schlarbaum）和里斯（Lease）（YLSL）的研究则倾向于指示总体的正收益。

真正显著的因素是，无论股票在交易所上市几个月后是否比几个月前具有更高的净值，都是有利可图的。如果一个投资者在上市前的四到六周买入股票并在上市时卖出，将可以实现获利。对上市申请的通过，会于上市日期之前在纽约证券交易所每周的公报上进行公告，所以获利往往是可能的。前面提到的 YLSL 的一项研究表明：在风险调整的基础上，在发布上市公告和正式上市之间的几周内是可能存在超常收益机会的（由时间段决定，超过正常

市场收益 4.40%~16.26%）。YLSL 提出即便在上市公告发布之后仍然有利可图，这实际上拒绝了半强式有效市场假说。一个精明的投资者可能会希望在上市当天卖出股票，因为那个时点上可能出现价值损失。

读者也应该对证券退市的潜在影响有所了解。退市是指正式从纽约证券交易所或美国证券交易所退出，转而进行柜台交易。这一情况将在公司明显不再满足交易所的要求时发生。就如你预计的那样，这是一个严重的坏消息。莫宙斯（Merjos）发现她所研究的 50 家公司中，有 48 家在交易所交易的最后一天和柜台交易的第一天之间跌价明显，平均跌幅为 17%。虽然这一价值没有经过风险调整，但这一幅度已经足以证明影响的显著性。其他研究的结果也相似。

10.9 股票回购

公司回购（repurchase）自己的股票是一个有趣而特殊的情况。这一买入增加了股票的需求但减少了有效供给。在研究回购的市场效应之前，我们先来简单地研究一下公司做此决定的背后原因。

10.9.1 回购原因

有些情况下，管理层相信股票在市场上被低估了。之前的研究显示，在回购公告之前被回购股票的表现是低于市场平均水平的。因此，管理层或董事会就会因为股价被低估而认为这是一个很好的机会。但是其他人可能会将回购看成是一个管理层没有创造力或者公司缺少正常调配资金的投资机会的信号。过去的经验研究显示，参与回购的公司相对于其他可比公司而言通常具有较低的销量、利润增长率和净值回报率。但是，在 20 世纪 90 年代的牛市中，回购自身股票的公司中有许多处于华尔街实力最强和最享有盛誉的公司之列。包括埃克森美孚、通用电气、IBM、默克公司和孟山都公司（Monsanto）。

10.9.2 实际市场效果

从市场状况异常的观点来看，最主要的问题是：回购的市场影响是什么？其中是否有获利机会？早期大多数研究的结果是否定的。基于 20 世纪 70 和 80 年代股票数据的研究给出了一个更为乐观的观点。伊肯伯里（Ikenberry）、拉格尼沙克（Lakonishok）和福米伦（Vermaelen）（ILV）1995 年的研究提出了一个有条件的乐观回答。

投资的真实世界

特殊情况：坏消息有时对于投资者而言反而是好消息吗？

事件	反应时间	在反应时间中的道琼斯工业平均指数收益/损失（%）①	道琼斯工业平均指数收益百分比反应时间后的天数		
			22	63	126
法国沦陷	05/09/1940—06/22/1940	(17.1)	(−0.5)	8.4	7.0
珍珠港事件	12/06/1941—12/10/1941	(6.5)	3.8	(2.9)	(9.6)
杜鲁门获胜	11/02/1948—11/10/1948	(4.9)	1.6	3.5	1.9
朝鲜战争	06/23/1955—09/26/1955	(12.0)	9.1	15.3	19.2
艾森豪威尔心脏病发作	09/23/1955—09/26/1955	(6.5)	0.0	6.6	11.7
人造卫星上天	10/03/1957—10/22/1957	(9.9)	5.5	6.7	7.2
古巴导弹危机	08/23/1962—10/23/1962	(9.4)	15.1	21.3	28.7
肯尼迪遇刺	11/21/1963—11/22/1963	(2.9)	7.2	12.4	15.1
美国轰炸柬埔寨	04/29/1970—05/26/1970	(14.4)	9.9	20.3	20.7
肯特州枪击事件	05/04/1970—05/14/1970	(4.2)	0.4	3.8	13.5
阿拉伯石油禁运	10/18/1973—12/05/1973	(17.9)	9.3	10.2	7.2
尼克松辞职	08/09/1974—08/29/1974	(15.5)	(7.9)	5.7	12.5
苏联驻军阿富汗	12/24/1979—01/03/1980	(2.2)	6.7	4.0	6.8
白银危机	02/13/1980—03/27/1980	(15.9)	6.7	16.2	25.8
福克兰群岛战争	04/01/1982—05/07/1982	4.3	(8.5)	(9.8)	20.8
美国入侵格林纳达	10/24/1983—11/07/1983	(2.7)	3.9	(2.8)	(3.2)
美国轰炸利比亚	04/15/1986—04/21/1986	2.6	(4.3)	(4.1)	(1.0)
1987年金融恐慌	10/02/1987—10/19/1987	(34.2)	11.5	11.4	15.0
入侵巴拿马	12/15/1989—12/20/1989	(1.9)	(2.7)	0.3	8.0
海湾战争最后通牒	12/24/1990—01/16/1991	(4.3)	17.0	19.8	18.7
戈尔巴乔夫的政变	08/16/1991—08/19/1991	(2.4)	4.4	1.6	11.3
英国的货币汇率机制危机	09/14/1992—10/16/1992	(6.0)	0.6	3.2	9.2
世界贸易中心爆炸事件	02/26/1993—02/27/1993	(0.5)	2.4	5.1	8.5
俄罗斯，墨西哥，加州桔郡	10/11/1994—12/20/1994	(2.8)	2.7	8.4	20.7
俄克拉荷马市爆炸案	04/19/1995—04/20/1995	0.6	3.9	9.7	12.9
亚洲股市危机	10/07/1997—10/27/1997	(12.4)	6.8	10.5	25.0
俄罗斯长期资本管理公司危机	08/18/1998—10/08/1998	(11.3)	15.1	24.7	33.7
恐怖袭击事件——世界贸易中心、五角大楼	09/11/2001—09/17/2001	(7.1)	5.7	6.1	10.5

① 损失用括号表示。

研究发现对于股票回购公告的立即回应是很小的。研究涉及的 1 239 起回购中，平均收益仅为 3.5%。小幅涨价的原因之一是人们对回购股票持怀疑态度。大约 90% 的股票回购在公告意图时都宣称未来将在公开市场上买入，而不是明确的承诺（所谓的要约收购）。很多分析人员都对于接受回购将会进行下去的假定表示犹豫。很可能公告的是一个 5 000 万的回购计划，但最终回购的只有 1 500 万。

但是，在最新研究中，研究人员确实发现：尽管最初的反应已经减弱了，在股票回购后很长的一段时间里还是存在正回报。在公告月后四年的时间里，研究中的股票存在着平均 12.1% 的超常收益（超出相同风险的可比公司的回报）。

对于公告后回购是否能继续进行无疑存在着怀疑，但影响未来市场表现的最主要因素是回购所涉及的股票种类。对于有着坚实基础的价值核心股，四年中的超常收益是 45.3%。对于价格很高的"魅力股"，回报的范围从中性到较小的负值（与相似公司相比）。

对回购能带来收益的最主要的论证，是管理层在回购时知道自己在做什么。在其实施中，管理层作为内部人士为了公司的利益而采取行动，并且我们在前面已经观察到内部人士势必会正确地做出投资决策。这一事实也许会带来正的投资收益。当然这只是许多交易的平均结果，而且并不是所有的要约收购都被证明是有利可图的事件。投资者必须对将要回购的股票数量、回购的原因以及未来对每股收益和股利的影响进行细心验证。

10.10　小公司和低市盈率效应

20 世纪 80 年代，两位芝加哥大学的博士研究指出，获得超额的风险调整后收益的关键在于投资于**小市值**（market capitalizations）公司（市值等于股票数乘以股价）。在对纽约证券交易所的一项 1936—1975 年的研究中，本茨（Banz）发现，市值最低的 20% 的公司即使在经过风险调整后依然提供了最高的收益率。本茨指出，"平均而言，在 40 年的时间里，纽约证券交易所的小公司明显取得了比大公司更高的风险调整收益"。

对于本茨的研究，有人就其只采用了纽约证券交易所的股票，以及所选择的时间段中包含了经济衰退和两次世界大战而提出质疑。在经济萧条后，小公司显示出了令人难以置信的高收益。瑞英格姆在同时期的一个相似研究避免了这些质疑。瑞英格姆研究了 1963—1980 年在纽约证券交易所或美国证券交易所交易的 2 000 家公司。他每年将这 2 000 家公司根据规模分为 10 组，其中规模最小的一组

市值小于 500 万美元，最大的一组市值为 1 亿美元或更多。

表 10—4　　　瑞英格姆研究结果的摘要

（1）分组[①]	（2）市值中值（百万美元）	（1）股价中值（美元）	（4）平均年收益率（%）
MV 1	4.6	5.24	32.77
MV 2	10.8	9.52	23.51
MV 3	19.3	12.98	22.98
MV 4	30.7	16.19	20.24
MV 5	47.2	19.22	19.08
MV 6	74.2	22.59	18.30
MV 7	119.1	26.44	15.64
MV 8	209.1	30.83	14.24
MV 9	434.6	34.43	13.00
MV 10	1 102.6	44.94	9.47

瑞英格姆研究结果的摘要由表 10—4 给出。

第 2 列显示了各组公司的市值中数。第 3 列是各组公司的股价中值，而第 4 列是各组公司的平均年收益率。

如第 4 列所示，市值最小的公司组（MV1）比市值最大的组（MV10）每年的收益率高出 23%。所研究的 18 年中有 14 年 MV1 组表现出比 MV10 组高的收益率（表格中未显示）。在其他类似的分析中，瑞英格姆发现投资于小市值公司的 1 美元在 1963—1980 年间增长到了 46 美元，而投资于大公司的 1 美元就只增到 4 美元。和本茨一样，瑞英格姆将他的结果进行风险调整后，仍然显示出了显著的超额风险调整收益。

这种超额利润的证据引来了多方争议。罗尔（Roll）认为，由于对小公司股票非经常和非正常交易方式的错误说明，对小市值公司的研究低估了其风险指标（贝塔）。斯特尔（Stoll）和维利（Whaley）认为，与小公司股票交易有关的交易费用可能会很大程度地消减其获利潜力。他们指出小市值低股价公司股票的买卖费用可能是大市值公司的 4~5 倍。瑞英格姆坚持认为，即使考虑了这些质疑，小市值公司依然显示出超额的风险调整后收益。

如果投资于小公司可能是有利的，那么为什么专业的投资经理没有选择这一策略呢？在某种意义上这是一个困

---

① MV 指市场价值。

境。出现存在超额回报的市场无效性的部分原因就是，没有机构投资者的参与。并且产生的信息会以一个较慢的速度得到反映。研究显示：有组织信息的缺失与超额回报潜力之间有着重要联系。

小公司效应的拥护者指出，仅仅是这个效应而不是低市盈率效应等其他效应导致了超额的风险调整后收益。皮维（Peavy）和古德曼（Goodman）则认为低市盈率效应也是十分重要的。继巴苏（Basu）早先对低市盈率的重要性进行研究之后，他们补充了其他可能导致超额收益的因素，例如：公司的小规模，股票的不频繁交易以及行业的总体表现。他们在做这些研究时使用的是市值至少1亿美元的公司，每月的活跃交易额至少25万股，并且属于同一行业。这样，这三个因素都不会成为回报与市盈率之间相关性的干扰项。

在考虑了这些参数之后，皮维和古德曼展示了一个公司风险调整后的收益与市盈率之间的显著相关性。公司被按照市盈率分组。第一组包含了市盈率最低的公司，第二组包含了市盈率次低的公司，依此类推。他们研究结果的一部分显示在表10—5中。

表10—5   市盈率与表现：电子行业（1970—1980年）

	平均市盈率	平均季度收益（风险调整后）	贝塔均值
1	7.1	8.53	1.15
2	10.3	4.71	1.12
3	13.4	4.34	1.13
4	17.4	2.53	1.19
5	25.5	1.86	1.29

注意市盈率较低的公司有着较高的风险调整后收益。表10—5只显示了电子行业的数据，但在其他行业中也发现了相似的结构。

总而言之，本茨和瑞英格姆的一些研究认为，小规模是导致超额收益的主要参数；而其他研究则认为低市盈率效应是主要参数。

10.11   账面市值比效应

我们还有另一种理论来解释为什么某些股票的表现优于市场。法玛和弗兰茨（French）教授认为，比起市盈率、杠杆或者其他参数，账面市值比和规模在解释股票市场表现时显得更为重要。规模已经讨论过了，我们来关注账面市值比。法玛和弗兰茨的研究认为，账面市值比越高（市场价值与账面价值的比越低）股票的潜在回报就越大。

这一结论对于一些学生来说多少会感到意外，他们曾被教导过，账面价值作为一个以历史支出而非最新价值为基础的参数是不重要的。最新的逻辑是一只账面价值与市场价值接近的股票比一只账面价值只有市场价值20%的股票更可能被低估。后者的数据显示，股票正在以5倍于其公司报表上账面价值的价格交易。

$$\frac{账面价值}{市场价值} \leftrightarrow \frac{市场价值}{账面价值}$$
$$0.20 \leftrightarrow 5\times$$

5倍的高比率表示，公司需要比照以十分接近账面价值的价格进行交易的股票进行校正。

记住了这第三种理论，投资者也许会希望关注同时满足前面讨论过的所有影响因素的股票。那些因素即：小规模、低市盈率和高的账面市值比。

10.12   其他与股票相关的市场状况异常

尽管前面的篇章试图突出与股票有关的主要的特殊情况，但也还是存在着其他机会的。

1月效应   股票持有者倾向于在12月下旬卖掉他们的跌价股以减少税收支付，因此这些股票在1月初往往被低估，从而可能显示出低价买入和高回报的机会。事实上，1月效应及其高回报潜力已经吸引了很多人，以至于它经常被作为解释其他现象和自身的参数。例如，凯恩（Keim）发现一年中大约一半的小公司效应发生在1月。事实上，由于越来越多的投资者开始预计和利用1月效应，因此它在时间上提前了（每个人都想成为第一个）。部分1月效应如今在12月就能观察到。

投资的真实世界

特殊情况：杰西 · 詹姆斯（Jesse James）会成为一个加速上涨的例子吗

玛莎·斯图尔特（Martha Stewart）由于在 2004 年 4 月的记录中对美国证券与交易委员会和联邦投资者说谎而被判有罪。你也许会回忆起，基于其美林经纪人的关于公司创始人萨姆·威克塞尔（Sam Waksal）由于公司新的主打型药物没有得到美国食品药品监督管理局的批准而卖出股票的消息，她卖出自己所持有的免疫克隆（ImClone）生物公司股票。这些都是在食品药品监督管理局做出决议的坏消息公布之前发生的。受损的不仅仅是玛莎·斯图尔特本人，她的上市公司——玛莎·斯图尔特生活多媒体公司的市值也损失了上亿美元。玛莎似乎没有遵守这项业务的重要规则：你必须知道何时买入，何时卖出，何时让步。

但是你不必对正在接受联邦调查的主管和公司丧失信心。咨询一下在 2003 年创造了"联邦储备银行指数"的守护神（Guardian）人寿保险公司的基金经理。这是一个由于可能的过错而受到联邦储备银行或者美国证券和监管委员会调查的公司的市场表现指数。

在 2003 年这一平均加权指数包含了像泰科、南方保健(HealthSouth)公司、埃尔帕索(El Paso)、讯宝公司(Symbol Technologies) 和美国国际联合电脑公司（Computer Associates）这样的问题公司。这一指数第一年的表现如何呢？在标准普尔 500 高涨的一年中（26.4% 的回报率），联邦储备银行指数以 58.8% 的回报率将业绩翻倍。

这一指数中的很多公司由于下跌得如此剧烈以至于除了上涨无路可走。以南方保健公司为例。至 2003 年 4 月，南方保健已经损失了其市值的 98%。股价下跌至每股 8.5 美分。然而，在这一年之后的时间里，它的股价上涨 5.365%到了年末的 9 美分。这一指数中的其他股票遵循了相似的方式。

问题是：联邦储备银行指数的表现在未来可以延续吗？审核——对于公司或者指数——仍在进行中。

周末效应 研究证据显示：股价倾向于在周五上涨，并且一般在周一下跌。这样，理论上就应该在最近的周一买入而在最近的周五卖出。尽管在很长一段时间里这一观测结果是有效的，但是总体上股价的变动太小以至于在除去交易费用后无法获利。但是如果你有一个持有很久的股票想卖，你也许会更倾向于在一周的后期而不是前期卖出。

价值线评级效应

实例应用 价值线投资调查包含了大约 1 700 只股票的信息。通过估值模型，每一个公司都根据其在未来 12 个月间的市场盈利表现而被评为 1~5 级。1 是最高的评级，而 5 是最低的。研究人员指出，相对于其他四组和市场，评级"1"的组提供了更好的风险调整后回报。当然，频繁的交易可能会迅速消减获利。表 10—6 显示了价值线评级为"1"的组较其他组更好的表现。

表10—6

价值线各组的表现

1965.4.16—2005.12.30

组	1965	1966	1967	1968	1969	1970	1971	1972	1973	1974	1975	1976	1977	1978	1979	1980	1981	1982	1983	1984	1985
1	28.8%	-5.5%	53.4%	37.1%	-10.4%	7.3%	30.6%	12.6%	-19.1%	-11.1%	75.6%	54.0%	26.6%	32.6%	54.7%	52.6%	13.6%	50.6%	40.9%	-2.1%	47.0%
2	18.5	-6.2	36.1	26.9	-17.5	-3.2	13.7	7.4	-28.9	-29.5	47.4	31.2	13.4	18.3	38.0	35.7	1.8	31.0	19.1	-0.8	30.7
3	6.7	-13.9	27.1	24.0	-23.8	-8.0	9.3	3.5	-33.6	-34.1	40.7	29.0	1.3	3.0	20.7	15.4	-3.3	17.9	20.2	-5.6	22.8
4	-0.4	-15.7	23.8	20.9	-33.3	-16.3	8.4	-7.1	-37.9	-40.6	39.3	28.8	-6.9	-3.8	12.8	7.4	-8.7	5.1	25.0	-17.4	11.4
5	-3.2	-18.2	21.5	11.8	-44.9	-23.3	-5.5	-13.4	-43.8	-55.7	-40.9	26.7	-17.6	-3.2	10.4	2.9	-21.4	-10.9	19.0	-31.0	-5.6

组	1986	1987	1988	1989	1990	1991	1992	1993	1994	1995	1996	1997	1998	1999	2000	2001	2002	2003	2004	2005	1965—2005
1	22.9%	5.4%	9.5%	27.9%	-10.4%	55.4%	10.0%	13.4%	-2.6%	22.8%	20.4%	11.3%	8.2%	24.1%	-10.4%	-20.3%	-27.2%	33.8%	8.4%	5.6%	52,206%,
2	14.4	-2.4	20.4	26.5	-10.2	34.1	14.3	12.4	-2.2	28.1	19.0	24.0	0.1	-0.5	-4.4	-3.8	-28.8	38.2	14.5	12.9	5 224
3	7.7	-12.6	16.1	13.7	-24.4	18.9	11.0	9.8	-6.9	16.6	12.3	21.5	-3.9	-3.3	-3.2	-0.8	-27.1	38.2	10.5	3.6	339
4	-6.8	-15.8	17.6	2.6	-33.7	16.7	6.2	8.5	-9.9	17.1	14.5	-11.0	-7.5	-3.7	5.9	-26.7	34.2	9.4	-6.7		-49
5	-19.6	-28.0	11.4	-19.2	-45.5	25.5	15.4	0.3	-15.2	5.2	7.5	16.6	-11.5	-19.7	-7.2	-15.7	52.2	15.2	-12.6		-97

意外收益效应　就像在有关有效市场的讨论中提到的那样，财务信息倾向于包含在股价中，并且通过这一信息获得超常收益的机会几乎是不存在的。即使公司报告了20% 的收入增长，但如果这一收益是总体上可以预期的，那么对于公告的市场反应会是微不足道的。但是，这一规则的例外大概与真正未能预计收益的公告有关。如果信息十分正面，那么股价可能会在公告后几天内上涨，这样就提供了一个超额收益的机会。对于一个未预计的负面信息的反应则相反。

后一个因素在 20 世纪 90 年代中后期的上升市场特别明显。像微软、英特尔和惠普这样有着超常市场表现的股票，被期望产生不断增长的收入来支持它们的高价值。如果它们做不到，惩罚将是迅速和惨重的。例如，当微软宣布其在 1997 年二季度的收入将比预计数目低时，其股价在交易开始的一小时内就下跌了 25 个点。

10.13　真实的超额回报还是计算错误

在前几章和本章的讨论中，我们指出超常回报可能源于在低效市场上或市场状况异常情况下的超常策略。这也可能是一个计算错误，从而得出了实际上并不存在的超额风险调整后收益。可能你只是错定了风险的大小（贝塔）或者用了一个错误的模型。如果所有超额风险调整后收益都是错定的结果，我们就能够充分地认为市场是完美有效的。

主流观点是尽管存在着一些错误估计，很多的机会的确反映出市场的非有效性。如果研究得当，是存在取得超额风险调整后收益机会的。有效市场最为直接和坚定的解释就不像 20 年前时那么重要了。

本章小结

有效市场假说认为市场对于新信息供给的调整是十分迅速的，因此证券在任何时候都趋于被准确估价（或者迅速地趋向这个均衡价值）。

对有效市场假说的研究和检验分三个形式进行：

1. 弱式有效市场假说认为过去和未来的股价没有关系（它们在时间上是独立的）。

2. 半强式有效市场假说认为所有的公开信息都已经包含在股票价格中。

3. 强式有效市场假说认为所有的信息——无论公开与否——都包含在股价中。

研究倾向于支持弱式有效市场假说。他导致了很多研究人员对于技术分析总体价值的质疑。但是，很多华尔街人会对此进行辩论。半强式有效市场假说也有研究的支持。并且这趋向于对个人投资者使用的基本分析产生质疑（但是，正是所有基本分析人员的集体智慧使得有效市场假说成立）。半强式有效市场假说存在一些反例，并且很多研究致力于提供更多的反例数据。强式有效市场假说基本上没有被接受。

本章里，我们也检验了很多不同形式的超常收益。大概没有哪一个比最近十年的兼并与收购浪潮得到了更多的关注。由于收购公司付出的溢价，被收购公司的股价就有非常可观的增长潜力。

接着，我们观察了首次上市公司（第一次将股票卖给大众）的价格模式。上市后存在超常收益。并且市场的有效性很强地表现出来。

交易所上市可能会也可能并不会给相关的证券带来更高的价值。在这方面研究的结果似乎有点矛盾。但是，YLSL 的研究指出的有趣现象是，在公告和交易所上市两个时点之间可能存在超额收益（无论交易所上市后是否有抛售）。这与半强式有效市场假说是有出入的。

对于公司在市场上回购股票的影响，也有着矛盾的证据。但最近的研究显示，即使没有立即的正面影响，长期来看结果也是正面的。

小公司效应的研究表明投资于小市值公司可能是有取得超额收益的潜力的。其他人认为很多这些公司的低市盈率或者高账面市值比导致了超额收益。

最后，研究人员指出了与盈利有关的特殊机会：季节性，未预期的收入和价值线评级系统。

关键词汇及概念

超常收益　abnormal returns
市场状况异常　anomaly
行为金融学　behavioral finance
有效市场假说　efficient market hypothesis
超额收益　excess returns
交易所上市　exchange listing
上市（首次公开发行）　going public（initial public offering）
市值　market capitalizations
兼并价格溢价　merger price premium

回购　repurchase

半强式有效市场假说　semistrong form of the efficient market hypothesis

强式有效市场假说　strong form of the efficient market hypothesis

协同效应　synergy

恶意收购　unfriendly takeovers

弱式有效市场假说　weak form of the efficient market hypothesis

白色骑士　white knights

讨论题

1. 在有效市场假说下，关于新信息传递的假设是怎样的？这对于证券的价格有什么作用？

2. 弱式有效市场假说的观点是什么？对其进行检验的两个主要方法是什么？

3. 市场股价间的低相关率是否能证明弱式有效市场假说？

4. 在半强式有效市场假说下，一个公司的财务主管通过改变财务方法而增加盈利但不带来实际经济好处的做法会有利可图吗？

5. 为什么基本分析倾向于使得市场有效？

6. 举出说明半强式市场并非完全有效的研究。

7. 强式有效市场假说的观点是什么？主要的研究对其支持吗？

8. 专业人员、内部人员和共同基金经理怎样成功地通过对更多的信息获取途径来获得高回报？（分别讨论）

9. 定义特别或者超额收益。

10. 兼并参与者的股价上涨的基础是什么？

11. 收购公司的股价会因为兼并的进程而显示出很强的市场涨势吗？对你的回答进行解释。

12. 为什么在新发行市场会表现出超常收益潜力？

13. 购买一支新股前应该考虑哪些因素？

14. YLSL 的研究的主要结果是什么？这与半强式有效市场假说有什么联系？

15. 公司回购股票的原因有哪些？

16. 市场对于一只股票认购的立即反应可能是什么？这在长时间内会变化吗？

17. 按照本茨和瑞英格姆等研究人员的观点，小公司相对于大公司的表现怎样？

18. 罗尔、斯特尔和维利对小公司效应提出了什么批评？瑞英格姆认为这些批评有效吗？

19. 小公司效应的支持者认为这一效应单独导致了超额的风险调整后回报。皮维和古德曼的研究支持这一观点吗？

20. 表 10—5 显示了公司的市盈率与平均季度回报之间怎样的关系？

21. 关于账面市值比的重要性，法玛和弗兰茨的研究是怎样说明的？

22. "计算错误或者对风险的错误估计会造成虚假的超额回报现象"是什么意思？

第四部分 固定收益证券和杠杆证券

对于私人投资者、美国政府和公司来说，有很多因素使得债券成为一种非常重要的资产种类。政府债券为其他形式的债务设定了最低的借款利率。当投资者或借款方从无风险的政府债券转向有风险的公司债券时，他们将要支付更高的借款利率。公司债券的利率高低取决于债券评级机构（例如，穆迪和标准普尔公司等）对其债券评级的高低。

要想成为一个成功的债券投资者，人们必须具备少见的天赋，能够预测利率的波动并能够判断特定债券的风险评级是会上升还是下降。如果一只债券风险变小，它的市场利率会下跌同时债券价格会上涨。如果政府债券利率上升，公司债券的利率也会随着上升并且债券价格同时下跌。

太平洋投资管理公司（PIMCO）的比尔·格罗斯（Bill Gross）被认为是固定收益证券投资的第一人。2001年《纽约时报》将格罗斯评为"最杰出的债券投资者"，而且他已经多次蝉联这一称号。1971年格罗斯创立太平洋投资管理公司，并从公司成立初始就担任首席投资官和管理指导。从1987年起他就开始管理资产达23亿美元的哈勃（Harbor）债券型基金，并在过去的20年里13次击败了雷曼兄弟的美国综合债券指数。在其余年份里即使没有超越对手，但也十分接近。2006年10月晨星的资料显示，在过去20年里，港口债券基金的年平均收益率达到了8.2%。也许你会认为这不算太高，但当你回到图1—4，看看公司债券和大公司普通股的长期收益率时，你会发现这是一个多么高的收益率。根据一家专门从事基金业绩跟踪的公司理柏（Lipper）的资料，世界上最大的债券基金，即格罗斯管理的价值1 010亿美元的太平洋完全收益基金保持了同样的收益率。格罗斯将这两个基金的管理看着是对不同的客户使用了相同的投资策略。格罗斯现在负责太平洋投资管理公司价值达6 900亿美元债券的全面管理。

格罗斯保持着这样的生活习惯，在早上6点到达办公室之前，他在加利福尼亚的家中开始阅读彭博资讯。在周围六个彭博资讯屏幕中，他要挑选出有用的经济数据和他所管理的资产组合的情况。他能够把没有意义的数据从能产生影响的数据中区分出来。这个本领需要多年的经验积累才能获得。信息量是无穷的，并且阅读别人的观点并不能帮助你做出自己的决定。有时许多天来可能只会有些无关重要的事情发生。

格罗斯从杜克大学获得学士学位，后来又在加州大学洛杉矶分校商学院毕业并获得MBA学位。然而大多数人不会想到一个MBA会练习瑜伽，但瑜伽已经成为格罗斯生活的一个重要部分。每天早上在办公室工作几个小时后，他会花一个小时来练习瑜伽。他说他的很多很好的构思都是在做瑜伽的时候想到的。很明显办公室的每个人都知道在他练习的时候不要打扰他，事实上也没人去打扰。在他空闲的时间里，他写了两本书，《比尔·格罗斯与投资》和《你所听到的投资都是错误的》。

第 **11** 章 债券及固定收益证券基础

正如读者将在本章的各个部分所注意到的一样，事实上，在资本市场上债券比普通股更能代表一部分新上市的证券。在华尔街，收入最高的是债券市场的高级分析师和交易员。如果想在这里站稳脚跟，你必须了解各种术语和债券交易的各种衍生产品。

在这一章里，我们将对债券工具的基本原理，包括政府发行的债券和公司发行的债券进行讲解，同时，我们把重点放在债务合同和担保条款上。我们还将简单介绍整个债券市场的总体结构和债券评级的方式，同时涉及债券市场有效性的问题。这里，我们不仅介绍了政府公债和公司债券，还介绍了其他形式的固定收益证券。因此，我们将对短期固定收益证券（如存款单和商业票据）以及优先股等做一个简单的介绍。

在第 12 章，我们将讨论的重点转向为了能及时把握在证券市场上有利可图的投资机会，我们应该如何评估固定收益证券以及应采取怎样的相应策略。在第 13 章，我们将会看到利率概念中的久期是如何定义的。我们从构成债券合同的关键因素开始讨论。

11.1　债券合约

债券实际上界定了公司对它的债券持有人定期地支付利率的一种长期的合同性的义务。债券合同里的大部分条款都在会债券合约（bond indenture）中涵盖，一份复杂的法律文件通常都长达 100 多页，而且还要通过一家独立的信托公司（通常都是商业银行）进行管理和审核。我们先来了解一些与债券发行有关的重要术语和概念。

票面价值（par value）指的是债券的面值。大多数公司债券的交易都是以 1 000 美元为单位的，而很多联邦债券、州债券以及地方债券的交易则是以 5 000 美元或

10 000 美元为单位。

票面利率（coupon rate）指的是债券的实际利率，通常是半年支付一次。债券发行后债券市场上的债券交易则是围绕着票面利率上下波动，债券的市场交易价格也因此而围绕着票面价值上下波动。在市场的必要回报率是12%的时候，一只最初以8%的票面利率发行的债券可能会以一定的比例折价售卖。我们将会看到债券市场上的投资者如何在利率波动中获得收益或是遭受损失。一些公司债券被标注为**变动利率票据**（variable-rate notes）或是**浮动利率票据**（floating-rate notes），这就意味着票面利率只是在一小段时间里固定不变，这一段时间过后，它便可以按照债券合同中规定的短期利率，如美国短期国库券利率，的变动做出相应的利率调整。在这种情况下，利息的支付额（而不是债券的面值）将有可能向上或向下波动。从最近的发展来看，零息债券也以低于债券的面值进行发行。投资者在**零息债券**（zero-coupon bonds）的整个投资周期内以本金增值的方式获得投资收益，因为在零息债券中没有每半年支付一次利息的情况。

到期日（maturity date）是指最后一期利息支付，连同债券合同中约定的票面价值一起偿还的那一天。

债券的支付方式依据债券合约规定的不同而不同。有些债券的本金是永远都不会被偿还的，如加拿大和英国政府发行的**永久债券**（perpetual bonds），而且它们也没有到期日。而更为常见的是支付方式是到到期日一次性偿还的债券。以这种方式，发行者可以在债券发行日起的20年里每半年支付一次债券利息，一共支付40次，并且在债券到期日一次性以票面价值支付给债券持有人所有的本金。当然，还有其他一些重要的支付方式。

第一种支付方式是**系列支付**（serial payment），指在债券发行后的整个周期里，债券发行者对债券持有者进行间隔式的支付。每一只分期偿还债券都有自己的预定到期日，并且只有在到期日的那天才能收到利息。虽然整个债券的发行跨度可能长于20年，但它能把整个发行周期分成15或20个到期日。地方政府债券通常是以这种方式发行的。第二种支付方式是债券合约里可能规定有相关的**证券的偿价基金条款**（sinking-fund provision），条款中指明提取公司经营所得的年收益或半年收益中的一部分组成基金，并由信托公司专门管理，以备到期的债务偿还。信托公司从整个基金的运行获得相应的收益，并在市场中向那些愿意出售的持有者购买债券。如果没有人愿意出售债券，则信托公司将会采取彩票系统的方式从未偿付的债券持有者手中重新购买一定数量的债券。

第三支付方式是债券发行者可以通过可赎回条款来结清所负的债务。**可赎回条款**（call provision）是指公司能够在债券到期日之前重新购回所发行的债券。公司通常支付高于面值3%到5%的风险溢价用于补偿债券持有者在可赎回条款中所面临的不确定性。这种赎回只有在债券发行后的第5到10年里才能执行（当然，在5到10年后也可以执行这样的条款）。

与债券回购相对应的一个条款叫做**可售回条款**（put provision）。可售回条款赋予投资者这样的权利，即他可以在购买了债券后的较短一段时间后（如3到5年），按照债券面值重新出售给债券发行公司。当首次发行后债券利率上升，执行这个可售回的权利对投资者是有利的，此时债券很可能只以面值的75%到80%的价值进行交易。可提前偿还债券的利率通常低于传统的普通债券（一般低了1到2个百分点），因为这样的条款有利于保护投资者的利益。如果一个投资者购买了一只可提前偿还的债券，若此时利率下降，债券价格上升，则投资者就没有必要去执行这个可售回的条款了，此时这个条款对投资者而言是没有价值的。

11.2 担保债券和非担保债券

我们已经讨论了一些关于利息支付和未到期债券本金偿还的一些特征。而债券发行时的担保条款对投资者来说也是很重要的。债券市场的参与者通常能通过对某一特定资产的流动性问题进行分析，从而对某一证券有一定的了解。事实上，债券发行人出售抵押资产后把资金分配给债券持有者，这样的情况是很少发生的。通常情况下，当一家公司出现违约时，它将会被重组，如果它再向投资者发行新债，它的一些债务可能有部分会被免除。当然，首次申请的担保越好，质量越高，重组时所获得的担保质量也就越高。

有很多的专业术语都是用来指**担保债券**（secured debt）的，也就是由附属担保品所担保的债务。在一份**抵押贷款**（mortgage）的合同中，要求用不动产（如工厂和设备）作为贷款的抵押品。只要债务能够偿还，不管抵押品究竟是新的还是旧的，只要它能够满足债务的追索权就可以了。债券持有者也可以在**事后获得财产抵押条款**（after-acquired property clause）中增加如让新的资产代替原始抵押品的要求。

有一种特别的抵押担保债券叫**设备信托债券**（equipment trust certificate），它一般被交通行业（如铁路公司、航空公司等）的公司所采用。公司用销售证券所获得的资金去购买新的机器设备，然后这项新的机器设备又反过来被作为信托债券的抵押品。

并不是所有债券的发行都要有资产的抵押作担保。大部分联邦、州以及地方政府发行的债券都是无担保债券。很大一部分公司债券也是无担保债券。这里有一系列关于无担保债券的专业术语。公司所发行的，不需要任何资产作为抵押担保的债券称为**无担保公司债券**（debenture）。即使无担保公司债券不需要任何特定的资产作为抵押，但它的投资者有可能享有优先的追索权。因此，无担保公司债券还分为高级公司债券、中级公司债券和次级公司债券。

如果公司短期资金的流动性出现了问题，并且其他所能采取的融资方式都失败了，则公司可能会变卖抵押资产来偿还债权人的债务。而变卖抵押资产所获得的资金将会按照偿还等级的顺序分配给无担保债券的持有人，即具有优先偿还权的债券持有人先得到偿还，例如在次级公司债券的持有人得到偿还之前，高级公司债券的持有人必须优先得到偿还。

无担保公司债券的收益率可能稍微高于担保公司债券，因为高出的部分需要用来补偿债券持有人所面临的更多的风险。但是其实无担保公司债券的发行者一般都能提供比担保公司债券更让投资者满意的财务报表，所以担保的条款就显得没那么必要了。

发展前景不太好的公司一般发行收入债券。**收入债券**（income bonds）是指只有当公司在当期有收入时才支付利息的债券。收入债券没有明确地规定一定要以某种比例向债券持有人支付利息，万一公司没有能力向投资者支付利息，也不会导致公司的破产。这样看来似乎发行收入债券的公司不仅能从其所支付的利息中扣除相应的税收（这完全不同于分红收入），而且还能免除债券发行合同里规定的相应义务。但当发行收入债券的公司意识到这样的债券对投资者没有什么吸引力时，他们最初的热情便很快会消退。收入债券的发行通常是受限于公司所处的状况，如有些新的公司债券只向老投资者或是优先股股东发行，以此来避免公司的破产，或是一些有财务问题的公司被重组的时候，它们也倾向于发行这种债券。

11.3 债券市场的组成部分

在完成了对债券的一些相关术语的解释后，我们现在来看一下更为复杂的债券市场。公司债券的发行与联邦政府债券、州政府债券及地方政府债券的发行构成一定的竞争局面。这四种债券的相对重要性我们可以从图11—1中看出。

在图11—1所展示的26年里，对资金需要量增长最大的是美国政府和公司。前者的需要可以从联邦政府的财政赤字持续扩大得以说明，财政赤字的不断扩大需要政府不断地增加借款额度。

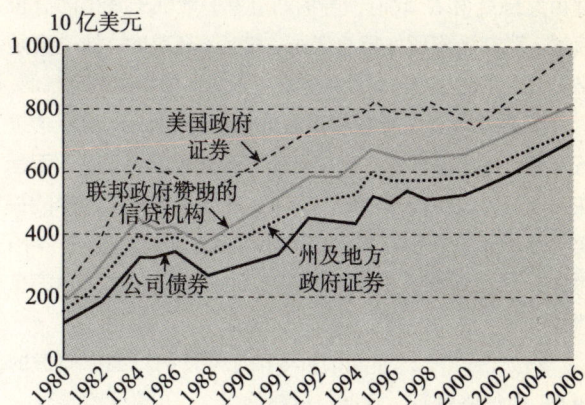

图11—1 政府及公司所筹集的长期资金

而公司对资金的激烈增长则是来源于公司对于并购和杠杆收购需求的不断增加。州政府和地方政府一直都积极地参与市政债券的发行，以用于当地经济的发展及弥补地方的财政赤字。最后，联邦政府赞助的信贷机构则是为长期基金市场的发展筹集资金。请认真观察一下，从1980年开始，经济各部门的长期借款呈现出爆发式增长的局面。

11.3.1 美国政府债券

美国政府债券一般包括短期国库券、中期国库券和长期国库券（后两者均被包含在图11—1中）。这三种类型的国库券唯一的区别在于发行的期限不同。第四种类型的债券称为折零国库券，这种债券有些不同的特点，我们也将加以介绍。

国债（treasury bills）的期限一般为91天到182天。短期国库券有时是折价发行的，这就意味着投资者能收到债券面值与发行价之间的价差作为他的投资收益（而没有其他实际上的利息支付）。我们将在本章的后面部分进一步探讨这个问题。

短期国库券最小的交易单位为1 000美元，而且它还存在着极其活跃的二手交易市场及零售市场。因此，一个政府购买了6个月短期国库券的投资者能够轻松地在两三个星期后就把国库券转卖给另一个投资者。因为短期国库券一般在很短的期限内进行交易，这就使得它的市场价格很可能非常接近它的票面价值。

中期国库券（treasury note），它被认为是中等期限的债券，到期日一般为1年到10年。**长期国库券**（treasury bonds），我们一般称之为国库券，期限一般较长，为10

年到 30 年。不像短期国库券，中期国库券和长期国库券一般直接支付利息给投资者，并且交易单位为 1 000 美元，甚至更高。因为没有违约风险（除非政府停止发行货币或货币急剧贬值），政府债券的利息率一般低于其他的有价债券。联邦政府所发行的债券一般是不免税的，这主要是出对 IRS 的考虑，但州和地方政府发行的债券则是免税的。

债券通常也以**折零国库券**（treasury strips）的形式进行交易。折零国库券在到期日前没有支付任何利息，而是在到期日时以价值增值的形式，也就是投资者以债券的买卖价差形式来获得收益（短期国库券也是如此）。折零国库券由于在到期日前没有利息支付，因此也被称为零息债券。

例如，一只 25 年期的折零国库券最初可能以面值的 29.5% 的价格发行。这时，你就能以 2 950 美元购买到一只 25 年期的面值为 10 000 美元的折零国库券。你将得到价值增值的部分作为你的收益。当然，如果你确实需要，也可以在到期日前将它在二级市场上卖出。

事实上，政府是不直接发行折零国库券的。它通常允许政府机构交易者将短期国库券和长期国库券中的利息和本金剥离出来，重新将现金流打包成折零国库券进行发行售卖。比如，一只 25 年期的国库券有 50 期的利息收入和 1 期的本金收入，则将共 51 期的现金流重新打包，转换成 51 份不同的折零债券出售。那些喜欢折零国库券的投资者就会去购买短期支付的国库券，相反的，偏好于长期国库券的投资者可以购买长期支付的国库券。

美国国税局将折零国库券当成每年有固定利息收入的债券对它征收利息税，即使它在到期日前没有任何现金流产生。税收的征收标准是基于债券在整个发行期内所平均分摊的利息收入。所以，出于对税收征收的考虑，零息债券通常比较适合那些延期税款账户，如个人退休账户、401（K）计划或是免税的抚恤基金。

通胀保值证券   1997 年 1 月，美国财政部开始发行 10 年期的中期国库券用以保护投资者免于遭受通货膨胀的影响。这种债券后来还扩展到长期国库券。

通胀保值程序运行如下。通胀保值债券的投资者有两部分的收入来源：一部分是每半年支付一次的利息收入，利率在发行时就确定了；第二部分是支付的固定利率以通货膨胀调整过后的面值计算的。

这些债券都被称为**通胀保值证券**（treasury inflation protection securities, TIPS）。假设年通货膨胀率为 3%，则另外的 3% 是用来补偿通货膨胀所带来的贬值风险的，这时通胀保值证券可能支付 3.5% 的年利息。正如我们上文所介绍的那样，3% 的通胀调整并不是以现金的形式支付

的，而是对债券的面值进行通胀调整。假设有一份面值为 1 000 美元的债券。第一年年底债券增值到 1 030 美元，因此，在这一年内，投资者将会收到 35 美元（利率 3%）的现金作为利息收入，另外还有 30 美元的本金增值。一份 10 年期的通胀保值国库券运行过程可以在接下去的 9 年和到期日持续进行，此时，人们把它当成国库券本金的通胀增值。如果投资者需要在到期日前将它出售，那么他可以在二级市场上以和面值差不多的价格卖掉。

读者应该注意 3.5% 年利率的利息支付是以通胀调整后的面值计算的基础上得到的。因此，在第二年，利息支付就调整为 36.05 美元（3.5%×1 030 美元）。在随后的每一年里都会有类似于这样的调整，即根据上一年通货膨胀的情况对本金进行调整。

假设通货膨胀率在 10 年里一直保持 3% 的增长率，根据通货膨胀进行调整的面值在 10 年里将会增加 1 344 美元（以 3% 的 10 个年复利计算所得）。投资者实际上能得到 6.5% 的利息收入还有本金的增值。当然，如果在投资期内，通货膨胀率平均达到 6% 的水平，则投资者将会得到 9.5% 的利息收入。债券的真实利息率仍然是 3.5%，但通货膨胀率的调整使得投资者收到了比 3.5% 更多的利息收入。

通胀保值债券能够保护投资者免于遭受通货膨胀的影响。在通货膨胀率很高的情况下这对投资者极为有利，但在通货膨胀的经济条件下，通胀保值债券的收益率将会低于其他的债券。

当然，读者也应该注意，政府对根据通胀调整的本金所增加的通胀补偿也是要征税的，即使在到期日或者赎回前都没有现实流产生。正是因为这个原因，通胀保值债券更适合于延期缴税或是无须交税的账户。

11.3.2 联邦机构债券

我们回过头来看一下图 11—1 中第二种债券，由联邦机构发行的债券。发行这些债券的联邦机构有联邦国民抵押贷款协会和联邦住房贷款银行。尽管这些债券都是由国会议案通过而且用来为联邦组织的项目筹集资金的，但它们并不是直接由财政部负责，而是由联邦机构自己负责。

这类债券基本没有任何违约风险（因为它们发行的背后还是有政府力量的支持），它们的收益率略高于政府公债，因为这些债券不是直接由财政部发行。联邦机构一直都积极地参与住房行业的债券发行。通常这些债券的面值为 5 000 美元，期限从 1 年到 40 年不等，平均期限大约为 15 年。联邦机构发行的一些债券如下图所示：

	最小面额（美元）	发行期限
联邦住房贷款银行	10 000	12~25 年
联邦中期信贷银行	5 000	长达 4 年
联邦农业信贷银行	50 000	1~10 年
进出口银行	5 000	长达 7 年

出于 IRS 的需要，这些债券的利息收入是要缴税的，对于一些州和地方政府也是如此，虽然有些是免税的（例如联邦农业信用银行发行的债券就需要交州税和地方税，但联邦住房贷款银行就不需要交税）。

有一类投资者对联邦机构债券，即**美国政府国民抵押贷款协会担保债券**（GNMA（Ginnie Mae）pass-through certificate）十分感兴趣。这些担保代表联邦加入保险的抵押品中未被分配的利息。实际上，联邦国民抵押贷款协会从各个不同的债务人中折价购入一系列的抵押品，并以此为抵押向公众发行债券。担保债券的持有者每个月能从国民抵押贷款协会中得到一部分的支付，这些支付是来自于抵押品的本金偿付和利息收入。这些最低交易金额为 25 000 美元的担保债券是长期的，而且不管是联邦级还是州级、地方级都需要足额交税。这种债券工具的设计主要是考虑到投资者很有可能在债券到期日一次性地将他的本金消费掉（在整个投资周期里，投资者不仅每个月都能从国民抵押贷款协会收到利息，而且还能收到一部分的本金，因此，在到期日就没有未偿付的债务了）。

因为作为政府国民抵押贷款协会担保债券的一部分，抵押品一般会随着住房的出售或是经较低的利率重新融资

而被偿付，而担保债券的实际期限有时会远远短于所预定的期限。例如，一份 25 年期的美国政府国民抵押贷款协会担保债券通常会在 12 年内全部还清。这个特征使得投资者购买担保债券时处于不利的地位，因为国民抵押贷款协会在利率降低时尽早偿付投资者的债券，而此时投资者则被迫面临在低利率环境下再投资的风险。

11.3.3　州及地方政府发行的债券

由州政府或地方政府发行的债务证券一般被称为**市政债券**（municipal bonds）。发行这类债券的机构一般有州、市、学区、收费公路及其他一些政治部门。市政债券最重要的一个特征是其投资者所获得的利息收入是不需要缴税的。1819 年在马里兰麦克库洛（McCullough v. Maryland）美国最高法院规定联邦政府和州政府及地方政府没有权利对各自所发行的债券征收税收。审判的最终结果指明，从市政债券中所获得的投资收益不需向 IRS 缴纳税款，而且还规定如果本州居民购买本州的市政债券的，那么他们从这些债券中所获得的投资收益也不需要向州政府及地方政府缴纳税款。因此，一个购买了加利福尼亚的市政债券的加利福尼亚投资者就不需要缴纳收入所得税。但是，如果发行市政债券的是得克萨斯州或是纽约，则这个加利福尼亚投资者就必须要缴纳州和地方的收入所得税。

我们不应该过分强调市政债券的免联邦税的重要性，这样的后果是双重的，一是高收入人群可能更倾向于投资当地的市政债券。我们可以用下面的等式来计算需要交税的市政债券的等价收益率。

实例应用

$$Y = \frac{i}{(1 - T)} \tag{11—1}$$

其中：

Y = 应税等价收益率

i = 市政债券收益率

T = 投资者边际税率

如果投资者的边际税率为 35%，市政债券的收益率为 6%，则投资者的应税等价收益率为：

$$\frac{5\%}{(1 - 0.35)} = \frac{5\%}{0.65} = 7.69\%$$

因此，投资者可以在支付 7.69% 利息但没有免税政策的债券以及免税但只支付 5% 的市政债券中做出选择。表 11—1 给我们举了一个免税市政债券和缴税债券的实际收

益率在不同的利率和不同的边际税率间如何转换计算的例子。很明显，边际税率越高，市政债券的免税政策对投资者就越有吸引力。

市政债券的第二个特征是市政债券的利息率低于其他无免税政策的债券。当然，支付 5% 利率的市政债券与利率高于 5% 但没有免除收益税的其他债券相比，是有竞争优势的。表 11—2 体现了这些不同利率和不同边际税率的债券的实际收益率。从表 11—2 中可以看到市政债券和公司债券的收益一般相差 1~3 个百分点。对债券发行者和投资者同样重要的一个主要区别是该债券是一般责任债券还是收益担保债券。

表 11—1　　边际税率与实际收益率

市政债券的收益率（%）	税率为 28% 的实际收益率（%）	税率为 32% 的实际收益率（%）	税率为 35% 的实际收益率（%）
4	5.55	5.88	6.15
5	6.94	7.35	7.69
6	8.33	8.88	9.23
7	9.72	10.29	10.77
8	11.11	11.76	12.31
9	12.50	13.23	13.85

表 11—2　　长期市政债券和公司债券的实际收益率的对比（平均年度）

年度	Aa 级市政债券（%）	Aa 级公司债券（%）	收益率差值（%）
2006	4.30	5.50	1.20
2005	4.24	5.37	1.13
2004	4.88	6.04	1.16
2003	4.84	5.95	1.11
2002	5.64	6.93	1.29
2001	5.80	7.14	1.34
2000	6.01	7.80	1.79
1999	5.48	7.36	1.88
1998	5.13	6.80	1.67
1997	5.52	7.48	1.96
1996	5.90	7.72	1.82
1995	5.60	7.55	1.95
1994	6.40	8.60	2.20
1993	5.51	7.40	1.89
1992	6.30	8.46	2.16
1991	6.80	9.09	2.29
1990	7.15	9.56	2.41
1989	7.51	9.46	1.95
1988	8.38	9.66	1.28
1987	8.50	9.68	1.18
1986	7.35	9.47	2.12
1985	8.81	11.82	3.01
1984	9.95	12.25	2.30
1983	9.20	12.42	3.22
1982	11.39	14.41	3.02

一般义务债券和收益担保债券　一般义务债券（general obligation issue）的发行由有信用而且有征税权利的政府做担保。然而，对于**收益担保债券**（revenue bond）来说，债务的偿还完全取决于某一特定的项目或者投资能否产生收入，比如道路、桥和市政大厦的建设等。

由于一般义务债券的发行有有征税权力的政府所担保，因此这类债券的质量很高，不太可能出现违约风险。大约 3/4 的市政债券都是一般义务债券，在第二次世界大战后只有很小部分的这类债券没有偿还。收益担保债券的质量就显得不那么有保障了，所以投资者需要对收益担保债券筹集资金所投资的项目的经济运行环境做一个详细的评估（虽然这些项目大部分都是可行的）。

市政债券担保 影响市政债券市场的一个越来越重要的因素是第三方担保。不管是发行一般责任债券还是收益担保债券，政府一般会向第三方担保方支付一定的费用，用以向投资者保证它一定会偿还债券的本金及利息。美国有四家私人保险公司担保市政债券，其实最大的两家是城市债券投资者保险和美国城市债券保险公司。市政债券会被一些能够获得最高评级（AAA）的第三方担保，因为所有的债券保险公司的评级都是 AAA。大约有 30% 的市政债券是有第三方担保的。

有担保的市政债券的利息率较低，但二级市场的流动性较好。这一点很重要，因为市政债券的二级市场流动性一般低于联邦债券的二级市场。对于某一给定的市政债券市场一般是小而分散的，转售债券的间接交易成本很高。

11.3.4 公司债券

公司债券是美国公司筹集资金的主要来源。公司债券的发行一般能够满足公司外部融资需求的 80%~85%。甚至在 1990 年的大牛市中，公司仍然需要从债券市场中筹集大量的资金（该时期利率的下跌验证了这一点）。

公司市场被细分为若干个子市场，包括工业、公用事业、铁路和运输业，还有一些金融机构如银行、信贷公司等。工业是一个包罗万象的行业，它囊括了从高科技公司到廉价连锁商店等各种企业。公用事业是公司市场的很大一部分，它能发行长达 40 年的公司债券。因为公用事业要满足不断变化而且不断扩大的公用需求，如电力需求、电信需求还有其他的一些基本需求，所以，它需要不断地从债券市场上筹集资金。那些与铁路、交通及信贷方面的需求远少于工业方面对公用事业的需求。从表 11—3 中我们可以看出这两大类公司债券的相对收益率。

表 11—3 　　不同行业发行的公司债券的收益率的比较

年度	工业（%）	公用事业（%）
2006	5.50	6.01
2005	5.37	5.75
2004	6.04	6.47
2003	5.94	6.41
2002	6.93	7.34
2001	7.14	7.89
2000	7.80	8.05
1999	7.36	7.92
1998	6.80	7.12
1997	7.48	8.00
1996	7.55	7.70
1995	7.72	7.84
1994	8.41	8.74
1993	7.05	7.19
1992	8.24	8.65
1991	9.01	9.25
1990	9.41	9.65
1989	9.35	9.55
1988	9.41	10.20
1987	9.73	9.83
1986	9.49	9.44
1985	11.57	12.02
1984	12.39	13.02
1983	11.94	12.74
1982	15.01	16.48

公用事业所发行的公司债的高收益率更多地体现为一种供需现象。只有当公司债券有较高的收益率时，才有可能向市场持续发行新的债券。在其他情况下，投资者期望较高的回报率是因为债券质量的退化，这里债券质量是通过收益率和利息覆盖率来衡量的。1983—1984年间，华盛顿电力公司发行公司债券用以购买电力生产设备，后因为拖欠债务造成了债券市场的波动。同样是在1984年，当印度的公用事业部门取消了核电站的建立时，其所发行的证券，不管是股票还是债券，价格都大幅下滑。于是证券市场的投资者就要求一个较高的回报率来补偿自己所持债券所面临的新的风险。2001年，公用事业部门发行的债券再次受到加利福尼亚北部的能源危机和停电危机所影响。

所有类型的公司债券的交易单位均为1 000美元，这对那些不希望购买5 000~10 000美元债券（这是一些联邦债券和其他联邦机构发行的债券的最小交易单位）的小型投资者来说是极有吸引力的。公司债券的风险高于公债，所以它所获得的收益率也高于公债。从公司债券获得的收益需要缴联邦、州和地方政府的个人所得税。公司债券面临着被赎回的风险。如果投资者在利率较高的时候购买了公司债，赎回条款对投资者来说可能是很不利的，因为当利率下降的时候高收益率的公司债很可能被赎回。

11.4　债券市场投资者

在上文的介绍中我们已经对债券市场的供给方，也就是债券的发行者有了一定的了解。现在我们将来了解债券市场的需求方，也就是债券市场的投资者。债券市场比股票市场更容易受大机构投资者（如保险公司、银行、养老基金和共同基金）投资决策的影响。机构投资者的交易额占了债券市场总交易额的80%~85%。然而，个人投资者的重要性已经在公司债券和市政债券的发行中得到了体现，特别是一些交易单位较小的债券，如以1 000美元为单位的公司债券或者免税债券的发行通常对个人投资者有一些吸引力。而且，在最近的十几年里，个人投资者在债券市场中的作用不断地通过购买一些以债券为主要投资工具的共同基金体现出来。个人投资者在共同基金的投资活动我们将在第18章进行说明，现在我们主要介绍机构投资者。

机构投资者喜欢投资于各种不同的债券，这不仅是出于不同债券有着不同的纳税标准的考虑，也是因为机构投资者需要对存款者、个人投资者以及客户负责。例如，一般情况下银行会将资金投资于市政债券，因为有些市政债券是免税的，这就降低了银行的投资成本，从而增加了收益。还有银行通常会投资于短期或中期资产，从而满足存款者的短期提款要求（存款者的存款资金归于银行的基金账户）。银行将资金投资于债券的一个主要问题是当经济衰退，贷款需求下降时，银行通常更喜欢直接投资于债券而不是向客户提供贷款。当然不会总是这么巧，当利率下降的时候，贷款需求也刚好减少；当经济复苏，利率提高，贷款需求也将增加。在这种时候，银行会将它们投资的债券出售并兑现成一部分的流动资金，用以满足潜在客户的贷款需求。这种重复出现的问题主要表现在，银行总是在利率下降的时候购入债券，而在利率上升的时候出售债券。这有可能导致银行的债券投资出现负收益。

债券投资者对于所投资的债券要有心理准备，因为债券的一级市场（也就是新发行市场）的交易相对较为活跃，而二级市场（也就是流通市场）的流动性相对较差。债券二级市场对于各种不同种类的联邦债券和联邦机构债券的流动性提供了较广阔的空间，但对公司债券和市政债券则并不总是如此的。因此，投资者在投资之前必须先弄清楚债券的收益率、到期日，以及债券评级的级别，然后再从中选择合适的债券进行投资。现在，有一个问题必须考虑到，那就是，必要的时候我们该如何确定一个合理的出售价格？如果售价以面值的5%或者10%进行折价的话，那么这个价格也许是令人无法接受的。不像股票市场，债券的二级市场受柜台交易的影响很大（虽然挂牌债券也是在那里进行交易的）。

最近十年里，债券市场的一个重要发展是有很多外国投资者开始投资于美国的债券市场。外国投资者为美国政府债券提供了10%~15%的资金来源。当我们看到这些投资者为美国的财政赤字筹集资金时，我们也必须看到他们在某些情况下对债券市场构成的威胁，比如如果他们突然决定撤回一部分资金，那么这将影响到债券市场的正常发展。在20世纪90年代中期时，这样的情况曾经发生过，当时由于美元贬值，人们害怕美国可能会经历一轮通货膨胀，于是很多国外投资者将他们的资金大量撤回。美国政府害怕资金外逃，因此对债券的供求变化就显得特别敏感。

11.5　配售过程

1982年2月证券交易委员会开始在证券交易委员会415条的规定下执行一项叫做储架注册的程序。**储架注册**（shelf registration）允许大型公司提交一份关于公司未来长期融资计划的注册表。当市场条件允许的情况下，公司可以不需要通过证券交易委员会的再次审核而直接通过投资银行发行公司债券。再次融资计划一般都放在储架上，然后在最有利的时机实施。储架上的融资计划等待时间最长为两年。

大约有一半新发行的公众债券是通过储架注册的程序发行的。其他的债券则是以传统的发行程序发行的，大的投资银行将注册后的债券以具有高度组织结构的运行程序进行配售发行。

11.5.1　私募

私募（private placement）是指将新发行的债券出售给指定的投资者，也就是在私底下完成交易，而非通过公开市场向公众发行。私募对象一般都是保险公司、养老基金等大的机构投资者，最初是工业部门而非公用事业部门采用这样私募的发行方式。在私募中，贷方获得的收益率一般略高于公募时所能获得的收益，这主要是为了补偿私募债券无法在二级市场流通的缺陷。只有一小部分公司会采用私募方式发行债券。

11.6　债券评级

相对于股票投资来说，债券投资者需要对债券的质量做更周密的分析和判断。因此公司的理财师和机构投资经理对于债券的评级情况特别关注。而 AA 级的债券和 A 级的债券在利息的支付上是不一样的，一般 AA 级债券的利息率高出 A 级债券利息率 0.25 个百分点（有时是 0.125 个百分点）。对于一只期限 20 年、发行规模 1 亿美元的债券来说，这就意味着每年能多得到 25 万美元的税前利息收入，或者说，在整个债券期限里能多得到 500 万美元的利息收入。

最主要的两个债券评级机构是穆迪公司和标准普尔公司（标准普尔是麦格劳希尔的一个子公司）。它们评级的债券包括成千上万的公司债券和市政债券，还有少数私募基金、商业票据、优先股和外国公司及外国政府所发行的债券。

投资的真实世界

债券评级游戏：到底谁才是公司真正的运营者

壳牌加拿大公司是一家综合性的石油公司，它拥有很多的美国投资者，当它想要出售它的煤炭业务时，请来了穆迪公司和标准普尔公司评估这个项目。尽管公司的财务分析显示这个项目是可行的，但是如果没有这两家评级机构和加拿大的评级公司对项目进行可行性评估的话，公司是不会草率地决定出售煤炭业务的。如果出售煤炭业务将减少公司 1.2 亿美元的年收入，壳牌加拿大公司的评级将从 AA 级下调，因此公司不想去冒这个险。

公司的考虑是合理的。在 1991 年（当时经济处于萧条阶段）6 月时，这个项目没有被实施。在 1991 年的前 6 个月里 442 家公司遭受到评级下调的厄运，只有 88 家公司的评级提升了。在过去十年里，公司评级的大幅下调是导致公司被迫收购的重要原因。在 2000 年年初，评级因素就显得不是那么重要了，那时，投资者更关注公司运行和利润的情况。

公司在和评级机构的往来中最重要的三条原则是：不要吓坏评级机构；诚实地告诉评级机构关于公司的所有一切事情；向评级机构展示公司良好的发展前景。多年前，评级机构对曼维尔公司做出下调评级的决定，并不是因为公司经营得不好，而是因为它采取了如第 11 章所介绍的破产保护手段来面对石棉损失诉讼案。也许在那时，这个决定是正确的，但公司并没有和评级机构搞好关系。

政府发行的债券被认为是没有风险的，所以不需要通过评级机构的评级。两大最古老的评级机构之一，穆迪公司建立于 1909 年，它所评级的债券有标准普尔公司的两倍之多。对于新发行的债券进行评级并不是一件容易的事，它需要用到一些定量的方法（特别是对市政债券进行评级的时候）。达夫（Duff）和菲尔普斯（Phelps）创立的菲奇投资者服务公司（Fitch Investors Service, Inc.）是一家比较小的评级公司，它试图通过多样化策略来扩大它所评级的债券。

债券评级一般分为从 AAA 级到 D 级几个等级，这些等级的划分是以穆迪公司和标准普尔公司的划分依据为标准。想要确定某只债券是属于哪一等级的债券并不是一件容易的事，也没有一个快速而具体量化的方法来衡量。尽管如此，在债券评级的过程中，公司的现金流状况和利润收入情况是必须要考虑的因素。特别令人关注的是偿债能力系数，该系数显示偿还利息的次数以及每年利用利润来支付的合约责任。如果偿债能力系数只有 2 倍或 3 倍的话,那么债券的评级可能是比较低的,如果偿债能力系数达到 5~10 倍的话,那么债券可能就会获得比较高的评级。营业毛利、投入资本收益率、总资产收益率等指标都是用来衡量一个公司的权益负债率水平。财务比率分析占债券评级的 50% 左右。其他影响债券评级的重要因素主要有公司所处的行业情况以及公司在行业中所占的市场份额,还有公司对价格的控制水平以及公司的管理水平。一项经济决策的制定并不是在一个一成不变而又独立的经济环境中形成的。所以,通常情况下并不是由公司的管理层向债券评级机构对公司的情况做一个简单的介绍,而是债券评级机构亲自到公司进行视察。

债券评级机构所做评估的整体质量通过该机构在商业和学术领域的被接受程度来衡量,他们的工作一般都能得到公众的认可。当债券评级机构对公司给予较高的评级时,投资者也会认可公司的发展前景,这是因为投资者对债券评级机构的信任。虽然瑞士联合银行和其他的一些投资机构也会自己设立相应的评级机构对公司进行评估,并试图从专门债券评级机构对公司所做的评级中找出一些不足,但它们通常很少成功。学术研究者发现在评级中公司会计准则和财务数据都被很好地考虑进去了,也就是说,债券评级机构的评估是相对合理的。

债券评级被广泛信任的一个原因是两大评级机构对同一债券经常给予相同的评级(发生这种情况的概率高达 50%)。当"分立等级"发生时(不同评级水平是由于不同评级机构对公司做出的不同评估),一般两个层次的评级不会差太多。比如一家公司的债券获得两家评级机构的评级可能分别为 AAA 级和 AA 级,而不可能是 AAA 级和 BBB 级。也许读者会有这样的疑问,一家评级机构是否会直接复制另一家评级机构的评级结果而不亲自去对公司的情况做出评级,这种情况在高技术水平行业中一般是不会出现的。

然而,的确还是有些评判空间的。比如当初次的评估是全面而合理的,那么监管机构可能就不会完全信任,但公司或市政的一些突发事件的发生可能不会马上影响到债券的评级。可是有一点是确定的,当公司或者政府发行新的股票时,必定要求对其重新评估。而这会导致债券评级机构对所有现存债券进行重新评估。

11.6.1 实际的评级体系

表 11—4 是由穆迪公司和标准普尔公司对债券评级做出的一个相关的分类介绍。请注意,穆迪公司的评价等级是用大写字母和小写字母 a 标注的,而标准普尔公司的评级都是用大写字母标注的。

表 11—4 债券评级的描述

质量	穆迪公司	标准普尔公司	债券的描述
高级债券	Aaa	AAA	该评级的债券质量最高,具有最小的投资风险和最稳定的投资收益,不存在本金无法偿还的风险。
	Aa	AA	该评级的债券符合所有高质量评级的标准,和最高评级债券一样,它也属于高级债券,但它比最高评级债券低一等级,因为它对收益的保证不如最高评级债券来得有效。
投资级债券	A	A	该评级的债券拥有许多有利的投资因素,它属于投资级债券,本金和收益一般都能得到保障。
	Baa	BBB	该评级的债券属于投资级债券,目前有足够偿债能力,但若在恶劣的经济条件或外在环境下其偿债能力可能较弱。
投机级债券	Ba	BB	该评级的债券带有一些投机性因素。这些债券的本金和收益可能得到保障,但重大的不明朗因素或恶劣的经济环境可以削弱这些保障。
	B	B	该评级的债券一般缺乏一些有利的投资因素,长期来看,本金和收益的违约性可能比较大。
违约债券	Caa	CCC	该评级的债券目前可能违约,必须依赖有利的经济因素才有可能偿还本金和利息。
	Ca	CC	该评级的债券的投机因素很大,投资者的本金和利息一般得不到保障。
	C		穆迪公司给予的评级最低。该评级的债券一般被认为最不具投资价值的。
		C	该评级的债券的利息一般不能按时偿还。
		D	该评级的债券的发行公司可能正在申请破产或做出类似行动以致债务的偿付受阻。

前面四个等级是属于投资级的债券。大的机构投资者（如保险公司、银行、养老基金等）一般会将资金投资于这类债券中。穆迪公司对 Aa 级到 B 级的债券按数值大小进行了修改。债券的最高评级是 1，而 2 是中等评级，3 是最低评级。一个拥有 Aa2 评级的债券是指 Aa 级债券中的中等级别。类似的，标准普尔用加号或减号加以修改。所以，AA+ 是 AA 级债券的最高级别，而 AA 级债券是中等级别的债券，AA- 是最低级别的债券。

同一家公司拥有的不同债券被评为不同的等级也是可能的。比如，一只具有高担保抵押品的公司债券可能会得到 AA 级的评级，而无担保抵押品的债券则可能只有 A 级的评级。

债券的利息支付水平与质量评价呈相反关系。如果一只债券得到标准普尔公司的 AAA 级评级，它可能只支付 6.5% 的利息，而一只 A 评级债券可能会支付 7% 的利息。一只 BB 级债券则 8% 等。不同收益率间的率差可能会随着市场情况的变动而不断地变动，而这个率差的变化被金融界人士看成是金融市场的晴雨表。两只不同评级的债券之间的率差如果相对较小，就意味着投资者对市场是有信心的，而如果率差较大的话，则表明投资者是不看好市场的未来发展的。评级较低的债券投资者要求更高的收益率来补偿自己所面临的更多的市场风险。这样的逻辑我们已经在第 9 章的巴朗信心指数中做了介绍。

11.7 垃圾债券或高收益债券

质量低的债券有时也被称为**垃圾债券**（junk bonds）或者高收益债券。被华尔街分析员认为是不具有投资价值的债券就属于垃圾债券。正如上文所介绍的那样，投资级别的债券是穆迪公司和标准普尔公司评级体系中的四种顶级债券之一。这意味着，在穆迪公司的分类中，投资级债券是具有 Baa 以上级的债券，而在标准普尔的分类中，投资级债券是具有 BBB 以上级的债券（如表 11—4 所示）。垃圾债券又被分为好几个等级。有些垃圾债券的等级非常接近投资级债券（如 Ba 级债券和 BB 级债券），而有些垃圾债券则是 C 级或 D 级的债券。

一只债券被划归为垃圾债券可能有几方面的原因。首先，也许公司发行的债券是有着高信用的天使债券，但公司此时的运营却不太理想。第二，有一些新成立的公司或规模较小的公司还没有建立足够的信用纪录让它所发行的债券成为投资级债券。第三个主要原因是公司正在改组，改组可能是因为杠杆收购，或者为了抵挡恶意收购。这些情况都可能使公司趋向于以权益资本来募集资金，而不是以低评级的债券来募集资金。

许多垃圾债券更像是普通股票，而不是债券。垃圾债券一般很少有什么利好消息，也没有实际的利息支付，或者是公司的运营情况有什么大的改进。有些投资机构如美林和忠诚投资公司（Fidelity Investments）会将它们的共同基金投资于这类的债券中。

历史上垃圾债券最吸引投资者的是它的收益率，一般垃圾债券的收益率比 AAA 级公司债券或政府债券的收益率高出 300~800 个基点。然而，即便在 1990—1991 年经济大萧条期间，也很少有垃圾债券出现违约的情况。所以，投资者投资于垃圾债券只增加了很小的风险，而获得了足够高的收益率。

但是，在 1990—1991 年的经济大萧条时期，垃圾债券价格下跌的幅度高达 20%~30%，而其他评级的债券价格则比较稳定。这类大幅下跌的垃圾债券有迅捷美国公司（Rapid-American Corporation），瑞富公司（Revco），坎普公司（Campeau Corporation），休闲国际（Resorts International）等公司发行的债券。债券价格的下跌主要是由恶劣的经营环境所导致。但是，最大的垃圾债券发行者——德崇证券债券价格的下跌也部分地加剧了市场的困难。垃圾债券交易者的领袖迈克尔·米尔肯（Michael Milken）因为进行非法内部交易而被判十年牢狱，使得情况更加恶劣。

当市场经济逐渐从大萧条中恢复的时候，垃圾债券又重新获得了投资者的青睐。许多垃圾债券之间不断地相互打压价格，使得垃圾债券似乎沦为特价商品。结果在整个 19 世纪 90 年代，垃圾债券市场很快就恢复发展，而且市场表现相当不错。正是因为垃圾债券市场表现如此优秀，所以在 1997 年间垃圾债券的收益率与政府债券的收益率之间的率差相当小。在 2001 年市场不景气时这些债券又遭受了重大打击，而在 2003 年市场恢复时它们也快速发展起来了（上升了 25%）。所以总是有风险家会愿意冒着高于平均水平的风险投资于这类垃圾债券。有很多的风险偏好者会投资于 B 等级或者 B 等级以下的垃圾债券。

11.8　债券报价

　　《华尔街日报》和其他的一些媒体每天都会公布债券的价格。表 11—5 是来自于对公司债券每日报价情况的一个摘录。

表 11—5　　　　　　　　　　　　　　公司债券的每日报价

公司	利率	到期日	最新价格	最新收益
公司债				
2006 年 6 月 27 日，星期二				
最活跃的固定利率公司债券（部分）				
音巴克公司 (EQ)	7.082	2016.6.01	96.878	7.532
国际租赁金融公司 (AIG)	5.625	2007.6.01	99.877	5.758
高盛集团 (GS)	6.600	2012.1.15	102.520	6.057
美林 (MER)	6.050	2016.5.16	98.324	6.279
德意志电信金融公司 (DT)	5.375	2011.3.23	96.700	6.188
高盛集团 (GS)	5.350	2016.1.15	93.458	6.271
思科系统公司 (CSCO)	5.500	2016.2.22	95.273	6.156
家得宝公司 (HD)	5.400	2016.3.01	95.302	6.048
摩根士丹利 (MS)	5.375	2015.10.15	93.959	6.240
AT&T 公司 (T)	6.250	2011.3.5	100.639	6.089

　　第一列是公司的名称，第二列第三列分别是票面利率和到期日。例如，从表中我们可以看出，高盛公司发行的债券票面利率是 6.6%，到期日是 2012 年。最后的交易价格是 102.520。债券的报价并不是以实际的美元来报价的，而是以面值的百分数来报价的，因为公司债券的最小交易单位是 1 000 美元。

　　102.520 指的是 1 025.20 美元（1 000 美元 ×102.520%）。表中利息的下一栏是"最后收益率"。这指的是债券投资者实际收到的回报率，也就是 6.057%。更正式的说法是到期收益率，关于到期收益率的介绍我们将在下一章"债券定价和债券投资原则"里给出。

　　如果你想了解更多关于债券方面的知识，可以去查阅 Mergent 公司发行的 Mergent 债券记录或者标准普尔公司发行的债券指南。

11.8.1 政府债券的报价

实例应用

表 11—6 中描述了美国政府债券的报价情况。中期国库券和长期国库券是以面值的百分比交易的，类似于公司债券的交易。一般情况下，市场的价格变化幅度是较小的，所以债券的报价一般都以一个百分点的 1/32 为单位。例如，一只在 2010 年到期，债券价格为 4.250 美元的中期国库券报价分别为 105.27 的买入价和 105.28 的卖出价，我们则将它们写成 1 000 美元的 $105\,^{27}/_{32}$% 和 $105\,^{28}/_{32}$%。

则买入价就是 105.84375% × 1 000 美元，也就是 1 058.4375 美元。

$$105.843\,75\ (\text{等于}\ 105\,^{27}/_{32})$$
$$\times\,1\,000$$
$$\overline{}$$
$$1\,058.437\,5$$

卖出价就是 105.875 0% × 1 000 美元，也就是 1 058.750 美元。

$$105.875\,0\ (\text{等于}\ 105\,^{28}/_{32})$$
$$\times\,1\,000$$
$$\overline{}$$
$$1\,058.750$$

从而买卖价差为 3.125 美元。

买入价	1 058.437 5 美元
卖出价	1 058.750 美元
买卖价差	0.312 5 美元

虽然中期国库券和长期国库券的报价基础是价格，但是短期国库券的报价基础则是收益率。看看表 11—6 右边的短期国库券的报价情况。这些收益率（卖出收益率）指的就是投资者投资于短期国库券所获得的收益率。这个收益率是怎么决定的呢？首先，你必须要明白短期国库券一般都是折价发行的，也就是你能够从 1 000 美元的面值中获得一个买入价差。对于一只 6 月期的、票面利率为 4% 的短期国库券来说，它的实际收益率是 4.08%。让我们看看这个数值是从哪里得来的：

利息 = 4% × 1 000 美元 × 0.5 年 = 40 美元 × 0.5
    = 20 美元

我们在第二部分中用 40 美元乘以 0.5，从而得到 20 美元的利息收入，因为这只短期国库券只有半年期限。

而当时是以 980 美元（1 000 美元 – 20 美元）购买到的债券。

所以债券的**有效收益率**（effective yield）是 20 美元 /980 美元 × 2 = 2.04% × 2 = 4.08%。

我们用 2.04% 乘以 2 的原因主要是因为我们要把半年的收益率转化为年收益率。

有效收益率（在这个例子中是 4.08%）一般情况下都比报价的收益率（4%）要高，因为你不需要以债券的面值（1 000 美元）来支付，而是以一个折价的价格（980 美元）来支付。

表 11—7 举了一些国库券报价的例子。我们看到 2012 年 5 月的买入价是 74.19，而卖出价是 74.20，收益率为 5.04%。这意味着在 2006 年 6 月 27 日（表中所显示的日期），你能够以稍微高于面值 74% 的价格购买到一只 2012 年 5 月到期的、收益率为 5.04% 的国库券。在类型一栏（第三栏）里有一个 "ci." 的标注，这意识着你能够得到剥离的利息。在 5 月 12 日的债券报价中，栏中标注的 "np" 意味着你可以在 2 月 12 日购买到剥离的本金。

表 11—6　　政府债券的报价：长期国库券、
　　　　　　　　中期国库券、短期国库券

表 11—7　　剥离债券的报价（2006 年 6 月 27 日）

利率	到期日 MO/YR	买价	卖价	变化率	收益率
	政府债券				
2.750	Jun 06n	99:30	99:31	-1	4.57
7.000	Jul 06n	100:01	100:02	-1	5.25
2.750	Jul 06n	99:24	99:25	-1	4.76
2.375	Aug 06n	99:20	99:21	..	4.82
2.375	Aug 06n	99:16	99:17	..	4.99
2.500	Sep 06n	99:09	99:10	..	5.12
6.500	Oct 06n	100:10	100:11	-1	5.21
2.500	Oct 06n	99:02	99:03	..	5.19
2.625	Nov 06n	99:00	99:00	..	5.29
3.500	Nov 06n	99:10	99:11	..	5.24
2.875	Nov 06n	99:00	99:00	1	5.28
3.000	Dec 06n	98:25	98:26	..	5.38
3.375	Jan 07i	100:08	100:09	-1	2.82
3.125	Feb 07n	98:22	98:23	..	5.35
2.250	Feb 07n	98:02	98:03	..	5.35
6.250	Feb 07n	100:16	100:17	..	5.35
3.375	Feb 07n	98:22	98:23	..	5.33
3.750	Mar 07n	98:25	98:26	..	5.34
3.625	Apr 07n	98:18	98:19	..	5.35
6.625	May 07n	101:01	101:02	..	5.35
4.375	May 07n	99:04	99:05	..	5.34
3.125	May 07n	98:03	98:03	..	5.35
3.500	May 07n	98:10	98:11	..	5.36
3.625	Jun 07n	98:10	98:11	..	5.32
3.875	Jul 07n	98:15	98:16	..	5.30
2.750	Aug 07n	97:06	97:07	1	5.31
3.250	Aug 07n	97:23	97:24	1	5.30
6.125	Aug 07n	100:27	100:28	..	5.31
4.000	Aug 07n	98:16	98:17	..	5.30
4.000	Sep 07n	98:13	98:14	1	5.30
4.250	Oct 07n	98:21	98:22	1	5.27
3.000	Nov 07n	97:00	97:00	1	5.28
4.250	Nov 07n	98:18	98:19	1	5.27
4.375	Dec 07n	98:22	98:23	1	5.27
3.625	Jan 08i	101:19	101:20	-1	2.54
4.375	Jan 08n	98:20	98:21	1	5.26
3.000	Feb 08n	96:15	96:16	..	5.25
5.500	Feb 08n	100:13	100:14	..	5.20
3.375	Feb 08n	97:02	97:03	1	5.25
4.625	Feb 08n	99:00	99:00	1	5.25
4.625	Mar 08n	98:29	98:30	2	5.25
4.875	Apr 08n	99:10	99:11	..	5.24
2.625	May 08n	95:10	95:11	..	5.23
3.750	May 08n	97:10	97:11	1	5.24
3.250	Aug 08n	96:01	96:02	1	5.22
4.125	Aug 08n	97:27	97:28	1	5.18
3.125	Sep 08n	95:20	95:21	2	5.23
3.125	Oct 08n	95:15	95:16	1	5.23
3.375	Nov 08n	95:28	95:29	2	5.22
4.750	Nov 08n	98:29	98:30	1	5.22
4.375	Nov 08n	98:03	98:04	1	5.22
3.375	Dec 08n	95:24	95:25	1	5.21
3.250	Jan 09n	95:10	95:11	1	5.22
3.875	Jan 09i	103:11	103:12	..	2.49
4.500	Feb 09n	98:06	98:07	1	5.22
3.000	Feb 09n	94:18	94:19	1	5.22
2.625	Mar 09n	93:16	93:17	1	5.20
3.125	Apr 09n	94:20	94:21	2	5.20
3.875	May 09n	96:14	96:15	2	5.21
5.500	May 09n	100:25	100:26	1	5.19
4.875	May 09n	99:01	99:02	1	5.22
4.000	Jun 09n	96:22	96:23	2	5.21
3.625	Jul 09n	95:18	95:19	1	5.20
3.500	Aug 09n	95:03	95:04	2	5.20
6.000	Aug 09n	102:08	102:09	2	5.20
3.375	Sep 09n	94:21	94:22	3	5.19
3.375	Oct 09n	94:16	94:17	2	5.19
3.500	Nov 09n	94:24	94:25	2	5.21
3.500	Dec 09n	94:22	94:23	3	5.18
3.625	Jan 10n	94:30	94:31	3	5.20
4.250	Jan 10i	105:27	105:28	..	2.50
3.500	Feb 10n	94:13	94:14	2	5.19
6.500	Feb 10n	104:07	104:08	3	5.20

国库券 到期日	距到期日天数	买价	卖价	变化率	收益率
Jun 29 06	1	4.38	4.37	-0.05	4.43
Jul 06 06	8	4.30	4.29	-0.01	4.74
Jul 13 06	15	4.56	4.55	0.01	4.62
Jul 20 06	22	4.61	4.60	..	4.68
Jul 27 06	29	4.67	4.66	..	4.74
Aug 03 06	36	4.68	4.67	..	4.76
Aug 10 06	43	4.72	4.71	..	4.80
Aug 17 06	50	4.74	4.73	..	4.83
Aug 24 06	57	4.77	4.76	0.01	4.86
Aug 31 06	64	4.80	4.79	0.01	4.90
Sep 07 06	71	4.84	4.83	..	4.94
Sep 14 06	78	4.83	4.82	..	4.94
Sep 21 06	85	4.86	4.85	..	4.97
Sep 28 06	**92**	**4.90**	**439**	**..**	**5.02**
Oct 05 06	99	4.91	4.90	..	5.04
Oct 17 06	106	4.94	4.93	..	5.07
Oct 19 06	113	4.97	4.96	..	5.11
Oct 26 06	120	4.99	4.98	0.01	5.13
Nov 02 06	127	5.01	5.00	..	5.16
Nov 09 06	134	5.01	5.00	..	5.17
Nov 16 06	141	5.03	5.02	..	5.19
Nov 24 06	149	5.04	5.03	..	5.21
Nov 30 06	155	5.04	5.03	..	5.21
Dec 07 06	162	5.04	5.03	..	5.22
Dec 14 06	169	5.05	5.04	..	5.23
Dec 21 06	176	5.09	5.08	..	5.28
Dec 28 06	**183**	**5.10**	**5.09**	**..**	**5.38**

美国国库券 到期日	类型	买价	卖价	变化率	收益率
Aug 06	ci	99:11	99:12	...	4.84
AUg 06	np	99:11	99:12	...	4.74
Nov 06	ci	98:04	98:04	...	4.99
Nov 06	np	98:01	98:02	...	5.22
Nov 06	np	98:01	98:02	...	5.23
Feb 07	ci	96:26	96:26	...	5.18
Feb 07	bp	96:23	96:24	1	5.31
Feb 07	np	96:23	96:23	1	5.33
May 07	ci	95:18	95:18	1	5.21
May 07	ci	95:15	95:16	1	5.31
May 07	np	95:15	95:16	1	5.31
Aug 07	ci	94:10	94:11	1	5.22
Aug 07	np	94:08	94:08	1	5.29
Aug 07	np	94:07	94:08	1	5.29
Aug 07	np	94:08	94:08	1	5.29
Nov 07	ci	93:05	93:05	1	5.19
Nov 07	np	93:02	93:02	1	5.27
Feb 08	ci	91:31	92:00	1	5.18
Feb 08	np	91:30	91:31	1	5.20
Feb 08	np	91:28	91:29	1	5.24
Feb 08	np	91:28	91:29	1	5.24
May 08	ci	90:25	90:26	1	5.19
May 08	np	90:23	90:24	1	5.24
May 08	np	90:23	90:24	1	5.23
May 08	np	90:23	90:23	1	5.24
Aug 08	ci	89:21	89:21	1	5.18
Aug 08	np	89:18	89:19	1	5.22
Aug 08	bp	89:21	89:22	1	5.17
Nov 08	ci	88:14	88:15	2	5.22
Nov 08	np	88:14	88:15	2	5.22
Nov 08	bp	88:14	88:14	2	5.22
Feb 09	ci	87:09	87:10	2	5.22
Feb 09	np	87:10	87:11	2	5.21
Feb 09	np	87:09	87:10	2	5.22
May 09	ci	86:05	86:06	2	5.23
May 09	np	86:09	86:10	2	5.18
May 09	np	86:07	86:07	2	5.21
May 09	np	86:07	86:07	2	5.21
Aug 09	ci	85:04	85:05	2	520
Aug 09	bp	85:04	85:05	2	5.20
Nov 09	ci	84:00	84:01	2	5.22
Nov 09	np	84:01	84:02	2	5.20
Nov 09	np	84:00	84:03	2	5.19
Feb 10	ci	83:03	83:00	2	5.15
Feb 10	np	82:31	83:00	2	5.20
Feb 10	np	83:00	83:01	4	5.19
May 10	ci	82:04	82:05	3	5.13
May 10	np	81:30	81:31	3	5.19
Aug 10	ci	81:06	81:07	3	5.10
Aug 10	np	81:02	81:02	3	5.14
Aug 10	bp	80:30	80:30	3	5.18
Nov 10	ci	80:09	80:10	3	5.07
Nov 10	bp	79:30	79:30	3	5.18
Feb 11	ci	79:00	79:01	3	5.15
Feb 11	np	79:00	79:01	3	5.15
May 11	ci	78:18	78:18	3	5.00
Aug 11	ci	76:30	76:30	3	5.17
Aug 11	np	77:00	77:01	3	5.14
Nov 11	ci	76:24	76:25	3	4.97
Feb 17	ci	75:01	75:02	4	5.16
Feb 17	np	74:31	75:00	4	5.17
May 12	ci	74:19	74:20	4	5.04

11.9　债券市场、资本市场理论及市场有效性

在许多方面，债券市场体现的是收益与风险之间的高度相关性。出于对风险的考虑和补偿，公司债券的收益率高于国库券的收益率，联邦机构发行的债券的收益率也高于国库券的收益率。同样的，低评级的债券收益率也高于高评级的债券，以补偿投资者投资于低评级债券所面临的更大风险。

按照这种思维逻辑，我们可以知道权益资本的收益率应该高于债券的收益率，因为投资者面临着无法收回本金的风险。正如我们在第1章指出的那样，在长期投资活动中，权益市场的收益率高于债务市场的收益率。

学者们对债券市场的有效性问题做了一系列的研究。其中一项重要研究是关于债券收益率的变化与债券评级变化之间的关系。如果债券市场是有效的，那么能够引起债券评级变化的所有信息都已经对公众发布了，并且在评级变化前就已经包含在债券的价格中了。所以，债券评级的变动应该引起债券价格的大幅变动。大多数学者的研究都支持了这一假设。然而，研究表明债券市场的有效性低于股票市场（指短期的交易行为）的有效性。深层的原因是因为股票市场有二级市场的支撑，投资者能够把自己持有的股票在二级市场进行交易。而债券市场集中于一级市场的交易，也就是债券市场比较强调新债券的发行与配售。

所以，当债券的发行公司做出一项新决议或是有新的消息公布时，债券投资者无法根据公司的每个新举措相应改变自己的投资组合。许多诸如保险公司等机构投资者并不喜欢频繁地在现有的债券市场中进行交易，而是将债券持有到到期日。

11.10 全球债券市场

全球债券市场的交易额超过 50 万亿美元，其中美国债券市场占了 48% 的交易额，甚至没有一个国家的份额能与此接近。日本占了 18% 的市场份额，德国占了 11%，而意大利占了 5%。

精明的美国投资者可能会在全球市场中寻找好的投资机会。在某些特定的年份里，外国债券的表现比美国好。例如，在 1996 年，整个美国债券市场的投资收益率为 1.4%，而意大利的收益率为 30.4%，英国的收益率为 17.8%（后两者的债券价格均已调整为以美元为单位）。1994 年，美国债券市场的收益率为 −7.8%，而德国和日本的收益率分别为 9.1% 和 8.5%（同样地后两者的债券价格均已调整为以美元为单位）。外国债券市场投资收益高的原因可能是更好的利率环境（利率的下降），或是外币相对于美元升值。

当然，在大多数情况下，美国的债券市场是世界上最好的。美国投资者会在对世界债券市场发展情况进行详细周密的评估之后再做出投资决策。但是正如我们将在第 19 章指出的那样，在国际市场中进行投资多元化能够很好地分散风险，从而提高收益率。

11.10.1 以美元标价的债券

与国际债券投资相关的有很多专业术语。**以美元标价的债券**（dollar-denominated bonds）是指利息以美元支付的债券，这些债券的发行可能会采用扬基债券或者欧洲美元债券的形式。表 11—8 中列出了一些以美元标价的**扬基债券**（Yankee bonds）和**欧洲美元债券**（Eurodollar bonds）的例子。扬基债券是指由外国政府、外国公司和外国一些大的机构（如世界银行等）发行的，在美国市场进行交易的，以美元标价或支付的债券。对于美国投资者来说，这与其他在国内进行交易的债券没有区别。

欧洲美元债券也是以美元标价的，但它们是在除美国以外的其他国家发行的。发行这类债券的公司一般是美国的一些在海外筹集资金的大公司。虽然"欧洲"在"欧洲美元"中出现，但是这并不意味着这种债券只能在欧洲发行，而是在除了美国以外的其他非欧洲国家也可以发行的。

表 11—8 全球债券

发行机构	类型	到期日	评级	标价货币
加拿大石油公司	扬基债券	2021	Baa1	美元
美洲银行公司	欧洲美元债券	2009	Aa2	美元
日本信贷银行	外币支付债券	2009	Baa3	日元

11.10.2 外币支付债券

外币支付债券（foreign-pay bonds）是指在国外发行的，以发行国货币标价和交易的债券。例如，日本政府以日元发行的并以日元支付利息的债券就可以称为外币支付债券。如果美国投资者投资于这样的债券可能会面临一定的汇率风险，因为美元和日元的汇率是时时都在波动的。

11.11 其他形式的固定收益证券

本章到目前为止我们只对固定收益证券中的一种最常见的类型——债券做了介绍，如国库券、公司债券和其他政府部门发行的债券等。但是，还有一些其他的债务工具可供投资者进行选择，它们本质上也都是短期的。

大额可转让定期存单 大额可转让定期存单（certificates of deposit, CDs）是指由商业银行和储蓄贷款银行（还有其他一些储蓄机构）发行的债券，这种债券的最小交易单位有 1 000 美元，10 000 美元，还有较大的如 100 000 美元等。投资者为债券发行者筹集资金，从而得到有息存单作为收益回报。金额较小的 CDs 的到期日一般为 6 个月到 8 年不等。而最小交易单位为 100 000 美元的 CDs 到期日一般为 30~90 天。

大额 CDs 一般出售给公司债券投资者、货币市场基金和养老基金等，而小额 CDs 的投资对象一般为个人投资者。这两种 CDs 的主要区别除了交易额外，就是大额 CDs 存在二级交易市场，这让投资者能够在不需缴纳罚金的情况下自由地转让手中的 CDs，从而提高它的市场流动性。而小额 CDs 则没有这个优点。如果小额 CDs 在到期日前急需资金的话，投资者只能向发行机构提前偿兑，但须承受一定的利率损失。

面额较小的 CDs 一般是由政府管理的，并由联邦管理机构对该债券的最大利息支付额和债券期限做规定。到 1986 年，这类对利息支付上限的限制制度逐步被取消，而是由自由市场来决定该债券的收益率，金融机构能够提供它们愿意提供的，能够提供的所有一切。大多数机构对自己所发行的 CDs 进行了达 100 000 美元的投保，以防止公司破产倒闭情况的发生。19 世纪 80 年代末 90 年代初期，CDs 的这一特征随着储蓄贷款机构的银行业问题的凸显而显得特别重要。

商业票据　短期债务工具的另一种形式是**商业票据**（commercial paper）。商业票据一般是由大公司向公众发行的。商业票据最小的交易单位为 25 000 美元，这是一种无担保债券。商业票据的收益率一般略高于小额的 CDs 和短期国库券，而与大额的 CDs 收益率持平。商业票据的期限一般为 30 天、60 天和 90 天（最长期限为 6 个月）。

银行承兑汇票　这种债务工具通常出现于对外贸易。**银行承兑汇票**（bankers' acceptance）是指由银行签发的未来支付凭证，投资者可以凭银行承兑汇票向银行收取货款。投资者以折价的价格从出口商（或是第三方）购得银行承兑汇票，以期在未来某个特定的日期里以银行承兑汇票的面值向银行兑得货款。银行承兑汇票提供的收益率与商业票据和大额的 CDs 差不多，而且它也有一个活跃的二级交易市场。

货币市场基金　货币市场基金（money market funds）是根据共同基金对投资活动的安排购买的一种短期固定收益证券。拥有小额资金的个人投资者可以间接地通过基金联合其他投资者，集中资金购买货币市场基金和其他类似的债券工具。通过支票填写特权，投资者能灵活地从共同基金中撤回自己的资金。

货币市场账户　货币市场账户（money market accounts）类似于货币市场基金，但是它不是由共同基金提供的，而是由金融机构提供的。金融机构在 19 世纪 80 年代引入货币市场账户，从而与货币市场基金形成竞争。这些账户通常支付与货币市场基金相当的利息率，而且允许投资者一个月内三次从账户中提取资金而不被罚款。货币市场账户优于货币市场基金的一点是它向联邦机构投保 10 万美元。

然而，由于货币市场基金的质量一般都较高，这种优势在多数情况下并没有特别的吸引力。

不管是货币市场基金还是货币市场账户都对最小账户余额有要求，一般为 500~1 000 美元。对于提款额可能也有最低提款要求。每只基金和账户都会有一个审核标准。无论如何，相对于存款单来说，货币市场基金和货币市场账户都能够以略低的收益率在资金的使用方面提供优越的灵活性。

11.12　债务筹资的替代品——优先股

最后，我们来看一下作为债务工具之外的选择——优先股。有时候投资者会选择投资于优先股来满足他们多元化的投资需求。**优先股**（preferred stock）每年固定地支付定额股息，但股息并不包括公司股东的所有者权益。面值为 50 美元、股息为 3.5 美元的优先股年收益率为 7%。

优先股作为一种投资产品，界于普通股和债券之间，它可以保护投资者权益。债券持有者对公司拥有债务追索权，当公司无法按时支付利息时，债权人有权要求公司申请破产保护。而普通股股东则没有这种权利，但他们拥有公司的所有权，在其他债务求偿权先得到满足的时候，他们还能拥有公司的分红。优先股股东可以在普通股股东收到分红之前得到股息收入。但是，优先股的股息收入并不是像债券利息那样是发行公司必须支付的。当公司经营不济时，优先股股东可能就无法得到股息收入。

投资债券所获得的利息收入是可以从个人所得税中扣除的，但优先股股息收入不能在税前列支。从税收的角度来考虑，投资于债券的确更有吸引力。税法规定，一个公司投资于其他公司的优先股或普通股所获得的股息收入只有 30% 需要缴纳税款。因此，如果你收到 5 美元的股息收入，那么你只要为 5 美元中的 30% 也就是 1.5 美元缴纳税款。

正是因为税收方面的优惠，优先股的收益率可能会略低于同等质量的公司债券，如表 11—9 所示。

表 11—9　　　　　　　　　　　　　　公司债券和高质优先股的收益率

年度	(1) 高级债券（%）	(2) 高质优先股（%）	(2) - (1) 的差（%）
2006	5.50	5.02	-0.48
2005	5.37	5.00	-0.37
2004	6.04	5.40	-0.64
2003	5.97	5.39	-0.58
2002	6.92	6.30	-0.62
2001	7.07	6.42	-0.65

续前表

年度	(1) 高级债券（%）	(2) 高质优先股（%）	(2)－(1) 的差（%）
2000	7.72	7.19	−0.53
1999	7.31	6.44	−0.87
1998	6.71	6.09	−0.62
1997	7.40	6.70	−0.70
1996	7.55	6.91	−0.64
1995	7.72	7.01	−0.71
1994	8.50	7.75	−0.75
1993	7.40	6.89	−0.51
1992	8.46	7.46	−1.00
1991	8.97	8.55	−0.42
1990	9.40	9.14	−0.26
1989	9.33	9.08	−0.25
1988	9.75	9.05	−0.70
1987	9.68	8.37	−1.31
1986	9.47	8.76	−0.71
1985	11.82	10.49	−1.33
1984	13.31	11.59	−1.72
1983	12.42	10.55	−1.87
1982	14.41	11.68	−2.73

11.12.1 优先股的特征

优先股有着和债券相类似的许多特征。比如，优先股可以转化成普通股，而且公司可以发行可赎回优先股，即公司能以某一特定的价格（一般略高于面值）赎回优先股。可赎回的优先股具有支付一定的股利，本身没有到期日等特征。如果公司希望能够将优先股发行当成一项表外业务的话，那么它必须以市价在公开市场进行发行或交易。

优先股的一个重要特征是其股息支付具有可积累性，也称为可累积优先股。也就是说，如果在某一年里公司没有支付股息，那么它们可以累积到下一年再一起支付，当然优先股股息的支付是在普通股股息支付之前的。比如，如果优先股的股息为每股 8 美元，而公司连续 3 年没有支付股息，那么优先股股东能在普通股股东收到红利之前获得 24 美元的优先股股息。即使公司无须像债券那样必须定期向投资者支付固定的利息，但优先股的这种可累积性使得公司必须尽可能地每年都支付给优先股股东一定的股息收入。如果公司不每年向优先股股东支付股息的话，公司可能无法在往后的年份里完全偿付这些股息。而这可能

直接导致公司无法再发行新股，因为只有在优先股股东的追索权先得到满足时，普通股股东才能对公司的剩余收益进行利润分配。

表 11—10 列举了一些关于优先股发行的情况。《标准普尔证券所有者指南》（Standard & Poor's Security Owners Guide）有这些优先股的列表，它们每天的报价情况在《华尔街日报》或是其他报纸上可以查到。

表 11—10 2006 年 6 月未偿付的优先股的发行情况

发行机构	标准普尔评级	面值	赎回价格	市场价格（美元）	收益率（%）
统一爱迪生公司 5% 的累积优先股	A-	100	104	83.19	6.01
PPL 电子工程 4.4% 的累积优先股	BBB	100	101	71.20	6.18
雪佛龙德士占 6.875% 的累积优先股	A-	25	25	28.55	6.02

本章小结

不管是对投资者还是对筹资者来说，债券在当今经济发展过程中仍起着不可替代和忽略的作用。债券市场中的筹资者主要是美国的财政部、联邦机构、州政府、地方政府和公司。

债券的价值受许多因素的影响，主要有债券收益率、债券到期日、债券的偿还方式，还有债券收入的税收条款。一只债券对债券持有人越有利，它支付的利息也越低。

债券的另一重要特征是它是由穆迪公司和标准普尔公司评级的。评级的等级划分一般从 AAA 级到 D 级不等，不同的等级决定了债券在市场中支付不同的利息率。虽然目前为止并没有一个准确和快速的方法来对债券进行全面综合的评级，但很多因素在评级中被重点考虑，包括与利息收入有关的诸如公司的现金流和利润等因素、公司的营业毛利、投资者回报率和总资产等相关指标。质量也是不可忽略的一个因素。

从债券价格受信息变动的影响程度看来，债券市场是一个相对有效的市场。但一些学者对债券市场的有效性进行研究后认为，在价格决定机制中，债券市场不如股票市场有效，因为某些债券缺乏相对活跃的二级市场。保险公司、养老基金、银行信托部门等一般都不会很频繁地在债券市场进行大量交易，也就是说，它们一般不会很频繁地买卖所持有的债券。

对投资于固定收益证券的短期投资者来说，也许他们还会选择 CDs、商业票据、银行承兑汇票、货币市场共同基金、货币市场账户，以及前面讨论过的政府债券作为他们的投资方向。而在投资的过程中，如到期日、收益率、最小账户余额等都是需要考虑的因素。

最后，优先股也许也是投资者投资于固定收益证券中的选择之一。虽然优先股投资者并不能像债券投资人那样能够定期收到固定的利息收入，但他们能在普通股股东之前得到股息收入。

关键词汇及概念

事后获得财产抵押条款　after-acquired property clause
银行承兑汇票　bankers' acceptance
债券合约　bond indenture
可赎回条款　call provision
大额可转让定期存单　certificates of deposit (CDs)
商业票据　commercial paper
票面利率　coupon rate
无担保公司债券　debenture
以美元标价的债券　dollar-denominated bonds
有效收益率　effective yield
设备信托债券　equipment trust certificate
欧洲美元债券　Eurodollar bonds
浮动利率票据　floating-rate notes
外币支付债券　foreign-pay bonds
一般义务债券　general obligation issue
美国政府国民抵押贷款协会担保债券　GNMA (Ginnie Mae) pass-through certificate
收入债券　income bonds
垃圾债券　junk bonds
到期日　maturity date
货币市场账户　money market accounts
货币市场基金　money market funds
抵押贷款　mortgage
市政债券　municipal bonds
票面价值　par value
永久债券　perpetual bonds
优先股　preferred stock
私募　private placement
可售回条款　put provision
收益担保债券　revenue bond
担保债券　secured debt
系列支付　serial payment
储架注册　shelf registration
证券的偿价基金条款　sinking-fund provision
国债　Treasury bills
长期国库券　Treasury bonds
通胀保值证券　Treasury Inflation Protection Securities (TIPS)
中期国库券　Treasury note
折零国库券　Treasury strips
变动利率票据　variable-rate notes
扬基债券　Yankee bonds
零息债券　zero-coupon bonds

讨论题

1. 债券合约里都有哪些主要条款？

2. 系列债券是否只有一个到期日？哪种类型的债券一

般只有一个到期日？

3. 偿债基金的运行机制是怎样的？

4. 为什么可赎回债券在一定期限内不能赎回，而只能在一定期限后才能赎回？

5. 抵押担保债券的本质是什么？

6. 高级债券或者说优先债券是指什么？

7. 为什么公司债券比抵押担保债券的风险更高？

8. 零息债券，如折零国库券等，是如何向投资者支付收益的？这些利息收入需要缴纳税款吗？

9. 与通胀保值债券相关的两种收益形式是什么？

10. 什么是机构债券？它们是直接隶属于国库券吗？

11. 市政债券的税收优惠是什么？

12. 区别一般义务债券和收益担保债券。

13. 购买市政债券时投资者如何减小信用风险？

14. 什么是公司债券？

15. 什么是储架注册？

16. 债券的私募指什么？

17. 什么是债券的评级？

18. 垃圾债券是指什么？哪几个等级的债券称为垃圾债券？

19. 如果一只债券的报价是 72 1/4，这是指什么？

20. 为什么学者们认为债券市场的有效性弱于股票市场？

21. 货币市场基金的优点是什么？它和货币市场账户有什么区别？

22. 相对于债券来说，为什么投资者更偏好于投资优先股？优先股的可累积性是指什么？

练习题与解答

1. 假设一只面值为 1 000 美元的短期国库券期限为 4 个月，利息率为 6%。则：

a. 投资者将收到多少利息？

b. 短期国库券的价格将是多少？

c. 实际有效收益率是多少？

2. 你买了一只面值为 1 000 美元的通胀保值债券，年利息率为 5.5%。假设在你购买了国库券后的头两年里通货膨胀率为 4%，则：

a. 两年后债券的调整后面值是多少？

b. 在第 3 年里你将获得多少利息收入？以两年后调整的面值来计算利息收入。

解答：

1. a. 年利率 6%/3 = 2% 这是四个月的利率

请注意：用 6% 除以 3 是因为四个月是一年的 1/3。

1 000 × 2% = 20 美元

b. 价格 = 1 000 - 20 = 980 美元

c. 实际收益率 =（利息 / 价格）× 3 =（20/980）× 3 = 2.04% × 3 = 6.12%

2. a.

面值（第 1 年年初）	1 000 美元
通货膨胀的调整额度	1.04
调整后的面值（第 1 年年末）	1 040 美元
面值（第 2 年年初）	1 040 美元
通货膨胀的调整额度	1.04
调整后的面值（第 2 年年末）	1 081.6 美元

b. 第 3 年的利息收入 = 5.5% × 1 081.6 = 59.49 美元

思考题

1. 如果一个投资者的边际税率是 34%，他购买了一只票面利率为 7.25% 的市政债券，若要使它与非市政债券的收益率相等，则非市政债券的税前收益率为多少？

2. 如果一个投资者的边际税率是 30%，他购买了一只票面利率为 8.37% 的一般债券（也就是非市政债券）和一只票面利率为 6.12% 的市政债券，那么哪只债券的实际收益率高？

3. 根据表 11—6 的数据计算，并假设中期国库券的面值为 1 000 美元，票面利率为 6%，到期日为 2009 年 8 月。请计算这只国库券的价格。

4. 假设一只短期国库券的面值为 1 000 美元，票面利率为 5%，期限为 6 个月，则：

a. 投资者能得到多少利息收入？

b. 这只国库券的价格应该是多少？

c. 债券的实际收益率是多少？

5. 如果在第 4 题中，假设该债券的期限为 3 个月，则：

a. 投资者能得到多少利息收入？

b. 这只国库券的价格应该是多少？

c. 债券的实际收益率是多少？

6. 本书的附录 C 介绍了国库债券的价格计算。国库券的价格只受从持有期开始到到期日结束时整个期限所产生的现金流的影响。假设你购买了一只面值为 10 000 美元，期限为 25 年的国库券，票面利率为 7%，则这只债券的价格是多少？

7. 根据第 6 题的说明，如果假设有另外一只债券 A，它的面值为 10 000 美元，期限为 20 年，票面利率为 6%。还有一只债券 B，它的面值为 10 000 美元，期限为 16 年，票面利率为 8%。那么，哪只债券的价格最低？

8. 如果你购买了一只面值为 1 000 美元的通胀保值债券，债券的票面利率为 4%，假设在你购买了债券的前两年里通货膨胀率为 5%，则：

a. 两年后调整后的面值为多少?

b. 在第三年里你将收到多少利息收入? 以两年后调整后的面值计算。

9. 如果你购买了一只 10 年期的, 面值为 1 000 美元的通胀保值债券, 债券的票面利率为 3%, 在前 5 年里假设通货膨胀率为 3%, 从第 6 年开始到第 10 年这 5 年里通货膨胀率为 6%, 则 10 年后债券的价格为多少? (利用附录 A 的计算器)

10. 如果一个公司购买了另一个公司发行的面值为 100 美元的优先股, 股息率为 7.8%, 公司所得税为 35%。则:

a. 税后的股息收入为多少? 填写以下表格。

面值	
股息率 (%)	
实际股息收益	
税前收入 (30% 股息)	
税收 (税率为 35%)	
税后利润 (实际股息收入 - 税收)	
投资回报率 = 税后利润 / 面值	

b. 假设第二只公司债券的面值为 1 000 美元, 股息率为了 8.6%, 则它的税后股息收益是多少? 填写下面表格。

面值	
股息率 (%)	
实际股息收益	
税前收入 (30% 股息)	
税收 (税率为 35%)	
税后利润 (实际股息收入 - 税收)	
投资回报率 = 税后利润 / 面值	

c. 鉴于公司债券的收益率高于优先股 (8.6% 大于 7.8%), 公司是否应该选择投资于公司债券而非优先股?

11. 米尔顿·西蒙购买了 200 股全球旅行公司发行的优先股, 股息为 4.75 美元, 但公司已经 5 年没有支付股息了。由于优先股的股息具有可累积性, 公司在没有偿还优先股股东股息的情况下是不能将剩余利润分配给普通股股东的。

a. 对于公司已经 5 年没有支付股息的情况, 优先股股东是否有权利要求全球旅行公司申请破产?

b. 假设全球旅行公司没有现金支付前 5 年的股息收入, 它想要在股票市场发行新股以支付优先股股东 5 年来的股息收入, 公司发行新股的筹资额等于前 5 年里公司未偿付给优先股股东的股息支付额。另外优先股股东还能从发行的每只新股中获利 20%, 用以补偿优先股股东面临的新风险。那么, 优先股股东应该以多少的价格购买新发行的股

票? 注意, 优先股股东仍然拥有以前所持有的股份, 只是过去 5 年的股息收入被注消了。

c. 假设米尔顿·西蒙从他购买的 200 股优先股里获得了收益, 并将这些收益再投资于利率为 5.6% 的美国政府债券, 或是投资于利率为 4.5% 市政债券。米尔顿·西蒙的边际税率为 35%。那么他分别能从这两只债券中获得多少的现金收益? (假设购买债券不需要缴纳税收, 只考虑在获得利息收入时才按一定比例缴纳税收)。

批判性思维案例——对道德的关注

1990 年 6 月, 当盖尔·罗森伯格 (Gail Rosenberg) 对自己的前途还一片茫然时, 她进入了所罗门兄弟公司 (Salomon Brothers, Inc.)。她为自己刚刚获得的宾夕法尼亚大学沃顿商学院的 MBA 学位深感自豪, 但她对自己能够进入华尔街最有声望的投资银行——著名的所罗门兄弟公司更是洋洋自得。她收到了五家公司的录用, 但这家公司是她最想去的。不仅是因为它能让她有机会和华尔街最精明的人一起学习和工作, 更因为她一直想为这家只有 90 个员工却能每年创造 100 万美元的公司工作。世界 500 强、律师事务所或是其他的一些行业, 有哪些公司能创造这个记录? 作为新员工的她, 年薪 11 万美元她已经很知足了, 这也让她看到希望。

经过一系列的培训和学徒式的工作, 1991 年 2 月, 她被分配到政府债券交易部。在那里, 她负责的工作主要是短期国库券和中期国库券的出价和分配。所罗门兄弟公司是投行领域的最大参与者, 所以她知道她很快就能掌握这种交易的规则。

她的第一份重要工作是 1991 年 5 月短期国库券的拍卖。所罗门兄弟公司代表的是它的众多客户的利益, 它对国库券的最终发行价和利率有一定的影响力。当盖尔打开她的个人电脑帮助处理订单时, 她发现所罗门兄弟公司为客户喊出了一个根本就不可能存在的价格。毫无疑问, 它获取了 85% 的报价并最终控制了债券的价格。

她惊呆了, 当她告诉她的直属上司刚才在屏幕上所看到的一切时, 上司叫她冷静, 并告诉她已经不再是学生了, 她现在只是目睹了市场上的普通操作。她还被告知, 约翰·古弗兰 (John Gutfreund), 所罗门的董事会主席正在暗中地支持这种做法。她突然觉得自己很像是反伊拉克战争中奥利弗·诺斯 (Oliver North)。她费尽心力才获得这个职业生涯的重要位置, 可现在她觉得梦想破灭了。

问题:

你有什么策略或者建议能够提供给盖尔呢?

CFA 材料

以下资料节选自 CFA 一级考试题及解答。虽然方法上与本章略有不同,但仍然能反映 CFA 考试所需要的技巧。

CFA 考试题

一个公司养老基金的投资经理以 9 600 美元的价格购买了一只期限为 180 天, 面值为 10 000 美元, 票面利率为 8% 的短期国库券。

1. 计算短期国库券的等价收益率,并写出计算过程。(3 分钟)

2. 简单地介绍一下为什么短期国库券的等价收益率与票面利率不一样? (2 分钟)

答案:

1. $BEY = (F - P)/P \times 365/N$

其中, BEY 为债券的等价收益率

F 为债券的面值

P 为债券的购买价格

N 为据到期日的天数

$BEY = (100 - 96)/96 \times 365/180 = 8.45\%$

2. (1) 债券的等价收益率是以债券的实际购买来计算的。而息票率则是以面值来计算的, 二者的计算依据不一样。

(2) 债券的等价收益率是以每年 365 天来计算的, 而息票率则是以每年 360 天来计算的。

第 12 章　债券估值介绍

学习目标

1. 叙述如何用现值的方法计算债券的价值
2. 解释各种不同的债券收益率之间的区别，如到期收益率，赎回收益率和预期实现收益率
3. 解释利率的预期变化
4. 制定债券投资策略
5. 描述债券互换是如何增加投资者的税后收益的

本章要点

1. 债券定价过程的基本原则
2. **收益率**　当期收益率　到期收益率　赎回收益率　预期实现收益率　再投资假设
3. **利率波动**　利率期限结构
4. **投资决策：对利率的考虑**　债券定价原则　债券利率波动的例子　按面值发行的债券和以折价发行的债券　利差
5. **债券互换**

　　老观念认为债券是最保守的投资方式，但有着这种投资观念的投资者将很快会改变他们的看法。在债券市场中，如果市场利率变动 2%，则一只面值为 1 000 美元、票面利率为 10%、期限为 25 年的债券的价格可能会随之升值 214.8 美元或贬值 157.60 美元。1982 年和 1985 年投资者投资于长期的高评级公司债券还能享有极高的收益率，分别为 43.79% 和 25.37%。然而，投资于同样的公司债券，投资者在 1968—2006 年的 38 年间有 13 年的投资收益是负值。损失高达 10%。

　　市场的这种波动为投资者提供了投资机会。作为金融学专业的学生，你不应该只将债券视为等待投资股市时的临时资金存放。债券市场里的投资者可能会突然得到非常丰厚的收益，也可能突然遭受重大的损失。这就要取决于他们对利率波动的预测和对债券价格变动的判断。

　　当高盛公司进军债券市场业务时，也许它是享有盛誉的投资银行中最雄心勃勃的了。在接下去的 5 年里，它在债券市场交易中获得巨大的投资收益。然而，2003 年第三季度，在市场利率上升时它却仍购买了大量的抵押担保债券，从而遭受了债券价格下跌风险。当市场公布了第三季度债券市场糟糕的投资业绩时，它的股票在一天之内下跌了 5.9%。

　　在这一章里，我们将介绍债券的估值过程，同时阐述经济周期里利率波动对债券价格的影响以及与债券到期日、债券质量和债券价格相关的债券投资策略。

12.1　债券定价过程的基本原则

Excel 实例

任何时候的债券价格总是等于未来利息收入的现值和债券本金的现值之和。也就是说：

$$V = \sum_{t=1}^{n} \frac{C_t}{(1+t)^i} + \frac{P_n}{(1+i)^n}$$

（12—1）

其中，V = 债券的市场价格

n = 利息支付的次数

t = 每一时期

C_t = 每期支付的利息额

P_n = 到期日的价值或面值

i = 市场利率

我们可以利用对数表等各种数学计算方法来计算债券的价值，或者直接利用表 12—1 和表 12—2 来计算利息和面值的现值，并将其加总。（本书的附录介绍了关于这两个表的扩展表格 1）

假设一只票面利率为 10%（C_t），面值（P_n）为 1 000 美元的 20 (n) 年期债券。假定市场利率为 12% (i)。利用复利公式计算债券的现值为 850.9 美元，计算过程如下：

利息现值 C_t（从表 12—1 或附录 D 所得）	本金的现值 P_n（从表 12—2 或附录 C 所得）
$n = 20$，$i = 12\%$	$n = 20$，$i = 12\%$
$100 \times 7.469 = 746.90$ 美元	$1\ 000 \times 0.104 = 104.00$ 美元
利息的现值	= 746.90 美元
本金的现值	= 104.00 美元
债券的现值	= 850.90 美元

表 12—1　利息支付为每年 1 美元的现值

期数（n）	利率（i）						
	4%	5%	6%	8%	9%	10%	12%
1.....	0.962	0.952	0.943	0.926	0.917	0.909	0.893
2.....	1.886	1.859	1.833	1.783	1.759	1.736	1.690
3.....	2.775	2.723	2.673	2.577	2.531	2.487	2.402
4.....	3.630	3.546	3.465	3.312	3.240	3.170	3.037
5.....	4.452	4.329	4.212	3.993	3.890	3.791	3.605
10.....	8.111	7.722	7.360	6.710	6.418	6.145	5.650
15.....	11.118	10.380	9.712	8.559	8.061	7.606	6.811
20.....	13.590	12.462	11.470	9.818	9.129	8.514	7.469
30.....	7.292	15.372	13.765	11.258	10.274	9.427	8.055
40.....	19.793	17.160	15.046	11.925	10.757	9.779	8.244

表 12—2　到期本金为每年 1 美元的现值

期数（n）	利率（i）						
	4%	5%	6%	8%	9%	10%	12%
1.....	0.962	0.952	0.943	0.926	0.917	0.909	0.893
2.....	0.925	0.907	0.890	0.857	0.842	0.826	0.797
3.....	0.889	0.864	0.840	0.794	0.772	0.751	0.712
4.....	0.855	0.823	0.792	0.735	0.708	0.683	0.636
5.....	0.822	0.784	0.747	0.681	0.650	0.621	0.567
10.....	0.676	0.614	0.558	0.463	0.422	0.368	0.322
15.....	0.555	0.481	0.417	0.315	0.275	0.239	0.183
20.....	0.456	0.377	0.312	0.215	0.178	0.149	0.104
30.....	0.308	0.231	0.174	0.099	0.075	0.057	0.033
40.....	0.208	0.142	0.097	0.046	0.032	0.022	0.011

实例应用　　　因为当市场利率为 12% 时，债券的票面利率只有 10%，所以投资者只要花 850.90 美元就能购得面值为 1 000 美元的债券。相对于 1 000 美元的面值来说，这只债券以折价 149.10 美元的价格发行。折价的幅度是受多方面因素的影响的，如债券的到期日、债券票面利率和市场利率之间的利差，以及利息的支付水平等。虽然 850.90 美元的债券价格是以年复利计算得到的，但实际应用中大多数债券的计算是以半年复利一次得到的。为了将半年复利调整成年复利，我们一般只是简单地将年利率除以 2 从而得到半年的利率水平，然后将债券的期限年数乘以 2。仍然使用上面的例子来说明，但我们将票面利率调整成半年的复利率。用这种方法计算出来的答案是 849.30 美元，略低于刚才的 850.90 美元。计算过程如下：

利息现值（从表 12—1 或附录 D 所得）	本金的现值（从表 12—2 或附录 C 所得）
$n = 40$，$i = 6\%$	$n = 40$，$i = 6\%$
$50 \times 15.046 = 752.30$ 美元	$1\ 000 \times 0.097 = 97.00$ 美元
利息的现值	= 752.30 美元
本金的现值	= 97.00 美元
债券的现值	= 849.30 美元

通过对利率的稍微调整，我们得到了更精确的计算过程。为了检验一下我们的答案，表 12—3 从债券表中摘录了两只票面利率分别为 10% 和 12% 的债券在各不同市场利率水平下的价格和时间期限。虽然两只债券都是以年为单位计算的，但它们采用的是我们刚才所介绍的第二种计算方法的。注意到票面利率为 10%，市场利率为 12% 的 20 年期的债券报价为 84.93，也就是说它是以面值的 84.93 折价发行的。由于我们例子中债券的面值是 1 000 美元，所以这只债券的发行价格为 849.3 美元（1 000 × 84.93）。这个数值也就是我们在第二个例子中的计算结果。现代典型的债券表可能长达 1 000 页，它覆盖了期限长达 30 年，票面利率为 0.25%~30% 不等的债券价格。对于专门从事债券工作的专业人员来说，金融计算器和计算机都是必不可少的计算工具。

表 12—3　　　　　　　　　　　　　　　债券表的摘录

到期收益率（%）	债券利率（10%）				债券利率（12%）				到期收益率（%）
	1 年	5 年	10 年	20 年	1 年	5 年	10 年	20 年	
8	101.89	108.11	113.50	119.79	103.77	116.22	127.18	139.59	8
9	100.94	103.96	106.50	109.20	102.81	111.87	119.51	127.60	9
10	100.00	100.00	100.00	100.00	101.86	107.72	112.46	117.16	10
11	99.08	96.23	94.02	91.98	100.92	103.77	105.98	108.02	11
12	98.17	92.64	88.53	84.93	100.00	100.00	100.00	100.00	12
13	97.27	89.22	83.47	78.78	99.09	96.41	94.49	92.93	13
14	96.38	85.95	78.81	73.34	98.19	92.98	89.41	86.67	14

12.2　收益率

固定收益市场中对于债券收益有着不同的衡量方法，包括当期收益率、到期收益率、赎回收益率和预期实现收益率。

12.2.1　当期收益率

《华尔街日报》和其他许多日报都会采用**当期收益率**（current yield）来衡量债券的收益情况。如票面利率为 10% 的面值为 1 000 美元的债券发行价为 950 美元，则当期收益率为：

$$\frac{100}{950} = 10.53\%$$

10.53% 的收益率指的是投资者如果以 950 美元购买一只债券，他能从债券的利息收入中获得 10.53% 的收益，但这个收益并不包括随着市场利率波动而波动的资本利得或损失。当期收益率的另一个问题是它没有考虑债券的到期日。只要利息收入为 100 美元，债券的购买价格为 950

美元，那么 1 年期的债券和 20 年期的债券具有相等的当期收益率。但很明显，在相同的条件下，1 年期的债券对投资者更有吸引力，因为投资者投资于面值为 1 000 美元的 1 年期债券，在一年里就得能得 100 美元的利息收入和 50 美元（1 000–950）的资本利得。

12.2.2 到期收益率

到期收益率（yield to maturity）不仅考虑了年利息收入，还考虑了债券面值与购买时的价格差和债券的期限等。更为重要的是，债券的到期收益率等于债券的内部收益率或实际收益率。也就是说，它是计算利息和本金的现值时使用的贴现率。现在，假设债券的价格，债券的票面

利率、面值和期限都已知，那么该如何计算债券的到期收益率呢？

我们从公式 12—1 入手，假设现在未知量为 i，也就是市场的内部收益率，它通常等于债券的到期收益率。接下来我们利用金融计算器计算一下债券的到期收益率。首先，我们先用一个简单的问题来解释收益率的计算过程，然后我们再引入复杂的计算。

假设债券的市场价格为 850.90 美元，债券的票面利息为 100 美元，面值为 1 000 美元，期限为 20 年。债券的到期收益率应该为多少才能保证债券的市场价格为 850.90 美元呢？我们先用 12% 来贴现，计算过程如下：

利息现值（从表 12—1 或附录 D 所得）	本金的现值（从表 12—2 或附录 C 所得）
$n = 20$，$i = 12\%$	$n = 20$，$i = 12\%$
$100 \times 7.469 = 746.90$ 美元	$1\ 000 \times 0.104 = 104.00$ 美元
利息的现值	= 746.90 美元
本金的现值	= 104.00 美元
债券的现值	= 850.90 美元

如果我们用 12% 的贴现率来计算，我们刚好得到债券的价格为 850.90 美元。因为我们刚才计算债券价格时就是采用 12% 的市场利率。因此，12% 就是债券的到期收益率。

如果我们事先并不知道债券的贴现率到底是多少，

我们该怎么计算债券的到期收益率呢？如果有一个金融计算器，我们只要按照计算器使用的相关步骤进行计算就能得到相应的结果。如果不考虑使用计算器，我们将介绍计算到期收益率的一种普遍的方法，即试错法。你可以自己选择适于自己的方法。

实例应用　假设某只债券的面值为 1 000 美元，票面利率为 7%，期限为 15 年，市场价格为 839.27 美元。这只债券的到期收益率为多少？使用试错法的第一个步骤是，我们先对债券的到期收益率做一个猜测。因为债券是以低于面值（1 000 美元）的价格出售的，所以它的到期收益率肯定高于债券的票面利率（7%）。为什么？因为只有当债券的利息和本金以高于票面利率的贴现率进行折现时，它的价格才有可能低于面值。这条规则对这个例子也是适用的，只有当债券的到期收益率高于票面利率时，它才有可能折价发行或出售。

记住试错法中的第一步是假设债券的到期收益率高于票面利率 7%，我们假设它为 8%，则：

利息现值（从表 12—1 或附录 D 所得）	本金的现值（从表 12—2 或附录 C 所得）
$n = 15$，$i = 8\%$	$n = 15$，$i = 8\%$
$70 \times 8.559 = 599.13$ 美元	$1\ 000 \times 0.315 = 315.00$ 美元
利息的现值	= 599.13 美元
本金的现值	= 315.00 美元
债券的现值	= 914.13 美元

我们以到期收益率为 8% 计算出来的债券价格为 914.13 美元，略高于题中给出的债券价格 839.27 美元，为了使计算的价格向下调整，使得等于 839.27 美元，我们现在假设债券的到期收益率为 9%。则：

利息现值（从表 12—1 或附录 D 所得）	本金的现值（从表 12—2 或附录 C 所得）
$n = 15$，$i = 9\%$	$n = 15$，$i = 9\%$
$70 \times 8.061 = 564.27$ 美元	$1\,000 \times 0.275 = 275.00$ 美元
利息的现值	$= 564.27$ 美元
本金的现值	$= 275.00$ 美元
债券的现值	$= 839.27$ 美元

显然，以 9% 的到期收益率计算的债券价格为 839.27 美元，刚好等于题目中所给出的债券价格，所以我们说 9% 便是债券的到期收益率。

补充　我们不能总想当然地从债券表中准确地得到债券的市场价格。所以，使用金融计算器或是其他计算机软件来完成计算是一个明智的选择。因为债券表中所有的利率都是整数，而现实中利率通常不是整数。

近似计算到期收益率的一个公式　大多数教科书上都会介绍近似计算到期收益率的公式，我们也不例外。虽然用公式计算得到的答案可能并不如使用金融计算器、计算机软件或是试错法计算得到的答案来得精确，但对债券到期收益率的大约估计计算，这是一个很重要的方法。

$$Y' = \frac{C_t + \dfrac{P_n - V}{n}}{(0.6)V + (0.4)P_n} \qquad (12—2)$$

将已知的数值代入公式中我们就可以得到债券到期收益率。

其中：Y' 为债券到期收益率的估值

C_t 为票面利息，100 美元

P_n 为债券的本金，也就是债券的面值，1 000 美元

V 为债券的市场价格，850.90 美元

n 为债券的期限，20 年

$$
\begin{aligned}
Y' &= \frac{100 + \dfrac{1\,000 - 850.90}{20}}{0.6 \times 850.90 + 0.4 \times 1\,000} \\[2mm]
&= \frac{100 + \dfrac{149.10}{20}}{510.54 + 400} \\[2mm]
&= \frac{100 + 7.45}{910.54} \\[2mm]
&= \frac{107.45}{910.54} \\[2mm]
&= 11.80\%
\end{aligned}
$$

事实上，债券的到期收益率的精确值为 12%，所以我们说利用这个公式计算得到的 11.80% 只是一个粗略的答案，它比实际值低了 0.2%。在债券交易的过程中有一个专

业术语称为**基点**（basis point），每个百分点的 1/100 称为一个基点。所以，估计值比真实值低了 20 个基点。如果债券是折价发行，那么采用估算的到期收益率法计算得的到期收益率一般低于实际的到期收益率（如在本例中，债券以 850.90 美元折价发行）。如债券是溢价发行，则计算结果刚好相反[①]。

为了简化计算，在接下去的两节关于赎回收益率和预期实现收益率的计算中我们将继续采用这种估算法，即公式法。但请记住，它们只是真实值的一个估值而已。

12.2.3　赎回收益率

正如前面介绍债券定价原则时所介绍的，并不是所有的债券都会被持有到最后的到期日。考虑到债券也许会被提前赎回，于是计算从持有债券到债券赎回这个期间的收益率就显得非常必要。我们把这段期间的收益率称为债券的**赎回收益率**（yield to call）。假设有只 20 年期的债券票面利率为 11.50%，两年后利率下降。假设债券现在的市场价格为 1 180 美元，到期收益率为 9.48%。但是对于以 1 180 美元购买债券的投资者来说，他可能不一定能将债券一直持有到最后的到期日，因为债券有可能被赎回。在这种情况下，债券收益率可能不是衡量债券的预计持有期间投资收益的最好标准。

在这个例子中，我们假定债券发行 5 年后以 1 090 美元的价格被赎回。也就是说，投资者在债券发行 2 年后才购买的债券将在他持有的 3 年后以 1 090 美元的价格被赎回。为了计算债券的赎回收益率，我们令债券的购买价格为 1 180 美元，票面利率为 11.5% 的债券每年支付的利息为 115 美元，3 年后的赎回价格为 1 090 美元，我们将公式 12—2（到期收益率的估算公式）调整为公式 12—3（赎回收益率的估算公式）：

[①] 本书中所有关于债券计算的问题，我们都假定债券是在第一个利息支付期购买的。从而从持有债券开始就产生一个应计利息，所以我们需要对我们的计算结果进行微小的调整。

$$Y'_c = \frac{C_t + \dfrac{P_c - V}{n_c}}{(0.6)V + (0.4)P_c} \qquad (12\text{—}3)$$

将已知的数值代入公式中我们就可以得到债券赎回收益率。

其中：Y'_c 为债券赎回收益率的估值

C_t 为票面利息，115 美元

P_c 为债券的赎回价格，1 090 美元

V 为债券的市场价格，1 180 美元

n 为债券的赎回期限，3 年

$$Y'_c = \frac{115 + \dfrac{1\,090 - 1\,180}{3}}{0.6 \times 1\,180 + 0.4 \times 1\,090}$$

$$= \frac{115 + \dfrac{-90}{3}}{708 + 436}$$

$$= \frac{115 - 30}{1\,144}$$

$$= \frac{85}{1\,144}$$

$$= 7.43\%$$

通过上述公式所计算的债券赎回收益率为 7.43%，比债券的到期收益率 9.48% 少了 205 个基点。显然，投资者应该明白这两个收益率之间的区别，当债券被提前赎回时，投资者所获得的收益率将减少。债券的市场价格一般情况下高于债券的赎回价格，所以对债券的赎回收益率投资者应该做另外的计算。

当市场的利率远远低于债券的票面利率时，投资者很有可能面临债券被赎回的风险。因为当市场利率低于票面利率时，赎回的价格一般为债券价格的上限，而市场利率的持续下降不会导致可赎回债券价格的上升。换句话说，当一只债券为可赎回债券时，投资者的资本利得可能很有限。

12.2.4　预期实现收益率

最后，我们来看一下投资者对于债券的持有期如果既不是到债券的到期日，也不是到债券的赎回日，那他的投资收益该如何计算？在这种情况下我们以**预期实现收益率**（anticipated realized yield）来衡量投资者在持有期内的投资收益。

假设一个投资者以 900 美元购买了一只票面利率为 12.5% 的债券。她预期在 3 年内市场利率将下调，她的债券价格将上升到 1 050 美元。利用预期实现收益率的估值公式：

$$Y'_r = \frac{C_t + \dfrac{P_r - V}{n_r}}{(0.6)V + (0.4)P_r} \qquad (12\text{—}4)$$

其中：Y'_r 为债券的预期实现收益率的估值

C_t 为票面利息，125 美元

P_r 为预期的债券价格，1 050 美元

V 为债券的市场价格，900 美元

n_r 为债券的预期实现期限，3 年

投资的真实世界

你想要投资于一只期限长达 1 000 年的债券吗

的确，加拿大太平洋有限公司（Canadian Pacific Limited）发行了一只期限为 1 000 年的债券。到时邮票的成本就高达几百万美元了。

最近很多大公司发行了一些 50 年的公司债，这在美国历史上是绝无仅有的。这种债券的参与公司包括：

TVA（www.tva.com）	10 亿美元
波音公司（www.boeing.com）	2.75 亿美元
联合铁路公司（www.conrail.com）	250 亿美元
福特汽车（www.ford.com）	2 亿美元

这些债券的票面利率一般比同公司发行的 30 年期的债券利率高出 0.25%。因为高评级的公司债券的长期利率一般较低（大约为 7.5% 左右）。投资者可以很清楚地洞察这些公司发行这种债券的动机。

那投资者将会怎样呢？他们将有半个世纪被困于这些债券的投资中，回想一下 50 年前的情景，那时我们并不了解计算机，不了解月球，也不了解心脏移植手术。所以，接下去的 50 年后会发生什么样的大事，谁知道呢？

然而，在这 50 年里，市场大约能够融资 20 亿美元。一些投资者出于对债券的期限与公司负债的综合考虑购

买了这种债券。例如，对于一些对客户承诺了相关长期政策的保险公司来说，也许它们就倾向于投资这种长期债券。其他一些投资者则认为 50 年期的债券对价格的敏感性并不高于 30 年期的债券。虽然债券价格对市场的敏感度随着债券期限的增长而增加，但是这种敏感度增加的速度是逐渐减少的。例如，30 年期，票面利率为 8%，面值为 1 000 美元的债券利率每增加 2 个百分点可能就会使债券价格下跌到 811.16 美元，而 50 年期的同样债券在利率每变动 2 个百分点时，价格可能下跌到 802.20 美元，只有 9 美元的差额。50 年期的债券多支付的这 0.25% 的利息很明显足以补偿价格的敏感性波动。

当然你也要记住，如果在债券发行后的 50 年里，市场利率低于债券的票面利率，那么投资者很有可能获得资本利得。50 年，有足够长的时间等待投资机会的到来，因为在 50 年里发生诸如股票市场崩盘等引起市场经济萧条，从而使政府降低利率的情况是很有可能发生的。

50 年期债券的另一个特征是发行这种债券的公司一般都是 A~AAA 级的公司，所以发生破产清算的概率很小。然而请记住，在你投资这种债券的 50 年里，世界可能发生了重大的变化。也许那个时候不再有现在这种传统的飞机、汽车、汽油，或是其他债券发行公司所生产的那些产品。

$$Y_r' = \frac{125 + \dfrac{1\,050 - 900}{3}}{0.6 \times 900 + 0.4 \times 1\,050}$$

$$= \frac{125 + \dfrac{150}{3}}{540 + 420}$$

$$= \frac{175}{960}$$

$$= 18.23\%$$

在市场利率下降的时候，投资者要获得 18.23% 的预期实现收益率并不是太难的事情。

12.2.5　再投资假设

在我们的整个分析过程中，介绍了债券的到期收益率、赎回收益率和预期实现收益率，但这些收益率的计算都是基于投资者将获得的利息收入以同样的票面利率再投资到债券市场这个假设条件的。该假设指出，如果债券的票面利率为 11% 或 12%，那么投资者每年从这只债券上获得的利息收入也能以同样的票面利率再投资于这只债券。但这个假设有时是不完全符合现实的，因为投资者都是精明的，他们都会有自己的想法。例如，如果预期的再投资收益率上升，将使得债券的实际收益率增加，在这种情况下如果投资者将所获得的利息收入再投入到债券市场中，只会导致相反的结果，也就是说债券的价格下跌，债券的实际收益率下降。在第 13 章中我们将对债券市场的再投资假设做更详细的介绍。

12.3　利率波动

在对债券定价的讨论中，我们已经看到较低的市场利率会提高债券的价格，增加债券的收益。现在我们回过头来看一下表 12—3（右半部分），如果一只债券的票面利率降到 10%，则另一只与它相竞争的票面利率为 12%，20 年期的债券发行价将为 1 171.60 美元，如果它的票面利率降到 9%，则另一只与它相竞争的债券的发行价将为 1 276 美元。对于期限较长的债券，到期日对债券价格的影响也是很重要的。

想要在债券市场获利的投资者必须要懂得对市场利率未来的变动方向和波动幅度做出准确的预测。虽然大多讨论债券市场有效性的书籍都认为做这种预测极其困难，包括华尔街上的经济学家、银行家，以及其他许多习惯于用利率期限结构来做投资决策的学者等。事实上，短期利率和长期利率的变动方向不一定一致，波动的幅度也不一定相等，这使得要对利率的变动做出合理的预测就更困难了。尽管如此，一些历史数据和经济周期中对利率变动的研究等相关资料对于投资者的投资决定还是起到一定的作用的。

利率一直以来都被认为是市场经济运行的晴雨表，也就是说，利率的变动应该与工业生产、国内生产总值、总体经济的运行情况等相一致。事实也大致如此，即便在最近 5 年的经济萧条里，利率的变动也是在工业生产下降后才出现的。

对于长期利率来说，预期的通货膨胀率是最重要的影响因素。当然还有其他的一些因素也影响着利率的变动，比如个人、企业和政府对资金的需求量，储蓄意愿和联邦储蓄政策对资金供给的影响等。

12.3.1　利率期限结构

要理解利率水平的决定因素首先要理解利率水平与债

券的到期日之间的关系。债券市场并不是只有一个利率，一系列的利率水平都与债券的期限相关联。

利率期限结构（term structure of interest rates）阐述了债券期限与利率水平之间的关系。有时它也被称为收益率曲线，因为收益率曲线反映了从 3 个月到 30 年间各种期限债券的收益率情况。忽略债券受公司经营业绩的影响，收益率曲线一般用美国国债的收益率随债券期限不同而变动的情况来说明问题。图 12—1 列出了收益率曲线的四种主要形态。

在图 a 中，我们可以看到一条从左到右向上凸的曲线，表明借贷工具的期限越长，它的利率就越高。这是正常情况下的收益率曲线，随着时间的推移，利率呈上升趋势。

在图 b 中，我们可以看到一条向下倾斜的下凸曲线，表明投资者预测未来利率将会下调。图 c 是由图 b 变化而来的，曲线中呈现弓形的部分代表中期的收益率高于短期和长期收益率。这种形状的图形更意味着未来利率将下调。最后，在图 d 中我们看到一条水平的直线，这说明投资者对于投资短期、中期和长期的债券都没有特别的偏好，或换句话说，短期、中期和长期债券对投资者来说都是无差异的，所以它们的收益率也是相等的。这也说明长期的利率水平将没有什么变化。利率的相关理论被用来解释收益率曲线的各种不同形状。我们将对其中的三个利率期限理论进行详细介绍。

预期理论 利率期限结构的形状主要基于**预期假说**

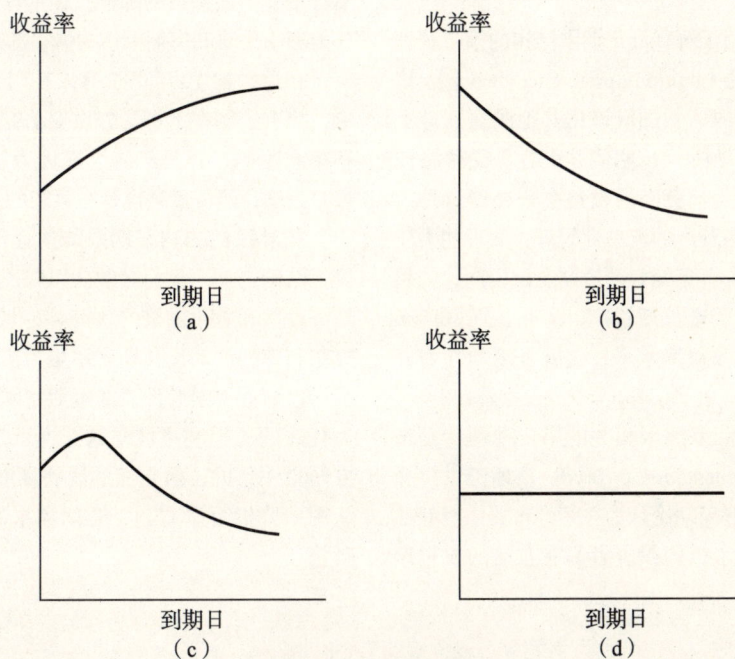

图 12—1　利率期限结构

（expectations hypothesis）理论。该理论认为长期利率水平主要取决于未来适当时期内投资者对各个短期利率水平的平均预期。所以，如果贷款者预期短期利率水平将持续上升，那么他会要求一个更高的长期利率水平。相反，如果他们预期短期利率将持续下降，那么他们要求的长期必要回报率就会下降。有一个例子可能能够很好地解释这个理论。假设一年期国库券的票面利率为 6%，一年后一只新的国库券的票面利率为 8%，两年后另一只新的国库券的票面利率为 10%，也就是说，投资者可以连续三年以年为单位，以债券的预期收益率为票面利率购买到这三只

债券。

但如果投资者在今年就分别购买了一只一年期、一只二年期和一只三年期的国库券，那又是怎样的情况呢？这时投资者要求的必要回报率就取决于投资者对未来利率水平的预期。对一年期的国库券来说，这个问题是不存在的，投资者的预期收益率也就是债券的票面利率 6%。但如果投资者是想投资于两年期的国库券，并想在这两年里获得 6% 的平均收益，那么他可以预期第二年的收益率为 8% 或者 7%[①]。若他想购买三年期的国库券，在这三年里他每年分别可以获得 6%，8% 和 10% 平均收益率，或者说三

---

① 在上面的例子中预期理论是用几何平均值（即复利），而不是简单的算术平均值计算的。但对于期限较短的债券，用这两种方法计算的结果很接近。

年的平均收益率为8%。如果预期利率上升，则利率期限结构会呈上升趋势，也就是说投资者对于投资较长期的债券会要求一个较高的收益率。如果预期未来利率下降，则情况刚好相反。

预期理论会受借贷双方行为的影响而逐步自我强化。如果投资者预期未来利率将上升，那么他们更倾向于购买短期债券而非长期债券，从而避免由于长期利率上升而带来的损失。借方刚好持有相反的动机，由于预期利率上升，他们更愿意发行长期债券以保证在低利率水平上获得融资，从而降低融资成本。因此，贷方对短期债券的需求（尽量避免长期债券）和借方对长期债券的需求（尽量避免短期债券）博弈的结果加速了预期利率的上升。相反则形成预期未来利率下降。

流动性偏好理论　用于解释利率期限结构的第二种理论被称为**流动性偏好理论**（liquidity preference theory）。该理论认为利率期限结构的形状图应该比其他图更加向上倾斜。这说明当利率变动时，长期债券更容易受价格波动的影响，于是投资者要求更高的收益率来补偿这种风险。投资者认为短期金融资产的流动性较好，变现能力较强，风险较小，所以投资者更偏好于短期金融资产，如果想要使投资者将资金投资于长期资产，那么长期资产必须要能提供一个更高的收益率水平，这就是流动性偏好理论。

市场分割理论　与利率期限相关的第三种理论是**市场分割理论**（market segmentation theory）。该理论主要分析债券的需求方。市场分割理论认为在债券市场中有好几个大的机构投资者，每个机构投资者都有自己的投资偏好。例如银行也许偏好于投资流动性较好、变现能力较强的短期债券，从而使它的资产与银行的负债（如公众存款等）相匹配。而保险公司也许更倾向于投资长期债券，从而与它的长期负债相匹配。这些机构的投资行为以及另外一些储蓄和贷款，都很容易影响到短期和长期债券的利率水平，但它们对中期债券如5~7年期的债券并没有多大影响。由于上述各个市场参与者对借贷资金有不同的需求，从而形成了短、中、长期资金市场，而且这三个市场是相对分开的，各个市场的利率水平由各市场的资金供求关系决定，与其他期限资金市场上的供求无关。

现在我们已经对利率期限结构的三种理论都做了介绍。正如前面指出的那样，预期理论相对占主导地位，但其他理论也对利率期限结构做了部分合理的解释。

在过去的10年里总有人在问，根据利率期限结构理论，接下去利率水平会怎么变动？通货膨胀的加剧会提高利率水平吗？还是经济会在无通胀的情况下保持缓慢增长？当然，经济萧条也是有可能的。

在对我们的利率期限结构理论和投资决策过程的论述下结论之前，我们必须认识到一点，联邦储备用于调控经济发展和货币供给的政策对短期利率产生了影响，使得短期利率的波动比长期利率更为明显。图12—2向我们展示了以商业票据为代表的短期利率波动情况和以公司债券为代表的长期利率波动情况，虽然长期来看它们的波动方向是一致的，但它们的波动幅度和频率却不完全一致，从图中我们可以看到，短期利率的波动比长期利率更为频繁。

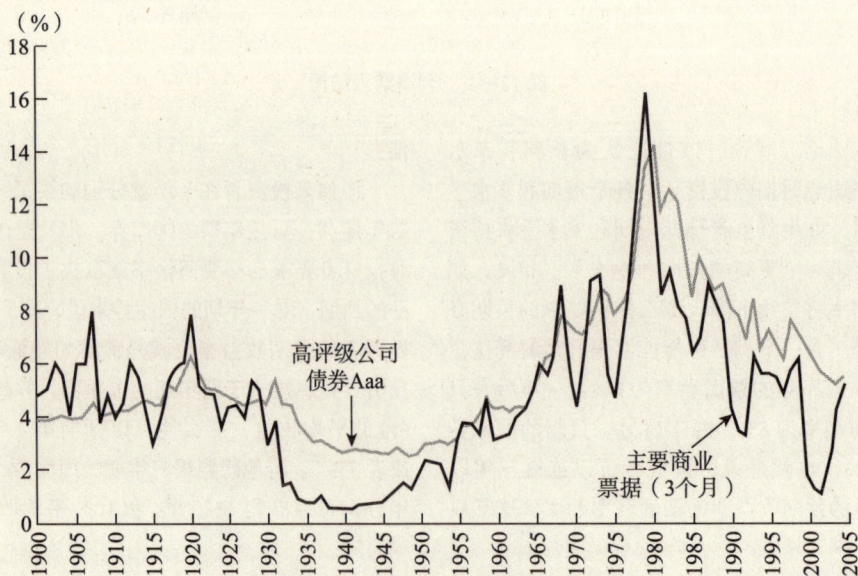

图 12—2　短期利率和长期利率的波动性

12.4 投资决策：对利率的考虑

本章开始的时候我们已经介绍了债券定价的原则和过程，以及债券的各种不同收益率的计算，还有对未来利率的估值方法等，现在我们将这些知识应用到各种各样的债券投资决策中。

当投资者预期未来利率下降时，他会将资金投资于长期债券，并通过在利率波动的不同时点上买入和卖出债券，从而使资本利得最大化。投资者可以综合考虑债券的到期日、票面利率和债券的质量等因素来做投资决策。

因为利率的变动对长期债券的影响远大于对短期债券的影响，所以投资者一般会投资于更长期限的债券。表12—4列出了票面利率分别为12%和6%的债券价格受利率波动的影响情况。例如，我们看一下表格上半部分，票面利率为12%的债券在利率变动−2%时价格是怎么变化的。当市场利率下降2%时，一年期的债券价格上升了1.86%，而30年期的债券价格却上升了18.93%。同样是市场利率下降2%，票面利率为6%的一年期债券价格上升了1.92%，而30年期的债券价格上升了34.59%。这个例子说明票面利率为6%的债券比票面利率为12%的债券对市场利率的变动更为敏感。

同时我们也可以看到，当利率朝着不同方向波动同样幅度时，它们对债券价格的影响也是不一样的。利率下降使债券价格上升的幅度大于利率上升使债券价格下降的幅度，特别是当债券期限由短到长逐渐增加时，这种趋势更加明显。表12—4中30年期债券一栏里表明债券价格对利率下降比对利率上升更加敏感[1]。

虽然我们一直强调期限较长的债券在同等幅度的利率

表12—4		不同到期收益率水平的变动对债券市场价格变动的影响			
票面利率12%的债券					
收益率变化（%）	到期日（年）				
	1	5	10	20	30
+3	−2.69	−10.30	−15.29	−18.89	−19.74
+2	−1.81	−7.02	−10.59	−13.33	−14.04
+1	−0.91	−3.57	−5.01	−7.08	−7.52
−1	+0.92	+3.77	+5.98	+8.02	+8.72
−2	+1.86	+7.72	+12.46	+17.16	+18.93
−3	+2.81	+11.87	+19.51	+27.60	+30.96
票面利率6%的债券					
收益率变化（%）	到期日（年）				
	1	5	10	20	30
+3	−2.75	−11.67	−19.25	−27.39	−30.82
+2	−1.85	−7.99	−13.42	−19.64	−22.52
+1	−0.94	−4.10	−7.02	−10.60	−12.41
−1	+0.95	+4.33	+7.72	+12.46	+15.37
−2	+1.92	+8.90	+16.22	+27.18	+34.59
−3	+2.91	+13.74	+25.59	+44.63	+58.80

波动时价格变化幅度大于短期债券，但聪明的学生很快就会注意到我们在图12—2中指出的，短期利率的波动一般比长期利率更为频繁。这样，在短期利率的频繁波动与价格对长期利率的敏感性中，我们该如何做出选择？答案其实相当直接。我们只要将短期利率波动对债券价格的影响与长期利率波动对债券价格的影响做一个量化的比较就可以了。比如，一年期的、票面利率为12%的短期债券受利率波动9%的影响等于30年期长期债券受利率波动1%的影响。

12.4.1 债券定价原则

在这部分里，我们主要介绍债券定价的几个基本原

---

[1] 精明的投资者在做出投资决策前一般会考虑债券的久期。久期是衡量债券价格对利率变化敏感性的指标。它被定义为当市场利率上升或下降一定幅度时债券价格的平均变化率。对付息债券（大多数债券都是付息债券，零息债券除外）来说，债券的久期一般会短于从发行时就开始支付利息的债券的久期。为了获得最大的投资收益，投资者在做投资决策时应选择久期最大的债券，而非到期日最长的债券。关于久期的更详细的讨论见本书第13章。

则。债券的市场价格受一系列因素的影响，主要有债券的期限、票面利率以及同等风险条件下其他债券的市场收益率等。这些因素对债券价格的影响我们可以从表 12—4 中看出。从表 12—4 中债券价格的变化情况，我们可以总结出这几条规律：

1. 债券价格与市场利率呈负相关关系。

2. 长期债券价格比短期债券价格更容易受债券到期收益率变动的影响。

3. 随着债券期限增长，市场利率下降，债券价格的敏感性增加。

4. 对于到期收益率的同等变化幅度，债券价格对收益率下降的敏感性高于对收益率上升的敏感性。

5. 低票面利率的债券对到期收益率的变动比高票面利率的债券更为敏感。

6. 债券价格对低到期收益率的敏感性高于对高到期收益率的敏感性。

在债券交易和投资决策过程中，请记住债券价格与市场利率的这六点关系。在下一章对债券久期的介绍中，我们将能更好地理解债券价格是如何受债券到期日、票面利率、市场利率等因素的综合影响。

12.4.2　债券利率波动的例子

实例应用　假设我们购买了一只面值为 1 000 美元，票面利率为 12%，期限为 20 年的 Aaa 级债券，并且假设市场利率下降到 10%。从表 12—5 中我们可以计算出债券的市场价格应该为 1 170.60 美元（1 000 × 117.16）。

表 12—5

到期收益率（%）	债券价格表		
	票面利率 12%		
	期限		
	10	20	30
8	127.18	139.59	145.25
10	112.46	117.16	118.93
12	100.00	100.00	100.00
14	89.41	86.55	85.96

虽然从表面上看我们在短短的一年里就能得到 171.60 美元（1 170.60–1 000）资本利得，也就是 17.16% 的投资收益率，但这只是表面的。如果要做出投资决策，投资者应该考虑债券的真实收益率。比如，也许对国债来说，它的收益率只有 5%，而公司债券或其他高质量的公用事业单位发行的债券收益率高达 30%。在这种情况下，如果我们只投入 30% 的自有资金，而其余的用借款来补足，那么投资收益率则高达 57.2%：

$$\frac{投资收益}{本金} = \frac{171.60}{300} = 57.2\%$$

虽然我们还得对我们所借来的 700 美元支付利息，但债券的利息收入（这部分利息收入属于投资者）完全能够部分或全部地偿还投资者借款的利息支付。如果利率进一步地降低到 8%，则投资者利用杠杆融资所获得的投资收益率可能超过 100%。

但投资者不应该盲目乐观。虽然预期市场利率将下降，但也不排除未来利率上升的可能。而利率一旦上升，投资者的损失也将扩大。比如，若利率上升 2%，则债券价格将会下跌 133.30 美元，也就是以 300 美元的自有资本和 700 美元的借款投资于债券所获得的投资收益为 –44.4%。特别是在一些非常时期，由于预期或是实际的经济萧条可能导致对未来利率做出下调的预期，而联邦政府为控制通货膨胀所采取的紧缩性货币政策可能使利率的变动与预期利率变动方向不一致，如在 1974，1979，1981，1994 和 2001 年都发生过类似的事。

12.4.3 按面值发行的债券和以折价发行的债券

分析债券的另一个角度是将债券的发行价格与债券的面值做比较。当债券的票面利率低于市场利率时，债券一般称为**折价发行债券**（deep discount bonds）。比如，密苏里太平洋铁路公司在 2007 年 1 月以 699 美元发行了票面利率为 4.75%，到期日为 2020 年的债券，该公司的债券评级为 Baa2，到期收益率为 7.85%。

折价发行的债券的到期收益率一般低于按面值发行的债券。这主要有两个原因：一是因为折价发行的债券一般不会被赎回。即使市场利率下跌导致债券价格上升，债券的价格仍有可能低于债券的面值。所以为了避免债券被赎回，投资者愿意接受较低的债券收益率。二是因为折价发行的债券价格上升的空间高于面值发行的债券（因为较低的债券价格使得资金不足的投资者也能进行投资，从而增加了债券的融资额）。

12.4.4 利差

正如我们前面介绍的，不同评级的债券以及各种不同期限的债券有着不同的投资收益率。例如，为了补偿投资者面临的更大风险，Baa 级公司债券的收益率一般高于 Aaa 级的公司债券。同样的，Aaa 级公司债券的收益率一般高于政府发行的债券。从图 12—3 中我们可以看到穆迪公司评级的 Baa 级债券与 Aaa 级债券和国债之间的利差。

让我们来观察一下 Baa 级债券与国债之间的总利差（Aaa 级）债券和国债之间的利差落于这个利差之内）。从长期来看，这个利差一般为 75~100 个基点[①]。但是，在某些特定的经济周期里，这个利差是会改变的。例如，在经济萧条的早期，对市场不景气的悲观预期可能使投资者更倾向于将资金投向高评级的债券而非低评级的债券。在经济萧条时，不同评级债券之间的利差可以从 1969—1970，1973—1975，1981—1982，1990—1991 和 2000—2001 年

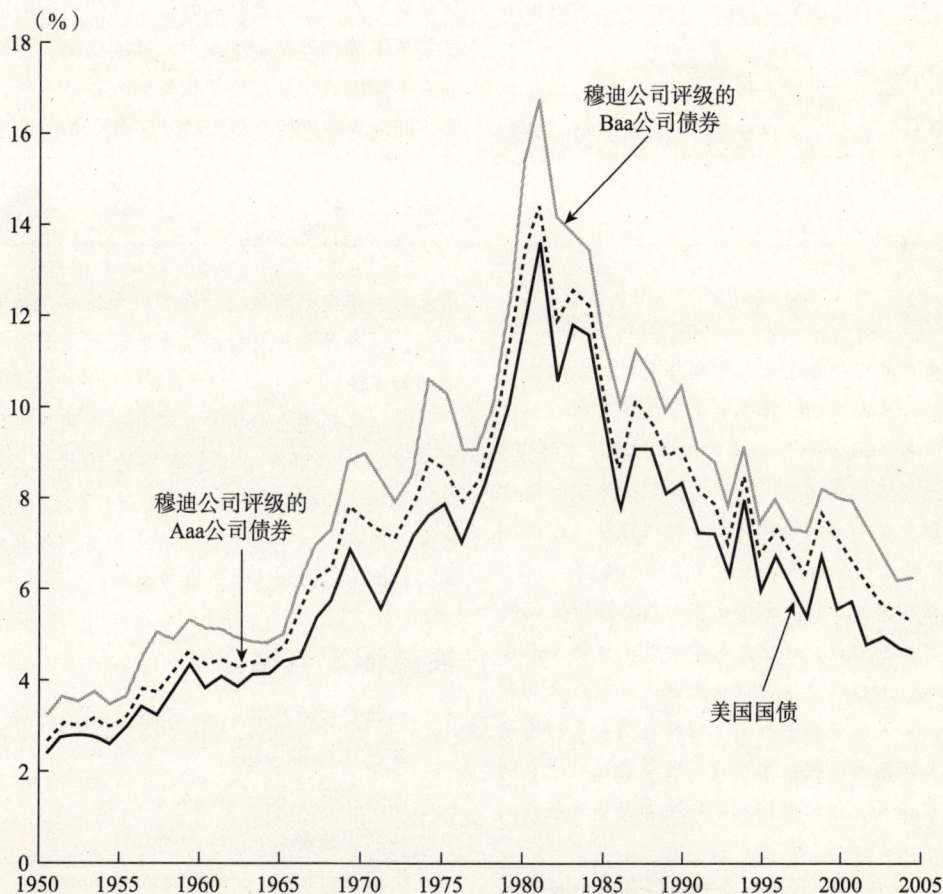

图 12—3 不同评级的长期债券之间的利差

---

① Baa 级的高收益债券不同于垃圾债券。垃圾债券的收益率特别高，而违约风险也特别高。

间的情况看出。在经济萧条时，Baa 级债券与国债之间的利差一般都高于 150 个基点。当经济逐渐恢复时，这个利差才逐渐缩小。在第 9 章介绍证券市场中的技术分析时，我们曾提到巴朗信心指数，这是一个用于衡量高评级债券和中等评级债券之间利差的指标。巴朗信心指数越接近于 1 就意味着不同评级间的债券收益利差是比较小的，也就说明投资者对市场前景是比较看好的。当巴朗信心指数低于 1 时，越低的指数代表越大的收益利差，也就意味着投资者对市场不景气的悲观预期。

投资者根据自己的投资偏好和不同的利差水平来决定他们的投资策略。例如，在经济萧条、市场不景气的时候，如果投资者没有特别偏好于投资高评级的债券，那么他们可以从投资于低评级债券中获得较高的投资收益。

12.5　债券互换

债券互换（bond swaps）是指当投资者卖出某只债券的同时立即买入另一只相类似的债券，以提高整个投资收益率[①]。

通常有些债券除了具有某点特性之外，在其他的各个方面都具有可比性。比如，一只新发行的债券与另一只未偿付的债券可能只在收益率方面有轻微差别，而其他特征都是一样的。

债券互换的产生可能是出于对税收调整的考虑，而且一般在年末都会有大量的互换债券。假设你在 5 个月前购买了美国电话电报公司发行的 A 级债券，由于市场利率上升，你现在的投资净损失为 20%，那么你可以将债券卖出，损失锁定在 3 000 美元[②]。你节省的税收支出等于你的损失乘以你的边际税率。同样的道理，你也可以从债券的出售和再投资中得到税收带来的整体投资收益率提高的好处。

纯粹收益率换券（pure pickup yield swap）在债券互换中也是很常见的。在纯粹收益率换券中，投资者可以通过出售某种债券同时购入同等风险的另一种债券来提高债券的到期收益率。假定债券市场不是有效市场，那么这种债券互换的关键就是互换的债券价格是不相等的。通过售出高估债券，购入低估债券，投资者就能提高投资收益率。如果两只债券的质量和风险都不一样，那么投资者就无法从债券互换中获得预期的收益。其他类型的债券互换主要是基于不同债券在利率支付、赎回交易、可转换条款等方面有不同的规定从而使得债券的收益率不等，投资者在这些不同债券中进行套利活动以获得投资收益。

本章小结

债券的定价是基于债券未来各期利息支付和到期偿还本金的现值之和计算而得的。债券的实际收益率可以用债券到期收益率、赎回收益率和预期实现收益率等来衡量。因为利率变动是经济的晴雨表，所以学者们一直试图通过在不同经济周期中对利率的研究来解释经济现象。在经济萧条时期，利率的变动一般滞后于经济活动的减少。

利率期限结构描述了债券利率水平与债券期限之间的关系。不同的收益率曲线，也就是利率曲线，说明了未来利率的变动趋势。如果收益率曲线向上倾斜说明未来的利率呈上升趋势，如果收益率曲线向下倾斜说明未来利率呈下降趋势。从长期来看，收益率曲线一般都能准确地表明未来利率的变动情况，但对短期利率的变动趋势进行预测却相对较难。

如果投资者想从预期利率下降中获得最大的投资收益，那么他应该投资于低票面利率的长期债券，因为长期债券对利率变动的敏感性高于短期债券。而低票面利率的债券，也就是折价发行的债券能使投资者避免债券被提前赎回的风险。

对债券的完全分析应该还包括不同评级的债券间的收益利差。在经济处于萧条时期的 19 世纪 70 年代、80 年代、90 年代以及 20 世纪初，Baa 级的公司债券与长期国库券之间的收益利差高达 150 个基点，或者更甚。利差水平对投资者的投资决策有着重要影响。

关键词汇与概念

预期实现收益率　anticipated realized yield

基点　basis point

债券互换　bond swaps

当期收益率　current yield

折价发行债券　deep discount bonds

预期假说　expectations hypothesis

---

① 利率互换与债券互换并不是同一个概念，利率互换的知识我们将在第 16 章介绍。

② 超过 3000 美元的损失将会被分配到未来的年份里。

流动性偏好理论　liquidity preference theory

市场分割理论　market segmentation theory

到期收益率　yield to maturity

纯粹收益率换券　pure pickup yield swap

利率期限结构　term structure of interest rates

赎回收益率　yield to call

讨论题

1. 为什么债券不再只是一种保守的投资工具？

2. 债券的市场价格是怎样由现值决定的？

3. 为什么当市场利率变动时，债券价格也会跟着变动？

4. 为什么当期收益率不是衡量债券收益率最好的指标？（将当期收益率与到期收益率进行对比分析）

5. 解释债券的到期收益率是如何等于投资者的内部报酬率的。

6. 计算债券赎回率的公式有什么重要性？

7. 什么是再投资假设？这个假设一定是正确的吗？

8. 什么是利率期限结构？

9. 一条向上倾斜的收益率曲线代表什么？

10. 叙述利率期限结构理论中的预期理论。

11. 叙述利率期限结构理论中的流动性偏好理论。

12. 叙述利率期限结构理论中的市场分割理论，并说明为什么当银行的贷款需求增加时，国债的短期收益率上升？

13. 在什么情况下不同评级的债券间的收益利差是最大的？

14. 列出与债券价格相关的六条原则。

15. 保证金要求是如何影响投资者的债券投资决策的？

16. 折价发行债券有什么优点。

17. 何为债券互换投资策略？解释债券互换与税收的关系。

练习题与解答

1. 如果一只 9 年期的债券面值为 1 000 美元，票面利率为 8%，如果市场利率为 10%，那么这只债券的价格为多少？利息半年支付一次。假设持有期为 9 年。

2. 一只债券的票面利率为 11%，发行价为 943.50 美元，它的到期收益率为多少？假定该债券还有 10 年到期，请用试错法计算。

解答：

1. 贴现率 = 5%　半年支付一次，一共支付 18 次，每次支付 40 美元（对照附录 D）

利息收入现值 = 40 × 11.690 = 467.90 美元

贴现率 = 5%　半年支付一次，一共支付 18 次，本金为 1 000 美元（对照附录 C）

本金现值 = 1 000 × 0.416 = 416 美元

债券价格 = 利息收入现值 + 本金现值

　　　　 = 467.90 + 416 = 883.60 美元

2. 如果债券以低于面值的价格发行，则贴现率一定高于债券的票面利率 11%。于是我们先假设债券的贴现率为 12%。

贴现率 = 12%　共有 10 期，每期的利息收入为 100 美元（参照表 12—1）

利息收入的现值 = 110 × 5.650 = 621.50 美元

贴现率 = 12%　共有 10 期，本金为 1 000 美元（参照表 12—2）

本金的现值 = 1 000 × 0.322 = 322.00 美元

债券价格 = 利息收入现值 + 本金现值

　　　　 = 621.50 + 322.00 = 943.50 美元

以 12% 为贴现率的债券价格为 943.50 美元，刚好等于债券的发行价格，所以债券的到期收益率为 12%。

思考题

1. 如果一只 10 年期的债券面值为 1 000 美元，票面利率为 13%，假设市场利率为 10%，那么这只债券的价格为多少？利息半年支付一次。假设持有期为 10 年。

2. 如果一只 15 年期的债券面值为 1 000 美元，票面利率为 9%，假设市场利率为 12%，那么这只债券的价格为多少？利息半年支付一次。假设持有期为 15 年。

3. 在第 2 题中，如果市场利率降到 8%，那么债券的价格为多少？

4. 利用表 12—3 计算以下债券的价格：

a. 票面利率为 10%，期限 20 年，到期收益率为 14% 的债券；

b. 票面利率为 12%，期限 10 年，到期收益率为 8% 的债券。

5. 利用表 12—3 计算：

假设你购买了一只票面利率为 10%，到期收益率为 14% 的 20 年期债券，10 年后市场利率为 8%。试计算债券发行时的购买价格以及 10 年后债券的价格，以及你在 10 年持有期内债券的收益率为多少？

6. 以 877.60 美元发行的，票面利率为 8% 的债券的当期收益率是多少？

7. 假设在上题中，债券的面值为 1 000 美元，距离到期日还有 10 年，则债券的到期收益率为多少？利用试错法计算（提示：因为债券是以低于面值的价格发行的，所以你可以先假定债券的到期收益率高于票面收益率 8%）。

8. 票面利率为 10%，以 1 090.90 美元的价格发行的债券的到期收益率是多少？假设债券的面值为 1 000 美元，现在离债券到期日还有 20 年。利用试错法计算（提示：因为债券是以高于面值的价格发行的，所以你可以先假定债券的到期收益率低于票面收益率 10%）。

9. 上题中的当期收益率是多少？为什么当期收益率略高于到期收益率？

10. 票面利率为 7% 的 15 年期债券发行价为 839.27 美元：

a. 债券的当期收益率是多少？

b. 利用试错法计算的到期收益率是多少？

c. 为什么当期收益率高 / 低于到期收益率？

11. 利用公式 12—2 计算以下债券的到期收益率：债券的票面利率为 14%，面值为 1 000 美元，还有 16 年到期，债券的发行价格为 1 160 美元。

12. a. 在上题中，如果 4 年后债券以 1 080 美元的价格被赎回，那么债券的赎回收益率是多少？利用公式 12—3 计算。

b. 解释为什么 a 中计算得到的数值低于第 11 题计算得到的数值？

c. 虽然给定 4 年后债券被赎回的价格为 1 080 美元，但这个价格是否有可能上升到 1 160 美元？

13. a. 在第 11 题中，如果债券的票面利率仍为 14%，债券的市场价格仍为 1 160 美元，假设债券在 3 年后以 1 280 美元的价格被出售，债券的预期实现收益率是多少？利用公式 12—4 计算。

b. 将债券的预期实现收益率分为当期收益和资本增值两部分（提示：先计算债券的当期收益率，用预期实现收益率减去当期收益率得到的就是资本增值）。

14. 投资者将 800 000 美元的资金投资于 30 年期的，票面利率为 12% 的债券，如果此时市场利率下降到 3%，则债券的市场价格为多少？利用表 12—4 计算。

15. 利用表 12—4 计算面值为 1 000 美元的债券在不同票面利率、不同期限、不同市场利率情况下的价格。

16. 投资者对未来 4 年的利率预期如下：第 1 年 5%；第 2 年 7%；第 3 年 10%；第 4 年 11%。

a. 如果投资者投资于 2 年期的债券所获得的平均年收益率为多少？

b. 如果投资者投资于 3 年期的债券所获得的平均年收益率为多少？

c. 如果投资者投资于 4 年期的债券所获得的平均年收益率为多少？

d. 画出 1~4 年期的利率期限结构图。

17. a. 假设投资者投资于面值为 1 000 美元，票面利率为 12%，10 年期的债券。市场利率为 9%。如果投资者以 25% 的自有资金和 75% 的借款投资于债券中，债券获得的利息收入用以偿还借款所支付的利息。则投资者的收益率为多少？（可以利用表 12—3 来计算）

b. 假设市场利率上升到 14%，其他条件如 a 中所述，利用表 12—3 计算债券的投资收益。

18. 如果投资者要在折价债券和按面值发行的债券中做投资决策。假设第一只债券以折价的方式发行，它的票面利率为 6%，20 年到期，到期收益率为 10%，发行价为 656.80 美元，赎回价为 1 050 美元。

第二只债券按 1 000 美元的面值价格发行，票面利率为 12%，20 年期，到期收益率也为 12%，债券的赎回价格为 1 080 美元。

a. 如果折价发行的债券到期收益率降低到 8%，它的发行价格为多少？利息半年支付一次。

b. 如果按面值发行的债券到期收益率降低到 10%，它的发行价格为多少？利息半年支付一次。

c. 将 a 和 b 的计算结果进行对比分析，哪一只债券的投资收益率高（将债券的可赎回特征看作债券的资本增值）？

19. 康拉德先生 6 个月前购买了一只面值 1 000 美元的债券。债券的票面利率为 10%，期限为 10 年，以面值发行。如果市场利率上升到 13%，利率的上升是由非预期的通货膨胀率引起的。那么：

a. 利用表 12—3 计算债券的市场价格

b. 如果康拉德此时卖掉债券，他能从其他收入中获得多少收益？

c. 如果边际税率为 35%，他能从税收中节省多少支付？

d. 假设他想以票面利率为 11.9%，价格为 927 美元的新债券替换原来 10% 的债券，根据从 a 中所计算得到的数据，你认为他应该再购买多少新债券？（保留整数值）

投资顾问难题

6 个月前罗伯特·华莱士开始投资于免税的市政债券，那时他只是想通过市政债券的免税优惠来降低他的投资成本。然而，当他发现他所购买的债券随着利率的变动而不断变动时，他觉得投资于债券不仅可以获得税收优惠，更可以利用债券价格对利率变动的敏感性不同而获得更大的收益。

正是因为注意到不同的债券对利率波动的敏感性不同，罗伯特·华莱士决定采用更为激进的投资策略。他不再因为出于对信用风险的考虑而只投资于低票面利率的市政债券了，他决定投资于高收益的公司债券而使得他的投资收益最大化。于是，他希望在市场利率上升，债券价格也上升的时候购买一只 15 年期的公司债券。

我们来分析一下罗伯特·华莱士的投资组合策略。作为他的投资顾问，布莱恩·冈萨雷斯指出他考虑了利率变动对债券价格的影响，这个想法是对的，但他在等待投资时机时犯了一个原则性的错误，也就是违反了我们本章中介绍的"债券价格的六大原则"。他应该学习一下《赫特 & 布洛克投资管理学》。

a. 罗伯特·华莱士犯的错误是什么？

b. 从税收最小化的角度来看，罗伯特·华莱士在投资于市政债券时又犯了什么错误？

CFA 材料

以下材料是 CFA 一级考试题及解答。虽然方法上与本章略有不同，但仍然能反映 CFA 考试的需要的技巧。

CFA 考试题

1.（1）请简述一下不同期限的债券为什么有不同的到期收益率？利用以下三个理论说明：预期理论；流动性偏好理论；市场分割理论。

（2）分别介绍一下在利率期限结构的三种理论中，收益率曲线向上倾斜和向下倾斜的含义。

解答：

（1）预期理论认为长期的利率水平是由投资者对短期利率水平的平均预期而得。除非市场利率一直保持不变，否则不同期限的债券就有不同的利率。

流动性偏好理论认为，长期债券的风险高于短期债券，所以它应该支付较高的利率以补偿投资面临的更大风险。

市场分割理论认为，投资者对不同期限的债券有着不同的偏好，因此形成短期、中期和长期的债券市场，每

个债券市场的利率是由投资者对该债券的供求关系来决定的，不受其他市场的影响。

（2）向上倾斜的收益率曲线

预期理论：投资者预期未来利率上升。

流动偏好理论：正如上面所指出的，长期债券应该支付比短期债券更高的利率用以补偿更大的风险。

市场分割理论：投资者对长期债券的需求比对短期债券的需求少。

向下倾斜的收益率曲线：

预期理论：投资者预期未来利率下降。

流动偏好理论：这与预期理论不一样。收益率曲线向下倾斜表示投资者预期的短期利率下降，而加上流动性溢价后的利率仍不足以吸引具有投资偏好的投资者。

市场分割理论：投资者对长期债券的需求比对短期债券的需求多。

2. 你打算购买一只面值为 1 000 美元，票面利率为 10% 的债券。

（1）如果债券的到期收益率为 8%，半年支付一次利息，使用表 I 和表 II 计算债券的市场价格。

（2）你预期从现在开始的一年利率为 6%，若再投资收益率为 5%，利息半年支付一次，则在这一年里预期实现收益率是多少？解释预期实现收益率分别包含哪些部分。

解答：

（1）50 × 13.590 3（4%，20 期） = 679.52 美元

1 000 × 0.456 4 = 456.40 美元

债券价格 = 1135.92 美元

（2）50 × 13.753 5（3%，18 期） = 687.68 美元

1 000 × 0.587 4 = 587.40 美元

债券价格 = 1 275.08 美元

表 I			1 美元的现值			
期数	3%	4%	5%	6%	7%	8%
4	0.888 5	0.854 8	0.822 7	0.792 1	0.762 9	0.735 0
6	0.837 5	0.790 3	0.746 2	0.705 0	0.666 3	0.630 2
8	0.787 4	0.730 7	0.676 8	0.627 4	0.582 0	0.540 3
10	0.744 1	0.675 6	0.613 9	0.558 4	0.508 3	0.463 2
12	0.701 4	0.624 6	0.556 8	0.497 0	0.444 0	0.397 1
14	0.661 1	0.577 5	0.505 1	0.442 3	0.387 8	0.340 5
16	0.623 2	0.533 9	0.458 1	0.393 6	0.338 7	0.291 9
18	0.587 4	0.493 6	0.415 5	0.350 3	0.295 9	0.250 2
19	0.570 3	0.474 6	0.395 7	0.330 5	0.276 5	0.231 7
20	0.553 7	0.456 4	0.376 9	0.311 8	0.258 4	0.214 5

期数	3%	4%	5%	6%	7%	8%
表 II			1 美元年金的现值			
4	3.717 1	3.629 9	3.546 0	3.465 1	3.387 2	3.312 1
5	5.417 2	5.242 1	5.075 7	4.917 3	4.766 5	4.622 9
8	7.019 7	6.732 7	6.463 2	6.209 8	5.971 3	5.746 6
10	8.530 2	8.110 9	7.721 7	7.360 1	7.023 6	6.710 1
12	9.954 0	9.385 1	8.863 3	8.383 8	7.942 7	7.536 1
14	11.296 1	10.563 1	9.898 6	9.295 0	8.745 5	8.244 2
16	12.561 1	11.652 3	10.837 8	10.105 9	9.446 6	8.851 4
18	13.753 5	12.659 3	11.689 6	10.827 6	10.059 1	9.371 9
19	14.323 8	13.133 9	12.085 3	11.158 1	10.335 6	9.603 6
20	14.877 5	13.590 3	12.462 2	11.469 9	10.594 0	9.818 1

预期实现收益率：

年末价值：

> $1 275.08—债券终值
>
> 　　50.00—年底利率支付
>
> 　　50.00—年中利率支付
>
> 　　　1.25—半年利息的 5% 利率
> ────────
> $1 276.33

$$预期实现收益率 = \frac{1\,376.33}{1\,135.92} - 1$$

$$= 1.211\,6 - 1$$

$$= 21.16\%$$

债券的预期实现收益率包括三部分：一是由于市场利率从 8% 降到 6% 使得债券的价格上升，二是债券的票面利息，三是票面利息由复利公式计算而得的利息。

以美元计的总投资收益为 240.40 美元。在总的投资收益中，139.16 或者说 58% 是债券的价值增值部分，100 美元或者说 42% 是由票面利息收入所得，最后的约 0.5% 的部分则是票面利息的复利收入。

由于预期实现收益率是在利率下降时以一年为期限计算的，所以票面利息的复利收入特别少，而债券价值增值所占的比重是最大的。由于票面利率低于 10%，价值增值的比重就更大了。

第13章 久期和投资概念

13.1 债券估价的基本概念回顾

在第 12 章，我们讨论了债券估价的原理。债券的价值用公式 12—1 来计算：

$$V = \sum_{t=1}^{n} \frac{C_t}{(1-i)^t} + \frac{P_n}{(1+i)^n}$$

其中：

$V =$ 债券的市场价格

$n =$ 利息支付的次数

$t =$ 每一时期

$C_t =$ 每期支付的利息额

$P_n =$ 到期日的价值或面值

$i =$ 市场利率

基于这个公式，当市场利率上升时，债券的现时价格就会下降，因为现金流在一个更高的折现率下的现实价值减少。如果利率下降，就会出现相反的变化。我们在表 12—4 中已经展现了到期时间长的债券比到期时间短的债券对利率的变化更敏感。从表 12—4 的上半部分可以看到期限为 30 年的债券相对于期限较短的债券对收益率的变化表现出更大的价格波动。例如，利率下降 2% 将会使一年到期的债券价值上升 1.86%，但会使 30 年到期的债券价值上升 18.93%。在给出了前述的债券期限与价格敏感性关系的前提下，一个合适的债券生命或债券期限的定义就显得十分重要了。

开始往往觉得债券的期限是一个容易确定的问题。似乎只要在债券手册中看一下到期日（例如 2010 年或 2020 年），这个问题就解决了。但是，债券有效生命的概念远比这复杂得多。就好像债券的票面利率并没有真正体现真实的债券收益率。相似的，债券的到期日可能没有体现所有关于债券期限的重要信息。

在研究债券期限的真实性质时，要考虑的不仅有到期日和到期支付，还有在此期间发生的利息支付的形式。如果你将会在 20 年后收到 1 000 美元，并且在债券持有期间没有利息支付，很显然有效的期限就是 20 年。但假设除 1 000 美元之外，这 20 年中你每年还收入 100 美元。一部分收入实现得较晚，一部分收入实现得较早，则加权平均的支付期限一定少于 20 年。相对于到期支付的利息额越大，支付完全的加权平均期限就越短。**加权平均期限**（weighted average life）是指使债券的未来现金流等于其面值的加权平均时间。在下一节，我们将讲述计算支付完全的加权平均期限的简单数学方法。现在只要知道这样一个概念就够了。

重要的是将债券价格的敏感性与加权平均期限联系比与到期日联系更合适。尽管大多数债券研究人员简单地将债券的价格敏感性与到期时间相联系（我们在第 12 章中也是这样做的），更为精确的方法是将其与加权平均期限相联系。

在进行加权平均期限的计算之前，我们希望你考虑一个投资决定。假设你要决定是投资于 20 年期、票面利率 8% 的债券还是 25 年期、票面利率 12% 的债券。如果利率下跌哪一个债券的价格上涨较多？你也许会选择 25 年期、票面利率 12% 的债券，因为他的到期时间长，但不要太快下结论。让我们考虑加权平均期限后再回到这个价格敏感性的问题上来。

13.2　久期

债券的加权平均期限的概念属于久期这个话题范畴。我们先看一些加权平均期限的简单例子，再正式研究久期。假设我们有一只期限 5 年的债券，每年支付 80 美元并且到期时支付 1 000 美元。为了使计算简单，我们在研究中使用年利息支付。半年的研究只会对最终结果产生轻微影响。计算加权平均期限的过程如表 13—1 所示。

首先，我们看到基于年现金流的加权平均期限是

表 13—1　　　　简单的加权平均期限计算

（1） 年，t	（2） 现金流 （美元）	（3） 年现金流（2）/ 总现金流	（4） 年×权重 （1）×（3）
1	80	0.057 1	0.057 1
2	80	0.057 1	0.114 2
3	80	0.057 1	0.171 3
4	80	0.057 1	0.228 4
5	80	0.057 1	0.285 5
5	1 000	0.714 5	3.572 5
总现金流	1 400	1.00 0	4.429 0

4.429 0 年。让我们看一下是如何计算的。列（1）是每个现金流发生的年度。列（2）是每年的现金流大小和总的现金流。列（3）是列（2）中每年的现金流对于列（2）的最末项总现金流的比例。例如，第一行的年现金流量 80 美元代表了总现金流量 1 400 美元的 0.057 1（80/1 400 = 0.057 1）。相同的基本程序在以后的几年中继续。在列（4），每一年的数据都与列（3）中计算的权重（百分比）相乘。例如，年份 1 与 0.057 1 相乘得到列（4）中的 0.057 1，年份 2 与 0.057 1 相乘得到列（4）中的 0.114 2。这一程序在每年和每个权重继续下去。加权平均的债券期限的最后结果就是 4.429 0。

如果你能够理解表 13—1 中的过程，你就不会对理解一个更为正式和合适的加权平均期限——久期（duration）有困难。久期表现的是一只债券以每一期现金流的现值与总现金流的现值的比例为权重的加权平均期限。久期的例子见表 13—2。现值的计算以债券的市场利率（到期收益率）为基础，在这个例子中就是 12%。

实例应用　　表 13—1 和表 13—2 的唯一区别就在于表 13—2 在权重确定之前的现金流是现值。这样，列（2）现金流与列（3）现值因子 12% 相乘得到列（4）现金流现值。在列（4）最末的总现金流现值就等于债券价格。在列（5）每年的权重就由列（4）每年的现金流现值与总现金流现值之比决定。例如，在第一年，现金流现值为 71.44 美元，并且它除以总现金流现值 855.40 美元就得到列（5）中的 0.083 5。类似的，第二年在列（5）中的权重是由 63.76 美元除以 855.40 美元的 0.074 5 决定的。在列（6），每一年的年数都与列（5）中的权重相乘。例如，年 1 与 0.083 5 相乘得列（6）中的 0.083 5，年 2 与 0.074 5 相乘得 0.149 0。这一过程每年重复，再加总。

久期（基于现值的加权平均期限）的最后结果就是 4.249 8。这一 4.294 8 被称为**麦考利久期**（Macaulay duration），以弗雷德里克·麦考利（Frederick Macaulay）的名字命名，他在 100 多年前发明了久期的概念。久期一旦确定就是有效债券期限的最具代表性的值，并且是债券价格敏感性的评估标准。

表 13—2 加权平均期限的久期概念

（1） 年，t	（2） 现金流（CF） （美元）	（3） 12% 的现值因子	（4） 现金流现值（CF） （美元）	（5） 每年现金流现值 （4）/ 总现金流现值	（6） 年份 × 权重 （1）×（5）
1	80	0.893	71.44	0.083 5	0.083 5
2	80	0.797	63.78	0.074 5	0.149 0
3	80	0.712	56.96	0.066 6	0.199 8
4	80	0.636	50.88	0.059 5	0.238 0
5	80	0.567	45.38	0.053 0	0.265 0
5	1 000	0.567	567.00	0.662 9	3.314 5
		总现值	855.40 美元	1.000 0	久期 4.249 8

投资的真实世界

国际债券管理人——利率变化和债券价格

国际债券管理人忙于管理全球的利率变化风险。除此以外，这些管理人员还要注意汇率波动、本地经济以及政府对货币市场的管制。在 2003 年后半年，全球各大经济体的长期利率都在下降。在 6 月和 12 月之间，美国长期公债从 5.5% 下跌到 5%，相似的情况也发生在英国金边债券、德国债券和其他证券身上。

预期利率的变化是很难的，并且大多数银行人员认为对于 3 个月以上的利率的任何预期都是有风险的。通货膨胀、GDP、央行政策等总是有不可预期的变化。

所有这些因素都会影响债券价格和导致价格波动。考虑到这些国际债券管理人的复杂性，我们认为他们能够从不确定中获利，并且假定他们能够准确预期未来 3 个月的利率变化。让我们也假设他们能够通过做空由于利率上升而价格下跌的债券和做多由于利率下降而价格上涨的债券来获利。

一个债券管理员是如何知道利率上升 1/4 会使得一个票面利率 2.8% 的日本债券的价格上升较一个票面利率 5.5% 的德国债券的价格上升多于或少于 1/2 的呢？他们很可能使用久期的概念来计算哪只债券对利率的变化更为敏感。国际上所有的债券并不是都有相同的到期时间的事实可能会使情况显得复杂，但是久期对于债券价格敏感性的度量是考虑到现时利率、债券到期时间和债券票面利率的。这正是国际交易员在这个国际利率瞬息万变的世界里做决策时所需要的。

久期的计算公式如下：

$$久期（D） = \frac{CF \cdot PV}{V}(1) + \frac{CF \cdot PV}{V}(2) + \frac{CF \cdot PV}{V}(3) + \cdots + \frac{CF \cdot PV}{V}(n) \quad （13—1）$$

其中：CF = 每个时间段的现金流

PV = 每一时间的现值因子（来自书末附录 C）

V = 债券的现值或市场价值

n = 到期的时间段数[①]

在表 13—3 中，我们观察了票面利率为 8% 的到期时间分别为 1 年，5 年，10 年的债券的久期。折现率为 12%。表 13—3 所使用的计算久期的步骤与表 13—2 相同。尽管涉及了很多计算，你应该将注意力集中在列（6）列出的三只债券的最后的数值上。这一数值代表的就是久期。

---

① 使用公式 12—1 中的符号，久期还可以用以下公式计算：

$$D = \sum_{t=1}^{n} \frac{C_t \frac{1}{(1+i)^t}}{V}(t) + \frac{P_n \frac{1}{(1+i)^n}}{V}(n)$$

如果计算使用的是半年分析数据，那么结果应该成倍来换算为年数据。

表 13—3   在 12% 的折现率下 1 年，5 年，10 年期票面利率为 8% 的债券的久期

（1）年，t	（2）现金流（CF）（美元）	（3）现值因子 12%	（4）现金流（CF）的现值（美元）	（5）年现金流的现值（4）/总现金流的现值	（6）年 × 权重（1）×（5）
一年期债券					
1	80	0.893	71.44	0.074 1	0.074 1
1	1 000	0.893	893.00	0.925 9	0.925 9
	总现金流现值		964.44	1.000 0	久期 1.000 0
5 年期债券					
1	80	0.893	71.44	0.083 5	0.083 5
2	80	0.797	63.76	0.074 5	0.149 0
3	80	0.712	56.96	0.066 6	0.199 8
4	80	0.636	50.88	0.059 5	0.238 0
5	80	0.567	45.36	0.053 0	0.265 0
5	1 000	0.567	567.00	0.662 9	3.314 5
	总现金流现值		855.40	1.000 0	久期 4.249 8
10 年期债券					
1	80	0.893	71.44	0.092 3	0.092 3
2	80	0.797	63.76	0.082 4	0.164 8
3	80	0.712	56.96	0.073 6	0.220 8
4	80	0.636	50.88	0.065 7	0.262 8
5	80	0.567	45.36	0.058 6	0.293 0
6	80	0.507	40.56	0.052 4	0.314 4
7	80	0.452	36.16	0.046 7	0.326 9
8	80	0.404	32.32	0.041 8	0.334 4
9	80	0.361	28.88	0.037 3	0.335 7
10	80	0.322	25.76	0.033 0	0.333 0
10	1 000	0.322	322.00	0.416 0	4.160 0
	总现金流现值		774.08	1.000 0	久期 6.838 1

从表 13—3 可见一年期债券的久期就是 1 年。因为所有的现金流都在一年末支付，久期就等于到期时间[1]。随着到期时间的延长（5 年和 10 年）久期也延长，但是小于债券的到期时间。对于 5 年期的债券，久期是 4.249 8；对于 10 年期的债券，久期是 6.838 1。久期以一个减小的比率增加是由于最后 1 年的本金支付在总的现金流现值中占的比率越来越小，并且每年的利息支付变得越来越重要[2]。

13.3　久期与价格敏感性

一旦计算了久期，其最重要的应用就是决定债券的价格敏感性。在表 13—4 中，我们分别考虑在利率下降和上升 2% 的情况下，一只票面利率 8% 的债券的到期时间、久期和价格变化百分比。表 13—4 中用于计算久期的市场利率是 8%。久期不仅仅与到期时间，还与票面利率和市场利率有关。在表 13—3 的计算中，票面利率是 8%，而

---

[1]　如果计算使用的是半年分析数据，那么结果应该成倍来换算为年数据。

[2]　一个下降基金的条款也将通过引起债券的加权平均的期限变短来影响久期。

市场利率是 12%。在表 13—4 的计算中，票面利率是 8%，并且起始的市场利率是 8%。由于表 13—3 和表 13—4 中的市场利率不同，给定债券的久期也会不同（例如 5 年和 10 年）。这一点在本章的后面会进一步解释。

我们从表 13—4 看到债券的到期时间或久期越长，2% 的利率变化对价格的影响就越大。但是，我们也应该看到价格的变化与久期的变化相对于到期时间的变化是多么的一致。例如，在 25 年到 50 年之间，久期增加得很慢（列（2）），对于这 2% 的利率降低对久期的影响，我们也可以得出相似的结论。这一事实不会改变，除了债券到期时间从 25 年变为 50 年，变长了 100% 以外。

表 13—4		久期与价格敏感性（8% 的票面利率）	
（1）到期时间	（2）久期	（3）2% 的利率下降对价格影响百分比（%）	（4）2% 的利率上升对价格影响的百分比（%）
1	1.000 0	+1.89	-1.81
5	4.312 1	+8.42	-7.58
10	7.247 0	+14.72	-12.29
20	10.603 8	+22.93	-17.03
25	11.529 0	+25.57	-18.50
30	12.158 5	+27.53	-18.85
40	12.878 7	+30.09	-19.55
50	13.212 3	+31.15	-19.83

实例应用

对于价格敏感性的粗略计算，可以将久期与变化百分比相乘作为价值变化的百分比。

$$价格变化的百分比近似等于 \rightarrow 久期 \times 利率的变化率 \tag{13—2}$$

最后的结果是反向的，因为利率和债券价格反向变动。例如，如果一只债券的久期是 7.247 0 年，利率下降 2%，价值变化的粗略计算就是 +14.494（7.247×2）。表 13—4 到期时间 10 年的那行的列（2）和（3）是一个非常近似的值。那就是，当久期是 7.247 0 时，2% 的利率下降事实上导致了债券价格上升 14.72%（相对于我们用公式计算的 14.494% 并没有很大的误差）[1]。这一近似值在债券的期限变长时逐步变得不准确。对于利率的上升（和相应的价格下降）这也是一个不太可靠的计算。即使在种限制条件下，还是可以看出债券的价格变化与久期的关系比与到期时间的关系密切。

由于这些原因，分析人员必须对影响久期的因素有一个合理的判断。债券的期限的确影响久期，但就像之前提到的，这不是唯一的因素。久期也受到市场利率和债券票面利率的影响。在理论上这两点是比到期时间更重要的因素。这就是说，一只期限短的债券比一只期限长的债券可能具有更长的久期和更高的利率敏感性。

13.3.1 久期与市场利率

市场利率（到期收益率）和久期是紧密联系的。市场利率越高，久期越短。这是由于现值对久期的影响。越高的市场利率意味着越低的现值。例如，在表 13—2 中，如果列（3）中的市场利率不是 12% 而是 16%，最后的久期就是 4.185 9。新数值在表 13—5 中算出。显然，这比表 13—2 中 4.249 8 的久期短。

为了解释我们的分析，在表 13—6 中我们看到票面利率 8% 的债券在不同市场利率下的久期数值。当市场利率上升，久期变短。这能在 20 年的那行看到。在 4% 的市场利率下，票面利率 8% 的债券的久期是 12.399 5；在 8%

表 13—5			在 16% 的市场利率时票面利率 8% 的债券的久期		
（1）年，t	（2）现金流（CF）（美元）	（3）16% 现值因子	（4）现金流现值（美元）	（5）每年现金流现值/总现金流现值	（6）年 × 权重（1）×（5）
1	80	0.862	68.96	0.093 5	0.093 5
2	80	0.743	59.44	0.080 6	0.161 2
3	80	0.641	51.28	0.069 5	0.208 5
4	80	0.552	44.16	0.059 8	0.239 2
5	80	0.476	38.08	0.051 6	0.258 0
5	1 000	0.476	476.00	0.645 1	3.225 5
		总现金流现值	737.92	1.000 0	久期 4.185 9

---

[1] 使用修正久期而不是实际久期近似的结果会有所改进。修正久期在附录 13A 中作为凸性来解释。

时是 10.603 8；12% 时是 8.939 0。

表 13—6　　在不同市场利率下的久期（基于票面利率 8% 的债券）

期限（年）	市场利率				
	4%	6%	8%	10%	12%
1	1.000 0	1.000 0	1.000 0	1.000 0	1.000 0
5	4.371 7	3.342 3	4.312 1	4.281 4	4.249 8
10	7.637 2	7.445 0	7.247 0	7.043 9	6.838 1
20	12.399 5	11.495 0	10.603 8	9.746 0	8.939 0
25	14.226 5	12.842 5	11.529 0	10.322 9	9.247 5
30	15.793 5	13.889 3	12.158 5	10.647 2	9.366 2
40	18.327 4	15.349 8	12.878 7	10.917 6	9.397 2
50	20.248 1	16.249 4	13.212 3	10.989 6	9.371 6

从表 13—6 中还可以看出市场利率下降对债券价格的影响大于利率上升时的影响。例如，在 50 年那一行 4% 的利率降低（从 8% 到 4%）导致久期从 13.212 3 年增加 7.035 8 年，至 20.248 1 年。相同的利率上升（从 8% 到 12%）导致久期从 13.212 3 减少 3.840 7 年，到 9.3716 年。

13.3.2　久期与票面利率

在上一节，我们学习了久期与市场利率的紧密关系。现在，我们来看一下久期与票面利率的关系。随着票面利率的上升，久期变短。这是由于高票面利率的债券倾向于在到期前提供较高的年现金流，这就导致了倾向于将计算久期加权时，早中期的年份的权重加大。另一方面，低票面利率的债券倾向于在到期前提供较少的现金流，并且对久期产生的影响较小。在加权计算久期时到期时的最终支付的权重最大，并且在某种程度上倾向于接近债券的期限。极限的情况就是零息债券的久期与期限相同。

久期和票面利率的关系见表 13—7。这里列出了三种不同的票面利率。每一只债券都假设期限为 25 年。看表的最好方法是选第一列中的一个市场利率然后横向来看几种票面利率的久期。例如，在 8% 的市场利率下，票面利率为 4% 时的久期是 13.245 9；票面利率为 8% 时的久期是 11.529 0；票面利率为 12% 的久期是 10.839 6。显然，

表 13—7　久期与票面利率（25 年期债券）

市场利率（%）	票面利率		
	4%	8%	12%
4	16.247 0	14.226 5	13.327 8
6	14.745 5	12.842 5	12.040 7
8	13.245 9	11.529 0	10.839 6
10	11.811 2	10.322 9	9.750 1
12	10.491 2	9.247 5	8.784 4

票面利率越高，久期越短（反之亦然）。

票面利率对久期的影响也可以通过图 13—1 体现出来。注意零息债券那条线是 45° 角，那是指久期与到期时间总是一致的，只在到期时发生一期支付。

你还可以从图 13—1 中看出逐步上升的票面利率导致了较低的久期。例如，在横轴的 N 点对应的票面利率 4%、8%、12% 久期，显然，票面利率越高久期越短。

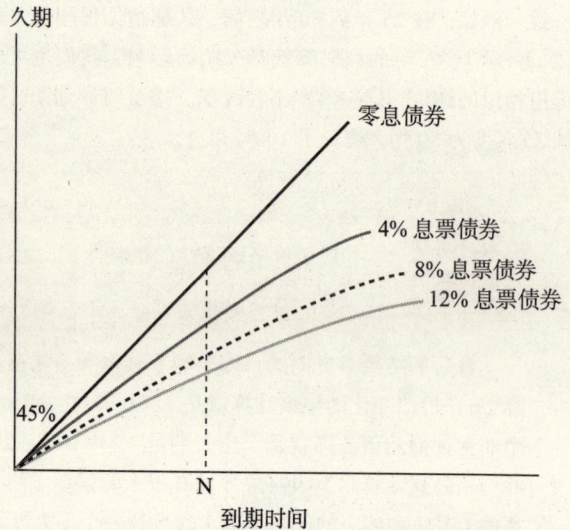

图 13—1　票面利率对久期的影响

由于久期越长，价格的敏感性越大，这样投资者为了最大的价格波动就应该选择票面利率最低的债券。如前所述，低票面利率和长久期是相联系的，并且长久期导致最大的价格敏感性。低票面利率与价格敏感性的关系在第 12 章的投资策略中已经简单讨论过。我们现在知道了那个不知名的解释变量就是久期。

13.4　久期影响综合

决定久期的三个因素是债券期限、市场利率和票面利率。久期与债券期限同向变动，而与市场利率和票面利率反向变动，市场利率或票面利率越大，久期越短。本章前面曾提问到是应该投资于票面利率 8% 的 20 年期债券还是票面利率 12% 的 25 年期债券。由于我们假设利率将下降，你在寻找最大的价格变动。如果你没学过久期，你可能会选择期限长的债券。正如第 12 章中所指出的那样，这基本上是一个符合逻辑的假设。但是，一个有经验的债券投资者衡量价格波动或价格敏感性的最重要的因素是久期。

注意到期限较长（25 年之于 20 年）的债券同时具有较高的票面利率（12% 之于 8%）。第一个因素（较长的期限）会导致较长的久期。但第二个因素（较高的票面利率）会导致较短的久期。影响究竟会是怎样呢？答案可以在这

一章前面的表格中找到。让我们假设市场利率是 12%。表 13—6 提供了票面利率 8% 的不同期限的债券的久期。为了确定票面利率 8% 的 20 年期债券在 12% 市场利率下的久期，我们来看 20 年期限那行的最后一列，结果就是 8.939 0（注意表 13—6 中的所有债券的票面利率都是 8%，所以我们必须指出与 20 年期限和 12% 的市场利率相对应的价值）。

基于这些研究，本章前面所提问题的答案是期限短的债券（20 年期票面利率为 8%）的久期比期限长的债券（25 年期票面利率为 12%）的久期长，这只债券的价格敏感性也最大。

债券	久期
8%，20 年	8.9390←更大的价格敏感性
12%，25 年	8.7844

事实上，如果利率下降 2%，票面利率 8% 的 20 年期债券将涨价 18.5%，而票面利率 12% 的 25 年期债券将涨价 17.9%。

13.5 久期与零息债券

零息债券的性质在第 11 章中已经做过简单介绍。就像前面提到的，图 13—1 描绘的零息债券的久期曲线是一条对到期年数的 45° 直线。这在图形上表现出零息债券的久期等于它的到期时间。在所有期限和风险相同的债券中，零息债券的久期最长，所以具有最大的价格敏感性。这一价格风险通常由于零息债券有美国政府支持的安全形象而消失。

表 13—8　久期：零息债券 VS 票面利率 8% 的债券（市场利率 12%）

（1）到期年数	（2）零息债券久期	（3）票面利率 8% 的债券久期	（4）零息债券相对于票面利率 8% 的债券的久期（2）/（3）
10	10	6.837 4	1.462 5
20	20	8.939 0	2.237 4
30	30	9.366 2	3.203 0
40	40	9.397 2	4.256 6
50	50	9.371 6	5.335 3

1984 年 6 月 1 日的《华尔街日报》的经典头条为："零息债券的价格波动颠覆投资者对安全的追求"。据报道，在 1983 年 3 月 31 日到 1984 年 3 月 31 日之间，所罗门兄弟公司的 30 年 CATs 价格下跌了 25%，而常规的 30 年政府债券只下跌了很少的百分点。文章列举了一个买了 10 万美元零息债券的投资者，他原以为会和短期国债投资者

差不多，却发现他的零息债券在 4 周内价值下跌了 24 000 美元。

为了更好地反映零息债券的价格波动，我们在表 13—8 中比较了几个不同期限的零息债券和票面利率 8% 的债券的久期。

表 13—8 的最右边一列显示了零息债券和票面利率 8% 的债券久期的比例。正如本章中强调的，久期是一个敏感性的指标。这样，对于 10 年的期限，零息债券的价格敏感性几乎是票面利率 8% 债券的 1.5 倍（列中的比例是 1.462 5）；对于 20 年的期限，是两倍（2.237 4）的价格敏感性；对 50 年的期限，是 5 倍多（5.335 3）的敏感性。这也许可以解释《华尔街日报》中所说的在 1983—1984 年间零息债券为什么对利率的上升那样敏感。当然，像在 1985 年初、1997 年和 2003 年初的利率大跌的情况下，零息债券是可以提供很大收益的。

13.6 久期的应用

久期主要是用来衡量债券价格对利率变化的敏感性。由于久期包含了几个变量（期限，票面利率和市场利率）的信息，因此它涵盖了比其中任何一个都多的信息。这就使复杂的债券投资策略的决定成为可能。一个这样的策略包含了为未来某一确定日期的现金支出提供资金流的时间计算。假设 5 年后需要一百万美元。一切都为这个 5 年的时间范围量身定制。如果利率上升，资产组合的价值就会下跌，但却为流入资金提供了一个获取较高的再投资回报率的机会。如果利率下降，就会有一个增值的资产组合，但是可能再投资回报率较低。通过尝试久期内的所有投资决定，一个资产组合管理者就可以通过利用这些相反的驱动因素来保证必要的收益。这一策略被称为**免疫**（immunization），它常被保险公司、养老基金和其他机构投资者使用，以使其资产组合免收利率波动的影响。久期分析的一个问题就在于他总是假设收益曲线的平行转变。虽然久期长的债券相对于久期短的债券显然有着更高的价格敏感性，但是却无法保证长期和短期利率是以相同的增量变化的。

13.7 债券再投资假设与终端财富分析

13.7.1 再投资假设

正如前面指出的那样，一个债券投资者可能有的顾虑是利息收入也许无法通过再投资来获得与债券支付一样的

收益。这对于一个将利息收入用于花销的投资者而言可能不是一个问题，但是对于一个建立退休资产组合的投资者或者积累资金用于对退休者进行未来支付的养老基金管理者来说是个大问题。关键在于退休时积累的资金将用来支付生活消费。一只退休基金的最终价值决定因素是债券利息收益再投资时的回报率。

自 20 世纪 70 年代中期以来，利率较之前波动更为剧烈。这导致了对固定收益证券管理的关注，不仅仅在于对于债券期限的选择，也在于长、短期债券之间的转变。利率的剧烈波动导致了对于久期这样的衡量债券价格敏感性的指标和总收益这样的衡量债券管理成果的指标的更多关注。利率每天都在变化，并且一年中的变化很大，在这种情况下一个较低或较高的**再投资假设**（reinvestment assumption）会对你的退休基金产生什么影响呢？

首先，让我们来看一下书后附录 A 的一部分（重现在表 13—9）。这一材料包含了 1 美元的以复利计算的本息和。附录 A 假设所有的利息都进行了再投资，以求得那 1 美元到期时的到期价值。在我们现在的分析中，我们假设都是年利息（虽然如果我们用半年利息的话结果会有轻微的改变）。

表中给出的是 1 美元的本息和，对于 1 000 美元的债券，我们只须将小数点右移三位。一只票面利率 12%，再

表 13—9　　1 美元以复利计算的本息和（引自附录 A）

单位：美元

期限	7%	8%	9%	10%	11%	12%
10	1.967	2.159	2.367	2.594	2.839	3.106
20	3.870	4.661	5.604	6.727	8.062	9.646
30	7.612	10.063	13.268	17.449	22.892	29.960
40	14.974	21.725	31.409	45.259	65.001	93.051

投资率也为 12% 的 1 000 美元债券，40 年后以复利计算的本息和为 93 051 美元。而一只票面利率 7%，再投资率也为 7% 的 1 000 美元的债券，同一时间后的以复利计算的本息和为 14 974 美元。5% 的利率差异导致了总价值 78 077 美元的差异。这是一个相当大的差异。请注意复利的时间越长，价值越大。从对表 13—9 的进一步研究中，还能比较出年数和总终值的其他关系。

再投资假设的重要性还可以从他对总财富的贡献中看出。例如，一个持有票面利率 12% 的 40 年期 1 000 美元债券的投资者，假设再投资率为 12%，他将会拥有的累积价值为 93 051 美元。在支付方式上，4 800 美元（40×120 美元）直接来自 40 年的 12% 的利息支付，1 000 美元来自本金，87 251 美元来自每年利息的再投资收入。在这个例子中，利息的利息收入占总收入的 93.8%（8725 1/9305 1）。

13.7.2　终端财富分析

实例应用　现在我们假设一个与票面利率不同的再投资利率。从表 13—9 中摘取两个极端值 7% 和 2%。假设你买了一只票面利率为 12% 的债券但是再投资率只有 7%。为了计算这只债券的终值，我们需要一个**终端财富表**（terminal wealth table）。

表 13—10 被称为终端财富表，因为它显示了投资在每一年年终的终值（假设债券在每一个相应年份都有一个到期日）。让我们以 10 年为例验证表 13—10。如果债券的期限为 10 年，列（2）中的 1 000 美元的本金就会包含在内。投资者还会收到列（3）中 10 年每年 120 美元的利息。列（4）显示的是从开始以来 10 年累计的利息。这之前累计的利息的再投资率正如列（5）显示的只有 7%。之前利息的利息只有 100.62 美元（0.07×1 437.38 美元）。最后列（7）显示了 10 年来总的利息。这包含了 120 美元的票面利息和 100.62 美元的利息再投资所得到的利息，一共 220.62 美元。列（8）显示了总终值。总终值包含了 1 000 美元的本金，从开始以来的 10 年的累计利息 1 437.38 美元和 10 年利息再投资所得的利息 220.62 美元。这样列（8）中显示的总终值就是 2 658.00 美元。价值的计算过程如下：

单位：美元

包含的本金	1 000.00	列（2）
累计利息（从开始以来 10 年）	1 437.38	列（4）
总年利息（10 年中）	220.62	列（7）
最终财富价值	2 658.00	列（8）

1 000 美元的投资在 10 年中增长到 2 685.00 美元和列（9）中 1 美元的投资增长到 2.685 00 美元是一致的。正如列（10）中显示的那样，1 美元投资的年平均回报率是 10.26%。

表 13—10　　　　　　　　　终端财富表（12% 的票面利率和 7% 的利息再投资率）　　　　　　　　（单位：美元）

（1） 到期年份	（2） 本金	（3） 年票息	（4） 累计利息①	（5） 再投资率	（6） 利息的利息	（7） 总年利息	（8） 资产组合总计	（9） 复利总值因子	（10） 年平均回报率 （%）
0.0	1 000.00								
1.0	1 000.00	120.00	0.00			120.00	1 120.00	1.120 00	12.00
2.0	1 000.00	120.00	120.00	0.07	8.40	128.40	1 248.40	1.248 40	11.73
3.0	1 000.00	120.00	248.40	0.07	17.39	137.39	1 385.79	1.385 79	11.48
4.0	1 000.00	120.00	385.79	0.07	27.01	147.01	1 532.80	1.532 80	11.26
5.0	1 000.00	120.00	532.80	0.07	37.30	157.30	1 690.10	1.690 10	11.06
6.0	1 000.00	120.00	690.10	0.07	48.31	168.31	1 858.41	1.858 41	10.86
7.0	1 000.00	120.00	858.41	0.07	60.90	180.09	2 038.50	2.038 50	10.71
8.0	1 000.00	120.00	1 038.50	0.07	72.70	192.70	2 231.20	2.231 20	10.55
9.0	1 000.00	120.00	1 231.20	0.07	86.18	206.18	2 437.38	2.437 38	10.40
10.0	1 000.00	120.00	1 437.38	0.07	100.62	220.62	2 658.00	2.658 00	10.26
11.0	1 000.00	120.00	1 658.00	0.07	116.06	236.06	2 894.06	2.894 06	10.14
12.0	1 000.00	120.00	1 894.06	0.07	135.58	252.58	3 146.64	3.146 64	10.02
13.0	1 000.00	120.00	2 146.64	0.07	150.26	270.26	3 416.90	3.416 90	9.91
14.0	1 000.00	120.00	2 416.90	0.07	169.18	289.18	3 706.08	3.706 08	9.80
15.0	1 000.00	120.00	2 706.08	0.07	189.43	309.43	4 015.51	4.015 51	9.71
16.0	1 000.00	120.00	3 015.51	0.07	211.09	331.09	4 346.60	4.346 60	9.61
17.0	1 000.00	120.00	3 346.60	0.07	234.26	354.26	4 700.86	4.700 86	9.54
18.0	1 000.00	120.00	3 700.86	0.07	259.06	379.06	5 079.92	5.079 92	9.44
19.0	1 000.00	120.00	4 079.92	0.07	285.59	405.59	5 485.51	5.485 51	9.37
20.0	1 000.00	120.00	4 485.51	0.07	313.99	433.99	5 919.50	5.919 50	9.29
21.0	1 000.00	120.00	4 919.50	0.07	344.37	464.37	6 383.87	6.383 87	9.22
22.0	1 000.00	120.00	5 383.87	0.07	376.87	496.87	6 880.74	6.880 74	9.16
23.0	1 000.00	120.00	5 880.74	0.07	411.65	531.65	7 412.39	7.412 39	9.09
24.0	1 000.00	120.00	6 412.39	0.07	448.87	568.87	7 981.26	7.981 26	9.04
25.0	1 000.00	120.00	6 981.26	0.07	488.69	608.69	8 589.95	8.589 95	8.98
26.0	1 000.00	120.00	7 589.95	0.07	531.30	651.30	9 241.25	9.241 25	8.92
27.0	1 000.00	120.00	8 241.25	0.07	576.89	696.89	9 938.14	9.938 14	8.87
28.0	1 000.00	120.00	8 938.14	0.07	625.67	745.67	10 683.31	10.683 81	8.82
29.0	1 000.00	120.00	9 683.81	0.07	677.87	797.87	11 481.68	11.481 68	8.78
30.0	1 000.00	120.00	10 481.68	0.07	733.72	853.72	12 335.40	12.335 40	8.73
31.0	1 000.00	120.00	11 335.40	0.07	793.48	913.48	13 248.88	13.248 88	8.69
32.0	1 000.00	120.00	12 248.88	0.07	857.42	977.42	14 226.30	14.226 30	8.65
33.0	1 000.00	120.00	13 226.30	0.07	825.84	1 045.84	15 272.14	15.272 14	8.61
34.0	1 000.00	120.00	14 272.14	0.07	999.05	1 119.05	16 391.19	16.391 19	8.57
35.0	1 000.00	120.00	15 391.19	0.07	1 077.38	1 197.38	17 588.57	17.588 57	8.53
36.0	1 000.00	120.00	16 588.57	0.07	1 161.20	1 281.20	18 869.77	18.869 77	8.50
37.0	1 000.00	120.00	17 869.77	0.07	1 250.88	1 370.88	20 240.65	20.240 65	8.46
38.0	1 000.00	120.00	19 240.65	0.07	1 346.85	1 466.85	21 707.50	21.707 50	8.43
39.0	1 000.00	120.00	20 707.50	0.07	1 449.53	1 569.53	23 277.03	23.277 03	8.40
40.0	1 000.00	120.00	22 277.03	0.07	1 559.39	1 679.39	24 956.42	24.956 42	8.37

对于 1 年到 40 年的任何期限都可以这样进行分析。表 13—10 中值得注意的一点是债券的期限越长，7% 的较低的再投资率对债券的影响就越大。对于 5 年期，平均年回报率是 11.06%；对于 15 年期，平均年回报率是 9.71%；对于 40 年期，则是 8.37%。

40 年期的再投资率 12%、票面利率 12% 的债券和 40 年期的如表 13—10 中显示的再投资利息率 7%、票面利率 12% 的债券的终值到底有什么呢？表 13—9 显示了一

只票面利率 12% 再投资率 12% 的 1 000 美元的债券，40 年后增值为 93 051 美元。表 13—10 则显示一只票面利率 7% 再投资率 12% 的 1 000 美元的债券，40 年后增值仅为 24 956.42 美元。很显然，有关的不仅仅是票面利率还有再投资率。

如果在我们的研究中债券没有持有到期，我们就要依赖于第 12 章中的真实回报率研究。真实回报率方法可以假设一个债券未持有到期而已经在损失或获利的状态下卖

---

① 从开始以来。

出。对于终端财富表（表13—10）中研究的债券，我们知道既然利率趋于下降，到期前的任何债券卖出都会带来资本利得。资本利得的大小取决于久期。终端财富研究是研究持有到期的债券的再投资假设的一种方法。而真实利润方法假定债券在到期前利用利率的波动通过频繁买卖来获利。

13.7.3 零息债券和终端价值

零息债券的一个优点在于它们锁定了一只债券持有到期的票息回报率（或者再投资回报率）。在债券期限中没有可用于再投资的票息，所以如果持有到期原来的票面利率就一直保持。如果是一只面值1 000美元、15年期、票面利率12%的零息债券报价显示有183美元的利息，那么你事实上锁定了12%的再投资回报率。有人会说你不仅锁定了12%的回报率，同时也放弃了关键的因素。无论如何，零息债券使你可以预期你的再投资回报率。

当然，如果一只零息债券在到期前被卖出，由于它较长的久期，债券的卖价会有很大的波动。在这种情况下，零息债券的再投资回报率锁定就丧失了其部分意义。这只在零息债券持有到期时才有效。

本章小结

在第13章，我们使用了第12章中的概念，并且扩展了债券价格波动性和总回报的原理。我们引入了久期的概念，学生们可以对它有一个基本了解。总的来说，久期是一个在现时价值基础上的收回债券的初始投资所需的年数。更详细的，每一年都乘以当年现金流现值与总现金流现值比的权重，然后加总。久期越长，债券价格对利率波动的敏感性就越高。久期作为反应期限、票面利率和市场利率三个因素的数值，用来表现不同性质的债券的价格敏感性。总的来说，债券的久期随着债券期限的延长而延长。久期还随着票面利率下降而延长。最后，久期还随着市场利率的提高而延长。

零息债券由于是对市场利率最敏感的债券而被强调，并且还对零息债券和付息债券做了比较。久期最重要的应用就是衡量债券的利率敏感性，但在保险等其他投资领域也有应用。在这些领域，可以通过将债券的久期与可预计的现金流相匹配来降低利率风险。这一过程被称为免疫。

再投资回报率是比票面利率更重要的概念。用于解释他对总回报的影响的方法称为终端财富分析。他假设债券持有到期并且这一过程中所有的票息都用于再投资。总的来说，期限越长，总回报率与再投资回报率越接近。如果再投资回报率与票面利率差别很大，在5年的时间内年回报会与票面利率有很大不同。

关键词汇与概念

久期　duration
免疫　immunization
麦考利久期　Macaulay duration
修正久期　modified duration
再投资假设　reinvestment assumption
终端财富表　terminal wealth table
加权平均期限　weighted average life

讨论题

1. 为什么一个债券的加权平均期限比到期时间短？

2. 定义久期。

3. 如何用久期大致估计利率变化引起的债券价格变化？

4. 评论观点："一只期限较短的债券比一只期限较长的债券的久期长，从而可能对利率更敏感。"解释为什么一只期限较短的债券有较长的久期。

5. 市场利率上升对久期有何影响？

6. 一只债券的票面利率从12%降到0但期限不变，对债券的久期有何影响？

7. 为什么零息债券的久期与期限相同？

8. 一个认为利率将下跌的投资者应该投资票面利率高的还是票面利率低的债券？与久期联系来回答这个问题。

9. 为什么零息债券比其他任何债券的价格敏感性都高？

10. 为什么再投资假设对于债券资产组合管理至关重要？

11. 什么是终端财富表？终端财富分析与第12章中的实现收益率方法有什么不同？

12. 为什么说零息债券锁定了再投资回报率？

13. 对于持有未到期的零息债券再投资回报率的锁定假设还成立吗？请解释。

练习题与解答

1. 计算这一问题中的数据的久期。使用表13—2相似的方法。使用10%的折现率。

年份	现金流（美元）
1	70
2	70
3	70
3	1 000

2. 你投资于一个 3 年期、票面利率 10% 的债券。你将利息投资于一个回报率 6% 的基金。在第三年末，你的资产组合的终值是多少？使用表 13—8（前 8 列）的过程。

解答：

1.

（1） 年，t	（2） 现金流（CF）	（13） 10% 的折现因子	（4） 现金流的折现值	（5） 现金流的折现值 （4）/ 总现金流折现值	（6） 年 × 权重
1	70	0.909	63.63	0.068 8	0.068 8
2	70	0.826	57.82	0.062 5	0.125 0
3	70	0.751	52.57	0.056 8	0.170 4
3	1 000	0.751	751.00	0.811 9	2.435 7
		总现金流折现值	925.02	1.000 0	久期 2.799 9

2.

（1） 到期年数	（2） 面值 （美元）	（3） 年票息 （美元）	（4） 累计票息（年初）	（5） 票息再投资 的利息率	（6） 票息的利息 （美元）	（7） 总年利息	（8） 投资组合总价值 （美元）
0.0	1 000	—	—				
1.0	1 000	100	0	—	—	100.00	1 100.00
2.0	1 000	100	100.00	0.06	6.00	106.00	1 206.00
3.0	1 000	100	206.00	0.06	12.36	112.36	1 318.36

问题

1. 计算以下数据的加权平均期限。参照表 13—1 的方法。

年份	现金流（美元）
1	105
2	105
3	105
4	105
5	105
5	1 000

2. 计算问题 1 中数据的久期。参照表 13-2 的方法。折现率 13%。

3. 作为问题 2 答案的一部分，你计算了债券的价格（列（4））。这与列（4）中的现金流现值是一致的。

a. 以 11% 的折现率（市场利率）再次计算债券价格。

b. 利率由 13% 降为 12% 对债券的价格影响了百分之几？

c. 用问题 2 中的久期乘以利率的变化率（2%）来估计这个值。c 部分的结果和 b 部分的结果理论上应该相近，但是他们不会完全相同。

4. a. 计算下列数据的久期，使用 13% 的折现率。

年份	现金流（美元）
1	50
2	50
3	50
4	50
5	50
5	1 000

b. 解释为什么 a 部分的答案比问题 2 的高。

c. 如果 a 部分中的折现率是 10% 而不是 13%，久期会变长还是短？你不算计算具体数值，只要根据文中的讨论给出一个答案。

5. 你在考虑买入两只 1 000 美元的债券。你预计利率会下跌，你希望买入具有最高资本收入潜力的债券。第一只债券为 4 年期、票面利率 6%；第二只为 6 年期、票面利率 8%。那只债券具有更好的价格波动潜力？使用久期解释。

6. 特德·贝尔认为联邦储备政策将要提高利率。他在计划只保留他资产组合中三只债券中的一只。他知道 A 债券的久期为 5.312 8，B 债券的久期为 3.205 6 以及 C 债券有如下的性质：

面值	1 000 美元
期限	4 年
票息率	5%
折现率	10%

他应该保留那一只债券呢？

7. 假设你为了利用预期的利率下跌获利而需要最长的久期。基于表 13—6 和表 13—7 的信息回答下列问题：

a. 你会更喜欢一只 20 年期、票面利率 8% 的债券还是一只 25 年期、票面利率 12% 的债券？市场利率 8%。

b. 你会更喜欢一只 20 年期、票面利率 8% 的债券还是一只 25 年期、票面利率 4% 的债券？市场利率 12%。

c. 你会更喜欢一只 20 年期、票面利率 8% 的债券还是一只 25 年期、票面利率 12% 的债券？市场利率 12%。

8. 一只 30 年期 1 000 美元面值的零息债券提供 11% 的利息。

a. 计算零息债券的现价。（提示：只要计算 1 000 美元终值的现值）

b. 债券的久期是多少？

c. 这一债券的久期比 50 年期、票面利率 8% 的债券长还是短？后者的久期基于 12% 的折现率（参见表 13—6）。

d. 假设你将把 a 部分中的零息债券放入一个免税的退休基金。如果你希望 30 年后拥有 30 000 美元，你现在应该投资多少？

e. 如果一支零息债券期限为 40 年，并且提供 13% 的收益，这一零息债券的现值为多少？

9. 假设你买了一只 20 年期、1 000 美元面值、收益 10% 的零息债券。在你买入后，收益下降为 8%。

a. 你的投资收益是多少？

b. 你的收益率为多少？

10. 你买入一只 20 年期、卖价 728.40 美元、面值 1 000 美元的零息债券。你的回报率是多少？

11. 你投资 1 000 美元于票面利率 13% 的 5 年期债券。这一债券属于你的个人退休基金，你不必交税。你将利息收入投资于货币市场以取得 8% 的回报。第五年末，你的资产组合总值为多少？参照表 13—10 的步骤（前 8 列）。

12. 在问题 11 中，年回报率是多少？

CFA 材料

以下材料节选自 CFA 一级考试题及解答。虽然方法上与本章略有不同，但仍然能反映 CFA 考试所需要的技巧。

CFA 考题

你被要求为你公司的固定收益证券资产组合考虑以下的债券。

债券发行公司	票面利率	到期收益率	期限	久期
玮瑟公司	8%	8%	10 年	7.25年

a. 1. 解释玮瑟债券的久期为什么小于他的期限？

2. 解释久期和期限哪个是衡量债券对利率变化敏感性的更好的指标？

b. 简要解释在以下每个情况时对玮瑟债券久期的影响：

1. 票面利率是 4% 而不是 8%；

2. 到期收益率是 4% 而不是 8%；

3. 期限是 7 年而不是 10 年。

解答：

a. 1. 玮瑟债券的久期比它的期限短，是由于债券的一些现金流支付（例如，利息）是在到期之前的。因为久期使用现金流支付加权的平均时间，所以久期比期限短。债券久期如下计算：

$$D = \frac{\sum_{t=1}^{N} PVCF_t \times t}{\sum_{t=1}^{N} PVCF_t}$$

2. 对于付息债券来说，久期是一个对于利率敏感性的更好的衡量标准。使用债券期限作为基准是不够完善的，因为它只反映了最后的现金流支付，而忽略了中间的现金流。久期则是一个更好的衡量标准，由于它是用现金流支付加权的平均时间，这样就使它成为对所有现金流的利率敏感性的更具代表性的衡量标准。久期考虑了利息（反比关系），到期收益（反比关系）和到期时间。

b. 1. 久期会变长。随着票息减少，赎回支付的权重加大，所以久期变长。

2. 久期会变长。随着利率下跌，所有的现金流的价值增加，但时间最长的债券的现金流增加最多。所以赎回支付对久期的影响最大，导致久期变长。

3. 久期会变短。时间的缩短是与总票息支付的减少和距赎回支付时间的缩短相伴的。这样，由于赎回支付到来的更早，久期就变短。

附录 13A 修正久期和凸性

13A.1 修正久期

如果我们想更精确地度量债券对利率变化影响的价格敏感性，可以使用**修正久期**（modified duration）的概念，它等于麦考利久期除以（1+ 到期收益率 i）。麦考利久期就是这一章主要部分计算的久期。

$$\text{修正久期（D*）} = \text{麦考利久期（D）}/(1+i) \tag{13A—1}$$

例如，我们使用表 13—4 中具有 7.247 0 年久期的 10 年期债券。为了得到修正久期，我们用 7.2470/(1+0.08)，0.08 代表 8% 的到期收益率。这样 10 年期债券的修正久期就是 6.712.。计算修正久期的主要原因是，它比麦考利久期更为精确地度量了给定利率变化引起的债券价格变化。

$$\text{债券价值的变化大约等于} \rightarrow \text{修正久期} \times \text{利率变化}/(1+i) \tag{13A—2}$$

这一公式与公式 13—2 相似，除了使用的是修正久期而不是麦考利久期和"利率变化 /（1+i）"替代了简单的"利率变化"。符号 i 代表起始的到期收益率。

例如，如果对于表 13—4 中的 10 年期债券市场利率从 8% 变为 10%。这一公式将预计债券的价格下降 12.42%。这由公式 13A—1 分析如下：

债券价值的变化大约等于：

6.712 × 2/1.08

6.712 × 1.85 = 12.42%

最后结果的符号发生变化是因为利率变化而债券价格反向变化。如果我们把结果与表 13—4 中的实际价格变化比较，我们可以看到表中的数值是 –12.29%，与更精确的数值 12.42% 更为接近。

和麦考利久期一样，用修正久期计算的数据随着债券期限的延长而变得不准确。债券价格变化预测准确性下降的原因在于凸性。

13A.2 凸性

修正久期的近似公式假设了利率变化与债券价格变化的线性关系，但实际上债券价格的变化不是线性的。我们可以从本章表 13—4 中看到利率在发生 2% 的上升和下跌时引起的债券价格的变化是不同的（列（3）和（4））。从表 13—4 可以看出，10 年期债券，利率下跌 2% 时债券价格上涨的幅度（14.72%）比利率上升 2% 时债券价格下降的幅度（–12.29%）更大。

我们来用图 13A—1 解释凸性。我们从 B 点开始，在这一点上，债券价格（V）和近似价格在市场利率 i 处达到均衡。利率上升到 $+i$，使用修正久期模型估计的债券价格会降至 $-V_D$，但实际的债券价格仅下降到了 $-V$。估计的债券价格和实际的债券价格之差就是由债券的凸性引起的。利率下跌至 $-i$，修正久期模型估计的债券价格为 $+V_D$，而实际的债券价格是 $+V$。观察估计价格和实际价格的差距可以发现：对于利率的下跌，修正久期低估了债券价格；对于利率的上升，修正久期高估了债券价格。

　　凸性只是分析人员在研究利率变动对债券价格变化的影响时应该考虑的多个因素之一。虽然凸性使运用久期预测债券价格变化时不那么准确，但这并不能否定久期在预测单一债券或者债券组合价格波动时的价值。

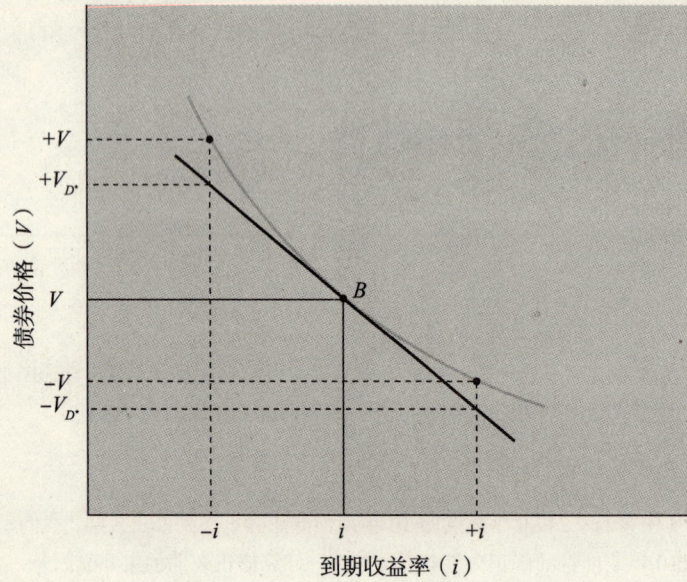

图 13A—1　凸性

第 14 章 可转换证券和认股权证

学习目标

1. 理解投资者为什么对可转换证券和认股权证感兴趣
2. 解释可转换证券如何定价
3. 描述投资者如何被迫将债券或优先股转换成普通股
4. 解释对于发行公司而言可转换证券有哪些优缺点
5. 描述可转换证券的相关财务要求
6. 解释认股权证为什么代表了高度投机性的投资

本章要点

1. 可转换证券
2. 转换价格和转换比例 可转换证券的价格 债券价格和溢价 比较可转换证券与普通股购买 可转换证券的缺点 何时转换为普通股
3. 对发行公司而言的优缺点
4. 对可转换证券的财务考虑
5. 认股权证的投机 认股权证的定价 内在价值的进一步解释 公司对认股权证的应用
6. 认股权证的财务考虑

对可转换证券和认股权证的投资给市场参与者提供了一个达到投资目标的特殊机会。对于保守的投资者，可转换证券可以提供常规的收益及在股价下跌时的潜在保护。同时，可转换证券还为寻求增值潜力的资本投资者提供了获得资本收益的机会。认股权证是比可转换证券更具有投机性的证券，并且可以提供获得杠杆收益的机会。

在高利率或资金紧张的时期，这些债券可以提供一种公司融资的方式。同时，可转换证券在兼并收购时可以作为买入其他公司股票的交换中介。可转换证券和认股权证对于公司和证券持有者都有好处。在我们学习这一章时，认识到对于公司而言的好处往往是对于投资者而言的坏处这一点十分重要，反之亦然。这些债券也包含了在定价时考虑的买入者和公司之间的博弈问题。

14.1 可转换证券

可转换证券（convertible security）是指一种可以按持有者的选择转换成普通股的债券或优先股股份的债券。这样，持有者就拥有了可以在公司股票表现良好时将固定收益的债券转换为公司普通股的权利。

我们使用亚马逊公司发行的于 2009 年 2 月 1 日到期的利率为 4.75% 的可转换次级债作为可转换证券的一个例子。亚马逊公司是一个熟悉的名字，它从 1995 年开始在网上销售图书。后来又加入 CD、DVD 和视频游戏。现在，如果你去他们的网站，你会发现一个购物的虚拟仓库，其中包括鞋子、电脑、软件、手机、玩具等。

亚马逊是最大的网上零售商，并且自其成立以来迅速成长。它的销售收入从 1996 年的 1 570 万美元增长到 1999 年的 1.6 亿美元。虽然在开始几年中每年的增长率不同，但是销售收入持续上涨。在 2001 年亚马逊公司在实现 3.12 亿美元销售额的情况下取得了第一笔 3 510 万美元的营业利润。在 2003 年公司又在实现 5.26 亿美元销售额的情况下取得了 3 530 万美元的税后利润。但是，由于直至 2003 年的亏损和经营利润持续走低，亚马逊公司无法为扩张积累足够的资金。于是在 1999 年，公司发行了这种利率为 4.75% 的可转换证券，并筹集了 1.250 亿美元。这笔资金被用于归还银行贷款，购买电脑以加强其基础设施，并提供目前业务需要的资金。

直至 2007 年，亚马逊公司预计在实现 305 亿美元税后收入的利润是 12.4 亿美元，但它的可转换证券还是很出色。

总体上，投资者购入可转换证券的最佳时机是高利率（债券和优先股价值被低估）并且股票价格相对较低的时期。在这样的环境中买入增加了投资成功的可能性，因为股价上涨和利率下跌都将成为促使可转换证券价格上涨的动力。当我们进一步进行本章的讨论时这将变得越来越明显。表 14—1 显示了亚马逊公司可转换证券的细节，数据来自公司的年报和标准普尔。我们在进行用于理解可转换证券的一系列计算时将依赖这些信息。

表 14—1　　亚马逊公司的 4.75% 可转换证券

注：2009 年 2 月 1 日到期

> 受股票分割和股利支付的影响，在 78.03 美元的价格下可以将证券转换成 12.815 58 股普通股股票。
>
> 半年股利为 23.73 美元，于每年 1 月 1 日和 8 月 1 日支付。
>
> 定期赎回于 2005 年 5 月 1 日开始生效。
>
> **赎回价格：**
>
> 1 109.00 美元　2005 年 2 月 1 日至 2006 年 1 月 31 日
>
> 1 014.25 美元　2006 年 2 月 1 日至 2007 年 1 月 31 日
>
> 1 009.50 美元　2007 年 2 月 1 日至 2008 年 1 月 31 日
>
> 1 000.00 美元　2008 年 1 月 31 日以后

14.2　转换价格和转换比例

表 14—1 显示亚马逊公司的可转换证券可以以 78.03 美元的价格转换为 12.815 58 股普通股票。78.03 美元被称为**转换价格**（conversion price），12.815 58 被称为**转换比例**（conversion ratio）。通常你只会得到这两个信息中的一个而需要计算另一个。如果你在公司年报或者其他金融资源上找到了转换价格，将票面价值 1 000 美元除以转换价格就可以得到转换比例。转换比例见公式 14—1。

$$转换比例 = \frac{票面价值}{转换价格} \qquad (14—1)$$

我们对亚马逊公司的可转换证券计算如下：

$$\frac{1\,000\,(面值)}{78.03\,(转换价格)} = 12.815\,58\ 股$$

14.2.1　可转换证券价格

亚马逊公司的可转换证券以 1 000 美元的面值出售，但是公司股票投机性很大，并且波动明显。甚至在债券发行当天，公司普通股的价格都出现很大波动。在 1999 年 2 月 1 日，亚马逊公司股票以每股 57.937 5 美元出售，第二天下跌到 55.125 美元，2 月 3 日又涨至 62.875 美元。显然，亚马逊公司是 1999—2000 年的网络泡沫的一员。

实例应用

　　一只可转换证券有两种计算价值，一种叫**纯债券价值**（pure bond value），它是债券没有未来转换可能时的交易价格；一种叫**转换价值**（conversion value），它是根据普通股股价和转换比例，债券持有人能够得到的股份的价值。基于 1999 年 2 月 1 日即发行日，以及发行日后两天的普通股价，亚马逊公司的可转换证券的价值是多少呢？我们可以通过将转换比例乘以普通股股价来得到。

$$转换比例 \times 普通股股价 = 转换价值 \qquad (14—2)$$

$$12.815\,58 \times 57.937\,5 = 742.50\ 美元 \quad 1999 年 2 月 1 日$$

$$12.815\,58 \times 55.125 = 706.46\ 美元 \quad 1999 年 2 月 2 日$$

$$12.815\,58 \times 62.875 = 805.78\ 美元 \quad 1999 年 2 月 3 日$$

742.50 美元表明在发行当天每一张债券所代表的普通股股份的价值。我们能够从以上数据中看到转换价值是如何随着股价的波动而变化的。发行后两天，债券的转换价值上涨了 60 多美元，至 805.78 美元。

我们如何计算纯债券价值呢？在亚马逊公司的例子中，我们假设一只到期收益率为 6%，类似的无可转换优先权的债券。我们使用第 12 章中的方法对这只债券进行估价。我们使用半年的利息 23.75 美元的债券，其到期的时间为 20 个半年期，并且到期收益率为 3%，即年到期收益率 6% 的一半。此债券的纯债券价值如下：

$$23.75 \times 14.877\,(年金现值因子) = 353.33\ 美元$$

$$1\,000.00 \times 0.554\,(单笔金额现值因子) = 554.00\ 美元$$

$$纯债券价值：\quad 907.33\ 美元$$

纯债券价值被认为是**最低限额价值**（floor value）或者债券在市场上交易的最低价。亚马逊公司的可转换证券的纯债券价值和转换价值在图 14—1 中表示出来。你应该认识到如果利率发生变化，纯债券价值也可能变化。也就是说，纯债券价值会符合第 12 章中的债券定价规则，并且债券的价值会与利率反向相关。如果在 8% 的到期收益率

债券价格

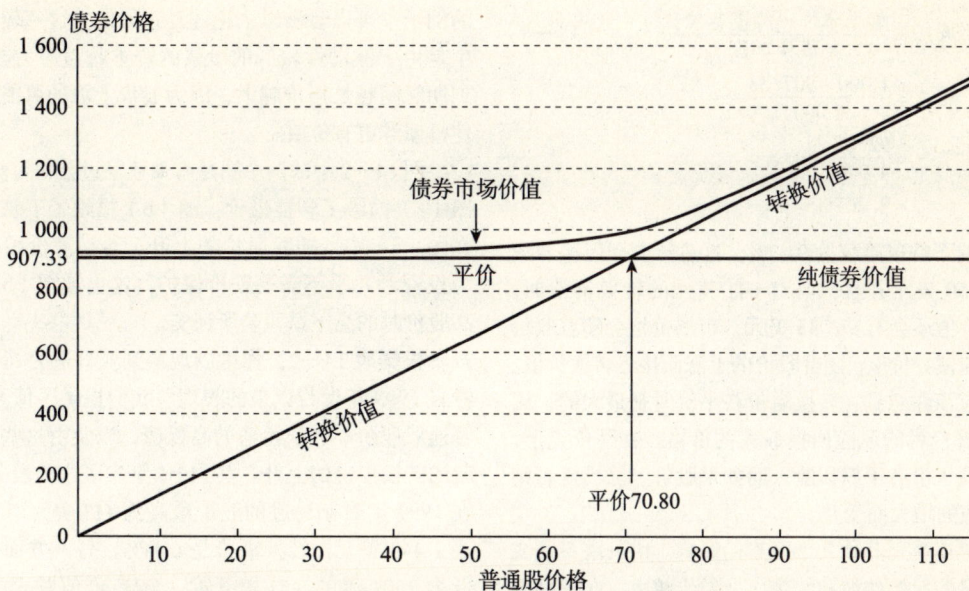

图14—1 发行日的亚马逊公司可转换证券（1999 年 2 月 1 日）

下重新计算纯债券价值，我们就会发现这一点。按照与到期收益率为 6% 的例子相同方法，我们能得到 8% 的到期收益率时的纯债券价值为 778.76 美元。这会使得图 14—1 中的纯债券价值线向下移动。

在检验图 14—1 时应该注意投资者总是选择债券价值和转换价值中较大的一个。当股票价格较低，并且转换价值低于纯债券价值时，债券的最低价至少是 907.33 美元的纯债券价值。这是有道理的，因为债券有一个基于其保证的利息支付和票面价值的价值。当转换价值高于纯债券价值时，债券的价格将至少达到转换价值，因为投资者会将债券转换为股票以获得由高股价创造的更高的市场价值。

转换价值和纯债券价值相等的点称为**平价**（parity price），这时的股价是 70.80 美元。我们只要简单的用 907.33 美元的纯债券价值除以 12.815 58 的转换比例就可以得到这一平价。这里重要的一点是当股票以低于 70.80 美元的价格出售时，纯债券价值会提供一个最低价或最低限额价值；当股票以高于 70.80 美元的价格出售时，转换价值会比纯债券价值高从而决定另一个投资者所要支付的最低价值。

14.2.2 债券价格与溢价

为什么市场价格线比转换价值和纯债券价值都要高呢？你也许会疑惑为什么在交易第一天，当市场价格是 1 000 美元而纯债券价值却为 907.35 美元、转换价值为 742.50 美元。1 000 美元的市场价格与 742.50 美元的转换价值之差是 257.50 美元。这 257.50 美元称为**转换溢价**

（conversion premium），是投资者愿意为他们可转换得到的 12.81558 股普通股价值而多支付的价值。

$$转换溢价 = \frac{债券市价 - 转换价值}{转化价值} \quad （14—3）$$

$$= \frac{1\ 000 - 742.5}{742.5}$$

$$= \frac{257.50}{742.50}$$

$$= 34.68\%$$

人们愿意支付转换溢价的原因有几个。在亚马逊的例子中，发行溢价比通常新发行债券 20%~25% 的溢价稍大一点。这一溢价的原因之一是亚马逊的股票不支付股利而一份债券的年利息为 47.50 美元。在这样的利率下投资者在稍长于 5 年的时间中就可以收回 257.50 美元的溢价。虽然股息与利息的比较分析总是一个需要重点考虑的因素，你还应该考虑到债券的风险较小，因为它相对于股票具有对资产和收入的优先要求权，并且收入是受法律保护的合同协议。

溢价的另一个原因是由于债券所有人拥有将债券转换为 12.815 58 股股票的权力，债券价格会随着股价的上涨而上升。如果普通股股价上涨，可转换证券投资人将会受益而同一公司的非可转换证券投资者不会收益。同时，有纯债券价值作为底价使得可转换证券比起对应的股票而言波动幅度较小。这一纯债券价值提供了一个当股价跌破平价时的债券价值的**下跌极限**（downside limit）。计算跌价保护的一个方法是计算市价与纯债券价值之差与市价的比例。我们称其为**下跌风险**（downside risk）。

$$下跌风险 = \frac{债券市价 - 纯债券价值}{债券市价} \quad （14—4）$$

$$= \frac{1\,000 - 907.33}{1\,000}$$

$$= \frac{92.67}{1\,000}$$

$$= 9.267\%$$

亚马逊的下跌风险仅为9.67%，这意味着即使普通股股价下跌至50美元并且只具有641美元的转换价值时，债券的最低价值还会有907.33美元。市场价格会随着股价的下跌接近纯债券价值；随着股价的上涨而接近转换价值。事实上，你应该注意到：转换溢价在平价时是最大的，因为这是使得投资者的风险回报最大的价格。在平价点上，即使股价下跌也没有下跌风险，而如果股价上涨投资者则会因转换价值的增大而受益。

转换溢价还受到其他几个因素的影响。由贝塔系数或者标准差计量的股票的波动性越大，溢价越大。在亚马逊

的例子中可以看出以上论述是正确的。这一较高溢价的产生是由于波动性较低的股票的资本收益潜力较小。另外，到期时间越长溢价越大，因为股价上涨的可能性很大，这使得债券更有价值。

图14—2中的两个图是有关亚马逊公司可转换证券的，图（a）描绘了转换溢价，图（b）描绘了下跌风险。注意在图（a）中，随着股价的上升，转换溢价减少，这是因为投资者几乎不需要跌价保护，这也被图（b）中显示的高股价时的高下跌风险所证实。

根据表14—2，你可以观察到亚马逊公司的可转换债券自1999年发行以来的表现。我们提供了债券市场价格、普通股股价、转换价值的高低值，以及由这些价格波动引起的转换溢价的上升。表14—2证实了之前段落中的观点。在1999年当亚马逊的股价最高为113美元时，转换价值是1 448美元，转换溢价是4.44%。另一方面，当股价最低为2001年的5.51美元时，转换价值跌至70.61美元，

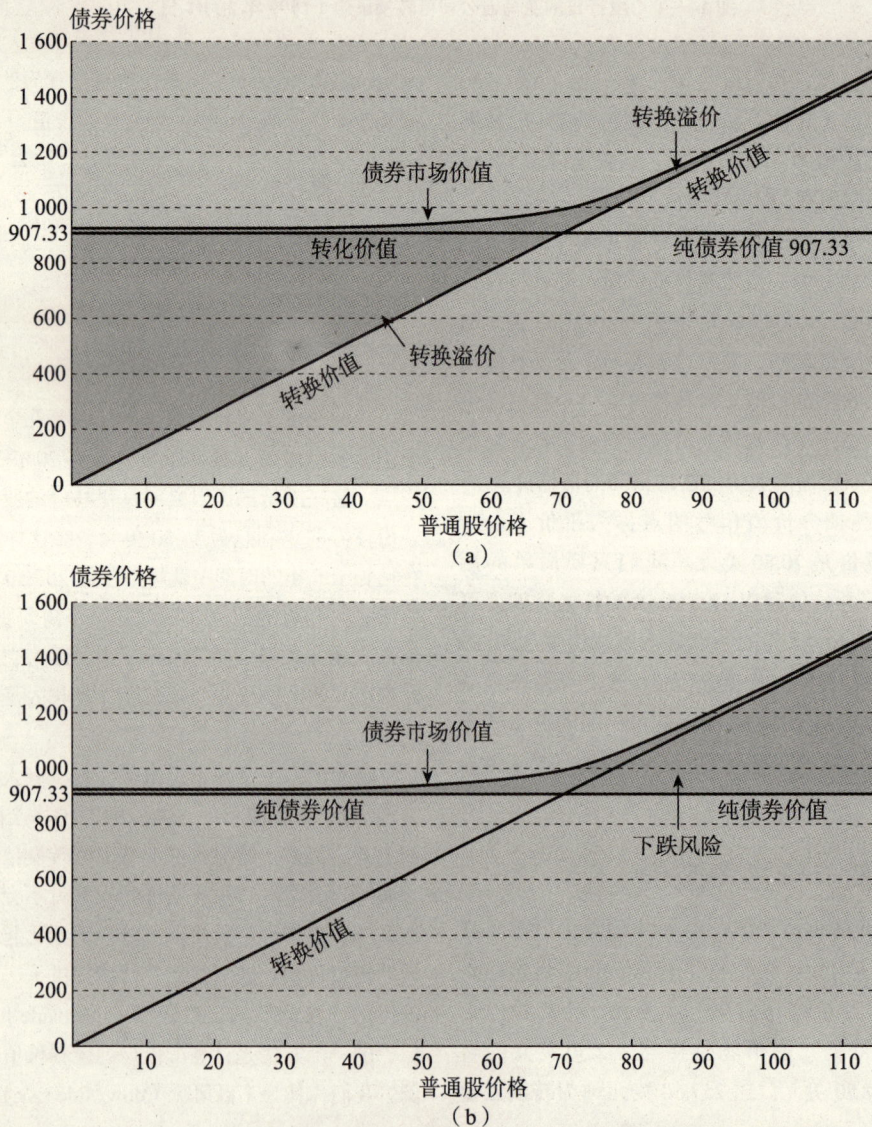

图14—2　亚马逊公司可转换证券——转换溢价和下跌风险

表 14—2　　　　　　　　　亚马逊公司的债券价格、转换价值和转换溢价

年份	债券价格（美元）		股价（美元）		转换价值（美元）		股价高低时的转换溢价（%）	
	高	低	高	低	高	低	高	低
2006	992.50	955.50	48.58	25.76	622.58	330.13	59.42	189.43
2005	1 023.40	928.80	50.00	30.60	640.78	392.16	59.71	136.84
2004	1 020.70	1 000.00	57.82	33.51	741.00	429.45	37.75	132.86
2003	1 011.25	733.75	60.41	19.61	774.19	251.31	30.62	191.97
2002	765.00	493.75	25.00	9.03	320.39	115.72	138.77	326.66
2001	545.00	350.00	22.37	5.51	286.68	70.61	90.10	395.65
2000	1 173.75	370.00	91.50	14.88	1 172.63	190.63	0.10	94.09
1999	1 512.50	760.00	113.00	57.38	1 448.16	735.29	4.44	3.36

转换溢价达到 395.65%。

另一个重要的因素是公司赎回债券的能力。在大多数情况下，发行可转换证券的公司都希望股价上涨，从而创造出一个比面值或赎回价高的转换价值。回到表 14—1，你会找到 2001—2009 年的赎回价格。例如，如果亚马逊公司的可转换证券在第一次报价赎回时候的转换价值为 1 100 美元，亚马逊公司将会出价要求赎回债券，投资者就需要在赎回报价 1 019 美元和 12.81558 股价值 1 100 美元的普通股之间做出选择。理性的投资者将会选择转换以获得较高价值的股票。这被称为**强制转换**（forced conversion）。对于公司而言强制转换有两点好处。第一，公司不必以现金偿还债务。第二，它很可能会减少由于利息支出引起的现金流出。由于大部分发行可转换证券的公司不支付普通股股利，而利息减少的好处就是提高现金流。但这也许并不总是事实，有些公司在他们的成长期卖出可转换证券，而基于税收因素，在债券到期或赎回的时候，普通股股息可能导致比利息节省金额更多的现金流出。

14.2.3　比较可转换证券与普通购买

实例应用　在 1999 年 2 月 1 日，你应该买入亚马逊公司 1 000 美元的普通股还是 1 000 美元的可转换证券呢？答案在很大程度上取决于普通股的股价是否会上涨，并且其上涨速度是否足够快，从而能够超过你从债券获得的收益。如果普通股股价下跌，你最好应当买入可转换证券。在 2007 年 2 月 8 日，亚马逊公司的股票价格是 39.10 美元，这低于发行时的 57.94 美元。在这一时间段中（1999—2007 年），公司没有支付过普通股股利。表 14—3 显示了我们为了回答这一节第一句话而对问题进行的分析。

表 14—3　　　　　　比较购买亚马逊公司的普通股和可转换证券的回报

	1999 年 2 月 1 日的投资额（美元）	买入或控制的亚马逊股权	2007 年 2 月 8 日的股价（美元）	2007 年 2 月 8 日的股票或债券终值（美元）	加总利息或股利（美元）	终值（美元）
股票	1 000	17.256 25	39.10	647.72	0.00	647.72
债券	1 000	12.815 58	39.10	969.30*	380.00	1 349.30
		4.44				差额 701.58

投资者在普通股与可转换证券之间做出的投资决策，就是衡量应该买股票以获得更多的股权和更小的现金流，还是买入控制较少股权（由于溢价）但是获得较多来自利息的现金流的可转换证券。在这个例子中，股价下跌了 18.84 美元，而债券的价格与其首次发行时的价格 1 000 美元依然很接近，在 2007 年 2 月 8 日的债券价格是 969.30 美元。由于溢价，买入股票的投资者能够多得到 4.44 股。这在 2007 年 2 月 8 日为投资者提供了 173.60 美元额外的股票价值（4.44 股 × 39.10 美元）。而可转换证券的持有者根据 16 个半年期的债券而得到了总共 380 美元的利息。也就是说，债券持有者的优势为 701.58 美元（表 14—3 的最后一列的两个数字之差）。

表 14—4 显示了一些可转换证券用以说明相关的基本概念。虽然小部分债券如美敦力公司（在表中）拥有 A1 的评级，但大多数的债券都是评级为 Baa 的低端投资，或者评级为 Ba 甚至更低的高到期收益率的垃圾债券。我们

表14—4

可转换证券发行	(1) 票息 (%)	(2) 期限	(3) 穆迪评级	(4) 债券价格 (美元)	(5) 转换价格 (美元)	(6) 转换比例	(7) 普通股价格 (美元)	(8) 转换价值 (美元)	(9) 转换溢价 (%)	(10) 纯债券价值 (美元)	(11) 股票股利收益率 (%)	(12) 债券现时收益率 (%)	(13) 报价
折价卖出的债券													
CNET科技咨询网	0.750	2 024	N/A	973.80	15.00	66.667	8.85	590.00	65	840	0.00	0.80	NCB
公共财富电讯	3.250	2 023	Caa	967.80	57.00	17.544	42.14	739.30	31	930	4.70	3.40	NCB
斯普林特	4.000	2 029	Baa3	603.80	87.15	11.474	19.05	218.58	176	660	0.50	6.60	1 000.00
迪克运动用品	1.606	2 024	N/A	897.50	58.13	17.203	48.85	840.37	7	600	0.00	1.80	NCB
捷威	2.000	2 011	N/A	798.80	8.63	115.875	1.60	185.40	331	750	0.00	2.50	NCB
顶点银矿	2.875	2 024	N/A	833.80	28.62	34.941	15.88	554.86	50	720	0.00	3.40	1 000.00
以与面值接近的价格卖出的债券													
捷蓝航空	3.750	2 035	Caa1	1 000.00	17.10	58.479	12.43	726.89	38	870	0.00	3.80	NCB
美国快递	1.850	2 033	A1	1 001.20	69.41	14.407	58.16	837.91	19	1 000	1.00	1.80	NCB
美国合众银行	3.713	2 035	Aa2	998.70	36.06	27.732	33.71	934.85	7	990	3.90	3.70	1 000.00
Apria 医疗保健公司	3.375	2 033	Ba2	993.40	34.86	28.685	24.30	697.05	43	940	0.00	3.40	NCB
美力敦公司	1.500	2 011	A1	1 001.20	56.15	17.811	49.59	883.25	13	850	0.90	1.50	NCB
朗讯科技公司	2.750	2 023	Ba3	1 000.20	3.34	299.401	2.46	736.53	36	830	0.00	2.70	NCB
溢价卖出的债券													
美国航空	4.500	2 024	N/A	1 424.60	22.05	45.352	28.17	1 277.57	12	820	0.00	3.20	NCB
百思买	2.250	2 022	Baa3	1 199.50	46.00	21.739	52.67	1 144.99	5	990	0.60	1.90	NCB
杜克能源	1.750	2 023	A3	1 322.60	23.59	42.391	28.87	1 223.83	8	980	4.30	1.30	1 000.00
希尔顿酒店	3.375	2 023	Ba2	1 285.00	22.50	44.444	29.48	1 310.21	-2	730	0.50	2.60	NCB
万豪酒店	3.250	2 024	Ba1	1 413.90	17.82	56.132	23.38	1 312.37	8	890	2.40	2.30	NCB
零息债券													
阿纳达科石油	0.000	2 021	Baa2	997.50	50.36	19.857	48.37	960.48	4	1 000	0.40	0.00	1 000.00
通用磨坊公司	0.000	2 022	Baa1	747.30	76.77	13.026	56.10	730.76	2	690	2.50	0.00	727.30
康卡斯特公司	0.000	2 020	Baa2	805.00	70.14	14.257	25.83	368.26	119	830	0.00	0.00	829.51
明尼苏达矿务及制造业公司（3M）	0.000	2 032	Aa1	860.00	105.71	9.46	79.59	752.92	14	860	2.30	2.80	NCB
好事多批发	0.000	2 017	A2	1 182.50	44.03	22.71	52.41	1 190.23	-1	670	1.00	0.00	682.72

将债券分为四类：以面值折价出售的债券，以接近面值的价格出售的债券，以面值溢价出售的债券和包括以上三种类型的零息债券。根据列（11）的股利收益率，我们可以看到大多数标的普通股只支付很少甚至不支付股利。在列（13）中我们还可以看到国家NCB，即不可赎回的债券。这可能意味着还没有到赎回日期或者债券在它的期限中不能赎回。

按种类观察债券，我们可以得出一些更为广泛接受的结论，即使我们知道可能存在例外。第一，你会发现折价出售的债券相比列（9）中溢价卖出的债券而言，转换溢价更高。溢价卖出的债券超过平价如此之高的水平，以至于投资者的好处和溢价几乎都消失了。以接近面值价格卖出的债券的价格相对与其纯债券价值接近。在大多数情况下，这些债券的价格是由他们的纯债券价值决定而不是由其标的股票价格的转换价值决定的。

可供选择的可转换优先股在表14—5中列了出来，除了大多数优先股是以每股50美元的价格而不是1 000美元的面值发行以外，它们表现出的特征与可转换证券性质相同。还应注意，优先股的股利收益率（列10）比表14—4中的债券的当期收益率（列12）高。

表14—5 选择的可转换优先股

优先股发行者	（1）股利（美元）	（2）报价（美元）	（3）优先股股价（美元）	（4）普通股股价（美元）	（5）转换比例（#股权）	（6）转换价值	（7）转换比例（%）	（8）纯价值（美元）	（9）普通股股利收益率（%）	（10）优先股股利收益率（%）
赛拉尼斯公司	1.063	25.00	30.23	21.10	1.250	26.38	15	14	0.80	3.5
切萨皮克能源公司	4.500	NC	99.11	32.23	2.264	72.97	36	56	0.70	4.5
大陆航空	3.000	50.5	41.58	36.13	0.833	30.10	38	27	0.00	7.2
通用汽车	1.125	NC	24.98	34.7	0.356	12.35	102	22	2.90	4.5
埃培智集团	2.688	NC	39.74	10.59	3.704	39.23	1	31	0.00	6.8
诺斯洛普格鲁曼公司	3.500	NC	129.83	66.08	1.822	120.40	8	99	1.80	2.7
欧文斯—伊利诺伊公司	2.375	50.475	36.29	17.12	0.949	16.25	123	27	0.00	6.5
六旗公司	1.813	NC	22.40	6.25	1.199	7.49	199	21	0.00	8.1

注：NC为不可计算的数据。

14.2.4 可转换证券的缺点

每件东西都有价格，以错误的价格买入可转换证券可能会抹杀它的一些主要优点。例如，一旦可转换证券的价值开始上升，或者由于更高的利率使得纯债券价值明显降低，跌价保护就变得没有意义。在表14—4中的"溢价卖出的债券"类美国航空公司的例子中，债券的市价是1 424美元（列4），纯债券价值是820美元（列10）。买入溢价类五种债券中的任意一种，都几乎不会提供任何跌价保护，因为如果股价下跌，债券价格也会随之下跌。

买入可转换证券的另一个缺点是，它们支付的利息比不可转换债券支付的利息少。所以，可转换债持有者接受这一较低市场回报率是由于对股价上涨引起的证券价格上涨的预期。可转换债的利息率通常比同风险级别的其他债券低三分之一或更多。例如，当一个直接债券支付6%的利息时，同一公司的可转换债券可能只会支付4%或更少。

从机构投资者的角度看，可转换证券较小的交易量以及较小的资金规模致使其缺乏流动性。大体上，机构投资者只会在总债券资金规模为2亿美元或更多时才会持有可转换证券。

14.2.5 何时转换成普通股

可转换证券大体上都有一个赎回条款，它给予公司在到期之前以一个特定的价格赎回债券的选择权。赎回报价在可赎回期中较早的年份里通常是高于面值（1 000美元）的，并且它通常会在这一时期中逐渐下跌至面值。我们知道随着普通股股价的上涨，可转换证券的价格会上升，所以投资者不会有转换成股票的动力。但是，公司可能会利用赎回优先权来强迫投资者实现到期前的转换。公司通常在转换价值大大高于赎回价时进行强制转换。由于股票价值更高，投资者将会选择股权而不是赎回价。这使得公司能够在资产负债表上将债务转化为股权，由于更高的利息率和更低的负债—权益比，公司新发行债务的债权人所面临的风险也随之变小。

另外，公司也可能通过使用随着时间上升的转换价格来鼓励主动的转换。在债券发行时，合约也许会详细规定如下的转换条款。

	转换价格（美元）	转换比例（股数）
前 5 年	40	25.0
接下来 3 年	45	22.2
接下来 2 年	50	20.0
接下来 1 年	55	18.2

在每一时间段的末尾，都会产生进行转换的强烈冲动，而不是接受一个更高的转换价格和更低的转换比例的调整。当债券的转换价格是债券市价的主导影响因素时更是如此。在转换价值等于其纯债券价值，并且利息收入高于股利收入的情况下，投资者最不可能因受到引诱而进行债券转换。

在上面的例子中唯一的自愿转换的情况可能是当股票的股利收入高于债券的利息收入的时候。即使在这种情况下，风险厌恶的投资者仍可能想持有债券，因为利息的支付是受到法律保护的，但股利则可能下降。

14.3　对发行公司而言的优缺点

明确了从投资者的角度考察得到的可转换证券的特点后，现在让我们来研究一下公司的财务主管在权衡公司发行可转换证券的可取性时应该考虑的因素。

我们已经指出，可转换证券的利息率比一个普通的直接债务工具的利息支付率低。同时，其可转换的特点也许是让小公司进入债券市场的唯一手段。

发行可转换债券对于一个自信自己的股价被低估的公司而言也是有吸引力的。例如，假设公司面值 1 000 美元的可转换证券可以以 50 美元的转换价格转换为 20 股普通股。同时假设公司的普通股股价是 45 美元，一股新股可能以 44 美元的价格出售。这样，在假设的未来转换中公司就会获得高于市价 6 美元的收入。当然，也许有人会提出公司可能会延后发行新股或可转换证券一到两年的时间。这时股价可能已从 45 美元涨至 60 或 65 美元，并且新普通股可能会以这样一个高价出售。

将这转换为公司的整体数字，如果公司需要一笔 1 000 万美元的资金并且通过以 44 美元的价格发行新股来筹集，则需要发行 227 272 股（1 000 万美元 / 每股 44 美元）。对于可转换证券，潜在发行的股数却只有 200 000 股（1 000 万美元 / 每股 50 美元）。最后，如果现在不发行新股或者可转换证券，等股价涨到 60 美元时发行新股就仅需要 166 667 股了（1 000 万美元 / 每股 60 美元）。

公司的另一个考虑因素是适合可转换证券的财务处理。在 20 世纪 60 年代的联合企业兼并浪潮中，公司常常选择可转换证券而不是普通股，因为可转换证券不会对每股收益产生稀释作用。在后面的可转换证券收益报告章节中，这一规则被改变了。

14.4　可转换证券的财务考虑

在 1969 年前，可转换证券、认股权证（股票的长期期权）和其他具有稀释作用的证券的可转换优先权所带来的影响并没有被充分反映在报告的每股收益中。由于所有这些证券都有可能在未来产生附加的普通股，这种**稀释**（dilution）作用（资产结构中的新增股权）的潜在影响应该予以考虑。会计专业人员在过去的年度中使用过很多每股收益的衡量方法，最近决定将原始的每股收益和完全稀释的每股收益用**基本每股收益**（basic earnings per share）和**稀释后每股收益**（diluted earnings per share）来替代。在 1997 年财务会计标准局颁布的《财务会计标准声明第 128 号》文件中包含了报告每股收益时应做的调整。

如果我们观察表 14—6 中 XYZ 公司的财务状况，我们会发现报告的每股收益并没有对可转换证券进行调整，因为被称为基本每股收益。

表 14—6	XYZ 公司	（单位：美元）
1. 资产负债表的资产部分		
普通股（100 万股，面值 10 美元）		10 000 000
4.5% 的可转换证券（1 000 美元面值 10 000 份，可转换为每个债券 40 股或总共 400 000 股）		10 000 000
留存收益		20 000 000
净值		40 000 000
2. 简明损益表		
息税前利润		2 950 000
利息（4.5% 的 1 000 万美元的可转换证券）		450 000
税前利润		2 500 000
税（40%）		1 000 000
税后利润		1 500 000
3. 基本每股收益		

$$\frac{税后利润}{普通股股数} = \frac{1\ 500\ 000}{1\ 000\ 000} = 1.50（美元）$$

稀释后每股收益需要根据潜在的股权稀释进行调整，这包括了所有来自可转换证券、可转换优先股、认股权证或者其他任何期权引起的增发新股而带来的潜在稀释。基本每股收益与稀释后每股收益的比较，给分析人员和投资者提供了一种对这些证券的潜在影响进行衡量的方法。

我们基于以下两个假设来计算 XYZ 公司的稀释后每股收益，即潜在转化可能会产生 40 万新股，转化发生时可能会导致利息支付的下降。由于可转换证券的税前利息支付是 450 000 美元，节约下来的税后利息支出（270 000 美元）就可以重新加到收入中。税后利息支付是由利息支付乘以（1 减去税率）（（1-0.4）× 450 000 = 270 000 美元）计算出来的。对分子和分母做了适当的调整之后，我们将稀释后的每股收益 1.26 美元展示如下公式 14—5。

$$\text{稀释后的每股收益} = \frac{\text{调整后的税后利润}}{\text{流通股数} + \text{所有的可转换证券}} \quad (14\text{—}5)$$

$$= \frac{\underset{(\text{报告利润})}{1\ 500\ 000\ \text{美元}} + \underset{(\text{利息节约})}{270\ 000\ \text{美元}}}{1\ 000\ 000 + 400\ 000}$$

$$= \frac{1\ 770\ 000}{1\ 400\ 000}$$

$$= 1.26\ (\text{美元})$$

相对于表 14—6 中的基本每股收益 1.50 美元，我们观察到了稀释后每股收益减少了 0.24 美元。这个新数据是证券分析人员在分析中所应该使用的。

14.5　认股权证的投机

认股权证（warrant）是在一定时期内按一定价格从发行公司购买一定数量股票的期权。认股权证可以在投资者之间进行买卖，但是在认股权证到期时，持有者必须决定是执行期权购买一定数量的股票，还是不执行这种权利而让其过期。例如，如果一个认股权证赋予持有者以每股 20 美元的价格购买股票的权利，而到期时股票的交易价格是 30 美元，投资者就会以 20 美元买入股票，然后到市场上以 30 美元卖出股票，从而获得 10 美元的收益。如果股票市场价格在到期时低于 20 美元，认股权证就会一文不值。

表 14—7 列出的认股权证说明了以上的讨论。红背（Redback）网络公司是导致网络泡沫产生的因素之一，我们曾在第 11 章分析过其 2004 年 1 月 2 日的破产。该公司向电信公司和电信服务公司提供能够快速接入公司网络的先进电信网络设备。表 14—7 所列的认股权证是其在破产时再融资的一部分。它们是在公司可能恢复和经营良好的期望下，付给较早的投资者的。如果股价上涨，较早的投资者可能会收回他们的一部分损失。现时的股票以每股 14.73 美元的价格交易（列 2），认股权证的执行价格是每股 5 美元（列 3）。由于每张认股权证给与持有者购买一股股票的权利，而投资者可以以 5 美元买入而以 14.73 美元卖出股票，所以认股权证的价值是 9.73 美元（列 4）。但是，因为实际上认股权证以 10.85 美元的价格交易，它高于其 9.73 的价值 1.12 美元（列 5）。认股权证还有 4 年到期，投机者从而可能就未来普通股价格上涨的预期进行一次赌博。

表 14—7	2006 年 11 月 23 日可选择认股权证						（单位：美元）
公司名称	（1）认股权证价格	（2）每股价格	（3）认股权证执行价格	（4）内在价值 [(2)−(3)]*(6)	（5）投机溢价 [(3)−(2)]*(6)+(1)	（6）权证转换份额	（7）到期日
红背网络	10.85	14.73	5.00	9.73	1.12	1.00	01/02/11

投机者可能已经获得了很大收益，因为在 2006 年 12 月 19 日，爱立信出资 21 亿以每股 25 美元收购红背。这一价格使得认股权证具有 20 美元（25-5）的内在价值。任何一个在 11 月 13 日买入这一权证的投资者在不到 4 周的时间就获得了每张权证 9.15 美元或者说 84% 的收益。由此可以看到，智慧和运气是可以带来收益的。

大多数认股权证都允许持有者在发行当天可以凭借每张权证购买一股股票，但是通常股票的表现很好的时候会进行股份拆分，从而认股权证就会随着股票的拆分进行调整。例如，如果一个公司的认股权证最初的比例是一张认股权证对应一股股票，当股票一分拆分为两股时，新的比例就是一张认股权证对应两股股票。每两股拆分为三股的拆分方式则会使得一张权证得到认购 1.5 股股票的权利。

发行认股权证通常被视为拥有债券发行的好处，因此它能够使得公司在不能以其他方式发债的时候进行债券的发行。认股权证使得公司在债券发行后只需承担较少的利息，并且在发行日之后通常可以从债券剥离。在与债券分离之后，认股权证就拥有了自己的市场价格，并且可以在不同的市场上进行普通股的转换。在认股权证执行之后，其卖出时的相关初始债务依然存在。

一个叫培基集团的金融公司（现在叫保德信证券）在 1980 年 10 月 30 日发行了 2000 年到期的面值 1 000 美元票面利率 14% 的债券 35 000 张。每一张债券附加了 30 个认股权证。每个权证允许持有者在 1985 年 12 月 1 日之前，以 18.50 美元的价格购买一股股票。在发行时，由于普通股以 18.50 美元交易，认股权证没有真实价值。但是，在 1981 年由于零售经纪公司的几次兼并，培基集团的股价上涨。1981 年 5 月 29 日，培基的普通股股价为每股 31.50 美元，并且认股权证以 13.725 美元的价格交易。每张附有的 30 个认股权证的债券现在的价值是 408.75 美元，从而实现了持有者希望得到的好处。

由于认股权证没有所谓的"证券价值"，并且其价值受标的普通股市场波动的影响很大，从而具有很高的投机性。如果公司的普通股价波动剧烈，认股权证的价值就会剧烈的变动。

14.5.1　认股权证的定价

由于权证的价值是与标的股票密切相关的，我们可以得到一个计算其最小价值或内在价值的公式。

$$I = (M - EP) \times N \qquad (14\text{—}6)$$

其中：

I＝认股权证的最小价值或内在价值

M＝普通股的市场价格

EP＝认股权证的期权或执行价格

N＝认股权证允许持有者购买的股数

假设格雷汉姆公司的普通股股价为每股 25 美元，并且每张认股权证赋予持有人在 10 年内以 20 美元的价格买入一股股票的期权。认股权证中规定股票购买价格是**期权价格**（option price）或者**执行价格**（exercise price）。使用公式 14—6，计算得到的内在价值为 5 美元 [（25－20）×1]。这个例子中的内在价值，等于股票的市场价格减去权证的期权价格的差再乘以每张权证代表的股数。由于认股权证还有 10 年到期，并且是进行投机交易的一种有效的工具，它很可能会以高于 5 美元的价格在市场上交易。如果权证以 9 美元的价格交易，我们就说它具有 5 美元的内在价值和 4 美元的投机溢价。**投机溢价**（speculative premium）等于权证的价格减去认股权证允许持有者购买一股股票时的内在价值。当认股权证对应的股数不等于 1 的时候，投机溢价的计算应该按照公式 14—7 来调整。

$$SP = (W - I) \times N \qquad (14\text{—}7)$$

其中：

SP＝投机溢价

W＝认股权证价格

I＝权证的内在价值

N＝每张认股权证对应的股数

投机溢价表示为了使你在认股权证上的投资不至受损，到期之前标的股票价格必须上涨的最小幅度。在格雷汉姆公司的例子里，如果你在认股权证内在价值为 5 美元时，支付 9 美元买入，则股价需要上涨 4 美元来弥补你所

支付的溢价。在到期日不存在投机溢价，因为已经没有投机的时间了。

只要认股权证尚未到期，投资者就可以根据他对股价上涨的预期进行赌博，并且愿意支付投机溢价。即使股票以低于 20 美元（执行价）的价格交易，认股权证在市场上可能还存在一些价值。投机者可能因为预期到普通股价格会大幅上涨而买入权证。如果普通股以 15 美元的价格交易，就会使认股权证的内在价值为负，但由于存在对股价上涨的期望，权证仍可能具有 1~2 美元的价值。

14.5.2　内在价值的进一步解释

认股权证的内在价值与普通股市场价格的典型关系展示在图 14—3 中。我们假设认股权证允许持有者以 20 美元的价格购买一股股票。

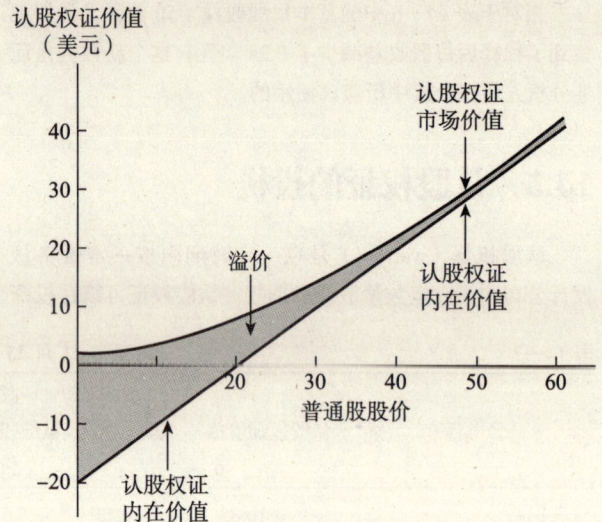

图 14—3　认股权证的市场价格的关系

虽然理论上当普通股价格在 0~20 美元时，认股权证的内在价值为负，在市场上交易的权证仍然具有价值。同时看到，权证的内在价值和市场价格之间的差别在较高的股价时消失了。这一减少的溢价有两个原因。

首先，当股价上涨时，投机者失去了使用杠杆来谋取高利润的机会。正如表 14—8 中 A 部分所示，当股价相对较低，比如每股 25 美元，并且认股权证价格在 5~10 美元之间的时候，股价 10 个点的上涨就意味着投资者可以获得 200% 的权证价值收益率。又如表 14—8 中 B 部分所示，在高股价时，这一杠杆作用几乎已经消失。在 50 美元的股价和大约 30 美元的权证价格下，10 个点的股价变动只能产生 33% 的权证收益率。

表 14—8 权证股价的杠杆

（A）	（B）
股价 = 25 美元，权证价格 = 5 美元①+ 股价变动 10 个点	股价 = 50 美元，权证价格 = 30 美元+ 股价变动 10 个点
新权证价格 = 15 美元（10 个点的收益）	新权证价格 = 40 美元（10 个点的收益）
权证的收益率 $= \dfrac{10 \text{ 美元}}{5 \text{ 美元}} \times 100 = 200\%$	权证的收益率 $= \dfrac{10 \text{ 美元}}{30 \text{ 美元}} \times 100 = 33\%$

投机者在高股价时只愿意支付很少溢价的另一个原因是认股权证跌价保护的作用变小了。在股价 50 美元时以 30 美元价格交易的权证比在股价为 20~30 美元之间以 5~10 美元的价格交易的权证面临更大的下跌风险。

权证溢价也受到与可转换证券相同因素的影响。波动性更大的股票有着给权证投机者带来更大短期收益的潜力。所以，股价的波动性越大，认股权证的溢价就越大。同时，期权的到期时间越长，溢价也越大。因为普通股达到和超过权证的执行价格的时间越长，权证的"时间溢价"就越大。

14.5.3 公司对认股权证的应用

如前所述，在公司比较艰难的情况下，认股权证可能代替债务进行发售。当公司无法发行直接的债务，或者只有在很高的利息率下才能发行时，同样的证券由于其所包含的可分离权证，则是可能被接受的。在一个兼并收购的合约中，认股权证也可能作为一项附加条款被包含在内。收购公司可能会提供 2 000 万美元的现金外加交易中的 1 000 个认股权证来换取被收购者的所有流通股。

认股权证的使用通常与生物技术、航空公司、联合企业等高增长型的公司相关。

作为一个创造新股的金融工具，对于公司而言认股权证也许不像可转换证券那样具有吸引力。一个发行了具有流动性可转换证券的公司也许会通过赎回来逼迫持有者进行转换，但发行认股权证的公司却没有相似的手段。唯一吸引公司发放认股权证的因素可能就是对期权价格实施逐级上涨的政策——认股权证的持有者如果不在规定的日期前执行期权，就必须承担一个逐渐上涨的期权价格。

认股权证执行后的公司资本结构与可转换证券转换后的资本结构也是有所不同的。对于认股权证，初始的债务在权证执行后依然存在，而可转换证券的转换则结束了之前存在的债务。

14.6 认股权证的财务考虑

和可转换证券一样，认股权证的潜在稀释作用也应加以考虑。在计算认股权证转换后的每股收益时，我们使

投资的真实世界

风险投资家喜欢可转换证券和认股权证

从风险投资通常是在一个公司的早期筹集的资金，这时距离公司上市"公开出售股票"的日期还有很长一段时间。

即使是成功的年轻公司，由于其快速增长的事实，也常常需要远远超过其盈利能力、借债能力或者公司所有者所拥有资源的资金。这就是风险投资家进入的时机。他为公司提供资金，并希望会最终从公司未来的公开上市中获得收获。

风险投资者通常拥有许多投资潜力报告，但报告被接受的比例小于百分之一。当巴斯（Basses）的沃思堡公司（the Basses of Fort Worth）、芝加哥普利司可公司（the Pritzkers of Chicago）或者其他风险投资者发现一个投资机会时，他们往往总是期望目标公司是另一个微软或英特尔。进行风险投资损失的可能性很大，但同时投资的回报率很高。风险投资家不仅仅提供资金，还可能与被投资公司分享他们在管理、市场营销、财务等方面的经验。通常，投资是分阶段进行的。这意味着在初始投资后，只有当特定的目标达到后追加的投资才会投入实现。这些

---

① 当然，权证的价值会由于溢价而高于 5 美元，但是，我们用 5 美元来计算。

目标也许与公司的盈利能力指标、新产品的开发、市场渗透等因素有关。

风险投资家往往提供低成本的债券投资，但是他们了解这项投资所具有的在未来成功上市的潜力，这也是风险投资家最主要的退出方式之一。虽然风险投资家也许不会关心他在一个公司拥有的直接资本收益，但是他希望在公司公开发行股票时参与股份的分配。

可转换证券和认股权证正好具有这样的投资特征。使用可转换证券，风险投资家可以获得利息收入，并且享有高于其他资本提供者的股权。当达到期望的权益收益时，他就可以把债权转换为普通股。

另一个选择是给与风险投资家认股权证，作为补偿其延长性债务投资的一部分。由于是内部交易，认股权证的执行价格往往只设定为潜在公开发行价格的五分之一到十分之一。

当可转换证券和认股权证在早期投资中被使用时，有人会认为债务的利息会给风险投资者带来一倍或者两倍的收益，但风险投资者真正期望是通过完全承销的公开发行来获得的巨大回报，而这一发行成功即表现为股价在发行后的继续上涨。

用债券股票方法。在这一方法中，我们需要考虑到在认股权证中存在用现金按市价买入从而使得股票数量减少的条款，如果认股权证被执行后，根据这一条款，新股总量可能发生改变。假设一种赋予持有者以20美元的价格买入10 000股权利的认股权证正处在流通中，并且现时股价为50美元。具体如下：

1. 创造的新股数量	10 000
2. 现金购买导致的股数减少（如下计算）	4 000
现金购买——10000股，20美元一股 = 200 000美元	
现时股价——50美元	
此条件下现金购买导致的流通股减少 = 200 000美元/50美元 = 40 000	
3. 此条件下认股权证执行导致的股数增加（10 000 - 4 000）	6 000

在计算每股收益时，我们会在分母上加入新增的6 000股，由于分子不变，这将会减少每股收益。如果总收益是100 000美元，之前在总共100 000股流通的情况下每股收益为1美元，那么现在的每股收益就是0.943美元。

$$\frac{收益}{股数} = \frac{100\ 000\ 美元}{106\ 000} = 0\cdot943\ 美元$$

当在计算每股收益时考虑了认股权证的稀释作用后，从投资者和公司的角度来看，报告的收益就都十分重要了。

本章小结

可转换证券和认股权证给投资者提供了不直接持有普通股股票，而能够从普通股增值中获得利益的机会。虽然我们主要的讨论对象是可转换债券，但可转换证券可能是以债券或者优先股的形式出现的。

可转换证券提供了有保证的收入流和基于投资所要求的收益的底价。同时，它们有一个确定的普通股转换比例（面值/转换价值）。可转换债券的转换价值等于转换比例与普通股现价的乘积。可转换证券的转换价值通常低于其市场价格，事实上，市场价格与转换价值之差是转换溢价。转换溢价受到标的股票的波动性、到期时间、与可转换债券利息相关的普通股股利支付以及其他一些次要因素的影响。大体上，如图14—2（a）所示，当普通股价格涨到高出转换价值很多（并且可转换债券以高出票面价值很多的价格交易）的时候，转换溢价就会降得很低。这个较低的溢价是由于投资者在此时不再享受跌价保护而导致的。

认股权证是一个在一个特定的时间段以特定的价格购买一定量（通常一股）股票的期权。认股权证的发行通常享有与债券发行同样的好处，并且它也许能够使得公司在不能以其他方式发行债券的时候的时候获得资金。认股权证通常会从债券中剥离出来。这样，认股权证行权后其初始债券依然存在（这显然与可转换证券是不同的）。

关键词汇及概念

基本每股收益　basic earnings per share

转换溢价　conversion premium

转换价格　conversion price

转换比例　conversion ratio

转换价值　conversion value

可转换证券　convertible security

稀释后每股收益　diluted earnings per share

稀释　dilution

下跌极限　downside limit

下跌风险　downside risk

执行价格（认股权证）　exercise price（of warrant）

最低限额价值　floor value

强制转换　forced conversion

内在价值（认股权证）　intrinsic value（of warrant）

期权价格（认股权证）　option price（of warrant）

平价　parity price

纯债券价值　pure bond value

投机溢价　speculative premium

认股权证　warrant

讨论题

1. 投资者为什么对可转换证券感兴趣？（他们给投资者提供了什么？）

2. 投资可转换证券的缺点是什么？

3. 购买可转换证券的最佳时机是什么时候？

4. 你如何从转换价格得到转换比例？

5. 你如何确定转换价值？

6. 纯债券价值有何意义？

7. 根据附加 100% 的转换溢价的债券，你能得到关于股价的什么信息？

8. 股价的波动性如何影响转换溢价？

9. 一个逐级递增的转换价格如何导致强制转换？

10. 公司为什么使用可转债？

11. 可转换证券的稀释效应是什么？

12. 什么是认股权证？

13. 公司使用认股权证的原因是什么？

14. 请解释为什么说认股权证有很高的投机性。

15. 在股价上涨的时候，投资者为什么倾向于对认股权证支付一个较小的溢价？

16. 如果认股权证可以从债券分离出来，再行权后这笔债务会消失吗？将答案与可转换债券进行比较。

17. 什么类型的公司通常发行认股权证？

练习题与解答

1. 贵族公司有一种面值为 1 000 美元的债券，转换价格是 25 美元。它的股票正以 22 美元的价格出售。债券的售价为 990 美元。

　　a. 转化比例是多少？

　　b. 转换价值是多少？

　　c. 转化溢价是多少（以美元和百分比计）？

2. 巴尔弗有限公司有一种面值为 1 000 美元的流通债券。每张债券的年利息支付为 60 美元，20 年到期，市场利率为 8%。其底价（纯债券价值）是多少？使用半年期进行分析。

解答：

1. a. 转换比例 $= \dfrac{\text{面值}}{\text{转换价格}} = \dfrac{1\,000}{25} = 40$

　b. 转换价值 $=$ 转换比例 $\times$ 普通股价

　　　　　　 $= 40 \times 22 = 880$（美元）

　c. 转换溢价（美元）$=$ 债券市价 $-$ 转换价值

　　　　　　 $= 990 - 880$

　　　　　　 $= 110$（美元）

　　转换溢价（%）$= \dfrac{\text{债券市价} - \text{转换价值}}{\text{转换价值}}$

　　　　　　 $= \dfrac{110}{880} = 12.50\%$

2. $n = 40$，$t = 4\%$ 的 30 美元每半年现金流现值（附录 D）

　　$30 \times 19.793 = 593.79$ 美元

　　$n = 40$，$t = 4\%$ 的 1 000 美元现金流现值（附录 B）

　　$1\,000 \times 0.208 = 208$ 美元

　　总现金流现值：801.79 美元

思考题

1. 一只可转换债券的面值为 1 000 美元，转换价格为每股 50 美元。股票以 42 美元出售。债券的年利息支付为 60 美元，市场卖价为 930 美元，还有 15 年到期。市场利率为 10%。

　　a. 转化比例是多少？

　　b. 转换价值是多少？

　　c. 转化溢价是多少（以美元和百分比计）？

　　d. 底价或纯债券价值为多少？

2. 计算问题 1 中的下跌风险。它表示什么？

3. 在什么情况下可转换债券的下跌风险会增加？将你的结果与市场利率相联系。

4. 劳雷金属公司有一只以 1 100 美元的市场价格流通的面值 1 000 美元的可转债。他的利息率为 7%，到期时间

为 10 年。转换价格为 40 美元。普通股现在以 37 美元出售。

a. 转换溢价是多少（以百分比计）？

b. 为使转换价值与债券现价相等，普通股应以什么价格出售？

5. 在问题 4 中，可比债券的市场利率为 10%，纯债券价值为 813.17 美元。如果市场利率变为 12%，纯债券价值将如何变化？（在计算债券价值时你可能需要参照第 12 章）

6. 基于你对问题 5 的回答，以百分比计的下跌风险是多少？使用问题 4 的债券价格。

7. 莱恩资源公司有一只以 1 020 美元的市场价格流通的面值 1 000 美元的可转换债券。它的利息率为 5%，到期时间为 12 年，转换价格为 20 美元。普通股现在以 16 美元出售。

a. 转换溢价是多少（以百分比计）？

b. 为使转换价值与债券的现价相等，普通股应以什么价格出售？

c. 假设普通股价上涨到 26 美元，而转换价格降低到 15 美元，那么债券的价格是多少？

d. 股价的收益率是多少？债券的收益率是多少？

e. 导致转换溢价从 120 美元降为 15 美元的主要原因是什么？

8. 假设两年前你以 900 美元的价格买了一个可转换债券，债券的转换比例为 32。买入债券时的股价是 25 美元。债券的年利息支付为 75 美元，且该公司股票不支付现金股利。假设两年后股价上涨到 35 美元，并且公司通过赎回债券迫使持有者转换（这时没有转换溢价）。

在（a）买入普通股和（b）买入普通股并最终转换为股票中，哪个策略带给你的收益更大？假设在任一情况下你的投资额都为 900 美元。不计税收、费用等。（提示：考虑由于价值增值带来的年收益。以表 14—3 为例。）

9. 给定如下的数据，计算稀释后的每股收益

普通股（4 美元面值，500 000 股）	2 000 000 美元
7% 的可转换证券（每个面值 1 000 美元的 6 000 个债券；每个可转换为 20 股股票）	6 000 000
获得的收益	8 000 000
息税前利润	3 420 000
利息	420 000
税前利润	3 000 000
税后利润（50%）	1 500 000 美元

10. 假设公司有一种处在流通中，并允许投资者以每股 25 美元买入一股普通股的认股权证。市场股价为 34 美元。

a. 认股权证的内在价值是多少？

b. 在股价为 22 美元的时候为什么认股权证的市价仍为 2 美元？

11. 北方航空有允许投资者以 15 美元（期权价格）购买 1.45 股股票的流通认股权证。普通股价格为 19 美元。

a. 认股权证的内在价值是多少？

b. 如果股价为 12.50 美元，内在价值的负值有多大？

12. 公司有一种处在流通中，并允许投资者以每股 25 美元买入一股普通股的认股权证。同时假设股价为 30 美元，认股权证的价格为 7 美元（这显然高于内在价值）。你可以投资 1 000 美元在股票或者认股权证上（计算时小数点保留两位）。假设股价上涨到 40 美元，并且在股价为 40 美元时认股权证以其内在价值交易。选择投资股票还是认股权证会给你带来更大的收益？

13. 假设一家公司的利润为 400 000 美元，流通股 200 000 股（每股收益 2 美元）。同时假设流通中的认股权证允许持有者以 25 美元购买 40 000 股股票。股票现在的售价为 40 美元。考虑流通中认股权证的影响，调整后的每股收益是多少？

投资顾问难题

查德·史密斯决定投资于可转换债券，因为他希望在获得价格上涨潜力的同时得到跌价保护。当他买入摩根电器公司的 5.85% 的可转换债券后，他被告知债券有 820.70 美元的底价和无限的升值潜力，并且每个债券可以转换为 28 股普通股。在他买入债券的时候公司的股价为 33 美元，这个股价提供了 924 美元的转换价值。而他购买债券的实际价格是 988.75 美元。

两个月后股价上涨到 40 美元，债券的转换价格上涨到 1 120 美元，并且债券的市场价格上涨到 1 145 美元。

查德在离开美国去欧洲工作的三个月中对自己的投资相当满意。在这一段时间内，他没有跟踪自己的投资。但是当回到美国的时候，他很惊讶地发现他的可转换债券正在以 740.32 美元的价格进行交易。

他马上联系了他的投资顾问金娜·吉莱斯皮（Gina Gillespie），并询问她是什么导致了价值的急剧下降。金娜是一个注册金融分析师（CFA），并且在投资上相当精明。她认为有两个因素导致了这种价格的急剧下跌。这两个因素是什么？

CFA 材料

以下材料节选自 CFA 一级考试题及解答。尽管方法上与本章略有不同，但仍然能反应 CFA 考试所需要的技巧。

CFA 考试题

在验证一个公司的具有相同的发行时间、期限和面值的直接债券和附属的可转债时，你会发现附属的可转债的票息和到期收益率低于单纯的债券。在固定的市场利率和股价上涨的情况下，用转换价值来解释它的低票息和到期收益率。

解答：

低票息和到期收益率的原因是可转换债券和优先股拥有在股价上涨时像普通股一样的表现和在股价下跌时像直接债券一样的价值。见图 14—4。

如图，它拥有普通股的升值潜力和债券的跌价保护。这样，它就由于跌价保护可以在相对较低的风险下拥有与普通股相近的回报率。同时，在达到使股利支付率高于到期收益率的平价之前，可转债相比股票有着收益的优势。

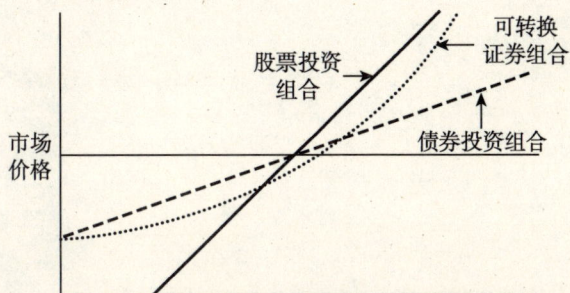

图 14—4 收益分布——股票、债券、可转换证券

第五部分　衍生产品

这一部分我们对权益期权、商品和金融期货以及股票和债券指数期权等金融衍生产品进行全面讲解。金融衍生产品已经成为金融领域里一个非常重要的部分，但它不像权益证券那样大多数在证券交易所进行交易，如今只有20%的衍生品在交易所进行交易。全球金融衍生产品市场的快速发展为投资者通过衍生品交易部门增加交易量和收入提供了很好的机会，同时也为交易者提供了安全和值得信任的清算办法。事实上，运用衍生品的高风险金融策略在对冲基金、长期资产管理公司、安然公司的崩溃中负有很大的责任。然而，金融衍生产品也可以用来减少风险，但是似乎只有当它被用于投机、当一个资产组合由于过高的财务杠杆而"崩溃"或者在投资活动的错误方向进行赌博的时候，它们才会引起公众的注意。

无论从哪个方面来说，目前世界上最大的期货市场是芝加哥商品交易所，它也是美国第一个从非营利组织转化为公众持股公司的金融交易所，它的股票可以在纽约证券交易所和纳斯达克进行交易。芝加哥商品交易所的股价飞涨，从2002年首次公募的每股34美元涨到2007年4月份的每股超过550美元。

在芝加哥商品交易所转型成公众公司的过程中，有一个非常有影响力的参与者，他就是特伦斯（特里）·达夫，他是芝加哥商品交易所持股有限公司的执行主席。达夫在芝加哥城市俱乐部的演讲里对那些不太了解期货市场的人说到，"期货和期权市场可以看成是庞大的保险公司。通过这些市场，我们可以更加便利地转移那些影响金融资产和非金融资产的风险。这些风险包括从股票市场价格波动，到汇率、利率，甚至是商品价格的变化等一切不确定因素。而且这些衍生产品主要是由全球一些大型的金融机构广泛使用。"更全面地看，2007年芝加哥商品交易所清算的合同估计会达到10亿份，价值超过6 000亿美元。75%的交易通过芝加哥商品交易所24小时全球交易平台进行电子交易，而这些交易只需要0.2秒。

特里·多夫是怎样取得他今天的成就的？22岁时他就在交易所开始交易，他在学校里的兼职工作以及父母给予他的经验塑造了他的职业道德和核心价值观。这些价值观正是他所说的"不懈和有意义的努力"。他在2005年的一次演讲中说到，"我相信事业上和人生中的成功不仅仅是来源于课本学习。成功取决于你做人的本质，这些都基于你的教养，你的经验以及你的核心价值观。"

多夫列举了一些对于有效领导能力十分重要的关键："（1）领导者看重人们的核心价值观；（2）领导者从不忽视信念和家庭；（3）领导者乐于变革；（4）领导者富于远见；（5）领导者讲究战略。"这些哲理值得我们进行更深层次的探讨。例如，你诚实、勤奋工作和尊重他人的价值观肯定会成为影响你生活方式的关键因素。在许多例子里，有些很聪明的人由于价值观大错特错而锒铛入狱。另外四个影响领导能力的因素人们很难都拥有，即使很多人有牢固的核心价值。变革是多样的，而且很多人喜欢以自己惯用的方式来处理事情，通常这会导致最终的失败。远见和战略性思维也不是每个领导者的必备先天素养，但他们可以通过后天学习来获得。

第 **15** 章　看跌和看涨期权

期权（option）这个词有很多不同的意思，但大多数都含有能在特定的可供选择事物中进行选择的权利或能力。韦伯斯特词典（*Webster's*）给出了一个定义"获得一定的承诺，在特定时间里能以约定的价格买卖某样东西"。这个定义非常概括，可以用于看跌期权、看涨期权、认股权证、实物资产期权或者是任何介于双方的合同，它规定以一定的成本在有限时间里获得采取行动的选择权，同时获得期权的人支付给提供期权的人以约定的金额。例如，有人想以 100 000 美元买你的房子，但是买者没有这么多钱，这样他支付给你 2 000 美元现金，同时你授予他在之后 60 天以 100 000 美元购买你房子的权利。如果你同意了，你就售予买者一份期权，并且同意在之后 60 天内不会把房子卖给其他任何人。如果这个买者在 60 天的期限内筹集到 100 000 美元，他就可以把钱支付给你，购买这套房子。可能他有 100 000 美元但同时发现另一套他更喜欢的房子，价值是 95 000 美元。那么他将不会买你的房子，这样你会得到 2 000 美元的期权费，而且现在不得不寻找别人来买你的房子。通过看跌期权，它限制了这所房子 60 天的销售权，并且如果期权没有被执行，你会错过将房子卖给其他人的机会。

最为人们所知的期权是普通股的看跌期权和看涨期权。一份**看跌期权**（put）是指在给定的时间里以特定的价格卖出 100 股普通股的期权。**看涨期权**（call）和看跌期权相反，它允许期权所有者有权从期权卖方购买 100 股普通股。上市的卖出和看涨期权的合同已经标准化，并且可以在几个不同的交易所进行买卖。

15.1　期权市场

期权在交易所交易之前，看跌期权和看涨期权主要是在看跌期权和看涨期权交易商协会（the Put and Call Dealers Association）进行柜台交易。这些交易商出于各自目的会买卖在纽约证券交易所交易的股票的看跌和看涨期权，然后他们会尽力寻找投资者、套期保值者以及投机者来成为期权的对手方。例如，如果你拥有 1 000 股通用电气的股票并且开出一份看涨期权允许期权买者六个月后以每股 30 美元的价格购买这 1 000 股股票，交易商就会买入这份看涨期权并且寻找愿意从他那里购买这些期权的买家。

这种交易系统存在一些缺陷。交易商必须与买者和卖者都签订合同，并且期权卖方的财务可靠性必须由经纪商担保。期权卖方必须要么将股票存放在经纪商处，要么缴纳一定的现金来建立现金保证金账户。由于同一股票的期权在同一个市场存在着各种各样的行权价和离散的到期日，这就意味着当一个期权购买者在到期前如果想要执行或终止这份合同，他不得不和期权卖方直接进行交易。这样就不利于形成一个有效率和具有流动性的市场。如果非上市期权在期权期内由于支付红利而导致看涨期权执行价格的降低，这样对期权卖者更加不利。

15.1.1 上市期权交易所

芝加哥期权交易所成立于 1973 年，是第一个看涨期权交易所。市场对它的反应空前绝后，在三年内，美国、太平洋和费城交易所都在交易看涨期权。到 2006 年，在期权交易所有超过 2 600 个独立的权益期权在进行交易。交易的证券从个人普通股扩展到股票指数期权，这些指数包括纳斯达克 100 和标准普尔 500 指数。通过买卖指数期权可以给资产经理提供良好的套期保值策略，并且可以让个人交易者对市场波动趋势进行投机。这些策略的详细内容将会在第 17 章涉及，而本章的重点在于介绍个人普通股期权。

期权市场是在不稳定的定价条件和不确定性下茁壮成长的。2000 年到 2006 年这段时间，市场存在巨大的不稳定性，而且以平均每日 5 600 000 份合约的交易量，创造了 2005 年的年度纪录。

表 15—1，来自期权清算公司（Options Clearing Corporation）的网站（www.optionsclearing.com），展示了自 1973 年以来期权交易的发展历程。期权清算公司的股份由它主要的交易所共同持有，这些交易所包括全美证券交易所、费城证券交易所、太平洋证券交易所、芝加哥期权交易所和国际证券交易所。

表 15—1 期权清算公司每年期权合同统计数据

	每年合约交易量统计数据								
	股票交易量	非股票证券交易量	期货交易量	总交易量	每日平均交易量	期货每日平均交易量	股票年底未平仓量	期货未平仓量	股票发行数目
2005	1 369 048 282	135 263 258	5 705 738	1 510 017 278	5 974 444	22 534	167 013 733	709 586	2 618
2004	1 083 649 226	98 390 870	2 271 202	1 184 311 298	4 701 016	8 908	138 681 184	203 605	2 393
2003	830 308 227	77 550 428	2 592 193	910 450 848	3 612 900	10 286	128 509 275	197 822	2 227
2002	709 784 014	70 673 329	310 299	780 767 642	3 098 283	8 693	98 475 772	50 952	2 306
2001	722 680 249	58 581 686		781 261 935	3 150 250		86 024 850		2 261
2000	672 871 757	53 856 182		726 727 939	2 883 841		71 249 929		2 364
1999	444 765 224	63 126 259		507 891 483	2 015 442		56 907 365		2 579
1998	329 641 875	76 701 323		406 343 198	1 612 473		36 285 828		2 724
1997	272 998 701	80 824 417		353 823 118	1 398 510		28 677 748		2 400
1996	199 117 729	95 679 973		294 797 702	1 160 621		21 252 103		2 080
1995	174 380 236	112 916 673		287 296 909	1 140 068		18 836 632		1 720
1994	149 932 665	131 449 737		281 382 402	1 116 597		16 030 910		1 512
1993	131 726 101	100 935 994		232 662 095	919 614		14 778 179		1 294
1992	106 484 452	95 511 305		201 995 757	795 259		11 612 580		1 104
1991	104 850 686	93 950 914		198 801 600	785 777		9 311 298		937
1990	111 425 744	98 497 004		209 922 748	829 734		7 295 008		808
1989	141 839 748	85 176 912		227 016 660	900 860		9 013 121		701
1988	114 927 723	81 020 868		195 948 591	774 501		7 648 262		641
1987	164 431 851	140 737 084		305 168 935	1 206 201		8 073 498		590
1986	141 930 945	147 280 190		289 211 135	1 143 127		10 039 591		490
1985	118 555 989	114 354 558		232 910 547	924 248		10 443 038		462

续前表

	每年合约交易量统计数据							
	股票交易量	非股票证券交易量	期货交易量	总交易量	每日平均交易量	期货每日平均交易量	股票年底未平仓量	期货未平仓量	股票发行数目
1984	118 925 239	77 512 122		196 437 361	776 432		7 984 602		395
1983	135 658 976	14 397 099		150 056 075	593 107		12 499 329		936
1982	137 264 816	41 389		137 306 205	543 394		9 802 070		375
1981	109 405 782	0		109 405 782	432 434		9 495 497		354
1980	96 728 546	0		96 728 546	382 326		5 865 776		241
1979	64 264 863	0		64 264 863	254 011		4 199 696		220
1978	57 231 018	0		57 231 018	227 107		3 636 918		217
1977	39 637 328	0		39 637 328	157 291		3 343 185		222
1976	32 373 925	0		32 373 925	127 960		2 746 882		202
1975	18 103 018	0		18 103 018	71 553		1 109 227		44
1974	5 682 907	0		5 682 907	22 462		380 840		40
1973	1 119 245	0		1 119 245	6 470		242 825		32

国际证券交易所是证券市场的后起之秀。它在 2000 年 3 月 26 日开始它的第一笔期权交易，从此逐渐发展成为期权清算公司的主要成员，2005 年它的交易量占总交易量的比例达到了 34%。国际证券交易所是一个电子交易网络，主要提供期权的电子交易。在第 2 章里我们提到权益市场上逐渐采用电子交易，如今这种趋势在期权市场上发生。在国际证券交易所成立之前，2000 年芝加哥期权交易所的交易量占了交易总量的 45%，但是到 2005 年时它的市场份额已经跌到 24%。很明显，国际证券交易所抢占了芝加哥交易所的一些市场份额。除了清算期权，期权清算公司在 2002 年开始通过专门的期货电子交易网络清算期货交易，在表 15—1 中可以看到四年的期货交易量。

在 1973 年前人们主要通过柜台交易期权，与之相比，上市交易期权市场更受人们欢迎，这当中有几个原因。合同期限依据三种日历周期标准化为 3 月、6 月和 9 月三种到期周期。

周期 1：1 月 /4 月 /7 月 /10 月

周期 2：2 月 /5 月 /8 月 /11 月

周期 3：3 月 /6 月 /9 月 /12 月

用三种不同的周期来展开期权到期日可以避免所有的期权合同在同一天到期[①]。每个合同在到期月的第三个星期六东部时间上午 11：59 终止。为了在实践中便于操作，如果开市，任何清仓行为必须在最后一个星期五完成。

为了满足人们对长期期权的需要，**长期权益资本提前还款证券**（long-term equity anticipation securities，LEAPS）被开发出来，提供期限长达 2 年的期权。长期权益资本提前还款证券主要限于一些蓝筹股，例如可口可乐、陶氏化学公司（Dow Chemical）、通用电气、IBM 和其他一些公司的股票。长期权益资本提前还款证券和短期期权具有一些相同的性质，但由于它的期限更长，它的价格也会更高。

期权交易的另一个特点是标准的**执行价格**（exercise price）。它是期权合同中买者和卖者双方约定的价格。对于每股价格超过 25 美元的股票，执行价格通常在 5 美元的区间内波动；对于以低于每股 25 美元价格售出的股票，执行价格通常在每股 2.5 美元的区间内波动。当基础股票市场价格变化时，带有新的执行价格的期权就会出现。例如，一只股票售价在每股 30 美元时，交易所会添加执行价格为 30 美元的 1 月份期权，但是如果股票价格涨到 32.50 美元，交易所就会添加另一份执行价格为 35 美元甚至是 32.50 美元的期权。

到期日和执行价格的标准化可以给在变化的市场中买卖期权的人们带来更多的确定性，而且由于股票价格、执行价格和到期日之间更好协调，人们便于制定更有效的交易策略。股票股利将不再像在非上市市场那样影响期权合同。交易可以由买者和卖者来完成，而不再需要经纪商的直接撮合。期权市场这些变化的最终结果是形成了一个由投机者、套期保值者和套利者共同运作的高流动性和有效率的市场。

---

① 同样加上额外的周期。

辛格系统公司[1]的看涨和看跌期权列在表15—2里，把它作为一个拥有不同执行价格（15、17.50、20、22.50、25）和不同到期月份（12月、1月和4月）的教学例子。calls代表买入股票的期权，puts代表卖出股票的期权。辛格系统的普通股在10月8日以18.93美元（第1列）收盘，但是在过去的52个星期内它的价格从57.63美元的高位跌到11.60美元。表15—2中的数值，例如4.20和4.50反映了不同期权合同的价格。当我们学习这一章时，这些信息会具有更大的意义。

15.2 期权清算公司

大多数期权交易的清算和交割操作都是由**期权清算公司**（Options Clearing Corporation）来完成，它是在五大交易所上市的所有期权的发行者。这五大交易所分别是：芝加哥期权交易所、美国证券交易所、费城交易所、国际证券交易所和太平洋股票交易所。打算交易看涨和看跌期权的投资者需要在一些证券经纪商那里开设一个需经核准的账号，开户时投资者会收到期权清算公司制定的内容说明书，里面会详细介绍期权交易各方面的条款。

期权通过许多经纪商买进和卖出，这和其他证券一样。交易所允许特殊委托，例如限价委托、市价委托和**止损委托**，以及一些专门用于期权交易的委托，例如价差委托和套期图利委托。委托先由经纪商处理，然后在交易大厅进行交易。记住，对于任何一笔订单必须存在一个买者和卖者，这样订单才能够匹配。一旦订单匹配成功，将会在期权清算公司记录在案，然后清算公司会发行这份期权或是进行平仓[2]。

15.2.1 期权费

在投资者和投机者理解各种不同的期权策略之前，他们必须首先了解期权费是怎样产生的。在表15—2中，我们以辛格系统为例，可以发现普通股在每股18.93美元收盘时，看涨和看跌期权的执行价格在15美元到25美元的范围内波动是有意义的。看涨期权（左手边）允许期权持有人以行权价买入股票。1月份执行价格为17.50美元的看涨期权以2.80美元价格结算，而2月份执行价格为20美元的看涨期权以1.50美元结算。这样15美元和17.50美元的看涨期权被称为**实值期权**（in-the-money），因为市场价格18.93美元高于**成交价格**（strike price）15美元和17.50美元。执行价格为20美元和25美元的看涨期权是**虚值期权**（out-of-the-money），因为行权价格低于市场价格。如果在辛格系统里普通股以每股20美元交易，则执行价格为20美元看涨期权是**平价期权**（at-the-money），因为股票价格和执行价格相等。在这个例子中，股票价格18.93美元与1月份执行价格为20美元的看涨和看跌期权有1.07美元的价差。看跌期权（右手边）与看涨期权正好相反。因为看跌期权允许持有者以执行价格卖出股票。实值看跌期权的执行价格会大于18.93美元，虚值看跌期权的执行价格会小于18.93美元。

表 15—2		辛格系统 10 月 8 日价格					（单位：美元）
股票结算价格	执行价格	看涨期权			看跌期权		
		12月份	1月份	4月份	12月份	1月份	4月份
18.93	15.00	4.20	4.50	n/a	0.40	0.65	n/a
18.93	17.50	2.40	2.80	n/a	1.05	1.40	n/a
18.93	20.00	1.10	1.50	2.50	2.20	2.60	3.40
18.93	22.50	0.40	0.70	1.60	3.70	4.20	5.00
18.93	25.00	n/a	0.30	1.10	n/a	6.30	7.10

注：n/a 表示看涨或看跌期权不存在或是该天没有交易。

15.2.2 内在价值

实例应用

实值看涨期权的**内在价值**（intrinsic value）等于市场价格减去执行价格。在辛格系统看涨期权的例子中，1月份执行价格为17.50美元，期权的内在价值为1.43美元，可由公式15—1得出：

---

[1] 一个假设的公司。
[2] 在一个合同里，期权的持有者与卖出方之间的债权债务关系并不是通过合同联系起来，他们都对期权清算公司负责。

$$内在价值（看涨期权）= 市场价格 - 执行价格 \qquad (15—1)$$
$$= 18.93 - 17.50$$
$$= 1.43（美元）$$

虚值期权没有正的内在价值。如果我们用公式 15—1 来计算辛格系统 1 月份执行价格为 20 美元的看涨期权，会得出内在价值为 -1.07 美元。当市场价格减去执行价格为负时，负的内在价值意味着股票价格必须上涨到与执行价格相等，从而使期权成为平价期权。但是在实际应用中，期权不会有负的价值。

实值看跌期权的内在价值等于执行价格减去市场价格。在辛格系统看跌期权的例子中，1 月份执行价格为 20 美元，内在价值可由公式 15—2 得出为 1.07 美元。注意，实值看跌期权的价值计算与看涨期权相反：

$$内在价值（看跌期权）= 执行价格 - 市场价额 \qquad (15—2)$$
$$= 20 - 18.93$$
$$= 1.07（美元）$$

由于看跌期权允许所有者以执行价格卖出股票，当执行价格高于股票市场价格时存在实值看跌期权。当股票市场价格超过执行价格，看跌期权就是虚值期权。

15.2.3　投机溢价（时间价值）[1]

实例应用　回到辛格系统 1 月份执行价格为 17.50 美元的看涨期权，在表 15—2 中总共的溢价是 2.80 美元，然而前面计算出的内在价值是 1.43 美元。这个看涨期权由于其他因素含有价值为 1.37 美元额外的**投机溢价**（speculative premium）。总共的期权溢价等于内在价值加上投机溢价。这种关系可以在公式 15—3 和图 15—1 中得到阐释：

$$总溢价 = 内在价值 + 投机溢价 \qquad (15—3)$$
$$= 1.43 + 1.37$$
$$= 2.80（美元）$$

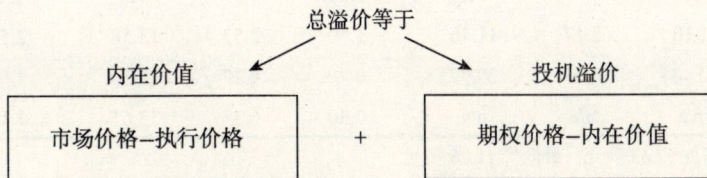

图 15—1　看涨期权总溢价的组成

一般来说，普通股的不稳定性越大（由股票价格的标准差或贝塔系数来衡量），投机溢价就越大。执行期间越长，投资溢价越高，尤其是当对于期权持续期的市场预期比较乐观时。最后，期权越是实值期权，可能的杠杆率就越小，因此投机溢价就越小。通常，我们单独检验投机溢价，来看它是否是一个支付可能利润的合理溢价。

投机溢价可以用美元或者普通股的百分比来表示。以百分比的形式表示的投资溢价意味着股票价格需要增加一定程度从而使期权在有效期达到盈亏平衡。表 15—3 展示了这一点[2]。注意辛格系统 1 月执行价格为 15 美元的看涨期权，它是实值期权，具有最低的投机溢价，而执行价格为 25 美元的看涨期权具有最高的投机溢价。执行价格为 25 美元的看涨期权的现金价值仅仅为 0.30 美元（总溢

---

① 人们通常把投机溢价当做是时间价值，因为时间是影响投机溢价最重要的因素。
② 当用在看跌期权时，投机溢价表示看跌期权的买方在到期日为达到盈亏平衡时，股票价格所需要降低的程度。

表 15—3	辛格系统 1 月份期权在 11 月 8 日的投机溢价					（单位：美元）
11 月 8 日市场价格	执行价格	总溢价	− 内在价值	= 投机溢价		投机溢价占股票价值百分比（%）
18.93	15.00 Jan Call	4.50	3.93	0.57		3.01
18.93	17.50 Jan Call	2.80	1.43	1.37		7.24
18.93	20.00 Jan Call	1.50	−1.07	2.57		13.58
18.93	22.50 Jan Call	0.70	−3.57	4.27		22.56
18.93	25.00 Jan Call	0.30	−6.07	6.37		33.65

价），剩下的 6.07 美元表示要使股票价格与执行价格相等，股票价格应该上涨的幅度。1 月份执行价格为 25 美元看涨期权投机溢价的 33.65% 代表股票价格在到期日之前为达到盈亏平衡而变动的百分比。到期日不存在投机溢价。期权只是仅仅反映内在价值和执行过程中由于交易费用而产生的溢价。

投机溢价与时间因素　表 15—4 展示了不同到期日的实值期权和虚值期权的溢价。由于报价是 10 月份的，最先到期的是 11 月份的期权，然后是 1 月份的期权，最后是 4 月份的期权。期权费随着到期时间的延长而增加。

如表 15—4 里辛格系统的投机溢价所示，各种执行价格的期权的投机溢价随着时间而增加。执行价格为 15 美元和 17.50 美元的实值期权的投机溢价百分比最低，这是因为该期权的潜在杠杆低，而且股价下跌时风险也会减少。执行价格为 25 美元的看涨期权有一个比较高的投机溢价，但是期权售出者却不能收获很多现金流。通常，虚值看涨期权有很高的投机溢价，但是很少有现金形式的溢价。正像前面表 15—3 所示，1 月份执行价格为 25 美元的看涨期权的总溢价是 0.30 美元，而现金溢价仅为 0.30 美元（每 100 股 30 美元），这是期权卖方需要着重考虑的事实。佣金可能会在这笔现金流中占据很大一部分比例。

表 15—4					各个时期的投机溢价							（单位：美元）
		11 月份总溢价				1 月份总溢价			4 月份总溢价		
市场价格	执行价格	期权价格	投机溢价	期权费百分比（%）	期权价格	投机溢价	期权费百分比（%）	期权价格	投机溢价	期权费百分比（%）
18.93	15.00	4.20	0.27	1.43	4.50	0.57	3.01	n/a	n/a	n/a
18.93	17.50	2.40	0.97	5.12	2.80	1.37	7.24	n/a	n/a	n/a
18.93	20.00	1.10	2.17	11.46	1.50	2.57	13.58	2.50	3.57	18.86
18.93	22.50	0.40	3.97	20.97	0.70	4.27	22.56	1.60	5.17	27.31
18.93	25.00	n/a	n/a	n/a	0.30	6.37	33.65	1.10	7.17	37.88

注：辛格系统 52 周最高价 57.63 美元；最低价 11.06 美元。

投机溢价、贝塔系数和股息收益率　表 15—5 阐释了贝塔系数、股息收益率和投机溢价之间的关系。六个期权都是实值期权，并且它们的普通股价格都高于执行价格，从 0.06% 到 5.51% 不等，这样它们之间就比较相关。然而这个图表里的关系并不对所有的期权都适用，我们构造这个例子有两个目的。尽管贝塔系数（表 15—5 右边第二列）并不是按照排列顺序递减，但很明显贝塔系数较高的股票具有高的投机溢价。贝塔系数高的股票更有可能发生市场好转，因此投机者会因为有机会参与市场好转而对看涨期权支付更高的投资溢价。贝塔系数通常是计算五年期的风险，并且只是计量风险的一种办法。短期波动性指标诸如六个月或一年的标准差同样会影响交易者的

偏好，从而使交易者决定是支付高的投机溢价还是低的溢价。

具有低股息收益率的股票比高收益率的股票更有可能有高的投机溢价。在这个表里股息收益率和期权溢价是负相关的。高股息收益率的股票是看涨期权方所喜好的，投机溢价比较低是因为大量的投机者愿意卖出这些股票的看涨期权。

以苹果公司为例，它的投机溢价比亚马逊的高，是因为它的股价和行权价很接近，这样就会产生高杠杆而且更加合算。相反迪士尼公司具有高贝塔系数，但与其他三个贝塔系数高但不支付股息的公司股票相比，它的股息则减少了投机溢价。股息看上去似乎成为影响投机溢价的主要

表 15—5　　　　　　　　　　与贝塔系数和股息收益率相关的投机溢价（价内看涨期权）

公司名称	2007 年 8 月执行价格（美元）	2007 年 1 月 5 日市场价格（美元）	执行百分比（%）	内在价值（美元）	期权费卖价（美元）	投机溢价（时间价值）		贝塔	预期收益率（%）
						美元	百分比（%）		
苹果公司	85.00	85.05	0.06	0.05	11.70	11.65	13.70	1.19	0.00
亚马逊公司	37.50	38.37	2.32	0.87	5.30	4.43	11.55	1.24	0.00
易趣公司	30.00	30.78	2.60	0.78	4.20	3.42	11.11	1.10	0.00
迪士尼公司	32.50	34.29	5.51	1.79	3.60	1.81	5.28	1.20	0.91
3M 公司	75.00	77.42	3.23	2.42	6.30	3.88	5.01	0.88	2.38
辉瑞有限公司	25.00	26.30	5.20	1.30	2.25	0.95	3.61	0.98	4.41

因素，但这可能是误导，因为大多数高贝塔系数股票都是低股息或是无股息的。

股息和贝塔系数是影响投机溢价的两个重要变量。其他因素，比如市场状况或是个别公司财务状况，对投资溢价也能产生很大的影响。如果利率上涨，利率敏感型股票会受损失，并且看跌期权的投机溢价会上升，而看涨期权的投机溢价会下降。像往常一样，如果市场认为公司未来预期的信息与现在是不相关的，那么未来预期将会比历史信息更占主导地影响溢价。

每日的投机溢价　投机溢价可能具有欺骗性。新手可能试图卖出总溢价和投机溢价高的期权，然而买者却想以最少的投资获得最大的收益。如果根据每天的投机溢价来看，这种观点通常不正确。例如，前面讨论的辛格系统的看涨期权具有以下每日投机溢价。这些信息是从执行价格为 20 美元和到期月份为 11 月、1 月和 4 月的期权中得到的。每日的投机溢价是用投机溢价除以到期日期来得到的：

月份	执行价格（美元）	投机溢价（%）	到期日	每日投机溢价（%）
11 月	20	11.46	43	0.267
1 月	20	13.58	71	0.191
4 月	20	18.86	162	0.116

通过分析每日溢价可以看到，看涨期权卖方可以通过连续地卖出短期看涨期权来获得最大收益。在这个例子里，11 月份的看涨期权可以获得最大的每日投资溢价。另一方面，看涨期权的买者通过购买 4 月份的看涨期权可以获得更多的时间和较少的投资溢价。

如果投资者想弄懂期权组合策略，那么理解期权溢价是非常重要的。涉及看涨期权和看跌期权的各种不同的组合策略将会在下一节里介绍。附录 15—A 给出了布莱克—斯科尔斯期权定价模型，这个模型用更加精巧的方法来分析期权价格和期权时间溢价以及投机溢价。这个附录主要

是为那些想对期权定价理论有更深了解的同学所准备的，并不是阅读本书所必须的基本知识。

15.3　基本期权策略

期权策略可以十分积极和充满风险，也可以非常保守并被用做减少风险的工具。期权的买者和卖者都试图利用前面章节讨论的期权溢价。理论上，人们可以创造出许多期权策略，但在实践中，市场必须具备足够好的流动性来使这些策略得以执行。尽管基础普通股票的交易量在继续增加，大多数期权交易被融入到标准普尔 100 和 500 股票指数期权当中，大的机构投资者更倾向于交易市场资产组合而不是交易单个股票。

对于具体的公司来说，任何单个期权交易的减少都会降低创造可行期权策略的可能。例如，缺少流动性的市场会让机构投资者远离涉及上百万股份的套期保值策略。即使在普通投资者心里也有这些限制，他们仍然能够发现制定期权策略的机会。在这一节，我们讨论对看涨和看跌期权的不同组合来达到不同的投资目标。表 15—6 给出了我们例子里三种不同日期的期权价格。这些期权都是到 11 月份到期。在大多数例子里，我们忽略佣金，但佣金在许多期权策略中是一个非常重要的内在成本。

15.3.1　买入看涨期权

杠杆策略　当人们预期在执行期内市场会高涨时，杠杆率是人们买入看涨期权的一个重要原因。以这种方式使用期权和在第 14 章讨论的权证十分相似，但是期权的期限要短一些。看涨期权的价格比普通股的价格低很多，而且杠杆率来自于看涨期权价格的很小一部分变化。以辛格系统为例，在 9 月 28 日它的普通股以每股 12.18 美元收盘，而 10 月份执行价格为 15 美元以 0.40 美元交收（见表15—6）。

表 15—6			期限 3 个月的 12 月份看涨期权的报价						（单位：美元）
公司名称	到期月份	执行价格	9 月 28 日 49 天到期权		10 月 19 日 28 天到期权		11 月 2 日 14 天到期期权		
			期权价格	普通股价格	期权价格	普通股价格	期权价格	普通股价格	
美洲航空	11 月	30.00	n/a	33.10	2.80	31.17	2.85	32.01	
美洲航空	11 月	32.50	n/a	33.10	1.60	31.17	1.35	32.01	
美洲航空	11 月	35.00	1.95	33.10	0.75	31.17	0.35	32.01	
美洲航空	11 月	40.00	0.55	33.10	0.15	31.17	n/a	32.01	
博威公司	11 月	35.00	2.00	33.50	1.25	33.45	0.95	34.35	
辛格系统	11 月	15.00	0.40	12.18	2.35	16.72	2.50	17.26	
辛格系统	11 月	17.50	0.15	12.18	1.00	16.72	0.90	17.26	
辛格系统	11 月	20.00	n/a	n/a	0.30	16.72	0.25	17.26	
美国得力	11 月	20.00	2.40	18.53	5.50	24.05	6.00	24.92	
美国得力	11 月	22.50	1.25	18.53	2.65	24.05	n/a	24.92	
美国得力	11 月	25.00	1.05	21.55	1.35	24.05	1.05	24.92	
霍华德 & 戴维	11 月	17.50	2.00	18.08	1.30	18.29	0.50	16.92	
家庭速递公司	11 月	40.00	2.10	38.37	2.40	40.41	1.60	40.32	
家庭速递公司	11 月	45.00	n/a	n/a	n/a	40.41	0.20	40.32	
国际光学	11 月	100.00	2.40	91.72	5.80	102.65	n/a	109.50	
国际光学	11 月	110.00	1.25	91.72	1.50	102.65	2.45	109.50	
智能系统公司	11 月	20.00	2.60	20.39	n/a	24.15	6.50	26.30	
智能系统公司	11 月	25.00	0.45	20.39	1.15	24.15	2.05	26.30	
欧瑞斯游戏	11 月	12.50	1.35	12.58	n/a	14.54	2.05	14.45	
欧瑞斯游戏	11 月	15.00	0.45	12.58	0.95	14.54	0.45	14.45	
世界航空公司	11 月	15.00	1.20	15.04	0.30	13.17	0.15	13.48	

注：n/a 表示报价不存在，可能因为期权在那天不交易或是由于股票价格远低于执行价格而没有列出。

3 周后，10 月 19 日，股票以每股 16.72 美元的价格收盘，获得每股 4.54 美元的收益，即收益率为 37.27%（4.54/12.18）。10 月份执行价格为 15 美元的看涨期权在 10 月 19 日的价格为 2.35 美元，收益为 1.95 美元，即收益率为 487.5%（1.95/0.40）。在三个星期的时间里，看涨期权的增长是普通股股价增长的 13.1 倍。这种关系可以在下面看到。

图 15—2 描述了辛格系统 11 月份执行价格为 15 美元的看涨期权的获利和损失机会之间的关系，前提假设是期权在到期日之前一直持有（在到期日不存在投机溢价）。

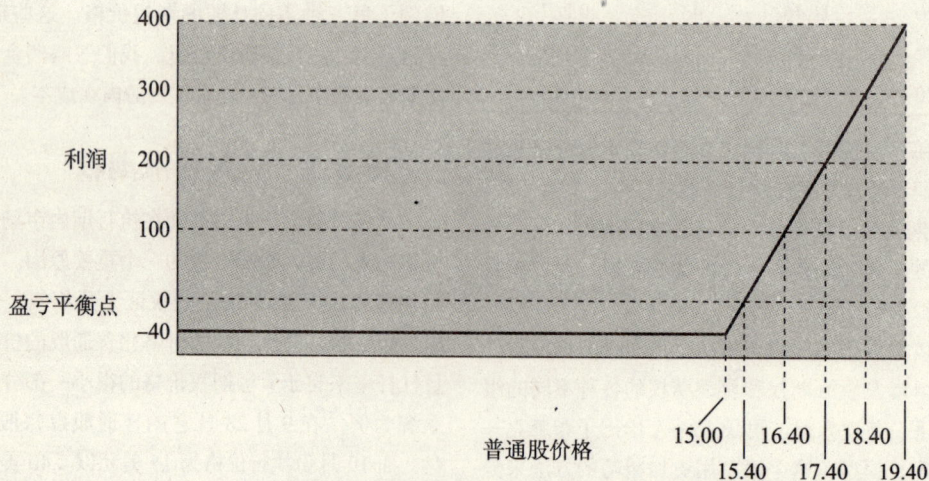

图 15—2　辛格系统 12 月执行价格为 15 美元看涨期权（不包括佣金）

只要普通股以低于每股 15 美元的价格收盘，看涨期权的买者就会损失全部 0.40 美元的溢价（100 × 0.40 = 40 美元）。在股票价格为每股 15.40 美元时看涨期权买者达到盈亏平衡，因为期权的内在价值是 0.40 美元。当股票价格超过 15.40 美元，利润开始增加。在股票价格为每股 19.40 美元时，到期日的利润为 400 美元。如果期权在到期日之前卖掉，投机溢价会引起潜在的利润增加。

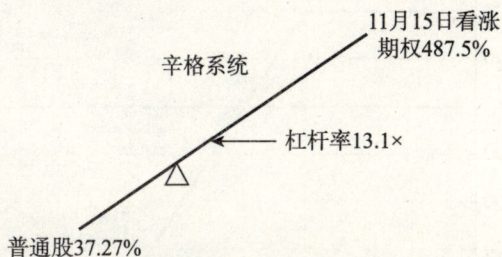

投资者如果想追求获得最大的杠杆率，通常会买入虚值期权或者是实值期权。以 10 美元或 15 美元买入实值高价期权会限制潜在的杠杆率。你可以像投资股票那样去投资期权。

运用杠杆率并不是一直能行得通。让我们再一次看看表 15—6。如果在 9 月 28 日一个投资者认为霍华德 & 戴维公司的股票价格会上涨，并且以 2.00 美元的价格购买了 11 月份执行价格为 17.50 美元的期权，两个月后，在 11 月 2 日，霍华德 & 戴维的看涨期权每份价格是 0.50 美元。期权产生了 1.50 美元的损失。霍华德 & 戴维公司的股票从每股 18.08 美元跌到每股 16.92 美元，损失 1.16 美元，损失百分比为 6.4%，另一方面，期权价值损失了 75%，从 2.00 美元降到 0.50 美元。每股 1.50 美元的损失等同于每看涨期权 150 美元的损失。如果股票价格在到期前低于每股 17.50 美元，那么 11 月份执行价格为 17.50 美元的看涨期权的持有者就会损失 0.50 美元的期权费。在这种情况下，损失你的全部金钱并不难——反之亦然。

看涨期权而不是股票 许多人不喜欢用大笔的金钱冒险，而把看涨期权看做是控制 100 份股份而不用承担支付大笔金额义务的一种手段。例如，假设你可以以每股 40 美元的价格购买 100 股普通股（4 000 美元）或者以 4 美元的成本买入执行价格为 40 美元的看涨期权。你选择花费这 400 美元并且投资 3 600 美元的差价到收益率为 4% 的短期货币市场证券上。假设这个看涨期权还有六个月就到期。在这六个月里，你的普通股从每股 40 美元跌到每股 30 美元，且你的看涨期权在到期日是一文不值。而此时，你的短期货币市场证券产生了 72 美元的利息收入，可以弥补你在期权上 400 美元的损失。你总共投资的损失是 328 美元（400 - 72）。但是如果你买了普通股，你的损失就会是 1 000 美元，也就是 100 股每股损失 10 美元。当股票价格下跌时，这种策略可以减少投资者的损失。这种策略对于投资者比较有利是因为持有看涨期权的最终损失比拥有 100 股普通股的损失要少。当然情况不会永远是这样的[①]。

如果你的股票价值只是减少 1 美分到 39.99 美元，你仍然在看涨期权上损失 328 美元。如果你买了股票，你仅仅只会损失 1.00 美元（1 美分 × 100 股）。我们应该记住，购买看涨期权的损失不会超过起初 400 美元的购买价格。而这也会被 72 美元的利息收益[②]稍微弥补一些。当然也存在股票价格上涨到每股 50 美元的可能，这样股票和期权的购买者都会得到利润。当然支付买卖的佣金会使利润减少一些。

抛补空头头寸 看涨期权经常被抛补空头卖出者用来规避股票价格上涨风险。这也被称为头寸对冲。通过购买一份看涨期权，卖空者的损失可以保证少于一个固定的数量，而另一方面通过支付期权的全部费用可以减少任何潜在的利润。再次回到表 15—6，假如你在 9 月 28 日以每股 20.93 美元的价格卖出智能系统 100 份股票，并且以 0.45 美元的价格买入 11 月份执行价格为 25 美元的看涨期权来规避股票价格的上涨。在 11 月 2 日前，股票价格涨到 26.30 美元，空头的损失为 591 美元 [（26.30 美元 -20.39 美元）× 100 股]。这个损失一部分可以由 11 月份执行价格为 25 美元的看涨期权的价格上涨来弥补，价格从 0.45 美元上涨到 2.05 美元带来了 160 美元的收入 [（2.05 美元 - 0.45 美元）× 100 股]。这样空头的损失就从 591 美元减少到 431 美元，减少的损失主要来自于看涨期权所产生的利润。

再来考虑一下起初为 0.45 美元的看涨期权费用。如果股票价格上涨，看涨期权会限制你的损失，但是如果股票价格如预期下降，空头的损失就会由期权费用来弥补。如果智能系统的股价降至每股 18 美元，且每股产生 2.39 美元（20.39 美元 -18 美元）的利润，这些收益会被看涨期权 0.45 美元的损失所减少。卖出一份看涨期权来保护空头相当于买进一份你希望不会使用的保险。

保证价格 通常，投资者如果认为一只股票长期会上涨，但却没有足够的可用现金来购买这只股票。这个策略的重点在于投资者想最终持有这只股票，但是却不想错

---

① 近似计算是 3 600 美元 × 4% × 180/360 = 72 美元。
② 应该指出我们讨论的是绝对美元损失。按百分比算，期权的损失更大。

过好的购买机会（基于预期）。可能石油股票价格很低落，或者半导体产业股票已经触底了。这时可以使用看涨期权。当投资者计划执行期权时，他预测会有一笔现金流收入产生，比如退税、书籍版权费或是年金。

回到表 15—6。在 9 月 28 日，假设投资者以 1.35 美元的价格买了一份欧瑞斯游戏公司 11 月份执行价格为 12.50 美元的看涨期权。这份期权的内在价值是 0.08 美元，因为该股票以每股 12.58 美元售出。期权的投机溢价等于期权价格 1.35 美元减去内在价值 0.08 美元，即 1.27 美元。在 11 月 2 日前，他收到 1 250 美元的版权费并且当股票售价为 14.45 美元时他执行期权以每股 12.50 美元买入股票。考虑到税收的因素，欧瑞斯这 100 份股票的成本为 12.50 美元的执行价格加上期权费 1.35 美元，即总成本为每股 13.85 美元。如果他要等到 11 月 2 日才去购买股票，他就会支付每股 14.45 美元，比每股 13.85 美元多出了额外的 0.60 美元。通常存在着股票价格跌到执行价格之下的可能性，在这种情况下，你可以直接在市场上购买股票并且把期权费看做是保险费用。

15.3.2　卖出看涨期权

看涨期权的卖者和市场上的买者处于对立面。期权卖方与空头卖出者十分相似，因为他们都期望股票价格下跌或是保持不变。对于卖空者而言，只有股票价格下跌时才会得到利润；而看涨期权的卖方由于可以收到期权费，即使当股票价格保持不变甚至上升幅度小于投机溢价时，仍然可以获得利润。期权卖方可以出售**抵补期权**（covered options），他们持有这种期权的基础股票；也可以出售**裸露期权**（naked options），卖方并不持有该期权对应的基础股票。

出售抵补看涨期权通常被认为是一种保值头寸，因为如果股票价格下跌，期权卖方在股票上的损失可部分由期权费来补偿。潜在的抵补看涨期权的卖方必须决定是否愿意卖出基础股票，如果它的价格高于执行价格。如果不卖股票，那么期权卖方必须在期权被期权持有人执行之前回购看涨期权。

再回到表 15—6，我们看看 9 月 28 日博威公司 11 月份执行价格为 35 美元的看涨期权的报价。普通股的市场价格是每股 33.50 美元，11 月执行价格为 35 美元的看涨期权的卖方将得到每股 2.00 美元。

记住，期权卖方同意以 35 美元的执行价格卖出 100 股是基于对期权费的考虑。如果股票以每股 35 美元或是更低的价格收盘，那么期权将不会被执行，期权卖方将会得到 2.00 美元的期权费，这样的话，出售这份看涨期权就是一个好的卖空交易。更可能的是，期权卖方会以市场

价格回购期权以避免期权被执行。如果股票的最终价值是 40 美元，期权卖方就会以 5 美元购回执行价格为 35 美元的看涨期权。这 5 美元会由起初收到的 2 美元的期权费来补偿，这样，在不考虑佣金的情况下总损失为 3 美元。图 15—3 展示了卖出一份单一期权时，股票价格与利润和损失的直接关系。

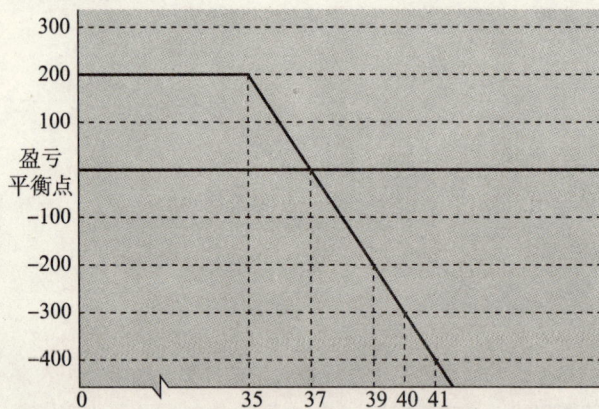

图 15—3　卖出一份博威公司 11 月份执行价格 35 美元单一看涨期权的收益图

让我们再来分析一下抵补看涨期权。假设投资者在 9 月 28 日以每股 33.50 美元的价格买入 100 股博威公司股票。同时他以 2 美元的价格售出一份 11 月执行价格为 35 美元的看涨期权。如果股票到期价格是 35 美元，他得到的总利润是 350 美元，就是 150 美元的股票资本利得（100 股 ×1.50 美元）加上 200 美元的期权费（100×2 美元）。当然，如果股票价值真的上涨，抵补看涨期权的卖方则希望他没有卖出看涨期权。回购期权所增加的成本会严重地减少持有股票所带来的利润。

对于看涨期权卖方而言，另外一个重要的决策在于选择执行月份。在期权费那一节，我们分析了每日期权溢价百分比，发现执行期最短的期权通常产生最高的每日投机溢价。在大多数例子里，看涨期权卖方选择短期的期权，并且当期权快到期时卖出另外的短期期权。12%~15% 的年收益率对于连续卖出抵补看涨期权来说十分普遍。

15.3.3　买入看跌期权

看跌期权的买者可以以执行价格卖给期权卖方 100 股普通股。买入一份看跌期权的策略与卖出一份看涨期权相似，除了他的损失限制在总投资（期权费）之内，并且在股票价格上涨时所面临的风险不大。预测股票价格下跌而买入看涨期权是投机股票市场价格变化的一种途径。影响看涨期权费的因素同样可以运用于看跌期权，除了对市场方向的预测是相反的。

实例应用

让我们看看博威公司的情况。11 月 2 日之前，博威公司股票以每股 34.35 美元收盘，在这种情况下抵补看涨期权和裸露看涨期权的卖方都能赚到钱。假设抵补看涨期权卖方在 9 月 28 日以每股 33.50 美元买了 100 股普通股，同时以 2 美元的价格卖出看涨期权。而单一期权的卖方只是以 2 美元卖出看涨期权。进一步假设抵补看涨期权卖方在这一期间会收到 17 美元的股息。同时注意，11 月份执行价格为 35 美元的期权在 11 月 2 日仅值 0.95 美元。分析如下所示。

博威公司例子（单位：美元）			
抵补期权卖方		**裸露期权卖方**	
– 初始投资（100×33.50）	–3 350.00	– 保证金（30%×3 350）	–1 005.00
+ 期权费（100×2.00）	200.00	+ 期权费	200.00
+ 股息	17.00	无股息	
+ 股票收盘价值（100×34.35）	3 435.00	+ 股票收盘价值	1 005.00
收益	302.00	收益	200.00
投资 = 3 350 – 200.00	3 150.00	投资	1 005.00
初始投资利润百分比	9.6%	初始投资利润百分比	19.9%

由于股票价格低于执行价格，抵补看涨期权和裸露看涨期权的卖方都不需要回购他们 11 月 2 日的期权。他们都获得利润，但抵补看涨期权卖方比裸露看涨期权卖方多获得 102 美元，其中 17 美元来自股息、85 美元来自股票的资本利得。然而裸露看涨期权卖方由于初始投资更小，因而收益率要高一些（19.9% 比 9.6%）。裸露看涨期权卖方需要缴纳相当于 30% 股票价值的保证金，以保证如果股票价格大幅上涨时有能力结算期权。如果不需要担保物时，保证金会退还给期权卖方。如果股票价格上升了，裸露看涨期权卖方将会面临无限的风险，因为他要么结算期权而遭受损失，要么以高于执行价格购买股票而遭受损失。抵补看涨期权卖方的风险是有限的，因为他拥有股票可以交付或者在期权执行前平仓。

假设新世纪网络公司 2007 年 7 月股票价格每股 50 美元，已经从最高每股 200 美元下跌。你期望股价会继续下跌并且可能像许多别的所谓新经济公司那样会暴跌。你决定买一份看跌期权而不是卖空股票，因为你不想冒无限的风险，以防股票价格回升并回到每股 200 美元。你发现一份期权费为 7 美元、到期日为 2008 年 4 月的平价 50 美元的期权。这个期权费很高，但是新世纪网络公司的股价波动非常大，常常一天内会波动 4 美元或 5 美元。

你花费 700 美元购买这个看跌期权并希望股票价格下跌。在 2008 年 4 月之前这个公司几乎破产，股价是每股 5 美元，那么在到期日你的看跌期权的内在价值为每股 45 美元。相对 700 美元的投资，你获得了 4 500 美元收益，当你卖出看跌期权时你获得的利润是 3 800 美元。这是一个好的结果，但这不是经常会发生。

看跌期权可以帮助弥补你为了避税而一直持有股票遭受的股价下跌的损失。例如，假设你持有 ABC 公司股票得到收益，并且打算推迟到明年才拿这份利润。你可以通过购买看跌期权来规避股价下跌。如果股票下跌，看跌期权在股票亏损时盈利。在这种情况下，看跌期权成了规避股票可能损失的保单。你可以和股票一起持有看跌期权，并在需要时买入新的看跌期权直到你准备卖出股票。

15.4 期权组合

15.4.1 差价期权

既然你已经从卖方和买方研究了看涨期权和看跌期权，我们将简单介绍一下**差价期权**（spreads）。大多数差价期权是由买入一份期权的同时卖出一份同一股票的期权构成。差价期权主要由老练的投资者使用并且在一个目标上有很多种变化。为了更深入地讨论差价期权，读者可以参考附录 15B。

15.4.2 套期图利期权

套期图利期权（straddles）是由以基于同一股票的具

有相同执行价格和到期日的看涨期权和看跌期权所构成。它通常运用于股票价格变动幅度较大的股票和那些高贝塔系数且股价有长期波动历史的股票。使用套期图利期权的投机者可能不确定股价变动的方向，但仍可以用套期图利期权一方获得高额利润来弥补所有期权的成本，即使当中一个期权在到期日毫无价值。

例如，假设当 ABC 公司出售执行价格为 50 美元、执行期为 6 个月的期权时，你可以用每份 5 美元买到 ABC 公司 10 月份执行价格 50 美元的看涨和看跌期权。总投资是 10（1 000 美元）。如果股价在到期时从 50 美元涨到 65 美元，这个看涨期权会产生 10 美元利润（15 价值－5 成本），而看跌期权在到期日没有价值，损失 5 美元。这样产生的净收益为 5，即 500 美元。如果股价下跌我们可以得出同样类型的例子。运用差价期权或套期图利期权的投资者试图在亏损之前平仓，这就扩大了可能的利润，但同时增加了风险。

15.5　期权的其他考虑因素

很多因素由于它们的性质随时间会发生变化而没有详细地阐述。与期权相关的税法经常变动，其中一些条款，比如资本收益的计算在过去几年里修改了很多次。我们知道税法对于差价期权有很大的影响，同时也会影响包括看跌期权在内的税收待遇。期权策略和股票头寸组合起来，可以让我们十分清楚投资是收益还是损失。我们给出的最好建议是和你的会计师和经纪商核对任何会对期权策略产生的税收影响。

佣金在不同的经纪商之间会有很大的不同，而且由于存在数量折扣，期权交易的佣金很难精准化。由于许多期权头寸涉及小额投资费用，25~50 美元的买卖佣金会减少你的收益甚至产生损失。通过期权获得普通股的佣金比期权的交易费用要高，这也是在到期日之前结清期权交易的动力。总体上，期权的佣金趋向于比商品或者其他高杠杆投资的佣金要更为重要。

本章小结

看涨期权和看跌期权是投资和投机领域里令人激动的部分。我们讨论了期权通过柜台交易和最近在上市期权交易所（如芝加哥期权交易所）交易的历史。市场更有效率，而且上市交易所的标准化操作使期权对于投资者更为实用，也拓展了可以使用的期权策略的数量。

期权费（期权价格）受许多变量的影响，例如时间、市场预期、股票价格波动性、股息收益率和价内／价外的关系等。总的期权费由内在价值和在到期日减少到零的投机溢价所构成。看涨期权是买入 100 股普通股的期权，而看跌期权是售出 100 股普通股的期权。

理解期权交易的收益和风险是很困难的。期权可以增加风险，也可以用来减少风险。人们可以购买看涨期权来增加杠杆率、抵补空头头寸或者延长购买所要投资的基础证券的时间（等待金融资产来执行看涨期权）。卖出看涨期权可以保值基础股票的多头头寸或者投机于股价下跌的股票。买入看跌期权可以在股价下跌时保值多头头寸或者作为售出空方的替代方案。看跌期权的卖方投机股价上涨·或者用来保值空头头寸（如果股价上涨，投资者会卖出看跌期权来弥补做空股票的损失）。

差价期权是买入和卖出同一只基础股票的同一期权的组合。通常，差价期权减少了损失的风险但也限制了收益。套期图利期权是由同一执行期和执行价格的看涨期权和看跌期权所构成。它们用于从股票短期大幅的波动中获取利润。

其他影响期权利润率的因素包括税收和佣金等。通常，每个投资者和投机者应该弄清楚自己应支付的税收和佣金的情况。

关键词汇与概念

平价期权　at-the-money

看涨期权　call

抵补期权　covered options

执行价格　exercise price

实值期权　in-the-money

内在价值　in trinsic value

长期权益资本提前还款证券　long-term equity
　　anticipation securities，LEAPS

裸露期权　naked options

期权　option

期权清算公司　Options Clearing Corporation

虚值期权　out-of-the-money

看跌期权　put

投机溢价　speculative premium

差价期权　spread

套期图利　straddle

成交价格　strike price

讨论题

1. 哪些交易所交易股票期权？

2. 期权市场是怎样扩大并最终超过股票市场的?

3. 期权的执行价格是什么意思?

4. 影响期权投机溢价的因素有哪些?

5. 为什么高贝塔系数的股票比低贝塔系数的股票有更高的投机溢价?

6. "投资新手试图以最高的总溢价或投机溢价卖出期权,而买方认为最少的投资提供最高的杠杆率",请评论这个说法。

7. 对于看涨期权来说,投机溢价相当于一定比例的股价,这是为什么?

8. 评论杠杆率在购买看涨期权时的影响。

9. 假设你想控制100股普通股的股价变动。你可以在市场上直接购买100股股票或者买入100份看涨期权。哪种策略会让你面临更大的潜在损失?哪种策略会让你潜在的投资损失百分比更大?

10. 解释期权怎样用于保值空头头寸。

11. 预测股票价格下跌,可以制定出哪两种不同的期权策略?(一个是看涨期权策略,另一个用看跌期权策略)

12. 售出一份抵补看涨期权和裸露看涨期权,有什么区别?

13. 通常,如果基础股票价格上涨,看跌期权的价格会发生什么变化?简要解释。

14. 为什么25~50美元的小额佣金对于期权交易非常重要?

练习题及解答

1. 股票以每股42.80美元卖出同时可用的看涨期权执行价格是40美元。这个看涨期权的价格是6.50美元。

a. 这个执行价格为40美元的看涨期权的内在价值是多少?

b. 这个看涨期权的投机溢价是多少?

c. 投机溢价占普通股价格的百分比是多少?

2. 史密斯以每股52美元的价格购买了100股股票,并希望通过卖出100份看涨期权来保值头寸。期权的行权价是50美元且期权费是6.50美元。如果在到期日,股票价格是47美元,那么他的这个期权策略会获得多少美元的收入或损失?(考虑期权收入或损失时,要考虑股票价值的变化)

解答:

1. a. 内在价值 = 市场价格 - 执行价格

　　2.8美元 = 42.80 - 40

b. 投机溢价 = 总溢价 - 内在价值

　　3.70美元 = 6.50 - 2.80

c. $\frac{投机溢价}{普通股价格} = \frac{3.70}{42.80} = 8.64\%$

2. - 初始投资　　　　　　　(5 200美元)

　 + 期权费　　　　　　　　　650美元

　 + 股票期末价值　　　　　4 700美元

　　 收益　　　　　　　　　　150美元

思考题

1. 一只股票执行价格是40美元。

a. 如果股票价格达到41.50美元,交易所可能增加新的执行价格吗?

b. 如果股票价格达到42.75美元,交易所可能增加新的执行价格吗?

2. 根据表15—2的期权定价:

a. 辛格系统股票的收盘价是多少?

b. 列出的最高执行价格是多少?

c. 12月份执行价格为20美元的看涨期权的价格是多少?

d. 1月份执行价格为22.50美元的看跌期权的价格是多少?

3. 假设股票售价是66.75美元,同时有执行价格为60、65和70美元的期权。执行价格为65美元的看涨期权价格是4.50美元。

a. 执行价格为65美元的看涨期权的内在价值是多少?

b. 这个看涨期权是实值期权吗?

c. 这个期权的投机溢价是多少?

d. 投机溢价占普通股的百分比是多少?

e. 执行价格为60美元和70美元的看涨期权是实值期权吗?

4. 假设股票售价是48.50美元,同时有执行价格为40、50和60美元的期权。执行价格为50美元的看涨期权价格是2.75美元。

a. 执行价格为50美元的看涨期权的内在价值是多少?

b. 这个看涨期权是实值期权吗?

c. 这个期权的投机溢价是多少?

d. 投机溢价占普通股的百分比是多少?

e. 执行价格为40美元和60美元的看涨期权是价内期权吗?

5. 在表15—6的美国得力公司的例子里:

a. 在10月19日时,11月执行价格为20美元的看涨期权的内在价值是多少?

b. 那天期权的总溢价(期权价格)是多少?

c. 那天的投机溢价是多少?

6. 在表15—6的美洲航空公司的例子里:

a. 在11月2日时,11月份执行价格为32.50美元的看涨期权的内在价值是多少?

b. 那天的投机溢价是多少?

c. 股票价格需要上涨多少才能够在到期日前达到盈亏平衡?

7. 假设 5 月 1 日你在考虑一只股票和三个不同到期日执行价格为 60 美元的看涨期权。每个月份投机溢价的百分比如下:

5 月份	2.8%
8 月份	6.7%
11 月份	10.9%

每个合同都在到期月份的第三个星期六东部时间上午 11:59 到期。为了方便,假设 5 月份期权到期日有 21 天, 8 月份期权到期日有 112 天, 11 月份期权到期日有 203 天。

a. 计算 3 种不同到期日的期权投机溢价的百分比。

b. 从看涨期权购买者的角度来看,哪个到期日最有吸引力?

c. 从看涨期权卖出者的角度来看,哪个到期日最有吸引力?

8. 假设新科技公司股票以 48 美元交易,且它的 11 月份看涨期权是 2.20 美元。如果股票以 60 美元收盘且期权价格为 11 美元,杠杆率是多少?

9. 假设投资者卖出执行价格为 30 美元、期权费为 5.75 美元的 100 股股票的看涨期权。这是一个单一看涨期权。

a. 如果股票收盘价是 26 美元,那么损失或收益是多少?

b. 股票的收盘价为多少时能达到盈亏平衡点?

10. 假如你以每股 44 美元购买了 100 股股票并且希望通过卖出 100 股的看涨期权来保值头寸。期权的执行价格是 40 美元,期权费是 8.50 美元。如果股票到期时以 38 美元卖出,那么这个看涨期权的美元收益或损失是多少?(考虑股票价值的变化和期权的收益或损失)注意,股票不支付现金股息。

11. 在问题 10 里,如果股票收盘价格如下,那么总共的损失或收益是多少?

a. 41 美元

b. 25 美元

c. 57 美元

d. 70 美元

(不考虑在 b,c,d 例子里股票的交割,并假设你会回购期权。)

12. 即使佣金在问题 9 到 11 里没有考虑,那么佣金重要吗?

13. 假设以 6.50 美元的价格买入一个执行价格为 40 美元的看跌期权,股票售价是 35 美元。如果股票在到期日以 38.75 美元交割,那么看跌期权的价值是多少?

14. 假设你以 72 美元价格卖出 100 股博威公司股票。同时以 5.25 美元买入执行价格为 70 美元的看涨期权来规避股票价格上涨。

a. 如果股票以 90 美元收盘,你的总共收益或损失是多少?

b. 如果股票以 50 美元收盘,你的总共收益或损失是多少?

c. 如果你有一个未抛补的空头头寸(没有看涨期权),那么你的最大损失是多少?

15. 假如你以 43 美元的价格卖出 100 股阿尔斯通公司股票。同时以 4.80 美元买入执行价格为 40 美元的看涨期权来规避股票价格上涨。

a. 如果股票以 60 美元收盘,你的总共收益或损失是多少?

b. 如果股票以 20 美元收盘,你的总共收益或损失是多少?

c. 在这个使用期权来保护空头头寸的计划中,你的最大损失是多少?

d. 如果你有一个未抛补的空头头寸(没有看涨期权),那么你的最大损失是多少?

e. 在 d 所讨论的条件下,如果你用限制指定购买股票,并以 54 美元平仓,你的最大损失是多少?

投资顾问难题

爱丽舍·休斯发现她买的 1 000 股南方能源公司股票从 2007 年 2 月开始从 24 美元涨到每股 32 美元。股票每股发放 1 美元的股息。在 2007 年中期,她面临一个问题。她认为南方能源在 2008 年 1 月会被乔治亚州否决,并且它的股票会跌 10%~20%。爱丽舍在乔治亚州大学获得了公共管理硕士,并且她对相关的管制法案很敏感。

她也知道马上要实施一个大家都不期望的卖方税。她打电话给她的投资顾问,亨·詹姆斯,美林公司的财务顾问,征求他的意见。

亨清楚在 2007 年 12 月实施卖方税带来的影响。她可以得到这 1 000 股股票在 2007 年的 8 美元的退税,但是将没资格获得长期资本利得的税收好处,这需要持有股票 1 年以上的时间,而她只是从 2007 年 2 月开始才持有该股票。因此她将面临最大的 35% 的短期资本收益率,但而不是最小的长期收益率 15%。

他建议爱丽舍如果继续持有股票到 12 个月,并采取期权组合策略来规避股价的下跌。

应该怎样使用这两种不同的期权策略?

附录 15A 布莱克—斯科尔斯期权定价模型

15A.1 理论

1973 年，费希尔·布莱克（Fischer Black）和麦伦·斯科尔斯（Myron Scholes）发表了期权定价模型的推导过程。他们以三种证券开始推导：无风险债券、普通股股票和看涨期权。通过定义，将普通股和看涨期权组合起来形成无风险的对冲，来复制贴现的债券使得它和期权有相同的到期日。以这个无风险的对冲，布莱克和斯科尔斯开始进行模型推导。

布莱克和斯科尔斯做了如下假设：

1. 市场是没有摩擦的。这意味着没有税和交易成本；所有的证券可以无限细分；所有的市场参与者可以以持续的无风险利率进行借贷；空头卖出没有成本。

2. 股票价格是对数正态分布的，金融资产收益变量是恒定的。

3. 股票既不支付股利也没有其他的分红。

4. 期权只有在到期日才能行权。

给定了以上假设和无风险套期保值策略，布莱克和斯科尔斯给出了一个看涨期权定价模型，表示如下：

$$c = (S)[N(d_1)] - (X)(e^{-rt})[N(d_2)] \tag{15A—1}$$

其中：
$$d_1 = \frac{\ln(S/X) + [r + (\sigma^2/2)](T)}{\sigma(\sqrt{T})} \tag{15A—2}$$

$$d_2 = d_1 - (\sigma)(\sqrt{T}) \tag{15A—3}$$

这些符号定义如下：

c = 看涨期权的价格

S = 在看涨期权卖出时一股普通股的市价

X = 看涨期权的执行价格

r = 年连续无风险收益率

T = 期权至到期日的时间（以年计算）

σ^2 = 年度化方差

$N(\cdot)$ = 正态分布变量的累积概率分布函数

在到期日（$T = 0$）看涨期权以它的内在价值或是零两者中较大的价格售出。这个约束条件可以用数学公式表示：

$$C = \text{Max}(0, S - X) \tag{15A—4}$$

可以看到，给定具有相同执行价格的看涨期权和看跌期权和一份基础股票，可以形成一个与期权执行价格相等收益的资产组合，而不论股价在到期日是多少。从这个关系出发，看跌期权的价值可以用数学公式表示：

$$p = (X)(e^{-rt}) - S + c \tag{15A—5}$$

约束条件是：

$$P = \text{Max}(0, X - S) \tag{15A—6}$$

公式 15A—5 就是看跌—看涨期权的平价关系式，且如公式 15—A 所示，在到期日看跌期权必须以它的内在价值或零来出售。

通过分析公式 15A—1 到公式 15A—6，可以发现看涨期权和看跌期权的价格都是由五个变量组成的等式：S，基础股票的市场价格；X，期权执行价格；T，期权至到期日的时间；σ^2，股价年度化方差；r，无风险利率。所有这些变量都可以获得或者估计到。之前的期权定价模型所依据的变量是建立在个人投资者的风险偏好和股票价格的预期价格上。由于布莱克—斯科尔斯模型并不需要依据这些变量，所以它比之前的模型更好。

为了理解期权的特性，有必要分析期权价格与各个变量之间的关系。对于看涨期权来说，其价格与股票价格、无风险利率、波动性和到期日负相关；而看涨期权的价格与执行价格的关系则相反。看跌期权的价格与执行价格和波动性正相关，与股票价格和无风险利率负相关，和时间的关系可能是正相关也可能是负相关。

如果投资者意识到除非期权具有内在价值才会行权，那么这些关系很容易得到理解。首先考虑基础股票的价格。当股价上涨时，看涨期权变成实值期权并获得内在价值，而看跌期权则成为虚值期权并失去内在价值。如果股价下跌，则正好相反。这可以解释看涨期权价格与股票价格之间的正相关关系，以及看跌期权价格与股价的负相关。对于看涨期权来说，高的执行价格会导致低的内在价值；对看跌期权则会产生较高的内在价值。在这种情况下，内在价值的损失使看涨期权与行权价成负相关，而内在价值的收益导致看跌期权与行权价正相关。

看涨期权和看跌期权对于股价波动性的正相关可以由以下事实解释：卖出高波动率股票的期权比卖出低波动率股票的期权在到期日可以获得相对更多获利的机会。看涨期权的价格与无风险利率成正相关，是因为无风险利率上升时执行价格的现值降低，从而期权的内在价值增加。对于看跌期权来说，利率的增长带来期权执行价格的下跌使得期权的内在价值减少，从而说明了看跌期权与无风险利率的负相关关系。最后，期权价格与时间的正相关关系是因为，时间越长，执行价格的现值就越低，导致期权的内在价值增加。在看跌期权里存在着更为复杂的关系。

直觉上，人们会认为看跌期权与时间之间存在着严格的正相关关系。如果看跌期权是平价期权或虚值期权时，就存在这种正相关；如果看跌期权是深度实值期权，则存在的是负相关。这种负相关关系是由内在股票价格的性质所造成。由于股票价格不可能低于零，看跌期权的最大价值就等于期权的执行价格。由于股价很低，深度实值看跌期权的价值接近于最大价值，持有该期权的投资者由于假设 4 而禁止执行该期权。因此，时间对投资者起反作用，因为如果股票价格在到期前上涨，时间就增加了内在价值损失的风险。

在推导出期权定价模型之后，布莱克和斯科尔斯对它进行经验检验。他们根据这个模型按比例组合期权和股票，来构造一个无风险的套期保值策略，然后把它的收益与国债的收益进行比较。他们假设如果这个模型能提供均衡或合理的期权价格，那么这个套期保值的收益应该等于投资于无风险证券所产生的收益。实质上，他们试图通过组合期权和股票来创造一个合成的国债。如果这个期权—股票保值组合的收益与国债的收益不相等，意味着这个模型不能够给出均衡的期权价格。在另一方面，如果套期保值组合的收益与国债收益之间没有大的不同，可以认为这个模型能得出均衡的期权价格。布莱克—斯科尔斯的经验检验结果表明期权—股票保值组合的收益和国债收益没有明显差别，因此布莱克和斯科尔斯得出结论，这个定价模型能够得出均衡的期权价格。

布莱克和斯科尔斯对期权定价模型的理论推导和经验检验是一项非常重要的成就，有着深远的意义。基本上这意味着该模型得出的价格可以被认为是均衡的或是正确的价格。因此，投资者可以用这个模型来判断市场给期权的定价是否正确。定错价的期权存在套利机会。假设有这么一个套利机会，最明显的获利方法就是通过组合期权和股票构造无风险保值策略，然后持有这个组合直到期权的市场价格调整到均衡的模型价格。这个策略会产生套利利润是因为它的风险水平等于国库券的风险，但是当期权的错误定价调整到均衡或模型的价格时，它所产生的利润会超过投资国库券的利润。

15A.2 应用

表 15A—1 的数据阐明了布莱克—斯科尔斯期权定价模型的机制。

第 1 列表示的是股票的订单单号，第 2 列到第 7 列给出了模型所需的信息。注意期权到期日是以日历天数计算，而波动性由收益的标准方差来衡量。数据里暗含的看涨期权和看跌期权（所有期权）的价格不会被计算出来。

表 15A—1 布莱克—斯科尔斯期权定价模型的例证数据

（1） 股票名	（2） （美元） 股票价格	（3） （X） 执行价格	（4） （T） 到期日比每年天数	（5） （r） 无风险利率	（6） （σ） 利润标准差	（7） （σ²） 股票利润方差
CFL	33	35	180/365	0.09	0.20	0.04
GAH	42	40	50/365	0.10	0.23	0.052 9

当把表 15A—1 中 CFL 股票的数据运用于公式 15A—1 和公式 15A—3 中，我们可以得到 d_1 和 d_2 的值：

$$d_1 = \frac{\ln(33/35) + [0.09 + (0.04/2)] \times 0.493\,2}{0.2 \times \sqrt{0.493\,2}}$$

$$= \frac{-0.058\,8 + 0.054\,3}{0.140\,5}$$

$$= -0.032$$

$$d_2 = -0.032 - 0.140\,5$$

$$= -0.172\,5$$

为了得到 $N(d_1)$ 和 $N(d_2)$ 的值，可以使用标准正态分布表（表 15A—2）。$N(d_1)$ 和 $N(d_2)$ 的值可以在这个表中根据计算出的 d_1 和 d_2 值找到相对应的数值。对于 CFL 股票来说，行的条目是 -0.0，列的条目是 3。数值 -0.03 近似计算得出的 d_1 值是 -0.032。对于 d_2，行条目的数值是 -0.1，列条目数值是 7，对应的 -0.17 近似计算得出的 d_2 数值为 -0.172 5。

在表中查找 d_1 和 d_2 的数值并得出相应的 $N(d_1)$ 和 $N(d_2)$ 值。CFL 股票的 $N(d_1)$ 值是 0.488 0，$N(d_2)$ 的值是 0.432 5。在这个例子里，这些数值是近似的，因为 -0.03 与 -0.17 是近似的。如果想要得出更精确的 $N(d_1)$ 和 $N(d_2)$ 的值，可以用插值法来求得。对于这个例子来说，近似法就已经足够了。

这样，所有计算期权价格所需数值都已经找到。接下来需要做的就是运用公式 15A—1 和公式 15A—5 来计算期权的价格。那么，CFL 看涨期权的价格是：

$$c = 33 \times 0.488\,0 - 35e^{-(0.09 \times 0.493\,2)} \times 0.432\,5$$

$$= 16.104\,0 - 35 \times 0.956\,6 \times 0.432\,5$$

$$= 16.104\,0 - 14.480\,5$$

$$= 1.623\,5$$

CFL 看跌期权的价格是：

$$p = 35e^{-0.09 \times 0.493\,2} - 33 + 1.623\,5$$

$$= 35 \times 0.956\,6 - 33 + 1.623\,5$$

$$= 2.104\,5$$

由于每个期权执行的是 100 份股票，那么看涨期权的理论价格是 162.35 美元，看跌期权的理论价格是 210.45 美元。

我们再来做第二个例子（GAH 公司股票）。在表 15A—1 中查找变量，并代入公式 15A—2 和 15A—3 中，得到 d_1 和 d_2 的值，计算过程如下：

$$d_1 = \frac{\ln(42/40) + [0.1 + (0.052\,9/2)] \times 0.137\,0}{0.23 \times \sqrt{0.137\,0}}$$

$$= \frac{0.048\,8 + 0.017\,3}{0.085\,1}$$

$$= 0.776\,7$$

$$d_2 = 0.776\,7 - 0.085\,1$$

$$= 0.691\,6$$

$N(d_1)$ 和 $N(d_2)$ 的值可以从标准正态分布表（表 15A—2）中找到，分别为 0.782 3 和 0.754 9。和前面的例子一样，我们也可以通过插值法得到更精确的值。

表 15A—2　　　　　　　　　　　　　　　　标准正态分布函数

t	0	1	2	3	4	5	6	7	8	9
−3.0	0.001 3									
−2.9	0.001 9	0.001 8	0.001 7	0.001 7	0.001 6	0.001 6	0.001 5	0.001 5	0.001 4	0.001 4
−2.8	0.002 6	0.002 5	0.002 4	0.002 3	0.002 3	0.002 2	0.002 1	0.002 1	0.002 0	0.001 9
−2.7	0.003 5	0.003 4	0.003 3	0.003 2	0.003 1	0.003 0	0.002 9	0.002 8	0.002 7	0.002 6
−2.6	0.004 7	0.004 5	0.004 4	0.004 3	0.004 1	0.004 0	0.003 9	0.003 8	0.003 7	0.003 6
−2.5	0.006 2	0.006 0	0.005 9	0.005 7	0.005 5	0.005 4	0.005 2	0.005 1	0.004 9	0.004 8
−2.4	0.008 2	0.008 0	0.007 8	0.007 5	0.007 3	0.007 1	0.006 9	0.006 8	0.006 6	0.006 4
−2.3	0.010 7	0.010 4	0.010 2	0.009 9	0.009 6	0.009 4	0.009 1	0.008 9	0.008 7	0.008 4
−2.2	0.013 9	0.013 6	0.013 2	0.012 9	0.012 5	0.012 2	0.011 9	0.011 6	0.011 3	0.011 0
−2.1	0.017 9	0.017 4	0.017 0	0.016 6	0.016 2	0.015 8	0.015 4	0.015 0	0.014 6	0.014 3
−2.0	0.022 7	0.022 2	0.021 7	0.021 2	0.020 7	0.020 2	0.019 7	0.019 2	0.018 8	0.018 3
−1.9	0.028 7	0.028 1	0.027 4	0.026 8	0.026 2	0.025 6	0.025 0	0.024 4	0.023 9	0.023 3
−1.8	0.035 9	0.035 1	0.034 4	0.033 6	0.032 9	0.032 2	0.031 4	0.030 7	0.030 0	0.029 4
−1.7	0.044 6	0.043 6	0.042 7	0.041 8	0.040 9	0.040 1	0.039 2	0.038 4	0.037 5	0.036 7
−1.6	0.054 8	0.053 7	0.052 6	0.051 6	0.050 5	0.049 5	0.048 5	0.047 5	0.046 5	0.045 5
−1.5	0.066 8	0.065 5	0.064 3	0.063 0	0.061 8	0.060 6	0.059 4	0.058 2	0.057 1	0.055 9
−1.4	0.080 8	0.079 3	0.077 8	0.076 4	0.074 9	0.073 5	0.072 1	0.070 8	0.069 4	0.068 1
−1.3	0.096 8	0.095 1	0.093 4	0.091 8	0.090 1	0.088 5	0.086 9	0.085 3	0.083 8	0.082 3
−1.2	0.115 1	0.113 1	0.111 2	0.109 3	0.107 5	0.105 6	0.103 8	0.102 0	0.100 3	0.098 5
−1.1	0.135 7	0.133 5	0.131 4	0.129 2	0.127 1	0.125 1	0.123 0	0.121 0	0.119 0	0.117 0
−1.0	0.158 7	0.156 2	0.153 9	0.151 5	0.149 2	0.146 9	0.144 6	0.142 3	0.140 1	0.137 9
−0.9	0.184 1	0.181 4	0.178 8	0.176 2	0.173 6	0.171 1	0.168 5	0.166 0	0.163 5	0.161 1
−0.8	0.211 9	0.209 0	0.206 1	0.203 3	0.200 5	0.197 7	0.194 9	0.192 1	0.189 4	0.186 7
−0.7	0.242 0	0.238 9	0.235 8	0.232 6	0.229 7	0.226 6	0.223 6	0.220 6	0.217 7	0.214 8
−0.6	0.274 3	0.270 9	0.267 6	0.264 3	0.261 1	0.257 8	0.254 6	0.251 4	0.248 3	0.245 1
−0.5	0.308 5	0.305 0	0.301 5	0.298 1	0.294 6	0.291 2	0.287 7	0.284 3	0.281 0	0.277 6
−0.4	0.344 6	0.340 9	0.337 2	0.333 6	0.330 0	0.326 4	0.322 8	0.319 2	0.315 6	0.312 1
−0.3	0.382 1	0.378 3	0.374 5	0.370 7	0.366 9	0.363 2	0.359 4	0.355 7	0.352 0	0.348 3
−0.2	0.420 7	0.416 8	0.412 9	0.409 0	0.405 2	0.401 3	0.397 4	0.393 6	0.389 7	0.385 9
−0.1	0.460 2	0.456 2	0.452 2	0.448 3	0.444 3	0.440 4	0.436 4	0.432 5	0.428 6	0.424 7
−0.0	0.500 0	0.496 0	0.492 0	0.488 0	0.484 0	0.480 1	0.476 1	0.472 1	0.468 1	0.464 1
0.0	0.500 0	0.504 0	0.508 0	0.512 0	0.516 0	0.519 9	0.523 9	0.527 9	0.531 9	0.535 9
0.1	0.539 8	0.543 8	0.547 8	0.551 7	0.555 7	0.559 6	0.563 6	0.567 5	0.571 4	0.575 3
0.2	0.579 3	0.583 2	0.587 1	0.591 0	0.594 8	0.598 7	0.602 6	0.606 4	0.610 3	0.614 1
0.3	0.617 9	0.621 7	0.625 5	0.629 3	0.633 1	0.636 8	0.640 6	0.644 3	0.648 0	0.651 7
0.4	0.655 4	0.659 1	0.662 8	0.666 4	0.670 0	0.673 6	0.677 2	0.680 8	0.684 4	0.687 9
0.5	0.691 5	0.695 0	0.698 5	0.701 9	0.705 4	0.708 8	0.712 3	0.715 7	0.719 0	0.722 4
0.6	0.725 7	0.729 1	0.732 4	0.735 7	0.738 9	0.742 2	0.745 4	0.748 6	0.751 7	0.754 9
0.7	0.758 0	0.761 1	0.764 2	0.767 3	0.770 4	0.773 4	0.776 4	0.779 4	0.782 3	0.785 2
0.8	0.788 1	0.791 0	0.793 9	0.796 7	0.799 5	0.802 3	0.805 1	0.807 9	0.810 6	0.813 3
0.9	0.815 9	0.818 6	0.821 2	0.823 8	0.826 4	0.828 9	0.831 5	0.834 0	0.836 5	0.818 9
1.0	0.841 3	0.843 8	0.846 1	0.848 5	0.850 8	0.853 1	0.855 4	0.857 7	0.859 9	0.862 1
1.1	0.864 3	0.866 5	0.868 6	0.870 8	0.872 9	0.874 9	0.877 0	0.879 0	0.881 0	0.883 0

续前表

t	0	1	2	3	4	5	6	7	8	9
1.2	0.884 9	0.886 9	0.888 8	0.890 7	0.892 5	0.894 4	0.896 2	0.898 0	0.899 7	0.901 5
1.3	0.903 2	0.904 9	0.906 6	0.908 2	0.909 9	0.911 5	0.913 1	0.914 7	0.916 2	0.917 7
1.4	0.919 2	0.920 7	0.922 2	0.923 6	0.925 1	0.926 5	0.927 9	0.929 2	0.930 6	0.931 9
1.5	0.933 2	0.934 5	0.935 7	0.937 0	0.938 2	0.939 4	0.940 6	0.941 8	0.942 9	0.944 1
1.6	0.945 2	0.946 3	0.947 4	0.948 4	0.949 5	0.950 5	0.951 5	0.952 5	0.953 5	0.954 5
1.7	0.955 4	0.956 4	0.957 3	0.958 2	0.959 1	0.959 9	0.960 8	0.961 6	0.962 5	0.963 3
1.8	0.964 1	0.964 9	0.965 6	0.966 4	0.967 1	0.967 8	0.968 6	0.969 3	0.970 0	0.970 6
1.9	0.971 3	0.971 9	0.972 6	0.973 2	0.973 8	0.974 4	0.975 0	0.975 6	0.976 1	0.976 7
2.0	0.977 3	0.977 8	0.978 3	0.978 8	0.979 3	0.979 8	0.980 3	0.980 8	0.981 2	0.981 7
2.1	0.982 1	0.982 6	0.983 0	0.983 4	0.983 8	0.984 2	0.984 6	0.985 0	0.985 4	0.985 7
2.2	0.986 1	0.986 4	0.986 8	0.987 1	0.987 5	0.987 8	0.988 1	0.988 4	0.988 7	0.989 0
2.3	0.989 3	0.989 6	0.989 8	0.990 1	0.990 4	0.990 6	0.990 9	0.991 1	0.991 3	0.991 6
2.4	0.991 8	0.992 0	0.992 2	0.992 5	0.992 7	0.992 9	0.993 1	0.993 2	0.993 4	0.993 6
2.5	0.993 8	0.994 0	0.994 1	0.994 3	0.994 5	0.994 6	0.994 8	0.994 9	0.995 1	0.995 2
2.6	0.995 3	0.995 5	0.995 6	0.995 7	0.995 9	0.996 0	0.996 1	0.996 2	0.996 3	0.996 4
2.7	0.996 5	0.996 6	0.996 7	0.996 8	0.996 9	0.997 0	0.997 1	0.997 2	0.997 3	0.997 4
2.8	0.997 4	0.997 5	0.997 6	0.997 7	0.997 7	0.997 8	0.997 9	0.997 9	0.998 0	0.998 1
2.9	0.998 1	0.998 2	0.998 2	0.998 3	0.998 4	0.998 4	0.998 5	0.998 5	0.998 6	0.998 6
3.0	0.998 7									

在给出以上数值后，GAH 看涨期权和看跌期权的价格可以计算如下：

$$c = 42 \times 0.782\,3 - 40e^{-0.1 \times 0.137\,0} \times 0.754\,9$$
$$= 32.856\,6 - 29.785\,3$$
$$= 3.071\,3$$
$$p = 40e^{-0.1 \times 0.137\,0} - 42 + 3.071\,3$$
$$= 40 \times 0.986\,4 - 42 + 3.071\,3$$
$$= 0.527\,3$$

这些计算表明看涨期权理论上的正确价格（100 股）是 307.13 美元，看跌期权理论价格是 52.73 美元。

假如市场给 GAH 看涨期权的定价是 262.50 美元。你怎样可以获得套利利润？根据布莱克—斯科尔斯模型，你可以用 262.50 美元购买低估的看涨期权，并且以每股 42 美元的价格卖出 GAH 股票，来形成无风险套期保值组合，然后当市场均衡时你就可以获得套利利润。然而，为了实施这个策略，投资者必须清楚每份期权需要和多少股票来构造这个无风险套期保值组合。这一信息可以从 $N(d_1)$ 得到，它被称为对冲比率或德尔塔（Delta）。

由于每份期权执行 100 份股票，这个例子里正确的套利行为是对于每购买一份期权应卖出 0.7823 股 GAH 股票。实际上，人们不可能买卖不完整的股份。因此，每买进一份期权应该售出 78 份股票。如果市场对期权标价过高，那么套利者应该看跌期权，并对于每卖出一份期权购入 78 份股票。在两个例子里，套头交易组合的风险水平和国库券的风险相等，但是套头组合的收益超过了国库券的收益，因而产生了套利利润。

附录 15B 差价期权和套期图利期权的运用

我们看看两种主要的差价期权：垂直套利期权和水平套利期权。垂直套利期权由买卖两只不同执行价格但是到期时间相同的期权组成。水平套利期权由买卖两只有不同到期时间但执行价格却相同的期权组成。对角期权则由垂直差价期权和水平差价期权构成。表 15B—1 给出 XYZ 公司不同差价期权的执行月份和执行价格。还有许多更复杂的差价期权比如，蝶式套利期权、变量套利期权和多米诺套利期权。由于篇幅限制，我们不会解释所有的差价期权，只是集中讨论牛市垂直套利期权和熊市垂直套利期权。

表 15B—1   差价期权（看涨期权）

垂直套利期权			期权价格		
	市场价格	执行价格	10 月	1 月	4 月
XYZ	$36^3/_8$	35	4	6	$6^1/_2$
	$36^3/_8$	40	2	$3^3/_8$	4
	$36^3/_8$	45	$^{11}/_{16}$	$1^1/_2$	6

水平套利期权					
	市场价格	执行价格	10 月	1 月	4 月
XYZ	$36^3/_8$	35	4	6	$6^1/_2$
	$36^3/_8$	40	2	$3^3/_8$	4
	$36^3/_8$	45	$^{11}/_{16}$	$1^1/_2$	6

对角套利期权					
	市场价格	执行价格	10 月	1 月	4 月
XYZ	$36^3/_8$	35	4	6	$6^1/_2$
	$36^3/_8$	40	2	$3^3/_8$	4
	$36^3/_8$	45	$^{11}/_{16}$	$1^1/_2$	6

由于差价期权需要在买入一个期权同时卖出另一个期权，所以投机者的账户会出现借方或贷方余额。如果期权多头的成本大于期权空头的收入，那么投机者的现金流是净流出且账户出现借方余额。如果你的差价期权出现在借方，就说明你买入差价期权。如果你看跌期权的收入大于买入期权多头的成本，你的账户出现贷方余额，也就是你在卖出差价期权。例如，在表 15B—1XYZ 公司 10 月份执行价格为 35 美元和 40 美元的垂直套利期权的价格差是 2 美元（4 美元 – 2 美元）。这 2 美元的价差是借方还是贷方余额，取决于投资者是应用牛市套利期权还是熊市套利期权。在这两种情况中，差价期权头寸的损失或收益会导致这两种期权的价格随时间发生变化，这种变化是由基础股票上涨或下跌造成的。

15B.1 牛市垂直套利期权

牛市套利期权的预期是普通股价格会上涨。投资者可以直接买入普通股股票，或者如果他想从预期价格上涨中获利但同时减少损失的风险，他可以使用牛市垂直套利期权。牛市垂直套利期权限制了可能的最大的收益和最大的损失。它们通常是借方余额，因为差价期权组合者买入高价格的实值期权并卖出便宜的虚值期权。以表 15B—1XYZ 公司 10 月份牛市垂直套利期权为例，我们会以 4 美元买入 10 月份执行价格为 35 美元的期权，并以 2 美元的价格卖出 10 月份执行价格为 40 美元的期权，这样就得到 2 美元的借方余额。这是一笔 200 美元的投资。假设三个星期之后，XYZ 公司股票从 36.375 美元涨到 42 美元，10 月份执行价格 35 美元的期权以 7.5 美元卖出（以前以 4 美元买入），并且以 4.5 美元卖出 10 月份执行价格为 40 美元期权（之前以 2 美元卖出）。表 15B—2 给出了差价期权的清算结果。

由于投资只是 200 美元，总收益是 100 美元，收益率为 50%。然而，差价期权的收益会因为佣金而发生很大变化。如果这个差价期权组合的买入佣金是 25 美元，且卖出佣金也是 25 美元，那么收益率就会减少一半到 25%。

在执行日的最大利润等于执行价格（这个例子是 5 美元）减去起始价格（2 美元）。对于 XYZ 公司牛市垂直期权来说，最大的利润是 300 美元，最大的损失是 200 美元。在到期日，所有的投机溢价都没有了，每个期权只以它的内在价值卖出。表 15B—3 展示了在到期日不同结算市场价格下的最大损失和收益。记住，我们初始投资是 200 美元。

表 15B—2 牛市垂直套利期权的利润

10 月份执行价格为 35 美元的 XYZ 期权		10 月份执行价格为 35 美元的 XYZ 期权		价差
买入价	4	买入价	2	2
卖出价	$7\frac{1}{2}$	卖出价	$4\frac{1}{2}$	3
收益	$3\frac{1}{2}$	（损失）	（$2\frac{1}{2}$）	1
		净收益	100 美元	
		投资	200 美元	
		利润	50%	

表 15B—3 XYZ 公司牛市垂直套利期权

执行价格 35 美元 XYZ 股票价格				执行价格40美元XYZ股票价格				执行价格45美元XYZ股票价格			
10 月份执行价格 35 美元		10 月份执行价格40 美元		10 月份执行价格35 美元		10 月份执行价格40 美元		10 月份执行价格35 美元		10 月份执行价格40 美元	
买入价	4	卖出价	2	买入价	4	卖出价	2	买入价	4	卖出价	2
到期价 [a]	0	到期价 [a]	0	卖出价 [a]	5	到期价 [a]	0	卖出价 [a]	10	买入价 [a]	5
损失	（4）	收益	2	收益	1	收益	2	收益	6	损失	（3）
（净损失）（2）				净利润 3				净利润3			
（$200）= 损失 100%				$300 = 收益 150%				$300 = 收益 150%			

a 所有看涨期权在到期日的价值等于内在价值。

如表 15B—3 所示，在股价超出 40 美元的范围，利润并不会增加。当股价超过 40 美元时，多头每 1 美元的利润被空头每 1 美元的损失所抵消。差价期权非常重要但很困难的一个方面在于预测价格区间，而不只是关注价格方向的变动。如果投机者是看涨的，他们会买入看涨期权而不是差价期权。看涨期权的可能损失要高一些但仍是有限度的，但是可能的收益却是无限的。买入看涨期权和差价期权的关系可以看图 15B—1 的底部。注意到牛市套利期权的最大损失是 200 美元而看涨期权的损失是 400 美元。牛市套利期权的盈亏平衡点也比看涨期权要少 2 美元（37 美元 − 39 美元）。然而，多头买入看涨期权的潜在利润是无限的，而牛市套利期权的利润在股价为 40 美元或更高时被限制在 300 美元。每股差价期权的盈亏平衡点要少 2 美元，同时潜在收益也是有限的。这是一个典型的风险与收益权衡的例子。

15B.2 熊市垂直套利期权

投机者预计股票价格下跌时会运用熊市垂直套利期权。与卖出股票或卖出看涨期权具有无限的风险不同，他以较低的执行价格（最高的期权费）卖空看涨期权，并且买入具有高执行价格的看涨期权来抛补上升的风险，这样来构造差价期权组合。这样会创造出借方余额。在一定意义上，熊市垂直套利期权与牛市垂直套利期权相反，在表 15B—4 中，我们可以看到 XYZ 的股票以 35 美元或 40 美元收盘时的收益和损失。对于熊市套利期权来说，如果股票在到期日以 35 美元或是更低的价格收盘，2 美元的差价是最大的收益；然而，最大的损失是 3 美元，即执行价格减去期权价格的差。熊市垂直套利期权与卖出看涨期权的关系可以见图 15B—1（在图的顶部可见两者的对比）。

表 15B—4　　　　　　　　　　　　　　　　XYZ 公司熊市垂直套利期权

执行价格 35 美元 XYZ 股票价格		执行价格 40 美元 XYZ 股票价格	
10 月执行价格 35 美元	**10 月执行价格 40 美元**	**10 月执行价格 35 美元**	**10 月执行价格 40 美元**
卖出价　4	买入价　2	卖出价　4	买入价　2
到期价格　0	到期价格　0	买入价　5	到期价格　0
收益　4	（损失）　(2)	（损失）　1	（损失）　2
净收益 2 200 美元		净损失（3） （300 美元）	

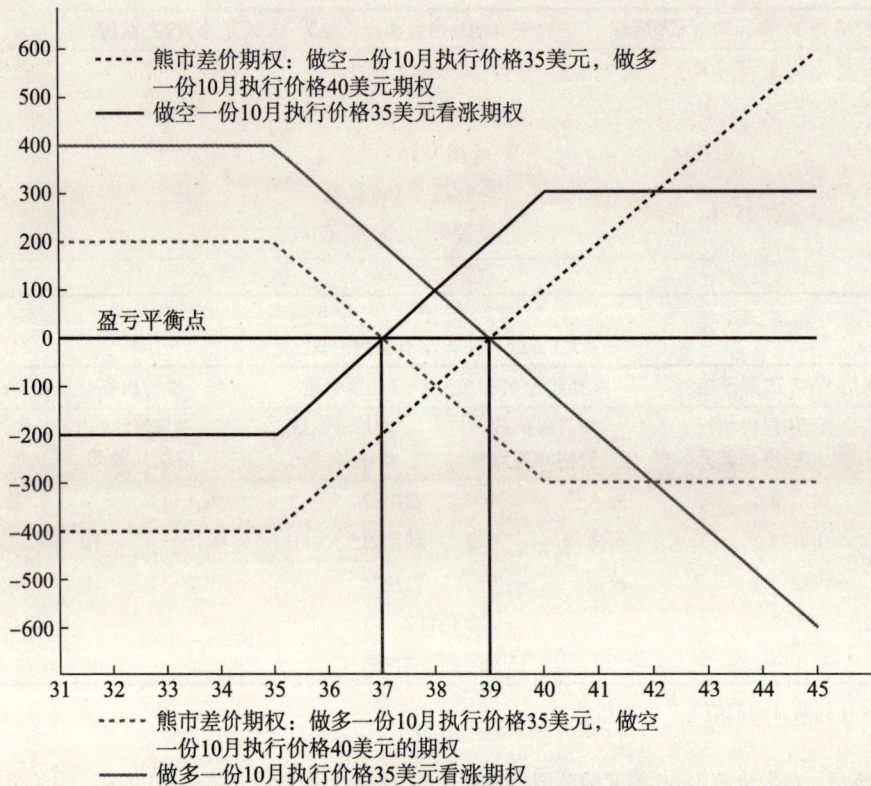

图例：
- 熊市差价期权：做空一份10月执行价格35美元，做多一份10月执行价格40美元期权
- 做空一份10月执行价格35美元看涨期权

盈亏平衡点

- 熊市差价期权：做多一份10月执行价格35美元，做空一份10月执行价格40美元的期权
- 做多一份10月执行价格35美元看涨期权

图 15B—1　差价期权和看涨期权的损失和收益关系

第 **16** 章　商品和金融期货

学习目标

1. 解释如何利用商品和金融期货来进行投机和套期保值
2. 描述可用商品期货和金融期货的不同种类
3. 解释保证金如何用于期货市场来放大收益（或损失）
4. 解释现货市场与期货市场的差异
5. 描述货币期货和利率期货怎样应用于交易
6. 解释利率互换如何作为期货的另一选择

本章要点

1. 商品和交易所的种类　商品合约的种类
2. 实际商品合约　保证金要求　市场条件　收益与损失　价格波动限制
3. 学习市场报价
4. 现货市场与期货市场
5. 金融工具的期货市场
6. 货币期货
7. 利率期货　用利率期货套期保值　实例
8. 期权与期货
9. 利率互换

猪腩、大豆、日元和国库券之间存在着什么共同点？它们都是依据契约在商品和金融期货市场上进行交易的对象。本章会给出大量从事商品交易的人（农场主、磨坊主）利用期货合同进行交易的例子，记住，商品和金融期货合同当然也可以被其他人所使用。2007 年初，欧元相对美元被高估。通过打赌这种趋势是否会继续，你可能会亏损或赚取一笔钱。同样你也可以根据 2007 年铜的需求增长来打赌铜的价格是否会继续上涨。

期货合约（futures contract）是规定在未来特定的时间以规定的价格交割一定数量商品的合同。例如在明年 9 月以每蒲式耳 2.40 美元的价格交割 5 000 蒲式耳玉米的合同就是一个期货合同。合同的售出者并不需要实际获得玉米的所有权，合同的卖方也不必要打算拥有这些玉米。几乎所有的期货合同在实物交易发生前都已经平仓或是对换。因此，约定交割 5 000 蒲式耳玉米的期货合同卖方最后也只是回购购买 5 000 蒲式耳玉米的类似合同来平仓。最初的卖方也会反转他的头寸。超过 99% 的期货合同会以这种

方式进行清仓，而不是发生实际交割。商品期货市场与期权市场在交易量上很相似，数额都十分大，但很少会发生标的物交割。

最初设立期货市场是为了让谷物和家禽的生产者和加工者能够**套期保值**（保护）（hedge）特定商品的头寸。例如，小麦生产者在种植庄稼和收割并交割到市场之间有五个月的交货期。现在小麦的价格是每蒲式耳 5.50 美元，但在交割到市场之前存在着价格变化的巨大风险。农场主可以通过卖出交割小麦的期货合同来套期保值。即使在真实交割前，他可能会平仓或者反转头寸，他仍能够有效地对冲他的头寸。让我们看看是如何运作的。如果小麦的价格下降，当他种植小麦时，他就不得不以低于预期的价格卖出小麦，但是他会通过小麦期货合同来弥补损失。也就是说，他能够以低于售出价格回购合同。当然如果小麦的价格上涨，他在农作物上得到的额外利润会被期货合同的损失所抵减，因为他不得不以更高的价格回购期货合同[①]。

---

① 套期保值者不仅减少了损失的风险，也排除了获得额外利润的机会。这对于农场主很适当，因为他们从事的是农业而不是冒险的生意。

使用小麦作为加工物的磨坊主则面临价格上相反的困境。磨坊主担心当他实际交割产品时，小麦价格会上涨并最终减少他的边际利润。他可以买入小麦期货合同来对冲头寸。如果小麦的实际价格上涨，那么他加工产品的额外成本可以由期货合同的利润来弥补。

商品市场帮助许多需要对冲机会的交易方获得期货合同。尽管一些交易可以私底下完成（堪萨斯的交易商可以在银行家的建议下找到芝加哥另一个交易商），但是在处理大规模的交易时这几乎是不可能的。因此，那些商品交易所所提供的流动的市场对于完成这个功能十分必要。

尽管套期保值者是商品交易所赖以存在的支柱和基本理由，但是他们并不是唯一重要的参与者。同样存在着大量的投机者，他们仅仅是买入多头或卖出空头，而不是对冲实际的所有权。因此，存在着小麦和白银的投机者，他们认为如果可以预测到未来主要价格的变动就能够获得实际的利润。由于商品可以用保证金形式，使用很小投资来购买（通常是合同价值的 2%~10%），故投资存在着很大的杠杆率，并且收益和损失的百分比也被放大。典型的商品交易商在预期获得一些收益时通常会遭受很多损失。商品投机者与套期保值者相反，在一定程度上是在赌博。很多故事告诉我们，一些改过自新的商品投机商已经放弃了在商品市场上逐利，转而花费大多数时间来玩赌博机。尽管如此，商品投机者对于提高市场的流动性仍具有十分重要的意义。

16.1　商品和交易所的种类

商品和金融期货根据基本的特征可以分为很多不同的种类。如表 16—1 所示，总共有五大基本种类。在每类当中我们会选择具有代表性的期权。

前四类代表传统商品，但第五类从 20 世纪七八十年代开始变得十分突出，其中外汇期货开始于 1972 年，利率期货开始于 1975 年，股票指数期货开始于 1982 年。由于外汇期货和利率期货对于财务经理的意义重大，在后面的章节里我们将给予特别关注。我们把对股票指数期货的讨论推后到第 17 章，这样它可以作为一个独立的话题得到全面研究。

表 16—1 所列的商品在美国和加拿大不同的商品交易所进行交易（见表 16—2）。尽管交易所在运作上组织有序、效率高，但仍然要依靠公开喊价、招投标以及各种手势符号来运作。

世界上最大的期货交易所是芝加哥期货交易所（CBT）。有些交易所是高度专门化的，例如纽约玉米交易

表 16—1　　　　　商品和金融期货种类

（1）	（2）	（3）
谷类和含油种子：	牲畜和肉类：	食物和蔬菜：
玉米	肥牛	可可豆
燕麦	牛	咖啡
大豆	猪	棉花
小麦	猪腩	橘子汁
大麦	火鸡	土豆
黑麦	烤肉	糖
	大米	
	黄油	

（4）	（5）
金属和石油：	金融期货：
铜	a. 外汇期货：
金	欧元、日元、比索等
白金	b. 利率期货：
银	长期国库券
水银	短期国库券
民用燃料油	政府债券
	欧洲美元
	c. 股指期货：
	标准普尔 500 指数期权
	价值线平均指数期货
	道琼斯工业平均指数期货

表 16—2　　美国和加拿大主要的商品交易所

美国商品交易所（American Commodities Exchange, ACE）
芝加哥交易所（Chicago Board of Trade, CBT）
芝加哥商品交易所（Chicago Mercantile Exchange, CME）
同时控制着国际货币市场（International Moetary Market, IMM）
商品交易所（Commodity Exchange, CMX）
堪萨斯交易所（Kansas City Board of Trade, KC）
明尼阿波利斯谷物交易所（Minneapolis Grain Exchange, MPLS）
新奥尔良商品交易所（New Orleans Commodity Exchange）
纽约咖啡糖可可交易所（New York Coffee, Sugar, and Cocoa Exchange, CSCE）
纽约棉花交易所（New York Cotton Exchange, CTN）
纽约期货交易所（New York Futures Exchange, NYFE）
纽约股票交易所的分支机构
纽约商品交易所（New York Mercantile Exchange, NYM）
太平洋商品交易所（Pacific Commodities Exchange, PCE）
温尼伯湖谷物交易所（Winnipeg Grain Exchange, WPG）

所，大多数交易很多种证券。例如，芝加哥期货交易所交易的产品十分广泛，如玉米、燕麦、大豆、白银和国库券等。

商品交易所的活动主要是由美国商品期货交易委员会（Commodity Futures Trading Commission, CFTC）来监管，它是美国国会 1975 年设立的联邦监管机构。但是美国商品期货交易委员会与美国证券与交易委员会在金融期货的监管上存在很多司法上的争议。

16.1.1 商品合约的种类

商品合约会列出商品种类和交易单位（蒲式耳、磅、盎司、公吨、百分点等）。商品合约还会规范出标准的交易数量（5 000 蒲式耳、30 000 磅等）。进一步的规范会规定合同到期的月份，很多商品到期日可以从完整的月度范围里进行选择。典型的是，一些期货的合同期限是一年，而利率期货合同期限长达三年。

表 16—3	商品交易合同的规模	
合同	交易单位	基于 2006 年价格的合同规模（美元）
玉米	5 000 蒲式耳	12 000
燕麦	5 000 蒲式耳	10 000
小麦	5 000 蒲式耳	27 500
猪腩	38 000 磅	33 000
咖啡	37 500 磅	36 100
棉花	50 000 磅	25 200
糖	112 000 磅	17 920
铜	25 000 磅	97 500
金	100 盎司	65 000
银	5 000 盎司	62 500
长期国库券	100 000 美元	107 000
短期国库券	1 000 000 美元	99 000

表 16—3 列出了一些期货合同规模的大小。值得注意的是，同一种商品可能会有许多不同的形式（例如春播小麦和硬质小麦）。

16.2 实际商品合约

为了研究商品交易合同的潜在收益和损失，我们建立一个假设的投资。假设我们考虑购买 12 月份的小麦合同（现在是 5 月 1 日）。期货合同的价格是每蒲式耳 5.50 美元。由于小麦是以每 5 000 蒲式耳为单位进行交易的，所以总价格是 27 500 美元。在我们学习这个例子时，需要分析许多与商品交易相关的重要特征，从保证金要求开始。

16.2.1 保证金要求

商品交易是通过保证金而不是用现金美元进行交易的。典型的保证金要求数额达到合同价值的 2%~10%，它也可能随时间发生变化，或者既定的商品在不同的交易所之间发生变化。在我们的例子里，假设 27 500 美元的小麦合同的保证金要求是 1 000 美元[①]。这是 2006 年的保证金要求。1 000 美元占合同总价值（27 500 美元）的 3.6%。

商品合约的保证金要求比普通股交易的保证金低很多，从 1974 年后股票交易保证金达到股票购买价格的 50%。而且，在商品市场，保证金只是被看做是防止损失的值得信任的支付，不存在实际的借贷和应付的利息[②]。

除了原始保证金要求，**维持保证金要求**（margin maintenance requirements）（最小的维持标准）占据了原始保证金的 60%~80%。在这个小麦合同里，维持保证金要求可能是 700 美元（70%×1 000 美元）。如果 1 000 美元的原始保证金由于合同损失而减少 300 美元，我们就需要拿 300 美元来弥补保证金仓位。如果不这样做的话，交易者就会被强制清仓，从而遭受损失。

应付保证金在规模上对于金融期货而言也十分少。例如，对于一份 100 万美元的国库券合同，投资者只需要缴纳 675 美元的原始保证金。其他类型的金融期货也存在类似的保证金要求。

值得注意的是，商品合约存在的高风险与其说是价格波动所产生，不如说是受到低原始保证金形成的高杠杆率的影响。5% 的价格变动等于或超过我们保证金形式初始投资的规模。这和第 15 章中用于期权市场的杠杆率非常相似。然而，商品市场的交易行为会更加迅速。在你建立初始头寸的数小时内，你就会被要求建立额外的保证金账户。

16.2.2 市场条件

由于每种商品的价格都是对市场条件的反应，所以每个投资者必须确定影响他们合同价值的关键市场变量。在小麦合同的例子里，投资者可能特别关心一些因素，如中西部的天气和小麦产量状况、小麦替代商品的价格、去年小麦的供应量和可能外销到国外的小麦数量等。

---

① 保证金要求的数目在投机活动和对冲中是不同的。例如，投机的保证金要求是 600 美元。这个例子对冲的保证金是 400 美元。

② 需要指出的是，客户需要的最小账户余额是 5 000 美元或更多，来建立商品期货的账户。

16.2.3　收益与损失

实例应用　　在前面的例子里，假设我们对小麦市场的分析正确；我们以每蒲式耳 5.50 美元购买一份 12 月份的期货合同，且价格涨到每蒲式耳 5.70 美元（合同总量是 5 000 蒲式耳）。由于每蒲式耳增加了 0.20 美元，我们得到 1 000 美元的收益（5 000 蒲式耳 × 0.20 美元 / 每蒲式耳）。原始保证金要求是 1 000 美元，如下面的公式所计算出我们的利润百分比是 100%[①]：

$$\frac{美元收益}{保证金数量} = \frac{1\ 000\ 美元}{1\ 000\ 美元} \times 100 = 100\%$$

如果这个交易每月发生一次，那么年收益率就是 1 200%（100% × 12 = 1 200%）。注意到，能实现这个收益是因为 12 月份小麦合同的价格从 5.50 美元到 5.70 美元，涨了 0.20 美元。

实际上，我们可以选择停止这个合同或者是继续获得利润。我们也可以用这些利润来建立其他期货合同的保证金头寸。账面上 1 000 美元的收益足够支付第二张合同的 1 000 美元的保证金。

我们现在用一个倒金字塔来扩大我们的头寸。在两个合同还未偿付时，0.10 美元小小的价格变动会带来 1 000 美元的利润：

> 0.10 美元价格变动
>
> × 10 000 蒲式耳（两个合同）
>
> ＝ 1 000 美元（可应用于第三张合同）

新产生的 1 000 美元利润可以用来购买第三张合同，并且手中有 15 000 蒲式耳，0.067 美元的价格变动就能够产生足够的利润来购买第四个合同：

> 0.067 美元价格变化
>
> × 15 000 蒲式耳（三个合同）
>
> ＝ 1 000 美元（可用于第四张合同）

倒金字塔开始听起来让人感到惊讶，因为对于一份新合同来说，1 欧元或 0.5 欧元小麦的价格变化会产生足够大的利润。就像建房子与玩纸牌一样。如果有一个放倒，整个房子就会倒塌。投资者可以变得高杠杆化，以致价格的任何轻微变化都会引起增收保证金的要求。通常赚取利润并可能采取一些金字塔策略是明智的，当然必须要十分谨慎。

我们把最主要的注意力放在可以赚钱的合同上。如果在我们购买 11 月份的小麦合同之后价格马上发生了改变，会有什么意义呢？你应该记得除了起始保证金 1 000 美元，还存在 700 美元的维持保证金要求。在这个例子里，由于要使我们保证金头寸达到 1 000 美元，我们会损失 300 美元。小麦的价格要下降多少，我们才需要增加保证金头寸？对于一份 5 000 蒲式耳的合约，我们需要每蒲式耳下跌 0.06 美元：

$$\frac{300\ 美元损失}{5\ 000\ 蒲式耳} = 0.06\ 美元/蒲式耳$$

这种情况会在我们开始购买之后几分钟或几小时内发生。当我们收到增收保证金的要求时，我们或者选择增加 300 美元并继续这份合同，或者告诉商品经纪商清算合同并承担损失。如果我们支付这 300 美元，经纪商会在几分钟后通过电话要求你增加更多的保证金，因为价格可能会进一步恶化。由于投资者通常会购买多份合约，例如 10 份 12 月份小麦合约，这个过程会变得更加紧张。在商品市场上，"有限的损失，无限的利润"这句老谚语可能会有更大的意义。即使是经验丰富的商品交易商也通常是在 80% 的时间里损失，而在 20% 的时间才会赢利，只有那些胜利者才意味着全垒打。

16.2.4　价格波动限制

由于在商品市场上存在着大量赢利和亏损的可能，

[①]　这里并不包括佣金，在一个完整的交易（买和卖）中佣金通常少于 100 美元。

商品交易所必须限制商品每日价格涨跌的最大幅度。表16—4中列举了一些例子。

表16—4 每日价格最大变化

商品	交易所	正常价格范围（美元）	每日价格最大变化（美元/蒲式耳）
玉米	芝加哥交易所	2.00~3.00	0.10
燕麦	芝加哥交易所	1.50~2.50	0.10
小麦	芝加哥交易所	4.50~6.50	0.20
猪腩	芝加哥交易所	0.70~1.00	0.02
铜	芝加哥商品交易所	2.75~4.50	0.03
银	芝加哥交易所	10.00~14.00	1.00
国库券	国际货币市场	85%的面值上涨	无限制

注：这些数据在不同交易所间会有轻微变动，并且会根据投机变化临时变动。

很明显，这些每日交易限制在一定程度上影响到市场的效率。如果市场状况表明小麦的价格会跌0.30美元，但每日涨跌限制是0.20美元，那么很明显当明天开盘时，小麦的价格不会达到均衡。然而，在商品市场上阻止市场恐慌的渴望超过了维持市场效率的要求。尽管潜在的每日交易价格范围还是有些大。例如，小麦价格0.20美元的变化，每日涨跌幅度限制，足以给投资者反复增加他的保证金头寸带来巨大的压力。在典型的5 000蒲式耳小麦合同中，这意味着1 000美元的日损失。

16.3 学习市场报价

现在让我们开始把注意力转移到理解每日报纸上的市场报价上。表16—5展示了《华尔街日报》2006年6月2日的一段摘录，它包括了九种不同的合同（代表了那天报道的所有合同的30%）。

在每个例子里，我们可以看到能够购买合约的一系列月份。例如，在芝加哥期货交易所交易的玉米有3月、5

表16—5 商品期货报价的例子

2006年6月1日

农产品期货

	开盘价	最高价	最低价	成交价	变化	存续期最高价	存续期最低价	未平仓量
玉米（芝加哥交易所）5 000蒲式耳；美分/蒲式耳								
7月	251.25	255.75	247.50	254.50	3.25	279.00	217.25	486 725
12月	277.00	281.75	273.50	280.75	3.75	288.00	237.00	388 922
燕麦（芝加哥交易所）5 000蒲式耳；美分/蒲式耳								
7月	183.50	187.50	182.00	186.75	4.75	206.00	171.00	5 533
12月	186.50	189.50	185.25	188.75	2.25	195.50	157.00	5 133
大豆（芝加哥交易所）5 000蒲式耳；美分/蒲式耳								
7月	580.25	587.75	574.75	586.75	7.25	736.00	535.00	210 091
12月	604.75	613.50	599.50	612.50	8.25	660.00	542.00	107 247
大豆粉（芝加哥交易所）100吨；美元/吨								
7月	172.40	175.70	171.10	175.20	2.80	227.00	166.00	104 356
12月	176.80	181.00	176.00	180.20	3.00	203.20	173.50	39 631
大豆油（芝加哥交易所）60 000磅；美分/磅								
7月	25.16	25.32	24.91	25.15	−0.01	26.72	20.25	135 150
12月	26.27	26.37	25.95	26.19	−0.08	27.68	20.40	54.256
粗米（芝加哥交易所）2 000英担；美分/英担								
7月	909.00	911.00	890.00	891.50	−20.50	941.00	738.00	7 105
12月	951.50	952.00	936.00	936.00	−19.50	961.00	835.00	3 500
小麦（芝加哥交易所）5 000蒲式耳；美分/蒲式耳								
7月	394.25	398.00	389.00	392.00	−1.50	433.00	325.50	241 267
12月	426.00	428.50	422.50	425.00	…	463.00	346.00	109 856
小麦（堪萨斯交易所）5 000蒲式耳；美分/蒲式耳								
7月	488.00	489.50	481.00	483.50	−4.25	522.50	342.00	74 400
12月	502.00	504.00	496.00	501.50	…	533.00	358.00	31 162
小麦（明尼阿波利斯谷物交易所）5 000蒲式耳；美分/蒲式耳								
7月	461.00	462.00	455.25	459.00	−2.50	486.00	353.00	18 285
12月	479.00	482.00	473.00	479.00	−4.00	501.00	365.50	20 636

月、7月和12月的期货合同。有些商品提供了每个月份的合同。为了直接分析表里的项目，我们在表16—6里列出了玉米合同（芝加哥期货交易所）的一部分。

表的第一行列出了我们正在芝加哥期货交易所交易的玉米。我们注意到玉米是以每5 000蒲式耳为单位交易，并且报价是以美分/蒲式耳为单位。以美分/蒲式耳来报价需要在心理上适应一下。例如，200美分/蒲式耳实际上就是2美元/蒲式耳。我们通常将小数点往左移两位并以美元来读报价。例如，2006年6月开盘价格是2.5125美元/蒲式耳。

表16—6　玉米合同的报价

| | 开盘价 | 最高价 | 最低价 | 成交价 | 变化 | 存续期 | | 未平仓量 |
						最高价	最低价	
玉米（芝加哥交易所）5 000蒲式耳；美分/蒲式耳								
7月	251.25	255.75	247.50	254.50	3.25	279.00	217.25	486 725
12月	277.00	281.75	273.50	280.75	3.75	288.00	237.00	388 922

浏览表的上部分我们可以得到开盘价、最高价、最低价和收盘价，以及前一天的价格变化、交易期间特殊合同的最高价和最低价。表的最后一列显示了未成交量或该交易月份实际交易的合同。

16.4　现货市场与期货市场

许多期货交易所提供买卖双方可以用现货交易的区域。**现货价格**（cash or spot prices）是指立即交易商品所支付的实际美元价值。和期货合同不同，现货交易必须存在着商品所有权的转移。现货市场上的价格一定程度上由期货市场上的价格来决定。因此，人们通常说期货市场提供了非常重要的价格发现机制。通过归类从玉米到牲畜任何商品的价格趋势，超过50种商品的生产者、加工者和持有者可以发现利率价格变化趋势。

16.5　金融工具的期货市场

在过去的三十年里，商品市场发生的最重大的事情是金融期货合同的发展。随着外汇和利率市场的巨大波动，公司财务人员、投资者和其他交易者都觉得很有必要来对冲他们的头寸。金融期货由于保证金要求低和价值波动幅度大吸引了很多投机者。

金融期货（financial futures）可以分成三类：货币期货、利率期货和股票指数期货（后者将在第17章详细阐述）。货币期货是1972年5月在国际货币市场（芝加哥商品交易所的一部分）开始交易的。1975年10月，美国芝加哥商品交易所率先推出了国民抵押协会的抵押存款证（GNMA）的利率期货交易，开创了利率期货交易的先河。金融期货交易，不管是货币期货还是利率期货，都和传统商品如玉米、小麦、棉花和猪腩的交易十分相似。它们都有规定的合同规模、交割月份、保证金要求等。我们将先学习货币期货，然后再关注利率期货。

16.6　货币期货

一些可用于期货交易的货币有：

欧元	日元	澳元
墨西哥比索	加拿大美元	俄罗斯卢布

货币期货市场提供了和外汇市场一样的功能。外汇市场历史更加悠久且不正规，它主要由维持全世界交易网络的银行和专门的经纪商来运作。在这两个市场都可以进行投机和套期保值。然而，货币期货市场的区别在于，它能提供标准的合约，并有一个强大的二级市场。

从一年的角度看，收益可能会更高。当然，如果因为美国高利率或墨西哥通胀率上升造成比索对美元疲软，那么期货合约就会产生损失。对于标准的1 200美元维持保证金要求，合约上300美元的损失会要求额外的保证金。

公司财务人员通常想通过货币期货市场来对冲外汇交易所暴露的头寸。假设财务人员今天结算一笔交易，并在两个月后收到日元支付。如果日元对美元贬值，他就会收到比预期要少的价值。一个解决办法是卖出一份日元期货合约（卖空）。如果日元贬值，他将通过期货合约赚钱，这就会弥补两个月后收到日元的损失。

表16—7列出了在国际货币市场交易的四种外国货币合约的规格。

表16—7　货币期货合约

货币	交易单位	依据2006年夏天价格的合同规模（美元）
欧元	125 000	156 250
加拿大元	100 000	90 100
英镑	62 500	116 870
日元	12 500 000	112 250

实例应用　　让我们看看货币期货市场是怎样运转的。假设你打算购买墨西哥比索的货币期货合约。标准的合约是 500 000 比索。合约的价值是以美分 / 比索来报价。假设你在 5 月份购买了一份 12 月份的期货合约，合约价格是每比索 0.088 60 美元。合约的总价值是 44 300 美元（500 000 × 0.088 60 美元）。典型的比索合约的保证金是 1 500 美元。

我们假设比索相对美元更坚挺。之所以会这样是由于美国降低利率、墨西哥降低的通货膨胀率或是任何其他的原因。在这种情况下，比索可能会上升到 0.090 10 美元（和之前相比比索更值钱了）。这份合约的价值现在上升到 45 050 美元（500 000 × 0.090 10 美元）。这意味着在价值上增加了 570 美元：

45 050 美元	现在价值
−44 300 美元	起始价值
750 美元	收益

对于开始的保证金要求是 1 500 美元，这表示收益率是 50%：

$$\frac{750\ \text{美元}}{1\ 500\ \text{美元}} = 50\%$$

16.7 利率期货

自从 1975 年 10 月以国民抵押协会的抵押存款证（GNMA）的利率期货交易开始，利率期货市场已经得到很大的发展，现在交易种类包括国库券、短期国库券、联邦基金和欧元。在与利率有关的期货上存在着几乎无限的潜力。

利率期货在很多主要交易所进行交易，包括芝加哥期货交易所、芝加哥商品交易所的国际货币市场和纽约期货交易所。芝加哥和纽约之间为期货的统治地位展开激烈的竞争，芝加哥不仅是历史上的领导者也是现在的领导者。

表 16—8 给出了利率期货的报价。表的第一栏列出的是芝加哥期货交易所交易的国库券（CBT）。

债券交易的单位是 100 000 美元，报价单位是由面值加上 1/32 个点的比例组成。尽管没有在这些数据中显示，期货所依据的债券假定为新的 15 年期支付 5% 利率的国库券。国库券 3 月份合约的第一列，我们看到开盘价是 106.10 美元，表示出来的面值是 $106\frac{10}{32}$ 美元。因此我们合约的总价值是 106 312.50 美元（$106\frac{10}{32} × 100\ 000$ 美元）。这就是开盘价值。表 16—8 的整行如下：

	开盘价	最高价	最低价	成交价	变化	存续期		未平仓量
						最高价	最低价	
6 月	106−10	106−24	106−01	106−15	2	117−14	105−11	258 038

表 16—8　　　　　　　　　利率期货报价的例子

	开盘价	最高价	最低价	成交价	变化	存续期		未平仓量
						最高价	最低价	
利率期货								
长期国库券（芝加哥交易所）100 000 美元，32 分制								
6 月	106−10	106−24	106−01	106−15	2	117−24	105−11	258 038
9 月	106−03	106−19	105−27	106−09	2	115−16	105−03	550 784
中期国库券（芝加哥交易所）100 000 美元，32 分制								
6 月	105−005	105−070	104−280	105−045	2.0	110−130	104−185	394 354
9 月	104−275	105−020	104−225	104−315	2.0	109−280	104−130	1 603 028
5 年期国库券（芝加哥交易所）100 000 美元，32 分制								
6 月	103−205	103−245	103−190	103−235	1.5	106−250	103−140	298 141
9 月	103−190	103−225	103−160	103−210	1.5	106−220	106−135	934 776

续前表

	开盘价	最高价	最低价	成交价	变化	存续期		未平仓量
						最高价	最低价	
2 年期国库券（芝加哥交易所）100 000 美元，32 分制								
6 月	101–170	101–190	101–165	101–182	0.2	102–265	101–165	109 807
9 月	101–190	101–205	101–180	101–197	0.2	101–277	101–162	453 638
30 天联邦债券（芝加哥交易所）5 000 000 美元，平均每日价格								
6 月	94.965	94.970	94.965	94.970	…	95.670	94.965	109 409
9 月	94.810	94.820	94.800	94.820	…	95.630	94.800	129 749
	开盘价	最高价	最低价	成交价	变化	收益率	变化	未平仓量
1 个月伦敦拆借利率（芝加哥商品交易所）3 000 000 美元，百分制								
6 月	94.770 0	94.777 5	94.765 0	94.767 5	–0.010 0	5.232 5	0.010 0	15 267
7 月	94.685 0	94.710 0	94.685 0	94.697 5	–0.010 0	5.302 5	0.010 0	15 632
欧元（芝加哥商品交易所）1 000 000 美元，百分制								
6 月	94.675 0	94.680 0	94.657 5	94.675 0	–0.007 5	5.325 0	0.007 5	1 275 104
9 月	94.565 0	94.590 0	94.555 0	94.575 0	…	5.425 0	…	1 388 511
12 月	94.555 0	94.580 0	94.540 0	94.565 0	…	5.435 0	…	1 543 483
2007 年平均	94.600 0	94.635 0	94.580 0	94.610 0	…	5.390 0	…	1 250 502

清算价格（settle price）是 $106\frac{15}{32}$，这表示比前一天的结算价格有 2 或 2/32 的正向变化。前一天结算价格通常不等于当天的开盘价[①]。由于期货价值上涨，我们认为利率下跌。我们也可以观察合约整个周期的最高价和最低价。最后，我们看到未平仓数量是 258 038 美元，即在 6 月份的未交割数目。

实例应用　假设我们购买一份价格为 $106\frac{15}{32}$ 或者 106 468.75 美元（$106\frac{15}{32}$ × 100 000 美元）的期货合约。芝加哥期货交易所有 2 565 美元保证金要求和 1 900 美元的维持保证金要求。我们购买这份合约是因为我们预测美联储会采取宽松的货币政策，这样就会引发利率下降和债券价格上涨。如果利率降了 0.6%（60 基点），国库券的价格就会上涨大约 $1\frac{17}{32}$[②]。对于一份面值 100 000 美元的期货合约，意味着会获得 1 531.25 美元的收益，如下所示：

$$\frac{100\ 000\ 美元 \times \left(1\frac{17}{32}\%\right)}{} = 1\ 531.25\ 美元$$

对于 2 565 美元的初始保证金，1 531 美元的利润很有吸引力，收益率达 59.7%：

$$\frac{1\ 531.25\ 美元}{2\ 565.00\ 美元} = 59.70\%$$

然而，要注意到如果利率上升很小的数量，我们的国库券期货合约价值就会下降，并且将会有追加保证金的要求。

和其他商品交易一样，当我们交易利率期货时，我们并不移交实际商品的所有权，除非我们不能保持初始头寸。合约仅仅是对未来利率和债券价格变化方向的赌博或对冲。

16.7.1　用利率期货套期保值

利率期货创造了套期保值的机会，这可以和一个世纪

[①] 许多隔夜事件会导致价格差异。在这种情况下，我们假设昨天收盘价是 $106\frac{13}{32}$。

[②] 只是源于标准债券表，而且在这个例子里并不是精确计算的。

前农产品市场的发展相提并论。考虑以下可以对利率风险进行对冲的潜在策略：

1. 一位公司财务人员将在 60 天后发行一笔负债。承销商还在整理最后发行的详细资料。现在最大的担心是利率在现在和付款日之间会上涨。财务人员可以通过在期货市场上卖出一份国库券合约或其他相似证券的空头来对冲他的头寸。如果利率上升，回购利率期货的价格会更低，这样空头就会产生利润。这就可以部分或全部补偿新债务的高利率成本。

2. 一位公司财务人员持续以新利率发行商业票据，或者在银行以浮动利率借贷。他担心利率上涨会减少预期的利润。这时可以卖出（卖空）利率期货，这样如果利率上涨，公司财务人员会赚到足够收益来补偿货币成本。

3. 一位抵押银行家签了一份远期合同，承诺在未来的一个月以固定利率提供一笔贷款。如果利率上升，次级市场上抵押的再次售出价值就会下降。他可以通过卖出或持有一份利率期货合约的空头来套期保值。

4. 一位退休基金经理正在收到他的短期 90 天国库券资产组合的稳定收益。他担心利率下跌会降低他所管理的基金的收益。他的策略可以是买入（持有多头）一份国库券期货合同。如果利率下跌，他在期货合约上赚取的利润可以部分或全部补偿一定期间减少的利率收入。当然，如果他投资长期证券并担心利率上升，卖出利率期货合约或持有空头可以产生利润，这是比较明智的做法。这些利润可以弥补由于利率上涨造成的资产组合价值的损失。

5. 一位商业银行家大多数的贷款都是以浮动利率计息的，这意味着他收取的利率会随着资金成本而改变。然而，很多贷款都是和固定利率相联系的。如果资金成本上升，固定利率贷款就会变得没有利润。通过卖出或持有空头利率期货，利率上升的危险就可以由他在利率期货上所赚取的利润来对冲。相似地，银行家可以在以后六个月支付大额可转让定期存单的一定数量的固定利率。如果利率下降，银行家不得不以比他现在更低的利率借出资金。如果他购买一份期货合约，那么低利率会增加合约的价值并产生利润。这将会补偿前面描述的负的利润差价。

16.7.2 实例

实例应用　假设一个工业公司在 60 天后会发行一笔 15 年期、价值 1 000 万美元的债券。这笔发行当前的长期利率是 7.75%，并且人们认为在发行日之前利率将会上涨到 8%。公司财务经理指出，额外 0.25 个百分点在发行期内会产生 213 975 美元的现值成本（税前）：

10 000 000 美元

× 0.25%

= 25 000 美元
　　　　　　　　　　

× 8.599　　　15 年期利率 8% 的现值因子（附录 D）

= 213 975 美元　　未来成本的现值

为了建立一个对冲头寸，他卖出 94 份国库券期货合约。我们假设它们现在以 107 美元（107% × 100 000）卖出，每份为 107 000 美元。对冲头寸的总现值是 10 058 000 美元（94 × 107 000）。这和公司发行的 1 000 万美元的公司债规模大体相当。如果利率上升 1/4 个百分点，国库券期货合约的利润（由于空头价格下跌）可能会弥补增加的公司债券成本的现值。

当然，我们并不认为两个利率（国库券和公司债）会发生一致的变动。然而，这个例子的大体要点是显而易见的。实际上，我们通过运用一种形式的证券（国库券）对冲另一种形式的证券（公司债券）来构成**交叉对冲**（cross-hedging）。通常这是十分必要的。即使当使用同一种到期日有所不同的证券，仍然很难构造一个完美的对冲。

许多财务经理更喜欢**局部套期保值**（partial hedge）而不是完全对冲。他们愿意去除部分风险而不是全部的风险。还有些人喜欢无对冲的头寸，因为对冲策略限制了他们的头寸。对冲策略可以保证他们减少损失，但同时也排除了获得超常收益的可能性。

然而，在规避风险的金融市场环境下，正像本章的许多例子所描述的那样，大多数的财务经理可以通过对冲头寸来获得收益。像伯灵顿北方（Burlington Northern）、伊斯曼—柯达公司（Eastman Kodak）和麦当劳等公司在运用对冲头寸方面已经是赫赫有名了。其他公司由于对高度创新的金融期货市场缺乏了解，仍然没有进行这方面的套期保值。这种情况也许会随着时间而发生改变的。

16.8 期权与期货

在 1982 年年末，许多交易所开始提供金融工具期权和商品期权。例如，芝加哥期权交易所开始上市交易国库券的买进和卖出期权。美国证券交易所也开始交易长期国库券和短期国库券的期权交易，费城交易所提供外汇期权的交易。芝加哥期货交易所、芝加哥商品交易所和其他交易所也增加了期权交易。期权合约和期货合约的关系、相似性和不同点在下一章将给予更多的关注。现在，我们完全可以说两者的不同在于，期货合约需要缴纳保证金，可以增值获得大笔利润或马上崩盘；而期权合同需要支付期权费，代表了期权买方的全部义务。在第 17 章，我们也看到存在着购买期货的期权，它把这两种类型的合同特点组合在一起了。

16.9 利率互换

学习有关利率风险对冲的章节不讨论最新的金融工具——利率互换（interest rate swaps）的话，那么这一章的内容肯定是不完整的。

利率互换最基本的前提假设是一个参与方能够和另一方交易彼此的利率风险暴露头寸，并且双方以较小的风险来使得资产组合再度达到均衡。例如，A 银行在以后的五年里，将要对一份价值 10 万美元的大额可转让定期存单支付固定利率。该银行担心利率会下降导致它会支付比收到的贷款利息更多的金额。在这种情况下，A 银行可以试图寻找有相反问题的对手方。可能 B 公司从一家财务公司以浮动利率借钱，但是担心利率会上涨。假设它的贷款是10 万美元并且借期也是 5 年。

在这种情况下，A 银行将会同意就虚拟的 10 万美元

（概念资金）以浮动利率支付 B 公司[1]。作为回报，B 公司将同意支付 A 银行以固定利率。双方用利率互换来消除风险。让我们看看是怎样实现的。

由于 A 银行支付浮动利率并收到固定利率，如果利率下跌（初始的担心），它会在互换合同之前发生。让我们假设利率开始是 8%（浮动和固定的），但浮动利率下降到 5%。在这笔虚拟的资金上，A 银行将会从 B 银行收到3 000 美元的净支付。

10 万美元虚拟资金	
A 银行支付浮动利率（5%）	5 000 美元
B 公司支付固定利率（8%）	8 000 美元
B 对 A 的净支付	3 000 美元

A 银行和拥有可转让定期存单的持有者之间存在着低利率的风险暴露，10 万美元利率互换合同可以有效地防范这种风险。通过与 B 公司之间的一个完全不相关的利率互换合同可以达到这个目标。

另一方面，B 公司也规避了利率可能上升的风险。例如，如果利率从 8% 上升到 11%，它将从 A 银行那里通过利率互换赚到 3 000 美元。

10 万美元虚拟资金	
A 银行支付浮动利率（11%）	11 000 美元
B 公司支付固定利率（8%）	8 000 美元
A 对 B 的净支付	3 000 美元

这 3 000 美元的利润将会弥补 B 公司在与财务公司贷款上的风险暴露。它也是通过与 A 银行建立一个利率互换合同来达到这个目的。

我们已经介绍了最基本的互换合同（尽管你可能不这么认为）。关键是利率互换合同与期货合约和期权合约的构造（合同月份、执行价格等）不一样。交易方可以从一张白纸开始，并且可以做他们想做的任何交易。大多数金融机构，如高盛、摩根大通和第一波士顿等，经常作为组织者和经销商将双方撮合在一起进行交易的。

本章小结

在本章，我们将商品期货市场分成传统商品期货（如谷物、家畜和肉类等）和金融期货（主要是货币与利率）。

商品期货合约是在未来约定的日期交割具体数量的商品的合同。合同买入者并不打算真正获得商品的所有权，而是可能在交割之前反向或清算合同。对于卖者也是同样。

商品市场主要的参与者包括投机者和套期保值者。投机者买入一份商品合约（做多）或者卖出一份商品合约（做空），因为他认为他可以预测到市场将要变化的方向。套

---

[1] 并不存在实际的资金。这 10 万美元只是用来记录谁拥有什么，也就是提到的"概念资金"。

期保值者买卖商品合约是为了抛补他们在实际商品交易中潜在的头寸。

许多商品期货交易所提供买卖双方商定现货价格的场所。现货价格是立即交割商品所实际支付的美元。近期期货价格和现货价格趋于相近。

货币和利率期货是非常重要的金融期货。尽管只是在1970年代才产生，但它们发展迅速。金融期货合约和传统商品合约很相似，仅仅是交易的对象和衡量的单位不同。

货币期货涉及很多不同的货币，并使财务经理能够对冲他们在国外市场上的头寸。这同样吸引投机者的活跃参与。

利率期货涉及短期国库券、长期国库券和大额可转让定期存单等类似的债券。

在当前利率波动的环境下，利率期货为对冲利率风险提供了非常好的机会。潜在的套期保值者包括公司财务经理、退休年金经理、抵押银行经理和商业银行家等。

关键词汇与概念

现货价格	cash or spot prices
交叉对冲	cross-hedging
金融期货	financial futures
期货合约	futures contract
套期保值	hedge
利率互换	interest rate swaps
维持保证金要求	margin maintenance requirements
局部套期保值	partial hedge
清算价格	settle price

讨论题

1. 期货合约是什么？

2. 如果你是一份期货合约的交易方，你必须交割商品吗？

3. 解释什么是套期保值。

4. 为什么在商品期货投资中存在高杠杆率？

5. 商品交易所交易对象的基本分类是怎样的？

6. 什么部门对商品交易所的活动负主要监管责任？

7. 怎样区别商品期货合约的保证金与股票购买的保证金？

8. 指出影响商品期货市场上小麦价格的因素。

9. 商品期货交易市场的每日交易限制是什么意思？

10. 怎样区分商品现货市场与期货市场？

11. 金融期货有哪三种主要的类别？在这一章讨论的是哪两种？

12. 货币期货市场与外汇交易市场有什么区别？

13. 描述在芝加哥期货交易所交易的作为期货合约的长期国库券（单位、到期规模和初始利率大小）。

14. 怎样运用利率金融期货市场和外汇期货市场帮助财务经理进行套期保值？简单解释并各举一个例子。

15. 解释利率互换合同是怎样减少交易双方风险的？

练习题与解答

1. 贝丝·斯特恩以1.05美元的价格购买了一份37 000磅的咖啡合约，初始保证金要求是7%。咖啡的价格在四个月后涨到1.11美元。利润的百分比和年度收益率是多少？

2. 丹·理查德预计在三个月后将80 000蒲式耳大豆卖到市场上。大豆当前的现货价格是5.75美元。他卖出8份5 000蒲式耳三个月的期货合同，大豆价格是5.78美元，假设在三个月后，当丹·理查德将大豆卖往市场并且清算期货合同（回购）时，大豆的价格跌到5.63美元。

a. 在这三个月里他实际生产和卖往市场的大豆的总损失是多少？

b. 在期货市场上，他的套期保值产生了多少收益？

c. 考虑到a和b的局部对冲的答案，他总的净损失是多少？

解答：

1. 0.06美元 × 37 000磅 = 2 220美元

保证金数目 = 7% × （37 000 × 1.05美元）

= 7% × 38 850美元

= 2 719.50美元

$$\frac{2\,220\text{美元}}{2\,719.50\text{美元}} = 81.63\%$$

$$81.63\% \times \frac{12}{4} = 244.89\% \text{ 年收益率}$$

2. a. 每蒲式耳的损失 5.57美元 – 5.63美元 = 0.12美元/蒲式耳

0.12美元　每蒲式耳的损失

× 80 000　蒲式耳

= 9 600美元　大豆总损失

b. 期货合同的每蒲式耳收益 5.78美元 – 5.63美元 = 0.15美元/蒲式耳

0.15美元　每蒲式耳的收益

× 40 000　蒲式耳

= 6 000美元　期货合约的总收益

c. 大豆的实际总损失　9 600美元

期货合同的总收益 – 6 000美元

净损失 = 3 600美元

思考题

1. 假设你购买了一份 5 000 蒲式耳玉米的期货合约，价格是每蒲式耳 1.90 美元（总共 9 500 美元）。初始保证金要求是 7%。价格在一个月后上涨到 1.98 美元／蒲式耳。你的利润率和年度收益率是多少？

2. 假设一个投资者购买了一份 25 000 磅铜的期货合约，价格是每磅 2.10 美元，初使保证金要求是 6%。价格在一年后上涨到 2.06 美元／磅。那么他的美元损失和损失百分比是多少？

3. 斯特林·琼斯购买了一份 5 000 金衡制盎司银的期货合约，价格是每盎司 13.00 美元。他同时购买了一份 112 000 磅食糖的期货合约，价格是每磅 0.191 美分。如果银的价格下降到 12.94 美元，同时食糖的价格上涨到 0.196 美分，那么斯特林总的净损失或收益是多少？

4. 农场主汤姆预计三个月后将会将 100 000 蒲式耳燕麦卖往市场。当前燕麦的现货价格是 2.15 美元。他卖出 105 000 蒲式耳的三个月的期货合约，燕麦价格是 2.20 美元。假设在三个月后，汤姆卖出燕麦并清算合约（回购），燕麦的价格跌到 2.03 美元。

a. 在这三个月里他实际生产和卖往市场的燕麦的总损失是多少？

b. 在期货市场上，他的套期保值产生了多少收益？

c. 考虑到 a 和 b 的局部对冲的答案，他的总净损失是多少？

5. 健康食品公司预计六个月后需要购买 80 000 蒲式耳大豆用来生产。当前大豆的现货价格是每蒲式耳 5.50 美元。可以以 5.53 美元价格购入一份六个月的大豆期货合同。

a. 解释为什么健康食品公司需要购买期货合约来对冲头寸。

b. 为了完全对冲暴露的头寸，他们需要购买多少期货合约？（大豆的交易合同是 5 000 蒲式耳。）

c. 如果在六个月后大豆的现货价格以每蒲式耳 5.75 美元结算，80 000 蒲式耳大豆的实际成本将上升到多少？

d. 在期货合约结算以后（以 5.75 美元售出），期货合同的收益是多少？

e. 考虑到 c 和 d 中的答案，他们的净头寸是多少？

6. 一份 5 000 蒲式耳合同的价格是 25 000 美元，假设保证金要求是 2 000 美元，且维持保证金要求是保证金要求的 80%，在追加额外保证金前，每蒲式耳的价格需要下降多少？

7. 如果一份 5 000 蒲式耳的期货合约需要 3 000 美元的保证金，并且你有 12 份期货合同，每蒲式耳的价格要变化多少才能产生足够的利润来购买一份新的期货合同？

8. 回到问题 7，如果价格变化是每蒲式耳 1 美分，那么需要控制多少份期货合同才能产生足够的利润来购买一份新的期货合同？

9. 假设你购买了一份 170 000 美元的欧元期货合约。交易单位是 125 000 欧元。

a. 在这个合同里美分对欧元的比率是多少？（用交易单位来划分美元合约。）

b. 假设你需要缴纳 4 000 美元的保证金，并且欧元上涨了 3 欧分（每欧元）。你的收益对于保证金的百分比是多少？

10. 麦克斯韦证券公司买入一份面值 100 000 美元、2006 年 9 月份的长期国库券期货合约，买入的价格在表 16—8 里（靠近表的顶部。）

a. 这份期货合约的美元价值是多少？在计算中使用清算价格。

b. 初始保证金要求是 2 565 美元，且维持保证金要求是 1 900 美元。如果利率上涨导致债券的面值跌了 0.8%，麦克斯韦公司还会需要增加更多的保证金吗？

c. 假设麦克斯韦公司的投资期是六个月。为了使初始保证金 2 565 美元获得 100% 的年收益率，那么债券的面值需要增加多少百分比？

11. 拉森公司的财务人员将在 120 天后发行 800 万美元债券，期限是 25 年。利率市场环境十分波动，当前长期利率是 10.25%，有人担心在债券发行之前利率可能上涨到 11%。

a. 如果利率上涨 3/4 个百分点，这次上涨的额外利率成本的现值是多少？用 11% 的折现率且不考虑税收因素。

b. 假设将做空 6 月份长期国库券，价格依照表 16—8 顶部的芝加哥期货交易所报价。根据清算价格，他们需要卖出多少份合约才能等于 800 万美元的暴露头寸？恢复到最近全部合同数量。

c. 根据 b 的答案，如果利率在 45 天后下跌 1/2%，作为反应，国库券价格上涨，每个合同的面值上涨 2.8%，那么期货合约的总共损失是多少？

12. 如果问题 11 中 c 部分的情况发生，拉森公司的财务人员会认为他的任务失败了吗？

批判性思维案例——对道德的关注

米特塞缪尔 2002 年加入加勒特建筑公司，成为预算部门的财务人员。他的工作小组由两名会计和一名高级财务副总组成，他们负责提供预算表和财务报表。尽管他的大学学位是金融，并侧重于投资，他仍然认为他需要获得预算工作的经验。然而，当他得知他将调到财务部门，他还是十分兴奋。因为在那里，他将负责管理公司剩余资金，并参与对冲公司面临的利率风险。

在 2007 年前，他已经在套期保值部门达到了很高的职位。当加勒特建筑公司同意接手一项工程直到工程完成之前，公司都会面临利率上升的风险，塞缪尔主要负责对冲公司的利率风险。建筑期通常长达 6~12 个月。塞缪尔利用利率期货和利率互换等金融衍生工具来达到目标。通常他会使用国库券期货。他将做空国库券期货来规避利率上涨。如果利率上涨，合同中的债券的市场价值就会降低，他可以清算或抛补他的头寸来获利。正像他解释的那样，他会将卖价定在约 100 000 美元，并且如果利率上涨，他将会以 95 000 美元回购。这 5 000 美元的利润可以帮助弥补由于利率上涨而增加的利率支出，这些利率是加勒特公司向银行贷款所产生的。当然，如果利率下跌，他在期货合同上就会损失，但是会由公司支付的低利率所补偿。基本上，他对冲了公司头寸，而无论利率发生什么变化。如果公司有大量的利率暴露头寸，塞缪尔会一次使用 10 份或 20 份合约。

尽管塞缪尔在对冲工作中获取了很多的经验，他最终发现他对正常的对冲行为在一定程度上感到厌倦。在他继续对冲公司的利率头寸时，他也开始为公司对利率波动进行投机。这些合约和公司利率头寸没有任何关系。例如，如果他认为利率将下跌，他会买入长期国库券期货合约。如果利率下跌，合约中的债券价值就会上涨，他就可以卖出头寸获利。由于只需要很少的保证金头寸，他可以使用杠杆来获得投机收益（尽管有时会有损失）。

大多数时候，塞缪尔工作很出色，而且他不会告诉公司总裁——罗格·加勒特，他将采取的新行动和他对公司所做的业绩。他认为额外的奖金也会随之而来。

问题：

如果你是罗格·加勒特，你会给米特·塞缪尔支付额外的奖金吗？

第 **17** 章 股指期货和期权

学习目标

1. 理解股票指数衍生品和单只股票衍生品的区别

2. 了解衍生品在套期保值和投机活动中的重要作用

3. 区分期货和期权以及运用二者后的不同效果

4. 描述衍生品在预测未来股价变动方面的重要作用

5. 解释如何基于投资组合的波动性进行套期保值交易

6. 描述有关股票指数套期保值的具体操作过程

本章要点

1. 衍生品的概念

2. 股指期货交易　交易周期　应付保证金　现金结算　基差　总体产品特征

3. 股指期货的使用　投机　套期保值　套利

4. 股指期权交易　标准普尔 500 指数交易实例

5. 股指期权的套期保值交易

6. 股指期货期权

在第 15 章中，我们已经学习了如何使用某只股票的卖出期权和买进期权进行投机或套期保值。但是对于那些在投资组合中拥有多种股票的人来说，这将是一个代价高昂而且费时费力的过程。如果能够仅仅使用一个类似于标准普尔 500 这样的股票指数就能实现投机或套期保值目的，其操作不是更加简便么？通过这样的方式，你只需进行一笔交易就能够承担大量的头寸。而这一切是如何做到的呢？

1982 年 2 月，堪萨斯商品交易所推出了针对股票指数进行期货交易的产品，即价值线指数期货合约，从此开启了与资产相关的期货期权交易的新纪元。

股指期货和期权合约可以让投资者参与到整个市场指数的变动中来，而不再仅仅局限于单只证券。如今，期货和期权产品已经涵盖以下指数：道琼斯工业平均指数、标准普尔 500 指数、纳斯达克 100 指数以及其他的市场指数。

实例应用　　如果一个投资者购买了一份**股指期货合约**（futures contract on a stock market index），首先要支付所要求的保证金，随后其交易得失完全取决于市场指数的变动。例如，一个投资者可能购买了一份以标准普尔 500 指数为标的的股指期货，他要首先支付 20 000 美元的保证金。实际的合约价值为指数乘以 250。如果标准普尔 500 指数为 1 250，那么最初的合约价值为 213 500 美元（250×1 250）。如果指数上升或者下降 8 个点，那么这个投资者将会获利或损失 2 000 美元（250×±8）。因为最初的投资额为保证金 20 000 美元，所以该投资者的收益率或损失率为 10%（2 000/20 000=10%）。由于这可能是在一两个交易日以内实现的，所以年收益率或者损失率可能会相当高。

如果投资者交易的是**股指期权**（stock index options）而不是期货，他可以选择参与标准普尔 500 指数期权合约的交易。假设购买时的标准普尔 500 指数仍然为 1 250，两个月后执行价格为 1 250 的股指期权的期权费为 25 美元。期权费乘以 100 就得到期权合约的总价格 2 500 美元（100×25 美元）。如果到期时标准普尔 500

指数收于 1 290，那么该期权价值应为 40 美元（市场价 1 290 – 执行价格 1 250），即在两个月内获得 1 500 美元的收益：

最终价格 4 000 美元（100×40 美元）
– 购买价格 2 500 美元（100×25 美元）
利润　　　 1 500 美元

随着本章介绍的深入，你会发现针对股票指数不仅有股指期货和股指期权交易，还存在有**股指期货期权**（options to purchase futures）产品。它是将股指期货和股指期权相结合而产生的。

在历史上，股指期货比其他任何一种新型的期货合约发展得都快。在股指期货刚开始交易的六个月中，其每日交易总额是处于相同发展期的国库券期货合约的 4.5 倍。股指期权发展的情形也是如此。

17.1　衍生品的概念

在美国，股指期货和期权的交易对金融市场已经产生了巨大的影响。股指期货和股指期权通常被看做是**金融衍生品**（derivative products），因为它们是从真实存在的市场指数衍生而来，而没有自身内在的属性[①]。这些衍生品被认为加剧了市场的波动，主要的原因是投机者可以通过相对较少量的保证金和期权费就可以控制数额巨大的证券产品。同时，这些衍生品经常被用做程序化交易的一部分。**程序化交易**（program trading）意思是建立基于电脑系统的交易触发点，使机构投资者可以发起大宗交易。股指期货和期权的发展使得控制大量证券更加容易，因而程序化交易更加便利。由于 1987 年 10 月 19 日道琼斯工业平均指数暴跌 508 点，程序化交易的出现以及股指期货和期权产品对其发展予以的支持遭到很多人的批评。因为这次暴跌被认为是过多的机构投资者在同一时间进行相同操作（卖出）而导致的。从那以后股票指数日益增加的波动性同样被批评者认为是使用程序化交易和股指期货期权的恶果。

事实上，这些观点存在很大的争议。由芝加哥商品交易所提交的一份研究报告表明程序化交易和衍生品的使用对市场的波动没有负面影响。这些交易工具只不过是帮助市场更快地达到新的均衡水平（以价格形式表示）而已。

本书认为股指期货和期权交易有很多有益的作用，我们将在以后各章节中逐渐涉及。同时，我们也会在接下来的论述中尽量指出它们潜在的负面影响。

17.2　股指期货交易

现在，针对主要的股票指数均存在有股指期货合约，如道琼斯工业平均指数（芝加哥期货交易所），小型道琼斯工业平均指数[②]（芝加哥期货交易所），标准普尔 500 指数（芝加哥商品交易所），小型标准普尔 500 指数（芝加哥商品交易所），纳斯达克 100 指数[③]（芝加哥商品交易所），小型纳斯达克 100 指数（芝加哥商品交易所），罗素 1000 指数（纽约期货交易所）[④]。表 17—1 展示了这几种股指期货合约的例子[⑤]。

在表 17—1 中你会注意到，每种合约（例如道琼斯工业平均指数期货合约）的标题行中都标明了该合约价格的乘数因子。道琼斯工业平均指数期货的乘数为 10，而小型道琼斯工业平均指数期货的乘数是 5（后者的目的即为创造一种基于道琼斯工业平均指数的小型期货合约）。对于标准普尔 500 指数期货，乘数为 250；而小型标准普尔 500 指数期货的乘数为 50，如此等等。在表 17—2 中我们可以看到基于每种指数期货 9 月份的清算价格计算出的合约价值。

[①] 利率期货和期权产品也被看做是金融衍生品。

[②] 小型指数合约（Mini index contract）和普通合约相似，只是总价值较小。

[③] 纳斯达克 100 指数由纳斯达克市场上 100 家最大公司的股票编制而成。

[④] 还存在有另外的针对罗素 2000 及其他指数的期货合约。

[⑤] 另外一种交易标准普尔 500 指数的方法是购买指数基金（ETF）份额；美国证券交易所中存在跟踪道琼斯工业平均指数的指数基金，通常称其为 Diamonds。它以道琼斯工业平均指数的 1% 为交易单位，如果道琼斯工业平均指数为 11 000 点，一股 Diamonds 的价格就为 110 美元。如果道琼斯工业平均指数上升到 12 000 点，每股 Diamond 股价就上涨为 120 美元。

表 17—1　　　　　　　　　　股指期货合约（2006 年 6 月 26 日）

	开盘	最高	最低	收盘	变动	存续期间		未平仓量
						最高	最低	
指数期货								
道琼斯工业平均指数（芝加哥期货交易所）10 美元 × 指数								
9 月	11 075	11 130	11 045	11 127	53	11 762	10 740	52 377
12 月	11 205	11 212	11 205	11 212	53	11 830	10 415	1 744
小型道琼斯工业平均指数（芝加哥期货交易所）5 美元 × 指数								
9 月	11 074	11 132	11 047	11 127	53	11 778	10 740	84 858
12 月	11 172	11 240	11 172	11 212	53	11 750	10 570	13
标准普尔 500 指数（芝加哥商品交易所）250 美元 × 指数								
9 月	1 255.60	1 261.20	1 253.20	1 260.20	4.70	1 342.50	1 112.60	616 151
12 月	1 269.00	1 270.40	1 265.40	1 271.60	4.70	1 353.80	1 170.80	5 756
小型标准普尔 500 指数（芝加哥商品交易所）50 美元 × 指数								
9 月	1 255.75	1 261.25	1 253.25	1 260.25	4.75	1 342.75	1 229.00	1 252 473
12 月	1 267.00	1 272.25	1 264.75	1 271.50	4.50	1 280.50	1 258.75	1 598
纳斯达克 100 指数（芝加哥商品交易所）100 美元 × 指数								
9 月	1 563.50	1 578.00	1 562.25	1 571.00	2.50	1 810.00	1 528.75	51 677
小型纳斯达克 100 指数（芝加哥商品交易所）20 美元 × 指数								
9 月	1 568.3	1 579.0	1 565.5	1 571.0	2.5	1 783.5	1 528.5	324 211
12 月	1 595.8	1 598.8	1 586.5	1 590.0	2.5	1 624.0	1 580.8	173
罗素 1000 指数（纽约期货交易所）500 美元 × 指数								
9 月	684.00	686.30	684.00	686.50	3.00	686.50	683.00	81 154

表 17—2　　　　合约价值

	9 月份清算价格（美元）	乘数因子	合约价值（美元）
道琼斯工业平均指数	11 127.00	10	111 270
小型道琼斯工业平均指数	11 127.00	5	55 635
标准普尔 500 指数	1 260.20	250	315 050
小型标准普尔 500 指数	1 260.25	50	63 012
纳斯达克 100 指数	1 571.00	100	157 100
小型纳斯达克 100 指数	1 571.00	20	31 420
罗素 1000 指数	686.50	500	343 250

如果投资者认为市场将会走高，他会购买一份期货合约。如果投资者判断市场将走低，他会卖出期货合约并期待市场下跌，以便未来在一个较低的价格回购合约。卖出期货合约也可以用于对大宗股票组合进行套期保值。如果市场走低，那么在期货合约上的盈利可以弥补投资组合的损失。

在表 17—2 的例子中，投资者有七种合约可供选择。虽然这里没有提及，但还存在着其他指数合约，如罗素 2000 指数合约，日经 225 指数合约等。

现在让我们把注意力集中在标准普尔 500 指数期货合约上（当然，我们所要讨论的基本原则同样适用于其他合约）。

表 17—3 截取了表 17—1 中关于标准普尔 500 指数期货合约的部分数据，我们可以通过分析表 17—3 得出关于该股指期货合约的一些关键特征。

表 17—3　标准普尔指数期货合约（芝加哥商品交易所）乘数因子 500（2006 年 6 月 26 日）

	开盘	最高	最低	收盘	变动
9 月	1 255.60	1 261.20	1 253.20	1 260.20	4.70
12 月	1 269.00	1 270.40	1 265.40	1 271.60	4.70
3 月	—	—	—	—	—
6 月	—	—	—	—	—

注：标准普尔 500 指数 1 250.36（2006 年 1 月 27 日）

17.2.1　交易周期

交易周期共四个月：3 月、6 月、9 月和 12 月。每一合约的最后交易日期为到期月份的第三个星期四。

17.2.2 应付保证金

实例应用

如前所述，2006 年芝加哥商品交易所要求的购买或出售一份标准普尔 500 指数期货合约的保证金为 20 000 美元。从表 17—2 的第三行中可以看到 2006 年 9 月份的合约价值为 315 050 美元，这表示该合约的应付保证金比率为 6.34%（20 000 美元 /315 050 美元）。

除此之外，该交易所还有一个维持保证金要求，为 16 000 美元。因此，如果账户中保证金或资产的价格跌落至该水平，投资者即被要求补充充足的现金或证券以使得账户余额重新达到 20 000 美元。从普通保证金 20 000 美元到维持保证金 16 000 美元之间有 4 000 美元的差额。由于合约价值是指数的 250 倍，因此，标准普尔 500 指数 16 点的下跌即可导致投资者 4 000 美元的损失。这时投资者需要投入新的资金以填补该损失。

如果投资者可以证明他在为一个多头头寸做套期保值，那么他的应付保证金可以少一些。例如，如果一个投资者所拥有的股票组合的价值和指数期货合约的价值（上例中为 315 050 美元）大体相等，那么可以减少其应付保证金。因为既然套期保值头寸的风险比单纯投机头寸的风险要小，那么其所需保证金也应较少①。

投资的真实世界

标准普尔指数是不断改变的指数

就像别克和雪佛兰宣称的那样，他们最新款的汽车同"父辈们的汽车"有很大的不同，相同的断言同样适用于对标准普尔 500 指数的描述。鉴于标准普尔 500 指数是最为流行的股指期货标的物，该问题的探讨就显得很有意义。

《华尔街日报》曾引用英国国民西敏证券（NatWest Securities）的投资策略家、美国人托马斯·麦克马纳斯（Thomas McManus）先生的一句话："标准普尔 500 指数与过去时期相比，发展得更加迅速，更加全球化，周期性影响更小，而且组成更加分散，因此理应得到更高的市盈率。"尽管针对其后一句标准普尔 500 指数应适用于更高市盈率的断言有很多的争论，但是大家一致认同该指数的特征正在不断变化。

最大的变化就是该指数中包含了更多的高科技公司和金融企业，而这些正是 20 世纪 90 年代发展最为迅猛的行业。在 1989 年至 2006 年之间，这两个行业加起来占标准普尔 500 指数的权重由 14% 上升到 36%。尽管大部分的增长得益于这两个行业的市值超常发展，但是这并不是唯一的解释。例如，在标准普尔 500 指数中的金融类企业由 80 年代末期的 40 家上升到 2006 年的 74 家。而且，直到 1994 年，微软还未被加入到标准普尔 500 指数之中，而在 2006 年它占该指数的权重已上升为 2%。

改变不仅仅发生在高科技和金融领域，其他行业同样也在发生着变化。从 1995 年开始，标准普尔 500 指数已发生了 105 项变化。公共事业、能源、钢铁以及传统零售业的地位下滑，而公共卫生、跨国公司、娱乐业以及高科技和金融行业的地位有了很大提升。

现在的标准普尔 500 指数比以往更加吸引人，发展更加迅速。同样的变化也发生在道琼斯工业平均指数上，该指数在 2001 年早些时候降低了伍尔沃斯公司（Woolworth）、伯利恒钢铁公司（Bethlehem Steel）、德士古（Texaco）、西屋（Westinghouse）等公司的权重，转而提高以惠普、强生、花旗集团以及沃尔玛等为代表的交易更加活跃的股票的权重。

17.2.3 现金结算

在传统的商品期货市场上，可能存在实物交割的情况。一个投资于小麦期货的投资者可能最终决定通过交付实物的方式来履行合约。正如在第 16 章中讨论过的那样，这种情况发生的几率很小，但它确实是有可能发生的。但是，股指期货市场是一个严格的**现金结算**（cash-settlement）的

---

① 需要注意的是，套期保值头寸的维持保证金要求和之前的要求相同。

市场。用标准普尔 500 指数做实物交割的情况是绝对不会发生的。投资者会在合约到期之前平仓或者反向建立头寸。如果他不这么做，那么他在交易中的收益或损失就会自动记录在其账户中，交易就此结束[①]。

现金结算的一个优势在于它可以有效防止卖空逼仓的发生。卖空逼仓通常发生在商品期货市场（如白银期货市场）上，一些投资者试图垄断该商品以使得该期货合约的空头无法用实物交割。很明显，当采用现金结算时，这种情况便不会发生了。

17.2.4　基差

基差（basis）表示出了股指期货的价格和其标的项目指数实际数值之间的差额[②]。2006 年 9 月份和 12 月份交割的标准普尔 500 指数合约基差可用下表加以说明：

	9 月份合约	12 月份合约
股指期货价格	1 260.20	1 271.60
标的项目指数	1 250.26	1 250.26
基差	9.94	21.34

在这个例子中，基差显示期货价格比价值要高，而且

随着时间的延长，这一差额也在扩大。通常情况下基差为正值，当然如果期货价格低于标的指数时，基差便变为负值了。

泽克豪泽（Zeckhauser）和尼德霍夫（Niederhoffer）在《金融分析家杂志》（Financial Analysts Journal）上发表的一篇文章非常精彩地讨论了股指期货预测其标的指数变动的能力。他们认为，股指期货合约价格根据市场状况不断波动，然而其标的指数的变动却非常缓慢。如果市场发生了一个很大的变化，标的指数的某些成分股可能不会有什么反应。因此，在股指期货的报价中我们也许可以找到最初且重要的，而且是具有潜在预测性的市场信息。

而且，有些时候股指期货或期权市场要比其标的指数开盘更早、收盘更晚。这是非常有益的，它不仅可以向投资者传递市场变动的主要信息，同时可以让投资者有机会在股票市场开盘前或收盘后建立适当的头寸。

17.2.5　总体产品特征

在表 17—4 中向大家展示了在不同的交易所交易的股指期货的一些主要产品特征。这张表可以作为在不同市场上进行股指期货交易的快速参考指南。

表 17—4　股指期货合约的具体说明

指数和交易所	指数说明	合约规格和价值	合约日期
道琼斯工业平均指数（芝加哥期货交易所）	道琼斯工业平均指数中 30 种股票的价值	10 × 道琼斯工业平均指数	3 月 6 月 9 月 12 月
标准普尔 500 指数（芝加哥商品交易所指数和期权分部）	从纽约证券交易所、美国证券交易所和纳斯达克市场上精选的 500 支股票的价格，以其股票市值做权重	250 × 标准普尔 500 指数	3 月 6 月 9 月 12 月
小型标准普尔 500 指数（芝加哥商品交易所指数和期权分部）	同上	50 × 标准普尔 500 指数	3 月 6 月 9 月 12 月
标准普尔中盘 400 指数（芝加哥商品交易所指数和期权分部）	价值在 12 亿到 90 亿美元之间的 400 家中型企业的股票价格以其股票市值做权重	50 × 标准普尔中盘 400 指数	3 月 6 月 9 月 12 月
日经 225 指数（芝加哥商品交易所指数和期权分部）	日本股市中 225 支股票的价格，以其股票市值做权重	5 × 日经 225 指数	3 月 6 月 9 月 12 月
纳斯达克 100 指数（芝加哥商品交易所指数和期权分部）	纳斯达克市场上最大的 100 家公司股票价格，以其股票市值做权重	100 × 纳斯达克 100 指数	3 月 6 月 9 月 12 月
小型纳斯达克 100 指数（芝加哥商品交易所指数和期权分部）	同上	20 × 纳斯达克 100 指数	3 月 6 月 9 月 12 月

17.3　股指期货的使用

股指期货合约有很多的实际和潜在使用者。同大多数期货合约一样，他们的动机或者是投机，或者是寻找套期保值的机会。

17.3.1　投机

股指期货的投机者试图从市场的变动中获取利润。他或她也许已经通过基本面分析或技术分析对市场的下一步变动做出了自己的判断。例如，那些使用基本面分析的投

---

① 事实上，账户余额每天都在根据交易的盈亏不断调整，这被称做按市价调整客户头寸。

② 这一概念同样可以用于其他类型的期货合约之中。

资者可能认为现在的市盈率相对较低，或者在接下来的两个季度里盈利情况会有非常好的表现，因此他判断市场会走高。使用技术分析的投资者可能因为观察到市场上的压力线或支撑线被穿过，因此基于这一结果判断此时是建立头寸的最佳时机。

尽管投资者可以将他的钱投资于单只股票上，但是将钱投资于股指期货会更加有效率且省时省力。当购买了标准普尔 500 指数的合约后，投资者相当于购买了 500 种股票；当购买的是标准普尔中盘 400 指数期货合约时，投资者盯住的是 400 种股票，如此等等。

在投资的过程中有两种类型的风险：系统性的或与市场相关的风险以及非系统性的或与公司相关的风险。因为很多人相信，在一个有效的市场上只有系统性的风险才能获得风险补偿（非系统性风险可以通过投资组合分散掉），因此投资者希望只承担系统性风险。股指期货给我们提供了一种只承担系统性风险的有效途径。

股指期货交易相对于单只股票交易的另外一个优势在于市场操纵和内幕交易的情况较少。在短期内内部知情人通过内幕交易使得单只股票的价格发生较大的变动的可能性是存在的（尽管是违法的），但是对于整个指数而言这种情况发生的可能性很小。但是，这种优势也不能被过度夸大。股指期货的非正常交易时刻处于联邦政府的严密监管之下。

股指期货同样提供了杠杆交易的可能。你只需交纳 20 000 美元保证金即可完成价值 315 050 美元的股指期货交易，而且差额部分无须支付利息[①]。如果你通过保证金交易投资于价值 315 000 美元的股票，那么你最低要交纳 157 525 美元的保证金（50% 的保证金率），而且还要为差额支付利息。可见，股指期货的保证金比直接投资于股票要少得多。同样，同直接投资于股票相比，股指期货交易的佣金也要少很多。

当股指期货合约开始朝背离投资者的方向变动时，投资者可以注资以填补损失。如果合约价值继续快速下跌，由于保证金账户的大量消耗，投资者会被要求再次注入保证金。这给投资者带来很大的压力，他需要做出决定：是继续投入保证金保留住头寸以期待市场发生逆转，还是直接平仓承担既有损失。

并不是所有的股指期货的获利都必须要基于市场指数的上升。投资者同样可以在市场下跌中投机获利。这时，投资者只需现在卖出一份期货合约，并期待在未来某一时刻以较低的价格回购这一合约即可。应付保证金是相同的，投资者在市场下跌时获利，在市场上升时产生损失。如果指数上升非常快，投资者需要不断的注入保证金[②]。

实例应用　**波动性和损益**　在 1987 年的股市大跌之前，标准普尔 500 指数的每日变动大约为 0.5。从那以后，这一数值就在一直增长。在 2005 年前后，每日变动幅度增大到 7 点左右。标准普尔 500 指数期货 7 个点的上升（例如从 1 260 升到 1 267）意味着 1 750 美元的日收益（该合约乘数为 250）。由于投入的保证金为 20 000 美元，也就意味着日收益率为 8.75%：

$$
\begin{array}{rl}
7 \text{ 美元} & \text{期货合约上的收益} \\
\times 250 & \text{乘数因子} \\
\hline
1\ 750 \text{ 美元} & \text{现金收益} \\
20\ 000 \text{ 美元} & \text{保证金} \\
8.75\% & \text{收益率}
\end{array}
$$

转换为年收益率为 3 193.75%（8.75% × 365）。相对而言，如果拿 20 000 美元投资于收益率为 5% 的大额可转让定期存单，日利息收益只有 2.74 美元。他们的差别在于，期货市场上 1 750 美元的变动可能是收益也可能是损失，而存单利息 2.74 美元只会是收益。

17.3.2　套期保值

到目前为止，我们对股指期货的讨论主要围绕着投机活动（或者说预期市场的下一步变化）。或许股指期货最重要的作用在于其套期保值功能。一个拥有大量分散化投资组合的投资者可能认为市场将要下跌。在投资组合中已经损失 20% 的投资组合经理需要从较低价位获得 25% 的收益才能弥补之前的损失。

认为市场将要下跌的投资组合经理可能倾向于卖掉部分投资组合。现在问题来了，这么做现实么？首先，卖

---

① 如同在第 16 章提到的那样，期货合约的保证金仅代表一种信用保证，对于差额无须支付任何利息。

② 维持保证金要求同建立多头头寸时相同。

出部分或全部投资组合然后再回购需要支付大笔的交易费用。其次，某些交易很少的证券变现会非常难。比如，某个共同基金或养老基金想要卖出 10 000 股场外交易市场的小公司的股票。它起初发现的报价可能为 25 美金，但是最终可能只能以 23.5 美金的较低价格轧平其相对较大的头寸。这样该基金就要遭受 15 000 美元的损失。而且，在市场结束下跌后基金公司想要再次购买该股票时还会面临同样的问题。根据投资组合中股票种类的多少，这一困难可

能会被放大 25 或 50 倍。尽管规模较大、流动性较好的证券变现会容易些，但是其交易过程中的大笔交易费用仍然不可忽视。

另外一种执行起来相对容易的对投资组合套期保值的方法便是卖出一种或多种股票指数的期货。如果市场果真下跌，在投资组合上的损失可以通过股指期货合约的收益部分或全部抵消掉，因为他们可以在未来某个时间以低于初始出售价的价格回购回来。

实例应用　假设某公司养老基金持有价值 2 000 万美元的股票。该基金的投资委员会对市场比较悲观，害怕在未来几个月中市场会有 20% 的下跌，即该基金可能遭受 400 万美元的损失。于是该委员会决定对其全部股票头寸进行套期保值。

该基金使用标准普尔 500 指数期货作为套期保值的工具。我们假设在本例中，该股指期货的价格为 1 260，三个月以后结算交割。在决定所需的期货合约份数之前，投资委员会需要先考虑下该基金投资组合的相对波动性是多少。如果该投资组合的波动性比市场的波动性要大，那么在决策过程中就要充分考虑到这点。正如在第 7 章中讨论过的，贝塔（β）反映了一只股票相对于市场的波动情况。如果某只股票的贝塔为 1.2，也就意味着其波动性比市场波动性高 20%。在这里我们假设这 2 000 万美元的投资组合的加权平均贝塔为 1.15（也就是说该组合的波动性比市场高 15%）。

为了算出对该头寸进行套期保值所需的股指期货合约份数，我们使用以下的公式：

$$\frac{投资组合价值}{每份合约价值} \times \frac{投资组合的加权}{平均贝塔系数} = 所需合约份数 \qquad (17-1)$$

在上例中，我们带入数据，可以得到：

$$\frac{20\ 000\ 000}{1\ 260 \times 250} \times 1.15 = 所需合约份数$$

在等式左边第一项中，分子部分表示所要对冲的头寸规模；分母部分表示每份合约的价值，在本例中，为标准普尔 500 指数期货合约价格 1 260 乘以乘数因子 250。用所得的结果乘以投资组合的加权平均贝塔值 1.15，计算结果如下：

$$\frac{20\ 000\ 000}{315\ 050} \times 1.15 = 63.48 \times 1.15 \approx 73\ 份$$

通过 73 份合约，就可以有效地对这个组合进行套期保值。

假定市场真如预期那样下跌了，但是只是下跌 10% 而不是开始时预期的 20%，让我们来看一下套期保值是如何实现的。由于投资组合的贝塔为 1.15，其下跌幅度应该为 11.5%（10%×1.15）。那么总价值 2 000 万美元的投资组合的总损失应该为 230 万美元。为了抵消这一损失，我们卖出了 73 份股指期货，并从中获利。获利情况如下：

1 260.00　标准普尔指数期货合约价格（卖出价）

−126.00　期货合约价格的下跌值（10%×1 260.00）

1 134.00　结算时的合约价格（回购价格）

股指期货合约 126 点的下跌即代表着我们每份合约的收益[1]，即每份合约先以 1 260 美元的价格卖出，然后以 1 134 美元的价格购回。由于我们卖出了 73 份，因此在股指期货市场上我们的收益为 2 299 500 美元。

---

[1]　注意到我们这里假定股指期货合约的价格和其指数变动完全一致，而在现实中这种一致的关系并不是非常准确。

31 500 美元　每份合约的收益（126×250 美元）

<u>　　　×73　合约份数</u>

2 299 500 美元　总收益

在股指期货市场上大约 230 万美元的收益可以抵消投资组合因市场下跌带来的损失。他们二者之间的微小的差异来源于我们对价值估计的偏差。事实上，进行一个完美的套期保值操作要比本例中所讨论的复杂得多，它会涉及很多的因素。例如，缺乏合适的对冲投资组合风险的指数以及基差的不断变化等。而且，投资组合的价格变动可能和贝塔值不一致。毫无疑问，现实世界中很多因素使得套期保值操作困难重重。

虽然股指期货为我们提供了一个通过套期保值对冲损失的有利工具，但是它同样也使我们失掉了获利的可能。如果市场上升而不是下降 10%，投资组合上的收益会被股指期货市场上的损失完全侵蚀掉。投资者不得不被迫以比原价高 10% 的价格回购期货合约。由于很多投资组合经理担心套期保值头寸会使他失去获利的机会，因此他们通常不选择 100% 的对冲。

尽管上述的套期保值过程对投资组合经理而言可能是有利的，但是如果对其过度使用，其对整个市场的潜在威胁却不容忽视。事实上，对一个规模较大的投资组合进行套期保值以抵御可能的损失通常被称做**投资组合保险**（portfolio insurance）。投资组合保险在本质上是一个好策略，但是如果所有的投资组合经理在同一时点上使用它后果会怎样呢？这些投资组合经理可能会因为基准利率的上升或某一通胀报告而担心。股指期货市场上过多的卖盘会压垮整个市场，它不仅会压低股指期货的价格，而且会对构成指数的股票（例如标准普尔 500 指数的那些成分股）构成压力。于是便产生了整个市场的恐慌心理。而这又会引发新一轮基于投资组合保险而产生的卖出股指期货的连锁反应。

套期保值的其他用处　除了试图对多头投资组合进行保护防止损失外，使用股指期货进行套期保值还有其他的用处。这些用处如下：

承销人套期　如同第 10 章中所讨论过的，投资银行（承销人）从发行公司那里购买股票，然后在公开市场上进行销售时需要承担风险。如果在发行的过程中出现市场疲软，投资银行的出售价格可能会低于其初始的购买价格，这时就会遭受损失。承销人可以通过卖出股指期货的方式规避这一市场风险。如果市场真的下跌，那么在该只股票上的损失可以通过股指期货合约的收益加以弥补。当然，这并不是一个完美的套期保值。存在股票价格下跌同时伴随市场指数的上升的可能，这样承销人在股票和股指期货市场

上均会遭受损失（直接购买该股票的期权或许是一个更有效率的选择，但是通常并不存在这样的期权产品）。

交易商套期保值　如同第 2 章中所讨论过的，交易所内的交易员或者场外交易市场的交易商会以短期持有为目的在市场上买进或卖出某些股票。有时候，他们可能会持有比预期要大的头寸，因而要承担相关的风险暴露。股指期货合约可以有效地降低市场风险（或系统性风险），尽管股指期货的使用难以消除和某只股票相关的非系统性风险。

退休金或遗产套期保值　在接下来的二三十年里，大量的退休金会通过自愿退休计划聚集起来。退休金计划的参与者会通过股权基金获得大量财富，因而有必要对其头寸进行套期保值。股指期货可以为其提供有效的工具。同样，某一遗产的获赠人在遗嘱获得认证进而取得遗产所有权之前会感到有必要通过股指期货对这笔遗产进行套期保值。

税收套期　在某一给定年份，投资者可能从一个分散化的投资组合中获得了大量的回报。为了保留这一获利头寸并且将税收支付推迟到下一年，可以采用股指期货合约来实现这一目标。

17.3.3　套利

尽管股指期货最初主要是被用来投机和套期保值，但是现在也在广泛地使用它来进行套利活动。从本质上讲，在两个不同的市场上同时进行交易（一笔买一笔卖）并且锁定收益的行为就是**套利**（arbitrage）。假设标准普尔 500 指数基于其指数组合中所有股票市值加权计算得出的指数价值为 1 250。同时假定两个月后到期的标准普尔 500 指数期货合约价格为 1 260，基差为 10 点。有经验的机构投资者便会应用这一差价进行套利活动。他会以 1 260 美元卖出一份股指期货合约，于此同时以 1 250 美元的价格买进和标准普尔 500 指数构成相同的一揽子股票[①]。由于

---

① 事实上，套利活动由于采用了数学和计算机分析的技术而变得十分成熟，以至于没必要完全购买 500 种股票。或许通过大量购买的 10 到 15 只股票即足以代表标准普尔 500 指数。而且在这些交易中佣金非常少。同样也可以购买那些可以复制标准普尔 500 指数的共同基金和交易型开放式指数基金（ETF）。

在到期日，股指期货的价格和其标的指数的价格相同，因此在套利时就已经锁定了10点的收益。例如，如果在到期日标准普尔500指数的价值为1 262，那么在购买股票的交易中会收益12点，同时在卖出股指期货的交易中损失2点，最终的结果是有10点的净收益。如果牵涉的合约份数很多，其收益将是很可观的，而且不存在潜在损失的可能。

正如你可能认为的那样，指数套利的参与者只能是那些富有且经验丰富的机构投资者。因为这个原因，很多小的投资者对这一套利过程颇有怨言，并声称其扰乱了正常的市场操作。尽管股指套利没有本质上的错误，而且在某种程度上使得市场更加有效率，但是很多时候它仍然成为监管者批评的对象。这主要是因为在股指套利的过程中包含着本章前面讨论过的程序化交易行为。

17.4　股指期权交易

尽管不能用其进行套利，但是股指期权同样可以给予市场参与者基于市场的变动进行投机和套期保值的机会。股指期权在很多方面和第15章中讨论的普通的买进期权和卖出期权很相似。期权的买方最初支付一笔期权费，然后在未来某一时刻选择是否以某一约定的价格执行这一权利。股指期权和单只证券的期权的一项重要差异在于，前者只对头寸进行现金结算，而在后一种情况下（单只证券的期权），你可以要求期权卖方交割证券实物。

市场上存在着基于道琼斯工业平均指数、标准普尔500指数、纳斯达克100指数、罗素2000以及其他指数的股指期权产品。它们都在芝加哥期权交易所挂牌交易。表17—5列出了标准普尔指数期权的一个例子。

表17—5　标准普尔500指数期权
（2006年6月26日，收盘价＝1 250.26）

	期权类别	成交量	收盘价	变动	未平仓量
S & P 500 (SPX)					
7月	800p	100	0.05	…	17 482
9月	1000p	631	1.60	-0.40	48 576
7月	1050p	50	0.45	-0.15	33 139
7月	1075p	57	0.60	-0.15	98 364
8月	1100p	202	5.30	-0.90	19 414
9月	1125p	60	6.80	-0.80	16 223
7月	1135p	97	2	0.40	18 781
7月	1140p	252	1.50	-0.75	3. 594
7月	1145p	50	2.40	-0.15	856
7月	1150p	6 766	2	-0.40	87 737
9月	1150p	82	7.90	-2.10	43 366
7月	1165p	546	3	…	9 855

续前表

	期权类别	成交量	收盘价	变动	未平仓量
9月	1175p	160	11	-2.00	36 379
7月	1185p	91	3.80	-0.90	5 266
7月	1190p	166	4.30	-1.50	39 389
7月	1200p	9 311	5.30	-1.80	91 349
8月	1200p	364	11	-1.10	16 467
8月	1220p	100	17	1.60	1 093
7月	1225c	366	38.50	2.50	7 969
8月	1225p	536	15.80	-2.20	13 336
9月	1225c	250	52	-1.00	7 126
9月	1225p	296	20.50	-0.80	50 175
7月	1240c	684	26.70	2.20	3 868
7月	1240p	818	12.50	-3.50	22 423
8月	1240p	200	20.90	-0.90	2.226
9月	1245p	250	28	-1.80	11 883
7月	1250p	6 604	16	-3.00	96 360
8月	1250c	899	30	2.20	10 586
8月	1250p	435	26	-0.10	11 694
9月	1250c	340	38.30	3.30	56 293
9月	1250p	595	28	-3.40	94 129
7月	1255c	443	17	0.70	12 952
9月	1255p	6 382	32	-2.90	25 611
7月	1260c	138	14.10	1.10	20 427
7月	1260p	935	20.10	-3.90	19 428
7月	1265c	752	11.60	1.20	18 816
7月	1275p	133	28	-3.50	63 512
8月	1275c	917	16	1.00	26 251
9月	1275p	136	37.90	-3.80	58 456
7月	1280c	155	5.60	0.60	15 056
7月	1285c	430	3.90	0.20	13 504
7月	1295c	700	2.05	0.15	22 798
8月	1300c	978	6.10	0.10	32 697
7月	1305c	366	1.05	-0.10	50 602
7月	1310c	409	0.80	0.15	10 863
7月	1320c	288	0.40	…	8 952
8月	1325c	6 737	2	…	8 973
9月	1325c	969	5.50	0.20	48 236
9月	1325p	100	73.50	8.10	23 132
7月	1330c	101	0.30	-0.05	30 304
7月	1335c	68	0.35	0.15	3 890
7月	1340c	210	0.30	…	97 040
7月	1345c	56	0.15	…	2 723
9月	1350c	110	1.70	-0.30	39 987

在阅读表17—5时，投资者要分清看涨期权和看跌期权。在表中看到July 1240c和July 1240p那一栏，执行价格后的字母"c"代表看涨期权，而字母"P"代表看跌期权。

17.4.1　标准普尔 500 指数交易实例

实例应用

我们重新整理一下标准普尔 500 指数的相关数据，列在表 17—6 中。为了表述更加清晰，我们将看涨期权和看跌期权的数据分两栏予以列示。

注意到表 17—6 的注释显示，标准普尔 500 指数收盘于 1 250.26 点。记住这一价值以后，我们就可以来研究不同合约的执行价格以及期权费的大小。在每份合约中，要将期权费乘以 100 来决定最终交易所涉及的资金。我们观察到当执行价格为 1 240 时，7 月份的看涨期权的期权费为 26.70。

表 17—6　　　　　　　　　　　　　标准普尔 500 指数期权（2006 年 6 月 26 日）

执行价格	看涨期权			看跌期权		
	7 月	8 月	9 月	7 月	8 月	9 月
1 240	26.70	—	—	12.50	20.90	—
1 245	—	—	—	—	—	28
1 250	—	30	38.30	16	26	28
1 255	17	—	—	—	—	32

注：① 期权费的乘数为 100 倍。
　　② 标准普尔 500 指数 =1 250.26。

假定在 2006 年 6 月 26 日，某一投资者以 26.70 的价格购买了一份 7 月份执行价格为 1 240 的股指期权合约。当合约到期时，标准普尔 500 指数在乐观的假设下为 1 290，在悲观的假设下为 1 190。当指数为 1 290 时，期权的价值为 50（1 290–1 240），即到期价比执行价格高 50 点。由于期权费为 26.70，因此收益为表 17—7 列出的 2 330 美金。

当到期时指数为 1 190 时（在悲观的假设下），期权没有价值。交易的损失为表 17—7 列出的 2 670 美元。

表 17—7　　　　　　　　　　　　　看涨期权的损益

	1 290 乐观假设条件下	1 190 悲观假设条件下
最终合约价值（100×50）	5 000 美元	0 美元
购买价格（100×12.5G）	–2 670 美元	–2 670 美元
收益或损失	2 330 美元	–2 670 美元

我们已对执行价格为 1 240 的看涨期权进行了初步了解，下面让我们把注意力转移到看跌期权上。如果我们在 2006 年 6 月 26 日拥有一份 7 月份执行价格为 1 240 的看跌期权（拥有以 1 240 点卖出而不是买入的权利）。我们可以在表 17—6 中（看跌期权栏）查到其期权费为 12.50。我们假定当期权合约到期时，标准普尔 500 指数在悲观估计下为 1 290，在的乐观估计下为 1 190。

当指数为 1 290 时，这份以 1 240 点卖出股票的看跌期权没有价值。没人愿意在市场指数为 1 290 时以 1 240 的价格卖出股票。由于期权费花费了 12.50，因此总损失为表 17—8 列示的 1 250 美元。如果最终的指数为 1 190，那么以 1 240 价卖出的期权合约就有了 50 的价值。同样由于花费 12.50 的期权费，因此最终收益为 37.50，也就意味着有 3 750 美元的实际收益。表 17—8 中同样给出了说明。

表 17—8　　　　　　　　　　　　　看跌期权的损益

	1 290 悲观假设条件下	1 190 乐观假设条件下
最终合约价值（100×50）	0 美元	5 000 美元
购买价格（100×12.50）	–1 250 美元	–1 250 美元
收益或损失	–1 250 美元	3 750 美元

17.5　股指期权的套期保值交易

到目前为止，关于股指期权的讨论还仅限于依据市场变动利用其进行投机的功能。股指期权同样可以用来进行套期保值。同股指期货一样，股指期权也可以用来对冲某一投资组合的风险，或者用来满足承销人、交易商、税收筹划者以及其他使用者的特殊目的。

有时候，期权交易比期货交易更加优势，尤其是对那些被法律限制进行期货交易的投资者而言。但另一方面，整体上看期货用于套期保值时比期权的效率更高。如果市场下跌 20% 或 25%，一个完全对冲的空头期货头寸（卖出期货合约）补偿投资组合损失的可能性是非常大的。然而通过卖出期权来做套期保值，往往不太理想。或许期权的期权费能够占到投资组合价值的 10%，但市场下跌的幅度可能为 25%，那么将有 15% 的损失无法得到补偿。购买一份看跌期权也许可以解决这一问题，但是用于购买看跌期权所需的现金流出可能会相当大。很明显，期权和期货各有其优势和劣势。

市场上还存在着工业指数期权，我们同样也可以利用它们进行套期保值或投机。例如，在美国股票交易所中有针对高科技和制药行业的指数期权，费城股票交易所上有针对金银生产、石油、半导体以及公共事业的指数期权产品。行业指数的期权交易和整个市场指数的期权交易基本上是一样的。

17.6　股指期货期权

我们已经分别讨论过股指期货和股指期权，接下来一个很自然的延伸便是考察第三种形式的股指交易，即股指期货期权交易。这三种形式的指数交易列示如下以供参考。

1. 股指期货
2. 股指期权
3. 股指期货期权

股指期货期权（上面第 3 条）给予持有者在某一既定时间以后以约定价格购买股指期货合约的权利。这和股指期权（上面第 2 条）有所不同，后者给予持有者的是在既定时间以后以约定价格购买指数的权利[①]。

接下来我们要着重讨论的是股指期货期权，可用图 17—1 左侧部分予以简单介绍。为了拥有未来购买股指期货的权利而要付出的期权费用的大小取决于对该股指期货未来价格的预期。

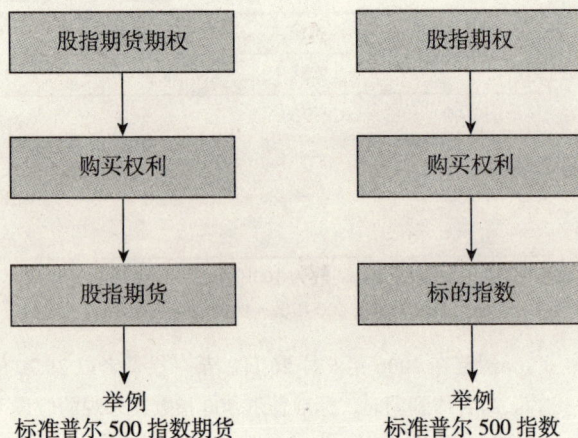

图 17—1　期权合约的比较

通常，看涨期权的期权费随到期时间的延长而有显著的提高。这一价值的提高不仅是因为期权本身的时间期限的延长，还因为标准普尔 500 指数期货合约的价值也在随时间推移而逐渐增加[②]。因此，股指期货期权的价值中不仅包含有时间价值（所有的期权都包含），还包含着一部分额外溢价（或折价），而这部分又取决于远期期货市场和现期期货市场的关系。

股指期货期权的结算可以采用现金结算的方式。同时，看涨期权的持有者也可以行使其权利要求期权卖方交割某一具体的期货合约。股指期货期权同样也包含卖出期权。

本章小结

对于那些想要投资于股票指数的投资者而言，有三类产品可供选择：股指期货、股指期权和股指期货期权。

股指期货和期权为投资者提供了投机的机会，同时也提供了套期保值的有效工具。在股指期货交易中，保证金相对较少，因此其杠杆比例非常高。在为投资头寸进行套期保值时，投资者要充分考虑所持有的投资组合的贝塔，并以此为依据相应调整其合约的购买量。基差代表了股指期货的价格和其标的指数的价格之间的差额，它可以为投资者提供未来市场走向的大体依据。股指期货市场和股指期权市场均采用现金结算的形式，因此结算过程并不发生

---

① 由于采用的是现金结算的方式，因此实际上并不会去直接购买指数，而是通过现金形式结算收益和损失。
② 当然，如果对市场前景非常悲观，标准普尔指数期货的价格会随着时间的延长而下降。

股票的换手行为。

投资者还可以在股指期货市场上参与套利活动，即在股指期货市场和其标的指数的股票市场上同时进行交易（在一个市场买在另一市场卖）。这可以使投资者提前锁定收益。由于 1987 年 10 月的股市大跌以及随后股票市场日益增大的波动性，套利、投资组合保险以及程序化交易受到越来越多的批评。

股指期权和普通的单只证券的期权很相似，投资者可以选择购买看涨期权或者看跌期权，期权的期权费取决于对未来指数变动的预期。

第三种形式的指数合约为股指期货期权，它将期权的概念同期货市场联系在一起。持有股指期货期权，你所拥有的是购买或出售股指期货合约而不是仅针对某一只股票的权利。其结算形式既可以采用现金结算也可以是实物交割。

关键词汇与概念

套利 arbitrage

基差 basis

现金结算 cash settlement

衍生品 derivative products

股指期货合约 futures contract on a stock market index

期货期权 options to purchase futures

投资组合保险 portfolio insurance

程序化交易 program trading

股指期权 stock index options

讨论题

1. 为什么股指期货和期权被看做是衍生品？为什么有些投资者认为衍生品的交易加大了市场波动的风险性？

2. 为什么套期保值头寸的应付保证金比投机头寸的应付保证金少？

3. 现金结算是什么意思？

4. 在期货市场上，"基差"是什么意思？如果这一差额表现为溢价，并且随时间的推移不断增加，这又意味着什么？

5. 为什么不断下跌的市场对期待市场上升的投机性合约购买者产生巨大的压力？试用保证金予以解释。

6. 为什么当一个投资组合经理预期到市场将要下跌时，其卖出大部分投资组合的行为是不现实的？

7. 在决定套期保值所需的合约数量时，投资组合的贝塔系数对其有什么影响？

8. 在试图为一投资组合套期保值时，有哪些影响因素会使其过程更加复杂？

9. 为什么投资组合保险的过度使用会对市场产生危害？

10. 什么是套利头寸？

11. 从结算过程来看，股指期权和单只股票的期权有什么不同？

12. 在什么样的情况下，投资组合经理在套期保值的过程中选择股指期权而不是股指期货？而认为股指期货比股指期权更有优势的论据又有哪些？

13. 解释股指期权和股指期货期权的差别。

14. 列出两条理由，以解释为什么到期日较长的股指期货期权合约可能拥有相对较高的溢价。

练习题及解答

1. a. 某投资者在 12 月份以 1 271.05 的价格购买了一份标准普尔 500 指数期货合约。4 个月后合约价值上升为 1 292.10。该合约的乘数因子为 250。请计算总收益是多少？

b. 如果该笔交易的初始保证金为 20 000 美元，那么收益率是多少？年收益率又是多少？

c. 如果维持保证金要求为 16 000 美元。当合约价值从初始的 1 271.05 下降到 1 252.81 时，投资者需要投入更多的保证金么？

2. 假设存在如下的标准普尔 500 指数期权。现在该指数为 1 235。

5 月份　1 240　买进期权　21

5 月份　1 240　卖出期权　26

如果指数在到期日时收盘于 1 290，那么（a）买进期权（b）卖出期权的收益或损失各为多少？

解答：

1. a. 最终价值　　　　　　1 292.10

初始价值　　　　　　1 271.05

获利　　　　　　　　　21.05

乘数因子　　　　　　　 250

总收益　　　　　　5 262.50 美元

b. 保证金的收益率

$$\frac{5\ 262.50}{20\ 000.00} = 26.31\%$$

年收益率 $= 26.31\% \times 12/4 = 78.93\%$

c. 最终价值 1 252.81

初始价值　　　　　　1 271.05

损失　　　　　　　 （18.24）

乘数因子　　　　　　　 250

总损失　　　　　　 （4 560）

当前保证金 = 初始保证金 - 损失

15 440 美元 = 20 000 - 4 560

由于现在的保证金数额低于维持保证金要求 16 000 美元，因此需要注入更多资金以补充保证金。

2. a. 5 月份买进期权

购买价	21
到期价值（1 290-1 240）	50
收益	29
总收益（100×29）	2 900 美元

b. 五月份卖出期权

购买价	26
到期价值（没有价值）	0
损失	-26
总损失（100×-26）	-2 600 美元

思考题

1. 基于表 17—1 所给出的信息，一份 2006 年 12 月份的标准普尔 500 指数期货合约的总价值是多少？请使用合适的结算价格和乘数因子。同样，如果应付保证金为 20 000 美元，那么保证金比率是多少？

2. 在问题 1 中，如果标准普尔指数期货合约价格上升到 1 283.60 美元，那么合约的总收益是多少？保证金的收益率是多少？如果这一价格的变化发生在四个月内，那么年收益率是多少（即乘以 12/4）？

3. 回到问题 1 中，假定维持保证金要求为 16 000 美元。如果标准普尔 500 指数从最初的价格下跌到 1 251.80 美元，投资者需要投入更多的保证金么？

4. 基于表 17—1 给出的信息，假定你购买了一份 9 月份的道琼斯工业平均指数期货合约。你持有这份合约六个月后获得 15 000 美元的收益，请计算六个月后的清算价格是多少？

5. 基于表 17—1 给出的信息，假定你购买了一份 12 月份的纳斯达克 100 指数期货合约。你持有这份合约一个月后遭受 3 000 美元的损失，请计算一个月后的清算价格是多少？

6. 观察表 17—1，假设实际的道琼斯工业平均指数为 11 100，使用清算价格计算 2006 年 9 月份和 12 月份道琼斯工业平均指数期货合约的基差各是多少。

7. 北方人寿保险公司持有价值 1 400 万美元的股票投资组合。公司投资风格比较激进，其投资组合的加权平均贝塔为 1.30。

a. 假设他们使用标准普尔 500 指数期货合约进行套期保值，该合约当前的价格为 1 290，其乘数因子为 250。考虑到贝塔系数的影响因素，这个公司要卖出多少份期货合约呢？将结果近似到整数位。

b. 如果改用价格为 11 150，乘数因子为 10 的道琼斯工业平均指数期货来套期保值，此时需要出售多少份该合约？将结果近似到整数位。

8. 新宏远养老基金决定在 6 月 1 日为其价值 4 000 万美元的股票投资组合进行套期保值。该投资组合的贝塔为 1.10。该基金公司使用当前价格为 1 571 的纳斯达克指数期货进行操作，且该合约的乘数因子为 100。

a. 考虑到适当的贝塔调整因素并将结果近似到整数位，该公司需要出售多少分该期货合约？

b. 假设在 9 月 1 日，市场比最初时下跌了 20%，并假设投资组合的价格变动和其贝塔值相吻合。请问在该投资组合上的损失是多少？

c. 假设纳斯达克指数期货合约的价格从最初的 1 571 点下跌了 20%。那么在股指期货市场上的总收益是多少？计算过程是这样的：用 1 571 同当前价格的差额乘以 100，然后再乘以开始卖出的合约的份数。比较股指期货市场上的收益和 b 中的损失后，该公司总的收益或损失是多少？

d. 现在假设由于基差不断变动，股指期货的价格变动同指数的变动不一致。尽管市场下跌了 20%，但是股指期货的价格只下跌了 15%。那么股指期货合约的收益是多少？比较该收益和 b 中的损失后，该公司总的收益或损失又是多少？

9. 下面的问题涉及表 17—6 中的数据。假设你购买了一份 8 月份执行价格为 1 250 的标准普尔 500 指数买进期权。计算如果在到期日股票指数变为下列数值时你的收益或损失各是多少：

a. 1 305

b. 1 285

c. 12 30

10. 使用表 17—6 中的数据，假设你购买了一份 9 月份执行价格为 1250 的标准普尔 500 指数卖出期权。计算如果在到期日股票指数变为下列数值时你的收益或损失各是多少：

a. 1 260

b. 1 210

c. 1 170

11. 托普公司为其雇员设计了一份价值 100 万美元的基金型养老金计划。该投资组合的贝塔为 1.12。假设公司卖出了 60 份如表 17—6 列示的标准普尔 500 指数买进期权，其执行价格为 1 255。该合约的乘数因子为 100，并假设在卖出期权时的标准普尔 500 指数为 1 250.26。

a. 从出售期权中共获得多少收益？

b. 假设市场下跌了 14%，考虑到投资组合的贝塔，该投资组合的损失是多少？

c. 假设在到期日标准普尔 500 指数同样下跌了 14%。那么在到期日股票指数的价值为多少？

d. 根据 c 中的结果，你从卖出该期权中共获利多少？

e. 根据 b 和 d 中的结果，你的净收益或损失是多少？

12. 假设在问题 11 中，该公司购买了 80 份如表 17—5 所示的标准普尔 500 指数卖出期权，而不是卖出买进期权。如果标准普尔 500 指数在到期日下跌了 14%（如同问题 11.c）。

a. 你在此卖出期权上的总收益是多少？将这个数值同问题 11.b 中的损失相比较，你的净收益或损失是多少？

b. 比较问题 11 中卖出买进期权的保障程度和本题中买入卖出期权的保障程度。

c. 为卖出买进期权策略或买入卖出期权策略提供改进建议，以提高其风险保障能力。只需提出大概的观点即可。

13. 戛纳财富管理公司管理着价值 5 000 万的投资组合。其贝塔值同市场贝塔值相同。为对其头寸进行套期保值，它卖出了 200 份如表 17—5 所示的标准普尔 500 指数买进期权，该期权的执行价格为 1 225，7 月份到期。同时，它又购买了 300 份如表 17—5 所示的标准普尔 500 指数 8 月份到期的卖出期权。假设市场上升了 10%（投资组合的变动相同），且标准普尔 500 指数收盘于 1 375。

计算投资组合的价值变动，以及买进期权和卖出期权各自的收益或损失。其中，每份期权合约的乘数因子均为 100。在市场变化中，该公司总的净收益或损失的多少？

投资顾问难题

凯蒂·文斯蒂德刚刚结束了投资学课程，并决定开始进行投资。她希望用其从祖父那里继承的 2 150 美元进行投资操作。由于市场已经下跌了 10% 并且现在处于 1 月上旬，她认为市场可能将会复苏。

由于在投资课上已经了解到多样化投资的重要性，凯蒂不愿将钱投资在某一种或两种股票上，于是她决定购买股指期货。通过股指期货的保证金交易可以实现她最大化收益的目标。

凯蒂最先关注的是道琼斯工业平均指数期货，该期货合约的价值为 115 000 美元，应付保证金为 7 500 美元。由于她知道，通常保证金占合约总价值的比率为 6%~7%，所以她对于 7 500 美元的保证金并不惊讶。但是，由于凯蒂只有 2 150 美元，所以该合约不在其财力范围之内。同时凯蒂又偏好于投资构成道琼斯工业平均指数的高科技股，因而她决定向其家庭投资顾问莎朗·刘易斯咨询一下，看看她能提供什么好的投资建议。

莎朗向凯蒂提供了表 17—2，并且提醒她应付保证金通常为合约价值的 6%~7%。

a. 鉴于凯蒂的资金数量及其投资偏好，哪种合约对她最为合适？

b. 还有什么方法可以让凯蒂通过投资于股票指数实现利润最大化？

第六部分　拓展投资领域

第六部分的内容主要涉及替代投资，并且包括共同基金、国际投资和实物投资的信息。其中实物投资主要有房地产、贵金属、宝石和收藏品投资等。通过使用共同基金，投资者能拥有从债券到股票的任何投资种类，有时这些投资种类是在国际间不同国家发起的；投资者甚至可以通过房地产投资信托（REITs）来进行房地产投资。你也可以现在购买绑定黄金价格的指数基金。评判优秀投资经理的一个指标就是他使用同样的投资种类能否获得比基准指数更为出色的业绩。

比尔·米勒（Bill Miller）的巴尔的摩公司所管理的高达 200 亿美元的莱格曼森价值基金（Legg Mason Value Trust）从 1991 年到 2005 年的 15 年里连续战胜了标准普尔 500 指数。比尔·米勒的业绩第一次低于标准普尔 500 指数是在 2006 年。这一业绩使得他成为美国顶尖的投资者，如同这一领域的沃伦·巴菲特和彼得·林奇。米勒专注于购买无人问津的被人低估的公司。你可以把他称为传统的叛逆者。正像 20 世纪初的著名投资者伯纳德·巴鲁克所说的那样，"在冬天买草帽"。

米勒购买不再受人们喜欢的大型公司，并且如果他和他的团队认为这个公司值得购买，那么即使在公司股票下跌时他们还是会购买它的股票。在 20 世纪 90 年代初，有一次，他积聚了超过一百万股美国在线公司 AOL 的股票，当时它的股票价格一直在跌并且已经不受华尔街的欢迎。当股票在晚些时候上涨时，这个赌局漂亮的获胜了。AOL 的故事可以确定他的投资风格，即购买和持有不受欢迎的股票，等待市场重新回归到它的价值时以略低于实际价值的价格卖出。这种购买和持有策略在价值基金 13%~15% 的换手率上体现的很明显，这比同种类的其他基金要低很多。共同基金的换手率表示在一年里基金中的股票有多少比例被买卖。对于米勒来说，持有一只股票五年或更长的时间是很普遍的。在他做出决定时，他同样密切关注公司的公司治理和管理风格。一家公司如果缺乏好的公司治理结构的话，他同样会放弃它的股票。

米勒不仅是一个不同寻常的思考者，他还喜欢剖析其他投资者对一家公司的看法。通过这些方法，他和他的团队尽力去除对一个行业或公司所存在的偏见，即使这些偏见看上去是真实的。他关注行为金融的学术研究，并赞助莱格曼森资产管理思想领袖论坛，它是一个面向顾客和雇员的行为学学术会议。

他是圣菲研究所（Sante Fe Institute）的主席，圣菲研究所的研究领域十分广泛。人们把他称为多才多艺的人，因为他在金融之外的其他领域都十分精通。他也喜欢研究混沌理论。他对巴尔的摩金鹰队十分热情，梦想有一天能拥有它。他还拥有一艘豪华游艇，上面有直升飞机场、体育馆和其他常有的辅助设施。如果哪天你的事业做大时，也许你可以租赁这艘游艇。

第18章 共同基金

　　共同基金已经成为一种非常重要的投资方式。拥有共同基金是获得多元化资产投资组合的绝佳方式，但事实上这对大多数个人投资者来说是不可能的。根据投资公司协会（investment company insititute）资料显示，1992年底在美国258万人拥有共同基金的股份，到2005年底这一数字增加到537万人。不仅拥有共同基金的人数在增长，投资于共同基金的金额也从1万亿增长到8.9万亿。图18—1表明了自1980年至2005年美国拥有共同基金家庭的绝对数和相对数。

　　2005年底，美国退休资产中有3.1万亿投资于共同基金，14.3万亿家庭中有22%已经退休。剩余的11.2万亿家庭在保险公司、经纪公司以及养老基金开立了账户。许多投资者把共同基金作为获取退休和教育储备的投资渠道，他们可以算做长期投资者，因而在市场不景气时，这些投资者不会撤出其在共同基金中的投资。

　　但是，通过观察图18—1的横轴我们可以发现共同基金客户数量对市场收益有一定的敏感性。拥有共同基金的家庭数量的百分比在2002年达到顶峰，而在此前一年，股票市场的泡沫破灭了。虽然股票市场在2003年回复并取得了超过25%的回报率，截止到2005年，拥有共同基金的家庭比例还是下降到了47.5%。

　　最好的理解共同基金概念的方式是通过例子。假设你和你的朋友们因为太繁忙以至于没有时间去学习管理资产的专业知识。但是，你的一个邻居有多年担任他所在公司养老基金受托人的实战经验。你和你的朋友决定把你们的资金汇合在一起并委托这位邻居作为你们的投资顾问。作为报酬，他将获得他所管理的资产在未来几年的平均价值的一个较小的百分比。

　　一般的情况，这些资金应当投资于规模较大且稳定的公司的普通股，以期获得资本溢价收益和少量分红，或是投资于短期国债以获得利息收入。集团成员一共投资100 000美元，并决定基金每股价格为10美元（即发行10 000股）。因为你投资了10 000美元，因此你获得1000股，即10%的股份。在接下来的几个星期内，你的投资

美国家庭数量
（百万）

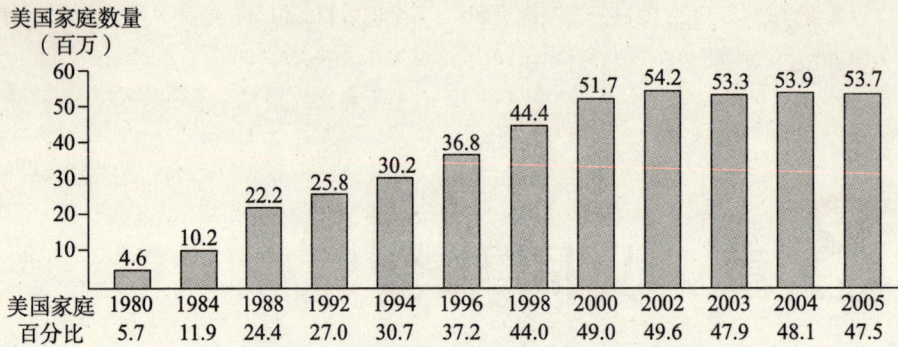

美国家庭	1980	1984	1988	1992	1994	1996	1998	2000	2002	2003	2004	2005
	4.6	10.2	22.2	25.8	30.2	36.8	44.4	51.7	54.2	53.3	53.9	53.7
百分比	5.7	11.9	24.4	27.0	30.7	37.2	44.0	49.0	49.6	47.9	48.1	47.5

图 18—1　美国持有共同基金股份的家庭数量（1980—2005 年）

* 1980 年和 1984 年美国持有共同基金股份的数量是根据个人持有者账户数量和基金持有家庭的基金数量估算出来的；1980—1992 年的数据剔除了通过雇主提供的退休计划而持有共同基金的家庭的数量；1994—2005 年的数据包括通过雇主提供的退休计划而持有共同基金的家庭的数量。1998—2005 年的数据包括通过可变年金而持有的基金份额。

顾问用 90 000 美元购买了几个来自不同行业的公司的普通股，用 10 000 美元购买了国债。这个资产组合用表 18—1 表示。

表 18—1　依据不同产业将公司分组来获得分散化收益

产业	公司
汽车业	通用汽车公司
银行业	花旗集团
化工业	杜邦
计算机业	戴尔
金融服务业	美林集团
原油业	埃克森美孚
医药业	礼来公司
半导体业	得州仪器公司
电信业	美国电话电报公司
国库券：1 万美金	

因为你拥有资产组合 10% 的股份，所以你可以获得向股东支付的收入的 10%，并承担资本收益或损失的 10%。

资产组合的初始价值为 100 000 美元，或每股 10 美元。假设你的投资经理选中了一些优质股票，资产组合价值上升至 115 000 美元，每股价格为 11.50 美元。

这样一组投资者在很大程度上有共同基金的性质：由股票代表的所有者权益，专业管理，事先设定的投资目标，以及一个分散的资产投资组合。一个价值几百万美元的共同基金将以同样的理念和原理运营，只不过运营的规模是例子中的几千倍。

18.1 共同基金的优缺点

分散化投资 传统的考虑分散化投资的方法是保证投资组合中的证券来自不同的行业。你期望投资于多元化的行业，以使投资组合中的公司不至于同等地受到经济状况的影响。我们构造了一个投资组合来帮助你获得分散化投资的效果，这个投资组合由表 18—1 表示。另外一个分散投资的方法是在投资组合中加入不同类型的资产，如债券、优先股、可转换证券、国际证券以及不动产。一般地，这些资产并不高度相关。相关系数的最大值为 +1，这意味着两种相关资产的收益将随着时间完全同步地波动。如果相关系数为 −1，两种相关资产的收益将完全反向运动：如果一种资产升值 10%，另一种将贬值 10%。

投资者可以购买不同类型的基金来获得分散化投资的效果。例如，投资者可以投资于公司或美国政府债券基金、国内股权基金、国际股权基金、不动产投资信托公司、市政债券基金，或者是短期货币市场基金，所有这些基金两两之间的相关系数都小于 +1。在下一章中，你将会发现国际化投资是将投资组合部分分散化的一个较好的方法。

专业化管理 投资于共同基金的同时，你也购买了基金经理的专业知识。在很多情况下，投资经理已经长期投身于投资行业，并在许多领域获得了专有技能，例如国际证券、黄金交易或市政债券。通过把你个人的资金交由专业投资经理托管，你将获得一个符合你的投资目标的分散化的投资组合。但是，一个谨慎的投资者应该意识到，不是所有的专业投资经理都能取得高于平均水平的回报率。选择投资经理时应该付出细心研究。留意基金 3 到 5 年或者 10 年的长期收益率，而不应该受上一年结果的影响。研究经理的职业生涯以确定投资绩效是由投资经理而不是他人取得。在选择经理前，全面分析你的可选方案。我们建议选择无佣基金，并同时考虑上面的建议和成本。

时间的节约 对于很多人来说管理资金既费时又费

力。通过将资金交由投资经理管理可以使投资者获得更多的时间去休闲或工作。例如，如果一个律师或者医生每小时收入 200 或 300 美元，他就不会每周花 4 个小时去管理投资组合，因为在同样的时间他可以有额外的 800 或 1 200 美元的收入。一年之后他可以多工作 200 小时，并获得 40 000~60 00 美元的收入。但是，你应该考虑到事实上这个医生或者律师的投资表现能否胜过专业投资经理。在一个一百万美元的投资组合中，这个医生或律师的表现应该比市场平均收益高出 4~6 个百分点才能补偿他作为医生或律师所获得的回报。大多数情况下，竞争优势法则是正确的，因此应该把资金用到能获得最大回报的用途上。对于很多人来说，打高尔夫、旅行、钓鱼、进行体育活动以及很多其他休闲活动胜过管理自己的资金。但是应当指出，对于许多职业投资人来说，管理自己的资金也是一种休闲。

绩效 前面我们已经讨论了共同基金的一些优势，现在也许应该研究一下它的缺点。第一，平均来看，共同基金并不比市场表现要好。也就是说，长期来看，共同基金的表现和标准普尔 500 指数、道琼斯工业平均指数以及其他标杆指数的表现不相上下。但是，共同基金确实提供了一种分散投资组合的很有效的方法。这就是为什么我们建议在将资金交给基金经理前进行审慎研究的原因。

在投资绩效表现方面，共同基金投资人同样应该对共同基金营销人员的夸大其词有所察觉。很多时候，营销人员单纯强调可能的投资回报，而有意回避超额回报所伴随的风险。事实上，一个在去年获得 20%~25% 回报率的基金完全不能保证在接下来的一年获得同样的绩效。大资本规模的共同基金与小规模的基金风险是完全不同的，因此二者没有可比性。

成本 共同基金的成本可以分为几类，例如销售佣金、管理费用等。这些成本将在本章的后面几节深入讨论，在这里只想提醒读者应该注意在共同基金的购买和管理过程中所有相关的费用。

选择问题 共同基金的最后一个潜在缺陷其实是它优势的另一面。投资人从多于 8 100 支投资基金中做出选择的难度不亚于选择一支股票，事实上，纽约股票交易所挂牌的股票大约有 3 000 支，这一数字远远小于现存的共同

基金的数目。但是，如果确定了投资的目标，你将会最终锁定几个确实符合需要的基金。

以上我们讨论了共同基金的一般特性以及他们的优缺点，现在我们开始研究共同基金的实际运作机制。在本章接下来的内容中，我们将会讨论封闭式基金与开放式基金，含佣基金与无佣基金，基金目标，选择基金应考虑的因素以及基金回报的衡量。在附录 18A 中，我们简要讨论一下单位式投资信托公司，以及它与共同基金的一些共同特点。

18.2 封闭式基金与开放式基金

投资基金大致可以分为封闭式基金和开放式基金。我们先简单讨论一下封闭式基金，然后研究更加重要的投资种类——开放式基金。

事实上，这对概念是针对基金股份分销和赎回的方式而提出的。**封闭式基金**（closed-end fund）的股份数额是固定的，股票的买卖双方只能互相交易，而不能直接向基金购买股份（除非在基金第一次发行股票时），因为基金股票的数量事先已经确定。而且，基金也不会随时准备赎回你想要出售的股份。

开放式基金与封闭式基金正好相反，这种基金的股份可以随时增发和赎回。我们已经对这对基金的概念进行了区分，下面将进一步讨论封闭式基金。正如其他股票一样，封闭式基金的股票可以在交易所和柜台进行交易，但当你在《巴朗周刊》上寻找他们的价格时，你会发现封闭式基金的价格是在单独的一栏列出的。这种表示方式使得他们的价格更容易辨认，但是你仍然需要通过经纪人对他们的股份进行交易并支付佣金。

直觉上，我们可以认为封闭式基金的股票按其净资产价值出售，但通常事实并不是这样。很多基金的股票是折价发行的，或许是因为它上期的绩效表现不佳，或者它将投资集中于一个正在衰落的产业，又或者它的股票的流动性很差。也有一些基金溢价发行，原因也许是它的管理质量为人所称道，也可能是投资的行业表现良好，或者是它持有非公开交易的证券，而这些证券的账面价值往往被低估。

实例应用 投资于封闭式基金所要考虑的最重要的因素是其股票是溢价发行还是折价发行。首先，我们给出净资产价值的公式

$$净资产价值（NPV）= \frac{证券的总市值 - 负债}{流通股票数量} \tag{18—1}$$

净资产价值等于基金拥有的证券的市场价格减去负债再除以流通股份数额。例如，假设一支基金拥有的证

券价值 1.4 亿美元，负债价值 500 万美元，流通股票数为 1 000 万股，则净资产价值为 13.50 美元：

$$NAV = \frac{14\,000\,万美元 - 500\,万美元}{1\,000\,万股票数量} = \frac{13\,500\,万}{1\,000\,万}$$

$$= 13\,50\,美元$$

基金每年年终都会计算 NAV。

投资的真实世界

投资人到底有多天真

股票市场通常被假定是有效的，也就是说，信息会被投资人迅速吸收并反映到证券价格中去。市场有效的一个密不可分的特征就是在任何时点，股票定价都是准确无误的。但是请忘了这些假设吧！虽然 IBM 和 GM 的股票定价或许是合理的，但是封闭式基金的情况并非如此。我们清楚地知道，封闭式基金的股票价格等于其所持有股票的总价值除以流通在外的股票数量。如果一支基金的净资产价值是 10 美元，但是折价 15%，发行价格为 8.50 美元，基金经理所能做的就是将基金资产变现并按照每股 10 美元的价格支付给股东。无论这支基金是否受欢迎，它的资产仍然能按照每股 10 美元的价格迅速变现。

80%~90% 的封闭式基金的股票折价发行（通常比实际价值低 10%~20%）这一事实确实让人吃惊。折价发行带来的成本大大超过资产变现和转换为开放式基金带来的损失（转化为开放式基金后，基金股票马上就以净资产价值进行交易）。

更令人吃惊的是大多数封闭式基金首次公开发行时都是溢价发行。经过几个星期的交易后，他们的价格降到净资产价值之下。为什么人们会投资于这么容易带来损失的基金？我们可以直接引用《福布斯》（*Forbes*）杂志的话来回答这个问题：投资人到底有多蠢？如果投资人确实想投资于封闭式基金，为什么他们不以较低的价格购买已有基金的股份，然后等待清算？为什么要以高于实际价值的价格购买，而后等待遭受损失？

根据《福布斯》和其他来源的资料显示，看起来最可信的答案是：封闭式基金是投资领域中发展最简单的一部分。当天真的投资人投资于封闭式基金首次公开发行的股票时，他们对自己的利益十分不了解。请放心，很少有机构投资者或高明的金融巨头会参与这个游戏。

18.2.1 交易所交易基金

最近一段时间一个较新的概念——**交易所交易基金**（exchange-traded funds, ETFs）——在封闭式基金的领域掀起了波澜。交易所交易基金始于 1993 年，但是直到现在还没有获得与共同基金一样的认可。交易所交易基金类属于投资公司股票，这种股票像普通股一样在交易所挂牌交易。交易所交易基金实际上是一种模拟某种股指的基金，例如道琼斯工业指数，标准普尔 500 指数以及罗素指数。罗素交易所交易基金指数可以分为罗素 1000 指数、罗素 2000 指数、罗素 3000 指数、增长与价值指数、微型基金指数、中型基金指数、中型价值指数以及增长指数。截至 2005 年，交易所交易基金共有 201 家，总资产达到 2 960 亿美元，而封闭式基金共有 634 家，总资产 2 760 亿美元。

交易所交易基金的一个优点是其投资组合中的资产随时按照市场价格标示，因此你可以以完全等同于净资产价值的价格全天对其进行交易。由于交易所交易基金模拟了市场指数，因此研究成本为零，它所花费的总成本通常低于共同基金。但是，这类基金的额外成本是向提供各种指数的机构支付的费用。例如，iShare 交易所交易基金的创始人巴克莱国际投资机构（Barclays Global Investors）必须向设计并持续发布指数的公司支付少量的费用。这就意味着部分基金管理费用流向了诸如道琼斯、高盛、摩根士丹利以及晨星公司。

18.3 投资于开放式基金

正如以前我们提到的，开放式基金的股份随时可以增发和赎回。在美国，95% 以上的投资基金采取了开放式基金的形式。事实上，共同基金特指开放式基金，虽然有时按照宽松的定义，封闭式基金也被归类为共同基金。因此我们应该在不同的场合区别使用以上定义。

正如在公式 18—1 中提到的，开放式基金按照净资产价值进行交易（有时需要支付额外的佣金）。如果一支基金流通股票数量为 1 亿，净资产价值为 10 美元，并计划按照这个价格再出售 2 000 万股票，则这支基金的市值将达到 2 亿美元，且净资产价值不变。影响净资产价值的唯一因素是基金投资组合中证券价格的波动。表 18—2 列出了封闭式基金和开放式基金的主要区别。以下我们将重点讨论开放式基金，其中不乏有名的机构诸如富达（Fidelity）、达孚（Dreyfus）、先锋（Vanguard）和富兰克林邓普顿（Templeton）。

表 18—2	封闭式基金和开放式基金的区别		
	购买方式	流通股票数量	股票是否按照 NAV发行
封闭式基金	股票市场或柜台市场	固定	否——可能会出现升水或贴水的情况；而且存在佣金
开放式基金			
含佣基金	通常是通过零售经济公司	可变	是——但是购买股票的佣金很高
无佣基金	直接从基金购买或通过贴现经纪人或在线经纪人	可变	是——直接从基金购买则无需缴纳佣金

18.3.1 含佣基金与无佣基金

一些基金与股票经纪人、理财规划师、保险代理人以及其他持有专业牌照的人员建立了固定的销售协议，这些销售代理通过销售基金股份而获得一定的佣金。**含佣基金**（load fund）是指每购买一份基金股票，都要支付一定数额的佣金。佣金一般占交易额的 7.25% 或更高。

一些股票基金被称做**低佣基金**（low load fund），因为他们只收取 2%~3% 的佣金。一些基金规定了最大赎回费率条款。虽然你购买基金时不会遇到最低赎回费率条款，但是当出售含有最大赎回费（back-end load）率条款的基金股份时你需要支付退出费，这种费用通常是出售价格的 2%~3%，而且随着时间而递减。

18.3.2 无佣基金

无佣基金（no-load fund）不收取佣金，并由投资公司通过广告、招股说明书以及 800 电话直接出售。在 2005 年，无佣基金占有共同基金 52% 的总资产，并占当年新发行量的 80%。无佣基金对购买其股份的投资人不收取最低佣金，却还能如此蓬勃的发展，这让许多人不解。问题的答案就在与，无佣基金对管理基金资产收取佣金。这项管理费加上其他成本一般能达到 0.75%~1.25% 的水平。在一个几十亿美元的基金中，这项费用将高达每年 1 000 万美元，这一数字在支付了基金管理人的薪酬之后仍将有大量剩余。同样的，含佣基金也收取类似的管理费用。

那么我们的问题就变成了：为什么我们要支付佣金？研究表明，含佣基金与无佣基金的投资绩效之间并没有显著的统计差别。结果是，大多数精明的投资人都选择了无佣基金而不是含佣基金。这一结果并不排除惶恐不适的投资人通过咨询高明的共同基金销售人员或者理财师来获得与支付的佣金相匹配的收益的可能性。因此，一些专业化基金只以含佣基金的形式存在。但是，在任何可能的情况下，通过支付佣金来购买基金股份而不是支付销售费用将会改善投资人的情况。

《华尔街日报》、《投资人商务日报》以及许多主要的城市报纸的金融板块都包括共同基金的表格。但是，随着互联网网上报价得便捷性，平面媒体已经在减少提供资料的深度。

实例应用　如果你向一支共同基金投资 1 000 美元并支付 7.25% 的佣金，那么只有 92.75% 的资金将被用于购买基金股份。1 000 美元的投资将马上转化为价值 927.50 美元的基金股份。这就意味着基金必须增值 72.50 美元或 7.82%，才能不至于给投资人造成损失。

$$\frac{72.50}{927.50}=7.82\%$$

在过去区分无佣基金与含佣基金是一件很简单的事情。你只要查阅《华尔街周刊》或《巴朗期刊》就可以知道基金的价格和净资产价值。如果价格等于净资产价值，即意味着不含佣金，如果价格高于净资产价值，就说明此基金是含佣的，并能计算出佣金的百分比。

假定赫特 & 布洛克基金的净资产价值为 13.32 美元，且发行价格是 13.98 美元。也就是说基金的资产价值为每股 13.32 美元，但是公开发行价格是 13.98 美元。13.32 美元与 13.98 美元的差距是 0.66 美元（即佣金）：

13.98 美元	发行价
13.32	净资产价值
0.66 美元	佣金

在本例中，佣金是发行价格的 4.72%（0.66/13.98 = 4.72%）。由于销售费用的存在你可能以 13.98 美元的价格购买价值是 13.32 美元的基金。

在过去的 20 年中无佣基金稳定的进军原来属于含佣基金的市场。1984 年，含佣基金占有全部股权共同基金的 70% 的份额，无佣基金分享剩下的 30%。截至 2005 年无佣基金已经在市场占有率方面超过了含佣基金，并且每年的基金资金偏向于向无佣基金流动。表 18—3 表明，在过去的 6 年中，无佣基金分享了流向共同基金的资金流量的 80% 左右。

表 18—3　流向无佣基金的净现金流仍在增加（2000—2005 年）

单位：10 亿美元

	2000	2001	2002	2003	2004	2005
全部长期基金	229	129	121	216	210	192
含佣	70	46	20	51	48	20
A 股	32	32	20	39	60	68
B 股	26	-1	-16	-18	-35	-65
C 股	27	22	24	29	22	25
其他佣金	-14	-7	-7	1	1	-8
无佣	109	70	102	123	126	154
零售	80	37	53	78	84	86
机构	29	33	49	45	42	69
可变年金	51	13	-2	42	36	18

因为含佣基金是由零售商出售，表 18—3 显示的变化表明投资者以与过去不同的方式购买共同基金。这种变化的原因有几点。第一，许多雇主通过共同基金超市来提供其雇员的退休计划。这些计划的参与者直接通过工资支票来购买基金股份而无需支付经纪人费用。第二，越来越多的投资人开始使用折扣经纪人，例如：嘉信理财（Charles Schwab）、E-Trade、AMTD 以及其他线上经纪人。这些经纪人通常向其客户出售无佣基金并收取少量的经纪费用（每笔交易 7~25 美元）。

18.4　共同基金信息

晨星共同基金调查组织会提供共同基金的分析报告。此类报告已经成为共同基金投资者追踪他们所持有股份的季度绩效的主要信息来源。晨星给予同类共同基金中各支基金以一到五星的评级。晨星的共同基金报告中包括了年收益率、税收分析、风险分析、国家风险分析、主要投资公司以及其他数据等内容。

除此之外还有其他信息来源，例如《福布斯》在每年 8 月份发布一份共同基金综述。虽然这只是一份年度出版物，但是对投资者挑选共同基金或评估已投资的基金来说是非常有用的。它按照共同基金的分类列出基金，例如股票基金、平衡基金、指数基金、全球基金、外国基金、欧洲基金、亚洲基金以及债券基金。《福布斯》共同基金清单可以在 www.forbes.com/fundsurvey 找到。就像教授给学生打分一样，《福布斯》根据市场波动对共同基金做出评级，A 代表最佳绩效，而 F 代表最差绩效。除此之外它还提供五年收益率、资产规模、每 100 美元的年度支出、最低初始投资水平以及其他内容。

在分析过《晨星共同基金调查报告》以及《福布斯》网站并找到了感兴趣的基金后，你可以申请一份招股说明书。如果基金是含佣基金，你可以从经纪人那里招股说明人，如果是无佣基金，你可以通过 800 电话或网站与基金直接联系。

18.5　共同基金的不同目标以及分散化投资

由于不同的投资者有不同的目标，对风险也有不同的偏好程度，共同基金行业提供了大量不同的基金以供投资者选择。2007 年，一共有 8 500 多支共同基金，每一个都有独特的投资目标、投资策略以及目前的投资组合。为了在如此多的基金中做出选择，我们可以把基金根据既定的投资目标分为以下几类。

货币市场基金　货币市场基金（money market fund）在过去 20 年间经历了迅速发展。货币市场共同基金投资于短期证券，例如美国国库券以及欧洲存款、商业票据、大额存单以及回购协议。

货币市场基金是无佣基金，而且在大多数情况下都要求 500~1 000 美元的最低存款金额，并且拥有开具支票的特权，但是这些支票的金额一般至少是 250 到 500 美元。

因为货币市场基金投资组合中的资产到期日都在 20~50 天之间，所以这种基金的收益率通常和短期市场利率很相近。货币市场基金给小额投资者提供了一个投资于以前无法接触的机会。

成长基金　成长基金（growth funds）的主要目的是追求资产价格的增加。这类基金通常包括积极成长型基金和集中投资于增长率稳定且可预测的资产的基金。这两种基金都主要投资于普通股票。积极增长型基金主要投资于投机板块、新兴的小公司、经济的热点板块，并经常使用金融杠杆来提高回报率。正常增长基金通常投资于更加稳定的公司普通股，在市场下滑时他们很少停留于股票市场，也很少使用像杠杆这样积极的工具，并着眼于长远。

最好的区分成长基金的方法是仔细研究基金的招股说明书和当前的投资组合。

收入增长型基金　收入增长型基金（growth with incom funds）分发稳定的股利。这种股票对以潜在的资本增值并获取基本的分红或利息收入为目标的投资者来说吸引力很大。投资于这种股票的基金比投资与小公司且不分红的基金的风险更小一些。

平衡基金 平衡基金（balanced funds）既持有普通股又持有债券和优先股，它试图在提供一定收入的同时使得资本升值成为可能。投资于可转换证券的基金也被认为是平衡基金，因为可转换证券是一种混合固定收入证券，如果原生普通股的价格上升，这种债券还有升值的可能。

指数基金 指数基金（index funds）是一种尽可能模仿某种市场指数的基金。在上文我们曾指出，交易所交易封闭基金是一种像普通股一样的交易所公开交易的指数基

金。相反的，指数基金是一种开放式基金，并且可以从基金发起人处直接购买。第 3 章我们曾讲过，指数有很多种，包括股票市场指数以及债券市场指数，还有国际市场指数。如果投资人相信市场是有效的，并且超过市场平均表现是很难的，那么他们就会试图减少交易费用而去模拟市场指数。而指数基金的理论基础就是有效市场理论（见第 10 章）。许多学术研究都显示，除非拥有别人所没有的信息，想让绩效超过市场指数的表现是很困难的。大多数没有良好的信息来源，因此指数基金的存在是合理的。

表 18—4 显示的是先锋 500 基金指数，它是 2006 年底最大的共同基金，资产价值 818 亿美元。这支基金模拟

表 18—4　　　　　先锋 500 基金指数示例

先锋 500 基金指数（YFINX）　　　　800-662-7447　www.vanguard.com

大市值股票

绩效　　　　　　　基金开始日期：1976.8.31

	3 年期	5 年期	10 年期	牛市	熊市
收益率（%）	10.3	6.0	8.3	79.7	−41.5
类别产生的不同（+/−）	平均 0.4	平均 0.1	平均 0.3	平均 −0.6	平均 −6.8

标准差	类别风险指数	贝塔
6.9%—blw av	0.8—low	1.00

	2006	2005	2004	2003	2002	2001	2000	1999	1998	1997
收益率（%）	15.6	4.7	10.7	28.5	−22.1	−12.0	−9.0	21.0	28.6	33.2
类别产生的不同（+/−）	3.0	−1.5	−0.4	−1.7	−0.3	−1.0	−6.5	−5.0	4.6	5.7
税后收益（%）	15.3	4.5	10.4	28.2	−22.6	−12.4	−9.4	20.4	27.9	32.2

每股数据

	2006	2005	2004	2003	2002	2001	2000	1999	1998	1997
股利，净收入（美元）	2.14	1.98	1.95	1.43	1.36	1.28	1.30	1.41	1.33	1.32
分发的资本收入（美元）	0.00	0.00	0.00	0.00	0.00	0.00	0.00	1.00	0.42	0.59
净资产值（美元）	130.59	114.92	111.64	102.67	81.15	105.89	121.86	135.33	113.95	90.06
费用率（%）	na	0.18	0.18	0.18	0.18	0.18	0.18	0.18	0.18	0.19
收益率（%）	1.63	1.72	1.74	1.39	1.67	1.20	1.06	1.03	1.16	1.45
资产组合换手率（%）	na	7	3	2	7	4	9	6	6	5
全部资产（百万美元）	72 013	69 375	84 167	75 342	56 224	73 151	88 240	104 652	74 229	49 358

资产组合（2006.9.29）　　　　　　**股东信息**

资产组合经理：米歇尔·比克 1991　　　　**最低投资**

　　　　　首次：3000 美元　　随后：100 美元

投资偏好　　　　　　　　　　**最低内部收益率投资**

√大市值　　　　增长　　　　首次：3000 美元　　随后：100 美元

中市值　　　　价值

小市值　　　　√平衡　　　　**最高费用**

　　　　　佣金：无　　　12B-1：无

　　　　　其他：无

资产组合

0.2% 现金　　　　0.0% 公司债

99.9% 股票　　　0.0% 政府债券　　　**服务**

0.0% 优先股 / 可转换优先股　　0.0% 市政债券　　√内部收益率

0.0% 可转债 / 权证　　0.0% 其他　　　√基奥计划

　　　　　　　　　　　　√电话局

的是标准普尔 500 综合指数。通常认为标准普尔指数是一种增长价值指数。这支基金与同类其他基金竞争，也可以与其他类基金比较。这个表摘自 AAII 的《顶级共同基金个人投资指南》(Individual Investor's Guide to the Top Mutual Funds)，这个指南也提供很多其他有价值的信息。这支基金的贝塔值为 1.00。你应该能注意到在每股数据的下面的支出比率平均在 0.18 与 0.19 之间，而一般共同基金平均在 0.75~1.25 之间，这表明了指数基金因为无需为研究人员和大型数据库支付费用因此成本较低。

债券基金 收入导向的投资者总是对债券很感兴趣。因为债券代表债券发行人对债券持有人负有合约责任，并且通常能够提供固定的回报。但是正如第 12 章指出的，市场利率的上升可能使所有等级固定收入证券的市值下降。20 世纪 80 年代和 90 年代初期，利率波动幅度大而频繁，许多债券持有人只能看着甚至是最安全的政府债券的价值也跌到了面值的 75%。**债券共同基金**(bond mutual funds) 中的债券也受同样的力量影响。债券的回报率跌到了历史最低点，债券基金也不例外。

债券共同基金可以大致分为公司基金、政府基金以及市政基金。

一些公司债券基金专门投资于低利率、高回报的债券。这类基金被称做垃圾债券基金，它可能比典型的公司债券基金的回报率高出 3~4 个百分点，同时这类基金的投资组合中的证券也承担了更大的潜在违约风险。早在 1989 年秋，当一些垃圾债券基金持有的低利率债券因不能支付利息而违约，而且所有垃圾债券的价格都有所下滑时，我们就知道购买这种债券所需承担的额外风险有多大。

因为市政债券基金只购买免税证券，因此基金股东的利息收入是在联邦税法管辖之外的。特别的免税基金同样是为高税率地区的高收入投资者的利益而设立的。例如，纽约市政债券基金的基金经理开发了本州所发行的免税债券的投资组合。目前的税法规定，这类基金给纽约居民所带来的利息收入是不受联邦税法、纽约州税法和当地税法管制的，这就是为什么高收入纳税人如此青睐于此类基金的原因之一。

板块基金 这类基金专门投资于经济中一些特定的板块（产业）。**板块基金**(sector funds) 通常投资于能源、医疗科技、计算机科技、休闲以及国防部门。

因为同样的行业中公司的股票表现是高度正相关的，因此这类基金给投资者带来的潜在分散化效应是较小的。

在考虑投资于首次公开发行的板块基金时投资者应当高度警惕。通常是在所投资的板块已经由于最近卓越的绩效而引起广泛的兴趣之后，板块基金的首次公开发行才开始，因此，这些板块的股票通常已经被正确定价了（甚至已经被高估了）。

国外投资基金 正如我们在第 19 章中将要提到的，投资者一直在回报丰富的国外市场寻求投资，但国外证券投资障碍重重。共同基金行业通过设立**国外投资基金**(foreign funds) 使得越境投资变得十分便利，这类基金的投资政策中明确规定其所经营的范围，是以全球为基础（坦普顿全球基金），或是以当地市场为重点（加拿大基金公司），又或是在某些地区经营（美林太平洋）。有些基金甚至专门在第三世界国家经营。

表 18—5 中列出了多种国外投资基金。在共同基金领域，全球基金与国际化基金的含义是不同的。全球基金不仅持有外国股票也持有美国股票，但国际化基金只购买国外的股票。

表 18—5　　国际基金

基金名称	开放或封闭式	含佣或无佣	投资地点
迪恩怀特欧洲增长 B	开放	5%	欧洲
中央欧洲社区	封闭	—	欧洲
欧洲投资	开放	无	欧洲
法国增长	封闭	—	法国
墨西哥股权及收入	封闭	—	墨西哥
拉美发现	封闭	—	拉美
智利基金	封闭	—	智利
阿根廷基金	封闭	—	阿根廷
斯库德国际基金	开放	无	墨西哥和中美洲
摩根士丹利拉美 A	开放	5.75%	拉美
GT 拉美增长 A	开放	4.75%	拉美
富达欧洲资本增值	开放	3.00%	欧洲
浦南欧洲增长 A	开放	5.75%	欧洲

特定对象基金 一些共同基金由于使用一些特别的投资方法而不属于以上所提到的任何一种基金，他们可以被定义为**特定对象基金**(specialty funds)。这些基金的名字往往表明了它们的投资目标或政策，例如凤凰基金和联合服务黄金股票基金。甚至存在一类"基金的基金"（基金信托），它们的投资组合中是另外一些不同的共同基金股份。

对冲基金 **对冲基金**(hedge funds) 从 20 世纪 90 年代开始出现，并在最近几十年流行起来。它们以私人有限合伙制为组织形式，因此不受美国股票交易委员会管辖。这类基金的名字很有误导性，因为它们的投资活动目的并不只局限于对冲或减少风险。对冲基金的名称只是对同时从事多种投资活动来试图取得超高回报的基金的一种泛称。无论是牛市还是熊市，对冲基金通过同时从事多头、空头、买入期权、卖出期权来获取差价。这类基金不得不使用高杠杆来运作。对冲基金通常收取 1%~2% 的管理费用，但更重要的是，他们可以获得收益的 20% 作为回报。

最后，基金有时可以按照其所投资的公司的市值规模来区分。例如，小规模基金是投资与市值在 10 亿美元以下的公司的基金；中等规模基金是投资于市值小于 90 亿美元的公司，等等。

18.5.1 使投资目标与基金类型相吻合

投资者必须了解自己对风险的偏好程度。要求本金的安全性并且严格控制收益波动性的投资者应当首选货币市场基金，中期债券基金次之。根据历史数据显示，这类投资者的收益率通常也是比较低的。而基金增长型股票基金能够带来最高的回报率，同时也要承担最高的风险。

共同基金可以满足投资者的流动性需求，因为基金的赎回可以在任何时候执行。如果投资者需要稳定的回报，债券基金提供最高的年当期收益，而积极增长型基金的当期收益最低。收入增长基金和平衡基金最适合那些要求本金稳定增长和适当分红的投资者。

许多投资者通过购买不同类型的基金来达到分散化的投资效果。例如，在经济周期的某个阶段，投资者的资产可能包括 50% 的美国本土普通股基金，35% 的债券基金，10% 的货币市场基金以及 5% 的国际股票基金。当市场境况变化时，资产组合比例也随之变化。如果预期利率下降，增加债券比例并减少货币市场资产是明智的，因为债券价格会随着利率的下降而上升。通过投资于"债券家族"，投资者可以选择许多不同种类的基金，并获得在不同基金之间无成本转换的特权。像美国资本公司、达孚集团、富达投资公司、先锋集团等基金公司管理着一些大规模的债券家族。除此以外，大多数零售经纪公司，如美林和美邦也经营共同基金业务。

投资的真实世界

对冲基金继续增长

截止到 2006 年，对冲基金行业突破了 200 万亿美元大关，并且以史无前例的速度继续增长。对大多数对冲基金来说，其投资理念应该是通过无数小额投资最终聚合成为一个高回报的大额投资。有时需要对某些股票以一美元的差价反复进行交易，或者通过反复利用买入和卖出期权来提供小额但持续的回报。研究表明，通过这种简单的投资战略所得到的回报率是很具有吸引力的。当然，类似于 1998 年长期资本管理有限合伙人基金所犯下的致命失误（当时由于诺贝尔奖获得者罗伯特·默顿（Robert Merton）和迈伦·斯科尔斯（Myron Scholes）没能够准确评估俄罗斯的债务违约风险概率，险些使对冲基金面临破产）是应当努力避免的。

通常情况下对冲基金是不受管制的，所以它的投资人大多是极为富有的人（至少拥有 50 万美元的净资产）。当市场发生偏离或下滑时，对冲基金特别受欢迎。因为此类基金的良好绩效不是依靠股票价格的上升，而是通过买进和卖出策略或利用套利头寸来获得的（例如，某支股票在一些市场上的价格比其他市场高 1 或 2 美分，而对冲基金投资者往往可以利用这一点获利）。

对冲基金经理的薪酬都是激励导向型的。因为经理们通常可以获得基金盈利的 20%，所以经理们有足够的激励去追求卓越的基金绩效。只有经理们掌握了高人一等的投资策略，他们才能幸存下来。投资者的资金通常在 2~3 年内被合约所限制，因此很多时候当他们看不到高额回报的希望时，投资者会变得很不耐烦。

尽管在 20 世纪 90 年代对冲基金刚刚兴起时，他们获得了远远高于市场平均水平的卓越绩效，但最近几十年来，他们的回报率和其他类型的共同基金已经相差无几。但是，高水平的对冲基金经理总是存在的，而富有的投资者也无时不刻不在寻找这样的人。

对冲基金可以分为以下几类：多头空头对冲、期权对冲、转换套利、兼并套利、衰落行业套利、市场中性套利。

每一个共同基金都有其独特的历史管理团队。过去卓越的绩效不一定可以在未来重演。所以投资者应该检查一支基金的管理寿命、历史回报、交易历史以及运营费用。提供这些信息的最重要的工具就是基金的招股说明书。

18.6 招股说明书

1940 年投资公司法案确立了所有投资公司的运营标准。该法案规定，每一个基金股份的购买者有权获得该基金最新版的招股说明书。**招股说明书**（prospectus）包含了被美国证券交易委员会认为应向潜在投资者提供的"充分披露"的信息，这些信息包括基金的投资目标以及政策、风险、管理和成本，还包括基金股份如何被购买和赎回、销售和赎回费用（如果有的话）以及股东服务。一经要求，基金还应提供其他文件，如：其他信息声明以及基金的年度和季度报告。

虽然完整讲述如何理解招股说明书超出了本章的范围，但投资者仍然需要了解以下重要信息。

投资目标及政策　这些信息通常出现在招股说明书的第一部分，它通常描述基金的基本目标，例如："本基金仅投资于美国政府所担保的证券。至少 70% 的基金资产会被用于购买政府国民抵押协会发行的证券，基金也可能购买其他由政府及其机构发行，并由美国政府全权担保的证券。"

正常境况下，招股说明书会详细说明基金所采纳的投资管理政策，通常包括借入资金的使用、证券的借出、或类似于下面所提到的信息："在某些特定的情况下，基金可能会卖出本基金所持有证券的抛补看涨期权来试图获取额外的收入。"

投资组合　招股说明书中的这一部分列出了基金所示当天所持有的证券。因为投资公司只需要每 14 个月发布一次招股说明书，这部分信息往往是滞后的。同样的，投资者应该将投资组合与事先声明的投资目标对比来检查他们是否是一致的。

管理费用和成本　除了销售和赎回费用，招股说明书同样提供基金经理的薪酬制度和基金的运营成本等相关信息和数据。投资咨询的年费以当年的日平均净资产价值的百分比来表示（通常是 0.5%）。其他成本包括法律和审计费用、年报的准备和分发费用、代理声明费用、主管费用以及交易费用。当这些费用加上投资咨询费，基金的年度成本通常占基金资产的 0.75%~1.25%。有经验的共同基金投资者对超过这个百分比的基金的态度是很谨慎的。按照规定，所有成本都在同一页的同一个表格中列出。

备受争议的证券交易委员会规定——12b-1——允许共同基金将基金资产用做营销成本，而营销成本又包括在成本比率中。因为营销成本与股东利益的增加并没有关系，而只跟基金经理收入的增加有联系，因此投资者应当对招股说明书的相关部分提高警惕。

周转率　一些共同基金为了追求利润而频繁交易，而另外一些做法刚好相反。富达基金某年的周转率高达243%，同年凯万特种基金（Oppenheimer Special Fund）的周转率仅仅为 9%。

在现实中，交易成本的总和超过了佣金，而且成本比率并不包括交易成本。当基金资产通过柜台交易，交易商所给出的买人和卖出价差是不予考虑的。同样的，大规模交易（此类交易是共同基金最常用的交易手段）的价格比小规模交易的价格更不利这一事实也经常被忽视。

招股说明书在每股收入及资本变化部分中也会提供周转率、成本率以及其他重要信息的统计数据。1998 年证券交易委员会规定共同基金向不愿被大量数据所困扰的投资者提供招股说明书的简要版。

18.7　分红及税收

当共同基金经理出售基金投资组合中的证券时会给基金带来收益或损失。经过收益和损失的冲减后，共同基金按年度将净资本收益分发给股东。

通过投资于持有分红或有息证券的基金的投资者还有另外一种投资收入米源。同样的，基金按年度或季度将这类收入分发给股东。

将至少 90% 的净投资收入以及资本盈余分发给股东的基金作为一个实体可以免除缴纳联邦收入税的义务。这类基金的作用就像一个管道，将投资组合中的债券收入来源输送到基金的股东手中。大多数基金都按照这种模式运营。但是虽然共同基金可能免除税收，它的股东却不会。

在每年年底，每个基金股东都会收到美国报税表格。这个文件提醒基金股东或其所得收入的税收总额和纳税状况。

当投资者将共同基金的股份出售（赎回），另外一种税开始其作用了。这种税就像当股票、债券或其他证券出售时所缴纳的完全一样。投资者必须考虑成本、出售价格以及所引致的收益或损失，并且在保税表中恰当的报告税收结果。

18.7.1　共同基金与个人股票投资组合的税收差别

当你管理自己的普通股票投资组合时，你可以自主选择出售股票的时机，因此你也可以控制在何时缴纳资本利得税。当你投资于共同基金时，基金经理决定了何时购买或出售股票，所以何时会得到资本利得或损失是由基金经理决定。这个差别也许并不明显，但是当你今年获得一笔红利，你可能会想要主动承担一些损失来冲销这些红利收入而等到来年再回收你的收入。也许你会期望收入来得更迟一些，以承担更低的税率。

首次购买普通股的价格确定了成本基础。如果股票价格上升，你将获利；股票价格下降，你将遭到损失；如果股票价格不变，那么既无损失也无收益。而这一结论并不适用于共同基金。当你购买基金股份时，股票的投资组合已经存在，而这些股票不是处于损失的状态就是处于收益的状态。在高速增长的牛市当中，你可能会买入已经获得大量收益的共同基金股份；如果基金经理决定将这笔收入套现，你将不得不支付资本利得税，即使你所持股票的净资产价值并无变化。即使价格不变的情况下，你也会遭受损失。这就是为什么在过去几个月中大多数精明的投资者都不去购买共同基金股份的税收方面的原因。

18.8 股东服务

大多数共同基金都会向股东提供一些服务，其中某些服务可以被用做投资者战略。基本的服务通常包括：

自动再投资。基金会将所有的分红用做投资（通常不收取销售费用）。再投资的股份按照净资产价值购买。股票的买入在年度或当期的会计报表中予以标注。

安全保管。尽管股东有权利保管所有的股票，但是由基金的转移代理持有这些股票更为安全。

转换特权。许多大型的管理公司控制许多基金（基金家族）。通常一个基金家族包含五只或更多基金，每一只基金都有不同的投资目标。在某些限制条件下，基金股东可以将自己的资金按照净资产价值在基金家族的不同基金中自由转换。这种转换可以通过电话进行。最低的转换额度至少能够超过转换成本。资金的转换同样要承担税收义务。

预授权支票计划。许多人没有经常性储蓄或投资的习惯。那些意识到自己上述特征的人可以授权一家管理公司从他们的银行账户中每隔一段时间取出预先商定的一部分金额来购买新的股票。

系统化推出计划。每个股东迟早都有将股票变现的计划。那些想要每月或每季度获得一笔固定现金流的投资者可以安排这种计划，来要求基金定期出售足够的股票来满足投资者的现金要求。

支票特权。大多数货币市场共同基金都赋予股东从账户开出支票的权利，只要账户约满足一个最小的额度（通常是 1 000 美元）。每笔支票的最低额度通常是 250 美元到 500 美元。

18.9 投资基金、长期计划及资本平均成本法

也许使得共同基金最适于金融计划活动的原因就是他们内涵的流动性和便捷性。其中最重要的因素便是资本资产的逐渐积累。

通过预授权支票计划，投资者可以定期从支票账户取出定额资金来购买基金股份。就像储蓄者可以通过银行将定额的资金从支付账户转入储蓄账户，基金投资者也可以省时省力地购买定额的一次性支付的基金股份。红利再投资使得这种策略的影响更加明显。

共同基金与银行储蓄账户的区别就是基金股份在购买时有不同的价格。投资者甚至可以采用一种被称做**平均成本法**（dollar-cost averaging）的被动策略。平均成本法指的是投资者定期购买一笔固定价值的特定证券而无论这些证券的价格和市场前景如何。平均成本法的主旨就是要打破传统的低买高卖的做法，与此相反，投资者不得不做出相反的决定。原因是投资者每月（每年）都按照固定价值以市场价格购买股票。当价格在高位时，投资者购买的股份相对较少；当价格走低时，投资者购买的股票较多。表 18—6 给出了一个例子。假设我们通过预授权支票计划每月将 200 美元转入共同基金账户。价格波动区间在 12~19 美元。

表 18—6	平均成本法		（单位：美元）
（1） 月份	（2） 投资	（3） 股价	（4） 购买价格
1 月	200	12	16.66
2 月	200	14	14.28
3 月	200	16	12.50
4 月	200	19	10.52
5 月	200	15	13.33
6 月	200	12	16.66
总额	1 200	88	83.95
	平均股价 14.67		平均成本 14.29

不难发现当股票价格走低时（例如 1 月份），我们购买的股票比股票价格在高位时要多（例如 4 月份）。在本例中，6 月份和 1 月份股票收盘价都是 12 美元。

如果股票价格正好收盘于六个月份的平均价格会发生什么情况？第三栏的价值总额为 88 美元，因此六个月的股票平均价格为 14.67 美元（88/6）。事实上，在这样的假定下我们仍然可以获得收益。因为平均成本小于这个数值。设想一下我们投资 1 200 美元并购买 83.95 股。这使得平均成本变为 14.29 美元：

$$\frac{投资额}{购买股票数量} = \frac{1\ 200}{83.95} = 14.29$$

平均成本（14.29 美元）小于平均价格（14.67 美元）。因为我们以相对的价格购买了更多的股票，因此这些股票

在计算中的权重更大。所以，在平均成本法中，即使股票价格最终比每笔交易的平均价格低，投资者同样可以通过固定额度的投资获得收益。

只有在一种情况下投资者会遭受损失，那就是当股票价格降到平均成本以下，并且投资者在这个价格出售了股票。虽然平均成本法有其优点，但也不是完美无缺。很明显，如果股价在一段时间内持续下滑，持续购买的情况是很难出现的。但是，大多数分散化投资的共同基金的长期表现是良好的，追求资产增值以应对退休、子女教育以及其他目的的长期投资者会发现这种战略颇有用处。

评估绩效时必须有一个合适的标准。最常用的标准是同类其他基金绩效的平均数。另外一个更为严格的基金标准是于基金投资目标相吻合的股票指数。

应该注意的是，用过去的绩效并不能预测未来的表现。很可能在过去表现卓越的基金未来的绩效十分糟糕。但是，在其他因素不变的情况下投资者通常都偏好过去绩效表现良好的基金。投资者并不能判断这些基金未来绩效如何，但是至少这些基金的历史数据显示他们有获得良好绩效的能力，但这个结论并不适用于过去表现不好的基金。

18.10　基金绩效评估

在本章中，我们多次提到共同基金绩效。让我们来进一步讨论这个问题。

在晨星共同基金调查报告中可以看到某一只共同基金与市场指数的对比。

18.10.1　理柏共同基金绩效平均指数

共同基金绩效可以按照基金类型来细分。在第 3 章我们讨论股票市场指数时曾经提供了相关信息，但在本章的共同基金评估的讨论中我们的理解更为深刻。你可以看到不同类型的基金绩效的差别以及他们的绩效是如何随着评估期的变化而变化的。

18.10.2　计算投资总收益

实例应用

假设你在一年中投资于某只基金并试图计算这笔投资的总收益。潜在收益来源有三个：

净资产价值的变化

分红

资本收益

假设：

14.05	初始 NAV
15.10	期末 NAV
1.05	NAV 的变化
$0.72 \begin{cases} 0.40 \\ 0.32 \end{cases}$	
1.77	总收益

在本例中，总收益是 1.77 美元。以初始净资产价值为基础，收益率是 12.60%：

$$\frac{总收益}{初始 NAV} = \frac{1.77}{14.05} = 12.60\%$$

进一步考虑，假设分红和资本利得不以现金形式发放，你决定将这些收益自动用于购买共同基金的股份。在这种情况下要计算收益率，你必须将最终持有的股票的总价值与初始股票总价值对比。假设最初你拥有 100 股，并且每股收益为 0.72 美元。这使你可以再投资 72 美元。再假设你以 14.40 的平均价格购买新的基金股份，你将得到 5 股新股份。

$$\frac{账户所得总收益}{购买新股的平均价格} = \frac{72}{14.40} = 5$$

（18—2）

该笔投资的最终和初始价值对比如下：

$$总收益 = \frac{最终股票数 \times 最终价格 - 最初股票数 \times 最初价格}{最初股票数 \times 最初价格}$$

$$= \frac{105 \times 15.10 - 100 \times 14.05}{100 \times 14.05}$$

$$= \frac{1\,585.50 - 1\,405}{1\,405}$$

$$= \frac{180.50}{1\,405}$$

$$= 12.85\%$$

在检查上述计算是否正确时，你必须将所得结果跟市场平均数据以及其他共同基金的收益率进行比较。某个收益率对保守基金来说是非常合意的，但同样的数据对积极的基金来说可能是不能令人满意的。同样，收益率波动的风险也要被考虑在内。在第 21、22 章中，对收益和风险的分析将进一步展开。

本章小结

投资基金使得投资者可以将他们的资金聚集在一起并交由专业基金经理管理。一些基金是封闭型的，意味着基金的股票总数是固定的，所以股份的交易必须在投资人之间通过经纪人进行。通常投资者不可以直接向基金购买股份。更为重要的是开放型基金，这类基金的股份随时可以增发和赎回。事实上，共同基金这个术语在技术上特指开放式基金。

关于开放式基金的重要一点就是它是含佣基金或是无佣基金。前者要求投资者支付高达 7.25% 的佣金，后者不需要支付佣金。因为并没有证据显示含佣基金的绩效好过无佣基金，因此投资者在选择基金时应该着眼与长远。

共同基金可以采取很多形式，例如侧重于货币市场管理的基金、侧重于富有潜力的普通股的基金、侧重于债券投资组合管理的基金、侧重于某些经济部分的基金以及侧重于国外投资的基金。在过去十年中，以国际化投资为导向的基金受到了广泛的关注。

通过研究基金的招股说明书，投资者可以熟悉一支基金的投资目标及政策、投资组合、周转率以及基金管理费。投资者同样可以知道基金是否提供特殊服务，例如红利再投资、在不同基金中的转换特权、系统性推出计划以及支票特权等。

基金股东的收益可能采取资本增值或现金的形式。长期来看，共同基金绩效并没有超过市场的平均水平。但是，它们确实通过了低成本、有效分散化的投资，而且共同基金通常拥有有经验的管理团队。同样的，少数基金获得了超出市场表现的收益。

关键词汇及概念

赎回费　back-end load

平衡基金　balanced funds

债券共同基金　bond mutual funds

封闭式基金　closed-end fund

平均成本法　dollar-cost averaging

交易所交易基金　exchange-traded funds

国外投资基金　foreign funds

成长基金　growth funds

收入增长型基金　growth with income funds

对冲基金　hedge funds

指数基金　index fund

含佣基金　load fund

低佣基金　low load fund

货币市场基金　money market fund

无佣基金　no-load fund

开放式基金　open-end fund

招股说明书　prospectus

板块基金　sector funds

特定对象基金　specialty funds

讨论题

1. 平均来看，共同基金的绩效要比市场平均水平要好吗？

2. 共同基金在大多数情况下能够有效地分散投资吗？

3. 试解释为什么大量可供选择的共同基金有时不是一项优势，而是一个缺陷。

4. 封闭式基金和开放式基金最基本的区别是什么？

5. 定义净资产价值。封闭式基金的股票是否通常按照净资产价值出售？那么开放式基金呢？

6. 在购买开放式基金时必须要支付佣金吗？什么是低佣基金？

7. 选择了含佣基金就应该得到比无佣基金更好的绩效吗？

8. 如果净资产价值和共同基金要约价之间有差额的话，我们可以知道关于这支基金的什么信息？

9. 你如何区别常规增长基金和积极增长基金？

10. 什么类型的基金最有可能投资于可转换债券？

11. 为什么投资于板块基金时无法避免潜在的风险？

12. 12b–1 规则赋予了共同基金什么权利？这对目前的共同基金投资者通常是有益的吗？

13. 通常来说共同基金所得收益是以基金为主体还是股东为主体缴纳税收？

14. 投资与提供可转换特权的共同基金有什么好处？

15. 什么是成本平均法？如果你是一个对预测市场变化特别敏锐的投资者，你会使用成本平均法吗？

16. 以一个个人投资者的视角来看，投资于共同基金的潜在税收劣势是什么？

练习题及解答

1. 一只含佣基金的净资产价值是 16.50 美元，发行价格是 17.30 美元。

a. 计算这只基金的佣金；

b. 计算佣金占要约价格的百分比；

c. 计算佣金占净资产价值的百分比；

d. 假设在你购买 100 股的一个月后，基金每股增值 30 美分，计算你的总盈亏（将当前总价值与期初购买价值比较）；

e. 要使你的盈亏平衡，净资产价值应该变化多少？

2. 假设卡梅尔在 1 月 1 日以 32.60 美元的净资产价值购买了无佣基金——全球基金。投资者获得 90 美分的分红和 50 美分的资本利得。以初始净资产价值为基础计算总收益率。

解答：

1. a. 要约价　　　17.30 美元
　　NAV　　　　16.50
　　佣金　　　　0.80 美元

b. 佣金÷要约价 = 0.80 ÷ 17.30 = 4.62%

c. 佣金÷NAV = 0.80 ÷ 16.50 = 4.85%

d. 变化后 NAV　　16.50 + 0.30 = 16.80
　股票数额　　　　　　　× 100
　现行价格　　　　　　1 680.00
　要约价　　　　　　　　17.30
　股票数额　　　　　　　× 100
　购买价值　　　　　　1 730.00
　损失　　　　　　　　（50.00）

e. 要使盈亏平衡，你必须在净资产价值是 16.50 美元的情况下获得 0.80 美元的佣金收益，也就是 NAV 的 4.85%。这与题目 c 的答案是一致的。

$$\frac{佣金}{NAV} = \frac{0.80}{16.50} = 4.85\%$$

2. 期末 NAV　　　36.90 美元
　期初 NAV　　　－32.60
　NAV 变化　　　　4.30 美元

　分红　　　　　　0.90 美元
　资本利得　　　　0.50
　总收益　　　　　5.70 美元

$$\frac{总收益}{初始\,NAV} = \frac{5.70}{32.60} = 17.48\%$$

思考题

1. 21 世纪封闭式基金持有价值 3.5 亿美元的证券、800 万美元的负债以及 2 000 万流通股。该基金的股份以 NAV 贴水 10% 的价格进行交易。

a. 基金的净资产价值是多少？

b. 基金的股份现行价格是多少？

c. 指出基金股份以净资产价值贴水的水平交易的两个原因。

2. 先锋封闭式基金持有 5.2 亿美元的证券，5 百万美元的负债以及 1 000 万美元的流通股。基金股份按照 NAV 升水 5% 的价格进行交易。

a. 基金的净资产价值是多少？

b. 基金的股份现行价格是多少？

c. 指出基金股份以净资产价值贴水的水平交易的原因。

3. 接问题 2，如果先锋基金转化为开放式基金且佣金是 NAV 的 6%，那么基金股份的价格是多少？

4. 在问题 2 中，如果先锋基金转化为开放式基金并且股票价格是 51.50 美元，那么该基金是无佣基金还是含佣基金？

5. 假设一个含佣的开放式基金的 NAV 是 8.72 美元，

股票价格是 9.25 美元。

 a. 计算基金的佣金。

 b. 计算佣金占要约价的百分比。

 c. 计算佣金占 NAV 的百分比。

 d. 含佣基金的绩效一定优于无佣基金吗?

 e. 无佣基金如何能盈利(在不收取佣金的情况下)?

6. 接问题 5,假设基金在你购买 300 股股票的一个月后基金股票增值 30 美分。

 a. 计算你的总盈亏(将当前总价值与期初购买价值比较)。

 b. 要使你的盈亏平衡,净资产价值应该变化多少?

7. a. 假设你以 10.30 美元的价格购买一个 NAV 为 10.00 美元低佣基金的股票,计算佣金比率。

 b. 如果基金净资产价值上升 33.72%,那么该基金的净资产价值是多少?

 c. 以购买价格为基础计算你的盈亏。

 d. 以购买价格为基础计算收益率。

8. 一个投资者在 1 月 1 日以 NAV 价格 2 120 美元购买先锋共同基金的股份。当年年底,股票价格是 25.40 美元。投资者收到 0.50 美元的分红以及 0.35 美元的资本利得。以期初 NAV 为基础计算总收益率(精确到小数点后两位)。

9. 丹先生以 NAV11.25 美元的价格购买象牙塔新视野基金的股份。当年,他收到 0.50 美元的分红和 0.14 美元的资本利得。期末基金股票价格是 10.90 美元,以期初 NAV 为基础计算总收益率(精确到小数点后两位)。

10. 奥利弗在 1 月 1 日持有 200 股寻求基金的股份。股份价格为 17.60 美元。当年她收到 90 美元的分红和 270 美元的资本利得。她用这笔资金以平均 18 美元的价格购买基金的股份。截止到年底,股票价格升至 18.50 美元。计算她的收益率。使用公式 18—2 并精确到小数点后两位,注意你必须首先计算股票数额。

11. 汤姆在 1 月 1 日持有 300 股新十年基金的股份。股份价格是 23 美元。当年他收到 150 美元的分红和 450 美元的资本利得。他将这笔资金以平均 25 美元的价格购买基金股份。截止到年底,股票价格升至 27 美元。计算她的收益率。使用公式 18—2 并精确到小数点后两位,注意你必须首先计算股票数额。

12. 在平均成本法下,投资者可以连续三年每年购买价值 6 000 美元的股份。三年的股票价格分别是 40 美元、30 美元和 48 美元。

 a. 计算每股平均价格。

 b. 计算每股平均成本。

 c. 解释为什么平均成本小于平均价格。

投资顾问难题

 卢·萨缪尔森在看完一个关于新世纪基金在 NBC 播出的广告后十分兴奋,在跟基金代表通过电话后他决定投资这个基金。为什么不呢? 在过去 10 年中这支基金取得了平均 16.6% 的年收益率。而且他还发现该基金是低佣基金,初始投资佣金是 3% 而退出佣金是 0.75%。该积极增长型共同基金的股份目前价格为 36 美元。

 他计划第二天早上购买基金股份。尽管基金 24 小时营业,他还是先跟他的投资咨询人打了一场网球比赛并告诉咨询人他的投资意向。

 在二人为比赛进行热身的时候,卢告诉托尼他想要投资的那支共同基金。托尼,一个 CFP,已经在投资界从业多年并知道投资者经常因一时激动而草率的做出决定。

 a. 投资咨询人应该提醒卢哪些重要事项?

 b. 新世纪基金的股票应该上涨多少百分比才能使得卢盈亏平衡?

附录 18A 单位式投资信托公司

单位式投资信托公司（Unit investment trusts, UITs）指以购买一揽子证券（通常是免税的市政债券）为目的而组建的投资公司。UITs 向投资者发行基金单位，代表信托公司资产的固定比例的利益。投资者同样可以获得信托公司所得的利息或分红的一定比例。

根据投资公司机构的数据显示，截止至 2006 年底，共有 11 000 个单位信托公司，市值超过 1 000 亿美元。虽然跟共同基金相比这些数字并不大，UITs 确实填补了某些投资者的细分市场。虽然股权信托只有大约 1 500 家，他们所持股票价值超过了 600 亿美元。

UITs 采用被动投资方法。它们通常为了所有者的利益而购买资产并持有一定时间。

为了更好地理解 UITs，考虑以下假设的例子。行业领军企业纽文（Nuveen）公司公告了其下一个序列的免税 UITs 产品——纽文序列 200。通过广告和销售代理，该公司可以募得 400 万美元。投资者购买价格大约是每单位 1 000 美元。在扣除 2%~3% 的销售佣金后，该公司可以用该笔资金从 10~20 个发行者那里购买大量的市政证券。一旦这个分散化的债券组合成型后，该公司会采取一个被动的战略。它会将因债券到期或回购而获得的利息和本金支付给基金单位持有者。虽然 UITs 通常情况下持有债券直至到期，信托管理人也可以将因某些重大时间发生而影响其未来利息和本金支付能力的债券出售一空。

通常，信托公司专门投资于高税率州（如纽约、马萨诸塞以及明尼苏达）的免税证券。这些地区的信托单位持有者期望获得免除联邦税、州政府和地方政府税收的收入。

虽然 UITs 主要投资于免税债券，但它们也有不同的投资目标。一些专门投资于长期高利率债券，而另一些购买低利率债券以寻求高收益。

在经纪人和交易商之间渐渐出现了 UITs 的第二市场。意图购买或出售单位的投资者有时可以利用这个市场。但是，大多数投资者多不需要提前出售信托单位。

UITs 向投资者提供了专业的证券选择、分散化投资以及免除了收取利息支付的日常琐事。作为一个规模足够大的买方，UITs 通常可以以比个人投资者更优惠的价格购买大量证券。

18A.1 UITs 与共同基金的本质区别

UITs 与共同基金之间有一个本质的区别。UITs 成立的目的是持有期初购买的资产到期。这种投资战略，正如上文提到的，是严格被动的。一个价值 400 万美元寿命为 10 年的 UITs 将会收取利息支付，并将到期债券变现并将收入支付给投资者。十年之后 UITs 将停止运营。由于这些特点，UITs 的利率风险是非常低的。因为所以债券都会被持有到期，投资者可以比较确信他们的初始投资者将被收回（加上利息）。对于 UITs 来说，利息率与债券价格放方向运动的关系是无关紧要的。

一个以债券为导向的共同基金就没有这种确定性来收回全部初始投资。首先，共同基金没有确定的存续年限。其次，投资组合中的债券是被积极管理的，并且经常在到期日前就被出售而带来大量的收益或损失。因此，投资于债券导向的共同基金的投资者除了获得利息收入外可能遭受大量的损失或获得大量的收益。

结论就是，当资本保值对投资者来说是第一要务的话，UITs 是最优选择。当然，如果投资者认为利率将下降而债券价格将上升，债券导向的共同基金将会是一个更好的投资选择。

第19章 国际证券市场

在第1章我们曾讨论过分散化投资带来的风险降低。要减少风险敞口，投资者需要在一个广泛的证券序列中做出选择。一个居住在加州的投资者不太可能将他的全部投资局限与本州。对于美国、德国和日本投资者来说，这个结论同样适用。国际化投资的好处就是能够带来大规模的分散化投资效应。

在不同国家运营的公司会受到不同国际事件的影响，例如：粮食危机、能源危机、战争、关税、国家间贸易以及汇率的变化。另外，虽然在美国市场会出现波动，但同一时间世界的某个地方一定存在一个牛市使投资者可以盈利。

当然，投资于国际证券也有一些缺点。最主要的就是更加复杂的投资性质。目前来看，直接拿起电话告诉经纪人购买100股某只在外国市场上挂牌的股票是不可能的。一些国外市场的流动性很低而且要求公民身份，也可能是美国的经纪人不允许在这些市场从事交易。

虽然投资不可避免要涉及债券和实际资产，本章的重点在于国外股票投资。我们将会研究国际股权市场组合、国际化投资的分散化效应和收益、目前的障碍以及直接或间接参与国际化投资的方式。

19.1　世界股权市场

世界股权市场在1992—1999年间增长迅速但随之陷入衰退。在1999年年底股票市场泡沫的顶峰，发达国家的股票市场市值总和达到33万亿美元。通过观察表19—1你可以发现在2002年总市值是21万亿美元。在三年内如此多的股票价值化为乌有。幸运的是，股票市场与经济活动的波动有一定相关性，随着时间的推移，股票市场慢慢恢复。到2005年年底，在全球经济经历几年的增长之后，发达国家股票市值总和达到36.5万亿美元。

正如图19—1显示的，按地区划分的股票市场市值总额百分比在2002—2005年间是相对稳定的，而北美（包括美国、加拿大和墨西哥）的比例下降了5%（由55%下降到50%）。最大的受益者是欧洲，从1%升至31%，而亚洲上升了4%达到19%。

表 19—1　　　　　　　　　　　　发达国家及地区股票市场总值　　　　　　　　　　（单位：百万美元）

国家及地区	2002 年底	百分比	2005 年底	百分比	2002—2005 年变化百分比
澳大利亚	$378 856	1.80%	804 074	2.20%	112.2%
奥地利	31 899	0.15	126 324	0.35	296.0
比利时	127 556	0.61	327 065	0.90	156.4
百慕大	2 175	0.01	2 125	0.01	-2.3
加拿大	575 316	2.74	1 480 891	4.05	157.4
开曼群岛	139	0.00	130	0.00	-6.5
塞浦路斯	4 990	0.02	6 583	0.02	31.9
丹麦	76 788	0.37	178 038	0.49	131.9
芬兰	138 833	0.66	209 504	0.57	50.9
法国	966 962	4.60	1 710 029	4.68	76.8
德国	691 124	3.29	1 221 250	3.34	76.7
希腊	68 741	0.33	145 013	0.40	111.0
中国香港	463 108	2.20	1 006 228	2.75	117.3
冰岛	6 324	0.03	27 799	0.08	339.6
爱尔兰	60 384	0.29	114 134	0.31	89.0
意大利	480 630	2.29	798 167	2.18	66.1
日本	2 126 075	10.11	4 736 513	12.96	122.8
卢森堡	24 733	0.12	51 254	0.14	107.2
荷兰	401 465	1.91	727 515	1.99	81.2
新西兰	21 745	0.10	40 620	0.11	86.8
挪威	67 300	0.32	190 952	0.52	183.7
葡萄牙	42 846	0.20	66 981	0.18	56.3
新加坡	101 900	0.48	208 300	0.57	104.4
西班牙	464 998	2.21	960 024	2.63	106.5
瑞典	179 335	0.85	403 948	1.11	125.2
瑞士	552 549	2.63	938 624	2.57	69.9
英国	1 864 262	8.87	3 058 182	8.37	64.0
美国	11 098 102	52.80	16 997 982	46.52	53.2
总和	21 019 135	100%	36 538 249	100%	73.8%

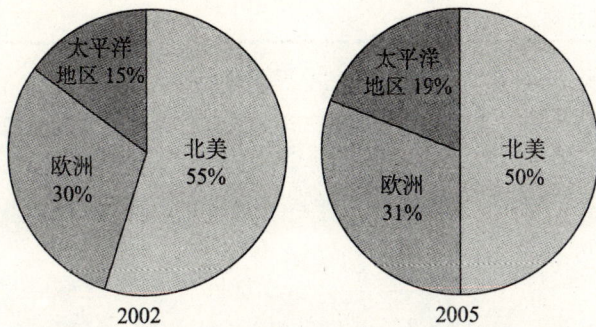

图 19—1 2002—2005 年按地理位置分类的发达市场份额

回到表 19—1，你可能对某些发达国家或地区的排名感到吃惊。标准普尔和花旗银行按照国际货币基金组织的原始公式的标准将发达国家按照人均收入来定义，而不是按照 GDP 规模来区分。这就是为什么一些国家例如百慕大、开曼群岛以及冰岛，他们的股票市场、经济规模和人口规模都很小的情况下，仍然在排名中占了一席之地。

通过表 19—1 我们可以看到在 2002 年—2005 年之间，发达国家及地区市值从 21 万亿美元增长到 36.5 万亿美元，增产率为 73.8%。这个三年期增长率并不低。另一方面，正如在表 19—2 中显示的，新兴市场国家及地区市值从 24.7 亿美元增长到 71 亿美元，增长率为 187.4%，比发达国家高出了两倍还要多。

新兴市场国家及地区股票市值作为一个整体列世界第二位，仅排在美国之后。但数据可能会骗人。如果你仔细观察表 19—2 中高亮模式的国家及地区的数据，会发现他们的市场市值很大。巴西、中国、印度、韩国、俄罗斯、沙特阿拉伯、南非和中国台湾占有整个新兴市场国家及地区市值的 67%。这八个大的经济体的人口对 GDP 的比率都很高，所以他们的人均 GDP 使得他们不能跟发达国家相提并论，即使他们中一些国家或地区的市场市值比某些发达国家还要高。

在高亮的国家中，也许最让人吃惊的是沙特阿拉伯。它的市场市值增长 763%，从 748 亿美元到 6460 亿美元，并占有发展中国家及地区总市值的 9.11%。我们都知道中国的快速发展，但知道最近它的股票市场市值增长却低于它的主要竞争对手——印度。浏览表 19—2 中增长率的变化我们可以发现一个股票市场令人吃惊的事实。例如，阿拉伯世界的市场在过去三年中增长率超过 1 000%，而阿根廷的市值却下降了 40%。

表 19—2	市值大于 30 亿美元的新兴市场市值				（单位：百万美元）
国家	2002 年底	百分比	2005 年底	百分比	2002—2005 年的变化百分比
阿根廷	$103 434	4.19%	$61 478	0.87%	−40.56%
巴林	6 855	0.28	17 364	0.24	153.30
孟加拉国	1.193	0.05	3 035	0.04	154.40
巴巴多斯	3 441	0.14	5 153	0.07	49.75
巴西	123 807	5.01	474.647	6.69	283.38
保加利亚	733	0.03	5 086	0.07	593.86
智利	47 584	1.93	136 446	1.92	186.75
中国	463 080	18.74	780 763	11.00	68.60
哥伦比亚	9.664	0.39	46 016	0.65	376.16
哥斯达黎加	2 303	0.09		0.00	−100.00
克罗地亚	3 976	0.16	12.918	0.18	224.90
捷克	15 893	0.64	38 345	0.54	141.27
厄瓜多尔	1 750	0.07	3.214	0.05	83.66
埃及	26 094	1.06	79.672	1.12	205.33
萨尔瓦多	1 509	0.06	3 623	0.05	140.09
爱沙尼亚	2 430	0.10	3 495	0.05	43.83
伊朗	14 344	0.58	38 724	0.55	169.97
匈牙利	13 110	0.53	28 711	0.40	119.00
印度	131 011	5.30	553.074	7.80	322.16
印度尼西亚	29 991	1.21	81.428	1.15	171.51
以色列	45 371	1.84	120.114	1.69	164.74
牙买加	5 838	0.24	13 028	0.18	123.16

续前表

国家	2002 年底	百分比	2005 年底	百分比	2002—2005 年的变化百分比
约旦	7 087	0.29	37 639	0.53	431.10
哈萨克斯坦	1 341	0.05	10 521	0.15	684.56
肯尼亚	1 423	0.06	6 384	0.09	348.63
韩国	249 639	10.10	718 180	10.12	187.69
科威特	30 705	1.24	130.080	1.83	323.64
黎巴嫩	1 401	0.06	4 929	0.07	251.82
立陶宛	1 463	0.06	8 183	0.12	459.33
马来西亚	123 872	5.01	181 236	2.55	46.31
马尔他	1 383	0.06	4 097	0.06	196.24
墨西哥	103 137	4.17	239 128	3.37	131.85
摩洛哥	8 591	0.35	27 220	0.38	216.84
尼日利亚	5 740	0.23	19 356	0.27	237.21
阿曼	3 997	0.16	15 269	0.22	282.01
巴基斯坦	10 200	0.41	45 937	0.65	350.36
巴拿马	2 950	0.12	5 074	0.07	72.00
秘鲁	13 363	0.54	35 995	0.51	169.36
菲律宾	18.459	0.75	40 153	0.57	117.53
波兰	28 750	1.16	93 873	1.32	226.51
卡塔尔	0	0.00	87.316	1.23	n.a.
罗马尼亚	4 561	0.18	20 588	0.29	351.39
俄罗斯	124 198	5.03	548 579	7.73	341.70
沙特阿拉伯	74 855	3.03	646 104	9.11	763.14
塞尔维亚和黑山	734	0.03	5 409	0.08	636.92
斯洛伐克	1 904	0.08	4 393	0.06	130.72
斯洛文尼亚	4 606	0.19	7 899	0.11	71.49
南非	184 622	7.47	565 408	7.97	206.25
斯里兰卡	1 681	0.07	5 720	0.08	240.27
中国台湾	261 474	10.58	485 617	6.84	85.72
泰国	46 172	1.87	123 539	1.74	167.56
特立尼达和多巴哥	6 506	0.26	16 972	0.24	160.87
土耳其	33 958	1.37	161 537	2.28	375.70
乌克兰	3 119	0.13	24 976	0.35	700.77
阿拉伯联合酋长国	20 376	0.82	225 568	3.18	1 007.03
委内瑞拉	3 962	0.16	5 017	0.07	26.63
约旦河西岸和加沙	576	0.02	4 461	0.06	674.48
其他市值在 30 亿美元之下的国家	30 856	1.25	26.025	0.37	−15.66
新兴市场市值总额	**2 471 072**	**100%**	**7 094 716**	**100%**	**187.11%**

中国的增长是众人皆知的。在 2003 年加入世界贸易组织后中国成为了一个正在成长的巨人。中国以世界上最快的 GDP 增长率著称，并且在迅速增加自己的经济实力。中国接受了部分市场经济的制度，并建立了一个活跃的股票市场。韩国略有不同，因为该国在 1997—1998 年间经历了货币危机且其经济几乎崩溃，但是在所有经历危机的亚洲国家中韩国的恢复速度最快。另外，俄罗斯的新兴股票市场在过去三年中增长率达到 340%。

研究新兴市场国家更好的视角是将他们的市场规模跟一些著名的美国公司做比较。例如在 2007 年 3 月，埃克森美孚的市值达到 4 040 亿美元，超过了除高亮国家及地区之外的新兴市场国家市值总和。如果我们将通用电气和微软的市值（分别是 3 600 亿美元和 2 750 亿美元）加上，那么美国最大的三家公司市值将会超过新兴市场国家及地区中市值规模最大的中国。

许多新兴市场国家及地区市值规模很小，这就解释了为什么这些国家市场流动性比较低，而且这也是小规模资金进出就能引起这些国家股价大幅波动的原因。当美国投资者突然决定购买新兴市场国家及地区的股票，那些专门投资于这些国家的共同基金经理们想要在不带来大幅价格波动的情况下购买如此大额的股票是很困难的。

投资者通常把新兴市场等同于高增长市场，从投资组合的角度来看，这是有一定道理的。在 1992—2005 年间发达国家及地区股票市场市值从 9.9 万亿美元增长到 36.5 万亿美元，增长率达到 268%。新兴市场国家及地区市值从 8 820 千亿美元增长到 7.1 万亿美元，增长率高达 704%，比发达国家及地区增长率的 2.5 倍还要多，而且许多新兴市场国家及地区的增长率远远高于这个数字。

图 19—2 中，我们把 2002—2005 年的新兴市场国家及地区数据按地理位置进行细分。在这期间，新兴市场国家及地区之间的对比关系发生了巨大变化。东亚的增长速度低于其他新兴市场国家，因此其比例从 2002 年的 48% 下降到了 2005 年的 29%。中东和非洲的增长速度也很快

（右边一栏顶部，346%），但主要的贡献来自于中东（沙特阿拉伯以及阿拉伯联合酋长国）。欧洲东部和中部增长率排在第二（290%）。

随着新兴市场国家及地区飞速的增长，购买这些国家的股票也变得越来越便利。因此考察新兴市场国家及地区和其他国家的不同市场结构和机构特点是很有用的。

不同国家市场结构大不相同。例如，在诸如美国、日本、英国、德国、加拿大、中国香港等发达国家和地区，连续竞价市场是普遍标准的。而在许多小的新兴市场国家中，没有足够多的证券买卖来支持连续竞价市场所要求的流动性。相反，交易所里的一些股票每天只交易一到两次。一些市场由专家、自动交易以及计算机驱动交易组成，而其他国家的市场却没有这些制度。即使在发达国家，大多数交易所都对股票期货和期权的交易加以限制。尽管大多数交易所对股票价格波动不加以限制，但一些交易所对股价波动的范围有严格规定（通常每天波动范围在 5%~10% 之内）。在国外交易所的交易成本可能会非常高，从墨西哥的 0% 到荷兰的 2.4%。高额的税收会减少交易量、流动性和潜在收益。许多交易所采取保证金制度，允许投资者用借入资金购买证券，而一些交易所对保证金制度予以禁止。在诸如韩国这样的国家中，外国投资者是不能购买本国公司的股票的。要注意的是，不要假定国外市场的模式和美国一样。国外市场通常有交易成本高、流动性低和效率低下的特点。世界各地机构惯例的不同会对你的收益率产生很大的影响。

图 19—2 新兴市场的地区权重

		2002 （单位：美元）		2005 （单位：美元）	2002 至 2006 变化 比例
中东和非洲	18%	494 121	31%	2 204 951	346%
南亚	12%	345 045	14%	995 101	188%
东亚	47%	1 312 901	29%	2 038 315	55%
欧洲中部和东部	7%	206 919	11%	806 105	290%
拉丁美洲	15%	431 351	15%	1 050 057	143%
		2 790 337		7 094 529	

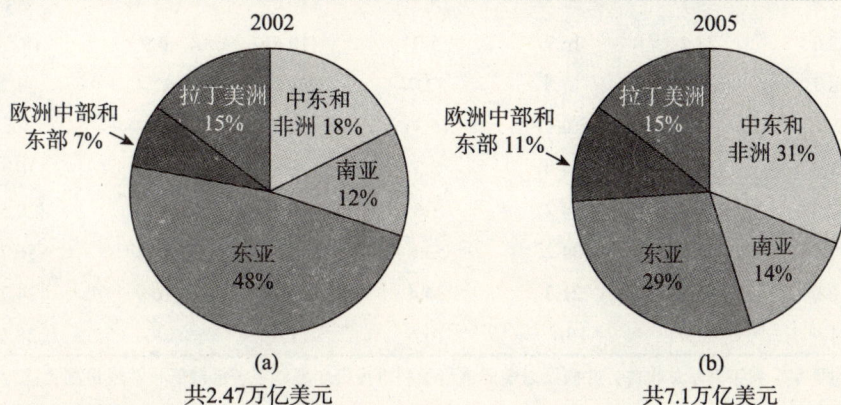

(a)
共2.47万亿美元

(b)
共7.1万亿美元

19.2 分散化投资收益

投资于国外市场的一个优点就是不是所有的国外市场的波动趋势都是相同的，因此一个分散化投资于许多国家股票市场的投资组合的波动性比完全投资于本国股票的投资组合的波动性要小，而收益率要高。这种分散化收益并不总是完美的，在1987年的市场萧条中，23个国家中有19个国家的市场价值都下降了超过20%，考虑到不同国家历史收益率较低的相关性，这种情况并不常见。理查德·罗

尔（Richard Roll）的文章指出，每个国家与全球市场萧条间最显著的关系就是单个市场对世界市场的贝塔系数。

在表19—3中，我们可以看到过去30年间一些主要国家及地区市场波动的数据。每年这八个国家及地区间的市场表现都有显著的差别；每一年最高和最低的年收益率都给以高亮显示。有一点需要注意。按年度数据来看，没有国家或地区的市场表现总能超过其他国家或地区。30年中中国香港有八次收益最高，日本有九次收益最低。加拿大只有一次名列收益率排行榜第一。

表19—3　　　　　　　　　　　1976—2005年表现最好的股票市场　　　　　　　　　　　（单位：美元）

	德国	瑞士	英国	澳大利亚	中国香港	日本	加拿大	美国
1976	6.6	10.5	**(12.70)**	(10.2)	**40.7**	25.6	9.7	23.8
1977	25.8	28.7	58.0	11.9	**(11.20)**	15.9	(2.1)	(7.2)
1978	26.9	21,9	14.6	21.8	18.5	**53.3**	20.4	**6.5**
1979	(2.2)	12.1	22.1	43.6	**83.5**	**(11.9)**	51.8	18.5
1980	**(9.1)**	(7.3)	41.1	55.3	**72.7**	30.3	22.6	32.4
1981	(8.2)	(9.5)	(10.6)	**(23.9)**	(15.8)	15,8	(10.7)	(4,9)
1982	12.3	3.4	9.2	(22.6)	**(44.5)**	(0.5)	2,4	**21.5**
1983	25.9	19.3	17.2	**56.0**	**(3.0)**	24.9	33.4	22.2
1984	(3.8)	(11.1)	5.4	**(12.6)**	46.8	17.1	(7.6)	6.2
1985	**139.2**	107.4	52.8	20.9	51.6	43.4	15.9	31,6
1986	37.2	34.3	27.1	43.8	56.0	**99.7**	**10.7**	18.2
1987	**(23.4)**	(8.8)	36.5	10.3	(4.1)	**43.2**	14.6	5.2
1988	23.1	**7.1**	**7.1**	**38.0**	28.0	35.5	18.0	16.5
1989	**48.8**	27.1	23.1	10.8	8.3	**1.8**	25.2	31.4
1990	(10.8)	(7.8)	**6.0**	(21.0)	3.7	**(36.4)**	(15.3)	(5.6)
1991	8.7	13.6	12.0	n.a.	**43.4**	**6.5**	8.7	30.3
1992	(13.2)	13.3	(6.2)	(16,2)	**28.3**	**(23.1)**	(15.7)	2.8
1993	33.7	47.5	**3.2**	36.3	**107.7**	25.3	17,0	9.0
1994	3.3	2.4	(4.7)	2.9	**(31.0)**	**20.7**	(4.9)	(0.9)
1995	14.8	**42.4**	17.2	8.3	18.2	**0.0**	16.1	34.7
1996	18.6	3.1	28.2	23.1	**38.8**	**(17.0)**	27.7	23.5
1997	21.9	**44.1**	21.5	(5.2)	**(19.5)**	(28.4)	9.4	31.1
1998	23.0	**23.2**	16.9	5.0	**(10.8)**	6.9	(8.5)	23.0
1999	18.7	**(5.0)**	17.5	22.7	63.7	**67.4**	35.2	20.7
2000	(9.9)	**11.2**	(10.9)	(5.3)	(10.3)	**(29.3)**	5.4	(4.8)
2001	(21.6)	(22.5)	(14.0)	**3.3**	(16.8)	**(28.5)**	(16,8)	(11.2)
2002	**(29.9)**	(10.9)	(14.2)	**1.6**	(16.3)	(8.7)	(10.8)	(21.4)
2003	65.2	36.3	34.2	53.8	45.3	38.6	56.7	**31.9**
2004	16.9	15.9	21.3	**34.4**	23.2	16.9	24.7	**12.5**
2005	11.4	17.0	9.1	16.6	11.6	28.0	**28.6**	**6.6**

注：n.a.表示信息不足。数字表示总收益，并假设以美元进行股利再投资。黑体字表示最低收益或最高收益。

表 19—3 进一步显示，在 2000、2001、2002 年间发达国家及地区的市场大多数都在下滑，除了新西兰、澳大利亚以及加拿大。2003—2005 年间所有的八个国家或地区的市场都在增长，而每一年美国的增长率都是最低的。当市场都向一个方向波动时，国际市场投资可能不能降低风险。在 1989 和 1997 年 10 月份美国市场坍塌以及 2002 年 9·11 事件（对纽约世贸中心和华盛顿特区五角大楼的恐怖袭击）发生时，全球市场都和美国市场一同下滑。这些致使国家市场同步波动的国际时间使得市场分析家怀疑各国市场比过去的联系更加紧密了，原因如下：

1. 我们现在面临一个全球市场，在这个市场中跨国公司在不同的国家进行经营。这种现象会使得不同地理位置的经济体变得越来越相互依赖。

2. 欧洲货币联盟采纳欧元作为单一货币。而欧洲中央银行对该联盟实施统一的货币政策，因此这些欧洲国家的市场一体化程度会越来越高。

尽管所有这些理由都合理，甚至它们都是真的，我们仍然应该意识到长期来看，世界经济及其市场跟美国市场的波动不总是趋同的。

表 19—3 显示了一个美国投资者的数据。在 1976 年，美国的总体收益率是 23.8%，而英国的收益率是 –12.7%。1977 年，情况正好相反（美国收益率是 –7.2% 而英国收益率是 58%）。如果投资者在这两个国家持有相同的头寸，收益率的波动将会减少，而美国投资者将会获得更高的总收益率。分散化投资减少了投资组合的波动性，并可能提供比单个国家投资组合更高的收益率。

考虑**分散化收益**（diversification benefits）的一个方法是衡量股票波动相关系数的大小。**相关系数**（correlation coefficient）衡量的是一个系列的数据和另一个系列的数据一段时期以来波动的相关性，在本例中是指股票收益率。相关系数在 +1 和 –1 之间。相关系数为 +1 表示两个变量波动的完全正相关关系。相关系数为 –1 表示两个变量之间的完全负相关关系。相关系数为零表示两个变量间没有线性关系。在任何时候当你将投资组合的资产间相关系数降到 +1 以下，你就可以减少风险的暴露。表 19—4 中显示了一些发达国家股票和美国股票波动的相关系数。

表中显示了四类相关系数：一个长期相关系数（1960—1980 年）和三个短期相关系数（1981 年 6 月—1987 年 9 月、1991 年 7 月—1996 年 7 月、2000 年 10 月—2005 年 10 月）。各国数据按照相关系数由高到低排列，我们可以发现在这些时期中各国数据的稳定性并不高。例如，意大利在最近一个时期的排名从第 12 到 11，再到第 4，最后回到第 7。因为加拿大和美国的经济联系十分紧密，它们之间的相关系数很高。

最好的减少风险暴露的方法是将美国证券与跟美国相关系数较低的国家（例如丹麦和日本）组合起来。跟美国相关系数最高的国家组合投资带来最少的风险降低效应。根据研究员布鲁诺·索尼克（Bruno Solnik）的研究，一个优秀的分散化国际投资组合所带来的风险减少效应可以和两倍于这个组合的纯美国本土投资组合的效果相媲美。

通过表中最后一期的数据和其他期数据的对比，我们可以发现一些有趣的变化。首先，对所有国家来说相关系数都变大了。其次，最后一期平均相关系数是 0.76，而以前的平均值是 0.27。我们还可与发现一些因果关系效应。表中的许多国家现在都属于欧洲货币联盟，并共享同一种货币，可以预见，这些国家经济之间将会越来越相互依赖。同样，目前为止美国经济跟略显滞后的欧洲和日本比起来一直是经济增长的动力，而随着美国经济增速放缓，对世界的影响将不言而喻。但是我们也应该注意到，相关系数可以上升，也可以下降。重点是即使相关系数是 0.76 或更高，你仍然可以获得相当的分散化收益，也许获得这些收益不像当相关系数是 0.38 或 0.27 时那么容易，但是在投资组合中加入外国股票仍然是个不错的主意。

在表 19—4 中，我们可以看到发达国家市场收益和美国标准普尔 500 指数之间的相关系数。通过表 19—5，我们同样可以看到发展中国家自 2000 年 10 月到 2005 年 10 月的数据。最后一栏我们可以看到每个国家与美国市场（以标准普尔 500 指数为基准）的相关系数的数据。三个国家跟美国的相关系数是负值，但是他们的市场规模都很小（斯里兰卡、阿曼和津巴布韦），而且对于投资者来说利用这些国家的市场来减少他们投资组合的风险基本是不可能的。12 个国家跟美国的相关系数小于 0.30。

表 19—4　　　　　　　　　　国外股票市场与美国股票市场波动相关系数

国家	1960—1980年相关系数	排名	1981年6月至1987年9月相关系数	排名	1991年7月—1996年7月相关系数	排名	2000年10月至2005年10月相关系数	排名
美国	1.00		1.00		1.00		1.00	
荷兰	0.73	(1)	0.47	(4)	0.32	(5)	0.86	(4)
加拿大	0.71	(2)	0.72	(1)	0.70	(1)	0.80	(6)
澳大利亚	0.70	(3)	0.33	(7)	0.17	(9)	0.72	(9)

续前表

国家	1960—1980年相关系数	排名	1981年6月至1987年9月相关系数	排名	1991年7月—1996年7月相关系数	排名	2000年10月至2005年10月相关系数	排名
英国	0.62	(4)	0.51	(2)	0.32	(6)	0.82	(5)
瑞士	0.45	(5)	0.50	(3)	0.18	(8)	0.72	(9)
瑞典	0.40	(6)	0.28	(9)	0.29	(7)	0.90	(1)
比利时	0.39	(7)	0.25	(10)	0.34	(3)	0.73	(10)
丹麦	0.24	(8)	0.35	(6)	0.08	(11)	0.66	(11)
日本	0.22	(9)	0.33	(8)	0.08	(12)	0.36	(12)
法国	0.21	(10)	0.39	(5)	0.36	(2)	0.87	(3)
德国	0.21	(11)	0.21	(12)	0.14	(10)	0.89	(2)
意大利	0.21	(12)	0.22	(11)	0.33	(4)	0.77	(7)
平均相关系数	0.42		0.38		0.27		0.76	

许多国家跟美国市场的相关系数大约在0.50左右，而最高的当属墨西哥的0.73。这个数字是令人信服的，因为墨西哥跟加拿大和美国同属于北美自由贸易区。不难发现，每个地区跟美国的相关系数比该地区单个国家跟美国的相关系数都要高。例如，中东和非洲地区的相关系数是0.47，而拉美的是0.76（在表19—5中以高亮显示）。总的来说，新兴市场国家比发达国家更能提供分散化投资的效应。

表 19—5　　　　标普／花旗 百代价格指数统计（2000 年 10 月—2005 年 10 月）　　　　（单位：美元）

市场	月份数	百分比变化均值	标准差	年平均值	年标准差	与标普500的相关系数
S&P 500	60	0	4.3	0	14.9	1.00
拉丁美洲	60	0.86	7.3	10.32	25.29	0.76
阿根廷	60	1.39	12.91	16.68	44.72	0.34
巴西	60	1.92	11.30	23.04	39.14	0.71
智利	60	1.36	6.09	16.32	21.10	0.69
哥伦比亚	60	3.74	7.28	44.88	25.22	0.39
墨西哥	60	1.83	6.52	21.96	22.59	0.73
秘鲁	60	2.34	5.68	28.08	19.68	0.14
委内瑞拉	60	0.13	12.47	1.56	43.20	0.26
亚洲	60	0.04	6.41	0.48	22.20	0.61
中国	60	-0.17	5.37	-2.04	18.60	0.39
印度	60	1.88	7.38	22.56	25.57	0.49
印度尼西亚	60	2.22	10.06	26.64	34.85	0.21
韩国	60	2.75	9.22	33.00	31.94	0.70
马来西亚	60	0.69	5.23	8.28	18.12	0.38
巴基斯坦	60	2.86	10.21	34.32	35.37	0.17
菲律宾	60	0.63	6.17	7.56	21.37	0.33
斯里兰卡	60	2.45	10.31	29.40	35.71	-0.04
中国台湾	60	0.84	9.13	10.08	31.63	0.54
泰国	60	2.23	9.25	26.76	32.04	0.44
欧洲	60	1.09	8.95	13.08	31.00	0.61
捷克共和国	60	2.88	6.85	34.56	23.73	0.41
匈牙利	60	2.34	7.63	20.08	26.43	0.52
波兰	60	1.44	8.49	17.28	29.41	0.62
俄罗斯	60	4.06	9.18	48.72	31.80	0.45
土耳其	60	2.52	16.56	30.24	57.37	0.71

续前表

市场	月份数	百分比变化均值	标准差	年平均值	年标准差	与标普500的相关系数
中东和非洲	60	1.24	4.75	14.88	16.45	0.47
巴林	48	1.40	4.10	16.80	14.20	0.30
埃及	60	2.85	8.79	34.20	30.45	0.16
以色列	60	0.78	7.03	9.36	24.35	0.59
约旦	60	3.58	7.24	42.96	25.08	0.10
摩洛哥	60	0.80	4.93	9.60	17.08	0.11
尼日利亚	60	2.03	6.66	24.36	23.07	0.15
阿曼	60	1.59	4.33	19.08	15.00	-0.04
沙特阿拉伯	60	3.24	5.45	38.88	18.88	0.15
南非	60	2.05	7.05	24.60	24.42	0.39
津巴布韦	60	5.96	32.69	71.52	113.24	-0.12

19.3　国际市场的潜在收益

事实上，国际化投资能够减少风险暴露只是这种投资方式的一个侧面。投资者不仅能够减少风险，同样可以增加其潜在的收益。为什么？首先，一些国家比美国拥有更高的实际 GDP 长期增长率。这些国家包括挪威、新加坡和中国。其次，一些国家在美国传统的拥有竞争优势的产品上占得了先机，如汽车、钢铁以及电子消费品。第三，许多国家（德国、日本、法国和加拿大）的个人储蓄率比美国高，这就导致了更高的资本形成和潜在的投资机会。这并不是说美国没有世界上最严格的证券市场。很明显，美国确实拥有这样一个市场。但是，这个市场是一个很成熟的市场，而在一些并不非常成熟的国外市场，获得超高收益的机会是很多的。

现今一个较为流行的投资方式就是投资于金砖四国（包括巴西、俄罗斯、印度和中国）。原因就在于这些国家的经济规模很大而且有大量的年轻人口。这些国家的经济将比美国增长更快，而且因为他们与美国的相关系数小于1，所以能够带来减少风险和提高收益的效应。相关数据在表 19—6 中得到显示。

表 19—6　　金砖四国收益率（2002—2005 年）

	年收益率	收益率标准差	1 美元投资在 1996 年的终值	2000—2005 年相关系数	2005 年市值（百万美元）
巴西	22.77%	11.30%	$ 7.78	0.71	$ 474 647
俄罗斯	58.66	9.18	101.06	0.45	548 579
印度	14.33	7.38	3.82	0.49	553 074
中国	7.66	5.37	2.09	0.39	780 763
美国	7.33	4.35	2.03	1.00	16 997 982

所有金砖四国的市场表现都超过了美国，同时相关系数小于 1，因此可以减少美国投资组合收益的波动性。尽管一些投资者可以在俄罗斯发一大笔财，但是对于一个大规模投资组合的经理来说，得到足够多的资金来增加他的收益并不像你想象中的那么容易。正如你从市场规模那一栏看到的，美国市场跟其他国家相比是如此之大，以至于对美国投资者来说分散化投资是很难的。这些国家可能对外来投资者加以限制，并且规定对单个公司投资总额的上限。但是，个人投资者可以通过购买模拟这些国家指数的共同基金或交易所交易基金来分散化他们的投资组合。然而信用问题再一次显现出来。你会将你的资金托付给俄罗斯市场吗？如果是的话，这笔资金有多少呢？这些市场的风险有多高？你是长期投资者还是短期投资者？如果你是短期投资者，这些市场的收益波动远高于美国市场，你可能在短时间内遭受巨大损失。

19.3.1　当前国际市场报价

要跟踪目标市场的绩效，最好的途径是摩根士丹利国际资本（MSCI）报价。他们的网站 www.mscibarra.com 提供国际股权和债券指数的每日报价。

报价以当地货币和美元来表示。对美国投资者来说，美元收益率是投资于美国股票市场最具可比性的指标。以当地货币和美元货币表示的收益率之间有显著的差别。例如，EAFE 指数按照当地货币表示的收益率是 0.24% 而以美元来表示却是 0.39%。原因是在过去的两个月中美元相对与欧元小幅贬值。

19.3.2　其他市场差别

各国的文化之间有显著的差别，包括承担风险的意愿、在红利收入和股票增值之间的偏好、可供投资者选择的公司数量和类型以及管理制度之间的差别（例如会计准则和政府对市场的监管）。在本书中我们的目的不是详尽论述这些问题，只是将这些问题带入你的视野。表19—7显示了2006年《标准普尔全球股票市场手册》（Global Stock Markets Factbook），表中列出了不同国家市盈率、市净率和分红收入之间的区别。

表 19—7 　　　　　　　　　　　　　　　　　新兴市场的相对估值

标普新兴市场价格指数相对估值								
	PE			PB			股利收益率		
市场	2005年底	相对于标普/花旗百代国际指数	2004年底	2004年底	相对于标普/花旗百代国际指数	2004年底	2005年底	相对于标普/花旗百代国际指数	2004年底
拉丁美洲									
阿根廷	11.09	0.59	27.70	2.50	0.96	2.16	1.20	0.60	0.98
巴西	10.66	0.57	10.57	2.16	0.83	1.93	3.98	1.98	4.24
智利	15.69	0.84	17.18	1.93	0.74	0.55	2.99	1.49	4.62
哥伦比亚	28.79	1.54	19.15	2.41	0 92	1.58	1.38	0.69	5.44
墨西哥	14.21	0.76	15.85	2.88	1.10	2.51	2.18	1.08	1.85
秘鲁	11.97	0.64	10.69	2.17	0.83	1.56	3.45	1.72	3.10
委内瑞拉	5.10	0.27	5.971	0.72	0.28	1.18	6.27	3.12	12.28
亚洲									
中国	13.94	0.75	19.12	1.81	0.69	2.03	2.56	1.27	1.82
印度	19.42	1.04	18.08	5.15	1.97	3.31	1.25	0.62	1.7.0
印度尼西亚	12.63	0.68	13.34	2.50	0.96	2.75	2.74	1.36	3.35
韩国	20.75	1.11	13.54	1.95	0.75	1.25	1.70	0.85	2.25
马来西亚	15.04	0.81	22.35	1.67	0.64	1.93	4.33	2.15	3.50
巴基斯坦	13.10	0.70	9.90	3.51	1.34	2.63	2.50	1.24	6.98
菲律宾	15.69	0.84	14.55	1.73	0.66	1.35	2.63	1.31	1.79
斯里兰卡	23.57	1.26	18.14	2.56	0.98	1.93	2.47	1.23	4.67
中国台湾	21.89	1.17	21.20	1.93	0.74	1.94	3.39	1.69	2.67
泰国	9.95	0.53	12.78	2.06	0.79	2.03	3.05	1.52	2.24
欧洲									
捷克共和国	21.12	1.13	24.95	2.35	0.90	1.58	1.42	0.71	4.19
匈牙利	13.48	0.72	16.62	3.08	1.18	2.78	2.05	1.02	1.73
波兰	11.70	0.63	39.87	2.53	0.97	2.04	2.48	1.23	1.20
俄罗斯	24.06	1.29	10.83	2.19	0.84	1.18	1.07	0.53	1.21
土尔其	16.15	0.86	12.49	2.13	0.82	1.74	1.81	0.90	2.97
中东和非洲									
巴林	31.69	1.70	21.54	2.73	1.05	2.02	1.77	0.88	1.19
埃及	30.91	1.65	21.79	9.08	3.48	4.38	1.54	0.77	1.45
以色列	19.99	1.07	39.67	3.00	1.15	2.58	1.58	0.79	1.83

续前表

	标普新兴市场价格指数相对估值								
	PE			PB			股利收益率		
市场	2005年底	相对于标普/花旗百代国际指数	2004年底	2004年底	相对于标普/花旗百代国际指数	2004年底	2005年底	相对于标普/花旗百代图际指数	2004年底
约旦	57.10	3.06	30.37	6.24	2.39	2.99	2.19	1.09	1.49
科威特	21.49	1.15	12.18	4.64	1.78	2.62	11.41	5.67	--
摩洛哥	22.35	1.20	24.56	2.92	1.12	2.06	3.61	1.80	2.71
尼亚利亚	20.71	1.11	23.49	5.36	2.05	3.19	3.14	1.56	3.70
阿曼	15.76	0.84	14.20	2.28	0.87	1.80	2.15	1.07	3.32
卡塔尔	48.70	2.61	24.43	8.80	3.37	4.67	1.29	0.64	—
沙特阿拉伯	104.75	5.61	50.61	14.54	5.57	6.50	1.25	0.62	2.05
南非	12.79	0.68	16.21	2.98	1.14	2.52	3.09	1.54	3.09
阿拉伯联合酋长国	54.71	2.93	21.69	9.98	3.82	10.52	1.70	0.85	—
津巴布韦	67.52	3.61	7.63	49.63	19.09	3.78	0.19	0.09	4.10
地区									
综合	18.30	0.98	16.53	2.53	0.97	1.86	2.28	1.13	2.29
拉美	12.21	0.65	12.78	2.30	0.88	1.58	3.07	1.53	3.24
亚洲	17.92	0.96	16.83	2.11	0.81	1.78	2.42	1.2.0	2.20
欧洲	19.76	1.06	12.69	2.26	0.87	1.38	1.39	0.69	1.46
中东和非洲	26.77	1.43	24.76	5.20	1.99	3.29	1.96	0.98	2.29
世界基准									
美国 S&P 500	17.46	0.93	20.70	3.01	1.15	2.92	1.78	0.89	1.60
英国 FTSE 100	13.97	0.75	14.69	—	—	—	3.09	1.54	3.16
日本 Nikkei 225	29.64	1.59	29.49	2.48	0.95	1.74	0.77	0.38	0.93
标普/花旗百代指数	18.68	1.00	21.61	2.61	1.00	2.45	2.01	1.06	1.99

在表的底部我们可以看到发展中国家和世界标准水平的比率比较。例如，发展中国家的数据可以跟美国、英国、日本以及花旗集团国际指数相比。在多数情况下发展中国家的市盈率较高，原因或许是高额分红带来的低收益或股价。比较市盈率的缺陷在于不同地区的收益是按照不同的会计准则编制的。虽然发达国家的会计准则逐渐趋同，但跟发展中国家的差距还是很大。

但是，国外市场和美国市场有几点区别值得注意（美国的情况在倒数第 4 栏）。许多国家的分红都比美国高。在多数情况下这种高额分红代表了文化的差别。例如，英

国（倒数第四行）在两年中的分红都比美国高出 1 个百分点。另一个较突出的是科威特，在 2005 年该国的分红比率是11.41%。在比较市净率时也可以发现类似情况。

19.4 汇率波动和收益率

现在我们要考虑的是汇率波动（currency fluctuations）（货币价值的改变）的影响和不同国家的收益率。例如，假设一笔投资在新西兰产生 10% 的收益率，同时瑞士法郎对美元贬值 5%。因此以瑞士法郎标价的收益将小于按美

元标价的收益。在本例中，收益可以用下面的式子表示：

110%（获利 10% 的投资）

（以瑞士法郎相对于美元价格调整）

$$\frac{\times 0.95}{104.5\%}\quad\begin{array}{l}（1.000-0.05\ 汇率贬值）\\ 相对于原始投资的百分比\end{array}$$

实际美元收益是 4.5% 而不是 10%。当然，如果瑞士法郎对美元升值 5%，瑞士法郎收益转化为美元收益后的收益率将会大于 10%，见下式：

110%（获利 10% 的投资）

（以瑞士法郎相对于美元价格调整）

$$\frac{\times 1.05}{115.5\%}\quad\begin{array}{l}（1.00+0.05\ 汇率贬值）\\ 相对于原始投资的百分比\end{array}$$

以瑞士法郎标价的获利 10% 的投资产生了以美元标价的获利 15.5% 的投资。一个投资于国外市场的美国投资者不仅要考虑证券价格的走势，也要考虑汇率波动的趋势。

观察表 19—8 我们可以更深刻地理解这一点。表 19—8 表示的是自 2001 年 1 月 1 日到 2001 年 9 月 12 日（这是一段非常适合用做研究的时间）摩根大通 12 个发达国家的海外政府债券指数收益率。在这段期间，美元相对于世界其他货币是硬通货。这可以通过观察当地货币和美元收益率（YTD 一栏）得出。在所有的例子中，美元收益率都低于当地货币收益率。

表 19—8　　　　　　以本地货币和美元计价的债券收益（2001 年 1 月 1 日至 12 月 12 日）

| 国家 | JP摩根海外 | | | | 政府债券指数 | | |
| | 本地货币 | | | | 美元 | | |
	指数	每周检查	当期检查	相对美元贬值	指数	每周检查	当期检查
澳大利亚	454.23	0 89	8.25	7.36%	323 88	1.96	0.28
比利时	315.19	0.60	9.09	4.96	229.85	−0.97	3.68
加拿大	371.87	0.46	9.72	5.92	302.71	0.08	3.22
丹麦	364.29	0.28	8.11	4.77	264.86	−1.31	2.95
法国	341.29	0.57	8.28	4.96	246.86	−1.00	2.91
德国	256.66	−0.04	7.95	4.96	183.70	−1.60	2.60
意大利	507.39	0.60	9.08	4.96	271.06	−0.97	3.68
日本	213.15	0.05	3.79	5.45	213.60	0.78	−1.87
荷兰	273.26	−0.03	8.13	4.96	195.28	−1.58	2.77
西班牙	450.39	0.62	8.70	4.96	259.16	−0.95	3.31
瑞典	405.65	0.21	4.58	10.41	222.62	0.50	−6.31
英国	394.78	0 40	7.09	2.58	304.62	−0.10	4.33
美国	312.36	−0.11	10.77	0.00	312.36	−0.11	10.77
除美国外	295.16	0.26	6.50	5.06	218.04	−0 27	1.11
全球	304.12	0.16	7.66	3.85	252.56	−0.23	3.78

到期半年收益率，1987.12.31=100

让我们来看一下瑞典的当期收益率与汇率之间的关系。在本例中，当地货币收益率是 4.58%（第 3 栏）而美元收益率是 −6.31%（第 7 栏）。美元对挪威币汇率的变化使得正的本地货币收益率在转换成美元收益率时变为负值，但是如果你是一个国际投资者，将外币收益转化为美元收益无疑将减少你的财富。计算过程如下：

104.58%（获利 4.58% 的投资）

（以挪威币相对于美元价格调整）

$$\frac{\times 0.896}{93.7\%}\quad\begin{array}{l}（1.000-0.104\ 汇率贬值）\\ 相对于原始投资的百分比\end{array}$$

最终结果 93.7 说明这笔投资大约损失了初始价值的 6.31%。如果我们简单地将货币贬值损失的 10.4% 从 4.58 的收益率中减去，答案将是 5.82% 的损失率，但这是错误的。4.58% 的收益率是以初始投资作为基础的，汇率贬值损失是以收益后 104.58% 作为基础的。最终美元损失是 6.3%，也就是说投资者最终只收回原始投资的 93.7%。

不难发现几个国家的货币相对美元贬值了 4.96%（中

间一栏）。这些国家都属于货币联盟，并且将其货币都钉住了欧元。那些不属于货币联盟的国家，例如澳大利亚、加拿大、日本、瑞典以及英国的货币对美元都有不同程度的贬值。

那些长期跟踪外汇市场的人已经对报告的收益做出了调整，因此以美元标价的收益已经对**外汇效应**（foreign currency effects）做出了调整。例如，本章前面所引用的大多数表格都对外汇效应做出了适当调整。

有些人会问：外汇效应对外币总收益率的影响到底有多重要？外汇市场上的不确定性会使得一笔外国投资的实际收益率产生根本性的变化吗？通常情况下，汇率效应只对实际收益产生 10%~20% 的影响。但是，如果美元价值在短期内急剧波动，汇率效应的影响就会大很多。例如，1985—1988 年间美国投资者对日本证券的投资因为日元对美元升值而增加了 50% 之多！

在一个充分分散化的国际投资组合中，不同国家汇率的变化通常会相互抵消。同样的，那些不希望持有任何外汇敞口的投资者可以利用远期汇率合约、期货合约或者卖出期权来将风险对冲。最后，平价理论的支持者建议应该用额外的当地货币收益来抵消国外货币贬值带来的损失。后者只是一个纯理论的结论，不能在短期带来任何实际作用。

我们建议，一方面要考虑国际投资对汇率波动的敏感性，同时也不能被这种敏感性所吓倒。在本章前面几节所提到的国外投资的高额回报都是经过外汇效应的调整之后计算得出的。虽然当今外汇波动更加剧烈，它们仍然不能成为构造国际分散化投资组合的主要障碍。

19.5　国际投资的其他障碍

有些问题是国际投资所特有的，下面我们就讨论其中的一部分。

19.5.1　政治风险

许多企业在一些比美国政局更加动荡的国家进行经营。这些公司面临着被国有化和限制资本流动的风险。有时还会发生当权政党被倾覆的危险。另外，许多国家没有能力清偿其国际债务，这会带来严重的政治风险。

一个有经验的投资者必须对他所投资的国家的政治经济环境有一定的了解。当然，问题有时会带来机会。本地投资者可能会对政治变动过度反映。因为他们所有的"鸡蛋"都在一个"篮子"里，所以当政治风险发生时他们可能会过多地卖出他们的资产。此时外来的投资者可能会发现有利的投资机会。

但是，政治风险仍然是国外投资的潜在阻碍。投资者所能选择的最好的解决方法就是充分的分散自己的投资组合，使得一个国家的政治经济风险不会给整个投资组合带来实质的影响（这点可以通过投资于共同基金或其他前几章讨论过的方法来解决）。

19.5.2　税收问题

许多国家对非本地居民的股权债券持有者的分红和利息收入收取 15%~30% 的预扣所得税。但是，很多情况下免税的美国投资者可以获得税收免除或享受退税，结果是更多的书面工作带来的不便，而不是资金的流失。

19.5.3　市场效率的缺失

美国的资本市场可以说是世界上最具流动性和效率的市场。因此，一个习惯在纽约股票交易所交易的投资者可能会很难适应国外的市场。国外市场上买入和卖出的价差通常会更大。同样的，投资者在国外做大额交易时所面临的困难也更大（卖方不得不接受更大的折扣）。最后，通常国外市场的佣金比美国市场要高。

19.5.4　管制问题

投资者在国外市场投资时可能会遇到在不同的当地制度之间调整的管制问题。例如，在中国香港、瑞士和墨西哥的股票市场中，你必须在交易后的一天将账户清算；在伦敦，清算时间是两周；在法国，现金和远期市场的清算日有不同的规定。各国不同的管制程序只会使得达成交易的困难加大（就像本章中多次提到的，投资者可以利用共同基金和其他投资渠道来解决这些问题的大部分）。

19.5.5　信息困境

美国证券市场在提供投资信息方面是世界上最有效率的。拥有最严格信息披露要求的美国证券交易委员会是国际上对投资信息规定最严格的国家级监管组织。同样，美国还设立了美国财务会计准则委员会来不断发布关于财务报表的公认会计准则的声明，要求公开上市公司对股东提供完整并经过审计的年报。美国还有一些提供优秀股价报告和评级的公司，例如穆迪、标准普尔、价值线和其他公司。诸如商务部和美联储这样的政府部分也能够提供广泛的经济信息。

许多跨国公司在一些信息匮乏的国外市场进行交易，不能够获得以上高质量的信息，这种情况对在很小的国外市场上交易的公司来说十分普遍。即使这些信息可以获得，分析家也可能遇到语言问题。

同样的，分析家必须做好按照公司经营所在地的惯例进行研究的准备。例如，日本的公司通常比美国公司拥有更多的债务。在日本，债务通常是股权的三倍，而在美国，这个比率通常是一比一。如果分析师不了解日本经济的具体情况，很可能因为更高的债务比率而给日本公司更低的评级。例如，日本的借贷双方之间通常会有非常密切的联系，借方可能对贷方有股权投资或者借贷双方的董事会之间有密切的联系。这就导致在经济危机时借方不会要求贷方立即还款。同样，日本公司通常拥有大量的准备金，这就导致财务报表上显示的资产或股权比实际的要少。严格的遵守历史价格估价法使得这一问题更加严重。在对财务报表做出适当的调整后，日本公司 3∶1 的负债产权比率就不会比美国 1∶1 的比率更加令人担忧了。

19.6 参与国际投资的方式

国际投资的渠道有：直接投资于国外运营的公司，在美国市场上购买国外公司的股票，投资于共同基金和国际化的封闭式基金，购买跨国公司的股票或是将资金交给专门投资国际股票的私人资金管理者。下面我们将依次分析这些投资方式。

19.6.1 直接投资

最直接但困难最大的方式就是直接通过国外经纪人或美国经纪人的海外分支购买在国外运营的公司的股票。这些公司可能是东京股票交易所的东芝，悉尼股票交易所的澳大利亚联合金红石有限公司（Consolidated Rutile），或是法兰克福股票交易所的赫斯特集团（Hoechst）。这种投资方式将会遇到上面所提到的所有国际投资的障碍。例如信息收集问题、税收问题、股票交割问题、资本转移问题、进行交易的交流问题。只有最高明的资金经理能够利用这种投资方式（也许将来国际市场协调性更强时这种情况会得到改观）。

一种更可行的直接投资方法是购买在美国上市的外国公司的股票。成百上千的国外公司在美国纽约股票交易所积极地交易他们的股票。

加拿大的两家公司：坎贝尔资源公司（Campbell Resources,inc.）和北电网络（Nortel Networks Corporation），在纽约股票交易所直接交易他们的股票。大多数国外公司通过**美国存托凭证**（American depository receipts, ADRs）在美国交易他们的股票。美国存托凭证代表了对国外公司普通股的所有权。如果你登陆纽约股票交易所网站 www.nyse.com 并点击国际专栏，在非美国上市公司的列表中你可以看到所有在纽约股票交易所交易的国外公司的股票。纳斯达克股票市场也交易美国存托凭证，其中交易最广泛的当属爱立信公司。

当某个纽约银行的国外分支机构购买国外公司的股票并纳入这家分支机构的信托部门后，美国存托凭证就产生了。银行可以向外国公司的美国股东发行存托凭证。这些存托凭证使得外国证券可以在美国进行交易。例如，瑞士以极高的股价著称，每五个医药公司先正达（Syngenta）的美国存托凭证都可以换取该公司的一支普通股。英国的股票价格较低，一个英国航空公司（British Airways）的美国存托凭证可以转换成 10 支该公司的普通股，你可以在纽约股票交易所网站查到在该交易所上市的所有公司的转换比率。

当你给你的经纪人打电话要求购买索尼公司或者本田公司的股票（由美国存托凭证来代表），你会发现购买这些公司的股票和购买通用和柯达的股票没什么区别。你将收到美元分红和英文版的公司报表，你支付的佣金也是正常水平的。

19.6.2 间接投资

间接投资于国际证券的方式包括：购买跨国公司的股票、购买共同基金或专注于国际投资的封闭式基金、投资于交易所交易基金以及投资于专注国际投资组合管理的私人公司。

购买跨国公司的股票 跨国公司（multinational corporations）是在多个国家运营并有机会获得国际化分散投资效果的组织。例如，主要的石油公司在全世界都有投资和运营。同样的，大的银行集团和电脑制造商也有同样的做法。当你购买埃克森美孚的股票，实际上你是在购买暴露于世界经济风险的股票。许多美国公司，例如 IBM、通用电器、可口可乐、花旗集团、雪佛兰、惠普、宝洁的国外收入来源超过 50%。大额的国外收入使得这些公司的每股收益收到汇率变动的影响，但是也可能因为国外市场比美国市场拥有更高的增长率而获得超额收益。

虽然购买美国跨国公司的股票是一个体验世界经济影响的较便利的方式，但许多研究专家认为跨国公司并不能带来预期的投资收益。雅基莱特（Jacquillat）和索尔尼克（Solnik）发现投资于跨国公司与纯国内投资相比风险降低得很少（大约 10%）。尽管跨国公司有国际化投资的优势，但他们的股价和本国金融市场通常是紧密联系的。因此，即使美国跨国公司在其他国家的牛市上有一定投资，它们在美国本土的熊市上也不会有良好的表现。这就使得一些投资者倾向于投资共同基金和专注国际化投资的封闭式基金。

共同基金和封闭式基金公司 正如在第 18 章中描述的，共同基金向投资者提供分散化的投资和专业的管理。再没有其他领域比国际投资更能凸显共同基金的重要性

了。基金管理人通常有丰富的海外投资经验，并且对应付监管问题方面很有心得。当然这些优势并不能保证获取超额的收益，但降低了因为缺乏经验而导致严重损失的可能性。

你也可以投资于专注国际债券投资的封闭式基金公

投资的真实世界

美国存托凭证的增长

在被忽视了若干年之后，美国存托凭证带来的好处终于被美国投资者所理解。为了替投资者减少收取红利的不便，美国存托凭证可以提供国外公司股票的所有权的证据。这就减轻了股东自己收取分红的高昂代价和不便。

来自世界各国的许多家公司正在努力使自己的股票在美国上市。这种对华尔街的向往使得国外公司有更充足的资本，并且使得美国投资者有了更便利的投资工具——美国存托凭证。虽然美国存托凭证被认为比直接购买外国公司股票更具流动性、成本更低、更易交易，但它还是有一些缺陷。

美国存托凭证受到美国本土股票的待遇，并以美元进行交易，但是在这些公司的母国市场上仍然使用本国货币进行交易。投资者因为汇率变动获得的收益或损失可能会被投资本身所带来的资本利得或损失冲销。对于短期利益的投资者来说这可能是一个比较严重的问题，但对于期望获得长期利益的投资者来说，许多专家认为由元美元币值比较稳定，因此可以获得高收入。

在国外，股东和公司之间的交流仍然很匮乏。没有经纪人的帮助，个人投资者想获得国外公司的每日信息是很困难的。

虽然证券交易委员会要求在美国交易的存托凭证使用美国的会计准则，许多不在交易所交易的粉红价单存托凭证是不受这些限制的。粉红价单是在柜台市场交易的小额或流动性较差的公司股票的报价单。但是，这些公司也在改进他们的会计方法来吸引国外投资者。

政治因素也可能会给储蓄证券带来风险。如果一个国家正在经历政治动荡，该国股票可能会大幅上升或下降。外国政府对红利征收的高额税收也是一个不小的负担。美国投资者必须申请美国国税局的信任才能获得收益。

最后一个警告就是要注意管理。历史表明，在新兴市场国家缺乏经验的公司经常会试图将业务范围扩展到他们不熟悉的领域。

司。正如在第 18 章中指出的，封闭式基金公司的流通股票数额是确定的，在国家级的交易所或柜台市场进行交易，这与单个公司的交易模式很像。基金股份可能按照相对净资产价值溢价或折价发行。日本基金是国际封闭式基金的一个例子。

封闭式基金是很受欢迎的国际投资渠道，因为它们的流通股股票数额是确定的并且不接受新投资。这对新兴市场国家的投资者来说是有益的，因为这些市场规模很小且缺乏流动性，不能吸收大额的资金。投资者通常会追求新兴的市场，在开放式基金的环境中，一股规模较大的资金流入新兴市场共同基金可能足以给市场带来过度的影响。这就是为什么在发达国家市场上开放式基金较多而在新兴市场上封闭式基金较多。

交易所交易基金 投资者可以利用交易所交易基金来投资于国际市场。最大的交易所交易基金可以在美国股票交易所的网站 www.amex.com 查到，该网站列出了 40 个像普通公司股一样交易的国际基金。

按照美国股票交易所的规定，每个交易所交易基金都是一揽子证券的组合，并试图模拟某个主要市场指数，例如英国的金融时报 100 指数和德国的 DAX 指数。交易所交易基金可以跟踪较广泛的股票指数、债券指数或是工业指数。这种投资方式的好处是，它可以像单只股票一样全天进行股票交易和价格追踪。交易所交易基金通常比共同基金有更低的成本和更高的税收效率。美国股票市场也以可以通过这些基金分散化投资而著称。

国际证券专家 资金规模较大的投资者可能会考虑选

择购买在国外股票交易方面有着专业知识的著名的银行和投资顾问的服务。这些银行主要包括摩根史坦利信托公司、纽约富士达信托公司。这些公司提供各类咨询和资金管理

服务。但是，它们通常要求不低于 100 000 美元的投资额，并且主要服务于大型机构投资者。

本章小结

国际证券投资使得投资者可以分散他们的投资组合。因为不同的国外市场受到各种各样而且有时是相反的因素影响，所以可以获得有效的风险减少。例如，如果能源价格突然未被预期到的上涨，对石油进口的负面影响可能被石油出口的正面影响所抵消。

投资于国外股权市场可能会带来高额的收益。一些国家的实际 GDP 有比美国高得多的增长率。这些国家可能有更高的储蓄率和资本构成。另外，一些国家在美国传统的竞争优势领域崛起，例如机动车、钢铁以及电子消费品。新兴市场国家可能会比成熟的市场有更高的回报和更低的风险。但是，这些国家的市场上也存在很多潜在的国际投资障碍。

汇率波动对收益的影响也是进行国际投资需要考虑的问题。投资者不仅要考虑所选择的证券是否能获利，同时也要考虑这些收益收到的汇率正面或负面的影响。

关键词汇与概念

美国存托凭证　American depository receipts（ADRs）
相关系数　correlation coefficient
汇率波动　currency fluctuations
分散化收益　diversification benefits
外汇效应　foreign currency effects
跨国公司　multinational corporations
世界指数　World Index

讨论题

1. 进行国际化投资的投资者要获得分散化效应就一定要接受较低的回报率吗？

2. 为什么对美国投资者来说加拿大是一个获得分散化收益的较差选择？

3. 在考虑国外市场的潜在收益时，为什么一些国家的潜在收益比美国高？

4. 根据布鲁诺·索尔尼克的研究，一个完全投资于美国市场的投资组合要多大才能获得和一个充分分散化投资的国际投资组合获得同样的分散化效应？

5. 解释汇率波动对国际投资收益的影响。

6. 提出两种可以中和汇率变化对投资组合收益影响的方法。

7. 解释国外政治风险是如何创造潜在投资机会的。

8. 国外市场跟美国市场相比更有效率吗？这种差别对买卖价差和吸收大额交易的能力有何影响？

9. 解释为什么日本公司的高债务比率并不会像美国公司一样产生严重的问题。

10. 直接投资国外证券的主要问题有哪些？

11. 解释美国存托凭证的概念。

12. 为什么雅基莱特和索尔尼克得出结论：跨国公司和本土公司在投资分散化效应方面没有很大区别？

13. 为什么共同基金在国际投资领域能发挥更大的效用？

练习题与解答

1. 假设你投资于法国股权市场并获得 15% 的收益（以欧元标价）。

a. 如果在此期间欧元对美元升值 12%，那么你的实际美元收益率是多少？

b. 如果欧元相对美元贬值 8%，你的实际美元收益率是多少？

c. 如果欧元相对美元贬值 30%，你的实际美元收益率是多少？

解答：

1. a. 115%（收益率 15%）

　× 1.12（调整后欧元对美元的相对价格）

　128.8% 相对于初始投资的百分比

　28.8% 实际美元收益

b. 115%（收益率 15%）

　× 0.92（调整后欧元对美元的相对价格）

　105.8% 相对于初始投资的百分比

　5.8% 实际美元收益

c. 115%（收益率 15%）

　× 0.70（调整后欧元对美元的相对价格）

　80.5% 相对于初始投资的百分比

　19.5% 实际美元损失

思考题

1. 假设你投资于英国股权市场并遭受 110% 的损失（以英镑标价）。

a. 如果在此期间英镑对美元升值 10%，那么你的实际美元收益率是多少？

b. 如果英镑相对美元升值 20%，你的实际美元收益率是多少？

c. 如果英镑相对美元贬值 20%，你的实际美元收益率是多少？

2. 假设你投资于德国股权市场并获得 20% 的收益（以欧元标价）。

a. 如果在此期间欧元对美元升值 10%，那么你的实际美元收益率是多少？

b. 如果欧元相对美元贬值 15%，你的实际美元收益率是多少？

c. 如果欧元相对美元贬值 25%，你的实际美元收益率是多少？

3. 假设你投资于日本股票市场并获得 25% 的收益（以日元标价）。但是，在此期间日元相对于美元贬值。计算日元贬值多少才能使你盈亏平衡。

CFA 材料

以下材料节选自 CFA 一级考试题及解答。虽然方法上与本章略有不同，但仍然能反映 CFA 考试所需要的技巧。

CFA 考试题

国际投资有其独特的风险。简要描述四种这类风险（5分）。

解答：

四种主要风险是：

1. 汇率波动。如果投资者的本国货币在购买国外证券后相对升值，那么投资价值将下降。

2. 信息的可获得性。国外公司有价值的信息要比本国公司的信息更难被分析者获得。这可能源自不同国家信息披露制度的区别、国外金融部门缺乏详尽的分析以及国内外会计准则的区别。

3. 流动性。国外股票的发行量通常比本国股票发行量少（或多），这就使得积累大量头寸变得更难（更简单）。

4. 主权风险。这类风险包括潜在的政治、社会和心理动荡。政治风险如当地公司的国有化、对外国投资者资产的征用、惩罚性的税收和资本撤出的限制。

其他风险包括：高额交易成本（包括税收）；管理成本/清算问题；评价经理的困难和高额管理费。

第20章 实物资产投资

本章我们开始讨论**实物资产**（real assets）。实物资产指可以被看见、感觉、持有或收藏的有形资产。例如，房地产、黄金、白银、钻石、硬币、邮票和古董。这对投资来说并不是一个小领域。例如，在 20 世纪初期美国持有的房地产总市值超过了 10 万亿美元。

一副梵高（Van Gogh）的油画在最近几年的价值高达 4 000 万美元，一副 132 克拉的钻石耳环售价达 660 万美元，一张霍纳斯·瓦格纳（Honus Wagner）（前美国职棒大联盟打击王）的棒球票价值 230 万美元。

正如我们在第 1 章中指出的，在通胀的环境下，实物资产价值经常超过金融资产（例如股票和债券）。记住这一点后，我们建议读者要熟悉这些投资渠道，不仅要抓住这些投资机会，同时也要注意投资陷阱。一个被客户要求在投资组合中加入实物资产（例如房地产和贵金属）的资金经理不仅要熟悉投资机会也要注意其缺陷。

20.1 实物资产的优缺点

正如上文所提到的，实物资产可以提供对冲通胀风险的机会，因为通胀意味着房地产、贵金属和其他实物资产更高的重置成本。当人们对世界事件变得担忧，黄金和其他贵金属就成为了投资的最后安全港。

实物资产也是分散投资组合的有效渠道。金融资产和实物资产的价值经常是反方向运动的，因此能够产生一些有效的分散化效应。罗比切克（Robichek）、科恩（Cohn）和普林格尔（Pringle）在《商业杂志》（*Journal of Business*）中的一片研究报告表明，实物资产和货币资产价值的相对运动比货币资产之间的正相关性要小。主要研究成果都认同一个观点：扩大投资选择范围可以减少整个投资组合的风险。

投资于实物资产的另一个优点是它带来的心理愉快感。每个人都喜欢起居室中美丽的油画、银行保险箱中珍贵的金币和迷人的房地产开发。

同时也要注意实物资产投资的缺点。也许其中最大的问题就是缺乏一个大型、富有流动性且有效的市场。股票和债券通常能够按照最新的报价在几分钟内完成交易，这对房地产、钻石、艺术品和其他实物资产来说几乎不可能。实物资产要获得令人满意的价格可能要花费几个月的时间，即使确定了价格，在完成交易之前也有很多的不确定性。

另外，还有经纪人差价和中间人佣金的问题。股票和债券交易的差价或佣金只占很小的比重（通常是 1%~2%），实物资产的佣金可能高达 20%~25%。对于更加贵重的物品来说，例如油画、珠宝或金币，经纪人差价可能会低一些（5%~10%），但还是比证券交易的成本高。

实物资产投资者通常不会立即获得收入（房地产除外），而且会引致储藏和保险费用。另外，投资的高额单位成本也是一个问题。你几乎不可能轻易获得大量的艺术珍品。

实物资产投资的最后一个缺陷就是市场时常可见的歇斯底里或过度的交易。黄金、白银和钻石、铸币可能会在事先预期的价格上被全部卖出。这种情况在 20 世纪 80 年代末曾发生过。最后的买家可能只能接受一个不能带来收益的价格。秘诀是尽早发现波动周期的规律并抓住资本利得的机会。同样的，你需要购买高品质的商品来抵消时机选择错误而带来的损失。

在本章接下来的内容中，我们将考察房地产、黄金、白银、钻石和其他收藏品这些投资渠道。因为对于金融专业的学生来说房地产涉及他们相对熟悉的分析技术，所以我们将重点讨论房地产。

20.2　房地产投资

美国 65% 的家庭把房地产作为投资方式。同样的，许多经济和投资行业的公司开始涉足房地产领域。例如，美林建立了房地产分支机构来经纪财产、进行抵押银行业务以及提供房地产证券化打包服务。养老基金经理也开始增加其投资组合中房地产的比例，从 20 年前几乎为零的比例到现今的 10%。

图 20—1 是对房地产价值变化的分析。在图中我们可以看到 1946 年每 1 美元房地产投资和 1 美元债券与股票的投资收益的对比。

房地产投资包括住房、公寓、办公楼、购物中心、工业厂房、宾馆和旅馆以及其他未被开发的土地。投资者可以以个人、房地产辛迪加的有限合伙人身份，或通过房地产信托参与投资。

在本节的剩余内容中，我们要讨论房地产价值的历史和未来前景。还要对一个典型的房地产投资进行估价，考察房地产融资的新方法，以及考察有限合伙辛迪加和房地产投资信托。

20.2.1　房地产的历史和未来前景

20 世纪 80 年代中期，由于 1986 年税收改革法案的通过，房地产开始进入一段低潮期。这项法案规定，居住

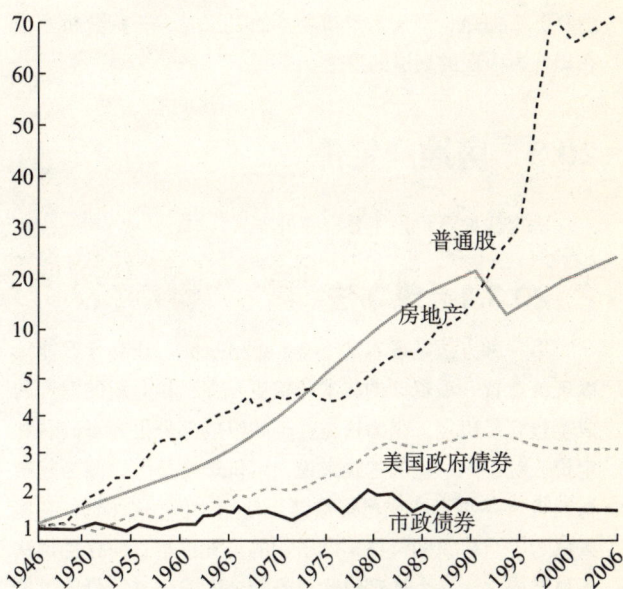

图 20—1　1946—2006 年 1 美元投资价值的增长

性质的房地产投资者注销折旧来抵税的年限由 19 年延长到 27.5 年，商业用途的房地产投资者的注销年限是 39 年。这意味着房地产投资者需要等待更长的时间才能充分利用房地产投资的税收减免效应。同样的，那些不是很善于管理财产的房地产投资者用房地产账面损失来冲销其他形式收入的权利受到了严格限制。

税收改革的结果使房地产投资变得不再具有吸引力。因为传统房地产投资税收优惠的取消，一些现有财产有所贬值，新的房地产建设速度也渐渐放缓。

与税收改革对房地产产生的最初的负面影响相伴的还有 20 世纪 80 年代末 90 年代初全国各行业都出现的经济衰退。起先，西南区（特别是得克萨斯州）在 1986 年经历了石油价格下调 70% 的打击。这意味着期待能源价格上升来刺激经济增长而建造的办公楼、购物中心和住宅现在要反过来祈求买方了。1986 年，一栋在达拉斯、俄克拉荷马或丹佛售价 300 00 美元的房屋五年之后以 5~6 折的价格出售。当 90 年代初期西南部的经济开始慢慢复苏，房地产问题开始转向东北地区，马萨诸塞州首当其冲。很少人会相信在洛杉矶和旧金山海岸这样发达的地区竟会经历房地产泡沫的破裂。

但是长期来看，房地产仍然是一个不错的投资方式。因为税收改革和经济衰退时很少有新的房地产项目开工，一些地区办公设施和住房供过于求的现象开始得到改观，市场上现有房产的租金也随之开始回升。更高的租金引致更高的估价。在达拉斯的福特沃斯地区、亚特兰大地区、加州地区市场上"聪明的钱"开始流向房地产市场就是一个证据。从历史数据来看，低利率也能够促进房地产市场

的复苏。但是，当房地产市场开始复兴时，一些分析家也在担忧再一次的衰退的发生。

20.3 房地产定价

决定房地产价格主要有三种方式。

20.3.1 成本法

第一种方法是**成本法**（cost approach）。还有什么能比以现价重置一项资产的成本开始更好呢？相对新的财产的成本较容易确定，因为这类资产的组成部分更容易确认和定价。对于老一些的建筑来说，定价难度更大，因为建筑材料也许不再存在或已经被禁止使用（例如石棉）。有些人认为一个建筑的价格不低于它的重置成本，但这种说法不总是成立。一个地理位置很差的仓库或公寓的价值可能比重置成本低很多。同样的，当一国某些地区经历了衰退，那么就没有必要重置该地区的资产。但是，当和其他两种定价方法组合起来使用时，成本法将会提供有用的价值估计。

20.3.2 相对销售价值法

许多房地产业内人士选择以可比的房地产的销售价格来作为定价标准。如果你准备在市场上出售4室3卫约280平方米的住宅，还有什么比直接观察邻居的相似资产最近的销售价格更方便呢？这就是**相对销售价值法**（comparative sales value approach）。

当然，真正的可比资产是很难找到的。虽然临近的房产看起来很相似，但在楼层规划、周边环境和交通状况等方面可能都有差别。但是，如果可以找到相当数量的可比资产，这些差别在价格上的体现可以相互抵消，或先确定一个基准价格，再根据差别调整最终价格。

虽然相对销售价值法只是提供一项指引，但它确实有不可争议的价值，因为实际的销售是按照记录的价格执行的。

20.3.3 收入法

对于产生收入的财产来说，**收入法**（income approach）是适用的。该方法最基本的问题是：潜在的年运营收入是多少？应该以什么水平对这个收入进行定价？

回答这个问题的最简公式是：

$$\frac{年净运营收入}{资本化率}=价值 \qquad （20—1）$$

分子可以通过对年租金和成本（如财产税、保险等）的分析得出。应当使用未来实际数字而不是当前或历史价值。可能目前毛租金是每年35 000美元，但只要付出很少的努力这个数字可以上升到40 000美元，那么应该将后者带入公式。同样的道理对成本也适用。如果前期的税收收益表明维修成本太低，以至于不足以维持财产的质量，那么应该调高成本。

公式20—1的第二部分是其分母—资本化率，也就是投资者对类似投资要求的回报率。通常资本化率由最近交易的回报率来决定。它可能根据对风险、利率变化的进一步考虑加以调整。

假设一项财产的年净运营收入是17 500美元，市场资本化率是10%。根据公式我们知道该项资产价值175 000美元。

$$\frac{175 00}{0.10}=175 000 \text{ 美元}$$

尽管这种方法可能有用，但它也受到过于简化的限制。例如，公式中只使用了一个年净运营收入，而该数值是很容易随着时间变化的。同样的，不同的分析家对资本化率的理解也不尽相同。当资本化率是9%时，资产价值是194 444美元，当资本化率是11%时，资产价值是159 091美元。

20.3.4 三种方法的综合

在大多数例子中，最终价值是根据三种方法的综合加以确定的，每种方法都包含了重要的信息，但也各有缺陷。尽管给予每个方法的结果相同的权重（1/3）会很方便，但在大多数情况下（特别是那些涉及诉讼的情况），通常使用不同的权重。也许相对销售价值的权重是50%，收入法35%，成本法15%。

更多房地产投资决策内容可查阅附录20A。

20.3.5 抵押的类型

最常用的抵押类型是等额本息抵押贷款。在这种协议下，债务人按照借款金额、偿还期限和利率在贷款期限内每月支付等额的还款额。实际上，还有一些列作为等额本息抵押的替代抵押协议（特别是对住宅抵押来说）。借款人现在应该对以下借款协议有所了解：**可调整利率抵押贷款**（adjustable rate mortgage）、**累进还款式抵押贷款**（graduated payment mortgage）以及**增值分享抵押贷款**（shared appreciation mortgage）。

可调整利率抵押贷款（ARM） 在这种抵押协议下，

利率定期进行调整。如果利率上升，借款人可以增加其正常支付额或在相同的支付水平下延长偿还期限。如果利率下降，应当做出相反的调整。通常情况下，可调整利率抵押贷款初始的利率比等额本息抵押贷款低 1%~2%，因为借款人可以享受利率浮动带来的好处并愿意跟借款人共享收益。可调整利率抵押贷款目前占有住宅抵押市场过半的市场份额。虽然可调整利率抵押贷款通常规定一个利率上限（例如 12% 或 15%，或者最大 6% 的浮动范围），当利率达到很高的水平时借款人还是有违约的可能。

累进还款式抵押贷款（GPM） 在这类金融安排下，支付额以一个较低的水平开始，并随着时间的推移渐渐增加。这类抵押特别适用于那些在贷款期限内有着逐渐增强的支付能力的年轻人。例如，一笔 30 年 60 000 美元，利率是 9% 的贷款，按照等额本息抵押贷款协议通常要求每月支付 583.99 美元。在累进还款式抵押贷款协议下，月支付额开始时可能是 350 美元或 400 美元，最终将超过 700 美元。累进还款式抵押贷款也因此引来批评，因为期初的支付不足以偿还利息，因此，之后的支付不仅要能够还清贷款的分期还款额，还要足够支付积累的未被付清的早期利息。这种批评并不完全公正，但也说明了累进还款式抵押贷款代表的意义。

增值分享抵押贷款（SAM） 也许最新的也是最具创新性的抵押贷款计划就是增值分享抵押贷款。这种贷款方式提供给借出者对冲通胀的机会，因为借出者可以直接参与任何涉及所抵押资产价值的增长。在一定时期内（例如10 年）借出者可能会获得 30%~40% 的价值升水。借出者可以通过出售资产，或将增值后的资产再融资来获取收益。为了获得这种潜在的升水特权，借出者可能会以低于目前市场利率的价格放出贷款（大概是目前利率的 3/4）。增值分享抵押贷款目前在美国还不合法。

其他抵押形式 与增值分享抵押贷款有几分相像的是在商业房地产领域很流行的**股东权益分享**（equity participation）的概念。在股东权益分享协议下，借出者不仅提供借入的资金，而且也要提供部分的股权基金或所有权基金。一个大的保险公司或储蓄机构可能会收购10%~25% 或更多的股权。一些借出者如果没有分享股权的条款是不愿意长期贷款的。

资金借入者可能会寻求第二抵押权来作为融资的方式。在这里，第二个资金借出者在第一次抵押之外提供额外的融资来获取第二索取权或留置权。第二次抵押通常比第一次抵押时间短。要完成一笔交易，卖方经常需要通过金融机构为商品提供额外的融资。提供第二抵押权的卖方收取的利率通常比第一次抵押低，但有些第二抵押借出方出于对第二索取权风险的考虑会收取更高的利率。

在一些情况下，卖方向买方提供全部的融资。通常这类抵押的期限是 20~30 年，但是卖方如果需要，有权在 3到 5 年后要求买方立即还清欠款。前提是买方那时有更方便的融资渠道，但通常不会出现这种情况。

20.4 房地产所有权形式

房地产的所有权有很多形式。投资者可以是个人、普通合伙人、房地产辛迪加的有限合伙人或房地产投资信托公司。

20.4.1 个人和普通合伙人

以个人或普通合伙人身份投资从法律角度来看是涉足房地产行业最简单的方法。投资者可以完全掌控其投资，并能充分利用个人对当地市场情况变化的了解来增加他们的收入。

大多数规模小且简单的公司都存在一个健全的责任中心来负责快速纠正错误。但是，他们也存在不能聚集足够的资本来参与大规模的投资，以及缺乏管理广泛投资的专门知识等相关问题。另外，投资者要负无限责任。

20.4.2 辛迪加或有限合伙制

辛迪加或有限合伙制的创立是为了扩大潜在投资者的参与。**有限合伙制**（limited partnership）指：一个普通合伙人建立有限合伙制度对合伙制负债承担无限责任。普通合伙人向有限合伙人出售参与单位，有限合伙人以其投资额承担有限责任（例如 5 000 美元或 10 000 美元）。有限责任对房地产投资来说尤为重要，因为抵押债务额度可能会超过参与者的净资产。普通合伙人通常负债管理资产，而有限合伙人仅仅是投资者。

虽然有限合伙人只负有限责任的特点很吸引人，《1986 年税收改革法案》对使用有限合伙人来避税的做法予以了限制。过去，房地产有限合伙制通过加速折旧产生了大量账面损失（虽然不是现金损失），而这些账面损失可以对其他收入形式起到避税的作用（例如医生的薪水）。在 1986 年税收改革法案下，纳税人被禁止利用被动损失来抵消其他收入来源（如薪水和投资组合收入）。这些损失只能抵消其他被动投资的收入。

房地产有限合伙制现在仍然存在，但基本上是出于有限责任而不是避税的原因。成功的合伙人注重现金流的创造和资本升水的可能性。在本章附录的例子中，没有出现有限合伙制，投资者只得主动地参与资产的管理。少量的税收冲销是允许的，但项目成功与否主要取决于现金流和潜在资本升水。

如果你决定投资于有限合伙制企业，你应该遵循一些指导原则。你必须注意普通合伙人收取的前端手续费和佣金（可能是 5%~10%，甚至高达 20%~25%）。投资者也要警惕普通合伙人可能参与重复交易，例如：普通合伙人可能在不同的合伙人制度下重复出售资产并重复收取佣金。夸大了的账面收益对缺乏信息的有限合伙人来说是十分具有欺骗性的，且成本很高。

在评估普通合伙人以及房地产交易时，投资者应该考虑以下因素。首先，投资者应该回顾这个普通合伙人的历史绩效记录。普通合伙人是第一次还是第十次进行交易？还应该注意普通合伙人涉及的法律诉讼（如果有的话）。投资者还要了解普通合伙人是否投资于**委托企业同盟**（blind pool），在这种制度下，由普通合伙人最终选择投资资产，而在其他情况下特定的投资项目是事先确定的。

最后，投资者需要决定是投资于公开性质的有限合伙人辛迪加或是私人性质的有限合伙人辛迪加。公开发行的辛迪加通常涉及很大的资金量，并且要通过证券交易委员会复杂而严格的注册程序。当然，证券交易委员会只是试图保证充分的信息披露，它不对企业的审慎原则做出评价。私募发行的有限合伙人辛迪加仅在本地运营，最多有不超过 35 个合伙人。

公开发行和私募发行的有限合伙人二板市场已经建立，但经纪人差价和佣金却非常高。交易频繁的资产通常要收取 10%~15% 的佣金，而流动性较差的资产要收取 20%~30% 甚至更多。质量实在很差的资产的流动性可能为零。正如你可能期望的，公开发行的有限合伙制企业比私人的同类企业有更高的流动性。

20.4.3　房地产投资信托

另外一种房地产投资的形式是**房地产投资信托**（real estate investment trust, REIT）。房地产投资信托与共同基金和投资公司相似，在有组织的交易所和柜台市场发展交易。它们聚集投资者的资金和借入资金直接投资于房地产，或者进行建筑开发、向投资者发放贷款。

房地产投资信托投资者可以以每股 10~20 美元这样极低的价格参与房地产投资。另外，由于大规模二板市场的存在，使得房地产投资信托成为最具流动性的房地产投资形式。

房地产投资信托始于《1960 年房地产投资信托法案》。和其他投资公司一样，它们享受单一收入税的特权（由股东而不是信托公司纳税）。要获得房地产投资信托的税收优惠资格，企业收入中至少有 75% 要来自于房地产（例如租金和抵押贷款的利息），并且将这些收入的 95% 以上以现金形式发放股利。

房地产投资信托可以采取以下三种形式或它们的组合：**股权信托**（equity trusts）的购买、运营并出售房地产作为其投资方式；**抵押信托**（mortgage trusts），向房地产投资者发放长期贷款；**混合信托**（hybrid trusts）涉及以上两种形式的业务，如股票和抵押信托。房地产投资信托通常有商业银行、保险公司、抵押银行和其他金融机构的附属机构组建，例如美国银行实业 (Bank America Realty) 和康涅狄格通用抵押公司 (Connecticut General Mortgage)。

投资者可以从目前存在的多达 400 家房地产投资信托中做出选择。

20.5　黄金和白银

现在我们开始考察其他形式的实物资产投资。贵金属是投资选择中最具波动性的资产。历史上，黄金和白银的价格总是在困难时期是趋于上升的，而在经济稳定时期趋于下降。图 20—2 显示了 1978—2006 年间黄金价格的波动。

每金衡制盎司的美元价值

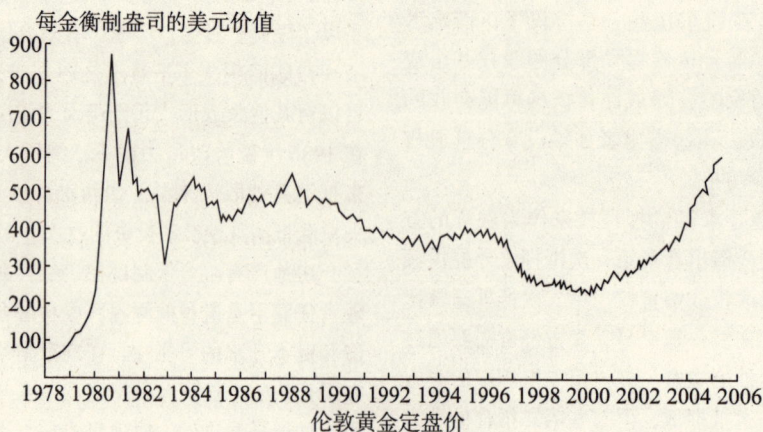

伦敦黄金定盘价

图 20—2　黄金价格波动

20.5.1　黄金

促使黄金价格上升的主要因素有：对战争的恐惧、政治动荡和通货膨胀（这在 1979 年之后美国驻伊朗大使馆被接管和同期两位数的通胀发生之后尤为明显，如图 20—2）。相反的，世界紧张局势的缓解和通胀压力的减小使得黄金价格有所下滑。

黄金可以以多种形式持有，根据科普林格（Koplinger）的《个人金融杂志》的调查报告结果显示，35% 的年收入在 50 000 美元以上的美国人口直接或间接地拥有黄金或其他形式的贵金属。下面我们就讨论黄金所有权的不同形式。

金块　金块包括金条和金饼。投资者可能持有从 1 金衡制盎司到 10 000 金衡制盎司的黄金（2006 年价格大约是 600 万美元）。小型金条通常按照纯金块价格升水 6%~8% 的价格交易，而大型金条升水 1%~2%。金块会带来贮藏问题，除非金条仍然处于银行或是在最初出售它们的经纪人的监管之下，在再次交易之前都要经过鉴定。

金币　金块带来的贮藏和鉴定成本都可以由投资于金币来避免。投资金币有三种渠道。第一，投资于金块金币，如南非的克鲁格金币、墨西哥的 50 比索金币、加拿大的枫叶金币。这些金币按照纯金块升水 2%~3% 的价格交易，并向投资者提供参与市场的绝佳机会。第二种形式是已经不再进行铸造的普通期限金币，例如美国双鹰金币、英国主权金币和法国的拿破仑金币。这种金币因为具有收藏价值，所以其交易价格可能是纯金块价值的 50~100 倍。第三，一些古老而稀有的金币，因为具有考古价值而售价高达成千上万美元。

黄金股票　除了金块和金币，投资者可以简单地通过购买主营金矿业务的公司的普通股票来参与黄金投资。在美国交易所上市的此类公司包括纽蒙特矿业（Newmont Mining）、普莱斯多姆公司（Placer Dome Inc.）以及 ASA 有限公司。因为这些公司的股票价格和整体股票市场的波动方向相反，因此他们可以提供绝佳的组合分散化效应。

黄金期货合约　最后，黄金投资者可以考虑期货合约的交易。黄金期货在美国五家交易所和许多国外的交易所进行交易。

20.5.2　白银

白银在作为对冲通胀风险和非常时期投资的安全港方面和黄金有同样的投资特点。白银价格在 1976 年是每金衡制盎司 5 美元，80 年代初上升到 50 美元，到了 2006 年又下降到每盎司 12 美元。

白银比起黄金有更多的工业和商业价值，例如摄影、电子和电子制造、电铸板、牙科以及白银首饰。据估计每年白银的工业用量超过年产量 1.5 亿盎司。另外，白银的供给并不一定和白银价格成同向运动，由于白银是铜、铅、锌和黄金的附属产品。由于缺乏供给，许多人考虑将白银作为长期持有的合适选择。

白银投资也可以采取很多形式。第一，一些投资者选择持有银条。因为白银的价格通常是黄金的 1/25 或 1/75，因此美元投资通常涉及相当大数量的白银，从而使得贮藏和运输成本非常高。第二，银币可以被大宗购买，也可以收集稀有的、有历史价值的货币。在 1965 年以前的面值 1/10、1/4、1/2 美元的铸币是纯银价值的 90%。第三，投资者可以购买白银期货合约。第四，投资者可以购买有银矿业务的公司的股票。

投资的真实世界

作为收藏品的棒球明星卡

虽然我们通常把棒球明星卡和一个十岁的小孩从父母那里哄骗来 2 美元然后去便利店买一包卡片的场景联系起来，但棒球明星卡却是一个价值 5 亿美元的产业。这个产业有 100 000 个专业的球星卡收藏家和每天都交易的成百万的年轻的套利者。

其他体育纪念品也有很高的价值。一张印有贝比·鲁思（Babe Ruth）的棒球卡价值 8 000 美元；一件卢·盖格瑞格（Lou Gegrig）穿过的真品球衣标价 310 000 美元。一个狂热的收藏家甘愿支付 500 美元购买一个早已去世的芝加哥黑袜队的投手艾迪·西科特（Eddie Cicotte）的牙医记录。

在 2007 年，1910 烟草棒球队霍纳斯·瓦格纳的球星卡售价高达 230 万美元，他的球星卡的第二高价是 2001 年的 110 万美元。1985 年，同样的球星卡的价格是 11 万美元。为什么价格上涨如此之多？瓦格纳并不认可抽烟，当他和烟草有关的球星卡在 1910 年公司上市时，他只允许发行了 100 张。据称现在市面上仅存的瓦格纳球星卡只有 40 张，显然供求法则在发挥作用。

　　同样的，在过去几年中其他形式的棒球纪念品销路畅通。这要得益于苏富比拍卖行在 2000 年对巴里·哈尔珀（Barry Halper）的纪念品套装成功的拍卖。巴里先生是一个百万富翁，并拥有纽约洋基队（New York Yankees）大多数股票，同时他还拥有最完备的棒球纪念收藏品，例如球星卡（最早的版本可以追溯到 1920 年）、球员队服以及一些球星的亲笔签名。拍卖收入超过了预期收入的两到三倍，并使得纪念品收藏再次兴起。另一个事实也可以提供证据，伊利诺斯州的马斯特优质体育（Mastro Fine Sports）通过网站每年进行四～五次的纪念品拍卖，每笔拍卖的毛收入可达 1 000 万 ~1 200 万美元。一个 1927 年印有洋基标志的棒球，在几年前价值 5 000 美元，最近售价高达 70 000 美元。一个在 1999 年被某作者购买的 1948 年贝比的照片副本在 2001 年 5 月售价高达 4 000 美元。命运多舛的蝙蝠侠粉丝棒球在 2003 年 10 月份售价高达 106 600 美元。最后，卢的队服在 2006 年价格达到顶峰的 350 000 美元。

20.6　珍贵宝石

　　珍贵的宝石包括钻石、红宝石、蓝宝石和翡翠。钻石和其他珍贵的宝石由于具有体积小、携带方便和保存期长的特点，对投资者有很强的吸引力。在欧洲，人们长期以来对货币作为价值储藏有一种不信任感，因此收藏宝石在欧洲十分流行。

　　钻石的分配几乎被南非的戴尔比斯矿业公司（De Beers Consolidated Mines）所垄断。它控制了全球大约 80% 的钻石供给，并明确提出维持钻石价格的政策。例如，成色为 D 级、一克拉、无暇、抛光的钻石价格在 1974—1980 年间增长了 10 倍。

　　当然，不是所有的钻石都有如此上佳的表现。另外，钻石市场时有崩盘的情况，例如 1974 和 1980—1982 年间钻石价格下降了 1/4 甚至更多。即使钻石价格大幅上涨，钻石投资者也不能自动获利。经纪人利润可以高达 10%~100%，所以要想获利，钻石价格必须稳定增长 3~5 年。

　　在任何投资领域产品和市场知识都是至关重要的。或者你是一个专家，或者你要保证跟你交易的是诚实的专家。钻石的品质按照 4C 原则来评判（颜色、透明度、重量和切割），每颗钻石的评估结果都要获得美国宝石学协会的认可。就像所有珍贵的商品一样，建议投资者购买质量尽可能高的商品。以相同的价格购买品质上乘但重量较轻的钻石比购买品质较差但重量较大的钻石要明智许多。

20.7　其他收藏品

　　其他收藏品包括艺术品、古董、邮票、中国瓷器、稀有图书以及其他对我们的社会有各种用途的商品。每种商品都能够给投资者带来精神上的享受和物质上的满足。

　　所以收藏品投资者都应该对当前的市场情况和决定商品内在价值的因素有所了解。否则，你可能以高价购买交易对手所遗弃的商品。重要的是不要随着购买狂潮随波逐流。购买艺术品、古董和邮票的最佳时机就是当市场狂热已经过去，卖家囤积了大宗的存货，而不是在《华尔街日报》和《商业周刊》每周都报道财富奇迹的时刻。收藏品市场和其他市场一样都有固定的模式和周期可循。

　　就像在其他市场一样，收藏品市场的聪明的投资者必须对经纪人差价引起注意。如果你的交易对手的销售价格是 100 美元而购买价格是 50 美元，那么一个每两到三年价格翻倍的价格指导是没有意义的。聪明的投资者和收藏家可以在任何可能的机会中绕过经纪人和中间人，来和其他收藏家和投资者直接交易，以保持收益。

　　例如《货币》杂志和《收藏家/投资者》杂志提供关于收藏家市场的绝佳的文章。专业的期刊，例如《美国文艺和古董》、《金币世界》、《林氏邮票杂志》、《体育收藏家文摘》以及《古董月刊》也能提供有用的信息。感兴趣的读者可以在公共图书馆和大型书店找到任何类型的收藏类书籍。

本章小结

　　实物资产投资必须以全部投资组合的视角来考虑。它们为投资者提供抵御通胀风险的方法，有效分散化的机会和愉悦的感受。

　　跟证券市场相比，缺乏大型的具有流动性的市场是实物资产市场的缺点，经纪人和中间人价差也很大，致使投资者要放弃当前的收入。

该市场价格的大起大落不仅创造了获利的机会，也要求投资者必须注意对市场时机的选择。黄金和白银购买热潮的最后买家代价是非常昂贵的。

评估房地产和评估股票和债券的价格需要相似的技术。相对销售价值法以及收入法，最基本的是成本法。通常使用三种方法的加权来评估房地产。一个更加精确的方法是使用本章附录所使用的现金流和现值方法深入分析。

黄金和白银代表两种高度不稳定的资产，而且它们的价值和世界经济事件波动方向相反。对于贵金属投资者来说坏消息就是好消息（反之亦然）。投资黄金和白银通常可以通过购买金（银）块、商品期货合约或间接的购买专营矿业公司的股票而实现。

贵金属和收藏品，例如艺术品、古董、邮票、中国瓷器和稀有书籍，一直以来对投资者都很有吸引力。虽然有时会有市场过热的信号，长期来看精明且耐心的投资者的绩效很不错。投资者在做出严肃的投资决策之前要充分理解影响价格变化的因素。

关键词汇及概念

可调整利率抵押贷款　adjustable rate mortgage
委任企业同盟　blind pool
相对销售价值法　comparative sales value approach
成本法　cost approach
股东权益分享　equity participation
股权信托　equity trust
累进还款式抵押贷款　graduated payment mortgage
混合信托　hybrid trust
收入法　income approach
有限合伙制　limited partnership
抵押信托　mortgage trust
实物资产　real asset
房地产投资信托　real estate investment trust，REIT
增值分享抵押贷款　shared appreciation mortgage
直线折旧法　straight-line depreciation

讨论题

1. 为什么实物资产可以提供防范投资风险的机会？

2. 解释实物资产可以有效分散投资组合的原因。

3. 投资于房地产的缺点有哪些？

4. 房地产估价有哪三个主要方法？它们应该组合起来使用么？

5. 什么是可调整利率抵押？

6. 累进还款式抵押贷款适合什么样的借款人？

7. 解释增值分享抵押贷款。

8. 解释有回购条款的卖方贷款。

9. 有限合伙制是怎样处理负债的？

10. 什么是房地产投资信托？房地产投资信托的三种形式是什么？

11. 促使黄金价格上升和下降的因素是什么？

12. 投资于金币的三种不同方式是什么？

13. 描述白银的商业和工业用途。白银投资的形式有哪些？

14. 解释经纪人价差是如何影响收藏品收益率的？

投资顾问难题

朗斯认为他最终将他 10 年来在俄克拉荷马一家珠宝店作为商店经理储蓄的 35 000 美元用到了正确的投资机会上。这项资产是一套城市繁华地区的双层公寓。

该资产标价 148 000 美元，并且每年产生 13 000 美元的净营运收入。朗斯决定将他的储蓄全部投资并借入不足的部分。他认为该资产可以为他和家人（妻子和两个孩子）提供稳定的收入。

在他完成这项交易之前，他决定和他曾经在金融企划公司担任投资顾问的继父——贾斯汀讨论一下他的投资机会。贾斯汀提出了以下问题：

a. 这项房地产能够提供足够的流动性吗？

b. 其他情况一样的情况下，这套双层公寓能提供防范通胀风险的机会吗？

c. 该公寓能提供足够的分散化效应。如果朗斯要求更多的流动性和分散化效应，房地产投资的其他形式是什么？

d. 如果公寓的营运收入按照 8.5% 的比率资本化（估价），以价值的角度来看他是否进行了一笔成功的投资？

朗斯会如何回答这些问题？

附录20A 房地产投资决策的综合分析

在任何资产的定价中，最终价值都是基于未来现金流的现值。这不仅适用于股票、债券、油井和新建企业，也同样适用于房地产。

我们遵循以下六步来决定现金流变量：

1. 决定购买价格、抵押规模和年抵押支付水平。

2. 计算预期持有期内每年的净营运收入。

3. 将上述价格转化为持有期内的年现金流。

4. 估计持有期结束后资产的出售价格。

5. 将年现金流和预期的持有期后出售价格贴现到今天，来决定未来收益的现值。

6. 比较第一期的现金流出和未来收益的现值来决定这项资产是否提供正的净现值。

现在我们来讨论这些步骤。

1. 购买价格和融资的决策   假设贝利公寓商住综合楼（6个单元）的售价是180 000美元。从与一个抵押银行家（资金借出者）的讨论中得知这个价格80%的资金可以按照20年每年12%的利率借入。因此，贷款总额是144 000美元：

    180 000×80%=144 000（美元）

购买价格扣除贷款的余额是36 000美元：

    180 000−144 000=36 000（美元）

下一步，我们考察年抵押支付水平。查表20A—1，我们可以在第一行看到20年期利率是12%的年抵押支付水平是19 280美元。

2. 每年净营运收入的决定   我们假设买方意图持有资产四年，然后出售。因此，我们按照表20A—2来决定每年的价值。假定价值随着时间的流逝会小幅增值。下面我们将净营运收入转化为现金流。

3. 年现金流的决定   目前为止我们只是计算了主营业务的收入。实际的问题是可以获得多少现金。其他非主营业务的因素也必须要考虑，例如利息率、折旧、税收（以及相关税和税盾）和抵押贷款的偿还。

在表20A—3中，我们将折旧和利息成本从净营运收入中减去，来决定每年的应税收入或损失。但是在我们观察表20A—3底部之前，让我们简单讨论一下折旧和利息成本。**直线折旧法**（straight-line depreciation）指在27.5年的期限中对一项资产每期提取相等金额的折旧额。这个时间期限适用于出租用的住宅资产和那些按照《1986年税收改革法案》规定的资产。

表20A—1	20年期的抵押贷款年支付额（本金金额为144 000美元）				（单位：美元）
	8%	**10%**	**12%**	**14%**	**16%**
年抵押支付额	14 667	16 913	19 280	21 742	24 287
第一年利息	11 520	14 400	17 280	20 160	23 040
贷款期限内总利息	149 340	194 260	241 600	290 840	341 700

表 20A—2	年净营运收入			（单位：美元）
	第一年	第二年	第三年	第四年
年毛租金	32 400	34 100	36 400	38 100
减 5% 空置率	1 620	1 705	1 820	1 905
净租金	30 780	32 395	34 580	36 195
减营运成本				
财产税	5 000	5 100	5 200	5 300
维修费	1 500	1 550	1 650	1 710
使用费	1 960	2 072	2 205	2 310
保险费	2 200	2 240	2 290	2 340
总营运成本	10 660	10 962	11 345	11 660
净营运收入	20 120	21 433	23 235	24 535

表 20A—3	应税收入或损失			（单位：美元）
	第一年	第二年	第三年	第四年
净营运收入	20 120	21 433	23 235	24 535
减去				
折旧	5 096	5 096	5 096	5 096
利息成本	17 280	17 040	16 767	16 405
应税收入	−2 256	−703	1 372	3 034

表 20A—4	税盾收益			（单位：美元）
	第一年	第二年	第三年	第四年
应税收入	−2 256	−703	1 372	3 034
税率	30%	30%	30%	30%
税盾收益	677	211	−412	−910

你应该还记得资产的购买价格是 180 000 美元。我们假设其中 40 000 美元是用于购买土地（土地不能被折旧），所以折旧资产的价值是 140 000 美元。在 27.5 年的直线折旧中，每年折旧比例是 3.64%（1/27.5）。基于价值 140 000 美元的折旧资产，每年的冲销金额是 5 096 美元（表 20A—3 第 3 行）。折旧是一项特别重要的支出，因为它能减少应税收入，但又不用进行实际现金支付。

利息成本的减免同样非常重要，并且随着贷款余额越来越小，利息额也在变化。本例中直接给出了利息成本（见表 20A—3 第 4 行），但是可以通过利息分期偿还表计算出结果。如果投资者积极参与资产的交易（也就是说按照 1986 年税收改革法案的规定这不是一项被动投资），他可以利用损失作为其他收入的税盾。

假设投资者处于 30% 的税收阶层上，表 20A—4 显示了第一年和第二年应税损失转化为税盾收入的结果。当然，第三年和第四年的应税收入要求税收得到缴纳。

现在我们来计算第三步的结果：决定年现金流。我们有三种现金收入的形式。第一种是净营运收入（表 20A—2），第二种是年税盾收益或应缴纳税收（表 20A—4），第三种是年抵押支出。我们可以回顾表 20A—1 中圈出来的一项来得出最终结果。它将适用于持有期间的任何四年。

表 20A—5 将三种现金流汇合在一起来，计算总年现金价值。

表 20A—5	年现金流			（单位：美元）
	第一年	第二年	第三年	第四年
净营运收入	20 120	21 433	23 235	24 535
税盾收益或应纳税款	677	211	−412	−910
年抵押支付额	−19 280	−19 280	−19 280	−19 280
现金流	1 517	2 364	3 543	4 345

现在我们开始步骤四的计算。在得出四年持有期的年现金流之后，我们要计算持有期结束后潜在的资产销售价格。

4. 估计销售价格 投资者初始投资 180 000 美元购买该项资产，我们假定该投资在四年的持有期中每年按照 6% 的速度增值。在附录A中查找4年期利率为6%的贷款复利系数是1.262。得到出售价格是227 160美元：

180 000	购买价格
× 1.262	复利系数
227 160	4年后的价值

投资者现在作为卖方要支付房地产佣金和其他费用，我们假设是7%，总额为15 901美元（7%×227 160）。投资者的剩余价值是211 259美元：

227 160	销售价格
−15 901	佣金和费用
211 259	净收入

按照净收入超过资产账面价值的程度，投资者要缴纳资本利得税。资产的账面价值等于初始投资额减去折旧。购买价格是180 000美元，四年的折旧额是，每年5 096美元（表20A—3第三行）。因此账面价值是：

180 000	购买价格
−20 384	4年的折旧额（4×5 096）
159 616	账面价值

账面价值和净收入的差额是51 643美元：

211 259	净收入
−159 616	账面价值
51 643	资本利得

资产的盈利被归类为资本利得，并要按照最大15%的税率缴纳税收。你应该还记得投资者净营运收入的税率是30%，但是持有超过一年的投资者通常可以获得特惠资本利得的待遇。

本例的资本利得税是7 746美元（15%×51 643）。投资者的税后收益是203 513美元：

211 259	净收入
−7 746	资本利得税
203 513	销售所得收益

在销售所得收益中，如果投资者在四年后取消了资产的所有权，他或她必须还清抵押贷款的余额。抵押银行家告知我们这个余额是134 432美元。

投资者的销售所得收益减去抵押贷款余额所得净现金收入是69 081美元：

203 513	销售所得收益
−134 432	抵押贷款余额
$69 081	净现金收入（销售所得）

5. 计算所有收益的净现值　因为我们已经计算了四年运营中的年现金收入和出售资产的净现金收入，现在我们要计算所有收益的净现值。我们假定在本例中投资者要求12%的房地产投资收益率，并且我们把它作为贴现率（见表20A—6）。未来现金流的现值是52 461美元。

表 20A—6　现金流现值

年	现金流来自表20A—5（美元）	现值系数（12%）	现值（美元）
1	1 517	0.893	1 355
2	2 364	0.797	1 884
3	3 543	0.712	2 523
4	73 426[a]	0.636	46 699
		现金流现值总额	52 461

a. 第四年现金流4 345加上销售带来的净现金流69 081。

6. 比较收益净现值和初始投资额 初始投资额是 36 000 美元，未来现金收入的净现值是 52 461 美元。这笔投资的净现值是 16 461 美元：

52 461	未来现金收入的现值
−36 000	初始投资额
16 461	净现值

清楚地看到，这个投资项目的收益率远远超过了 12% 的必要收益率，因此是一个可接受的投资。实际的收益率或利率是 22%。但是要注意房地产投资是一种流动性很差的投资，而且所有的收益是基于 6% 的年价值增值。年营运收入几乎是可以忽略的。但是，这看起来确实是一项具有吸引力的投资。

练习题与解答

1. 投资者正在考虑一项价值 190 000 美元的房地产投资，他可以获得 20 年期总额是投资额度的 80%、利率为 12% 的贷款。计算贷款额度和投资者需要准备的现金额。

2. 投资者倾向于持有资产三年然后将其出售。他将计算第一年的净营运收入并假定未来两年按照 6% 的速度增加。

给定以下的信息，计算第一年的净营运收入（遵循表 20A—2 相同的程序）。假定净营运收入每年增长 6%，计算未来两年的净营运收入。

（单位：美元）

毛年租金收入（4 间，每间每月 450 美元），5% 空置率	
财产税	2 800
维护费	900
设备费	800
保险	1 250

解答：

1.

190 000	
80%	
152 000	贷款总额
190 000	购买价格
152 000	贷款
38 000	现金投资

2. 第一年的净营运收入（单位：美元）

年毛租金	21 600
(4 个单位 ×450×12 个月)	
减去 5% 的空置率	1 080
净租金收入	20 520

减去营运成本	
资产税	2 800
维修费用	900
使用费用	800
保险费	1 250
总营运成本	5 750
净营运收入	14 770

	第一年	第二年	第三年
净营运收入	14 770	15 656	16 595
（第二年起每年增长 6%）			

思考题

1. 投资者正在考虑投资于价值 240 000 美元的房地产。他可以得到总额是投资价值 75% 的 20 年期、利率 10% 的贷款。

a. 计算贷款总额和投资者要准备的自由资金。假设年抵押支付额是 21 142 美元。

b. 投资者倾向于持有该资产三年然后出售。他将计算第一年的净营运收入，然后假定在未来的两年中这个数字将以每年 5% 的速度增加。

给定以下的信息，计算第一年的净营运收入（遵循表 20A—2 相同的程序）。假定净营运收入每年增长 5%，计算未来两年的净营运收入。

第一年数据（单位：美元）	
毛年租金收入（8 间，每间每月 500 美元），6% 空置率	
财产税	6 600
维护费	1 900
设备费	2 360
保险	2 600

c. 计算三年中每年的折旧额。该建筑的价值是 190 000 美元（残余价值是 50 000 的土地价值）。假设期限是 27.5 年的直线折旧法。

d. 假定前三年的利息成本如下：

	（单位：美元）
第一年	18 000
第二年	17 686
第三年	17 340

基于第二问的计算结果和第四问给出的数据，计算应税收入（使用表 20A—3 的算法）。

e. 计算三年中每年的应纳税额。使用表 20A—4 最后两栏相似的程序。假设税率是 35%。

f. 使用第二问中的净营运收入和三年中每年价值 21 142 美元的年抵押支付额，计算三年的现金流。使用表 20A—5 相似的程序。

g. 假设在未来三年内资产价值每年增长 8%。用附录 A 计算三年后初始价值会变成多少。

h. 从第七问所得结果中减去 6% 的佣金和费用，得到净收入。

i. 假设资产账面价值是 219 252 美元，将第八问的结果减去账面价值，得到资本利得。

j. 将资本利得乘以 15% 得到资本利得税。

k. 从净收入中减去资本利得税得到销售收入。

l. 从上问结果中减去抵押贷款余额 169 600 美元，得到销售净现金收入。

m. 用附录 C 中的 9% 的贴现率计算未来收入的现值，使用和表 20A—6 相似的计算方式。第一年和第二年的现金收入可以在第六问中找到。第三年的现金流是第七和第十三问的加总。

n. 从全部的现金收入中减去初始投资额 60 000 美元（240 000 购买价格减去 180 000 最初抵押贷款额），得到净现值。按照净现值原则，该项资产有投资价值吗？

第七部分 投资组合管理概论

很多人认为投资组合管理远远比挑选个股重要得多。事实上，研究表明，为了取得长期收益，挑选合适资产组合要比选取合适的个股更重要，也就是说，除非你很幸运地在微软和沃尔玛发展的早期就买进它们的股票并持有至上涨时期。投资组合管理不仅仅管理收益，也是对风险和税收效应的管理。当诸多财经媒体在讨论对冲基金的时候，人们并没有真正理解对冲基金是如何运作的，因为它们被认为是个人投资关系而且不需要向证券交易所报告他们的交易或组合比例，换句话说，对冲基金可以持有任意有价证券种类并可遵循任何投资策略。

麦斯洛高级策略集团（Mesirow Advanced Strategies Group）的首席投资官斯蒂夫·沃格特（Steve Vogt）博士，管理着价值超过130亿美元的对冲基金组合。作为对冲基金的管理者，沃格特博士监督不同风险收益的各种投资组合的建立。比如，如果你观察有效边界并找到一个风险收益点，沃格特可以构造一个投资组合来匹配那一风险收益的特征。他所拥有的超过80只对冲基金允许他能够灵活地构造投资组合，每一个组合都遵循有少许差异投资风格的策略。

当你对这些基金的历史表现有了一定的了解后，便有可能根据过去的统计数据，建立具有诸如标准离差和收益特征的投资组合。这可帮助你优化每一基金的权重，以便达到有效边界。如果你进行卖空交易、并购套利策略、可转换债券套利交易策略、传统的多空保值交易策略和对称的多空产业策略等，你可以构建一些复杂的组合。当然，现在也无法保证这个目标一定能达成，因为我们都知道过去的表现并不一定能准确地预测未来。

斯蒂夫·沃格特是如何当上管理130亿美元对冲基金的首席投资官呢？他在明尼苏达州（Minnesota）长大，取得了伯米吉州立大学（Bemidji State University）的数学和经济学学士学位。然后他在圣路易斯的华盛顿大学与曾任总统经济顾问的莫里·威登伯姆一起取得了经济学硕士和博士学位。取得博士学位后，他便加入德堡大学的财政系，在那里他成为了一位出色的教授。十年之后，他带薪离职休假去麦斯洛上班。接下来，史蒂夫成为四个孩子的父亲，尤其喜欢与孩子们一起玩并辅导他们进行体育锻炼。他同时担任麦斯洛财政部门执行委员会和德堡财政顾问团成员。

第21章 投资组合管理和资本市场理论引言

假设现在是周日晚上 8 点，你在看 ESPN 的一个体育节目，商业广告不断闪现，伴随着新款宝马和凌志的跃现，当然共同基金也有广告。

我们可以以任一共同基金为例，在此以富达蓝筹成长基金（Fidelity Blue Chip Growth Fund）为例。这一基金名称充满了华丽词藻色彩。富达是世界上著名的共同基金公司之一。蓝筹意味着高品质与成长，也表明这一基金是投资于具有较强潜在价值提升空间的公司，2004 年 1 月该基金的广告声明它的价值在过去的 12 个月里增长了 21.64%。

然而，真正的问题是，为了取得高收益，投资者要承担多大的风险或波动性？任一投资都包含两个方面：风险和收益。这一典型的广告仅涵盖了其中一面：收益。如果这一基金为了达到这个结果不得不承担相当高的风险，它无疑不会赢得那么多赞美。事实上，该基金的确承担了较高的风险，其中 25.1% 的资产投资于科技股。

在本章中，我们对于投资者风险感知和补偿需求将有一个更为完整的了解。最终我们将建立一个包含这些理念的管理组合。虽然使用数学术语来说是一个重要的因素，有益于对组合理论的基本了解，但更复杂的理论或概念将列入本章的附录。

在第 1 章，出现相关风险通常认为是未来不确定性的结果。结果分散的可能性越大，风险也就越大。我们在第 1 章也了解到，大多数投资者倾向于风险规避。也就是说，如果机会是均等的，投资者宁愿选择低风险，如果风险加大，则他们对风险溢价的要求也相应提高。每个投资者对风险有不同的态度。对于一个给定的投资者，如果他从货币市场基金中撤出，并投资于石油钻井事业，那一定是存在某种诱因。对一些人来说，只要求很少的风险报酬，而另一些人，除非能获得非常高的回报，否则可能不愿意参与。我们从本章开始正式讨论风险度量问题。

21.1 风险度量

既然定义了风险是未来结果的不确定性，那么如何度量风险？首要的任务便是设计一个预期未来结果的概率分布，这可是个不小的任务。可能的结果及其对应的概率是基于经济预测、过去的经验、主观判断和许多其他变量。大多数情况下，我们强迫自己记下已经存在于我们头脑中的东西。建立了这个概率分布，我们便可决定期望值和概 率分布。分布越分散，风险越高。

21.1.1 期望值

实例应用 我们用每一个可能结果乘以其相应概率来确定**期望值**（expected value）。假设我们正考虑两种投资方案，K 表示可能结果，P 表示不同经济状态下结果所出现的概率。如果我们将之应用于股票，K 则表示股价增加值与股利之和（总收益）。表 21—1 表示两组投资的数据：i 和 j。

表 21—1　　　　　　　　　　　　　投资 i 和 j 的收益及概率

投资 i		经济状态	投资 j	
收益（K_i）	概率（P_i）		收益（K_j）	概率（P_j）
5%	0.20	衰退	20%	0.20
7%	0.30	低增长	8%	0.30
13%	0.30	适度增长	8%	0.30
15%	0.20	高增长	6%	0.20

我们定义 $\overline{K}_i$（i 投资的期望值）等于 $K_i P_i$，那么答案将是 10.0%，如下面的公式 21—1 所示：

$$\overline{K}_i = \sum K_i p_i \qquad (21—1)$$

收益（K_i）	概率（P_i）	收益 × 概率（$K_i \times P_i$）
5%	0.20	1.0%
7%	0.30	2.1%
13%	0.30	3.9%
15%	0.20	3.0%
		10.0%＝$\sum k_i p_i$

21.1.2 标准离差

实例应用 度量分布的离散程度通常采用的方法便是**标准离差**（standard deviation），它度量结果偏离期望值的程度。标准离差的公式如下：

$$\sigma_i = \sqrt{\sum (K_i - \overline{K}_i)^2 P_i} \qquad (21—2)$$

根据上述公式来计算投资 i 的标准离差：

收益（K_i）	收益均值（$\overline{K}_i$）	概率（P_i）	离差（K_i-$\overline{K}_i$）	离差平方（K_i-$\overline{K}_i$）^{2}	离差平方 × 概率（K_i-$\overline{K}_i$）^{2}×P_i
5%	10%	0.20	−5%	25%	5.0%
7%	10%	0.30	−3%	9%	2.7%
13%	10%	0.30	3%	9%	2.7%
15%	10%	0.20	5%	25%	5.0%
					15.4%＝$\sum (K_i - \overline{K}_i)^2 P_i$

$$\sigma_i = \sqrt{\sum (K_i - \overline{K}_i)^2 P_i} = \sqrt{15.4} = 3.9\%$$

投资 i 的标准离差是 3.9%，为了理解这一投资的相对风险特征，我们用它和另一投资 j 进行比较。

我们定义投资 j 是反周期投资，也就是说，它在经济衰退时表现得好，经济繁荣时表现得差。它可能代表房地产行业的一个公司，当经济发展迟缓、利率低时获得盈利。在这种情况下，人们可以以低成本融资购进新房，同时公司的股价也表现良好。在经济增长时，利率将会大幅增加，融资成本同时增加。因此，我们定义了一个反周期投资 j，它的各种可能收益和概率如下：

收益（K_j）	概率（P_j）	收益 × 概率（$K_j \times P_j$）
20%	0.20	4.0%
8%	0.30	2.4%
8%	0.30	2.4%
6%	0.20	1.2%
		$\bar{k}_i$=10.0%

投资 j 的期望值为：

$$\bar{K}_j = \sum K_j p_j$$

投资 j 的标准离差为：

$$\sigma_j = \sqrt{\sum (K_j - \bar{K}_j)^2 P_j}$$

收益（K_j）	收益均值（$\bar{K}_j$）	概率（P_j）	离差（$K_j - \bar{K}_j$）	离差平方（$K_j - \bar{K}_j$）^{2}	离差平方 × 概率（$K_j - \bar{K}_j$）$^2 \times P_j$
20%	10%	0.20	10%	100%	20.0%
8%	10%	0.30	−2%	4%	1.2%
8%	10%	0.30	−2%	4%	1.2%
6%	10%	0.20	−4%	16%	3.2%
					25.6%=$\sum (K_j - \bar{K}_j)^2 P_j$

$$\sigma_j = \sqrt{\sum (K_j - \bar{K}_j)^2 P_j} = \sqrt{25.6} = 5.1\%（四舍五入）$$

两种投资方案的期望值均为 10%，但是在不同的经济情况下表现却不同，标准离差也不同（σ_i=3.9%，σ_j=5.1%）[1]。

21.2　资产组合效应

实例应用

仅持有投资 i 的投资者可能会考虑把投资 j 纳入资产组合。如果两种投资的权重相等，新资产组合的期望值也为 10%。我们定义 K_p 为资产组合的期望值：

$$K_P = X_i \bar{K}_i + X_j \bar{K}_j \tag{21—3}$$

X 代表资产组合中每一组成部分的权重，本例中两种投资的权重均为 50%。K_i 和 K_j 如上所述，两者的值均为 10%，那么我们便有：

$$K_P = 0.5(10\%) + 0.5(10\%) = 5\% + 5\% = 10\%$$

资产组合的标准离差如何度量（σ_p）呢？如果两种投资的权重相等，资产组合的标准离差是 4.5%：

$$X_i \sigma_i + X_j \sigma_j = 0.5(3.9\%) + 0.5(5.1\%)$$
$$= 1.95\% + 2.55\% = 4.5\%$$

有趣的是，投资于 i 的投资者在资产组合中似乎是损失的，投资者的期望值仍然是 10%，但是投资者的标准离差却从 3.9% 增加到 4.5%。投资者是风险厌恶型的，但通过增加投资种类反而增加了风险。

在这一分析中出现了悖论，投资组合的标准离差不是单一标准离差的加权平均（和期望值不同），它涉及投资种类的相互影响。如果一项投资在给定的经济条件下表现好而另一项投资表现差，将两者组合起来会显著地降低风险，资产组合的标准离差小于任一项投资的标准离差（这就是为什么我们不仅仅让两种投资的权重相等的原因），反之亦然。

如图 21—1 的两种投资的风险降低曲线，单一投资于 i 的收益范围是 5%~15%，而投资于 j 的收益则是 6%~20%，但是若将两者组合起来，收益范围却是 7.5%~12.5%。因此，我们在保持期望值仍为 10% 的同时降低了风险，下面我们

---

[1] 事实上，除了用标准离差，我们也可以用方差来计量风险。也就是，用 σ^2 来计量单个有价证券的风险。

研究如何准确地度量两种资产组合的标准离差。

组合结果（%）

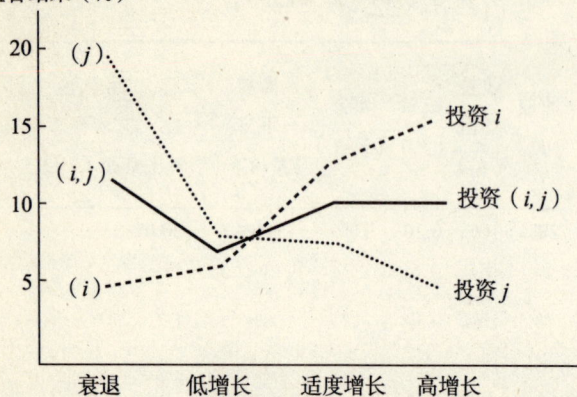

图 21—1　不同经济情形下的投资收益

21.2.1　两项资产组合的标准离差

两项资产组合的标准离差如公式 21—4 所示[①]：

$$\sigma_P = \sqrt{X_i^2\sigma_i^2 + X_j^2\sigma_j^2 + 2X_iX_j\gamma_{ij}\sigma_i\sigma_j} \qquad (21\text{—}4)$$

表达式中的新名词 γ_{ij} 是协方差，它度量两个变量的相关性。γ_{ij} 的范围是 –1 到 1，然而对于大多数的变量来说，协方差是 –1 到 1 中的某一个值。图 21—2 显示了协方差的概念，在图 A 中，资产 i 和 j 完全正相关，γ_{ij} 为 1。当 i 增加时，j 增加与 i 相同的比例。在图 B 中，资产 i 和 j 完全负相关，γ_{ij} 为 –1。当 i 增加时，j 减少与 i 相同的比例。图 C 表示资产 i 和 j 没有关系，γ_{ij} 等于 0。

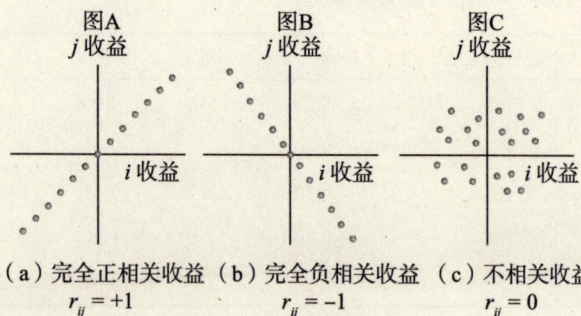

（a）完全正相关收益　（b）完全负相关收益　（c）不相关收益
$r_{ij} = +1$　　　　　$r_{ij} = -1$　　　　　$r_{ij} = 0$

图 21—2　相关分析

应用实例

资产 i 和 j 的协方差的计算详见附录 21A。尽管很多读者想在我们讨论之前通读附录 21A，其实没有必要。正如附录 21A 所说，投资 i 和 j 的协方差 γ_{ij} 是 –0.70，这表明两者负相关。将这一值代入公式 21—4，再利用前面计算的一些数据，两种资产组合的协方差（σ_P）计算如下[②]：

$$\sigma_P = \sqrt{X_i^2\sigma_i^2 + X_j^2\sigma_j^2 + 2X_iX_j\gamma_{ij}\sigma_i\sigma_j}$$

式中：

X_i=0.5，σ_i=3.9

X_j=0.5，σ_j=5.1

γ_{ij}=–0.7

$$\sigma_P = \sqrt{(0.5)^2(3.9)^2 + (0.5)^2(5.1)^2 + 2(0.5)(0.5)(-0.7)(3.9)(5.1)}$$

$$= \sqrt{(0.25)(15.4) + (0.25)(25.6) + 2(0.35)(-0.7)(19.9)}$$

$$= \sqrt{3.85 + 6.4 + (0.5)(-13.93)}$$

$$= \sqrt{3.85 + 6.4 - 6.97}$$

$$= \sqrt{3.28}$$

$$= 1.8\%$$

[①]　对于一个多元资产组合，其表达式如下：

$$\sigma_P = \sqrt{\sum_{i=1}^{N} X_i^2\sigma_i^2 + 2\sum_{j=1}^{N-1}\sum_{i=1}^{N} X_iX_j\gamma_{ij}\sigma_j\sigma_i}\,，其中，N 是组合中资产的数目。$$

[②]　注意平方值的计算，如 $(3.9)^2$=15.4，是先前的逆运算。前面我们有 $\sqrt{15.4}$ =3.9（见公式 21—2 的计算），此处的四舍五入方法与前面略有差异。

资产组合的标准离差是 1.8%，比单一投资于 i（标准离差为 3.9%）或 j（标准离差为 5.1%）要低。当两种投资的协方差小于 1（完全正相关）时，可以通过投资组合降低风险。现实中，很多投资都是正相关的，我们仍然可以从正相关的项目中通过投资组合管理降低风险。协方差受之前讨论的两种投资的单个标准离差的影响如下[①]：

相关系数（r_p）	组合标准离差（σ_P）
1.0	4.5
0.5	3.9
0.0	3.2
−0.5	2.3
−0.7	1.8
−1.0	0.0

从我们的资产组合分析中得出的结论是，最重要的风险因素并不是各自的标准离差，而是协方差。正如我们在后面的章节中所示的，对于单一有价证券的总风险或标准离差来说，通过各种组合技术都不能分散的风险需要考虑，而风险溢价则不必考虑。

21.3 发展有效资产组合

我们已经知道如何组合两种投资，以取得 10% 的收益率，并将资产组合的标准离差降低到 1.8%，我们从上面的表中也知道，不同的协方差影响投资组合的标准离差也有所不同。一个精明的资产组合经理可能会考虑大量的组合方式，每一种组合方式都有一个不同的期望值和标准离差。当然，这是建立在单一有价证券的期望值和标准离差之上的，更重要的是要考虑有价证券之间的协方差。尽管我们讨论的是两种资产的组合，我们的案例可以扩大到 5、10 甚至 100 项资产的组合[②]。我们现在使用的投资组合理论的主要原则是马科维茨（Markowitz）在 20 世纪 50 年代的研究成果，我们称之为马科维茨投资组合理论，他因此也获得了 1990 年度的诺贝尔经济学奖。

假定我们有下面八个不同投资组合的风险和收益：

组合	收益	标准离差
A	10%	1.8%
B	10%	2.1%
C	12%	3.0%

续前表

组合	收益	标准离差
D	13%	4.2%
E	13%	5.0%
F	14%	5.0%
G	14%	5.8%
H	15%	7.2%

在绘制上表的各种风险—收益点时，图 21—3 将列出相关的数值。

尽管我们只描绘了八个可能的点，在图 21—3 中我们看到了投资组合的有效集合 ACFH 线，这条线上的投资组合是所有可达到的投资组合，这条线被称为**有效边界**（efficient frontier），这条线上的投资组合提供了最好的风险—收益均衡。也就是说，在这条线上，我们可以在既定的风险下，得到最大的收益或在既定的收益下承担最小的风险。有效边界以上的投资组合是不存在的，有效边界以下的投资组合是不经济的。就以在既定的风险下得到最大的收益为例，考虑有效边界上的点 F，我们在 5% 的风险水平下得到 14% 的收益率，然而在 F 点的正下方，E 点的标准离差也是 5%，可是收益率却是 13%。

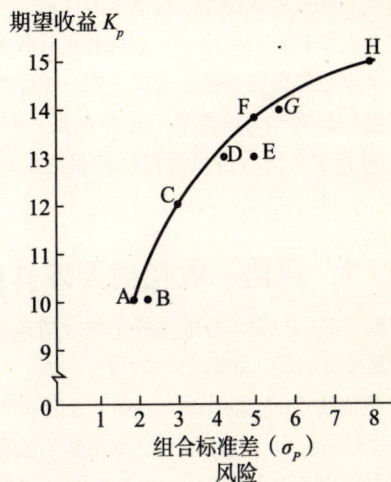

图 21—3 风险—收益均衡图

为了表示我们在既定的收益下将承受最小的风险，我们可以考察 A 点，在这一点上有 1.8% 的风险水平和 10% 的收益率，然而在 B 点（A 点的右边）同样可以得到 10% 的收益率，而风险水平却是 2.1%。一个资产组合可以由任何两种资产得到或者两个组合得到。例如，我们可以将

[①] 假设每一资产在投资组合中所占的比例是 50%。

[②] 当组合中的有价证券的数量是 10 种时，通过增加投资组合中的有价证券数量可以显著降低组合的标准差，而当投资组合的数量是 20 时，降低组合的标准差的幅度较小，投资组合中包含 14 到 16 种有价证券被认为是享用投资组合效应的足够数量。

A 点和 C 点连接起来以产生 A 和 C 不同比例的投资组合，同样地，C 和 F、F 和 H 等，都可以产生这样的投资组合。尽管我们只描绘了八个点，一个完整的有效边界却是无数观察点的连线，如图 21—4 所示。

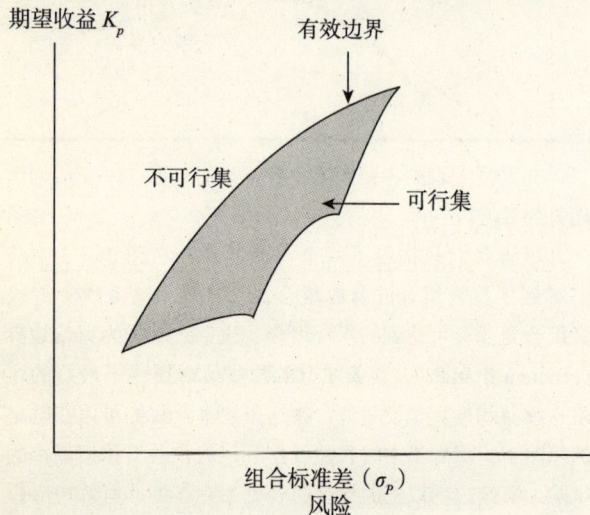

图 21—4　有效边界透视图

在图 21—4 中，我们又一次观察到有效边界和可行集的关系，并注意到一些风险—收益点是不可能达到的。在分析中，我们认为有效边界上的点是最优的，一个既定的投资者将会根据自身的风险—收益均衡去选择最合适的某一点。一个风险规避者可能会选择图 21—3 中的 A 点，然而一个风险偏好者却可能会选择 F 或 H 点。在这些点上，投资者均得到了针对自身风险特性的最好的风险—收益均衡。

21.3.1　风险—收益的无差异曲线

为了取得某一投资者有效边界上的合适点，我们来看投资者的无差异曲线，如图 21—5。

无差异曲线（indifference curves）表明投资者对于风险和收益之间的权衡，曲线越陡，投资者越厌恶风险。例如，图 21—5 中投资者 B（图 21—5 中的 I_B）的无差异曲线比投资者 A（I_A）的要陡，表明投资者 B 对于额外的风险要求更多的风险补偿（更多的风险溢价）。注意到在点 X 和 Y 之间，投资者 B 几乎要求两倍于投资者 A 的风险补偿。然而，在某种程度上，投资者 A 仍然是风险规避的，可能也代表了资本市场上的典型投资者。

一旦投资者的无差异曲线确定了，第二个目标便是确定最高曲线的可能性，例如，图 21—5 中的投资者 A 将会有一系列相似的无差异曲线，如图 21—6 所示。

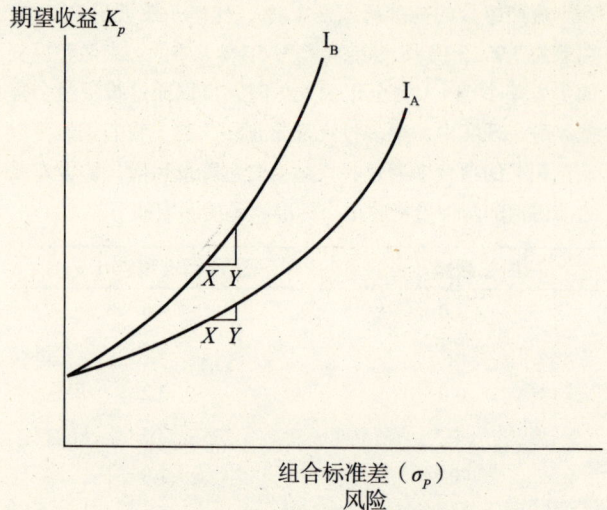

图 21—5　风险—收益无差异曲线

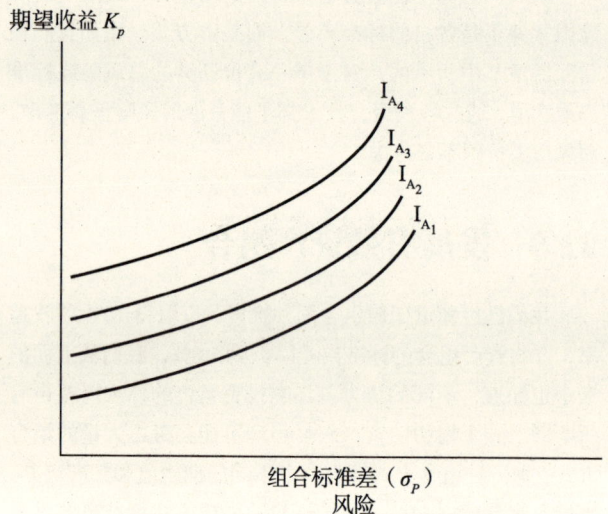

图 21—6　投资者 A 的无差异曲线

虽然在既定曲线上，投资者对于任何一点都是无差异的（如 I_{A4}），但是为了达到最高无差异曲线，投资者并不都是无差异的（如 I_{A4} 明显高于 I_{A1}）。在既定的风险水平下 I_{A4} 的收益率更高。唯一限制达到最高无差异曲线的是可获得投资的可行集。

21.3.2　最优资产组合

理论上说，投资者都会将风险—收益的无差异曲线与有效边界进行匹配，如图 21—7，投资者 A 将达到最高收益的无差异曲线与有效边界的交点 C。

C 点是投资者 A 的无差异曲线（如 I_{A3}）与有效边界的切点，在这一点上，两条曲线有相同的斜率和风险—收益特征。然而 I_{A4} 上的点可以提供更高的效用，但是因没

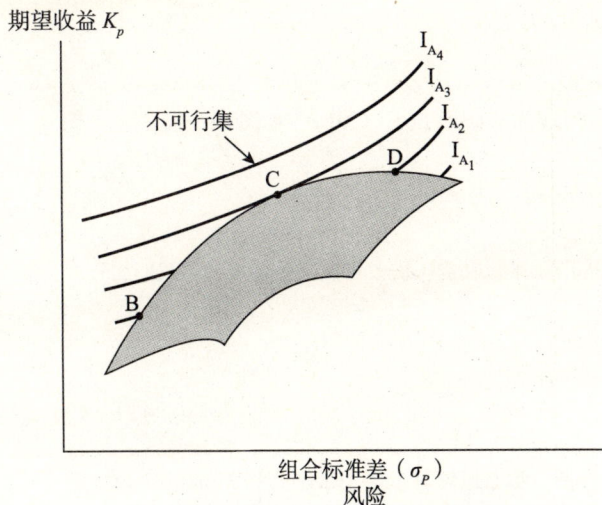

图 21—7 有效边界与无差异的融合

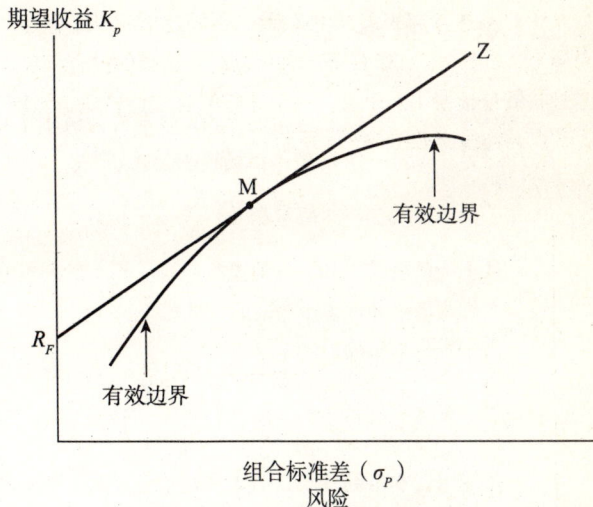

图 21—8 资本市场线的基本图形

有相交而达不到。同时，有效边界和更低的无差异曲线（I_{A_2}）相交于点 B 和点 D，因其在既定的风险水平下收益率更低，所以不如 C 点。投资者必须将风险—收益的无差异曲线和有效边界联系起来以确定收益最大的点。

21.4 资本资产定价模型

在风险—收益框架下，有效边界给了我们一个最优资产组合的研究视角，然而进行多种资产组合是一项相当复杂和繁重的任务，夏普教授等通过建立**资本资产定价模型**（capital asset pricing model，CAPM），使我们研究有效资产组合理论更加具体和有意义。在这个模型下，我们考察在风险特征下度量资产的理论基础。

资本资产定价模型（CAPM）引入了一个新的投资变量：无风险资产（R_F），它涵盖了有效边界。无风险资产没有违约风险，且标准离差为 0（$\sigma_{RF}=0$），并可得到最低的预计收益。美国政府债券通常被认为是典型的无风险资产。在资本资产定价模型下，我们引入无风险资产后，有效边界将演变成图 21—8 中所示的 R_FMZ。

直线 R_FMZ 为我们发展了良好投资机会的全新集合，通过将无风险资产（R_F）和 M 点（有效边界上的一点）组合，我们得到新的投资机会，允许我们在有效边界上可达到更高的无差异曲线，有效边界上的重要一点便是点 M，这一点是从 R_F 引申的直线和有效边界的交点。下面我们将深入地探讨 R_FMZ 直线。

直线 R_FMZ 上有无数的点，在点 R_F 上，我们仅仅买入无风险资产，在 R_F 与 M 之间的点我们买入 R_F 和 M 的资产组合。在 M 点和 Z 点之间的任意一点，我们用自有资金

买入 M 之后，借入额外资金购入 M 资产组合（图 21—9 中的 P 点所示）。由于 M 高于 R_F，我们以与 R_F 相等或略高的利息率借入资金购买 M 投资组合，并借入额外资金购入 M 以获得更高的收益。

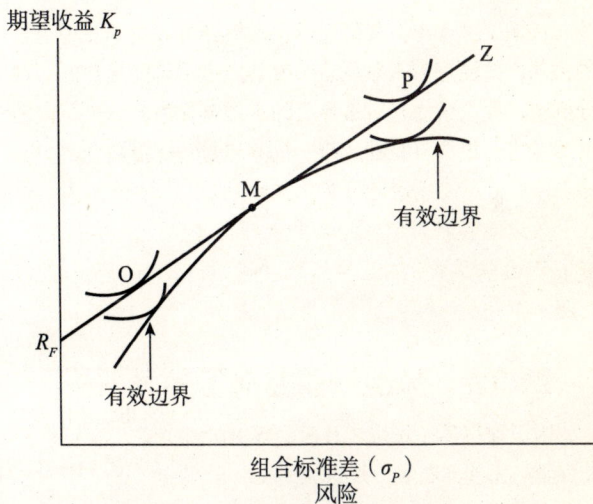

图 21—9 资本市场线和无差异曲线

同时我们也注意到 M 点是最优的"市场组合"（尽管你可能希望将市场与无风险资产或借款组合起来）。如果你把投资者可得的所有投资都加入你的投资组合中来确定最优的组合，你会得到 M 点（因为它是有效边界与 R_F 的交点）。M 点可以用标准普尔 500 指数、道琼斯工业指数和纽约证券交易所指数或类似的指数来进行度量其总收益。在一个特定时间下，对于所有的投资而言，最优的风险—收益组合如果不代表 M 点或市场，那么市场度量（点 M）将又一次达到均衡（最优）。

21.4.1　资本市场线

以上讨论的 R_FMZ 线被称为**资本市场线**（capital market line，CML），如图 21—10 所示。图 21—10 的资本市场线的公式如下：

$$K_P = R_F + \left(\frac{K_M - R_F}{\sigma_M - 0} \right) \sigma_P$$

从上面的公式可知，任何投资组合（K_P）的期望收益等于无风险收益（R_F）与风险补偿之和。我们用直线的基本公式来推导资本市场线的公式如下：

直线　$Y = a + bx$

资本市场线：$K_P = R_F + \left(\dfrac{K_M - R_F}{\sigma_M} \right) \sigma_P$ （21—5）

在使用资本市场线时，用无风险收益（R_F）加上风险补偿，那么风险补偿等于市场收益 K_M 减去无风险收益 R_F 再除以市场标准离差（σ_P）。如果市场收益 K_M 是 12%，无风险收益 R_F 是 6%，市场的标准离差（σ_P）是 20%，则风险补偿是 0.3：

$$\frac{K_M - K_F}{\sigma_M} = \frac{12\% - 6\%}{20\%} = \frac{6\%}{20\%} = 0.3$$

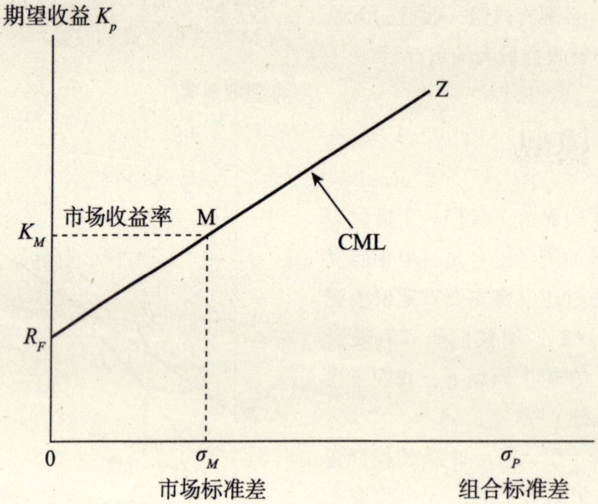

图 21—10　资本市场线

如果投资组合的标准离差是 22%，那么资本市场线的期望收益便是 12.6%，计算如下：

$$K_P = R_F + \left(\frac{K_M - R_F}{\sigma_M} \right) \sigma_P$$

$$K_P = 6\% + \left(\frac{12\% - 6\%}{20\%} \right) 22\%$$

$$= 6\% + 6.6\% = 12.6\%$$

资本市场线给我们的启示是，如果想要得到更高的收益，便要承担更大的风险，因此，要达到图 21—10 中的收益率 K_P 便要承担 σ 风险。资产组合经理都知道这一点。在下面的章节中，我们将会看到对应于其风险投资组合收益的度量方法。低风险并获得平均收益也许比高风险获得高报酬要好，一个人很难越过市场限制去获得收益并承担风险。

21.5　单一证券的收益

我们已经研究了资产组合的期望收益，下面我们研究单一证券的收益，当然潜在的收益与风险是紧密联系在一起的。然而对于单一证券而言，风险的收益补偿并不是投资的所有风险（σ），原因是标准离差中包含两种风险。但在资本资产定价模型中，只有一种风险是可获得收益补偿的。

以下我们开始分析单一证券的两种风险，第一种风险用贝塔系数度量，一些概念已经在第一章中介绍过了，在这一章中有更加详细的讨论。

贝塔系数　在分析单一证券的表现时，首先要通过贝塔系数来度量单一证券与市场的关系。我们以投资股票 i 为例，可以通过追溯过去六年中它的总收益与市场总收益来研究两者的关系[①]。

年限	股票收益	市场收益
1	4.8%	6.5%
2	14.5%	11.8%
3	19.1%	14.9%
4	3.7%	1.1%
5	15.6%	12.0%

我们看到，某种程度上说，股票 i 与市场一起变动，将这些值描绘在图 21—11 中，我们发现这条线的斜度大约为 45°。

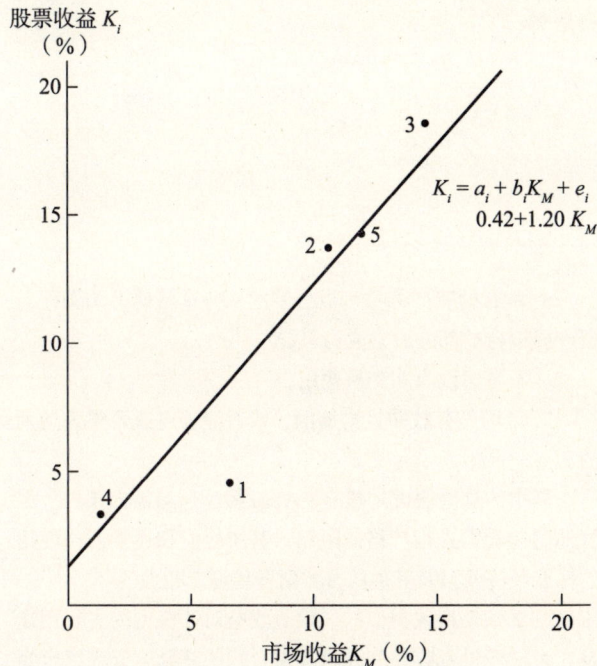

图 21—11　单一股票与市场的关系

通过描绘无数个点去最优地拟合这一直线，即用以下

公式表示：

$$K_i = a_i + b_i K_M + e_i \qquad (21\text{—}6)$$

公式 21—6 中，K_i 代表股票的期望收益，a_i 是直线和纵轴的交点，b_i 是直线的斜率，K_M 是市场收益，e_i 是随机误差项。公式中的 $a_i + b_i K_M$ 部分表示直线，e_i 表示随机项。在本例中，直线的表达式是 $K_i = 0.42 + 1.2 K_M$（贝塔系数或斜率是 1.2）。

这些值可通过图 21—11 的最优拟合方法或附录 21B 的最小二乘法回归大致描绘出来。公式（21—6）揭示了股票如何通过贝塔系数与市场的收益相关，在本例中，如果市场收益变动一个既定的量，股票的变动量是它的 1.2 倍。

由于贝塔系数可以度量股票总收益和市场的变动关系，因此市场自身的贝塔系数是 1.0。当贝塔系数为 1.2 时，意味着股票的变化量比市场的变化量多 20% 风险，股票平均变动的贝塔系数与市场相等，值为 1.0，贝塔系数小于 1.0 的股票比市场的风险小。

21.5.1　系统风险和非系统风险

前面我们提到股票的两种风险，一是市场变化即贝塔风险。如果市场变化，股票价格预期也会发生变化，这种风险便是**系统风险**（systematic risk）。e_i 代表的另一种风险与市场变化无关，它也许代表了竞争对手新产品的推出、原材料价格的变化、经济异常及政府对某些公司的干预。这些变化仅会对个别公司的股票造成影响，并且不会被市场直接修正，这类风险称之为**非系统风险**（unsystematic risk）。

由于非系统风险与个别公司或行业相关，通过资产组合可以进行分散。因此，通过选取不完全正相关的股票可以消除非系统风险。例如，投资于半导体股票的内在风险可被投资于反周期的房地产股票分散。研究者发现，85% 的非系统风险可通过谨慎选择 10 种股票的投资组合消除，89% 的非系统风险要通过持有 20 种股票的投资组合进行分散。

在多种投资组合中，系统风险是无法分散的。因此，当投资者购买高贝塔值的股票时，市场会以高收益进行补偿，反之亦然。使用这一风险调整方法，资本资产定价模型建立了一个线性的风险—收益均衡。

由于可以分散非系统风险，在资本资产定价模型中系统风险 b_i 是唯一的相关风险。因此，我们可将总风险表述

[①]　尽管经常使用的是月度数据，我们也可以使用年度数据来达到基本的学习目的，并且分析起来更加容易理解。

如下：

$$总风险 = 系统风险 + 非系统风险$$

在一个充分的投资组合中，非系统风险接近 0。

21.5.2　证券市场线

单一股票的风险和收益可用图 21—12 的**证券市场线**（security market line，SML）表示。图 21—12 描绘了单一证券的期望收益和贝塔系数的关系。

在此，我们又一次强调单一证券的收益并不对应其总风险，对应的是不可分散风险，也就是系统风险。证券市场线的公式如下：

$$K_i = R_F + b_i(K_M - R_F)　　　　　（21—7）$$

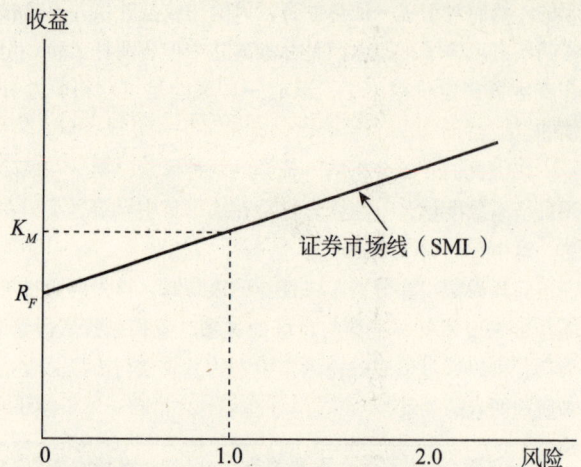

图 21—12　证券市场线

实例应用

我们把附录 21C 的数学推导推广到组合收益的资本市场线、无风险资产（R_F）和风险溢价的证券市场线，在例子中，溢价等于贝塔系数乘以市场收益率（K_M）与无风险收益（R_F）的差。如果 R_F=6%，K_M=12%，股票的 β=1，利用公式 21—7，其收益和市场一样，均为 12%。

$$K_i = 6\% + 1(12\%-6\%) = 6\% + 6\% = 12\%$$

由于股票与市场大体上有同等程度的风险，这似乎是符合逻辑的。如果股票的贝塔系数是 1.5，系统风险将要求 15% 的收益率，当贝塔系数是 0.5，要求的收益率将是 9%。

β=1.5
$$K_i = 6\% + 1.5(12\%-6\%) = 6\% + 9\% = 15\%$$
β=0.5
$$K_i = 6\% + 0.5(12\%-6\%) = 6\% + 3\% = 9\%$$

由于贝塔系数在分析收益和风险方面非常重要，布勒姆布格（Bloomberg）、价值线、标准普尔以及众多的证券公司发布关于有价证券的贝塔系数的信息。

21.6　资本资产定价模型的假设

下面是关于资本资产定价模型的假设：

1. 在既定的风险水平下，所有投资者可任意借贷资金；

2. 所有的投资者都有同样的唯一的投资回收期。

3. 所有的投资者都希望在投资回收期内最大化他们的期望效用，并且用收益组合的平均值和标准离差来评价投资。

4. 所有的投资者有同样的期望值——即所有的投资者估计的投资收益率的概率分布相同。

5. 所有的资产都是可以分割的——这就使得购买任何资产或组合的部分股票成为可能。

6. 不考虑税收和交易费用。

7. 市场是有效并且均衡的，或者能够迅速调整为均衡的。

列举的这些假设是建立 CAPM 模型所必需的条件。尽管他们初看像是很严格的限制，其实他们和通常公司使用的标准经济模型及其他的基本财务模型是相似的。

测试该模型或类似的风险—收益对冲模型的主要用途是，为权衡投资收益和风险提供合理的基础。资产组合经理发现风险投资模型有利于向客户诠释他们的业绩或竞争对手的业绩。如果一个竞争对手的资产组合经常有高的收益，那么他们通常是建立在高风险资产基础上的。从某种程度上说，这可以用资本市场理论来解释。竞争对手的业绩不是优秀的资金管理而更像是一种高风险产品。我们将在第 22 章看到，华尔街许多评价资产组合业绩的方法都直接或间接与本章所讲的风险收益理论相关。

尽管实证检验在一定程度上支持了 CAPM 模型，但仍然存在一些问题。为了运用证券市场线，竖轴表示股票收益，横轴表示贝塔，同时必须画一条线。研究者对于无风险收益 R_F（一般用短期或长期国库券的利率）有不同的看法，对于 K_M 或者市场回报率也有一些争论。一些学者认为市场代理人的变动会极大地影响贝塔值，解决这个问题比较困难，也将会使整个评价过程受到攻击。

当把经验数据与收益报酬理论相比较时，发现二者之间存在矛盾。证券市场线的斜率要大于以实际数据为基础所作的直线的斜率，详见图 21—13。

可能还存在另一个问题，单个证券的贝塔在一定时期内并不一定是不变的（一般情况下是 1.3 或 0.7，但有时候会接近 1）。因此，以过去风险为基础的贝塔并不一定总反映当前的风险。因为资产组合的贝塔比单个证券的贝塔更加稳定，所以资产组合的贝塔也被当做系统风险变量。一个资产组合的贝塔近似地等于各单个证券的贝塔的加权平均值。我们可以看到：

$$b_p(\text{组合}\ \beta\ \text{值}) = \sum_{i=1}^{n} x_i b_i \qquad (21\text{—}8)$$

和

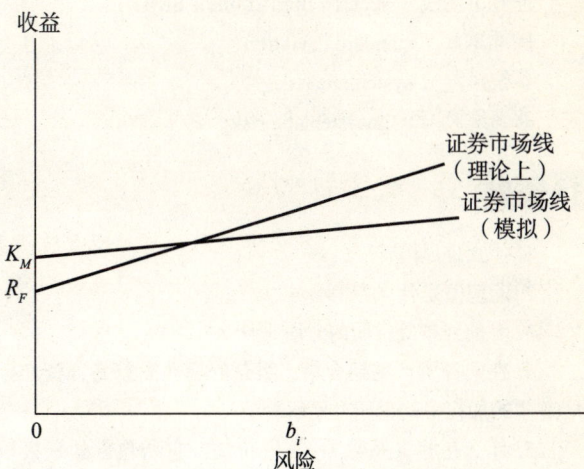

图 21—13 证券市场线的测试

$$K_P = R_F + b_P(K_M - R_F) \qquad (21\text{—}9)$$

为了检验投资组合的贝塔而不是单个证券的贝塔，我们克服了 CAPM 模型中对贝塔不稳定的部分批评。许多其他的批评将会引发新的研究，这些新研究可能会为过去模型的失效提供不同的方法和可能的解决途径。其中的一种方法就是附录 21D 中所述的套利定价模型。

本章小结

投资者基本上都是风险厌恶型的，因此他们对增量风险将会要求风险报酬。在一个有效的市场里，要想取得高收益就必须直接增加风险，而不在于选择股票（这仍然是基本理论的支持者和技术分析师争论的焦点）。

单个证券的风险用标准离差（σ_i）衡量，标准离差以给定的期望值（$\overline{K}_i$）为基础计算。标准离差越大，风险越高。对于证券组合来说，其期望值（K_P）是各证券投资收益的加权平均值；但是这不适用于证券组合的标准离差（σ_P）。资产组合的标准离差还受证券之间相互作用的影响。在一定程度上，相关系数（γ_{ij}）小于 1，存在一些应从单个证券标准离差加权平均值中扣除的项目。负相关将会为单个证券标准离差加权平均值提供增量项目。

CAPM 模型通过引入无风险资产（R_F），取代了古典投资组合理论的一些发现。它假定个人可以选择无风险资产收益和市场收益组合的投资。根据有效边界（除了 M 点，因为在此点他们相等），这将会提供更高的收益。

资本资产定价模型也需要评价单一资产而不仅是资产组合，图 21—12 的证券市场线表示了单一证券的风险和收益，而资本市场线表示的是资产组合的风险和收益。投资者可得到补偿的风险是系统风险或市场风险，也就是贝塔风险，所有其他的风险均可被分散。

资本资产定价模型的一系列假设正面临挑战，但它无疑仍是风险管理中使用最广泛的理论。

关键词汇及概念

套利定价理论　arbitrage pricing theory

贝塔系数　beta coefficient

资本资产定价模型　capital asset pricing model

资本市场线　capital market line (CML)

相关系数　correlation coefficient

有效边界　efficient frontier

期望值　expected value

无差异曲线　indifference curves

证券市场线　security market line，SML
标准离差　standard deviation
系统风险　systematic risk
非系统风险　unsystematic risk

讨论题

1. 什么是风险？

2. 期望值是什么？

3. 度量分布最常用的方法是什么？

4. 在两种资产的组合中，组合的标准离差是各资产标准离差的加权平均值吗？请解释。

5. 什么是相关系数（γ_{ij}）评价法？它所包含的最极端的两种观点是什么？它们表明了什么？在现实世界里，是正相关的变量多还是负相关的变量多？

6. 有效边界的两个特征分别是什么？证券组合在有效边界中存在吗？

7. 风险—收益的无差异曲线的斜率表明了什么？

8. 根据无差异曲线和有效边界说明投资者的最佳资产组合。

9. 使得市场研究者将马科维茨的资产组合理论（包括有效边界）发展到资本资产定价模型的新投资变量或支出是什么？

10. 在检验资本市场线（作为资本资产定价模型的一部分）时，为了增加资产组合的收益（K_p），你必须增加哪些其他的变量？

11. 根据资本资产定价模型，

a. 说明与单个证券相关的两种风险。

b. 两种风险中，哪种是贝塔风险。

c. 在资本资产定价模型中，假定哪种风险与市场无关？为什么？

12. 如果一只股票的贝塔系数为 1.2 ，可以推断出它的波动性有多大？

13. 证券市场线表明了什么？一般来说，它与资本市场线有何区别？

14. 根据资本资产定价模型，评价对 R_F（无风险收益）和 K_M（市场收益）的不同观点或批评。

15. 单个证券的贝塔必须在一定时期内保持不变吗？

练习题与解答

1. 一项投资的收益和概率如下：

收益	概率
10%	0.30
15%	0.40
20%	0.30

计算期望值和标准离差（百分数后保留两位小数）。

2. a. 如果无风险收益 R_F 是 5%，市场收益 K_M 是 11%，市场标准离差 σ_M 是 10%，投资组合的标准离差 σ_p 是 14%，利用资本资产定价模型的公式（公式 21—5）计算投资组合的期望收益 K_p。

b. 如果无风险收益 R_F 是 2%，贝塔系数为 1.5，市场收益 K_M 是 13%，利用证券市场线公式（公式 21—7）计算期望收益 K_i。

解答：

1. 期望值 $\bar{K}_i = \sum K_i P_i$

收益（K_i）	概率（P_i）	收益 × 概率（$K_i \times P_i$）
10%	0.30	3.0%
15%	0.40	6.0%
20%	0.30	6.0%
		15.0% = $\sum K_j P_j = \bar{K}_i$

标准离差：$\sigma_i = \sqrt{\sum (K_i - \bar{K}_i)^2 P_i}$

收益（K_i）	收益均值（$\bar{K}_i$）	概率（P_i）	离差（$K_i - \bar{K}_i$）	离差平方（$K_i - \bar{K}_i$）^{2}	离差平方 × 概率（$K_i - \bar{K}_i$）$^2 \times P_i$
10%	15%	0.30	−5%	25%	7.5%
15%	15%	0.40	0	0	0
20%	15%	0.30	5%	25%	7.5%
					15.0% = $\sum (K_i - \bar{K})^2 P_i$

$$\sigma_i = \sqrt{\sum (K_i - \bar{K}_i)^2 P_i} = \sqrt{15\%} = 3.87\%$$

2. a. $K_p = R_f + \left(\dfrac{K_M - R_f}{\sigma_M} \right) \sigma_p$

$$= 5\% + \left(\frac{11\% - 5\%}{10\%} \right) 14\%$$

$$= 5\% + \left(\frac{6\%}{10\%} \right) 14\%$$

$$= 5\% + 0.6(14\%)$$

$$= 5\% + 8.4\%$$

$$= 13.4\%$$

b. $K_i = R_F + b_i (K_M - R_F)$

$$= 7\% + 1.50(13\% - 7\%)$$

$$= 7\% = +1.50(6\%)$$

$$= 7\% + 9\% = 16\%$$

思考题

1. 英非得利特共同基金（Infidelity Mutual Fund）下一年的三种可能的目标是：较差业绩（−5%）、好业绩（10%）、出色业绩（30%），好业绩出现的可能性是 50%，其他两类均为 25%，试问其期望收益是多少？

2. 某投资的收益及概率如下表所示：

结果	概率
6%	0.20
9%	0.60
12%	0.20

试计算其期望收益和标准离差（四舍五入并保留小数点后两位）。

3. 给定另一投资的期望收益是 12%，标准离差是 2.2%，这是第 2 题的逆运算，现在如果建立一投资组合，第一投资的比例占 40%，第二投资的比例占 60%，试问该组合的期望收益和标准离差分别是多少？假定相关系数是 –0.40。

4. 如果第 3 题中组合的相关系数是 0.4，期望收益和标准离差又分别是多少？

5. 如果第 3 题中组合的相关系数是 1（完全正相关）时，期望收益和标准离差又分别是多少？

6. 按照下表给出的 10 种不同组合的风险—收益，仿照图 21—3 的方式，在坐标轴中绘出相应的点并画出有效边界。

组合	收益	标准离差
1	9.0%	1.5%
2	9.0%	2.0%
3	10.0%	3.0%
4	10.0%	4.0%
5	12.0%	4.0%
6	11.5%	5.0%
7	13.5%	5.5%
8	13.0%	6.0%
9	15.0%	7.0%
10	14.5%	7.8%

7. 参考第 6 题，如果新的组合（第 11 种）有 13.8% 的期望收益和 7.1% 的标准离差，这个组合符合有效边界的要求吗？

8. 运用资本资产定价模型，如果无风险收益为 8%，市场收益为 12%，市场的标准离差为 10%，试计算其期望收益。

9. 当标准离差为 16% 时，根据市场理论，重新计算第 8 题的答案，解释为什么 K_p（期望收益）上升了？

10. 运用证券市场线公式，如果无风险收益为 7%，贝塔值是 1.25，市场收益是 11.8%，试计算其期望收益。

11. 如果某只证券比第 10 题有一个较低的贝塔值，K_i 其期望收益是变高还是变低？从风险的角度看存在什么逻辑？

12. 某只股票的收益和市场收益如下表列示：

年限	股票收益	市场收益
1	14.9%	10.3%
2	3.8%	2.2%
3	9.0%	10.5%
4	18.2%	12.8%
5	6.0%	3.4%

仿照图 21—11，描绘出相应的点并绘出直线，不需要写出方程。

13. 运用附录 21B 的方程式，对第 12 题进行最小二乘回归计算（对阿尔法值和贝塔值四舍五入，保留小数点后两位）。

14. 运用第 13 题的贝塔值，按照证券市场线公式（公式 21—7），假定无风险收益为 7%，市场收益是 12.6%，试计算其期望收益。

附录21A 相关系数

有一些计算相关系数的公式，我们将对它们进行表述：

$$r_{ij} = \frac{\text{cov}_{ij}}{\sigma_i \sigma_j} \qquad (21A—1)$$

在这里，cov_{ij}（协方差）是两个变量集在一段时间内相互影响程度的度量。一旦我们需要计算这个系数，可以简单地用标准离差 σ_i、σ_j 乘以相关系数得到。

协方差公式是：

$$\text{cov}_{ij} = \Sigma(K_i - \overline{K}_i)(K_j - \overline{K}_j)P \qquad (21A—2)$$

我们用本章投资 i 和投资 j 的收益（K）和 概率（P）进行计算：

收益 (K_i)	收益均值 ($\overline{K}_i$)	离差 ($K_i\text{-}\overline{K}_i$)	收益 (K_j)	收益均值 ($\overline{K}_j$)	离差 ($K_j\text{-}\overline{K}_j$)	离差积 ($K_i\text{-}\overline{K}_i$)($K_j\text{-}\overline{K}_j$)	概率 (P)	协方差 ($K_i\text{-}\overline{K}_i$)($K_j\text{-}\overline{K}_j$)$P$
5%	10%	−5%	20%	10%	10%	−50%	0.20	−10%
7%	10%	−3%	8%	10%	−2%	6%	0.30	1.8%
13%	10%	3%	8%	10%	−2%	−6%	0.30	−1.8%
15%	10%	5%	6%	10%	−4%	−20%	0.20	−4.0%
								−14.0%

$$\text{cov}_{ij} = \Sigma(K_i - \overline{K}_i)(K_j - \overline{K}_j)P = -14.0\%$$

利用 $\sigma_i = 3.9$，$\sigma_j = 5.1$，我们有：

$$r_{ij} = \frac{\text{cov}_{ij}}{\sigma_i \sigma_j} = \frac{-14.0}{(3.9)(5.1)} = \frac{-14.0}{19.9} = -0.70$$

附录21B 最小二乘法回归分析

我们将演示用最小二乘法来描述一个线性方程,揭示股票的收益和市场的收益之间的联系。

解释表达式中的有关术语:

$$K_i = a_i + b_i K_M + e_i$$

(e_i 是随机误差,在我们的分析中不能计量。)

利用本章前面的数据:

年限	股票收益	市场收益
1	4.8%	6.5%
2	14.5%	11.8%
3	19.1%	14.9%
4	3.7%	1.1%
5	15.6%	12.0%

求解 b_i 的数学方程是:

$$b_i = \frac{N \sum K_i K_M - \sum K_i \sum K_M}{N \sum K_M^2 - (\sum K_M)^2} \qquad (21B—1)$$

对于 a_i,我们运用下列式子计算(还得依赖于上述 b_i 的计算):

$$a_i = \frac{\sum K_i - b_i \sum K_M}{N} \qquad (21B—2)$$

我们计算下列各栏数值并将它们带入方程:

股票收益 K_i	市场收益 K_M	收益乘积 $K_i \cdot K_M$	市场收益平方 K_M^2
4.8	6.5	31.20	42.25
14.5	11.8	171.10	139.24
19.1	14.9	284.59	222.01
3.7	1.1	4.07	1.21
15.6	12.0	187.20	144.00
$\sum K_i = 57.7$	$\sum K_M = 46.3$	$\sum K_i K_M = 678.16$	$\sum K_M^2 = 548.71$

同时设观察的数量 N 为 5,则有:

$$b_i = \frac{N \sum K_i K_M - \sum K_i \sum K_M}{N \sum K_M^2 - (\sum K_M)^2}$$

$$= \frac{5(678.16) - 57.7(46.3)}{5(548.71) - (46.3)^2}$$

$$= \frac{3\ 390.80 - 2\ 671.51}{2\ 743.55 - 2\ 143.69}$$

$$= \frac{719.29}{599.86} = 1.20$$

利用求出的贝塔值（b_i），可以求出阿尔法值（a_i）

$$a_i = \frac{\sum K_i - b_i \sum K_M}{N}$$

$$= \frac{57.7 - 1.2(46.3)}{5}$$

$$= \frac{57.7 - 55.6}{5}$$

$$= \frac{2.1}{5} = 0.42$$

总之，有下列等式存在：

$$K_i = a_i + b_i K_M$$
$$= 0.42 + 1.20 K_M$$

附录21C 证券市场线的推导

首先，我们根据的协方差数据绘出 SML 线（图 21C—1）[1]。纵轴表示收益，横轴表示协方差[2]，可以用直线的斜率来描述 SML 方程。

$$K_i = R_F + \frac{(K_M - R_F)}{(\sigma_M^2 - 0)} \text{cov}_{iM} \tag{21C—1}$$

我们将重新表述这些术语：

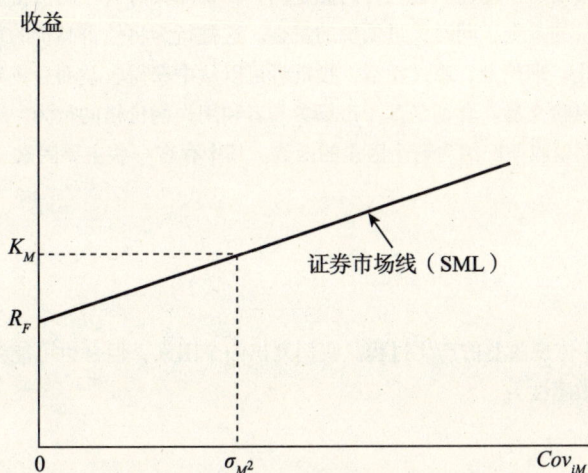

收益

图 21C—1 证券市场线（SML）的推导

$$K_i = R_F + \left(\frac{\text{cov}_{iM}}{\sigma_M^2}\right)(K_M - R_F) \tag{21C—2}$$

一项资产的系统风险用它与市场的协方差（cov_{iM}）度量。可以进行转换，用该协方差值除以市场的方差值，回归得到的贝塔值度量单项资产伴随市场的波动程度。因而，我们有方程 21C—3：

$$b_i = \frac{\text{cov}_{iM}}{\sigma_M^2} \tag{21C—3}$$

将贝塔值带入公式 21C—2，得到：

$$K_i = R_F + b_i(K_M - R_F) \tag{21C—4}$$

---

[1] 协方差概念的描述见附录 21A。

[2] 实际上，σ_M^2 指的是市场与市场之间的协方差（似乎有点多余），cov_{MM} 与 σ_M^2 相等，单个变量与其自身的协方差等于其方差。

附录21D 套利定价理论

套利定价理论（arbitrage pricing theory, APT）是替代资本资产定价模型来解释股票价格和收益的。这是一种公认的复杂理论，尤其是对那些希望学习更多资产定价知识的人而言。套利定价理论假定存在一个广义收益的线性模型，指出收益是由一个方程而不是由某一个因素决定的。资本资产定价模型同样运用一个线性的广义收益模型，但是它假定收益是由一只股票的敏感性对股票溢价风险的函数。套利定价理论承认股票收益是由许多因素决定的函数，但是它是比资本资产定价模型更具广义性的模型，并较少地受制于它的假设，它不假设存在均衡市场和投资者偏好。但是，当投资者试图获得无风险收益时，套利行为使得市场趋于均衡。套利行为假定同一种物品具有同样的价格。如果伦敦和纽约市场上的金价存在差额，套利者可以卖空高价的黄金，同时买进低价的黄金。这种行为将使得高价的黄金价格下降，低价的黄金价格上涨，直到两地的金价一样为止。理论上，通过卖空，投资者可以从中获得收益而后将其投入做多，因而整个交易不需要投资，形成一项零成本的无风险交易。套利是基于市场参与者利用失衡价格的行为，通过套利机制，市场价格会趋于均衡。套利定价模型将股票的期望收益归纳为若干因素的函数。其中存在一些主要因素。它们是：

1. 利率风险
2. 经济周期风险
3. 通货膨胀
4. 风险补偿变化的风险

套利定价模型利用公式21D—1体现收益的产生过程。我们列出四个因素，但是也可能存在其他因素（需要三到四个因素大概可以获得最重要的收益敏感性）：

$$K_{it}=a_i+b_{i,1}F_{1,t}+b_{i,2}F_{2,t}+b_{i,3}F_{3,t}+b_{i,4}F_{4,t}+e_{it} \qquad (21D—1)$$

式中：

$K_{it}=i$ 股票在 t 时期的收益

$a_i=i$ 股票的期望收益

$b_{ij}=i$ 股票对 j 因素的敏感性

$F_{it}=j$ 因素在 t 时期的价值

$e_{it}=i$ 股票在 t 时期的随机项

如果 a_i 是股票的期望收益，则那些因素的预期效应将是 0。换句话说，市场已经包含了这些因素对于股票价格的预期效应。实际对 i 股票产生影响的将是未被预期到的这些因素的异常波动。例如，如果因素 1 是实际 GDD 变化和实际 GDP 超出预期的变化，则股票对实际 GDP 变化的敏感性将会上升，然而那些对经济周期不敏感的股票将不会受到影响。相反，如果通货膨胀是因素 2，并且通货膨胀上升幅度超出了预期，那些对通货膨胀敏感的股票将会出现价格下降，那些对通货膨胀不敏感的股票则不会受到影响。对于不同因素的敏感性可以用 b_i 表示。

随机项 e_i 表示证券 i 未被预期到的部分，它不能被那些因素解释。随机项 e_i 捕捉了针对 i 公司未被预期到的事件。例如，新产品发布、兼并和收购将会影响到 i 公司。这些未被预期到的事件将不会计入股票的期望收益 a_i。

b_i（因素的敏感性）反映了股票收益对那些因素的敏感性。类似于资本资产定价模型，组合的 b_i 是每项敏感性因素的加权，用组合里股票的市场价值所占比例作为权重。

我们来考虑两只股票 x 和 y。两个因素对这两只股票的收益产生影响，随机项 e_i 被忽略掉，是因为我们假定存在一个风险分散组合，e_i 值接近于 0：

$$K_x = 12\% + 3F_{1,t} - 2F_{2,t}$$
$$K_y = 15\% + 1F_{1,t} - 6F_{2,t}$$

每个因素按每只股票投资金额和股票收益对每个因素的敏感性的比例对组合风险产生影响。例如，因素 1 代表实际 GDP 变化的影响（经济周期风险），预期之外的实际 GDP 增长将会使得 x 股票收益提高 3%。同样，会使得 y 股票提高 1%。这些影响用因素的敏感性（b_i）表示，K_x 为 3%，K_y 为 1%。

如果因素 2 是代表通货膨胀，我们可以发现，未被预期到的 1% 的通货膨胀上升会导致股票 x 和 y 收益分别有 2% 和 6% 的下降。当我们将股票 x 和 y 按 40% 和 60% 的比例建立组合时，组合最终的风险依赖于每只股票所占的比例，每只股票对因素的敏感性会对风险产生影响。收益方程的两边分别乘以组合的权重得到：

$$
\begin{aligned}
(0.4)K_x &= (0.40) \times 12\% + (0.40) \times (3)F_{1,t} - (0.40) \times (2)F_{2,t} \\
&= 4.8\% \quad\quad\quad + 1.2F_{1,t} \quad\quad - 0.8F_{2,t}
\end{aligned}
$$

占组合 40% 比例的 x 股票为组合贡献 4.8% 的期望收益，对经济周期风险的敏感性系数是 1.2，对通货膨胀的敏感性系数是 −0.8。

$$
\begin{aligned}
(0.6)K_y &= (0.60) \times 15\% + (0.60) \times (1)F_{1,t} - (0.60) \times (6)F_{2,t} \\
&= 9.0\% \quad\quad\quad + 0.6F_{1,t} \quad\quad - 3.6F_{2,t}
\end{aligned}
$$

占组合 60% 比例的 y 股票为组合贡献 9.0% 的期望收益，对经济周期风险的敏感性系数是 0.6，对通货膨胀的敏感性系数是 −3.6。当我们将股票 x 和 y 按 40% 和 60% 的比例建立组合，组合最终的期望收益是 13.8%，对经济周期风险的敏感性系数是 1.8，对通货膨胀的敏感性系数是 −4.4。组合收益为：

$$
\begin{aligned}
K_p &= (4.8\% + 9\%) + (1.2 + 0.6) - (0.8 + 3.6) \\
&= 13.8\% \quad\quad + 1.8F_{1,t} \quad - 4.4F_{2,t}
\end{aligned}
$$

我们建立了这样一个组合：对未预期到的实际 GDP 变化适度敏感和对未预期到的通货膨胀高度敏感的两只股票。

重要的是，因素的敏感性分析指明了是否存在与收益正向关联或是反向关联的未预期到的事件。例如，我们假定未预期到的通货膨胀上升会降低股票收益，而未预期到的通货膨胀下降会提高股票收益。因而，在因素 2 前面用负号表示。

21D.1 资产组合管理的应用

站在资产组合经理的立场，套利定价理论帮助他们度量资产组合对诸多可能对单只证券或资产组合产生影响的宏观因素的敏感性程度。该模型为投资经理对确定种类的风险暴露建立高度敏感或不敏感的组合提供了可能。如果投资经理关心衰退，并且该类信息还未影响到股价，该经理可以建立资产组合，这一组合可以避免那些意外风险对收益的影响。另一方面，如果市场对于衰退的预期已经被因素化，并且投资经理预期到好的经济周期信息，则会买进对经济周期敏感的股票。

思考题

1. 在套利定价理论框架下，考虑下列两只股票的方程：

$$K_x = 14\% + 2F_{1,t} - 3F_{2,t}$$
$$K_y = 10\% + 1F_{1,t} - 4F_{2,t}$$

因素 1 与未预期到的实际 GDP 有关，因素 2 与未预期到的利率上升有关。如果股票 x 和 y 按 40% 和 60% 的比例建立一投资组合，试问组合的期望收益 K_p 是多少？

2. 假定可以购买到下列两只股票（仅存在一个风险因素）：

$$K_a=20\%+4F$$
$$K_b=12\%+3F$$

我们卖掉股票 b，用获得的收益建立一个资产组合：股票 a 占 75%，无风险资产占 25%。无风险资产收益为 6%。

a. 新组合的风险如何？

b. 新组合的收益如何？

c. 从风险—收益角度看，该投资者是否获利？

第22章 投资组合经理的风险与收益度量

<table>
<tr><td>

学习目标

1. 历史趋势的重要性

2. 解释投资组合经理如何衡量风险收益

3. 讨论专业基金经理的业绩

4. 描述投资组合经理在多元化投资组合方面的成就

5. 解释资产配置过程

6. 明白如何对比基准来衡量结果

</td><td>

本章要点

1. 研究历史趋势 持有期

2. 设定目标和风险

3. 风险收益度量 夏普方法 特雷诺方法 詹森方法 合理的业绩

4. 多元化

5. 其他资产和股票

6. 资产配置实例

附录22A：机构投资者的构成

</td></tr>
</table>

在过去10年的牛市里，许多投资组合经理的业绩均优于市场平均水平。高收益往往隐藏更大的风险，更大的风险来源于成长型公司或集中在数量有限的高科技公司的投资。这些投资组合经理或其代表们往往宣称他们具备优秀的理财能力，他们利用过去的收益数据推算将来可能为投资者带来的潜在收益。具有代表性的宣传语是："在过去的10年里，快速成长基金（The Rapid Growth Fund）赢得了平均每年20%的回报。那些投向我们基金的投资者将有机会看到，今天100美元的资金在10年后将会增长到619.20美元。"一般很少有人尝试将收益与风险暴露联系起来，或对过去的业绩再现的可能性提出警告。

牛市常常诱惑投资者寻求最高的股票收益，而忽视个人股票投资组合的相关风险，这一点很重要。1987年的大崩盘使大家彻底理解了风险和收益的概念。美联储通过促进市场的流动性来下调利率。因此，如果一个投资者投资于债券而不是股票，在1987年10月19日那天，他看到的是债券价值的上升。货币市场证券将是另一个避风港。但是，在世界范围的萧条背景下，投资者在普通股上损失颇多。

在本章中，我们将检验历史趋势，并研究专业基金经理风险—收益的业绩。我们将评价确定的目标：多元化组合的有效性和风险—收益的水平。有关这方面的讨论，会涉及第21章资本资产定价模型的内容。

22.1 研究历史趋势

历史趋势可以提供重要的参考。图22—1比较了79年中7种不同类别资产的收益。值得注意的是，小公司的股票[1]既具有最高收益（12.6%）[2]又蕴含最大的风险（标准离差为32.9%）。该标准离差值是收益的2.61倍。

---

[1] 小公司的股票是指那些低于纽约证券交易所股票市场市值的20%。

[2] 几何平均数是真正的已经获得的年复利收益率，而算术平均数就是每年回报的简单平均。年复利收益率在这部分最有意义。

类别	几何平均	算术平均	标准差	分布
大公司股票	10.4%	12.3%	20.2%	
小公司股票	12.6	17.4	32.9	
长期公司债券	5.9	6.2	8.5	
长期政府债券	5.5	5.8	9.2	
中期政府债券	5.3	5.5	5.7	
国库券	3.7	3.8	3.1	
通货膨胀	3.0	3.1	4.3	

图 22—1　1926–2005 年年均总收益基础数据（摘要）

尽管这些风险可以通过建立良好的组合被分散，但是我们不能保证投资者会采取这种行动。排在第二位的是大公司股票的 10.4% 的收益和 20.2% 的标准离差[①]。标准离差的值是收益的 1.94 倍。相比于小公司股票，收益有所减少，但是风险也有所降低。公司和政府债券似乎在另一个市场运作，其收益率大约只有股票的 50%，风险也较小。

现在让我们集中考虑股票市场。复利收益率会对价值产生很大的影响。1624 年印第安纳人出售曼哈顿岛时获得 24 美元的回报。如果该笔资金当时按 5% 的复利收益率投资，到 2006 年底，其价值将是 620 亿美元。按 6.6% 的复利收益率计算，其价值将是 140 000 亿美元。所积累的财富可以够买微软、通用电气、IBM 以及所有在纽约证券交易所和纳斯达克上市的公司股票。来看 1925 年年底（1926 年开始）到 2005 年之间的股票收益率，如图 22—2 所示，在这段期间，投资 1 美元于大公司股票，将增长到 2 657.56 美元[②]。如果你的祖父在 1926 年投资 10 000 美元，则到 2005 年的财富价值将是 26 575 600 美元。图 22—3 提供了一个比较，1926 年投资 1 美元于小公司股票，到

2005 年将增长至 13 706.15 美元，而 1926 年的 10 000 美元投资将增长到 2005 年的 137 061 500 美元。

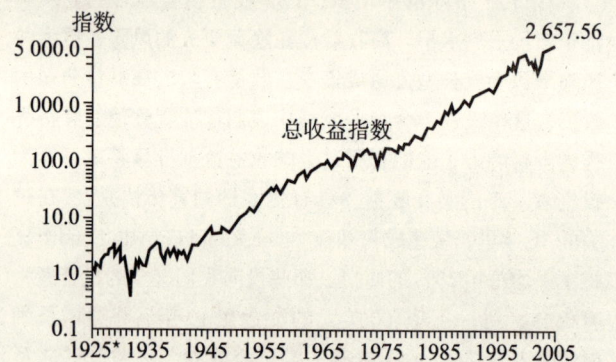

图 22—2　大公司股票的收益指数（1926—2005 年）

22.1.1　持有期

我们已经知道，股票比其他投资的风险要大，因此，就有一个问题：这种投资有多大的危险？答案是"视情况而定"。如果你是短期交易者，风险是比较高的，有可能

[①]　大公司股票是指标准普尔 500 指数的股票。

[②]　收益的资本增值部分比较小，强调总收益中股息的重要性。

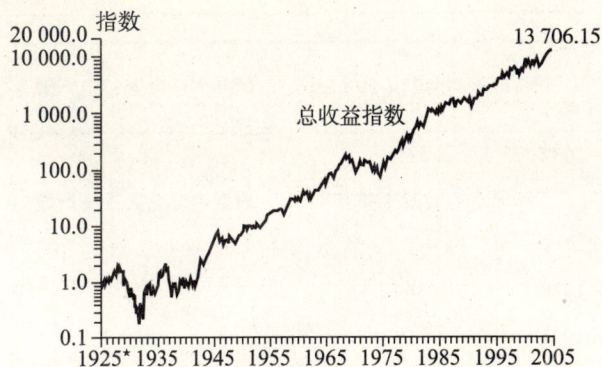

图 22—3　小公司股票的收益指数（1926—2005 年）

会带来 50%~70% 的损失。

　　幸运的是，如果你站在一个长远的角度来看，有些错误是可以避免的。观察表 22—1 的第一栏，在表的左上角你会看到"年收益率"。现在来看风险最高的一类，即在年收益率下方（第二行）的小公司股票。从 1926—2005 年，最差的一年是 1937 年，亏损 58.01%（作为第三栏和第四栏的最小值列示）。最好的一年是 1933 年的 142.57%（作为第一栏和第二栏的最大值列示）。最好和最差之间的差额高达 200.58%（142.57% 减去负的 58.01%），这是一个巨大的差额。

　　注意"20 年滚动收益"部分。这部分都是对于

1926—2005 年期间每隔 20 年为一期而言的收益。对于小公司股票，最好的 20 年（最大收益值）是在 1942—1961 年期间，每年平均 21.13%，这是个好消息。但更好的消息是，最糟糕的 20 年（最小收益值）是在 1929—1948 年期间，每年平均 5.74%（不要忘记这段期间包括了 1929 年股市大崩盘和上述提到的 1937 年的 58.01% 的损失）。因此，从长远来看，股票是一个相对安全的投资。当然你还可以检验其他类型的资产在其他期间的收益，如大公司股票每 10 年滚动周期的收益。

　　所有这些信息表明，对于个人投资者而言，在一个合适的时间跨度里，将有潜在的光明未来。但专业的基金经理，如共同基金、银行信托部门等又是怎样的呢？不幸的是，他们并没有被给予较宽裕的时间跨度。他们的业绩不仅是以年为周期，甚至是以季节为周期来衡量的。有大量的衡量专业基金经理的业绩和供讨论的材料。

22.2　设定目标和风险

　　专业投资基金经理面临的第一个问题是：你是否遵循已经建立的基本目标？这些目标可能要求最大的资本利得，融合了增长和收入，或仅仅是收入（其间伴有许多变化）。

表 22—1　持有期为 1 年、5 年、10 年和 20 年的收益最大值和最小值（年复利收益率，%）

1 年收益	最大值		最小值		可靠的时期（80 年内）	时期内最高回报资产数
	收益	时间（年）	收益	时间（年）		
大公司股票	53.99	1933	−43.34	1931	57	16
小公司股票	142.87	1933	−58.01	1937	56	35
长期公司债券	42.56	1982	−8.09	1969	63	6
长期政府债券	40.36	1982	−9.18	1967	59	9
中期政府债券	29.10	1982	−5.14	1994	72	2
国库券	14.71	1981	−0.02	1938	79	6
通货膨胀	18.16	1946	−10.30	1932	70	6

5 年滚动收益	最大值		最小值		5 年期内交叉数量（76 个）	时期内最高回报资产数
	收益	时间（年）	收益	时间（年）		
大公司股票	28.55	1995—1999	−12.47	1928—1932	66	23
小公司股票	45.90	1941—1945	−27.54	1928—1932	67	41
长期公司债券	22.51	1982—1986	−2.22	1965—1969	73	7
长期政府债券	21.62	1982—1986	−2.14	1965—1969	70	2
中期政府债券	16.98	1982—1986	0.96	1955—1959	76	2
国库券	11.12	1979—1983	0.07	1938—1942	76	0

续前表

5 年滚动收益	最大值		最小值		可靠的时期（80 年内）	时期内最高回报资产数
	收益	时间（年）	收益	时间（年）		
通货膨胀	10.06	1977—1981	−5.42	1928—1932	69	1

10 年滚动收益	最大值		最小值		可靠的时期（80 年内）	时期内最高回报资产数
	收益	时间（年）	收益	时间（年）		
大公司股票	20.06	1949—1958	−0.89	1929—1938	69	20
小公司股票	30.38	1975—1984	−5.70	1929—1938	69	41
长期公司债券	16.32	1982—1991	0.98	1947—1956	71	6
长期政府债券	15.56	1982—1991	−0.07	1950—1959	70	0
中期政府债券	13.13	1982—1991	1.25	1947—1956	71	2
国库券	9.17	1978—1987	0.15	1933—1942/1934—1943	71	1
通货膨胀	8.67	1973—1982	−2.57	1926—1935	65	1

1 年收益	最大值		最小值		20 年期资产数量（61 个）	时期内最高回报资产数
	收益	时间（年）	收益	时间（年）		
大公司股票	17.87	1980—1999	3.11	1929—1948	61	9
小公司股票	21.13	1942—1961	5.74	1929—1948	61	52
长期公司债券	12.13	1982—1901	1.34	1950—1969	61	0
长期政府债券	12.09	1982—1901	0.69	1950—1969	61	0
中期政府债券	9.97	1981—1900	1.58	1940—1959	61	0
国库券	7.72	1972—1991	0.42	1931—1950	61	0
通货膨胀	6.36	1966—1985	0.07	1926—1945	61	0

目标应该着眼于基金经理的能力和投资者的融资需求。衡量对这些目标的忠实度的最好办法是评估基金经理所承担的风险。任何渴望获得最大化资本利得的人都自然会吸纳更多的风险。一只收入导向型基金应该有最低的风险暴露。

约翰·麦克唐纳（John McDonald）的一项典型研究发表在《金融和数量分析杂志》上，该研究指出，共同基金经理普遍遵循他们最初设定的目标。

如图 22—4 所示，约翰·麦克唐纳为 123 只共同基金计算了贝塔值和标准离差，与这些基金的设定目标进行比较。在 a 图中，横轴表示贝塔值，纵轴表示基金的设定目标。从 a 图中，我们可以看到两者之间的关系。例如，以资本利得为最大化目标的基金的贝塔值平均为 1.22，那些以增长为目标的贝塔值平均为 1.01，因而对收入导向型基金而言，其贝塔值都平均下降到 0.55。在图 22—4 的 b 图中，用类似的方法来比较该基金的目标和投资组合的标准离差。

在这两种情况下通过使用贝塔值和组合标准离差，我们得到基金经理承担的风险符合该基金的设定目标。那些以增长为目标的基金相比于收入导向型的基金而言，具有较高的贝塔值和组合标准离差。

其他的研究也都在不断重申约翰·麦克唐纳研究的重要意义。

通过风险暴露来衡量目标的一致性对于评价基金经理是很重要的，因为风险是基金经理可以直接控制的变量。虽然不可预测的经济变化能对短期回报产生很大影响，但是基金经理几乎完全可以将风险控制在特定的水平。对于那些指定的或承诺的风险，基金经理可以对其进行量化。大多数针对基金经理提出的诉讼并不是由于不好的业绩表现，而是未能坚持设定的风险目标。虽然这可能是在预期市场条件的变化下适当转移风险水平（在市场预测的顶端降低贝塔值）的需要，但是长期坚持设定的风险目标是明智的。

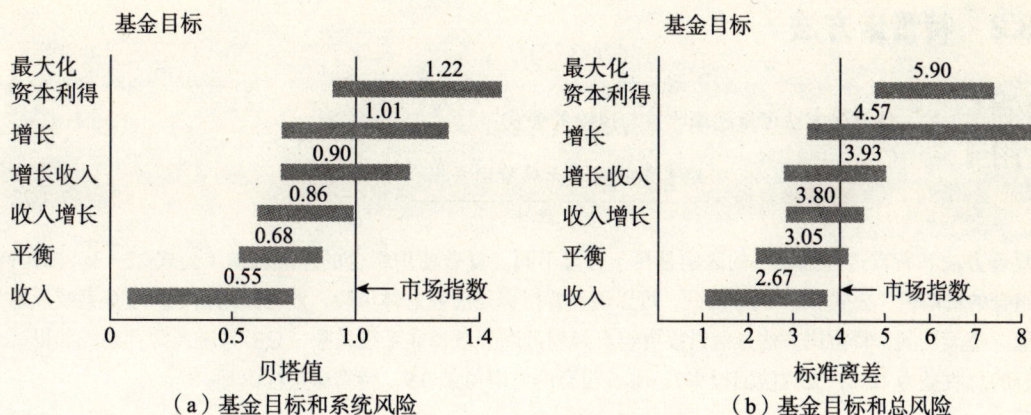

图22—4 123只共同基金的目标和风险

22.3 风险收益度量

在审查基金经理的业绩时，通常用**超额收益**（excess returns）来衡量。尽管这一术语有许多种定义，但最常用的定义是：投资组合的总收益（资本增值加股息）减去无风险回报率，如下所示：

超额收益＝投资组合总收益－无风险回报率

因此，超额收益代表超过无风险资产所获收益的部分。

在金融市场上，美国国库券利率经常被用来代表无风险回报率（其他定义也是可能的）。因此，基金赚取12%时，国债利率是6%，超额收益就是6%。

一旦计算出来，就需要将超额收益和风险进行比较。我们用三种不同的方法来对超额收益和风险进行比较：**夏普方法**（Sharpe approach）、**特雷诺方法**（Treynor approach）和**詹森方法**（Jensen approach）。

22.3.1 夏普方法

实例应用

在夏普方法中，对投资组合的超额收益与标准离差进行了比较：

$$夏普指标 = \frac{组合总收益 - 无风险回报率}{组合的标准离差} \qquad (22—1)$$

投资组合经理因此能够考虑每单位的风险所带来的超额收益。如果一个投资组合的收益是10%，无风险回报率是6%，而组合的标准离差是18%，夏普指标则约为0.22：

$$夏普指标 = \frac{10\% - 6\%}{18\%} = 0.22$$

这种度量可与其他组合或与市场总体业绩评估进行比较。如果市场每单位的风险所获收益大于0.22，则该投资组合经理的业绩较差。假定市场的总收益为9%，无风险回报率6%，市场标准离差为12%，整个市场的夏普指标是：

$$\frac{9\% - 6\%}{12\%} = 0.25$$

该产品组合的夏普指标值为0.22，低于市场的夏普指标值（0.22），说明其业绩较差。当然，如果一个组合的夏普指标值超过0.25，则表明其业绩优良。

22.3.2　特雷诺方法

特雷诺方法度量超额收益与风险的公式：

$$特雷诺指标 = \frac{组合总收益 - 无风险回报率}{组合的贝塔值} \qquad （22—2）$$

夏普方法和特雷诺方法唯一的区别是在于分母不同。夏普使用组合的标准离差（公式22—1），而特雷诺使用组合的贝塔值（公式22—2）。因此，可以说夏普指标是度量总体风险，而特雷诺指标仅仅度量系统风险，或贝塔值。毫无疑问，特雷诺方法是假设投资组合经理可以分散掉非系统风险，只有系统风险存在。如果一个投资组合的总收益为10%，无风险回报率是6%，组合的贝塔值是0.9，特雷诺指标值是：

$$\frac{10\% - 6\%}{0.9} = 0.044$$

这种度量可以与其他组合或与市场总体业绩的评估进行比较，从每单位风险所获收益的角度来判断是否存在优良业绩。假定市场总收益是9%，无风险回报率是6%，市场贝塔值是1，市场的特雷诺指标则为0.03：

$$\frac{9\% - 6\%}{1.0} = 0.030$$

这将意味着该组合相比于市场有优良的业绩表现（0.044对0.030）。不仅是投资组合收益高于市场收益（10%与9%），而且贝塔值也较小（0.9对1.0），显然，每单位的风险带来了更多的回报。

22.3.3　詹森方法

在第三种方法中，詹森强调利用资本资产定价模型来评价投资组合经理。按照组合的贝塔值，詹森比较了他们的实际超额收益与应该获得的市场收益（组合总收益 - 无风险回报率）。

图22—5给出了在给定贝塔值下由市场中所需的超额收益组成的**市场线**（market line）。如果贝塔值为0，即没有系统风险，投资者获得的期望收益不应该超过无风险回报率。如果投资组合经理只能获得无风险的收益，超额收益将是0。因而，如果贝塔值为0，组合在市场线上的期望超额收益为0。如果贝塔值为1，投资组合的系统风险等同于市场，组合在市场线上的期望超额收益等于市场超额收益。如果市场收益（K_M）是9%，无风险回报率（R_F）是6%，市场超额收益是3%。一个贝塔值为1的组合预期会获得的市场超额收益（K_M-R_F）为3%。其他期望超额收益按贝塔值从0至1.5排列。例如，一个投资组合的贝塔值为1.5，其期望超额收益为4.5%。

22.3.4　合理的业绩

运用詹森方法，通过市场线可以判断投资组合经理是否有合理的业绩。经理的业绩是处于市场线上还是线下？在图22—5顶部，虽然投资组合经理Y的业绩与Z经理的业绩相比较差，但是当我们考虑风险的时候，就不会有这种结论了。

实际上，市场线表明Y经理的业绩是在风险—收益期望之上的，而Z经理的业绩是低于其风险调整后的期望值水平的。垂直差异可被看做是业绩的度量值，称为**阿尔法**（α，alpha）或**平均差异收益率**（average differential return），表明基金收益之间的差别，同时表示对应于与基金等贝塔值的市场线上的一点。如基金Z的贝塔值是1.5，意味着市场线上的超额收益为4.5%，但实际超额收益仅为3.9%。因此，我们有一个 -0.6% 的阿尔法值（3.9%-4.5%）。显然，一个正的阿尔法值意味着有优良业绩，而一个负的阿尔法值则有相反的结论。

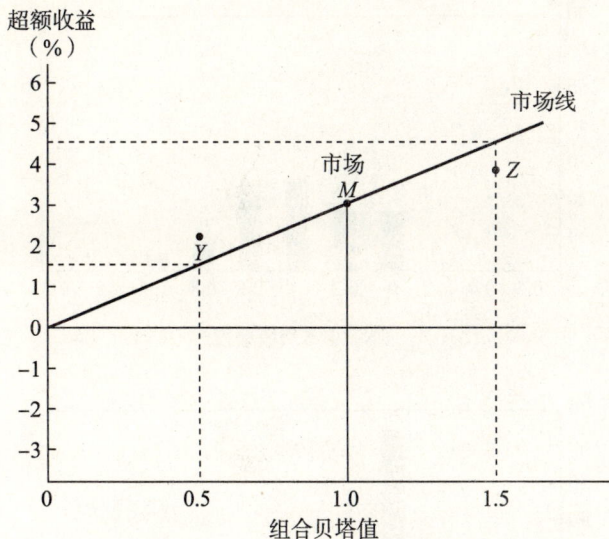

图 22—5 风险调整的组合收益

一般说来，对于一个投资组合经理的关键问题是：他们能否一直有正阿尔法水平的表现？也就是说，他们是否能产生优于沿着市场线的收益，理论上哪一个更具有可行性？由约翰·麦克唐纳所领导的经典研究显示了他们对 123 只共同基金分析的结果（如图 22—6 所示）。

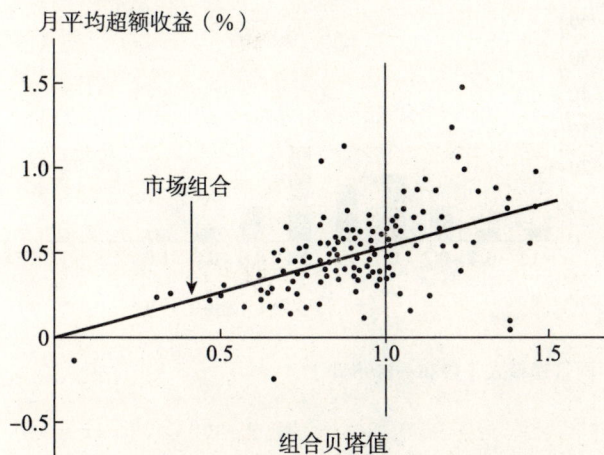

图 22—6 风险调整后收益的经验研究—系统风险和收益

向上倾斜的线是市场线，或说是基于风险的期望业绩。小圆点代表基金的业绩。有关业绩较差（负阿尔法值以下的线）和业绩优良（正阿尔法值以上的线）的基金数目大致相当。虽然在风险调整后的基础上少数高贝塔值的基金有强劲表现，但是并没有持续的模式。

夏普和詹森围绕同一时期（20 世纪 60 年代）的研究显示，实际共同基金的业绩低于普通股股票指数。自那时以来，围绕共同基金是否有足够的业绩，产生了激烈的辩论。1993 年《金融分析家期刊》上刊登了一篇优秀文章，

理查德·伊波利托（Richard Ippolito）分析了过去的 40 年里主要的 21 项有关共同基金业绩的研究。

在检查伊波利托的材料时，给我们留下的印象是，共同基金经理不是较差的执行者，但是，我们很难说，投资共同基金将提供高于普通股市场指数的收益，如标准普尔 500 种股票指数或纽约证券交易所指数（调整后的基金风险）。

伊波利托的文章强调，共同基金经理是有效信息的收集者，平均而言，在他们的投资活动中，都较好地使用了这些信息。然而，获得这些信息是需要成本的，明智地使用这些信息包含着相应的取得成本。

另一项托马斯·古德温（Thomas Goodwin）的研究（见图 22—7）针对不同类型的投资，细分了超额收益（与标准离差相关）。这项研究包含了 1986—1995 年的 212 只积极管理型基金，并使用了弗兰克·鲁塞尔数据库（Frank Russell database）。风险调整后的收益在 x 轴上列示，时间的百分比列示在 y 轴。值得提出的是，正负项刚好接近抵消。对于上述六类管理模式来说，正的超额收益和负的超额收益在统计上并不显著。

因此，留给我们的结论是：40 年后，考虑所有的因素，从风险调整后的收益来看，共同基金并不存在优良和较差之说。有别于共同基金，10 项关于其他类型基金管理的研究，如养老基金、捐赠基金，都有类似的结论。也许，更多的投资者转投他们的资产到**指数基金**（index funds）上并不令人惊讶，在指数基金管理上，经理们更倾向于获得与市场指数如标准普尔 500 指数相同的收益。

22.4 多元化

基金经理可以提供一项重要服务，即资产所有权的有效组合多元化。一旦我们至少部分接受在风险调整后的基础上，优良的业绩是难以达到的这一事实，我们开始寻找其他基金经理可能具有的品质。例如，我们可以问：共同基金经理有效组合他们的资产了吗？在第 21 章和本章的讨论中，有两种风险需要度量系统风险和非系统风险。

系统风险由投资组合的（或个别股票的）贝塔值度量，根据资本资产定价模型，较高的贝塔值有相对较高的收益，反之亦然。随着市场的贝塔值上升 10%，我们的投资组合可能会上升 12%（贝塔值为 1.2），在下降时类似的现象也会出现。非系统风险是随机的或与市场非相关的，一般可被精明的经理通过多元化投资组合分散掉。根据资本资产定价模型，非系统风险没有市场收益，因为它可以通过多

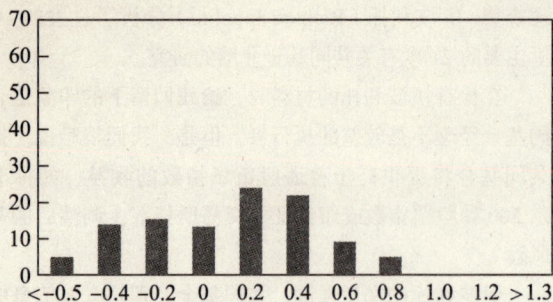

（a）以市场为导向的大市值股票权益（48）

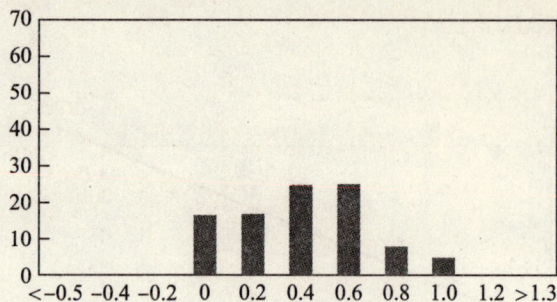

（b）小市值股票权益（35）

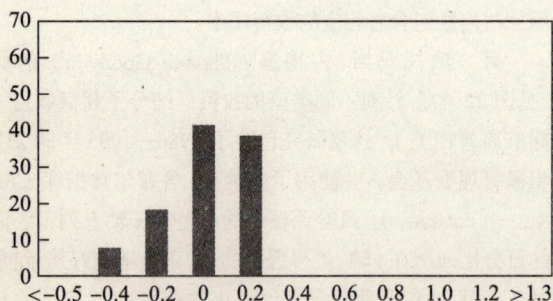

（c）大市值股票价值权益（35）

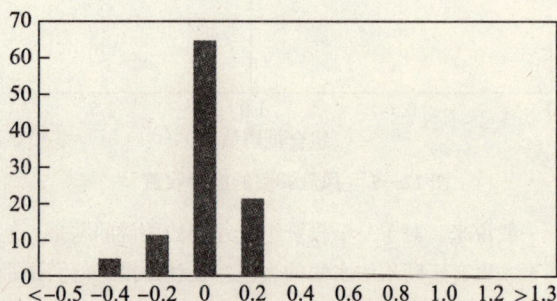

（d）国际EAFE权益（28）

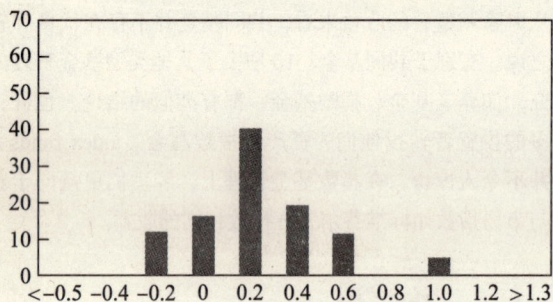

（e）大市值股票增长权益（27）

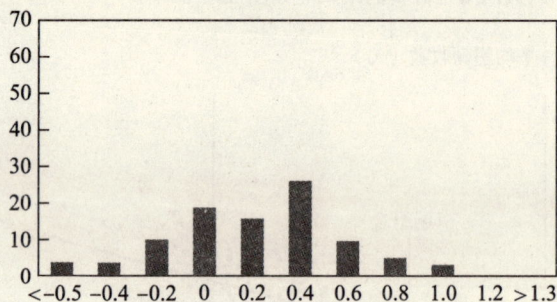

（f）行业滚动债券（39）

图 22—7　超额收益：基于六类不同管理模式（1986—1995 年）

元化被分散掉。

对于投资组合经理来说这个问题就成为：你是如何有效地进行多元化分散掉无回报、非系统风险的呢？换句话说，在多大程度上可以把基金的表现描述为是与市场相关的，而不是随机的？如果我们在一个延长期内针对市场超额收益设置基金的超额收益，我们可以判断如图 22—8 显示的两只基金之间的互动关系。在图 a 中，我们设置了该基金的基点。在图 b 中我们通过这些点得到回归线。

现在重要的讨论问题是，我们的数据在多大程度上被拟合了？如果观测的各点非常接近这条回归线，自变量（市场超额收益）主要负责描述因变量（X 基金的超额收益）。

我们用**判定系数 R^2**（coefficient of determination）度量

---

① R^2 也代表了相关系数的平方。因此，我们可以对第 21 章的公式 21A—1 进行平方。另一种表述是：

$$R^2 = \frac{1''' \sum (y''' y_c)^2 / n}{\sum (y''' \bar{y})^2 / n}$$

y_c 代表沿着回归线的点，y 是自变量的平均值。

投资的真实世界

如果你不能击败他们，就加入他们：指数基金的增长

指数基金是指试图复制市场平均业绩的基金，如标准普尔 500 指数。最大的指数基金是先锋 500 指数，它在过去 10 年里增加了三倍以上的规模。

为什么所有的基金都在增长？正如本章中指出的，对于共同基金和其他专业基金的经理而言，连续超出市场平均水平是有点困难的。从 1981 年至 2006 年，标准普尔 500 种股票指数以年 14% 的复利增长率的增长速度在上升。对于积极管理型的基金而言，一只被动遵循市场均值的共同基金，如先锋指数 500，代表着激烈的竞争，并有 80% 的优良业绩。

被动管理型股票基金投资于与标准普尔 500 指数相匹配的证券组合（以一天为基础）。因此，在给定的天数里，如果指数里 IBM 公司所占的百分比上升，并有一个较大的价差收益，以及宝洁公司百分比的下调，于是在最后一天所采取的操作是，IBM 公司将被购买和宝洁公司将被出售，以符合该指数的组成比例。

被动管理型基金的管理费和开支的比例是 0.20%。这一比较如此低的原因是由于没有考虑证券分析师的工资、投资组合经理的工资，等等。对于积极管理型基金，同样也会产生上述费用，代表性的管理费是 0.75% 至 1.25%。指数基金也延伸到了其他领域，例如跟踪威尔夏 5000 权益指数（www.wilshire.com）的富达基金（www.fidelity.com），以及摩根士丹利资本市场国际指数（www.morganstanley.com）。虽然积极管理型基金经历了在超越指数基金业绩时的困难，但是许多乐观的投资者认为，接受"平均业绩"的指数基金几乎不是美国风格。因而，寻找一只业绩优良的基金将会永远继续下去。90% 的共同基金仍然是属于积极管理型的。

变量之间的关联度[①]。R^2 的取值介于 0 和 1 之间。因变量和自变量之间的关联度较高时 R^2 的值为 0.7 或更高。在图 22—8 的图 b 中 R^2 被假定取值为 0.90。

图 22—9 中的点不持续接近回归线，假定判定系数 R^2 的值只有 0.55。在这种情况下，我们说的自变量（市场超额收益）不是唯一主要解释因变量（Y 基金超额收益）变化的变量。图 22—9 的点意味着 Y 基金经理多元化的努力

可能没有产生特别效率。除了市场收益之外，还有许多其他因素似乎也影响组合 Y 基金的收益。这些本来是可以分散掉的风险因素，而不是影响收益的因素。在这种情况下，我们认为有很大程度的非系统风险存在，或者说是与市场不相关。由于在资本资产定价模型下，非系统风险是假定没有回报的，有证据表明存在低效的投资组合多元化。

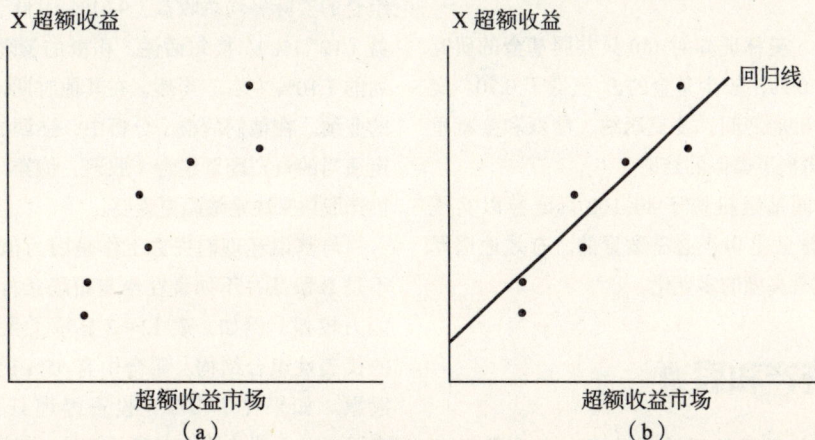

图 22—8 基金超额收益与市场超额收益的关系

Y超额收益

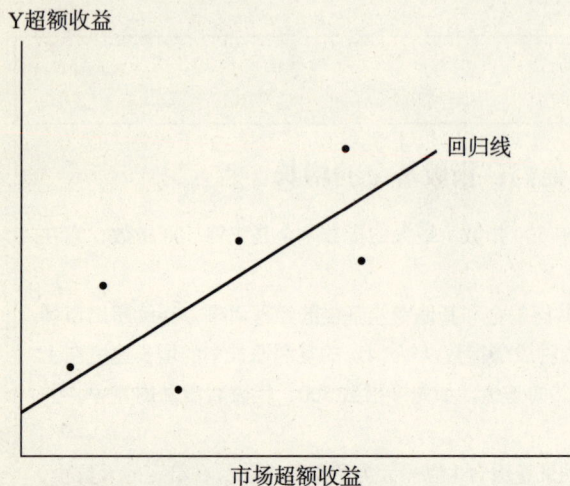

回归线

市场超额收益

图 22—9　低相关性范例

投资组合经理在实现多元化中的有效性经验数据告诉了我们什么？从他们投资组合的 R^2 值看是如何堆叠的？如图 22—10 所示，他们的记录总体上是良好的。

基金数量

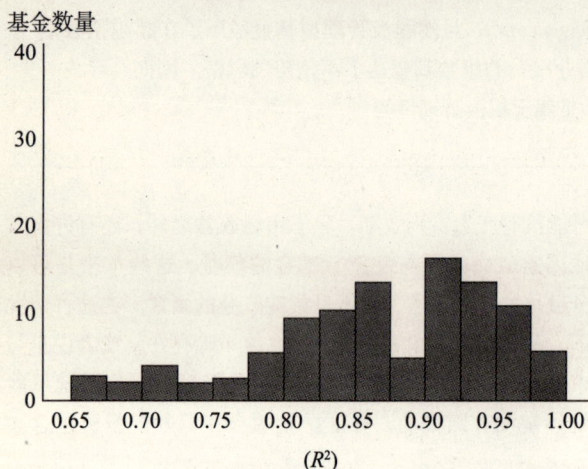

(R^2)

图 22—10　市场波动性的季节性收益：100 只共同基金

在图 22—10 中，美林证券对 100 只共同基金的研究显示平均 R^2 值约为 0.90，较少基金的 R^2 值低于 0.70。实际的范围在 0.66 和 0.98 之间。麦克唐纳、詹森和金特里（Gentry）的研究也得出了类似的结论。

虽然有许多共同基金投资于 80~100 只证券以实现有效多元化，但这常常是多于必需数量的。有效地选择 10~20 只股票即可实现高度的多元化。

22.5　其他资产和股票

本章主要涉及普通股的风险和收益。大多数专业管理基金具有不同资产类别的多元化投资组合。布林森（Brinson）、霍德（Hood）、贝布尔（Beebower）检验了 91 家大公司的养老金计划，并发现平均每项计划包括投资于股票、债券、国库券以及房地产。合并资产的混合使绩效评价要比本章前面讨论的夏普、特雷诺和詹森方法复杂得多，后者只适用于组合的股票搭配。

布林森、霍德、贝布尔建议，不同类别资产组合多元化的业绩，可与由呈正态分布的不同资产的养老金计划形成的组合相比较。对于其中每一个资产类别，他们使用标准普尔 500 股票指数、希尔森·雷曼政府／企业债券指数、30 天的国库券等作为度量衡量。

表 22—2　　基金经理的代表性组合

资产类别	权重	
权益		
国内权重股	30%	⎫
国内小市值股票	15%	55%
国际股票	10%	⎭
风险投资	5%	
固定收入		
国内债券	15%	
国际美元债券	4%	
国际非美元债券	6%	
房地产	15%	
现金等价物	0	
	100%	

对于业绩优良的投资经理，在保持该计划的不同类别资产的组合方面，必须超越被动管理型投资组合。

布林森、霍德、贝布尔通过研究发现，一般说来，无视房地产和侧重于股票、债券和国库券，意味着这段期间组合的实际平均总收益（9.01%），低于基准投资组合的收益（10.11%）。换句话说，积极的管理每年花费养老金计划的 1.10% 左右。当然，在其他时期，组合也表现了优良的业绩。在他们的整个分析中，强调的是这样的事实：确定适当的资产配置组合（股票、债券与国库券）比简单地挑选股票来决定输赢更重要。

与其说经理们失去工作是因为他们选择了 A 股票而不是 B 股票，不如说在给定市场条件下他们的组合分配能力较差。例如，表 22—2 显示了大型养老金基金经理的代表性组合结构。组合中有 55% 的比例是不同类型的股票。如果在牛市中，投资经理只将 40% 的资金投资在股票上，那他们的困惑可能是，怎样的个股选择才是正确的。

22.6 资产配置实例

假设投资组合经理负责监督1亿美元投资组合的业绩。在每个季度结束，经理必须将业绩报告提交给养老金计划的发起人，即大公司的养老金基金委员会。

在运用第5章给出的许多方法深入分析经济情形后，经理决定按表22—3第（1）栏显示的方式分配资金。基金派定各类资产的过程称为**资产配置**（asset allocation）。

第（2）栏表示这一年中各类资产的收益。第（3）栏显示的是各类资产的加权收益或者说是基金经理的年总收益，即用第（1）栏乘以第（2）栏的积表示。

在表的右侧，我们看到了代表性的基准投资组合，是度量业绩的标准。在第（4）栏，我们看到了资产配置结构；第（5）栏是每一类资产的收益；第（6）栏是基准组合的加权收益。

表 22—3 管理组合和基准组合的比较

资产类别	管理组合			基准组合		
	（1）资产配置	（2）收益	（3）加权收益	（4）资产配置	（5）收益	（6）加权收益
权益						
国内权重股	30%	9%	2.70%	30%	10%	3.00%
国内小市值股票	20	15	3.00	15	13	1.95
国际股票	20	18	3.60	10	14	1.40
总权益	70%		9.30%	55%		6.35%
固定收入						
国内债券	11%	8%	0.88%	15%	9%	1.35%
外国债券	8	10	0.80	10	12	1.20
总固定收入	19%		1.68%	25%		2.55%
房地产	7	10	0.70	15	11	1.65
现金等价物	4	4	0.16	5	4	0.20
总组合	100%		11.84%	100%		10.75%

为了便于介绍，我们假定基金经理的管理组合的相关风险与基准组合的风险是一样的。以后我们会考虑不同风险暴露的影响。

观察表22—3，从第（3）栏的投资组合和第（6）栏的基准组合的整体业绩结果来看，管理组合超过基准投资组合1.09%；也就是说，基金经理的总收益率是11.84%，而基准组合是10.75%。

现在的问题是，这一优良业绩是如何实现的？在这种情况下，管理组合持有70%的股票份额，比基准投资组合55%的份额要多，实践说明是比较幸运的，是因为股市整个一年都在上升（所有类别的股票都有较高的正收益）。

我们可以针对主要的三类股票，对业绩进一步细分。实际上，对于那些国内权重股（90亿美元或更多的市场价值），管理组合的业绩是略低于市场组合的（9%对10%）。对由权重股组成的基准组合进行恰当的市场度量是标准普尔500股票指数。请注意，管理组合的市值小的股票业绩

要高于市场组合两个百分点（15%对13%）。对基准组合中的市值小的股票一个适合的市场衡量是罗素2000指数。

最后，管理组合中的国际股票组合取得了高收益，超过基准收益4个百分点（18%对14%）。适合衡量这类基准组合的指标可能是道琼斯世界指数。

我们甚至可以对国际股票的投资收益进行分类，并比较不同地区，如墨西哥、欧洲、亚太等各个区域的基准。进一步的比较可在成熟市场和新兴市场间进行。美元的变化对收益的影响是可以被考虑的。

在转向固定收入证券分析中，我们的投资组合业绩逊于基准组合，国内（8%对9%）和国外（10%对12%）都一样，房地产也是一样（10%对11%）。然而，资产和房地产在组合中的比例只有19%和7%，所以说这种较差的业绩并不是问题。

总之，我们的投资组合经理有强劲的表现是由于其持有的股票份额（70%）远远高于基准投资组合（55%）。也

投资真实世界

个人投资业绩不佳，收益有待提高

　　管理投资组合中股票的重要一环是：将投资组合的资金分配到经济的各个行业。行业是指一个集团公司所在的主要领域，如能源，技术等。显然，一个行业分析师希望分析的行业相对于基准指标，如标准普尔 500 股票技术指标，表现出良好的业绩，但是如果分析师的短期业绩不好，未来最好的办法就是要降低权重（这意味着，相比于标准普尔 500 指数，在你的投资组合里应该调低该行业所占的百分比）。

　　同样，一个可能令人担忧的情况是，如果投资经理的业绩良好却被人为地降低权重。所有这一切都回到投资组合经理希望超越整个标准普尔 500 指数的愿望上来了。为了了解这些观点，请观察下列表格。

　　对于不同的行业，标准普尔将股票市场分为 10 类不同的组成部分：第 1 栏显示资产配置的行业；第 2 栏显示在某个时间点上标准普尔 500 指数的行业权重；第 3 栏显示权重的差异；第 4 栏显示各行业持有期为 3 个月的投资组合收益；第 5 栏显示相当于投资于标准普尔 500 所选行业的价值；第 6 栏显示投资于标准普尔所选行业的收益；第 7 栏是最重要的权重差异度量（第 3 栏）乘以行业收益（第 6 栏）。因而，第 7 栏说明了总体收益中行业的表现是存在正的还是负的收益。

　　第 7 栏中的计算有点麻烦，当用一个百分比和另一个百分比相乘时，答案往往非常小。看看工业的例子（倒数第 4 行）。权重差异（第 3 栏）是 3.2%，行业收益（第 6 栏）是 5%。当两个百分比互乘的答案是 0.16%（0.032 × 0.05＝0.0016）

行业收益分析

行业	（1）组合权重（%）	（2）标准普尔 500 指数权重（%）	（3）权重差异（%）	（4）组合收益（%）	（5）标准普尔 500 指数收益（%）	（6）行业表现（%）	（7）＝（3）×（6）行业分配贡献（%）
通讯服务	6.0	5.6	0.4	2.0	−3.0	5.0	0.02
公用	3.1	3.9	−0.8	−2.0	4.0	−6.0	0.05
信息技术	8.0	17.8	−9.8	4.0	7.2	−3.2	0.31
材料	3.3	2.8	0.5	5.0	4.2	0.8	0.01
金融	15.6	17.6	−2.0	8.1	9.2	−1.1	0.02
可选消费	14.6	13.1	1.5	9.0	12.1	−3.1	−0.05
工业	14.7	11.5	3.2	9.0	4.0	5.0	0.16
能源	14.3	7.0	7.3	18.0	9.4	8.6	0.63
健康护理	17.0	13.3	3.7	14.9	10.7	4.2	0.16
主要消费	3.4	7.4	−4.0	6.8	8.8	−2.0	0.08
							1.39

　　总体而言，投资组合的业绩超出标准普尔 1.39%，如第 7 栏的最后一行所示。最大的正收益是能源行业（0.63%）。如果你负责分析信息技术行业（第三行），你将有一个不佳的业绩，是 −3.3%（第 6 栏），只是因为其权重被降低到 9.8%（第 3 栏），你实际却提交了 0.31% 的正收益，原因在于负数乘以负数得到正数。问题是：你的收益要求得到提高了吗？

就是说，基金经理得益于良好的资产配置。在市值小的股票和国际股票的组合里，基金经理也获得了优良收益；这些因素克服了其他类别资产所表现的不足。

在这一章的前面，我们谈到了度量业绩的风险程度。虽然我们在这种情况下不会做出正式的风险评估，但某些因素是值得注意的。在某种程度上，管理组合的风险要比基准组合大，因此优良业绩的部分收益将不得不被打折扣。当然，如果它是低于市场风险的，优良的业绩就更有意义。

虽然投资组合中较高的股票比例可能意味着更大的风险，但是很大程度上国际多元化可以较容易地弥补这一点。国际证券可以抵消美国市场的冲击，反之亦然。此外，由于房地产在管理组合和基准组合中分别占 7% 和 15% 的比例，管理组合的流动性似乎比基准投资组合更好，这是正确的，尽管管理组合的现金头寸较低。

最后一个值得注意的因素是讨论投资组合经理的业绩。表 22—3 的结果表示年度数据。如前所述，投资组合经理不仅需要评价年度信息，同时需要每季度向投资者报告。由于总是有业绩的强大压力，市场的短期波动可以检测投资组合经理的理念。例如，当股票市场正在下降时，持有较大权重股票的投资组合经理（也许 70% 或更多）可能因为股市负收益而受到降低股票比重的压力。然而，市场的下跌通常是最好的购买而不是出售的时机。这一原则可能在投资组合经理报告中已经出现季度亏损时比较适用。但在同一时间，又表明现在存在异常良好的买进机会。从长远来看，虽然股市相对于其他投资而言能提供优异的回报，但是在很短的时间内这种可能性并不一定存在。消息灵通的投资组合经理人，以及那些帮助他们工作的人，一般使用 3 至 5 年的时间跨度来判断业绩是否是可以接受的。然而，在基金管理领域，一两个坏季度的出现有时意味着一个账户的损失。

本章小结

这一章考察了投资组合经理所需具备满足不同目标和宗旨的能力。在市场的繁荣年份，似乎许多投资组合经理都有优良业绩。然而，当进行风险调整时，任何感觉到的优势可能很快就会消失。一些与资本资产定价模型相关的概念可以用来评价基金经理的业绩。组合贝塔值沿横轴变化，而市场线代表预期的收益。那些能够在市场线以上操作（正的阿尔法值）的投资组合经理被认为是卓越的管理人员，而相反的将是那些在市场线以下部分的操作。研究表明，一般而言，投资组合经理很难超越基于风险调整后的市场组合或随机组合的收益。

尽管如此，共同基金（或其他投资组合管理）的确有一些可取的特质。正如美林证券的研究报告所说，共同基金往往是非常有效的风险分散者。它们与市场的平均相关度 R^2 值趋向于接近 90%，显示只有 10% 的非系统风险，或者说是没有回报的风险。一般而言，共同基金经理也是较好遵守其最初既定目标的组合设计者（也就是最大化资本利得、经济增长和收入等）。

在评价特定的专业基金经理方面，我们会就资产如何在股票、债券、房地产、现金等价物之间的分配进行判断，以及这一判断在一段时间内是否是有效的。此外，可以将每一类资产的业绩与基准投资组合的收益进行比较。所有这些分析能使我们确定总体业绩的充分性以及它是如何产生的。

关键词汇及概念

阿尔法（预期市场可得收益水平） alpha（average differentialreturn）

资产配置 asset allocation

超额收益 excess returns

指数基金 index funds

机构投资者 institutional investors

詹森方法 Jensen approach

市场线 market line

R^2 值（判定系数）R^2（coefficient of determination）

夏普方法 Sharpe approach

特雷诺方法 Treynor approach

讨论题

1. 什么是风险调整收益？

2. 在评价共同基金经理时首要的考虑因素是什么？

3. 如何度量风险暴露？

4. 如何定义超额收益？

5. 夏普方法度量风险的什么方面？如果组合有相对于市场较高的夏普指标，意味着什么？

6. 特雷诺方法与夏普方法有什么区别？两种方法中哪种方法假定非系统风险被分散掉了？

7. 在詹森方法中，与贝塔值相关的市场线是如何描述的？

8. 解释阿尔法值。

9. 从对组合基金经理的业绩经验研究中可以得到什么结论？他们表现优秀吗？

10. 当投资公司不能提供超出市场的收益时，为什么投资者还选择投资于它们？

11. 在关于基金经理有效分散风险的能力方面，一只基金的超额收益与市场超额收益的高 R^2 值（判定系数）意味着什么？

12. 根据布林森、霍德和贝布尔的研究，资产配置决策（股票与债券，等等）与个人股票选择决策相比，哪个更为重要一些？

练习题与解答

1. 一家公司运用夏普方法评价组合的业绩，下列三种组合的排序如何？

	组合收益	无风险回报率	组合的标准离差
廷克投资公司	12%	5%	15%
爱沃斯集团	9%	5%	22%
劳森基金经理	13%	5%	16%

2. 现在假定应用特雷诺方法评价基金经理，组合的贝塔值如下表列示：

	组合贝塔值
廷克投资公司	0.95
爱沃斯集团	1.10
劳森基金经理	1.40

要求：对这三位经理的投资业绩进行排序。

解答：

$$夏普指标 = \frac{组合总收益 - 无风险回报率}{组合标准离差}$$

$$廷克 = \frac{12\% - 5\%}{15\%} = \frac{7\%}{15\%} = 0.467$$

$$爱沃斯 = \frac{9\% - 5\%}{22\%} = \frac{4\%}{22\%} = 0.182$$

$$劳森 = \frac{13\% - 5\%}{16\%} = \frac{8\%}{16\%} = 0.500$$

排序	
劳森基金经理	0.500
廷克投资公司	0.467
爱沃斯集团	0.182

$$特雷诺指标 = \frac{组合总收益 - 无风险回报率}{组合贝塔值}$$

$$廷克 = \frac{12\% - 5\%}{0.95} = \frac{7\%}{0.95} = 0.074$$

$$爱沃斯 = \frac{9\% - 5\%}{1.10} = \frac{4\%}{1.10} = 0.036$$

$$劳森 = \frac{13\% - 5\%}{1.40} = \frac{8\%}{1.40} = 0.057$$

排序	
廷克投资公司	0.074
劳森基金经理	0.057
爱沃斯集团	0.036

思考题

1. 一家公司运用夏普方法评价组合业绩，如何对下列三种组合进行排序？（保留小数点后三位）

	组合收益	无风险回报率	组合的标准离差
格兰奇基金经理	10.0%	7%	14%
哈曼集团	10.2%	7%	18%
幸运者投资公司	14.0%	7%	22%

2. 现在假定第二家公司应用特雷诺方法评价业绩，该公司同样评价第1题中的三种组合，组合的贝塔值如下表列示：

	组合贝塔值
格兰奇基金经理	1.18
哈曼集团	0.90
幸运者投资公司	1.25

a. 运用特雷诺方法，第二家公司排在三种组合的哪个位置？（保留小数点后三位）

b. 解释第1题和第2题（a）排序的差异。

c. 应用特雷诺方法，市场收益为10%，无风险回报率为7%，哪种组合优于市场？市场的贝塔值通常为1。

3. 运用詹森方法评价上述组合：

a. 画出与教材中图22—5相似的市场线。也就是说，表示在组合贝塔值为0时的超额收益为0，和组合贝塔值为1时有3%的超额收益时的市场线，现在请图示上述三种组合。

b. 与市场相比，上述组合的业绩表现如何？

4. 一个组合经理的资产配置结构和相应的组合收益如下表，参照教材中表 22—2 填写下表：

资产类别	（1）组合收益	（2）无风险回报率	（3）组合标准离差
股票			
国内权重股	25%	10%	
国内小市值股票	20%	13%	
国际股票	5%	20%	
总权益	50%		
固定收入			
国内债券	20%	7%	
外国债券	7%	8%	
总固定收入	27%		
房地产	3%	10%	
现金等价物	20%	5%	
总组合	100%		

基准组合的相关参照数据如下表所示：

资产类别	（1）基准组合收益	（2）基准无风险回报率	（3）基准组合的标准离差
股票			
国内权重股	30%	9%	2.70%
国内小市值股票	25%	12%	3.00%
国际股票	17%	18%	3.06%
总权益	72%		8.76%
固定收入			
国内债券	13%	6%	0.78%
外国债券	6%	7%	0.42%
总固定收入	19%		1.20%
房地产	3%	9%	0.27%
现金等物	6%	4%	0.24%
总组合	100%		10.47%

a. 参照基准组合的相关指标值，解释组合经理的业绩。

b. 如果现金等价物的权重被组合经理降低到 15%，并按其潜在收益率将这些现金等价物投资到国际股票上，试问组合经理的业绩与基准组合的业绩相比较的结果如何？

5. a. 将一个季度的行业收益与标准普尔 500 指数进行比较，填写下表空白部分（见 358 页图）。

行业	（1）组合权重	（2）标准普尔500 指数权重	（3）权重差异	（4）组合收益	（5）标准普尔500 指数收益	（6）行业表现	（7）行业分配贡献
通讯服务	2.7%	5.8%	___	2.0%	3.3%	___	___
公用	8.1%	3.7%	___	3.2%	1.8%	___	___
信息技术	15.5%	18.2%	___	5.9%	2.6%	___	___
材料	5.2%	2.5%	___	3.8%	1.8%	___	___
金融	12.1%	18.1%	___	5.0%	2.0%	___	___
可选消费	10.8%	13.3%	___	1.8%	3.0%	___	___
工业	15.2%	12.1%	___	4.1%	5.0%	___	___
能源	9.1%	7.8%	___	4.3%	9.0%	___	___
健康护理	17.1%	11.9%	___	10.6%	4.8%	___	___
主要消费	4.2%	6.6%	___	1.2%	12.5%	___	___

b. 投资组合经理业绩与标准普尔 500 指数收益有差异吗？

c. 哪个行业做出了最大的正面贡献？

d. 哪个部门做出了最大的负面贡献？

投资顾问难题

劳伦·麦吉尔刚刚从加利福尼亚州立大学富勒分校（California State University at Fullerton）毕业，并获得了一份美国银行信用分析师的工作，年收入 45 000 美元。她的长期职业生涯规划是成为一名能源行业的高级信贷经理或银行董事长。因为她只有 22 岁，她至少有四十年的时间来实现自己的目标。

在她工作的第一年里，她决定把 3 000 美元存入其个人退休金账户。她不确定这些钱是否应该投向股票、债券还是大额可转让存单。她把这个计划告诉了她 50 岁的叔叔，他叔叔提出建议："谨防股市，它可以一分钟内上升，又会在一分钟内下跌。我在去年投入 10 000 美元到市场，在美联储提高利率的情况下，今年亏损了 12 000 美元。"劳伦比较敬重她的叔叔，尤其他具有 30 多年进出口业务方面的经验，但他并不是一个财务规划专家。她决定审视叔叔的这种逻辑，她与苏珊·渥林斯基（美国银行信托部的投资顾问）一起实施她的个人退休金理财规划。

a. 关于股市短期的波动，应用到劳伦的个人退休金理财规划，你认为苏珊应该给予劳伦什么建议？

b. 参考第 1 章有关"退休和遗产规划的考虑"的内容，个人退休金理财规划将给予劳伦什么税收便利？

c. 如果劳伦在未来的 40 年里每年存入 3 000 美元，资金按 11% 的比例成长，40 年后她的账户上有多少钱？

附录22A 机构投资者的构成

本章讨论了机构投资者度量组合业绩的管理技巧，现在我们将采取特定的方式观察参与者。机构投资者，有别于个人投资者，代表着负责为了投资而聚集大量资本的组织。我们的覆盖面将围绕投资公司（包括共同基金）、养老基金、人寿保险公司、银行信托部门与捐赠和基金会。

22A.1 投资公司（包括共同基金）

投资公司（包括共同基金）根据自己的特定目标，将取得的个人投资者的投资收益追投在其他证券上。收入和资本利得一般都分发给股东，并受国内税法的单一税制下从分章条款的约束。在第18章对投资公司进行了较多的讨论。

22A.2 其他机构投资者

其他机构投资者（连同投资公司）及其市场参与权重列于表22A—1中。总的机构持有资金量超过10万亿美元。我们将简单评论养老基金、保险公司、银行信托部门、捐赠和基金会。

养老基金：养老基金作为不断成长和重要的机构市场参与者，可能是私有的或是公众的，其中私募基金占据养老金市场的半壁江山。在这一增长下产生的私募养老基金可参保或不参保，后者的安排发生最为频繁。公共养老基金运行是有益于联邦、州或地方雇员的。

表 22A—1 机构投资者持有的市场比例

	百分比
不参保的私募养老基金	28.3%
开放式投资公司	16.1%
其他投资公司	1.9%
人寿保险公司	5.0%
财产责任保险公司	4.7%
个人信托基金	26.4%
共同信托基金	1.6%
互助储蓄银行	0.9%
国家和地方退休基金	4.8%
基金会	7.5%
教育捐赠	2.8%
	100%

保险公司：保险公司可划分为寿险或财险和人身意外伤害险两类。在计算保费的基础上，人寿保险公司必须获得一定的最低收益，公共政策主要强调资产的安全。部分寿险公司的资产放在私人债务或抵押贷款上，在债券和股票之间取得平衡。财产和人身意外伤害保险公司享有对其活动较宽松的管制，并通常在其资产中持有较大比例的债券和股票。

银行信托部门：银行信托部门的重点是管理其他人的资金并收取费用。银行可以管理个人信托基金或是在一个共同信托基金中的混合（合并）基金。往往是银行将建立不止一个共同信托基金，以服务不同的需求和目标。银行信托部门的总体业绩有好有坏，伴有一定数量的领先者和落后者。银行信托的管理高度集中于那些相对较少数量的信托部门持有大量基金的行为。在大约 3 000 家银行信托部门中，前 10 名持有所有资产的 1/3，最大的 60 家持有所有资产的 2/3。

基金会和捐赠基金：基金会代表非政府组织，其设置是出于社会的、教育的或慈善的目的。基金会往往是通过大公司的捐赠者捐赠的大量股票形成的，诸如包括福特、卡内基和洛克菲勒基金会。另一方面，捐赠基金代表永久资本基金，这是捐赠给大学、教堂或公民组织。捐赠基金的管理通常是非常困难的，这是因为存在为保持运营而产生现时收入的压力，而在同一时间也有资本增值的需求。衡量基金会和捐赠基金的业绩现在更多地取决于总收益（年收入加上资本增值），而不是传统的以利息所得或股息所得为基础。

附录A 1美元的复利本利和

附录 A

1 美元的复利本利和

期数	1%	2%	3%	4%	5%	6%	7%	8%	9%	10%	11%
						百分率					
1	1.010	1.020	1.030	1.040	1.050	1.060	1.070	1.080	1.090	1.100	1.110
2	1.020	1.040	1.061	1.082	1.103	1.124	1.145	1.166	1.188	1.210	1.232
3	1.030	1.061	1.093	1.125	1.158	1.191	1.225	1.260	1.295	1.331	1.368
4	1.041	1.082	1.126	1.170	1.216	1.262	1.311	1.360	1.412	1.464	1.518
5	1.051	1.104	1.159	1.217	1.276	1.338	1.403	1.469	1.539	1.611	1.685
6	1.062	1.126	1.194	1.265	1.340	1.419	1.501	1.587	1.677	1.772	1.870
7	1.072	1.149	1.230	1.316	1.407	1.504	1.606	1.714	1.828	1.949	2.076
8	1.083	1.172	1.267	1.369	1.477	1.594	1.718	1.851	1.993	2.144	2.305
9	1.094	1.195	1.305	1.423	1.551	1.689	1.838	1.999	2.172	2.358	2.558
10	1.105	1.219	1.344	1.480	1.629	1.791	1.967	2.159	2.367	2.594	2.839
11	1.116	1.243	1.384	1.539	1.710	1.898	2.105	2.332	2.580	2.853	3.152
12	1.127	1.268	1.426	1.601	1.796	2.012	2.252	2.518	2.813	3.138	3.498
13	1.138	1.294	1.469	1.665	1.886	2.133	2.410	2.720	3.066	3.452	3.883
14	1.149	1.319	1.513	1.732	1.980	2.261	2.579	2.937	3.342	3.797	4.310
15	1.161	1.346	1.558	1.801	2.079	2.397	2.759	3.172	3.642	4.177	4.785
16	1.173	1.373	1.605	1.873	2.183	2.540	2.952	3.426	3.970	4.595	5.311
17	1.184	1.400	1.653	1.948	2.292	2.693	3.159	3.700	4.328	5.054	5.895
18	1.196	1.428	1.702	2.206	2.407	2.854	3.380	3.996	4.717	5.560	6.544
19	1.208	1.457	1.754	2.107	2.527	3.026	3.617	4.316	5.142	6.116	7.263
20	1.220	1.486	1.806	2.191	2.653	3.207	3.870	4.661	5.604	6.727	8.062
25	1.282	1.641	2.094	2.666	3.386	4.292	5.427	6.848	8.623	10.835	13.585
30	1.348	1.811	2.427	3.243	4.322	5.743	7.612	10.063	13.268	17.449	22.892
40	1.489	2.208	3.262	4.801	7.040	10.286	14.974	21.725	31.409	42.259	65.001
50	1.645	2.692	4.384	7.107	11.467	18.420	29.457	46.902	74.358	117.39	184.57

续前表

期数	百分率										
	12%	13%	14%	15%	16%	17%	18%	19%	20%	25%	30%
1	1.120	1.130	1.140	1.150	1.160	1.170	1.180	1.190	1.200	1.250	1.300
2	1.254	1.277	1.300	1.323	1.346	1.369	1.392	1.416	1.440	1.563	1.690
3	1.405	1.443	1.482	1.521	1.561	1.602	1.643	1.685	1.728	1.953	2.197
4	1.574	1.630	1.689	1.749	1.811	1.874	1.939	2.005	2.074	2.441	2.856
5	1.762	1.842	1.925	2.011	2.100	2.192	2.288	2.386	2.488	3.052	3.713
6	1.974	2.082	2.195	2.313	2.436	2.565	2.700	2.840	2.986	3.815	4.827
7	2.211	2.353	2.502	2.660	2.826	3.001	3.185	3.379	3.583	4.768	6.276
8	2.476	2.658	2.853	3.059	3.278	3.511	3.759	4.021	4.300	5.960	8.157
9	2.773	3.004	3.252	3.518	3.803	4.108	4.435	4.785	5.160	7.451	10.604
10	3.106	3.395	3.707	4.046	4.411	4.807	5.234	5.696	6.192	9.313	13.786
11	3.479	3.836	4.226	4.652	5.117	5.624	6.176	6.777	7.430	11.642	17.922
12	3.896	4.335	4.818	5.350	5.936	6.580	7.288	8.064	8.916	14.552	23.298
13	4.363	4.898	5.492	6.153	6.886	7.699	8.599	9.596	10.699	18.190	30.288
14	4.887	5.535	6.261	7.076	7.988	9.007	10.147	11.420	12.839	22.737	39.374
15	5.474	6.254	7.138	8.137	9.266	10.539	11.974	13.590	15.407	28.422	51.186
16	6.130	7.067	8.137	9.358	10.748	12.330	14.129	16.172	18.488	35.527	66.542
17	6.866	7.986	9.276	10.761	12.468	14.426	16.672	19.244	22.186	44.409	86.504
18	7.690	9.024	10.575	12.375	14.463	16.879	19.673	22.091	26.623	55.511	112.46
19	8.613	10.197	12.056	14.232	16.777	19.748	23.214	27.252	31.948	69.389	146.19
20	9.646	11.523	13.743	16.367	19.461	23.106	27.393	32.429	38.338	86.736	190.05
25	17.000	21.231	26.462	32.919	40.874	50.658	62.699	77.388	95.396	264.70	705.64
30	29.960	39.116	50.950	66.212	85.850	111.07	143.37	184.68	237.38	807.79	2 620.0
40	93.051	132.78	188.88	267.86	378.72	533.87	750.38	1 051.7	1 469.8	7 523.2	36 119
50	289.00	450.74	700.23	1 083.7	1 670.7	2 566.2	3 927.4	5 988.9	9 100.4	70 065	497 929

附录 B　1美元年金的复利本利和

1 美元年金的复利本利和

期数	百分率										
---	1%	2%	3%	4%	5%	6%	7%	8%	9%	10%	11%
1	1.000	1.000	1.000	1.000	1.000	1.000	1.000	1.000	1.000	1.000	1.000
2	2.010	2.020	2.030	2.040	2.050	2.060	2.070	2.080	2.090	2.100	2.110
3	3.030	3.060	3.091	3.122	3.153	3.184	3.215	3.246	3.278	3.310	3.342
4	4.060	4.122	4.184	4.246	4.310	4.375	4.440	4.506	4.573	4.641	4.710
5	5.101	5.204	5.309	5.416	5.526	5.637	5.751	5.867	5.985	6.105	6.228
6	6.152	6.308	6.468	6.633	6.802	6.975	7.153	7.336	7.523	7.716	7.913
7	7.214	7.434	7.662	7.898	8.142	8.394	8.654	8.923	9.200	9.487	9.783
8	8.286	8.583	8.892	9.214	9.549	9.897	10.260	10.637	11.028	11.436	11.859
9	9.369	9.755	10.159	10.583	11.027	11.491	11.978	12.488	13.021	13.579	14.164
10	10.462	10.950	11.464	12.006	12.578	13.181	13.816	14.487	15.193	15.937	16.722
11	11.567	12.169	12.808	13.486	14.207	14.972	15.784	16.645	17.560	18.531	19.561
12	12.683	13.412	14.192	15.026	15.917	16.870	17.888	18.977	20.141	21.384	22.713
13	13.809	14.680	15.618	16.627	17.713	18.882	20.141	21.495	22.953	24.523	26.212
14	14.947	15.974	17.086	18.292	19.599	21.015	22.550	24.215	26.019	27.975	30.095
15	16.097	17.293	18.599	20.024	21.579	23.276	25.129	27.152	29.361	31.772	34.405
16	17.258	18.639	20.157	21.825	23.657	25.673	27.888	30.324	33.003	35.950	39.190
17	18.430	20.012	21.762	23.698	25.840	20.213	30.840	33.750	36.974	40.545	44.501
18	19.615	21.412	23.414	25.645	28.132	30.906	33.999	37.450	41.301	45.599	50.396
19	20.811	22.841	25.117	27.671	30.539	33.760	37.379	41.446	46.018	51.159	56.939
20	22.019	24.297	26.870	29.778	33.066	36.786	40.995	45.762	51.160	57.275	64.203
25	28.243	32.030	36.459	41.646	47.727	54.865	63.249	73.106	84.701	98.347	114.41
30	34.785	40.588	47.575	56.085	66.439	79.058	94.461	113.28	136.31	164.49	199.02
40	48.886	60.402	75.401	95.026	120.80	154.76	199.64	259.06	337.89	442.59	581.83
50	64.463	84.579	112.80	152.67	209.35	290.34	406.53	573.77	815.08	1 163.9	1 668.8

续前表

期数	百分率										
	12%	13%	14%	15%	16%	17%	18%	19%	20%	25%	30%
1	1.000	1.000	1.000	1.000	1.000	1.000	1.000	1.000	1.000	1.000	1.000
2	2.120	2.130	2.140	2.150	2.160	2.170	2.180	2.190	2.200	2.250	2.300
3	3.374	3.407	3.440	3.473	3.506	3.539	3.572	3.606	3.640	3.813	3.990
4	4.779	4.850	4.921	4.993	5.066	5.141	5.215	5.291	5.368	5.766	6.187
5	6.353	6.480	6.610	6.742	6.877	7.014	7.154	7.297	7.442	8.207	9.043
6	8.115	8.323	8.536	9.754	8.977	9.207	9.442	9.683	9.930	11.259	12.756
7	10.089	10.405	10.730	11.067	11.414	11.772	12.142	12.523	12.916	15.073	17.583
8	12.300	12.757	13.233	13.727	14.240	14.773	15.327	15.902	16.499	19.842	23.858
9	14.776	15.416	16.085	16.786	17.519	18.285	19.086	19.923	20.799	25.802	32.015
10	17.549	18.420	19.337	20.304	21.321	22.393	23.521	24.701	25.959	33.253	42.619
11	20.655	21.814	23.045	24.349	25.733	27.200	28.755	30.404	32.150	42.566	56.405
12	24.133	25.650	27.271	29.002	30.850	32.824	34.931	37.180	39.581	54.208	74.327
13	28.029	29.985	32.089	34.352	36.786	39.404	42.219	45.244	48.497	68.760	97.625
14	32.393	34.883	37.581	40.505	43.672	47.103	50.818	54.841	59.196	86.949	127.91
15	37.280	40.417	43.842	47.580	51.660	56.110	60.965	66.261	72.035	109.69	167.29
16	42.753	46.672	50.980	55.717	60.925	66.649	72.939	79.850	87.442	138.11	218.47
17	48.884	53.739	59.118	65.075	71.673	78.979	87.068	96.022	105.93	173.64	285.01
18	55.750	61.725	68.394	75.836	84.141	93.406	103.74	115.27	128.12	218.05	371.52
19	63.440	70.749	78.969	88.212	98.603	110.29	123.41	138.17	154.74	273.56	483.97
20	72.052	80.947	91.025	102.44	115.38	130.03	146.63	165.42	186.69	342.95	630.17
25	133.33	155.62	181.87	212.79	249.21	292.111	342.60	402.04	471.98	1 054.8	2 348.80
30	241.33	293.20	356.79	434.75	530.31	647.44	790.95	966.7	1 181.9	3 227.2	8 730.0
40	767.09	1 013.7	1 342.0	1 779.1	2 360.8	3 134.5	4 163.21	5 529.8	7 343.9	30 089	120 393
50	2 400.0	3 459.5	4 994.5	7 217.7	10 436	15 090	21 813	31 515	45 497	280 256	1 659 731

附录C 1美元的现值

1美元的现值

附录C

期数	1%	2%	3%	4%	5%	6%	7%	8%	9%	10%	11%	12%
1	0.990	0.980	0.971	0.962	0.952	0.943	0.935	0.926	0.917	0.909	0.901	0.893
2	0.980	0.961	0.943	0.925	0.907	0.890	0.873	0.857	0.842	0.826	0.812	0.797
3	0.971	0.942	0.915	0.889	0.864	0.840	0.816	0.794	0.772	0.751	0.731	0.712
4	0.961	0.924	0.885	0.855	0.823	0.792	0.763	0.735	0.708	0.683	0.659	0.636
5	0.951	0.906	0.863	0.822	0.784	0.747	0.713	0.681	0.650	0.621	0.593	0.567
6	0.942	0.888	0.837	0.790	0.746	0.705	0.666	0.630	0.596	0.564	0.535	0.507
7	0.933	0.871	0.813	0.760	0.711	0.665	0.623	0.583	0.547	0.513	0.482	0.452
8	0.923	0.853	0.789	0.731	0.677	0.627	0.582	0.540	0.502	0.467	0.434	0.404
9	0.914	0.837	0.766	0.703	0.645	0.592	0.544	0.500	0.460	0.424	0.391	0.361
10	0.905	0.820	0.744	0.676	0.614	0.558	0.508	0.463	0.422	0.386	0.352	0.322
11	0.896	0.804	0.722	0.650	0.585	0.527	0.475	0.429	0.388	0.350	0.317	0.287
12	0.887	0.788	0.701	0.625	0.557	0.497	0.444	0.397	0.356	0.319	0.286	0.257
13	0.879	0.773	0.681	0.601	0.530	0.469	0.415	0.368	0.326	0.290	0.258	0.229
14	0.870	0.758	0.661	0.577	0.505	0.442	0.388	0.340	0.299	0.263	0.232	0.205
15	0.861	0.743	0.642	0.555	0.481	0.417	0.362	0.315	0.275	0.239	0.209	0.183
16	0.853	0.728	0.623	0.534	0.458	0.394	0.339	0.292	0.252	0.218	0.188	0.163
17	0.844	0.714	0.605	0.513	0.436	0.371	0.317	0.270	0.231	0.198	0.170	0.146
18	0.836	0.700	0.587	0.494	0.416	0.350	0.296	0.250	0.212	0.180	0.153	0.130
19	0.828	0.686	0.570	0.475	0.396	0.331	0.277	0.232	0.194	0.164	0.138	0.116
20	0.820	0.673	0.554	0.456	0.377	0.312	0.258	0.215	0.178	0.149	0.124	0.104
25	0.780	0.610	0.478	0.375	0.295	0.233	0.184	0.146	0.116	0.092	0.074	0.059
30	0.742	0.552	0.412	0.308	0.231	0.174	0.131	0.099	0.075	0.057	0.044	0.033
40	0.672	0.453	0.307	0.208	0.142	0.097	0.067	0.046	0.032	0.022	0.015	0.011
50	0.608	0.372	0.228	0.141	0.087	0.054	0.034	0.021	0.013	0.009	0.005	0.003

百分率

续前表

百分率

期数	13%	14%	15%	16%	17%	18%	19%	20%	25%	30%	35%	40%	50%
1	0.885	0.877	0.870	0.862	0.855	0.847	0.840	0.833	0.800	0.769	0.741	0.714	0.667
2	0.783	0.769	0.756	0.743	0.731	0.718	0.706	0.694	0.640	0.592	0.549	0.510	0.444
3	0.693	0.675	0.658	0.641	0.624	0.609	0.593	0.579	0.512	0.455	0.406	0.364	0.296
4	0.613	0.592	0.572	0.552	0.534	0.515	0.499	0.482	0.410	0.350	0.301	0.260	0.198
5	0.543	0.519	0.497	0.476	0.456	0.437	0.419	0.402	0.320	0.269	0.223	0.186	0.132
6	0.480	0.456	0.432	0.410	0.390	0.370	0.352	0.335	0.262	0.207	0.165	0.133	0.088
7	0.425	0.400	0.376	0.354	0.333	0.314	0.296	0.279	0.210	0.159	0.122	0.095	0.059
8	0.376	0.351	0.327	0.305	0.285	0.266	0.249	0.233	0.168	0.123	0.091	0.068	0.039
9	0.333	0.300	0.284	0.263	0.243	0.225	0.209	0.194	0.134	0.094	0.067	0.048	0.026
10	0.295	0.270	0.247	0.227	0.208	0.191	0.176	0.162	0.107	0.073	0.050	0.035	0.017
11	0.261	0.237	0.215	0.195	0.178	0.162	0.148	0.135	0.086	0.056	0.037	0.025	0.012
12	0.231	0.208	0.187	0.168	0.152	0.137	0.124	0.112	0.069	0.043	0.027	0.018	0.008
13	0.204	0.182	0.163	0.145	0.130	0.116	0.104	0.093	0.055	0.033	0.020	0.013	0.005
14	0.181	0.160	0.141	0.125	0.111	0.099	0.088	0.078	0.044	0.025	0.015	0.009	0.003
15	0.160	0.140	0.123	0.108	0.095	0.084	0.074	0.065	0.035	0.020	0.011	0.006	0.002
16	0.141	0.123	0.107	0.093	0.081	0.071	0.062	0.054	0.028	0.015	0.008	0.005	0.002
17	0.125	0.108	0.093	0.080	0.069	0.060	0.052	0.045	0.023	0.012	0.006	0.003	0.001
18	0.111	0.095	0.081	0.069	0.059	0.051	0.044	0.038	0.018	0.009	0.005	0.002	0.001
19	0.098	0.083	0.070	0.060	0.051	0.043	0.037	0.031	0.014	0.007	0.003	0.002	0.001
20	0.087	0.073	0.061	0.051	0.043	0.037	0.031	0.026	0.012	0.005	0.002	0.002	0.001
25	0.047	0.038	0.030	0.024	0.020	0.016	0.013	0.010	0.004	0.001	0.001	0.001	0
30	0.026	0.020	0.015	0.012	0.009	0.007	0.005	0.004	0.001	0	0	0	0
40	0.008	0.005	0.004	0.003	0.002	0.001	0.001	0.001	0	0	0	0	0
50	0.002	0.001	0.001	0.001	0	0	0	0	0	0	0	0	0

附录D　1美元年金的现值

附录 D

1 美元年金的现值

期数						百分率						
	1%	2%	3%	4%	5%	6%	7%	8%	9%	10%	11%	12%
1	0.990	0.980	0.971	0.962	0.952	0.943	0.935	0.926	0.917	0.909	0.901	0.893
2	1.970	1.942	1.913	1.886	1.859	1.833	1.808	1.783	1.759	1.736	1.713	1.690
3	2.941	2.884	2.829	2.775	2.723	2.673	2.624	2.577	2.531	2.487	2.444	2.402
4	3.902	3.808	3.717	3.630	3.546	3.465	3.387	3.312	3.240	3.170	3.102	3.037
5	4.853	4.715	4.580	4.452	4.329	4.212	4.100	3.993	3.890	3.791	3.696	3.605
6	5.795	5.601	5.417	5.242	5.076	4.917	4.767	4.623	4.486	4.355	4.231	4.111
7	6.728	6.472	6.230	6.002	5.786	5.582	5.389	5.206	5.033	4.868	4.712	4.564
8	7.652	7.325	7.020	6.733	6.463	6.210	5.971	5.747	5.535	5.335	5.146	4.968
9	8.566	8.162	7.786	7.435	7.108	6.802	6.515	6.247	5.995	5.759	5.537	5.328
10	9.471	8.983	8.530	8.111	7.722	7.360	7.024	6.710	6.418	6.145	5.889	5.650
11	10.368	9.787	9.253	8.760	8.306	7.887	7.499	7.139	6.805	6.495	6.207	5.938
12	11.255	10.575	9.954	9.385	8.863	8.384	7.943	7.536	7.161	6.814	6.492	6.194
13	12.134	11.348	10.635	9.986	9.394	8.853	8.358	7.904	7.487	7.103	6.750	6.424
14	13.004	12.106	11.296	10.563	9.899	9.295	8.745	8.244	7.786	7.367	6.982	6.628
15	13.865	12.849	11.939	11.118	10.380	9.712	9.108	8.559	8.061	7.606	7.191	6.811
16	14.718	13.578	12.561	11.652	10.838	10.106	9.447	8.851	8.313	7.824	7.379	6.974
17	15.562	14.292	13.166	12.166	11.274	10.477	9.763	9.122	8.544	8.022	7.549	7.102
18	16.398	14.992	13.754	12.659	11.690	10.828	10.059	9.372	8.756	8.201	7.702	7.250
19	17.226	15.678	14.324	13.134	12.085	11.158	10.336	9.604	8.950	8.365	7.839	7.366
20	18.046	16.351	14.877	13.590	12.462	11.470	10.594	9.818	9.129	8.514	7.963	7.469
25	22.023	19.523	17.413	15.622	14.094	12.783	11.654	10.675	9.823	9.077	8.422	7.843
30	25.808	22.396	19.600	17.292	15.372	13.765	12.409	11.258	10.274	9.427	8.694	8.055
40	32.835	27.355	23.115	19.793	17.160	15.046	13.332	11.925	10.757	9.779	8.951	8.244
50	39.196	31.424	25.730	21.482	18.256	15.762	13.801	12.233	10.962	9.915	9.042	8.304

续前表

百分率

期数	13%	14%	15%	16%	17%	18%	19%	20%	25%	30%	35%	40%	50%
1	0.885	0.877	0.870	0.862	0.855	0.847	0.840	0.833	0.800	0.769	0.741	0.714	0.667
2	1.668	1.647	1.626	1.605	1.585	1.566	1.547	1.528	1.440	1.361	1.289	1.224	1.111
3	2.361	2.322	2.283	2.246	2.210	2.174	2.140	2.106	1.952	1.816	1.696	1.589	1.407
4	2.974	2.914	2.855	2.798	2.743	2.690	2.639	2.589	2.362	2.166	1.997	1.849	1.605
5	3.517	3.433	3.352	3.274	3.199	3.127	3.058	2.991	2.689	2.436	2.220	2.035	1.737
6	3.998	3.889	3.784	3.685	3.589	3.498	3.410	3.326	2.951	2.643	2.385	2.168	1.824
7	4.423	4.288	4.160	4.039	3.922	3.812	3.706	3.605	3.161	2.802	2.508	2.263	1.883
8	4.799	4.639	4.487	4.344	4.207	4.078	3.954	3.837	3.329	2.925	2.598	2.331	1.922
9	5.132	4.946	4.772	4.607	4.451	4.303	4.163	4.031	3.463	3.019	2.665	2.379	1.948
10	5.426	5.216	5.019	4.833	4.659	4.494	4.339	4.192	3.571	3.092	2.715	2.414	1.965
11	5.687	5.453	5.234	5.029	4.836	4.656	4.486	4.327	3.656	3.147	2.752	2.438	1.977
12	5.918	5.660	5.421	5.197	4.988	4.793	4.611	4.439	3.725	3.190	2.779	2.456	1.985
13	6.122	5.842	5.583	5.342	5.118	4.910	4.715	4.533	3.780	3.223	2.799	2.469	1.990
14	6.302	6.002	5.724	5.468	5.229	5.008	4.802	4.611	3.824	3.249	2.814	2.478	1.993
15	6.462	6.142	5.847	5.575	5.324	5.092	4.876	4.675	3.859	3.268	2.825	2.484	1.995
16	6.604	6.265	5.954	5.668	5.405	5.162	4.938	4.730	3.887	3.283	2.834	2.489	1.997
17	6.729	6.373	6.047	5.749	5.475	5.222	4.988	4.775	3.910	3.295	2.840	2.492	1.998
18	6.840	6.467	6.128	5.818	5.534	5.273	5.003	4.812	3.928	3.304	2.844	2.494	1.999
19	6.938	6.550	6.198	5.877	5.584	5.316	5.070	4.843	3.942	3.311	2.848	2.496	1.999
20	7.025	6.623	6.259	5.929	5.628	5.353	5.101	4.870	3.954	3.316	2.850	2.497	1.999
25	7.330	6.873	6.464	6.097	5.766	5.467	5.195	4.948	3.985	3.329	2.856	2.499	2.000
30	7.496	7.003	6.566	6.177	5.829	5.517	5.235	4.979	3.995	3.332	2.857	2.500	2.000
40	7.634	7.105	6.642	6.233	5.871	5.548	5.258	4.997	3.999	3.333	2.857	2.500	2.000
50	7.675	7.133	6.661	6.246	5.880	5.554	5.262	4.999	4.000	3.333	2.857	2.500	2.000

词汇表

A

abnormal return　超常收益　超出根据风险调整后的市场通常提供的收益。

adjustable rate mortgage　可调整利率抵押贷款　据当前市场条件定期调整利率的抵押贷款。有时也被称为可变利率抵押贷款。

advances　（股票价格）上涨　不同股票价格在两个时间点之间的增长。大量股票的大规模增涨表明一定的市场力量。参见"下跌"。

after-acquired property clause　事后获得财产抵押条款　抵押债券契约中的规定，要求发行公司之后取得的所有不动产都用于保证其他债券的安全。

aftermarket performance　后市表现　新发行证券在市场上的价格表现。

alpha　阿尔法（预期市场可得收益水平）　代表投资组合收益与和次投资组合贝塔值相等的市场线收益之间的差异值。有正的阿尔法值的投资组合经理可获得比市场线优越的回报。

American depository receipts　（ADRs）　美国存托凭证　这类有价证券代表外国公司普通股的所有者权益。过程如下　购进外国公司股份并将其委托给纽约银行的驻外分行。于是这个银行就可以收受并向外国公司的美国持股人开具存托凭证。存托凭证允许外国股份像其他证券一样在美国交易。通过美国存托凭证，人们就可以购买索尼集团、本田汽车有限公司和其他很多外国集团的股票。

annuities　年金　定期定值的现金流。

anomalies　（市场状况）异常　对市场是有效率的这一基本主张的偏离。

anticipated rate of inflation　预期通货膨胀率　包括在无风险收益率之内的预计通货膨胀率。

anticipated realized yield　预计实现收益率　通过持有一段时间（而不是到截止赎回日期或到期日）有息证券获得的收益。在计算预计实现收益时，投资人将息票支付和预期资本收益都考虑在内。

arbitrage　套利　交易（买和卖）在两个不同市场同时发生且利润被锁定的时候套利就形成了。

arbitrage pricing theory　套利定价理论　用来解释股票价格和股票收益的理论。资本资产定价模型只将收益建立在一种形式的系统性风险（市场风险）上，而套利定价理论可以运用多种风险源（国内生产总值，失业，等等）。该理论认为投资者可能获取比在各种敏感因素影响下决定的收益更高的回报。如果有些投资者可以获得超额收益，套利者会通过卖出证券并购买其他类似证券以去除额外收益，此为套利定价理论之由来。和资本资产定价模型不同的是，定义 KM（市场收益率）是没有必要的。

asset allocation　资产配置　以投资为目的将资产分配到不同种类。典型的分配类别包括股份、债券和现金等价物。

asset-utilization ratios　资产周转率　用来表明资产每年周转次数的比率，表明不同资产账户的使用情况。

at-the-money　平价期权　期权的执行价格和股票市场价格相等的期权。

automatic reinvestment plan　自动再投资计划　由共同基金提供的方案，允许基金自动将所有分红再投资到股东账户中去。

average differential return　平均差异收益率　表明投资组合或基金收益与和该组合或基金贝塔值相同的市场线

收益之间差异的阿尔法值。

B

back-end load 赎回费（后收费用） 出售共同基金股份的需支付的退出费用。

balance sheet 资产负债表 表明在某时刻公司所拥有的资产和这些资产的来源（负债还是所有者权益）的财务报表。

balanced funds 平衡基金 投资于普通股、债券和优先股的共同基金。许多平衡时基金也投资于可转换证券。它们试图提供收入和一定的资本增值。

banker's acceptance 银行承兑汇票 通常与国际贸易交易相联系的短期债务工具。这种承兑汇票表明银行承诺在未来进行支付并交给买方保管。

Barron's Confidence Index 巴朗信心指数 由遵循机敏投资定律的技术分析家使用的指数。该指数的变动衡量的是一类债券投资者的期望，技术分析家认为该类投资者能在股票市场变动之前机敏预见经济形势。

basic earnings per share 基本每股收益 稀释前的每股收益。

basis 基差 期货价格与标的资产价格的差额。因此，在股指期货合约中，基差代表了股指期货价格和标的指数价值的区别，基差可能为正（表明乐观），也可能为负（表明悲观）。

basic point 基点 一个基点等于 0.01%，是衡量利率变化的单位。

behavioral finance 行为金融学 认知心理学的分支，该理论认为人们在不同情况下对相同事件的看法不同。这种行为模式可能导致不理智的投资决策。

best efforts 尽力推销 由发行公司而不是投资银行来承担分销的风险。投资银行只承诺尽可能地销售证券。

beta 贝塔 对单个证券和整个市场总体波动的相关关系的衡量。大于一的贝塔系数表示（单个证券的）系统风险大于市场的系统风险，而小于一的贝塔系数说明（单个证券的）系统风险小于市场的系统风险

beta coefficient 贝塔系数 见贝塔。

beta-related hedge 贝塔对冲 一种股指期货对冲。投资组合对市场的相对波动性决定了用来抵消特定风险暴露额度的合约数量。如果投资组合的贝塔值大于一，那么高波动性要求额外的合约来补偿。

beta stability 贝塔稳定性 长期以来贝塔值的一致性。不稳定性意味着以往的贝塔值不能反映未来的贝塔值。

black-Scholes option pricing model 布莱克—斯科尔斯期权定价模型 一个确定期权理论价值的形式模型。所考虑的因素是无风险利率、期权期限以及标的资产价值的波动性。具体讨论参见附录 15a。

blind pool 委任企业同盟 一种房地产投资的有限合伙人制度，将资金交由普通合伙人来选择投资资产。

bond indenture 债券合约 一种冗长而复杂的法律文书，其中规定了借款公司对于每个债券投资者的责任。

bond mutual funds 债券共同基金 专门投资于债券并获得利息收入的共同基金。

bond price sensitivity 债券价格利率敏感度 债券价格变化对利率变化的敏感性。债券价格敏感性受债券久期影响，因为债券的久期越长，价格敏感性越大。一个较简单但容易接受的方法是将债券价格敏感性和到期日而不是久期联系在一起。

bond swaps 债券互换 出售给定的债券头寸并同时买入另一具有相似特点的债券来增加整个投资组合的收益或绩效。

bottom-up approach 自下而上法 一种选择股票的方法，先选择单个公司，再分析该公司所处行业和整个宏观经济，从而决定是否投资该公司。

breadth of market indicators 市场指标宽度 被技术分析家用来比较广泛的市场交易和某些股票交易的整体市场标准。例如，通过将所有的纽约股票交易所上市的股票的上涨和下跌与道琼斯工业平均指数做比较，分析家试图判断市场何时出现逆转。

bull spread 牛市套利 当股票价格看涨时使用的期权策略。相反的策略是熊市套利。

business cycle 经济周期 包括扩张期和衰退期的经济活动波动，而且平均来看周期一般持续四年。

buying the spread 买空套期图利交易 指卖出看涨期权的成本超过了空头的收益。与之相反的是卖空套期图利。

C

call option 买进期权 在约定日期按约定价格购买 100 股普通股的期权。

call provision 赎回条款 通过债券发行来提前还款的机制。允许发行者通过向债券持有人支付超过本金的金额，在到期日前赎回债券。

calls 看涨期权 见买进期权。

capital appreciation 资本增值 股票或其他投资对象价值的增长，而不是分红或利息收入。

capital asset pricing model 资本资产定价模型 资产按照其风险特点定价的模型。一项资产的必要收益与其贝塔相关。

capital gain or loss 资本损益 将出于投资目的而持有的资产出售所获得的收益或损失。

capital market line 资本市场线 各种资产组合间风险和收益间关系的图形表示。属于资本资产定价模型的一部分。

cash or spot price （现金）现货价格 立即交易商品所付出的货币价值。

cash settlement 现金结算 用现金而不是实际标的资产的交付来清算期货合约或期权合约。例如，猪肉和国债。股指期货和股指期权市场是纯粹的现金清算市场。标准普尔500指数或其他指数甚至没有暗示未来任何实物交接的可能。

CBOE 芝加哥期权交易所 第一个也是最大的期权交易所。

certificates of deposit 大额可转让定期存单 赋予持有人获得利息收入权利的储蓄存单，由商业银行和储蓄贷款银行（或其他储蓄机构）发行。

certified financial planner 注册理财规划师 由丹佛理财规划学院注册认证的理财规划师。必须具备风险管理、税收筹划、退休及财产规划，以及其他类似领域的知识。

chartered financial analyst 特许金融分析师 通过实践要求和考试，被位于弗吉尼亚州夏洛茨维尔的CFA机构注册认证的证券分析师或投资组合经理。

charting 图表分析 技术分析家使用图表曲线标出过去股票价格的变动来预测未来价格的变化。

circuit breakers 熔断 如果股票市场价格大幅下滑，熔断机制就会在一定时间内（通常30分钟）关闭市场。

closed-end fund 封闭式基金 该基金股份数量固定，因此投资者要相互间直接（而不是向基金）购买和销售基金股份。封闭式基金通常在交易所或柜台市场交易。

coincident indicators 同步指标 和整个经济形式大致同时转向的经济指标。

combined earnings and dividend model 收益红利模型 将每股收益和收益乘数与有限红利模型结合起来的模型。通过红利现值和基于市盈率得出的未来股票价格现值计算出价值。

commercial paper 商业票据 由大型商务公司面向公众发行的短期信用工具。商业票据的最小面额一般是25 000美元，是一种没有承兑的本票。

commission broker 佣金经纪人 在交易所场内代表某个股票经纪公司的个人，替公司的客户执行购买和销售股票的交易。

commodities 商品 诸如家畜、农产品和贵金属之类的有形商品。商品的使用者和生产者通过期货合约将风险转嫁给投机者，并对冲未来价格波动的风险。

commodity futures 商品期货 在将来某一特定时刻购买或出售商品的合约。

comparable sales value approach 相对销售价值法 一种通过参照类似资产销售价格来估计房地产价值的估价方法。

compound sum 复利本利和 以固定利率在一定时期内增长的未来价值。

compound sum of an annuity 复利年金 定期产生并向着未来价值增长的定值现金流。

constant-dollar method 不变价格法 在财务报表中按照消费者价格指数剔除通胀影响。

constant-growth model 股利固定增长模型 假定股利增长率固定的估价模型。

construction and development trust 建设和发展信托 在开放商施工期内对其发放短期贷款的房地产投资信托公司。

consumer Price Index 消费物价指数 用来衡量普遍价格水平变化的指数。

contrary opinion rules 反向解释原则 基于零星股和空头头寸因素并被技术分析家（他们假定小规模交易者和卖空者是错误的）用来预测股票市场活动的准则。另见机敏投资原则。

conversion premium 转换溢价 可转换证券的价格（以美元价值或百分比形式表示）超过所转换成的普通股的当前市场价格的差额。

conversion price 转换价格 可转换证券的账面价值除以转换比率，等于标的普通股的转换价格。除非股票市场价格大于转换价格，投资者通常不会将证券转换为普通股。

conversion ratio 转换比例 投资者将可转换债券或可转换优先股股份转换成普通股股份时获得的普通股数量。

conversion value 转换价值 由可转换债券或可转换优先股代表的标的普通股的价值。这个价值可以通过将转换率乘以普通股的每股市场价值得到。

convertible security 可转换证券 在持有者要求下能够转换成发行公司普通股的公司债券或优先股。有时可转换证券可以转换为发行公司的其他资产和证券。

correlation coefficient 相关系数 衡量两个变量联合变动的系数。

cost approach 成本法 通过按现价重置资产所费成本来决定房地产（或其他资产）价值的估价方法。

coupon rate 票面利率 债券承诺支付的固定利率。

covered options 抵补期权 期权卖方同时拥有期权的标的股票。

covered writer 抵补期权卖方 拥有股票的同时卖出该股票的期权。如果卖方没有拥有这个期权，那么该卖方被视为是一无所有。

creditor claims 债务求偿权 由金融机构、工业企业或政府发行的由债务工具代表的索取权。

cross hedge 交叉对冲 一种形式的资产作为另一种形式资产的对冲头寸（通常由于到期日和质量特点的差别使得完美的对冲很难达成）。

crossover point 交叉点 在产业生命周期或企业生命周期曲线中，产业或公司从成长阶段（加速增长）过渡到扩张阶段（减速增长）的临界点。交叉点很重要，因为一旦市场发现增长率下降就会向下调整市盈率。

currency fluctuations 汇率波动 一种货币对另一种货币的相对变化。例如，法国法郎可能对美元升值或贬值。如果外币对美元升值，么外币投资的美元收益会增加。反之亦然。

currency futures 外汇期货 对不同国家货币进行投机或对冲的期货合约。

current-cost method 现时成本法（时价法） 在财务报表中按照当前成本对资产重新估价来剔除通胀影响。

current ratio 流动比率 流动资产和流动负债的比率。

current yield 当期收益率 债券的年利息额除以债券的当前市场交易价格。

cyclical indicators 周期性指标 经济学家可通过观察来衡量经济周期进度的因素。超前指数在经济周期变化之前发生逆转，而滞后指数在经济周期变化之后发生逆转，同期指数和经济周期发生逆转的时间基本一致。

cyclical industry 周期性行业 诸如机动车这类与总体经济形势息息相关的行业。这类行业的产品通常在经济复苏后才会热销。

D

database 数据库 一种有序的存储数据的形式。通常由电脑储存以备日后分析。

debenture 无担保公司债券 一种没有担保的公司债券。

debt-utilization ratios 债务利用率 表明公司的债务和股权比例以及公司支付固定债务（例如利息、租赁费用、特许费和沉没资金费用）能力的比率。

declines （股票价格）下跌 一定时期内股票价格的普遍下跌。大多数股票价格的大幅下跌意味着市场疲软。参见"上涨"。

deep discount bond 高折价债券 一种票面利率远远低于当前投资利率的债券，只能以大大低于面值的折价价格发行。它可能提供资本升值的机会。

deficit（government） 财政赤字 政府支出超过其收入。

derivative products 衍生品 从其他商品衍生出来的证券。股指期货和期权有时被看做是衍生品因为它们从实际市场指数衍生出来，但却不具备自身的内在特点。

diagonal spread 对角交易 水平套利和垂直套利的组合。

diluted earnings per share 稀释后每股收益 考虑到所有潜在的稀释可能后的调整每股收益，潜在的稀释包括可转换债券、可转换优先股、认股权证或其他期权所导致的普通股的发行。

dilution 稀释 在收益不变但由于可转换债券和可转换优先股转换成普通股而造成流通股股票数量增加的情况下，每股收益减少。

direct equity claim 直接权益 通过普通股或其他工具所代表的购买普通股的所有权，例如认股权证和期权。

discount rate 折现率 未来现金流贴现获得现值所使用的利息率。

dispersion 离散度 时间或数值在期望值周围的分布。

diversification 分散投资 对任意投资都缺乏集中度。一个由许多不同证券组成的投资组合是分散化的。

diversification benefits 分散化收益 分散化投资所带来的风险减少。相关系数为负或相关系数为很小正数的投资组合的分散化效应最为显著。这种效益在国际化分散投资组合中最为明显。

dividend payout ratio 股息支付率 年每股红利除以年每股收益。

dividend valuation model 股利估值模型 假设股票的价值是未来红利收入的现值而构建的一种股票估价模型。

dividend yield 股息收益率 年每股红利除以市场价格。

dollar-cost averaging 平均成本法 投资者每隔固定时间购买一定金额的股票而不管该股票的价格和目前的市场前景，这意味着股票价格较低时更多的股票会被购买，因为购买股票的金额是确定的，只有股票份额在变化。

dollar-denominated bonds　美元计价债券　以美元计价的外国债券。

Dow Jones Equity Market Index　道琼斯股票市场指数　一个包括 82 个行业 700 只股票的指数。和道琼斯工业平均指数不同的是，它包括纽约股票交易所、美国股票交易所和纳斯达克国家市场系统，因此它的基础更加广泛。

Dow Jones Industrial average　道琼斯工业平均指数　以 30 家最大的公司的股票价格运动为基础的股票市场指数。该指数是按照价格加权平均的，这意味着每只股票按照其价格的大小而得到有效的权重。

Dow Jones World Industry Groups　道琼斯全球工业集合　一个华尔街日报上的表示某一特定日期全世界领先产业和落后产业的表格，也提供超过 100 个产业的特定价格变动信息。

Dow Jones World Index　道琼斯全球指数　包括世界上三个主要地区 25 个国家的国际型股票指数，以单独或集合的形式来展示信息。

Dow theory　道氏理论　由查尔斯·道在 19 世纪 90 年代后期发现并沿用至今天的理论。该理论认为，对股票市场长期趋势的研究有助于做出对未来股价波动的准确预测。

downside limit　下跌极限　基于纯债券价值（假设利率不变）的可转换债券可能跌至的最低价格。

downside protection　下跌保护　在股票价格下降期间可转换债券投资者所享受的权利。债券在其确定收益的基础上有一个基本的或说纯粹的债券价格，因此虽然原生普通股和可转换债券的价值可能都会下降，但债券的价格只会下降到一定程度。

downside risk　下跌风险　由于基本面因素或外部市场力量而使得资产（例如证券）价格下降的可能性。可转换债券的下跌风险极限可以通过债券的市场价格和纯粹债券价值的差额再除以市场价格得出。

Du Pont analysis　杜邦分析　通过考察利润率和资产周转速度来分析资产收益的体系。同样的，股票的收益是通过对资产收益和偿债比率的分析得出的。

duration　久期　债券的加权平均期限。权重的计算基于单个现金流现值与总现金流现值的比例。在估计债券的价格敏感性时久期比到期日更好；也就是说，利率变化对债券价格的影响更直接得跟久期而非到期日相关。

E

earnings per share　每股收益　普通股持有者获得的收益除以流通在外的普通股股数。

earnings valuation model　收益估值模型　该模型以股价是每股收益某个倍数的假定为基础。

EBITDA　息税、折旧摊销前利润　它强调的是营运收入而不是通常所上报的税后收益。

Economic Growth and Tax Reconciliation act of 2001　2001 年经济增长与减税协调法案　由布什政府通过的一项税收法案，旨在减少边际税率，逐步取消财产税并提供一些其他税收优惠。除非有所更新，该法案计划在 2011 年废除。

effective diversification　有效分散化　使投资组合分散化以消除非系统风险。

effective yield　有效收益率　诸如美国国库券这类证券的出售价格小于面，诸如美国国库券之类的折价出售证券，因为以低面值的投资获得了按面值计算的利息，从而获得的一个高于票面收益率的实际收益率，也作真实收益率或实际收益率。

efficient frontier　有效边界　一组以给定风险获得最高收益或给定收益水平承担最低风险的投资组合。

efficient hedge　有效对冲　一项交易有效地冲销了另一项交易的风险的对冲。

efficient market　有效市场　市场对新信息的反映能力、避免迅速的价格波动的能力以及增加或减少交易量而不会导致价格显著变化的能力。在有效市场环境中，证券被假定在任何时刻都被正确定价。

efficient market hypothesis　有效市场假说　证券市场上有许多以利益最大化为目标且对信息十分敏锐的参与者，因此对新信息的价格调整是瞬间完成的。弱有效市场形式表明过去和未来的价格之间没有联系。中有效市场表明所有的公开信息都被反映在证券价格中，因此基本面分析不能够得出高估或低估的结论。强有效市场表明所有的信息（公开或内部信息）都被反映在证券价格中。

efficient portfolio　有效资产组合　在给定收益率条件下使得风险最小的投资组合。

electronic book　电子簿记　覆盖纽约股票交易所所有上市股票并为专家经纪人跟踪限价指令和市场指令的数据库系统。

electronic communication networks　电子通讯网络　在特定价格上自动将买卖双方配对的电子交易系统，也作备用交易系统，并被证券交易委员会授权通过经纪自营商或交易所的身份更完全地纳入国家市场体系。

emerging countries　新兴市场国家　经济体制和生产力尚未得到完全发展的国家。例如智利、约旦、韩国、泰国和津巴布韦。对美国投资者来说这些国家是减少风险的潜在机会，因为影响这些国家经济福利的因素可能与在美国的关键因素大不相同。投资于这些国家有时会带来高额收益。

equal-weighted index　平均加权指数　每只股票的权重都相同，而不论其总市值或价格。就如同指数中每只股票都获得 100 美元的投资，最典型的例子就是价值线指数。

equipment trust certificate　设备信托债券　运输业企业使用的担保债务工具，为企业提供资金购买新设备，这些设备反过来作为发行债券的抵押品。

equity participation　股东权益分享　贷款人同时对资产有所有权。

equity risk premium　股票风险溢价　股票市场提供的超过国库券利率的额外收益，用来补偿市场风险。定义为（K_M-R_F）或普通股预期收益减去无风险利率。

equity trust　股权信托　不同于抵押信托的将购买、运营并销售房地产作为一种投资方式的房地产信托方式。

eurodollar bonds　欧洲美元债券　以美元计价并支付但在美国境外发行或交易的债券。

excess returns　超额收益　超过无风险利率或是某种市场指数（如标准普尔 500 指数）的收益。

exchange listing　交易所上市　公司将其股票在交易所挂牌（例如美国或纽约股票交易所）。

exchange privilege　转移特权　由共同基金发起人提供的，使得股东可以将资金在发起人管理的各个基金之间低成本（无佣金，只收取最低的程序费用）转移的特权。

exchange-traded funds　交易所交易基金　美国股票交易所创造了与指数共同基金相似的交易所交易基金。它们的结构与共同基金不同，但允许投资者在美国证券交易所同购买普通股票一样购买股票指数，例如标准普尔 500。

exercise price　执行价格　凭合约规定的证明购买股票的价格。

expectations hypothesis　预期假说　解释利率期限结构的假说，该假说认为长期利率是在一定时期内预期短期利率的平均值。如果长期利率高于短期利率，根据预期假说，投资者会预期短期利率在未来将上升。

expected value　期望值　变量的各种可能结果乘以其概率再求和。

extraordinary gains and losses　非经常性损益　通过公司固定资产销售、诉讼或者类似的不会经常发生的（如果有可能再次发生）事件所获得的收入或损失。

F

Fed　美联储　美联储是美国的中央银行。美联储负责货币政策的执行，并且在对商业银行的监管和货币供给的控制方面发挥主要作用。

federal deficit　政府（美）预算赤字　指联邦政府的花费超过了其通过税收和其他收入渠道获得的收入。

federal surplus　政府（美）预算盈余　税收和其他政府收入渠道提供的收入超过了政府的花费。

FIFO　先进先出法　一种假定最先购买的存货最先出售的存货估价方法。

financial asset　金融资产　指通常由法律文件记录的对资产的金融索取权（而非对有形资产的物理占有权），例如股票。

financial futures　金融期货　一种以利率、外汇和股票指数作为标的的期货合约。

financial hedging　金融套期保值　减少对诸如利率变化、货币价值或股票价格等金融风险的暴露。套期保值可以全部或部分消除市场负面影响。

financial-serve companies　金融服务公司　提供广泛的金融服务以使消费者基数多样化的公司。服务包括经纪活动、保险、银行等等。

fiscal policy　财政政策　试图促进或限制各种经济活动的政府支出和税收措施。

floating-rate notes　浮动利率债券　债券的利率在短期内是固定的，并随着事先确定的短期利率（例如美国国债利率）变化。

floor broker　场内经纪人　一种作为股票交易所会员的独立股票经纪人，他们替拥有过多交易量的佣金经纪人执行交易并收取费用。

floor value　最低限额价值　一个产生收入的债券不会低于的价格，因为这些债券确定的现金流入具有实实在在的收入现金流。

flow-of-funds analysis　资金流分析　对企业、政府和家庭之间金融支付形式的分析。

forced conversion　强制转换　当公司知道可转换证券持有者会持有股票而将债券转股时公司将可转换证券回购的行为。

foreign currency effects　外汇效应　如果外国货币相对美元升值，海外投资的美元回报率会上升。反之亦然。

foreign funds　国外投资基金，专门投资于国外市场和国外证券的共同基金。

foreign-pay bonds　外币支付债券　在国外发行并以国外货币支付的债券。例如，以日元支付的日本政府债券就是外币支付债券的一种。

foreign political risks　国外政治风险　投资于在国外运营的公司所带来的风险。外国公司可能面临国有化或者资本撤出受到禁止的风险。也有发生执政党被暴力颠覆或者类似事件的可能，或者是对外国公司或投资者惩罚性的立法。

fourth market　第四市场　大型机构投资者之间对上市股票的大量直接交易。参与交易的双方可以避免经纪人佣金成本。

free cash flow　自由现金流　税后收入加上折旧（和分期支付）减去必要的资本支出和预期分红支出。自由现金流强调可以重新投入企业或用作收购的资金量。

fundamental analysis　基本面分析　基于基本因素对股票进行的分析，这些因素包括公司收益、增长前景等等。

funded pension plan　基金担保退休金计划　在实际支付之前从当前收入中扣除养老金负债，这些资金被储存起来用作各种投资。

futures contract　期货合约　在未来特定时间以规定价格购买或出售一定数量商品的合约。

futures contract on a stock market index　股指期货合约　于市场指数的期货合约，例如标准普尔 500 指数或纽约股票市场综合指数。

G

general obligation issue　一般义务债券　以发行政府的信用、信贷、以及 "征税权" 为担保，而不是以某一特定项目收入为担保的市政债券。

GNMA pass-through certificates　美国政府国民抵押贷款协会担保债券　一种代表一系列联邦抵押贷款的完整利益的固定收入证券，美国国民政府抵押贷款协会以较低的价格从各种贷出者折价购买证券组合并以这些债券作为抵押向公众发行债券。

going public　公开上市　首次在柜台市场上向新投资者出售私人持有的股票。

government securities　政府债券　由联邦政府、州政府或当地政府及其机构发行的债券。公司债券的收益来源是公司盈利，而政府证券的收益来源是税收或债券融资项目的收入。

graduated payment mortgage　累进还款式抵押贷款　这种抵押贷款的每期还款额一开始相对较低并随着时间逐渐增加。

greed index　贪婪指数　衡量投资者贪婪程度的逆向思维指数。贪婪被认为与看涨和乐观同义。在贪婪指数的

假设下，投资者越贪婪或越乐观，市场越可能下滑，反之亦然。

GDP　国内生产总值　对美国生产和消费最终成果的衡量。它不包括美国公司在国外市场上的产出。

growth company　成长型公司　指资产收益每年增加且销售加速增长的公司（生命周期曲线中的增长阶段）。成长型股票比成长型公司更有名。

growth funds　成长基金　以资本增值为主要目标的共同基金。

growth stock　成长股　增长率大于宏观经济或市场标准的股票。

growth-with-income funds　收入增长型基金　以资本增值并获得收入为战略的共同基金。

H

hedge funds　对冲基金　对同时从事多种业务从而试图获得高额收益的基金的统称。它们通常既不是多头也不是空头，但是专注于实买空买和期权交易等。

hedging　套期保值　通过进行和原始头寸相反的操作来减轻或消除风险的过程。例如，拥有小麦的人可以出售小麦期货以防范未来价格下跌。

hidden assets　账外资产　在传统意义上这些资产不容易被投资者所发现，但是能给公司带来大量的价值。

horizontal spread　水平套利　购买两笔执行价格相同但到期日不同的期权。

house brokers　投行经纪人　这些经纪人因为代表纽约股票交易所的成员（例如美林、所罗门美邦这些过去被称作投资公司的企业）而得名。投行经纪人或是代表其客户交易，或是通过公司的账户直接交易。

hybrid trust　混合信托　涉足股权信托和抵押信托业务的房地产投资信托公司。

I

Ibboston study　伊博森研究　一项考察自 20 世纪 20 年代中期至今股票和固定收益证券相对收益的研究。

immunizaition　免疫　使得债券投资组合免受利率变化对组合最终价值的影响。这个过程往往跟时间序列联系起来。在这个过程中，如果利率上升，投资组合的价值会下降，但也意味着更高的现金流入再投资率。相反的，如果利率下降，投资组合会获得资本升值，但再投资率会下降。通过将所有投资决策跟特定的久期联系起来，投资组合经理可以利用这些相反的力量来确保必要的结果。

income approach　收入法　通过将年净营运收入除以合适的资本化率（基于投资者投资类似资产的必要收益率）来评估房地产价值的方法。

income bond　收入债券　一种只有在当期收入允许的情况下才支付利息的公司债务工具。

income statement　损益表　表明公司在一段时期内获利能力的财务报表。

income-statement method　损益表法　基于预计损益表来预测每股收益的方法。

independent brokers　独立经纪人　纽约股票交易所内作为小型咨询顾问公司雇员的个人。这些经纪人向会员公司和非会员公司以及需要额外帮助的投行经纪人提供执行服务。

index fund　指数基金　一个投资于公司股票组合的基金，组合的组成由标准普尔 500 指数或其他指数决定。

indifference curves　无差异曲线　表明投资者风险和收益替代关系的曲线。曲线越陡峭，投资者对风险越厌恶。

indirect equity claim　间接权益　例如通过投资于投资公司来获得的对普通股的间接索取权。

IRA　个人退休账户　个人退休账户允许纳税人从应税收入中拿出 3000 美元投资于银行、储蓄贷款机构、经纪人公司、共同基金或其他金融机构。这些资金通常被投资于有息证券或其他证券，例如普通股。投资收入允许在资金变现之前免税。这种年度可提取额计划在未来十年内增加至 5000 美元。

industry factors　产业因素　研究特定产业或产业集团所必须要考虑的特殊属性。例如产业结构、劳动力和原材料的供需状况以及政府管制。

industry life cycles　产业生命周期　因为经济增长、竞争、资源可得性以及商品和服务的市场饱和所带来的周期。它包含的阶段有发展、增长、扩张、成熟和衰退。

inflation　通货膨胀　商品和服务的价格的普遍上升。

inflation-adjusted accounting　通胀调整核算　试图表明通胀对资产负债表和利润表的影响而对财务报表做出的调整。这种调整是对基于历史数据的常规报表的补充。

inflationary expectations　通胀预期　代表对未来通货膨胀率预期的数值。这个数值和实际收益率结合起来向投资者提供了无风险收益率。

IPO　首次公开上市　第一次将私人企业引入公开市场的过程。

insider trading　内幕交易　由掌握非公开信息的人进行的交易。如果这些信息被用以非法获利，交易者可能会被处以重罚或被判入狱。

institutional investor　机构投资者　与个人投资者相对的、将大量资金聚合在一起进行投资的组织，包括投资公司、养老基金、寿险公司、银行信托部门、捐赠基金和基金会。

in-the-money　实值期权　指当股票的市场价格高于买入期权的执行价格时的期权。反之，我们称之为虚值期权。

interest rate futures　利率期货　涉及国债、国库券、中期国债、商业票据、存单和住宅抵押贷款存单的期货合约。

interest rate swaps　利率互换　两个或两个以上交易方对利率敞口的交易，使得交易各方的投资组合风险都有所减少。通常将固定利率和可变利率进行互换。

international tax problems　国际税收问题　许多国家对非本国居民投资者的股权和债权收入征收 7.5% 到 15% 的预提税。但是，对于免税的美国投资者来说可以对部分或全部预提税获取退税。美国纳税投资者通常还可以为在国外支付的税收索取税收抵免。这个问题可能带来不便和文件繁琐，但非实际的经济损失。

internationally oriented funds　国际型基金　投资于国际证券的共同基金和封闭式投资公司。一些基金专门投资于亚洲或南非的证券等。

intrinsic value　内在价值　认股权证或期权的等于市场价格减去交易价格的价值。

inverse pyramiding　倒金字塔式交易法　一种通过杠杆来控制商品合约的方法，一份合约带来的收益用来支付另一份合约的保证金，这个合约的收益再用来支付第三份合约的保证金，如此反复。

investment　投资　支出当前资金以期在未来某时刻获得一笔更高的收益。

investment banker　投资银行家　主要从事向公众分销新发行司证券业务的人。投资银行家也向公司客户提供财务战略建议并帮助并购和兼并的实施。

investment banking　投资银行业务　在主板市场上对新发行证券的承销和分销。投资银行家对股票的价格和其他发行条款提供咨询服务并保证其销售，同时通过销售经纪部门来对分销进行监管。

investment companies　投资公司　一种吸收个人投资者资金并根据其特定目标再投资于证券的金融机构，一种常见的投资公司形式就是共同基金。

J

Jensen measure of portfolio performance　詹森投资组合绩效评估　詹森将额外收益（投资组合总收益减去无

风险收益）和基于投资组合的贝塔得出的市场必要收益率进行比较。例如，如果投资组合的贝塔是 1，则投资组合和市场的系统风险相同，因此投资组合的预期额外收益应当与市场额外收益相同（市场收益率减去无风险收益率）。问题变成了 投资组合经理比预期的表现好还是差？投资组合经理的额外收益可以在任何贝塔水平上与预期市场额外收益水平进行比较。

junk bonds　垃圾债券　评级在 bbb 以下的高风险债券。它们通常和普通股表现一样，并提供有吸引力的投资机会。

K

ke　必要回报率　代表基于资本资产定价模型的必要收益率。它是应用于未来红利和价格的贴现率。

key indicators　关键指标　技术分析家使用的，用来预测未来市场趋势的各种市场观测法。例如逆向思维原则和机敏投资原则。

L

lagging indicators　滞后指标　通常在经济情况发生逆转后才发生变化的经济指标。

leading indicators　先行指标　通常在经济情况发生逆转前就发生变化的经济指标。

least squares trend analysis　最小二乘趋势分析　用于预测的统计方法。

least squares trendline　最小二乘趋势线　使得单个数值对趋势线偏离的平方和最小的趋势线。

leverage buyouts　杠杆收购　公司管理层或其他投资集团借入所需资金来购买现有公司的全部股票。公司的资产负债表作为所贷资金的抵押品。杠杆收购发生后，公司可能停盘一段时间，在此期间不盈利的资产被出售，债务被冲减。目的是让公司在未来重新上市（或将其出售给另一家公司）从而获得比初始购买价格高出许多的利润。

LIFO　后进先出法　假定最后购买的存货最先出售的存货估价方法。

limit order　限价指令　通过股票经纪人来执行的交易条件，确保只有当价格高于规定的最低价时才能出售该证券，或者只有当价格不高于给定的最高价时才能购买该证券。

limited partnership　有限合伙制　使得遵循通常合伙制税制的公司获得有限责任保护的企业组织形式。所有的收益和损失都直接分派给合伙人。普通合伙人承担无限责任。

Lipper mutual fund investment performance averages　理柏（世界著名基金研究及分析机构）共同基金投资绩效均值　理柏发布成长型基金、成长与收益型基金和平衡型基金的指数，也提供许多其他类型基金的当期和每周的绩效信息。

liquidity　流动性　投资在短期内以最小资本损失为代价的变现能力。

liquidity preference theory　流动性偏好理论　与利率期限结构相联系的理论。该理论声称利率的期限结构应该是向上倾斜的。这就说明当利率变化时长期债券比短期债券的价格更具波动性。因持有长期债券的风险更高，投资者对此类证券的收益要求更高。因此，他们偏好短期债券。

liquidity ratios　流动性比率，表明公司到期偿还短期债务的能力。

load fund　含佣基金　收取佣金的共同基金。

long position　多头　投资者购买证券以期在未来获得现金收入或以更高价格出售证券的市场交易。另见空头。

long-term equity anticipation securities（LEAPS）　长期权益资本提前还款证券　到期日长达两年的长期期权。

Lorie and fisher study　洛里 - 费雪研究　芝加哥大学一项考察了 5 年内金融资产相对收益的研究。该报告在很多方面类似于伊博森和辛克费尔德的研究。

low load fund　低佣基金　佣金比率只有 2% 到 3%，而不是通常情况下的 7.25%。

M

macaulay duration　麦考利久期　债券久期的标准定义，以由现金流入现值所代表的加权平均期限为基础。

margin account　保证金账户　一个与经纪公司相联系的交易账户，通过它投资者可以借入一定比例的资金来购买证券。经纪人以比基准利率稍高的利率贷出资金。

margin maintenance requirement　维持保证金要求　在损失使得初始保证金减少时必须"存入"以维持保证金账户的数额。

margin requirement　应付保证金　要购买期货合约或股票所必须缴纳的保证金数额。

market　市场　通过买卖双方交流来促进资产交易的机制。市场存在的必要条件是交流而非一个中央交涉地点。虽然一些交易（例如各个股票交易所的交易）确实包含买卖双方或他其代表的直接会面。

market capitalization　市值　公司的市场价值总额。通过将股价乘以流通股数量计算得出。

market line　市场线　在以超额收益为纵轴、投资组合贝塔值为横轴的曲线图中，市场线刻画了二者的关系。

market rate of interest　市场利率　当前发行的债券的票面利率。当然，之前发行而当前仍被交易的债券可能按照升水或贴水价格出售，因此即使这些较早债券的票面利率已经大幅度偏离市场利率，投资者实际获得的仍是市场利率，也被称为到期收益率。

market segmentation theory　市场分割理论　和以市场需求为侧重点的利率期限结构相关的理论。债券市场有几类大型机构参与者，每个参与者都有其流动性偏好。银行偏好短期流动证券以与其存款性质相匹配，而人寿保险公司则偏好长期债券以与其长期债务相匹配。这两种机构和储蓄贷款机构的行为通常对短期和长期利率产生影响，但对 5 年期和 7 年期的市场影响甚微。这个理论帮助我们注意到在不同经济周期阶段机构对证券的积累或清算以及随之带来的对收益曲线的影响。

maturity date　到期日　债券持有者必须偿还本金的日期。

merger price premium　兼并价格溢价　目标企业的每股要约价格和每股市场价格的差额（在要约产生影响之前）。

modified duration　修正久期　麦考利久期除以 1 再加到期收益率。相比于麦考利久期，它能更好地衡量债券价格对利率变化的敏感性。

monetarist　货币主义者　认为货币政策（而非财政政策）才能最好地为经济持续增长提供稳定环境的经济学家。

monetary policy　货币政策　美联储为达到经济目标对利率或货币供给的直接控制。在某些情况下用于对财政政策效应的增强或冲减。

money market account　货币市场账户　由一些金融机构提供的与货币市场基金竞争的账户。最低储蓄额是 500 美元到 1000 美元，每月最多可开 3 次支票。

money market fund　货币市场基金　投资于短期政府证券、商业票据和回购协议的共同基金。大多数都提供开支票的特权。

money supply　货币供给　在某一特定时刻经济中可用作交易的资金数量。美联储可以通过货币政策来影响货币供给。对货币供给的定义有很多种。例如，M1 是通货加上私人支票存款，包括可转让大额存单账户的资金。M2 是 M1 加上储蓄账户和货币市场共同基金等。

monopolies　垄断　整个产业由一个公司操控。由于反垄断法案的存在，垄断在美国并不普遍，不过在公共设施领域垄断确实拥有政府的许可。

mortgage　抵押贷款　对实物资产的留置权。

mortgage trust　抵押信托　房地产投资信托的一种形式，向房地产投资者发放长期贷款。

multinational corporations　跨国公司　在多个国家有经营业务的公司。跨国公司在石油、计算机主机制造商以及银行这些行业比较常见。

municipal bonds　市政债券　由州政府和地方政府（包括特殊政治部门）发行的免税债券。

mutual fund　共同基金　投资者将资金聚集起来进行再投资。基金有专业基金经理管理。严格来讲，只有开放式投资基金可以被看做共同基金。

mutual fund cash position　共同基金现金头寸　一个总体的市场法则，通过考察大型机构投资者未投资的资金水平，分析家可以衡量对股票的潜在需求，从而预测市场波动趋势。

N

naked options　裸露期权　在不拥有股票的情况下出售该股票的期权，这种做法是高度投机的。

NASDAQ indexes　纳斯达克指数　按照价值加权来衡量柜台市场的指数。

NASDAQ stock market　纳斯达克股票市场　纳斯达克早先被称作证券交易商自动报价系统国家协会。这里是一个所有场外交易股票通过电子系统进行交易的地方。最终这个柜台市场更名为纳斯达克。

net asset value　净资产值　净资产价值代表了投资基金的当前价值。通过将证券的总价值减去负债再除以流通股票数量而计算得来。

net debtor creditor hypothesis　净债务人—债权人假说　通胀使得美元实际价值减少，因此次假说认为通胀会使作为个人或公司的净债务人收益，因为利息支付和本金的偿还使用的是逐渐贬值的美元。相反，净债权人因为所收回的贷款由贬值的美元偿还而遭受实际资本损失。

net working capital　净营运资本　流动资产减去流动负债。

NY stock exchange index　纽约股票市场指数　包括在纽交所上市的所有股票、衡量股票市场变动的加权指数。

no load mutual fund　无佣共同基金　一种不收取销售佣金的共同基金。基金股份不是通过经纪人销售，而是通过邮件或其他直接的渠道。

nominal GNP　名义国民生产总值　用当期货币表示的、

未经过通胀调整的国民生产净值。

nominal return　名义收益　未经过通胀调整的收益率。

non-constant growth model　股利非固定增长模型　并不假定股利增长率恒定的股利股价模型。

O

odd lot theory　零股理论　该反向观点理论认为小型交易者（那些从事零星股交易的人）通常会错误判断市场趋势，在上升趋势前出售而在下降趋势前买入。这种理论在近年来在预测趋势方面没有什么建树。

oligopolies　寡头垄断　竞争者数量很少的产业，常见于美国大型而成熟的工业例如机动车、钢铁、石油、航空以及铝业。寡头垄断行业企业之间的竞争是十分激烈的，价格战和市场份额的争夺使得利润水平下降。此外，寡头垄断企业面临的国际竞争使得它们不得不改变竞争战略。

online broker　网上经纪商　在因特网上以最低成本为其客户进行交易的经纪人公司。

open-end fund　开放式基金　在任何时候都可以向股东出售或赎回基金股份。股份数额没有限制。技术上说，共同基金属于开放式基金的一种。

open market operations　公开市场操作　美联储购买或出售政府证券来扩张或收缩经济中的货币供给。

operating margin　营业毛利　营业收入除以销售量。

option　期权　在一定期限内按约定价格购买或出售某项商品的权利。

option premium　期权费　内在价值加上投机升水。

option price　期权价格　认股权证上规定的持有者购买约定股票的价格。

option clearing corporation　期权清算公司　负责期权交易所上所有期权的发行的机构。

options on industry indexes　工业指数期权　为特定产业订做的期权指数。因此，任何想投机于特定产业绩效或对冲某个产业股权的人都可以利用该产业的工业指数期权。

options to purchase stock index futures　股指期货期权，在约定时间内按约定价格购买股指期货的期权。这种证券将期权和期货结合起来。

organized exchange　有形市场　诸如纽约股票交易所和美国股票交易所以及任何小型的地区交易所等提供证券集中交易场所的机构。

out-of-the-money　虚值期权　买入期权的交易价格高于股票市场价格或卖出期权的交易价格低于股票市场价格的情况。

overall market rules　整体市场规则　诸如市场指标宽度和共同基金现金头寸这类被技术分析家用以按照过去表现预测未来市场表现的指导性规则。

OTC-bb　场外电子柜台交易市场　提供未上市公司报价的机制。但是，这些公司（不像粉红单上列出的公司）需要向证券交易委员会提交定期报告。

over the counter market　柜台交易市场　没有特定的场所而是一个债券、非流通股和其他证券交易发生的交换网络。该类型的交易由全美证券商协会监管条例监管。

P

par bonds　平价债券　按照面值或到期价值而不是升水或贴水价值销售的债券。公司债的面值通常是1000美元。

par value　面值　债券的面值，公司债通常面值1000美元，而政府发行的债券面额通常更大。

parity price　平价　补偿通胀风险的价格。

partial hedge　局部套期保值　只有部分风险被消除或减轻的套期保值头寸。

peak　峰值　经济周期中扩张期的结束，衰退期的开始。

perpetual bond　永久债券　没有到期日的债券。

personal savings　个人储蓄/个人可支配收入　居民可支配收入中进行储蓄的比率。这对为更新工厂和设施来增加生产力而进行的基金换代很有意义。

pink sheets　粉红单市场　对不在交易所和柜台市场挂牌上市的公司的报价单。这些公司不需要向证券交易委员会提供报告。

portfolio　资产组合　证券或投资的集合。

portfolio effect　资产组合效应　当新的资产被加入投资组合中时产生的效应。资产间的互动可以减少风险，从而使得投资组合的标准差可能比任何一项单独资产的标准差都更小。

portfolio insurance　投资组合保险　防止大规模投资组合受到衰退影响的做法。一个典型的例子就是在预期到衰退时出售股指期货。

portfolio manager　投资组合经理　负债管理大规模资金的负责人。基金经理可能被保险公司、共同基金、银行信托部门、养老基金和其他机构投资者雇用。

preferred stock　优先股　一种提供固定收益的混合证券。优先股股东在债券持有者之后普通股股东之前获得收益。虽然优先股收益是固定的，它们被归类为分红（不是利息），因此发行公司不能用来抵税。

present value　现值　复利计算的相反运算。未来价值被折现到当前。

present value of an annuity　年金现值　未来一定期限内

等额现金流的现值。

price-earnings ratio　市盈率　应用每股收益来计算当期价值的乘数。市盈率受公司的收益和销售收入增长、绩效的变动性、资本结构和其他因素影响。

price ratios　价格比率　将公司内部绩效和外部市场价值联系在一起的比率。

price weighted average　价格加权均值　每支股票的权重由价格决定。价格越高，相对权重就越大。道琼斯工业平均指数就是价格加权平均指数。

primary market　一级市场　投资者通过投资银行家从发行者处购买资产的市场。购买公司新发行股票是是主板市场业务的例子之一。随后特定资产的转移是在二板市场发生的。

private placement　私募　公司直接向私人投资者，例如保险公司、养老基金等出售政权，而非通过公共市场。投资银行家在收取费用的基础上也可以帮助私募的进行。大多数私募都涉及债券而不是普通股。

profitability ratios　盈利比率　使得分析家可以衡量公司从销售、总资产和所获得足够收益能力的比率。

program trading　程序化交易　当大规模的交易发生时由计算机设定的交易临界值。这个技术被机构投资者使用。

prospectus　招股说明书　新证券发行所必须的文件。它包含了与注册声明相同的信息，例如董事和官员的名单、由注册会计师所证明的金融报告、承销人、资金的目的和用途以及其他投资者需要知道的合理的信息。

public placement　公募　通过金融市场公开出售证券。

pure bond value　纯债券价值　债券的基本价格，它代表了债券价值不可能低于的基本价格。纯债券价值由所有未来利息支付的现值加上债券本金的现值可得。

pure competition　完全竞争　完全竞争公司的产品没有差别，并且竞争十分激烈。

pure pickup yield swap　纯粹收益率换券　债券持有者认为他或她可以通过出售债券而购买相同风险的另一种债券来增加到期收益率的债券互换。

put　看跌期权　在约定期限内按约定价格出售 100 股普通股的期权。

put provision　售回条款　此条款赋予债券投资者可以在相对短的期限内（例如 3 到 5 年）按面值向发行公司出售长期债券的权利。在利率上涨债券价格下降的情况下这种权利尤其重要。

Q

quick ratio　速动比率　流动资产减去存货（例如现金、可交易证券和应收账款）除以流动负债。

R

R^2　判定系数　它衡量的是因变量和自变量之间的相关程度，取值在 0 和 1 之间。

real asset　实物资产　可以被看见、感觉、持有或收藏的有形资产，例如房地产、黄金、钻石等。

REIT　房地产投资信托　一个和共同基金相似的组织，它将投资者的资金集合起来投资于房地产或用来提供建筑或抵押贷款。

real GDP　实际 GDP　以美元表示的经通胀调整的国内总产出。

real rate of return　实际收益率　投资者对他人在给定期限内使用其资金所要求的必要收益率。这是投资者放弃立即消费的效应并将资金交有他人使用所要求的价值。因为使用了"实际"这个词，因此这是一种考虑通胀影响以前的价值。

reinvestment assumption with bonds　证券再投资假定　债券投资收益再投资的假定利率。通常假定获得的债券收益可以按照到期收益率进行再投资。但是，有时这种假定并不成立。在获得票面利息并需要再投资时利率可能是不断变化的。更有效的方法是对再投资收益设定更合适的利率然后再决定期末投资的总价值。这个过程被称为最终财富分析。

reported income versus adjusted earnings　调整收益的报告收入　通常基于会计历史成本方法，并根据通胀对收益做出调整（对存货和厂房以及设备）。

repurchase　回购　公司在市场上购买自己的股票。

required rate of return　预期回报率　一笔投资所要求的总收益。对普通股来说，它等于无风险利率加上股票风险升水。一旦确定，它就可以用作未来现金流的贴现率。

reserve requirements　准备金要求　联储规定的银行的不能贷出的存款余额比率。联储可以通过升高或降低准备金比率来收缩或扩张货币供给。

resistance　阻力　见阻力线。

resistance level　阻力线　技术分析者认为只要给定的长期趋势不变，市场中某个股票的价格不会超过正常交易范围的上限（阻力水平），因为在这个水平下，投资者为了平仓或获利而出售股票。

retention ratio　留存比率　公司为了投资而保存的收益比率。

return on equity　股权收益　净收益除以股东权益。

revenue bond　收益担保证券　由特定项目（例如收费公路、桥、市政剧场）收益支持的市政债券。

risk　风险　投资或其他情况下面临的不确定性。通常用投资收益的波动性来定义。可能出现结果的范围越大，风险越高。

risk adjust return　风险调整回报率　对为获得收益而承担的风险水平进行调整后的收益水平。

risk-free rate　无风险利率

risk-free rate of return　无风险回报率　在不考虑风险因素情况下的必要收益率。它由实际收益率加上预期通胀率组成。

risk premium　风险升水　为了补偿投资内生的风险而向投资者支付的溢价。它加上无风险利率就可以得到投资的必要收益率。

rotational investing　转换投资　在经济周期的不同阶段对不同产业的进行投资的战略。当经济周期由低谷转向高峰时，经济情况转变导致的不同产业获得的收益均符合其商业周期。

Roth Ira　罗斯收益率　跟传统个人退休金账户形式相反。在初始投资达到 3000 美元的时候你并不能减去这个数额，但是这笔资金可以免税，在特定条件满足时，资金的撤出也是免税的。

russell 1000 index　russell1000 指数　该指数包括了russell3000 指数中 1000 个最小的公司，按照价格加权的方法计算得出。

russell 2000 index　russell2000 指数　该指数包括了russell3000 指数中 2000 个最小的公司，按照价格加权的方法计算得出。

russell 3000 index russell3000 指数　该指数包括了由市场价值衡量的 3000 个美国最大的公司股票，按照价格加权方法计算得出。

S

secondary market　二板市场　在二板市场上，投资者从另外一个投资者手中购买资产，而不是直接从资产发行公司购买。二板市场的投资活动可以确定资产价格并为其提供流动性。参见初级市场。

sector funds　板块基金　投资于某个特定经济板块，如能源，医药科技，电脑技术等的共同基金。尽管这种基金可能会提供（有高的）潜在的高收益，但相比普通共同基金投资多样化程度低，风险更高。

secured bond　担保证券　有资产作抵押的证券。

secured debt　担保债权　有抵押担保的债权。

securities act of 1933　1933 证券法　由美国国会制定的意在减少证券发行商舞弊行为的法律。此法律要求完全披露相关投资信息，并制定了对违法公司官员的处罚。

securities act amendments of 1975　1975 年证券法修正案　旨在增加证券市场竞争性的法案。此项法案禁止对公开出售的证券收取固定佣金，并指导证券与交易委员会建立一个统一的在全国范围内有效的证券市场。

SEC　美国证券与交易委员会　于1934年建立的联邦政府机构，是证券法律的执行机构。证券发行商必须在证券与交易委员会登记，并提交详细报告；证券与交易委员会还制定关于内部交易、投资者合谋舞弊及证券交易的相关政策。

securities exchange act 1934　1934 证券交易法案　此法案规定需建立证券与交易委员会来规范证券市场，并进一步授权由联邦储备系统的主管董事会制定保证金的相关要求。

SIPC　美国证券投资者保护基金　根据 1970 年投资者保护法案建立，该机构主要监管破产的证券经纪公司的流动性，并对投资者的交易账户提供保障。

security analyst　证券研究员　专门研究不同的产业和公司，并提供研究报告和价值研究报告。

SML　证券市场线　反映某个证券（根据其贝塔系数）的风险和对应收益关系的曲线。

semistrong form of EMH　半强式有效市场假说　此假说假定所有公开的信息都被包含在证券价格中，所以基本面分析不会给投资者带来额外的收益。

serial payment　系列支付　通过发行债券来提前偿还基金的机制。定期偿还的款项自动将债券到期日延长以递减部分债务，直到多年以后整笔资金全部偿清。

settle price　清算价格　期货合同的收盘价。

shared appreciation mortgage　增值分享抵押贷款　使贷方可以分享抵押财产任何形式的增值的抵押方法。

Sharpe measure of portfolio performance　夏普投资组合绩效评估指标　总投资回报减去无风险收益之差除以投资标准偏差。这个指标使投资组合的经理能够在考虑总风险情况下确定多余收益。不同的投资组合可以通过这个相对风险指标来进行比较。

shelf registration　储架注册　大公司提交的关于公司未来长期财务计划的综合性注册报告。根据这个报告，当市场条件适宜的时候，公司就可以通过投资银行发行证券，而不需要证券与交易委员会的进一步批准。这些未来的发行证券的计划就相当于将证券放置在储架上以等待最有利的时机到来，其最长有效期限为 2 年。

short position　空头　投资者预期将来证券价格会下跌，而将当前借来的证券进行出售，将来再以低价买入该证券的市场行为。

short sales position theory　卖空理论　根据反向解释原则，大量的空头预示着市场的即将好转，因为这些空头交易最终需要回购，这就创造了需求。此外，人们认为一般的空头卖家想法是错误的。

sinking-fund provision　证券的偿债基金条款　通过发行债券来提前偿还基金的机制。债券发行者定期偿还部分款项给基金托管人，基金托管人通过在公开市场购买该债券来抵减债务人（债券发行者）的部分债务。

small firm effect　小公司效应　一种认为小公司的绝对收益和风险调整收益都高于大公司的市场理论。

smart money rules　机敏投资规则　一种技术分析者使用的准则（例如巴朗信心指数），他们假定精明的投资者可以正确的预测市场趋势，从而应该追随他们，并以此来预测股票市场活动。

sold directly　直接发行　公共公司发行证券不常使用的方法。公司不经过投资银行而直接向公众出售证券。

specialist or dealer hedge　交易商套期保值　交易所的专家或柜台市场的交易商在自己的账户暂时持有（作为他们作市功能的一部分）股票。有时他们持有承担比所能承受的风险更高的短期头寸。股指期货或期权可以减少市场或系统风险，但它们不能减少特定证券的非系统风险。

specialty funds　特定对象基金　无法完全符合某种类型但是具有特定目标的共同基金。例如菲尼克斯基金和美国黄金股票基金。

speculative premium　投机溢价　期权或认股权证的价格和内在价值的差额。投资者愿意以超过内在价值的价格购买某种商品说明投资者预期原生股票的价格会在未来上涨而带来投机收益。

spot market　现货市场　跟期货市场没有商品实物的立即转移不同，现货市场决定立即交割的商品的现金价格。

spreads　差价期权　对同一只股票同时持有多头和空头的期权组合。

S&P 100 index　标准普尔 100 指数　包括 100 支蓝筹股的指数，芝加哥期权交易所现在交易该股指的期货合约。

S&P 400 industry index　标准普尔 400 工业指数　衡量纽约股票交易所上市的最大的 400 家工业企业股票价格波动的指数。

S&P 400 small cap index　标准普尔 600 细价股指数　根据 400 支市值在 12 亿美元和 90 亿美元的中型公司的股票价格决定的指数。

S&P 500 stock index　标准普尔 500 股指　500 个美国大型公司的指数。再 2004 年包括 373 家工业企业，15 家运输企业、47 家基础产业企业和 65 家金融企业。该指数是采用价格加权的。

Standard poor's 600　小企业指数　标准普尔所涵盖的市值最小的公司的股票指数。市值通常在 10 亿美元以下（该指数和标准额普尔中型企业指数在规模上有所重叠）。

Standard poor's 1500 stock index　标准普尔 1500 股指，将标准普尔 500、标准普尔 400 中型和标准普尔小型 600 结合起来的指数。

S&P international oil index　标准普尔国际油价指数　石油公司股票价格的加权平均指数。该指数的期权在芝加哥期权交易所进行交易。

Standard deviation　标准离差　衡量结果与期望值差额的分布的指数。

statement of cash flows　现金流量表　于 1987 年由财务会计标准委员会正式确立，制定该表的目的旨在强调公司运营现金流的重要性。该表将权责发生制净收入转化为实际的现金流量。

stock dividend　股利　通过发行更多股票来支付的股利，这种做法使得留存收益资本化。

stock index futures　股指期货　特定股指的期货合约，例如标准普尔 500 股指或纽约股票交易所综合指数。

stock index options　购买或卖出股票指数的期权合约　比较受欢迎的包括标普 100 指数、道琼斯工业平均指数等。股指期货的购买者支付一个初始溢价并在未来按特定价格清算合约。

stock pickers　选股者　遵循由下到上法来选择股票的投资者。他们选择特定的股票后几乎不再考虑其相对整个产业和经济的情况。

stock spilt 股票分割　将一个股票分割成多个股票并相应减少股票面值的做法。

stop order　止损指令　锁定证券交易收益或损失的机制。投资者并不能获得特定价格的承诺，但可以在股票价格达到指定水平后按照经纪人能够执行的流行价格进行交易。

straddle　套期图利期权　对一只股票同时持有到期日和执行价格相同的买入和卖出期权。

straight line depreciation　直线折旧法　用项目成本除以项目寿命来得出每年折旧额的折旧方法。

strike price　成交价格　期权合约规定的买卖证券的价格，

也作执行价格。

strong form of the EMH　强有效市场假说　包括公开信息和内部信息的所有信息均已在证券价格中得到反映的假说。

super dot　超级点系统　使得纽约股票交易所成员可以通过电子手段将所有市场和限价指令直接传送给交易场所的专家或交易棚成员的电脑系统。

support　支撑　见支撑线。

support level　支撑线　技术分析者认为只要给定的长期趋势不变，市场中某个股票的价格不会低于正常交易范围的下限（支撑水平），因为在这个水平下，低价格导致了需求的增加。

surpluses（government）　政府剩余　政府收入超过支出的部分。

sustainable growth model　可持续增长模型　通过保持和上一年相同的财务关系来计算公司增长率的模型。股权收益率和再投资留存收益的互动关系也被考虑在其中。

syndicate　辛迪加　共同承担大规模新证券发行的承销风险和销售责任的投资银行家的集团。每个参与者都要负责事先确定的销售额，其中的一个或几个公司作为证券发行的主承销商。

synergy　协同效应　两个或更多部分结合起来的增长率超过了各自单独的增长率。

systematic risk　系统风险　与市场波动相关的投资的内生风险，该风险不能通过分散化方法消除。

systematic withdrawal plan　定期存款计划　由共同基金提供的，使得投资者可以每月或每季度定期获得收益支付的计划。

T

tax hedge　税收套期　某年里，一个多样化的投资组合可能会给投资者带来丰厚的回报。该投资者可以通过购买股指期货或期权合约来保持组合的盈利状态，并将纳税收入的支付推迟一年。对于单只证券来说，则可以运用权证来达到此目的。

taxpayer relief act of 1997　1997 年纳税人救助法　该法律对持有期以及资本收入或损失的持有期和征税税率进行了修改。该法律也涵盖了其他的内容，如内在收益率和遗产税等。

tax swaps　税收互换　卖空某一债券再买入一相似债券，从而达到避税的目的。例如，可以先卖空一只暂时亏损的债券而得到税收减免，然后再购入一种相似的债券。

technical analysis　技术分析　通过分析价格与交易量或其他市场指标之间的关系来确定股票价格的过去趋势，进而对未来走势进行预期的分析方式。常用的有饼图和柱状图。

term structure of interest rates　利率期限结构　它描述了到期日与利率之间的关系，其时间可长达 30 年。

terminal wealth table　终端财富表　该表显示了将某一债券投资的现金流按某一特殊利率（可能与息票利率不同）进行再投资而得到的最终的财富，然后可以通过将初试投资额与最终财富比较从而得到最终收益率。

third market　三板市场　场外交易市场，在该市场上交易员和机构投资者交易的是在纽约证券交易所发行的证券。三板市场只占有很小的市场交易份额。

Tokyo Nikkei 225 average　东京日经 225 指数　除美国之外的最受关注的国家指数之一。该指数涵盖了日本的 225 家大公司的股票价格数据。

top down approach　自上而下法　一种挑选股票的方法，该方法先从宏观角度入手，然后再对个股进行深入分析。

trading range　交易区间　介于股票交易的最高价与最低价之间的价格区间。

treasury bill　国债　短期的美国政府债券。国债实行折价发行，且流动性强。

treasury bond　国库券　长期的美国政府债券。

IPS　财政部通胀保值债券　该证券的持有人的收益来自两方面。一是每半年支付一次的利息，二是债券本金为抵消通货膨胀的影响的自动变化。

treasury note　中期国库券　中期的美国政府债券，期限为 1~10 年。

treasury stock　库藏股　上市发行的股票，但是这些股票在回购之后就不再流通。

treasury strips　折零国库券　这种政府债券不支付利息，因此其所有的收益都来自于其资本利得。该债券不能支付利息，并且按照到期日本金的现值来交易。

trend analysis　趋势分析　将市场绩效随时间的变化进行比较分析。

treynor measure of portfolio performance　投资组合绩效评估　是由投资组合收益率减去无风险收益率的差除以组合的 ß 值得到的。与夏普法不同的是，该风险评估方法是将投资组合的 ß 值作为分母，而不是其标准差。该指标使得投资组合经理可以考察超额收益和分散风险之间的关系。该方法的前提假设是其他的所有风险都已经被分散，因此计算的时候，可以对不同的组合进行比较。

trough　波谷　是经济周期中经济衰退的结束点，同时也是经济发展的开始点。

U

underpricing　定价偏低　当原股票持有者通过场外交易将股票转让给新投资者时，股票价格可能偏离其实际价值。低价销售能让购买者马上获得利益。

underwriter hedge　承销人套期　指投资银行用股指期货合约或期权合约来对冲承销发行新证券时的风险头寸。例如，当股市下跌的时候，由于承销股票价格下跌导致的损失将会被低价购买股指期货或期权合约的盈利抵消。当然，这并不是完全对冲。当该股票价格与市场走势相反的时候，投资银行将同时面临这两方面损失。

underwriting　承销　投资银行承诺以固定价格购买证券发行公司的证券，从而消除了发行的债券不能全部售出的风险。

unfriendly takeover　恶意收购　一个并不被收购企业所期望的收购。

unfunded pension plan　无基金退休金计划　用当期收入而不是前期资金来支付退休金。

UItS　单位投资信托　由希望在一个固定时期通过消极管理某投资组合来获得固定的收益的投资公司共同成立。该信托到期便自行终止。

unseasoned issue　首次发行　即此前没有在市场上公开交易的股票的发行。

unsystematic risk　非系统风险　投资时所面临的与市场变化无关的随机风险，该风险可以通过分散化进行消除。很多因素都可能造成非系统性风险，如企业的竞争对手研发了新产品、原材料价格的变化或者异常的经济或政策影响等。

V

valuation　估值　对发行该证券的企业未来业绩进行预测，并对相关行业发展前景以及整个宏观经济的发展趋势进行综合分析，从而对证券价值进行评估的过程。

valuation model　估价模型　用投资价值的构成要素作为投资价值的表现形式。如用股利估价模型来计算股票的价格。

value line average　价值线平均指数　该指数包含了纽约证券交易所、美国证券交易所以及场外交易的1 700加公司的股票。因为该指数很好的反映了一般投资者持有的股票组合的价值变化，因此大多的个人投资者都采用该指数。这是一个平均加权指数，也就是说该指数所包含的1 700只股票，无论其市值大小，都被给予相同的权重。

value weighted index　价值加权指数　该指数的权重是每家公司的市值占市场总市值的百分比。大多数主要的指数都是价值加权指数，如标准普尔500（S&P500），标准普尔400（S&P400），以及纽约交易所主要指数（NYSE Index）。在这种指数中，大公司会被赋予更多的权重。

variability　波动性　一件事可能面临的各种不同结果。例如，如果一项投资可能有很多不同的回报率，我们就说这项投资波动性很大。

variable rate mortgage　可变利率抵押贷款　利率经常调整的抵押贷款。

variable rate notes　变动利率票据　见浮动利率票据。

vertical spread　垂直套利　以不同的执行价格买入和卖出到期日相同两份期货合约。

vesting　股份兑现　一个法律术语，即不能剥夺雇员获得退休金的利益或权力。

W

warrant　认股权证　在一定时期内按一定价格从发行公司购买一定数量股票的权利或选择。它比看涨期权的有效期更长。

warrant breakeven　认股权证盈亏平衡　恰好使得权证购买者获得的收益等于其购买权证时所支付的成本的标的股票的价格变化。

weak form of EMH　弱式有效市场假说　该假说认为证券的历史价格与未来价格之间没有相关性。

weighted average life　加权平均期限　使得债券的未来现金流等于其面值的加权平均时间。

white knight　白色骑士　将别的公司从恶意收购的困境中解救出来的公司。

Wiesenberger financial services Wiesenberger　金融服务　一种提供有关共同基金重要信息的咨询服务。

Wilshire 5000 equity index　Wilshire 5000 股票指数　一个包含了5000只权益证券的股市指标。它包含了纽约证券交易所和美国证券交易所发行的所有股票，以及场外交易中最活跃的一些股票。该指数用价值加权的方法，反映了这5000只股票的总市值。

World Index　世界指数　由位于瑞典日内瓦的Capital International 汇编，该指数是由19个主要国家的市场表现的价值加权平均而得到。

Y

Yankee bonds　扬基债券　由外国政府、外国企业或者在美国交易的主要机构发行的，并以美元计价的债券。

yield curve　收益曲线　也叫做利率的期限结构。该曲线上的点描述了所有风险相同但期限不同的证券的利率。通常情况下，用政府债券推导该曲线。

yield spread　收益率差价　不同类型或不同评级的两个债券的收益率的差异。这对于投资决策非常重要，因为在经济不稳定期间投资失败的几率更大，投资者对高风险的债权会要求更高的风险溢价作为补偿，从而使得收益率差价增加。

yield to call　回购收益率　投资者购买可赎回债券，并一直持有到可赎回日所能得到的收益率。回购收益率反应了一个事实，那就是债券发行人可以通过提前收回债券来避免后期的利息支付，从而降低债券回报率。

yield to maturity　到期收益率　债券的内部利率或实际收益率，是使得持有债券的未来收益的现值等于其当前价格的贴现率，也叫做市场利率。

Ying, Llewellyn, Schlarbaum, and lease study　英-路艾琳-施拉堡姆——利兹研究报告　该研究表明，在公司宣布发行证券到实际发行证券期间可能存在异常的风险调整回报。

Z

zero coupon bond　零息债券　不支付利息的债券，投资者收益为持有期间的资本利得。

湛庐文化·出品
Cheers Publishing

延伸阅读

《证券分析》

◎ 华尔街上的权威人物、现代证券分析和价值投资理论的奠基人本杰明·格雷厄姆的传世之作。

◎ "投资者的圣经",历经75年经久不衰,修订6个版本,销量数百万。

《理柏论财智》

理柏基金评级创始人首部作品
四十余年投资经验智慧呈现

◎ 全球最著名基金研究机构、全球最优秀的基金情报提供商、理柏基金评级的创始人迈克·理柏经典力作。

◎ 首次揭开理柏家族华尔街成功经营四代财富积累的秘密。

《资产配置的艺术》(精华版)

资产配置第一书、全球投资者一致推崇的必读经典

◎ "资产配置第一人"——摩根士丹利投资集团创始人兼首席投资官戴维·达斯特经典力作,深度剖析多元化、平衡投资。

《熊市的投资之道》

◎ 牛短熊长,如何在市场低迷时把握机会?

◎ 漫漫熊路,如何在悲观气氛中逆市飞扬?

◎ 财经畅销书《美元大崩溃》作者再度奉献。

《投资大赢家》

◎ 华尔街十位超级投资大师的投资策略实录。

◎ 告诉你不一样的投资组合,轻松掌握买进卖出的时机。

《基金间谍》

首次全程揭秘晨星公司选秀基金内幕

◎ 世界顶级基金研究机构,全球最权威基金排名提供商告诉你如何挑选值得信赖的基金,提高投资成功率。

图书在版编目（CIP）数据

赫特＆布洛克投资管理学（原书第9版）/（美）赫特，（美）布洛克著；刘曼红译.

北京：中国人民大学出版社，2009

ISBN 978-7-300-11451-4

Ⅰ.①赫…

Ⅱ.①赫…②布…③刘…

Ⅲ.①投资–经济管理

Ⅳ.①F830.59

中国版本图书馆 CIP 数据核字（2009）第 214914 号

赫特＆布洛克投资管理学（原书第9版）

[美]　杰弗里·A·赫特

　　　斯坦利·B·布洛克　　著

　　　刘曼红　译

出版发行	中国人民大学出版社		
社　　址	北京中关村大街31号	**邮政编码**	100080
电　　话	010-62511242（总编室）	010-62511398（质管部）	
	010-82501766（邮购部）	010-62514148（门市部）	
	010-62515195（发行公司）	010-62515275（盗版举报）	
网　　址	http://www.crup.com.cn		
	http://www.ttrnet.com（人大教研网）		
经　　销	新华书店		
印　　刷	北京京北印刷有限公司		
规　　格	214 mm×275 mm　16开本	**版　　次**	2009年12月第1版
印　　张	25.5 插页2	**印　　次**	2009年12月第1次印刷
字　　数	853 000	**定　　价**	78.00元

湛（zhàn）庐（lú）

铸剑大师欧冶子『十年磨一剑』，炼就了『天下第一剑』湛庐剑。

——《吴越春秋》记载